陈笃彬 著

四读阁集

陈笃彬泉州文史类稿

厦门大学出版社 国家一级出版社
XIAMEN UNIVERSITY PRESS 全国百佳图书出版单位

图书在版编目（CIP）数据

四读阁集：陈笃彬泉州文史类稿 / 陈笃彬著. -- 厦门：厦门大学出版社，2024.12
ISBN 978-7-5615-9354-7

Ⅰ．①四… Ⅱ．①陈… Ⅲ．①文史-泉州-文集 Ⅳ．①K295.73-53

中国国家版本馆CIP数据核字(2024)第069829号

责任编辑　陈金亮　薛鹏志
美术编辑　蒋卓群
技术编辑　朱　楷

出版发行　**厦门大学出版社**
社　　址　厦门市软件园二期望海路39号
邮政编码　361008
总　　机　0592-2181111　0592-2181406(传真)
营销中心　0592-2184458　0592-2181365
网　　址　http://www.xmupress.com
邮　　箱　xmup@xmupress.com
印　　刷　厦门市明亮彩印有限公司

开本　720 mm×1 000 mm　1/16
印张　41.25
插页　4
字数　700 千字
版次　2024 年 12 月第 1 版
印次　2024 年 12 月第 1 次印刷
定价　168.00 元

本书如有印装质量问题请直接寄承印厂调换

厦门大学出版社
微信二维码

厦门大学出版社
微博二维码

陈笃彬，1951年出生，福建泉州金门人，研究员、博士生导师。1982年毕业于华东师范大学中文系，曾任福建中医学院党委副书记、泉州师范学院院长、福州大学党委书记以及泉州信息工程学院党委书记、院长。主要从事高等教育管理和泉州文史研究工作，出版著作18部（含主编、合著及独著），发表论文100多篇，有关成果曾获福建省优秀社科成果一等奖、二等奖、三等奖等奖项。

内容简介

书稿包括泉州文化、泉州人物、泉台关系、序言杂文等篇章，从多视角考察泉州作为历史文化名城、海上丝绸之路起点、世界历史文化遗产城市的辉煌历史和丰富多彩的人物故事，有助于全面了解和认识泉州历史，并从中得到有益的启示。

序　言

半年前,笃彬先生持《四读阁集:陈笃彬泉州文史类稿》请序。

有客闻为笃彬先生作序,曰:"君宜斟酌者有三:笃彬先生与君同为金门人,同为陈姓,陈在金门是第一大姓,笃彬先生是阳翟人,金门有十五陈之说,君为小金门湖下人,祖居地虽然与笃彬先生不同,但是昭穆排列顺序不一,他是'笃'字辈,君'庆'字辈,'笃'辈高于'庆'辈。此宜斟酌者一也。笃彬先生毕业于华东师范大学,君南京师范大学,前者'985'高校,后者'211'高校,学校等级有落差,此宜斟酌者二也。笃彬先生先后担任过四所大学校领导,三所为正职,其中一所还是'211'高校,君不过历'双非'学校两个学院,名级低微,此宜斟酌者三也。"

辩曰:"笃彬先生,文友也。1982 年,我到福建师大教书,住在内人服务的福建中医学院,数日之后,笃彬先生也分配到这所大学。中医院校,唯一和中文学科有关联的是医古文教研室,不知何故,学校让他转行政。医古文人手不足,却请他去救场,可见不是水平问题。学院不大,抬头不见低头见,晚饭后常在操场上偶遇,笃彬先生职位渐次升迁,而交谈的无非还是学术,这样的日子持续到他离开中医学院到泉州师专。说来也巧,师专正在专升本,我被师大指派到该校担任兼职教授,见到笃彬先生的机会较多。泉师藏书颇丰,笃彬先生说还藏有一部台版《影印文渊阁四库全书》,据我所知,2000 年前后,福建各院校有这套丛书的不会太多。笃彬先生承担的责任越来越重,工作越来越繁忙,却依然保持学者本色。近二十年,他出版了很多著作,我知道的就有《泉州古代书院》(合著,2003 年)、《泉州古代科举》(合著,2004 年)、《泉州古代教育》(合著,2005 年)、《泉州古代著述》(合著,2008 年)、《泉州历史上的人与事》(合著,2010 年)、《弘一大师在泉州》(合著,2015 年)等。2019 年,笃彬先生辞去最后一个高校职务之后,对我说:终于可以回归学术了。2015 年之后,我主编《闽学研究》,笃彬先生不嫌弃刊物规格小,时有稿件投来。有位学报主编读了他的文章,对我说:你刊发表的笃彬先生文章很扎实。笃彬先生将近年学术论文结集,马上要出版,能为之序亦为快事。文友之间,不论对方地位如何变迁,文友还是文友。明万历、崇祯间,曹学佺(1574—1646),总发时便与徐熥(1561—1599)、徐𤊹(1570—1642)兄弟游。万历二十三年(1595)曹学佺二甲及第,徐熥早卒,徐𤊹终身为布衣,曹学佺为蜀藩时结其集曰《石仓集》,徐𤊹为之序。徐𤊹与曹学佺为终身文友。文友为文友集作序,文心相通,其余可不论也。"

客无言而退。序曰:

笃彬先生从中医学院副职到泉州师专任正职,无关乎升迁,从福州转到泉州,从省会城市转到地市,坊间传说,笃彬先生家乡观念重。之后,他又从泉州师院升任福州大学正职,福州大学是'211'高校,职权重于泉州。从福州大学的职位退了,本还可延聘个三五年,笃彬先生却跑回泉州一所民办大学又做了几年,也可以说为家乡教育事业再做贡献。继而隐于泉州市井间,深居简出,专心做他的学术。除了2016年主编《闽南文化探索》外,前文引述的几部著作,全都冠以"泉州"之名。文集取名"泉州文史类稿",打头的还是"泉州"二字。

1915年,金门建县。文集收录有关金门文史的文章特别多,而且常常笔带深情,多有发现。笃彬先生还有另外一个身份:福建省金门同胞联谊会会长(第八届、第九届,2013—2023年)。他对金门的历史文化特别熟悉,情有独钟。笃彬先生对泉州的热爱,对祖籍地金门的热爱,甚至可以说是大爱!热爱泉州、热爱金门,热爱研究对象,是笃彬先生研究的特点,也是这部书的最大特点。

笃彬先生是一位很传统的学者,文集分为泉州文化、泉州人物、泉台关系和序言杂文等辑,每辑之下收文若干篇。初看各篇的题目似乎平平,甚至有点老旧。所论无非书院、会馆、科举、著作,人物无非是苏颂、李贽、弘一法师,不哗众取宠。笃彬先生文章的部分是"老题目",却不是老面孔,不是老内容。面对老题目,他有新思考,搜集新资料,重新排比、引证、论述,得出新结论。金门历代到底出多少进士?从清光绪《金门志》起,到民国《金门县志》,乃至当代金门县续修各版《金门县志》,两岸学者十数种专著、数不清的论文,都不断探讨这个问题,结论五花八门,差别很大,笃彬先生《金门历代进士考证》一文发表之前,金门历代进士人数没有一个可信的结论。笃彬先生这篇论文,首先区分文、武进士。他还提出考察一地的进士,应从户贯(户籍所在地)和乡贯(籍贯)两个方面着手。原籍在金门,移居他地,入籍他县他乡,和户籍始终在金门的士子,应当分开统计。方志的载述,往往把已经入籍他县他乡而取得功名的士子,也一一入本地之志,金门方志如此,其他方志也如此,这是方志的普遍做法。方志重载述,没有数字统计,后人往往据方志载述进行统计,混淆户贯与乡贯,将户贯、乡贯合并统计。如果各地都依据方志统计各自的进士(举人)人数,一个县、一个府、一个省的进士(举人)总人数肯定大大超过实际科第人数。笃彬先生经过非常细致的考订,得出新的结论:"900多年间金门一共产生了53名进士(包括3名武进士),其中户贯在金门的有30人,乡贯为金门、户贯在外的有23人。"就是说,籍贯金门、户籍所在地也在金门,中进士的只有30人。这是一个实事求是的新结论。这一严谨的结论,可供将来编纂新版《金门县志》采纳。

笃彬先生也很重视乡贯为金门、户贯在外的进士研究。在他的统计中,此类进士晋江7人,漳州6人,集中有《七位晋江进士的晋金情》《明代六位漳州进士的金门缘》《"五桂联芳,八鲤渡江"中的南安石井黄氏兄弟》《晚明社会问题的折射——黄华秀奏疏考论》等数篇文章讨论原籍金门、入了他籍的进士们的金门情缘,毕竟,金门是他们的原乡,金门有他们祖上的坟茔。昔年读《恬庵遗稿》,万历进士蒋孟育(户贯龙溪,乡贯金门),父卒于南靖,他千方百计护送灵柩回金门,也是一个例子。集中还有《徙居福州的许盛后裔中的科第人物》等文,述论乡贯金门入福州籍成进士者4人,亦前人所未揭示。

"以小见大",这种史学研究方法,近期备受关注和读者欢迎,哈佛大学费正清研究中心主任宋怡明教授《实践中的宗族》《被统治的艺术》(均有中译本)等著作为其代表。泉州,在福建是个大城市,在全国只能算二三线城市。金门古称浯州,属泉州府同安县。从区划看,写泉州的文章,相对省域来说是小题目,比起写华南华北、比起写全中国的题目是更小的题目了,而金门的题目,则是小之又小。笃彬先生此书,也是以小见大,以小题目见其大视野。笃彬先生研究泉州文史,是在中国历史的大背景之下进行的,是在闽南文化乃至华南文化的大背景进行的,是在闽海特殊的地理环境下进行的,各篇题目看起来有点小,但是集合各篇,看全书,则见其视野之大。宋元时期,泉州是东方第一大港,2021年,世界遗产委员会将"泉州:宋元中国的世界海洋商贸中心"列入《世界遗产名录》,不用说,专家们的诠释偏重于泉州的海上交通、泉州的海上贸易,笃彬先生独出机杼,从泉州文化加以解释,从《四库全书》所收宋代泉州人著作入手,指出泉州经商带动泉州教育,而教育水准的提高,又为泉州海洋贸易打下文化基础。泉州是个多元文化的城市,泉州既是朱子过化之地,又具有面向海洋的文化传统。泉州地少人多,单一的农耕养活不了数百万泉州人,所以何乔远说"海,闽人田也",泉州人必须从海上找出路。李贽说过,泉州知府,应当请海盗林道乾来做,因为林氏懂得海上贸易,泉州人才有出路。文集中有几篇泉州人与利玛窦交往的文章,泉州人对西方的先进科学技术,并不排斥。

朱熹一出仕即任同安县主簿,泉州无疑是朱子理学的重镇,在朱子之学影响下,明代泉州出现蔡清等大儒,这是一方面,另一方面,泉州人对阳明心学的接受程度,似乎超过福州、兴化等府。笃彬先生《阳明心学对明代泉州的影响》一文,以丘养浩、王慎中、李贽、苏濬、刘鳞长等为例论述之。除了上述数位学人,我们还可以举出例如蔡献臣(金门人),中年之后由"专朱"转向阳明心学,他仕浙之时,倾心阳明"致良知"学说,态度十分坚定。讨论阳明心学与对泉人的影响,看似也是小题目,其实阳明心学的兴起对明代中后期的整个中国思想史、哲学史的影响却是一个大题目。

泉州文化,属于地域文化。如果就地域研究地域,格局小;如果研究地域文化时能联系到更大甚至是整个中国的某一时代的背景,以大视野审视之,气局也就大。笃彬先生《李亦园先生的泉州学新视野》一文,论及"小文化与大文化的结合",以为泉州的文化研究拓展延伸,境域宽广;论及"小传统与大传统的结合",即社会上层士绅和知识分子所代表的大传统和一般民众所代表的小传统。"大视野",也是本书努力的方向,或者说是本书的另一个特色。

上文说的某学报主编赞赏笃彬先生的文章很扎实,我的认识是,笃彬先生文献功夫扎实,言必有据,引证必有出处。不发空疏议论,不作无根之谈。历代金门进士(含户贯在外而乡贯在金门者)53人,笃彬先生逐一考证、逐一排比,每位都引光绪《金门志》等八部志书证明,即每位8条材料,即使不计其他旁证材料,总计已经超过400条。其中甘苦、冷暖,难为局外人道也。集中许多文章,也都是和此文一样,无一不从基础的文献入手。《金门历代进士考证》等文,以列表的形式对各志书进行比较研究,读者一目了然。司马迁《史记》130篇,其中表有10篇。列表是撰写历史著作或论文很常见的一种方法,笃彬先生运用娴熟。笃彬先生还很注意数字的统计,而且力求数字的精确,使文章更见说服力。

笃彬先生藏书过万，基本文史书籍、工具书之外，尽力搜集泉州特别是金门的文史资料，他藏有各种版本的金门方志，最近又网罗金门村史数十种。笃彬先生勤于读书，书斋名"四读"，本人孤陋寡闻，未闻其"四读"所详，大概只知道当前阅读教学有所谓"四读法"，即阅读、熟读、悟读、化读。试以"四读法"释《四读阁集》，私以为笃彬先生文史研究，由阅读而到熟读，由熟而能悟，由悟而入化。"化读"，是"四读"的最高境界。因为"化"，学有心得；因为"化"，而能发明发现问题；因为"化"，而能深入分析问题，进而解决问题，提出新见解，发前人所未发。本人的揣度臆测，假如与笃彬先生本意有异，或可请备一说。

　　自古泉州多才俊，自古移居泉州的金门阳翟陈氏子孙多才俊：已故文史专家陈泗东先生、原光明日报出版社社长陈清泉先生、原东南大学校长陈笃信先生、原中国青年报总编陈小川先生……不胜枚举，笃彬先生亦是其中之一。为吾泉、吾金阳翟陈氏家族笃彬先生著作出版大声鼓掌！

陈庆元

2024年1月4日于

福州烟山南麓华庐

目　　录

◎ 泉州文化

泉州古代书院述评 …………………………………………… 2
关于泉州古代科举研究 ……………………………………… 11
李亦园先生的泉州学新视野 ………………………………… 18
泉州古代四大书院探略 ……………………………………… 21
金门历代进士考证 …………………………………………… 33
利玛窦与金门科第人物的交游 ……………………………… 60
北京泉州会馆考证 …………………………………………… 72
泉州南外宗正司宗子进士研究 ……………………………… 86
晚明中西文化碰撞的缩影
　　——泉州科第人物与利玛窦的交游 …………………… 110
"泉南佛国"探源 ……………………………………………… 128
《四库全书》泉人理学著述考论 ……………………………… 145
阳明心学对明代泉州的影响
　　——以丘养浩、王慎中、李贽、苏濬、刘鳞长为例 …… 169
泉州古代易学研究探略 ……………………………………… 186
世遗泉州的别样解读
　　——《四库全书》宋代泉人著述考论 …………………… 201

◎ 泉州人物

俞大猷任职金门行迹考 ……………………………………… 227
"五桂联芳,八鲤渡江"中的南安石井黄氏兄弟 ……………… 239
晚明中西文化的别样碰撞
　　——当李贽遇上利玛窦 ………………………………… 255

七位晋江进士的晋金情 ………………………………………… 266
明代六位漳州进士的金门缘 ……………………………………… 278
晚明泰州学派的左右之辩
　　——论李贽与耿定向的论争 ……………………………… 289
秉性端方、行谊笃实的三省提学陈桂洲 ………………………… 309
宁折不弯的晚明进步思想家李贽论略 …………………………… 321
念佛不忘救国　救国不忘念佛
　　——1938年初弘一大师泉州弘法护国活动纪略 ………… 339
曾氏井泉千古冽，蒲侯心地一般清
　　——蒲寿晟任职梅州行迹考 ……………………………… 345
"四库三书"李贽著述考论 ………………………………………… 356
阳明后学刘鳞长与《浙学宗传》论略 …………………………… 379
晚明社会问题的折射
　　——黄华秀奏疏考论 ……………………………………… 393
清代泉州进士龚显曾乡试会试朱卷考释 ………………………… 412
略论苏颂的藏书、读书和著书 …………………………………… 430

⊙ 泉台关系

北京泉州会馆的泉台缘 …………………………………………… 449
清代泉人涉台著述述评 …………………………………………… 462
清代泉人与台湾志书的编纂 ……………………………………… 479
清代泉州与台湾儒学教育的发展 ………………………………… 497
清代金门涉台著述述评 …………………………………………… 514
兴教修志，闽台文教交流的先驱郑兼才考略 …………………… 532
菽庄吟社核心人物十八子之泉州吟侣考略 ……………………… 548
鹿港之泉郊与泉郊会馆考论 ……………………………………… 564
清代提督福建台澎挂印总兵官曾玉明墓志铭诠释 ……………… 580

⊙ 序言杂文

《泉州历史上的人与事》自序 …………………………………… 597
《弘一大师在泉州》自序 ………………………………………… 599
《泉州学概论》序 ………………………………………………… 602

《闽南文化探索:福建省金门同胞联谊会成立三十周年
　暨闽南文化学术研讨会论文集》序言 ………………………… 604
《叶青眼居士散佚文稿》后序 …………………………………… 606
通政巷与金门青屿张氏家族的渊源 ……………………………… 609
探花宰相林釬的金漳情 …………………………………………… 611
蜚声民国闽南诗坛的爱国诗人杨昌国 …………………………… 613
性至孝悌,献身闽台教育事业的杨滨海 ………………………… 616
"一府二鹿三艋舺"中的金门会馆 ……………………………… 619
生而为书,死亦为书的中华文脉守护者
　——记清代泉州著名藏书家、目录学家黄虞稷 ……………… 622
清代福州三位父子祖孙科第人物的金门缘 ……………………… 626
泉州古代丰硕的著述 ……………………………………………… 629
誉满闽台的一代宗师吕世宜 ……………………………………… 632
金门历史上的最后一位进士李景铭 ……………………………… 635
读书乐——李贽的读书观 ………………………………………… 640
徙居福州的许盛后裔中的科第人物 ……………………………… 642
缘自金门的泉州平水庙陈氏家族
　——《浯江陈母墓志》解读 …………………………………… 645

后　　记 ……………………………………………………………… 649

泉州文化

泉州古代书院述评

　　书院是中国封建社会特有的一种教育组织形式,是介于私学和官学之间的一种教学与学术研究相结合的特殊教育机构。书院起源于唐代,最初是朝廷收藏和校勘图书的地方,而书院制度的确立则在宋代。从唐代至清末,书院存在了一千多年。在这一漫长的历史时期中,书院在政治上和教育上都有其重要的地位,对中国封建时期的教育发展和学术繁荣产生过相当重要的影响,是中国文化史的一个重要方面。有关书院的研究成果已蔚为大观,以至逐渐形成了"书院学"。

　　古代泉州是福建乃至全国书院制度颇为兴盛的一个地区,尽管同全国一些书院制度发达的地区相比较,泉州书院制度的诞生在时间上稍为落后,但是当它出现于泉州大地之后,却以更快的速度和更大的发展规模展现于世人面前。

　　泉州的书院肇始于唐末。唐代泉州社会经济的不断发展,既向教育的发展提出了新的要求,同时又为其累积了必要的物质基础,构成了书院形成的巨大推动力;地方官员积极倡学,掀起了几次兴学运动,使泉州民间对教育日趋重视与追求;官学的不发达,为私学的发展提供了更大的空间。在此背景下,泉州的教育事业逐渐兴盛起来,包括书院在内的各种形式的私学,日趋发达,并成为当时社会居主导地位的教育组织。唐末至五代,泉州即出现了几所书院,如唐昭宗景福年间南安石井的杨林书院,以及晋江的集贤书院、张九宗书院等。这些私人创建的书院,基本上都是读书人自己读书治学的地方,并非授徒肄业的教育机构,与宋代那种作为授徒讲学的书院有本质上的差别。但是入宋以后,泉州那些授徒讲学式的书院,主要正是发端于这类私人读书之所。如杨林书院,唐末时不过是杨肃的书舍,到了宋代则发展为一所授徒讲学的书院,且直接沿用了唐代的书院名称。同时,宋代书院作为一种教育组织,兼具祭祀、藏书等多种功能,又具有依傍山林而建、重视个人自学研究等办学特点,这些功能和特点在唐代时已开始形成。

宋代是泉州书院的初盛时期。泉州书院的起源与名称虽可以追溯到唐代,但书院制度的建立则是在宋代,严格地说是在南宋时期。北宋时期政府重视官学,积极倡办府学、县学,没能为书院的发展留下多大的空间。因此,泉州的书院并没有在唐末五代已有的基础上大批地发展起来。进入南宋以后,官学的困顿,理学发展的影响,特别是朱熹泉州讲学的直接推动,加上社会经济的进一步发展,使授徒讲学的书院在泉州应运而生,日益兴盛。南宋时期泉州境内先后建有十二所书院,其中较为著名的有:建于嘉定四年(1211)的晋江安海石井书院,郡守赵宗正于咸淳三年(1267)建于府治行春门外的泉山书院,建于嘉定三年(1210)的南安石井杨林书院,绍兴年间朱熹创建于府城城隍庙旁的小山丛竹书院,朱熹与傅自得创建于南安丰州的九日山书院,永春名士陈知柔于绍兴十一年(1141)建于永春达埔的岩峰书院。除此以外,尚有府城的清源书院,安溪县治的凤山书院,惠安螺山的龙山书院,惠安科山的科山书院,金门燕南山的燕南书院,同安县城的文公书院。可见除德化县外,泉州所属各县,此时都至少建有一所书院,反映出这期间书院发展的巨大生命力,也使泉州在南宋迅速成为福建书院发展最为兴盛的地区之一。

元代初期的泉州,由于宋元争夺泉州港的斗争,社会经济遭受较为严重的破坏,书院的生存环境一度受到严重的影响,一些与抗元斗争有直接关系的书院则首当其冲,遭到了无情的洗劫。例如吕大奎讲学的杨林书院以及主要培养赵宋宗室子弟的清源书院,都在元兵进入泉州后遭到不同程度的毁坏。但是由于元朝统治者对书院采取的基本上是倡办的政策,不仅鼓励创立书院,而且还采取一系列措施扶持书院的发展,如为书院赐额,设立专门的官员,拨给经费,规定书院肄业的学生可由地方官荐举担任官吏等。由于书院制度自南宋以来的存续,已充分显示出其特有的魅力,得到了社会的广泛认同,也由于入元以后泉州社会经济进一步发展,泉州港一跃而成为东方著名大港,为书院发展提供了经济基础。因此,元代的泉州不仅将宋代的书院大部分保存下来,而且还新建了两所书院,即同安的大同书院和金门的浯洲书院。在这两所书院中,以大同书院的知名度最高,影响也最大。大同书院原名文公书院,至正十年(1350)同安县令孔公俊建,朝廷赐额。这所书院既是当时泉州著名的一所书院,也是当时福建比较著名的一所书院。元末统治阶级内讧,兵祸连连,泉州社会长期动荡不定,包括石井书院在内的一些书院都在这期间被毁废,泉州书院再度走向衰颓。

明代二百七十多年,泉州书院的发展历经了一个较为曲折的过程。明代前期自洪武至成化一百多年间,朝廷重视官学,对书院态度冷淡,地方官员把注意力放在兴办官学方面,儒家学者多被吸收到官学讲学,而一般士子也因官学待遇优厚,科举前程荣崇,再加上有多种途径获得仕进之机,对私人讲学的书院兴趣不大,使泉州的书院发展处于沉寂状态。进入明代成化年间(1465—1487)以后,官学问题重重,教育空疏,统治阶级也逐渐意识到这些问题,转而扶持书院的发展。而王阳明"心学"的出现,使南宋末年以来一直居于统治地位的程朱理学遇到了挑战,泉州有相当一些朱子理学信徒,如张岳、蔡清、林希元、陈琛等,企图借助书院这一阵地,阐明朱熹的"义理"要义,维护朱熹的"正学"地位,抵制和排斥"王学"的影响。因此,泉州书院的发展出现重大转折,开始再度兴盛,各地出现了兴办书院的热潮,并在嘉靖年间达到了最高潮。明代泉州共新建了二十所书院,较为著名的有:嘉靖八年(1529)由福建提学副使郭持平、泉州知府顾可久、晋江知县钱梗等人创办于府治东北执节坊梅花石古迹东侧的一峰书院;成化十八年(1482)运判张庸建于清源山五台峰右侧虎岩的欧阳书院,嘉靖元年(1522)泉州进士顾珀建于清源山泰嘉岩的新山书院,万历年间(1573—1620)何乔远建于清源山赐恩岩下南麓后茂村的休山书院,亦称镜山书院;隆庆三年(1569)知府朱炳如建于清源山巢云岩的巢云书院;正德年间(1506—1521)晋江名儒洪天馨创办于华表山草庵殿内的龙泉书院;正德十六年(1521)安溪知县龚颖建于安溪县治西凤山的凤山书院,又称考亭书院;嘉靖三年(1524)永春知县柴镰建于十四都留湾的永春文公书院。此外的十二所书院分别为:嘉靖八年(1529)晋江县令钱梗建于石狮龟湖的南塘书院;成化年间建于晋江永宁的鳌水书院;嘉靖年间安溪知县黄怿建于安溪县学东面的紫阳书院;嘉靖三十五年(1556)安溪知县王渐造建于安溪县治的养正书院;景泰五年(1454)安溪知县李清建于县学前溪畔的丁溪书院;嘉靖年间德化知县许仁建于县治西的紫阳书院,嘉靖二十六年(1547)德化知县绪东山建于县治南丁溪西岸的丁溪书院,嘉靖四十年(1561)德化知县张大纲建于德化龙浔山麓的龙浔书院;嘉靖年间(1522—1566)南安进士傅阳明辞官归家后建于丰州桃源的五桂堂书院,明末南安罗东人潘鲁泉建于罗东厚阳的孔泉书院;崇祯年间(1628—1644)惠安知县赵玉成建于惠安县治的文发书院;嘉靖年间(1522—1566)戚继光建于同安的鳌江书院。

与此同时,明代中期以后,泉州各地对宋元时期所建的一些书院也开始进行或重建或修葺或扩建,尤其是南宋所建的几所著名书院,如石井书院、泉山书院、同安文公书院、小山丛竹书院、杨林书院等,都进行了程度不一的续修。这些续修的书院加上新建的书院,使明代泉州的书院在数量上大大超过宋元时期。不过,从嘉靖年间开始,明政府四次禁毁全国书院的举动,加上倭寇肆虐东南沿海地区几十年,使泉州的书院在迅猛发展的同时,再度遭遇困顿,相当部分的书院陆续遭到毁废,如一峰书院、小山书院、石井书院、新山书院、安溪养正书院、凤山书院、永春文公书院等,都在倭寇肆虐期间被毁废。

清代初期,朝廷对书院采取抑制政策,甚至禁止民间创立书院,加上沿海"迁界"对整个教育环境造成的严重破坏,故在清朝开国的九十年间,即自顺治元年(1644)至雍正十一年(1733),泉州虽偶有修复书院之举,但就总体上看,除部分书院尚能保存外,大部分书院都因政府不支持或"迁界"而荒废了。这使明末已开始步向低落的泉州书院,在入清以后相当一个时期继续处于低迷状态。进入雍正年间以后,清统治者意识到可以利用书院为维护封建统治服务,逐步改变了对书院的政策,由原先的消极抑制措施,代之以正面鼓励和强化控制的政策,调动了地方创建书院的积极性。泉州的书院由此再度进入一个新的发展时期,逐渐形成一股新的创建热潮,并在乾隆年间达到高潮。不仅府县官员积极创建新书院,修复旧书院,而且地方士绅也热情参与其中,民间创办书院的传统在新的时代条件下进一步发扬。终清一代,泉州仅新建书院即达三十七所,数量之多已超出宋、元、明三代所建书院的总和。在清代创建的三十七所书院中,较为著名的有光绪十年(1884)建于府治东南隅释仔山的崇正书院,也是泉州城内保留至清末的三所书院之一。乾隆二十年(1755)南安知县邵召南创建于南安邑治丰州的丰州书院,光绪十六年(1890)南安诗山乡绅建于诗山镇山头街东岳庙后的诗山书院;康熙四十八年(1709)惠安知县钱济世建于惠安县署右侧的螺阳书院,道光七年(1827)惠安县府创建于惠安县城东门外的文峰书院;康熙末年安溪知县曾之传建于安溪县城城隍庙东侧的考亭书院;乾隆三十一年(1766)永春知县嘉谟建于永春五里街尾梅峰南麓的梅峰书院;康熙二十八年(1689)德化知县范正辂建于德化县治解阜门内的图南书院;乾隆四十六年(1781)金门县丞欧阳懋德建于金门后埔的浯江书院。除这九所外,其余二十八所书院分别是:雍正六年(1728)晋江知县唐孝本建于晋江县南门外宝觉庵内的宝海庵书院,雍正七年(1729)建于泉州城内而分设于百源庵、承天寺、铁炉铺和奉圣铺等处的泉州正音书院,乾隆年间南安水头乡绅建于水头镇五里桥西的观海书院;雍正七年(1729)建于南安县治丰州的南安正音书院,乾隆四十年(1775)邑庠生黄叔桃创建于南安罗东埔头的芸圃书院;乾隆年间南安小眉山乡绅倡建于当地的秀峰岩书院,光绪元年(1875)南安金淘乡绅所建的金淘书院,清代中叶南安罗东高塘乡绅所建的池后书院,光绪年间南安丰州溪口乡绅所建的双溪书院;雍正七年(1729)奉旨成立的惠安正音书院;雍正七年(1729)奉诏设立的安溪正音书院;同治三年(1864)永春知县翁学本建于永春环翠亭左的鹏山书院,同治十一年(1872)永春知县向焘建于永春蓬壶陈坂的怀古书院,同治年间永春人林天德、林祖龄等建于永春桂洋的梯山书院,乾隆元年(1736)建于永春县治文公祠内的永春正音书院;乾隆三年(1738)德化知县黄南春建于县治东岳庙后的云龙书院,乾隆五十五年(1790)德化举人刘鹏霄、苏文华等建于德化赤水的狮峰书院,光绪元年(1875)举人苏允慕等建于德化赤水的锦溪书院,乾隆十一年(1746)德化知县鲁鼎梅建于德化瑶市的瑶台书院,雍正七年(1729)奉旨设立于凤翥山麓的德化正音书院;建于金门沙尾,建院具体年代无考的金门金山书院,乾隆二十七年(1762)同安人黄涛建于同安的华圃书院,乾隆二年(1737)同安知县唐孝本建于县治东的同安双溪书院,乾隆十六年(1751)分巡道白瀛建于同安的玉屏书院,雍正二年(1724)建于同安的紫阳书院,乾隆十一年同安知县张荃建于同安凤山的凤山书院;乾隆十一年(1746)知县张荃建于同安马巷的舫山书院,雍正七年(1729)奉旨设立于同安县治文公祠内的同安正音书院。在这新建的三十七所书院中,由知府、知县创办的就有二十六所。伴随着新建书院热潮的兴起,清代泉州各地对前代的不少书院也进行了重建或修复,尤其是前代一些较有影响的书院,如清源书院、泉山书院、小山丛竹书院、一峰(梅石)书院、石井书院、杨林书院、同安文公书院、永春文公书院等,入清以后有的移址重建,有的多次修复,续修后的规模有的甚至比原来更大,也更为宏伟壮观。尽管有些续修的书院后来又因各种原因再度毁废,但也有相当部分一直保留至清末。这些续修的书院加上新建的书院,使清代泉州的书院数量蔚为可观,也成为泉州教育的一个重要组成部分。清末废科举后,书院才告消失,或停办或改办为新式学堂。

自唐末至清末,泉州历代共建有书院七十三所,其中唐代三所,宋代十一所,元代二所,明代二十所,清代三十七所。从地域上看,分布于晋江县

（含府治）十八所，南安县十三所，惠安县六所，安溪县七所，永春县七所，德化县九所，同安县十所，金门县三所。这些书院有官办，有民办，民办书院的比重在明代以后日趋缩小，官办书院的比重则越来越大。就规模而言，历代各书院大小不等，大者拥有房舍几十间，生徒几百人；小的则仅有房三五间，生徒一二十人。就经费来源而言，有完全由官府拨给，有完全由民间筹措，有主要由官府拨给而辅之以民间捐助，亦有主要由民间筹措而辅之以官府资助，因而不尽相同。

　　从书院的建筑规制来看，古代书院作为一种教育机构，是士子和学者读书、修行、讲学、吟咏、著述、休憩和崇祀先圣先贤的场所，为适应自身各项活动的需要，更有效地发挥其教学教育与学术研究功能，它在建筑方面有不少讲究。首先是注重院址选择。历代的书院往往建于本地区一些风景优美的"风水宝地"，这既受到佛老寺观、道观择址的影响与启发，又与自身的活动特点及所要发挥的功能密切相关。如建于清源山南麓的镜山书院、新山书院、欧阳书院，九日山南麓的九日山书院，杨子山南麓的杨林书院，惠安的科山书院，永春留湾的文公书院，安溪的凤山书院，南安的诗山书院等，都是远离闹市喧嚣的山林名胜之地，地势高耸，视野旷达，青山做背，绿水环绕，茂林修竹，交相掩映，奇花异草，点缀其中，令人徜徉其中而流连忘返。不少书院虽建于府城及各县县治，但大多不在闹市，而且环境亦优美。其次是整体布局相当考究，形成一定的建筑规制。一般而言，书院的建筑有祭祀用的祠堂，有讲学用的讲堂，有食宿用的斋舍，有藏书用的藏书楼，还有休憩用的亭、榭，以及起某种装饰及环境保护作用的仪门、围墙等。这里值得一提的是祠堂，又称礼殿。书院建祠堂行祭祀礼，这既是书院的主要活动内容之一，又是书院对生徒进行教育的一种重要措施。自有书院之日起，书院的祭祀活动即已出现，南宋以后更为盛行。稍有规模的书院往往都设有专祠，实在不得已，也得在书院内部辟个地方，奉上祭祀对象，供师生祭祀。由于泉州乃是朱熹过化之地，泉州书院在南宋时期的初盛同朱熹有着极为密切的关系，或朱熹亲自创建，或为纪念朱熹而建，因而历代各书院，始终以朱嘉为主祀对象，即使在明代王阳明学说盛行之时，仍是独尊朱熹。除把朱熹作为共同主祀的对象外，泉州的书院往往还把一些或曾在书院讲学的名师，或对书院复兴、扩建有贡献的人物，或本地区名儒，或在当地享誉很高的有气节的人物做配祀，激励后人继承遗教，学习其高风亮节。例如诗山书院配祀欧阳詹，石井书院配祀朱熹之父朱松，一峰书院配祀罗一峰，安溪紫阳书院配祀宋代安溪县尹陈宓、主簿陈淳,同安文公书院配祀乡贤许獬及水头的吕大奎等。

从书院的组织管理来看,泉州历代书院的基本特点是机构简单,管理人员不多。书院的管理人员主要有山长、斋长、司账、院丁。山长是书院的主持人,掌管院务,大多由名流宿儒担任,如明代一峰书院的王宣、张岳,清代清源书院的吴增,梅石书院的陈寿祺,石井书院的陈繁仁等。斋长之设源于宋代,清代普遍成为规制,斋长由山长从生徒中选拔优秀者担任,主要职能是协助山长督视生徒的课业情况。司账专管书院的一切收支、修整部署诸事务。院丁亦属专职管理人员,主要职能为启闭、洒扫书院,日间看顾,夜晚提铃巡守。在管理制度上,自南宋时期泉州开始大量创建书院起,书院制度也随之形成,明清时期则日趋严密。书院大多订有"条规"或"章程"作为"院规",对本院的生徒选择、山长选任、经费管理、课程内容、考课方法等一系列重大事宜做出明确的规定,作为书院各项活动的基本准则。此外,书院还有一些具体的管理制度,如学规学约。书院的学规是书院教育的总方针,它规定书院的培养目标、进德和为学的基本要求和标准,以及学生在书院生活的一些基本守则。朱熹制定的"白鹿洞书院学规",是南宋以后泉州各书院共同依据的总学规,各书院均以此为基础,参照自身的实际情况,制定出更为具体的学规学约,作为生徒的行为规范,强调要求严格遵行。清代诗山书院所订的《课规十则》,是清代泉州书院一份比较完整的"学生守则",比较集中地反映出泉州古代书院学规的基本内涵,颇有代表性。

从书院的教学活动来看,古代书院与一般官学和私学均有较大不同,有不少突出的特点。在学制的设置上,书院没有固定的学制,生徒的学习期限具有很大的弹性。在教学的内容上,书院以朱熹等理学家所提倡的儒家经典和史传为主要教材,而朱熹等理学大师的著作、讲义、语录、注疏等,也都是重要的读物,书院根据生徒的实际情况,遵循循序渐进的原则,分阶段使用这些教材,由浅入深,由简而繁,由易到难,进度可快可慢。在教育方法上,书院具有注重自学,提倡自由论证,问难论辩,会友讲习,相互切磋,教学相长等特点。教师虽然也做讲授,但时间有限,大多只是提纲挈领,然后由生徒根据内容的深浅自己体会,在学习的过程中发现并提出问题。针对疑难,既由教师进行解答,更鼓励生徒相互探讨、争辩,发表不同的见解,以此激发生徒的学习兴趣。学术研究与教学相结合也是书院教学制度的一个突出特点及精华所在。泉州历史上有名的书院,大多既是当时一方教育活动的中心,又是著名学者探讨学术的圣地。书院的创建者或主持人,大多是当时一方有名的学者,他们又多为书院的主讲,往往把理学研究和讲授结合在一起,讲授的内容就是自己的研究成果,在讲学过程中又对研究成果进行完善和充实,并争取得到社会承认。南宋的朱熹、陈知柔、傅自得,明代的何乔远、张岳、顾珀、王宣等人都是这样的一些人。书院有时还聘请名儒来院讲学,由某一讲授者对某一问题进行讲解,同时也允许其他人进行辩驳,或发挥一个学派的精义,或辨析不同学派之间的异同。这种学术性的讲学活动的开展,有利于教学质量的提高,也为书院赢得了声誉。明清时期,随着科举这张网越织越大,书院与科举的关系日趋密切,反映在教学上则是考课越来越频繁,日趋制度化。生徒要逐月参加考试,考试成绩划分等级,按等级分别给予奖金,成绩优等者与府县学生员具有同等参加举人、进士考试的条件。这些做法不能不在相当程度上销蚀书院原来最具特色的教学活动。

  从书院的社会影响来看,颇具特色的书院制度在泉州延续了一千多年,对古代泉州社会的影响颇为深远,突出体现在:一是促进了古代泉州文化教育事业的发展。自唐代开始,泉州的文化教育逐渐兴盛起来,历经宋、元、明、清而一直呈现出较为繁荣的局面。这一局面的维持与书院的存在有相当密切的关系。如果注意到这样一种事实,即古代泉州书院发展和繁荣的时期,也正是古代泉州文化教育发展和繁荣的时期,那么书院对文化教育的促进作用就显而易见了。简言之,古代泉州文化教育的繁荣与书院的繁荣相伴相随。书院的兴起本身是繁荣文化教育的客观要求,而书院的兴盛反过来进一步推动了文化教育的发展。二是为封建社会和国家培养了大批人才。书院之设,无论是以讲学为重,还是以考课为主,基本宗旨都是为封建社会和国家培养有用的人才。而书院在其存在的一千多年里,的确也在相当程度上满足了社会的这种要求。古代泉州的许多书院,尤其是那些有一定规模的书院,规制较为完备,基本设施较好,环境优美,加上有名师鸿儒掌教,办学质量较高,在社会上享有相当高的声誉,具有很大的吸引力,四方士子纷纷前来求学。古代泉州人才辈出,与包括书院在内的整个教育事业的发展有直接的重要关系。自唐代至清代,泉州登科举、载志书的人多达六千多人,其中进士二千四百多人。这些人物在历史的进程中,在哲学、文学、军事、科学、政治等方面做出了不可磨灭的贡献。在这些出类拔萃的人才中,有不少曾肄业于书院。三是成为泉州社会道德"教化"的重要基地。书院之设,原就是以道德"教化"为基本宗旨之一。自朱熹在泉州倡建书院至清末泉州书院的继续创办，书院的创建者与掌教者无不把道德"教化"作为重要的追求目标。从书院的教学内容，到书院的章程、条规、学规，书院的祭祀对象，以至书院的碑记、楹联、匾额等，道德教化的用意是很清楚的。这些教化措施深深地影响着一代又一代的书院生徒，对他们人格的锻造，情操的陶冶，人生观与价值观的形成，无不发生了重大的影响。而且这些价值观念通过书院的学子发散而出，弥散于泉州社会，对整个社会意识的改变，社会风气的扭转，社会道德的进步，同样发生着深刻的影响。可以说，历史上积淀下来的泉州人的许多优良品格，追根溯源与大量书院长期的教化有着不小关系。四是促进了社会捐资办学的优良传统的形成。社会各界积极捐资办教育事业，这是泉州社会令人瞩目的一种优良传统。在这一传统的形成过程中，书院曾起过不小的作用。一代又一代的泉州人以兴学育才为己任，踊跃捐资于书院，使很多的泉州古代书院得以创办并存续下来。如清源书院、一峰书院、石井书院、丰州书院、螺阳书院、诗山书院、浯江书院等，在其创建和存续的过程中，都曾得到过大量的社会捐资。正是数额巨大的社会捐资，在相当程度上支撑着古代泉州的书院教育。可以说，泉州古代书院对促进社会捐资办学优良传统的形成做出了突出的贡献。

  古代泉州的书院，不仅对泉州教育与社会发生了深刻的影响，而且它在历史中所积淀的许多经验，对于今天如何办好各级各类学校，也留下不少颇为有益的启示。

  （原载《泉州文史资料》新第 23 辑，2004 年，合作者苏黎明）

关于泉州古代科举研究

作为一座名不虚传的历史文化名城,泉州的历史文化积淀深厚,多彩多姿,有许多值得研究的东西,古代科举就是其中之一。因为从唐代至清1000多年的漫长岁月中,如果说有什么东西能长期引起泉州社会各界普遍的浓厚兴趣,那么科举无疑是其中最为重要的关注点之一。当代的泉州人,如果说对古代泉州社会依然有一些值得津津乐道的,那么科举无疑也是其中最为重要的话题之一。

科举是中国封建社会自隋代至清代一种选拔官吏的基本制度,这种独特的选官制度,自20世纪80年代以来,开始引起国外不少学者的兴趣,他们曾从不同角度做过研究,并有一些成果问世。从国内的现状来看,有关科举的研究已较为系统和深入,研究成果亦已蔚为大观,以至逐渐形成了所谓"科举学"。不过,以往的科举研究较集中于全国科举的总体研究,区域性或地方性的科举研究虽然也有,但有关福建科举研究的专著还是空白。就泉州而言,对古代泉州历史文化的研究,不少方面已颇为深入,但对泉州古代科举的研究却不多,偶有涉及,也只是对某些个案的研究,至今尚未有比较系统的深入研究,因此也没有较有分量的研究成果面世,包括专著或论文等。可以说,这方面的研究迄今为止基本上仍是空白。

因此,去年秋天,我们向泉州市社会科学联合会申报了"泉州古代科举"这样一项科研课题,获得认可并得到了资助。这也是我们继"泉州古代书院"之后,对古代泉州历史文化的又一项专题研究。尽管我们明白,这项课题本身具有特定的地域局限性,而研究的结果无论如何,也不可能产生多大轰动效应,但我们依然对此怀有浓厚的兴趣,因为正如泉州古代书院一样,这毕竟是家乡历史的一个组成部分,是一段影响极其深刻的难以磨灭的历史,它在泉州教育史、文化史上同样占有独特的地位,是泉州文化教育史上的一个重要方面。仅此一点也就足够了。

当然,历史之所以值得研究,更主要的不在于历史本身,而在于历史留给后人的东西。就泉州古代科举而言,这个问题之所以引发我们的强烈兴趣,理由至少有三:一是让当代的泉州人更好地了解古代泉州,尤其是泉州辉煌的历史文化,使他们进一步认识到,泉州的确地灵人杰,不愧于"海滨邹鲁"的称号,因为这是一个很好的窗口;二是厘清泉州古代科举中的许多云遮雾罩,还历史以真实面目,因为在这个问题上至今仍然存在着种种似是而非的说法;三是从中悟出有关人才选拔与培养的道理,借助历史鉴戒现在与未来,因为这里有不少有益的启示。

千年举业,曾为泉州带来不少荣光。在科举存在的1300多年间,泉州参与其中1100多年,取得了非凡的业绩,进士数量和举人数量均位居福建各府州前列。从唐贞元八年(792)欧阳詹首登进士榜,至清光绪三十一年(1905)废科举,泉州共有进士2454人,其中文进士1808人,特奏名进士492人,武进士154人。明清时期乡试中式者为举人,泉州共有文举人3743名,武举人1277名。这些登科中举者中,名列前茅者为数不少。其中状元8人,即五代的陈逖、黄仁颖,宋代的梁克家、曾从龙,明代的庄际昌、庄安世(武),清代的吴鲁、黄培松(武)。泉州的榜眼特多,计18人。唐有欧阳詹、傅荀,宋有曾会、宋程、石起宗、董洪、陈晋接、陈颂、谢齐石、黄宗旦、黄圭、刘逵,明有黄凤翔、李廷机、杨道宾、史继偕、庄奇显,清有邓启元。泉州的探花也有6人,即宋代杨葆中,明代张瑞图、林釬、陈有纲(武),清代黄贻楫、周自超(武)。泉州府学明伦堂,原来在正前楹中悬挂着朱熹所书"明伦堂"大匾,左右各悬挂"状元宰相"大匾两块,左为梁克家,右为曾从龙。正中第二楹中悬挂蔡清"从祀庙庭"大匾,左右各悬挂"榜眼宰相"大匾两块,为明代史继偕和李廷机,再后一楹则挂有"探花宰相"一匾,为明代张瑞图。其他还有"榜眼尚书"匾多方,为明代黄凤翔、杨道宾等人。其他各匾按登第后品级大小排列,如鱼鳞状。又东西两庑各有匾额,一个进士、一个举人均写一直行,一匾写上几十个人的名字,人数甚多。这些匾额乃是泉州人文荟萃的见证,也是展示古代泉州的一种有效的方式。同时,历代出现过许多家庭或家族先后有多人登第的盛况,出现了不少兄弟进士,父子进士,祖孙进士,祖孙三代进士,四代进士,形成不少科第世家,簪缨之族。这里有两个时期最为突出,可谓泉州举业的两个辉煌时期,特别引人注目:一是宋代,曾创下一榜40名进士的纪录。终宋一代,泉州进士人数达到1400多人,不仅位居福建各府州较前列,且在全国也占有一定地位,达到全国进士总数的三十分之一。而且在这些进士中,涌现出一大批在各方面卓有成就的著名人物,在全国有相当影响,可谓群哲嗣兴,冠裳缨绂,科甲蝉联,群星璀璨。借助这些著名的科第人物,泉州的知名度也大大提高,在全国的影响迅速增大。所谓"海滨邹鲁"的美誉,正是在这样的背景下形成的。二是明代。明代的泉州举业,在经历了元代的中落之后,再次达到一个新的高峰,成就不仅可与宋代相媲美,在某些方面甚至超过了宋代,出现过"一科两元五十八举人""一时六相九尚书"的盛况。明代泉州的举人数达1700多名,居福建各府州第二位,解元数占全省的四分之一。至于进士,绝对数量虽比宋代少,共有600多名,占全国的四十分之一左右,但在福建所占的比例却比宋代大,亦跃居福建各府州的第二位,而且取得会元、状元、榜眼、探花、传胪等高科名的人数,也位居福建各府州前茅。同时,在这些科第人物中,又有相当一些在全国颇有知名度的人物。可以说,明代是泉州举业最为风光的时期,故有所谓"人文之盛,甲于闽省"之说,骄人的业绩不仅令世人瞩目,也足以让泉州人引以为豪。这些辉煌,个中的缘由究竟是什么,除了统治阶级的重视,经济地位的不断上升,文化教育的蓬勃发展,社会追求科名的热情持续高涨这些显而易见的因素之外,是否还有一些更深层次的原因在起作用?这些都是很值得研究的。

  对于古代科举制度的评价,传统上基本持贬斥态度,无论教育界或史学界,大多认为科举作为封建王朝选拔官吏的基本制度,作为封建时代知识分子踏上仕途的敲门砖,自宋以后日趋腐败,它以四书五经等儒家经典作为考试的核心内容,明代又形成以八股文为主要的形式,这种做法严重抑制了知识分子聪明才智的发挥,驱使他们为追求科名而成为腐儒。不可否认,科举制度的确具有种种弊端,在培养人才及选拔人才方面存在不小的缺陷与局限,因而具有较大的负面效应。但同样不可否认的是,科举制度本身也有不少可取之处,有不少值得肯定的方面。科举制度通过考试的形式,实行分科考试的办法,以考秀才、考举人和考进士这种层层考试的方式,不断进行淘汰的过程,并辅之以严明的科场规矩,按照考生成绩优劣决定录用与否和任命品位的高低。从人才学的角度来看,科举程序具有相当科学的成分,它始终遵循一个"平等竞争"的信条,这就是"学而优则仕"的统一标准。相较于封建社会其他各种选人、用人制度,科举制度的出现毕竟是一种历史的进步,因而一直为隋代以后的历代封建王朝所承袭。而且从科举制度的实践效果来看,它的确也为封建王朝选拔了大批较有真才实学的官吏。在没有更好的选仕制度能够取代科举制度之前,它的存在就是现实的,因而具有合理性。中国人的这一创举,不仅在中国教育史、文化史上占有重要地位,而且得到西方政治家和社会活动家的充分肯定,早已引起国内外学者的普遍关注,成为一个多学科的学术研究领域。从今天的角度来看,科举制度无论其内容或形式都有一些可供借鉴的东西。就泉州而言,科举对古代泉州社会发展也有相当的正面效应,尤其是在推动古代泉州教育的发展、文化的传播、文明水平的提高、地方知名度的提高等方面,都有不可否认的积极意义。翻开泉州的历史,可以看出,历史上那些颇有建树的著名人物,几乎是科第出身,或与科举结下不解之缘。突出者如政治家曾公亮、梁克家、李廷机、陈庆镛,政治改革家吕惠卿,科学家苏颂,理学家蔡清、张岳、李光地,抗倭名将俞大猷,文学家欧阳詹、王慎中,史学家吕夏卿、何乔远,书法家张瑞图等。所有这些精英,都是科场上的佼佼者,曾在科场上留下不少佳话。他们凭着聪明才智,凭着执着的追求,经过顽强的拼搏、层层的科场淘汰,最后脱颖而出,并最终成为在各方面卓有建树的人物,创造过令人刮目相看的历史,为家乡争得了不少的荣誉,为提高泉州的知名度做出了重大的贡献。可以说,一部泉州古代科举史,几乎也构成一部古代泉州名人史。科举制度的孰是孰非,由此也可窥见一二,至少值得进行深入的研究。

泉州古代科举中需要研究的问题很多,也许首先应当弄清楚:历史上的泉州,究竟有多少举人、进士?多少状元?因为对于这个问题,包括省志、府志、县志、乡镇志以至家族族谱在内的各种史书的记载,存在着不小的差异。这里试举几例:一是《福建通志》、《八闽通志》和《闽书》等志书,所载的泉州历代进士数均不一样,如唐代,《福建通志》载12人,《八闽通志》载7人,而《闽书》则载8人。二是《泉州府志》所载泉州历代进士中,有相当一些在《明清进士题名碑录》、明代《八闽通志》和《闽书》,以及民国《福建通志》等书中,要么找不到名字,要么虽有见载,却载明非泉州籍。这一点在唐、宋、明三代的进士中,体现最为突出。三是泉州各县县志中所载的本县历代进士,有一些在《碑录》及省志、府志亦要么均未见载,要么籍贯不符。如民国《南安县志》所载南安历代进士,比府志多出了20多名,在其他志书中也找不到名字。又如《惠安县志》所载的唐代进士黄讷裕,乾隆《晋江县志》所载的元代进士柯君泽,民国《永春县志》所载的元代状元谢孟等,亦都是如此。四是乡镇志中所载的本地一些进士,府、县志均未见载,更别说在通志及《碑录》中能觅其踪影。典型者如《安海志》所载宋代安海高惠连家族53名进士,据说是泉州人因痛恨高惠连以"私憾"迁府学、击断石笋,导致泉州人才锐减,因而府县志均只列6名,其余47名均不录,然省志同样亦未见载,留下一个谜团。五是泉州各个家族的族谱、祠堂匾额、先祖墓碑及墓志铭等关于祖先中举人、举进士、登状元的一些记载,有不少在其他方志中却很难找到。如泉州蒲氏家族族谱关于蒲寿庚之兄蒲寿晟于元代中状元之说,永春郑氏家族关于元代郑光时举进士之说,凡此等等,不一而足。由于资料来源不一样,于是我们发现,泉州历史上究竟有多少举人,多少进士,至今依然没有一种一致的说法。甚至对泉州历史上有几个状元,人们的见解也有不小的差异,可谓仁者见仁,智者见智,众说纷纭,莫衷一是,也令人如坠五里雾中。实际上,各种不同说法的准确性,只要略加推敲便可发现,都有不少令人值得怀疑之处,因而其可信度是有待考究的。

要基本弄清这些问题,那就得进行认真的研究,而其前提则是必须本着实事求是的精神,这里有一个突出的问题值得注意,这就是:无论是家族谱牒、乡镇志,还是府、州、县志,在记述古代科举人物时,为了证明本地"人杰地灵",往往把一些实际上不属当地的人物拉扯到自己的地盘上,把一些实际上科名不高的人的科名予以提高,甚至把一些根本没有取得过科名的人硬给他们安上一顶科名的桂冠,而根据只不过是某些道听途说,甚至是凭空的想象与推论。这种情况不仅在泉州存在,在全国各地也是一种普遍现象,这是毋庸讳言的事实。这种做法虽然在某种程度上可以激发人们热爱家乡的情绪,却未免有夸张与虚妄之嫌,经不起认真的推敲,实际上令人难以信服,且以讹传讹,对人造成误导。因此,必须以客观的态度,在尽可能占有史料的基础上,对各种志书的记载进行一番梳理,借助相应的佐证材料,对其可靠性进行认真分析与鉴别,去伪存真,尽可能还历史以本来面目。

当然,更加需要研究的,或许是千年科举的影响,这是一个更深层次的问题,也是一个更有意义的问题。千年科举,对泉州社会的影响既深且巨。科举作为一种人才选拔制度,是能否步入仕途的一大关卡,是人生荣辱的分野,是出人头地的界碑。一旦金榜题名,不仅个人身价倍增,命运从此改变,而且家族与乡里也跟着沾光。因此,它具有毋庸置疑的魅力。人们把它当作理想世界的最高主宰,当作心灵王国的奇异灵光,热烈而执着地追求。一代又一代,它曾给许许多多的泉州人带来满腔的希望与充满激情的期待,带来收获时的喜悦与功成名就的欢乐。但是它也曾给许许多多的泉州人留下遗憾与苦涩。因为科举毕竟是条狭窄的小道,是种淘汰率极高的行当,虽然人人可以参加,幸运儿永远只是极少数,考个秀才尚且不容易,何况考上举人或进士。因此,综观泉州千年科举史,曾经有过多少难以名状的酸楚,多少无可奈何的叹息,多少寂寥落寞的伤感,多少刻骨铭心的苦痛。那一幕幕苍凉凄清的画卷,今天读来仍然令人扼腕。千年科举,作为古代泉州社会的一个重要内容,无论带来的是希望失望,还是欢乐痛苦,毕竟给古代泉州社会带来了深刻的影响。它以其独具的内涵,特有的魅力,牵动着古代泉州社会各界的心灵。从繁华的商埠到僻远的乡壤,无论是贵族官吏,富商巨贾,还是平民百姓,村夫农子,无不深受其触动。在古代泉州社会,不仅仅是读书人,而且整个社会的方方面面,从教育、文化、政治、经济,以至社会价值取向、社会风俗习惯,无不深受其影响,无不深深打上其烙印。它渗入古代泉州官吏的政绩追求,改变了古代泉州教育的发展,丰富了古代泉州文化的积淀,塑造了古代泉州社会的价值取向,导致了古代泉州一些风俗习惯的形成,并极大地影响到古代泉州的社会知名度。在科举已离开一个世纪的今天,它的影响仍然依稀可见,那深深的痕迹依然无法完全消弭。那么,科举对古代泉州社会的影响究竟具体表现在哪些方面?这些影响有多深?都很值得加以认真研究。

当然,研究历史是为了鉴戒未来,而恰恰在这个问题上,古代泉州科举同样很值得研究,因为它给我们留下不少有益的启示。千年科举,虽然早已离去,成为历史的回忆;千载科场的风流人物,也早已被风吹雨打去,变得越来越遥远了。但是它所留下的一切,依然常常勾起人们的遐思。回首往昔科场星空,欣赏那灿烂的星辰,当为家乡的人杰地灵而自豪;追忆祖先曾经的激动,那执着的追求与顽强的拼搏,不能不为他们的精神所感动。反思昨天的科场风云,人才选拔上的是是非非,更应思索今天的育才与选才。是的,古代科举留下的东西太多,通过深入的研究,应当而且能够从中得到一些启迪。例如关于人才的选拔,关于人才选拔的模式,关于人才选拔与人才培养的关系,关于"精英"教育与"大众"教育的关系,关于多出人才对提高一个地方社会形象的意义,等等。

这就是我们决定把泉州古代科举作为一项课题,进行较为系统深入研究的基本动因。我们研究的主要内容包括七个方面:一是泉州古代科举在唐代中后期开始兴起的基本动因;二是宋、明、清三代泉州科举兴盛的各种深层次原因;三是唐、宋、元、明、清各代泉州科举的基本概况,包括科举的形式、进程、绩效、登科中举的数量及地域分布状况;四是历代泉州著名的科第人物的登第之路,及其登科之后在各方面做出的重大贡献与影响;五是历代泉州科举的特点,即通过横向与纵向的分析比较,概括出各个朝代的不同特点;六是科举对古代泉州社会生活的影响,包括政治、经济、文化、教育、社会价值取向、地方知名度等方面的深刻影响;七是科举所留下的借鉴意义,尤其是在培养人才与选拔人才等方面的启示意义。在完成这些工作的基础上,我们将出版一部专著——《泉州古代科举》。我们认为通过本课题的研究及其所提出的成果,对于进一步推进泉州古代教育与文化研究的深入,进一步推进泉州学与闽南文化研究的深入,显然也具有一定的现实意义。

(原载《泉州师院学报》2004年第5期,合作者苏黎明)

李亦园先生的泉州学新视野

李亦园先生作为一名国际知名人类学家,尽管长期生活于台湾,然而对于故乡泉州可谓一往情深,对故乡的学术和文化事业也极为关注。早在1989年,他在离开泉州42年之后首返故乡,与故乡学者谈及泉州学问题。此后,他对这个问题"一直挂在心中,未有稍忘"。正因为有长期深入的思考,也因为有博大精深的学养及积数十年的治学经验,他对泉州学形成了许多深刻而精辟的见解。1999年10月,泉州师专举办"海峡两岸泉州学研讨会",李亦园先生率领一批台湾著名学者参会,并在会上做了"泉州学的新视野"的主题演讲。他的这个主题演讲,既充分肯定了泉州各界对泉州学的定义、内涵所做的甚多广泛的探讨和某些领域研究的进展,也系统地阐述了自己对泉州学相关问题的看法,得到与会专家学者的高度评价,引起了强烈反响。

李亦园先生的这个主题演讲,之所以引起广泛关注及高度赞誉,最为主要的原因无疑在于他的见解之新颖且精辟。这种新颖与精辟,集中体现在他关于泉州学研究范畴、研究内容、研究方法诸方面的阐述。

研究范畴:小文化与大文化的结合。李亦园先生明确提出,泉州学研究应有更宽广的视野,处理好小文化与大文化的关系,即不但要研究泉州这一特定的区域文化,而且要把它放到更大的范围中比较研究。他说:泉州学是一种以泉州地区的历史文化、人文活动、生态环境为研究对象的科际综合学问,所以研究对象首先无疑是泉州这一特定地区。泉州作为华南一个特殊的文化方言区域,确有独特的历史地位与文化特性。从纵的历史时间来看,它曾是汉族接触南方少数民族的桥头堡,一个文化融合的烘炉,更曾是中国对外接触交流的最大港口,扮演了吸收外来文化及传播中国文化的重要角色。从横的地理空间而论,泉州的文化特色因其拓展海外的传统而得以延伸至更宽广的境域,包括闽台和东南亚与台湾等地。可是研究泉州这一地区的历史文化,既然基本目标在于辨明泉州历史文化的特色,亦即泉州文化不同于其他地区文化的显要之处,而这特色只有在与中国其他区域文化相比较才能凸显出来。因此,泉州学的视野不应止于泉州一地,而应以福建,再以华南,更及于以全中国为指涉的架构来做比较分析的研究。要比较福建其他地区的历史人文活动,比较华南其他方言区域的文化特性,比较全国二十四座历史文化古城的种种差异,比较全国侨区与非侨区的差异,比较海洋取向与大陆取向区域的差异,如此才能把泉州文化的真正特色衬托出来,才能显现泉州学存在的学术意义。更进一步,泉州学还要有走向世界的胸襟,要注意世界学术发展趋势,发掘民间文化的丰富资料并加以重新分析探讨,以便与重要的学术理论研究者对话,参与到世界的学术论坛上去,才能为世界学术界所认知。

  研究内容:小传统与大传统的结合。李亦园先生除肯定当时已提出的文学、宗教、海外交通、家族、教育史、方言、戏曲等内容外,又指出民间风俗、族群与性格、医药疾病史、少林与武馆、综合艺术史等内容也需研究,才能使研究成果更突出特色意义。更为重要的是,要注意两个不同层次的文化传统,即社会上层士绅和知识分子所代表的大传统和一般民众所代表的小传统。两种传统共同存在,互动互补,大传统引导文化的方向,小传统却提供大传统的基本生活素材,都是某种文化的重要部分。在泉州学研究中,代表民间文化的小传统尤为重要,因为所占比重实际上要大得多。诸如文学,既要研究大传统的经典文学,更应对小传统的民间文学深入研究,它最能展现泉州文化特色。宗教,除继续对宗教史的研究外,泉州极其丰富的民间信仰,如关帝、天妃妈祖、保生大帝、广泽尊王、各府王爷等信仰,体现泉州文化特性最为深刻,应系统研究。海外交通,它所产生的华侨现象有独特风格,对于泉州文化有不小影响,很值得重视。家族,泉州家族有不少特性,研究不能缺少。教育史,既要研究学校教育这种大传统,还应研究家庭中的儿童启蒙教育这种小传统。方言,泉州许多歌谣、谜语、童谣等,大多来自小传统,应加以研究。戏曲,既要研究大传统的乐曲与戏文,也要顾及有关的周边问题,如宗教仪式,祭中有戏,戏中有祭等。民间风俗,民间特殊风俗,背后有深层的文化法则,于社会有特定影响,应当研究。族群与性格,泉州人的某些性格特征,如海洋移民特性及讥讽传统,是否有非汉少数民族文化成分,很值得探讨。医药疾病史,传统医疗、医疗信仰、流行病史等,有重要的学科意义,应认真研究。少林拳术与武馆,研究南少林历史固然重要,探讨少林拳术与武馆对社会风气的影响,亦颇重要。综合艺术史,泉州的戏剧、音乐、宗教艺术、绘画、雕刻、建筑等,缺乏综合艺术风格研究,未能回答泉州艺术风格有何特色,应当重视。

研究方法:多种学科结合与多种方法并举。李亦园先生指出,根据泉州学的范畴与内容,研究无疑应是科际综合的学问,应综合历史学、方志学、戏剧学、音乐学、语言学、文学、经典学、宗教学、教育学、思想史学、人类学、民族学等学科,采用许多不同学科的研究方法而进行,借助这些不同学科的研究经验与研究方法的相互交流,逐步建立一个具有相当学术性的区域来研究泉州学,并可作为地区研究的典范。作为区域性文化研究,基本资料的收集最为重要,包括文字记载资料与非文字记载资料。文字资料既有已出版的文献,还有许多未刊出的如家谱、族谱、戏曲抄本、私人笔记,甚至私家保存的契约、合同等。目前,最应加强收集的仍是非文字资料,这要靠实地调查访问,需要更有系统地进行。实地调查访问是门专门的学问,需要深入而细致,而且需要考查所得资料的可信度。为此,既需要深入到民间的一般生活与种种仪式中,更需要站在被访问者的立场来理解问题,而不是就访问者的立场来理解,才能把隐藏在民间最基本的文化原则挖掘出来,真正把民间文化的特色展现出来,这是区域文化研究方法的关键点。

李亦园先生的这个主题演讲,精辟地阐述了泉州学的定义及诸多相关问题,尤其是小文化与大文化的关系,小传统与大传统的关系,这对泉州学如何找到正确位置,研究如何深入展开,提高到更新的层次,真正形成特色,无疑具有十分深刻的启示意义,即使在今天看来,仍有重要的指导意义。

(原载《李亦园与泉州学》,九州出版社 2012 年版)

泉州古代四大书院探略

书院是中国封建社会特有的一种教育组织形式,它是介于私学和官学之间的一种教学与学术研究相结合的特殊教育机构。从唐代至清末,书院存在了一千多年。在这一漫长的历史时期中,书院在政治上和教育上都有其重要的地位,对中国封建时期的教育发展和学术繁荣产生过相当重要的影响。在长期的发展过程中,书院在组织管理形式和教育教学制度、方法等方面,形成了自己不同于官立的太学与府州县学的特有管理模式和教学方法,具有许多独特之处,对传播中国传统文化,传播学术思想,开创一代学风,丰富发展封建社会教育思想,积累和创造教学经验等方面,都做出了重大的贡献。

古代泉州是福建乃至全国中书院制度颇为兴盛的一个地区,尽管同全国一些书院制度发达的地区相比较,泉州书院制度的诞生在时间上稍为落后,但是当它出现于泉州大地之后,却以更快的速度和更大的发展规模展现于世人面前。古代泉州的书院起源于唐末五代初,初盛于南宋,明清时期达至高潮,历经周折,几度兴衰。自唐末至清末,泉州历代共建有书院73所,其中唐代3所,宋代11所,元代2所,明代20所,清代37所。从地域上看,分布于晋江县(含府治)18所,南安县13所,惠安县6所,安溪县7所,永春县7所,德化县9所,同安县10所,金门县3所。历代有废有修,至清末仍有相当一些书院存在。清末废科举后,书院才告消失,或停办或改办为新式学堂。可以说泉州文化的兴盛与泉州古代书院兴盛是分不开的。泉州古代书院最著名的有石井书院、泉山书院、小山丛竹书院和欧阳书院,号称四大书院。

石井书院

石井书院是泉州最早创建的授徒讲学的书院之一，也是泉州历史上影响深远的一所书院。它自南宋创建后，直至清朝末年废科举时停办，历久不衰，持续存在了近七百年，因而也是古代泉州最有代表性的一所书院。由于古代书院常以其所在地命名，而泉州南安又恰好有个石井镇，因此，人们往往误认为石井书院是在南安石井镇，其实石井书院是在现在晋江安海镇。

南宋建炎四年（1130），朝廷在晋江置石井镇。绍兴年间，朱熹的父亲朱松曾为石井镇监，并在这里授徒讲学。《安海志·宦绩》云："朱松，婺源人，字乔年，中进士第。宋绍兴初，监石井镇。公暇之余，择秀民教之。……学者称韦斋先生，著有《韦斋集》。"其时，安海富商黄护仰慕朱松的才学，他不仅献地捐资建造石井镇官廨，而且在官廨右侧另建一座书舍，名曰"鳌头精舍"，正是后来石井书院的前身。绍兴二十三年（1153），即朱松任石井镇监的二十多年后，朱熹任同安主簿时，曾多次到安海，同父亲生前的客人论说经义，并进行讲学，深受赞誉，"镇人益勤于学"。后来，朱熹的学生、丰州人傅伯成为纪念朱熹父子的"过化"之功，把鳌头精舍改为"二朱先生祠"，绘朱熹父子的画像奉祀。过了相当一段时间，祠因年久失修，逐渐颓坏，"惟庙像仅存"。南宋开禧年间（1205—1207），直学士权起居舍人、永春人留元刚至安海，目睹了这一情况，觉得很不妥当。他认为安海作为朱熹父子的"过化"之地，奉祀朱熹父子及传播儒学的地方应是非常重视和讲究的，而眼下的"二朱先生祠"却衰旧破落，与佛教寺庙的争先恐后修建且富丽堂皇形成强烈的反差，简直是对先儒的亵渎。他在《石井书院记》中感慨地说："教化之地，不病其详，而病其略。今之所病，乃略之故。聚庐万里，徼福缁黄，重堂奕厦，经营恐后。设一儒馆，遂骇视听，宁有是哉！"《安海志·书院》）于是他建议对鳌头精舍加以修葺，恢复原貌，虽因种种原因未能如愿，却对随后书院的兴建起了极大的促进作用。仅仅几年以后，即宋嘉定四年（1211），建安人游绛任石井镇官时，当地士民请建书院，游绛受到感动，表示赞同。于是上书泉州太守邹应龙，请建书院。游绛在报请书中说："石井居郡之南，亦号多士。距郡学二舍，负笈者告病日闻。予渐仿为肄业之所。"（《安海志·书院》）在他看来，安海既与朱熹父子结下不解之缘，向学求义理者甚多，而安海距郡治有30公里，学子求学有不便，理当建一所书院。其时，正是朝廷取消了对道学的禁令,摘去了安在朱熹等头上的"伪学党"的帽子,使道学在遭遇多年的压制之后,重新占据了上风,随之也得到了更大的发展机会。因此,邹应龙不仅批准了游绛的申请,而且从财政上给予极大的支持,拨出公帑四十万缗以为首倡,并借助行政权力,向其属下的泉州漕运司及市舶司等衙司募集资金。郡守持这种态度,有关衙司自然不敢怠慢。游绛也积极在安海募集资金,当地的官绅士商也踊跃捐资。如此共募集资金四百余万缗。于是选择了安海镇西一块地为书院院址,并委朱熹的儿子,时任泉州通判的朱在具体负责建造。嘉定四年(1211)冬天动工,第二年秋天书院告成,历时近一年,工程颇为浩大,而有关官员严加督责,"存期会如束湿",因而得以较快而且较顺利的竣工。书院的建筑颇为特殊,是按府县学宫的规制建造的,前后分为三个部分,前为棂星门,中建牌坊门廊及大成殿,后立尊德堂,东西两侧分建富文、敏行、移忠、立信等四间斋舍。还有左史原舍、小山丛竹亭、杏坛等建筑,并祀朱松、朱熹两像于尊德堂,因此颇为气派,"面三峰,会众流,厥基宏崇。敩淑规制,殿于中,堂于后,为斋者四。杏坛筑于西序之前,祭器藏于东序之左。又即堂为别室,以祀二朱先生。三门引峙,缭垣环周,檐楹层复,凡三百楹。公私经费合四百万。赡养有田,肄业有舍;释菜之仪,考士之式,大略可睹矣"(《安海志·书院》)。书院建成后,即广置学田作为书院经费。南宋宝庆元年(1225),郡守游九功又拨五座废寺的产业、田租以充实书院的经费。石井书院建造殿堂及其他设施共耗费了四百多万缗钱,创建规模如此恢宏壮伟的书院,的确是一件了不起的事,在当时也是较为罕见的,无怪乎留元刚在《石井书院记》中赞叹曰:"若时司存期会,束湿鳅方,郡国不急是图,不惟不敢,亦且不暇。微贤太守,孰主张?是淑人之功远矣,愿文以记。余思既事未免违俗,效之犹非敢自是乎。虽然,是役也,请之者不惮,从之者不疑,卓然有见,实获我心。天下如石井者凡几!使请之若而人,又从之若而人,则学校如林,庠序盈门,将使是民为三代之民矣。书之何辞?"当然,其中的确有朱熹"过化"的很大功德,"吾先圣之道与天地并,赫赫巍巍。天下用之,天下之功;一国用之,一国之功;一家用之,一家之功。扩而充之,于地何择?后之所以日不逮古者,教化之略,治效之亏也"。石井书院建成后,生员甚多,书院注重办学质量,聘请名儒学者掌教书院。如嘉定年间(1208—1224)担任书院山长的顾长卿,咸淳年间(1265—1274)担任书院山长的余谦一,都是当时较为著名的学者。他们除总领院务外,还亲自进行讲学。石井书院在南宋时期培养了一批人才,因而声誉日隆。

石井书院,到了元代一度遭遇毁废,变为一片荒墟。据明傅凯的《重建石井书院记》云:"田既迷失莫究,书院为风雨所震坏,地基为豪黠所侵并,而夤缘盖屋筑坟于基内。"(《安海志·学校》)明初洪武年间(1368—1398),乡官颜债泰曾上书恳请泉州赵太守予以修葺:"盖闻难得者人也,易失者时也。难易之间,得失甚远。然则何谓难得?夫至尊者道,至贵者德,道德有于其人,蕴之为德行,行之为事业,此其人之至难得也。何谓易失?道德蕴于身,或不行于时,而不垂于后,此其时之易失也。是以君子进德修业,欲其及时。窃谓自太极肇创,图书逞出。伏羲则之画卦,以立三极,尧舜建之以表万邦。仲尼无位,诵而传之,以昭后世。孟子没则其传泯,周子续之。至朱子而集大成,父子过化是邦。先民沾其德教,咸知向学,遂为礼义之乡。其成于事业,至为建学宫修祀事,不亦人之难得乎。而兴废有常,不免荒墟,今百余载而莫能举而倡之者,不亦时之易失乎。"(《安海志·学校》)这位高度重视教育的小小乡官对书院毁废多年未能修复痛心疾首,写了这篇洋洋洒洒的《请赵公重建官学文》,可谓情真意切,殷切期望得到支持。然而这一请求却不合时宜,因为其时明政府的注意力集中于州、县官学,对书院采取的是漠视政策。因此,尽管颜债泰在疏文中把赵太守大大颂扬了一通,但是重建书院的事却没有什么下文。直到成化年间,书院基址犹为地方豪强侵并,在其中盖屋筑坟。转机是在成化年间,其时泉郡进士傅凯、郡庠生庄概、国子生庄楷等再次极力倡议重修,傅凯在《重建石井书院记》中阐述了他们要求重修的理由是:"文公出而集诸儒之大成,研极精微,解释经传,孔子之道于是乎大明。然则孔子有功于群圣,文公又有功于孔子。而渊源所自,则出于韦斋与仲素,讨论之日不可掩也。故皆得从祀于孔子之庙宜矣。而此石井乃先生父子教化之地,教泽之及人者深,至今如亲炙之,又安得不昂其栋宇,巍峨其貌像,而致尊崇于无穷哉!"(《安海志·学校》)傅凯,字时举,号敬斋,成化二年(1466)进士,官户部郎中。应该说,傅凯等人在这时再次疾呼重建书院的主要理由,与几十年前颜债泰的疏文中所提出的理由并没有多大差别,然而由于时机不同,环境已变,结果作用也不一样,这次的重建请求得到了郡县官吏的支持。"郡庠生庄概等白诸抚院张公,行檄未复而去。后国子生庄楷奏行郡邑,檄实。拆屋并屏坟,复建中殿及门楼,而四斋犹未克举"(《安海志·学校》)。其时为成化十三年(1477),徐源知泉州,重建书院殿堂,作为供祀朱熹之处,东北为小山丛竹亭,西北为杏坛。二十年后的弘治十年(1497),浙江桐庐进士罗惠出任泉州同知,"清白是守,政务之余,一以崇儒重道为心"。他感念朱松父子的"过化"之德,前往石井书院巡视考察,见到书院还是残缺不全,"斋地鞠为草芥,内仍被侵以盖屋,门楼倾塞,而旁出入,中殿黝垩亦几毁漫漶,咨嗟良久,而遂有兴复之念"。回郡府后即向郡守李哲汇报,并提议加以修葺,得到赞同。遂下令把侵占书院地基而建的房屋立即拆掉,并带头"捐俸金十两以倡"。曾任过江阴县丞的晋江人伍环、安海乡绅黄隆海等人,也纷纷捐资赞襄此举。于是由伍环等九人具体主持修建事宜,历时三个多月,按南宋规制重建四斋,改建门楼三间并加以扩大增高,修葺中殿的同时塑文公像于其中,东小山丛竹亭,西杏坛,前仍树以石华表并安上"石井书院"的匾额,"躬行释菜礼而告成焉"。当时还打算在书院后面建一后堂,塑朱松像于其中,恰遇罗惠已九年秩满,"乃计工民,以未入之资,令耆民陈世忠促入之。改日辑众鸠工,以完其事"。书院修葺工程告竣后,伍环及众乡绅都认为罗惠"之功不可泯也",于是让郡庠生伍超、黄瑗等请进士傅凯作记。傅凯在《重建石井书院记》中颂扬罗惠"能为人之所不能为,亦可谓有功于吾道,不可以不言也。后之士如相率而肄业于斯者,能以先生教人之法而从事焉。进以是道而行于国家,退以是道而善于风俗,则是院之重建,宁不谓有功耶"(《安海志·学校》)。至此,毁废已多年的石井书院终于完成重建,基本上恢复了南宋时的面貌。其后,书院又曾几度修葺,也曾几度遭受侵蚀,由于当地乡绅的奋力抗争,使书院终得较完好地保存下来。明代石井书院的生存与发展历经了一个颇为复杂曲折的过程,几度遭遇厄运,甚至连院地也几乎不保,但由于广大乡人挺身力争,加上一些贤明官吏的支持,书院还是得以修复、扩大并存续下来。至万历、天启年间(1573—1627),书院拥有生徒一百几十人。

安海石井书院在清初顺治年间"迁界"时被毁废,康熙年间重建,后又多次续修。康熙三十九年(1700),陈琰知晋江县,看到石井书院已成废墟,"悯之朱祠就湮,倡率鼎建"。他带头捐俸倡修,安海诸绅士也积极响应。于是就旧址按原来规模重建。建有启圣祠一座,中堂三间,夹室三间,重塑朱熹像祀于启圣祠中。因明代所塑的朱熹像在清初"迁界"时已移至郡治承天寺,尚未归还,于是乡绅柯良重塑文公像,乡绅黄为宪则建龛以祀之,行释菜之礼。随后又因祀朱熹之父朱松的专祠尚缺,于是将朱松配祀于启圣祠中。乾隆七年(1742),安海士绅呈请郡守王廷诤于书院另建专祠祀朱松,"以报功德"。得其允准,于是在启圣祠后另建一祠,移朱松像祀于其中。但至此尚未恢复延师聚徒讲学。乾隆十四年(1749),任通判的马铭"慕朱先生之风",到任不久即提出扩建石井书院,因"海涨桥倾,捐俸勒修",暂无暇顾及。修桥完毕后,他对诸董事说:"桥梁利于济人,而学校为造士要津,既得绅士多耶,其勿吝。"乡士绅响应,捐出资金。于是增建仪门及两庑,延师聚徒讲学其中。乾隆二十七年(1762),通判靳起柏偕同进士王世浚,乡绅施士膺、施仕龄,举人杨攀桂、曾朝阳及诸绅衿等重修。嘉庆十九年(1814),举人黄仕葵、施继源、柯琮璜等再次主持大修。而明代所塑的置于承天寺内的朱子像,也在此时归回石井书院,与新塑的朱子像同祀一龛。可见这所晋江历史上最早创建的书院,在清代曾有几次重大的修葺或重建,因而也成为晋江至今犹保存的书院。如今,书院前殿拜亭及西廊庑舍犹保存尚好,殿前那一棵百年古柏依然郁郁葱葱。碑文所题的"三门列峙,绕垣环周;檐甍层复,凡三百楹",依稀向人们展示出石井书院当年的雄姿。也正因此,石井书院历来被列为泉州古代四大书院之首。

泉山书院

泉山书院又名温陵书院,亦是创建于南宋时期的古代泉州另一所影响较大的书院。泉山书院具体建于南宋什么时候,何人所建,泉州地方志书的记载不同。明代万历年间编的《泉州府志》卷五《学校》"温陵书院"条云:"泉山书院为宋朱文公建,旧在行春门外。"而据明弘治《八闽通志》记载,该书院虽然最早亦是建于府治行春门外,却是在南宋末年的咸淳三年(1267)由郡守赵宗正创建的。从两则史料记载可以看出,这所书院建于府治行春门外,即今泉州市鲤城区东街的泉州市第一医院所在地,这是没有什么疑义的。但万历《泉州府志》称该书院为朱熹所建,并没有更为充分的史料可以佐证,更为可信的说法还是弘治《八闽通志》的记载。据弘治《八闽通志》记载,泉山书院"前为先圣先师殿,后为文公祠"。这则记载明确地反映出这样一个事实:当时朱熹理学已居于上风,在思想领域已占据优势,书院的创办从某种意义上说正是这种优势的结果。而这是同当时的实际情况相符的。南宋末年,朝廷取消对朱熹理学的禁令,朱熹理学已经得势,朱熹及其一派在朝廷的地位上升,理学在各地得以播扬,以理学为讲学内容的书院,经过多年的压抑之后,随之也得到了更大的发展空间。正是在这样的背景下,泉山书院创建于南宋末年更为可信。那么,旧志为什么说这所书院为朱熹所建呢?笔者认为,这除了朱熹在泉州讲学期间积极倡办书院,而且还亲自办了两所书院外,有一个很重要的原因乃是这所书院是在佛教寺庙的基础上建立的,而这正是朱熹所极力倡导的,实际上反映了朱熹一种非常突出的价值取向与追求,因此后人误认是朱熹所建,加上朱熹又是名人,以朱熹的名义可以提高书院的知名度。对于佛教盛行,寺庙林立,朱熹的确表示了极大的不满,他在《白鹿洞志》中曾说:"今佛老之宫遍满天下,大都至逾千计,小邑抑或不下数十,而公私增益,其势未已。至于学校则一郡一邑,仅一置焉,而附郭之县或不复有,盛衰多寡之相绝,至于如此,则邪正利害之际,亦已明矣。"(《朱文公文集》卷二十)朱熹所以积极兴建书院讲学,其动机之一就是鉴于佛教昌盛,企图用其道与之抗衡,从而争得学术思想阵地。泉山书院的创建由于反映出南宋时期理学的忠实信徒为传播理学思想,极力排斥佛老的价值取向与行为,是这一时期理学与佛老在泉州争夺思想阵地的典型。后人之所以把它的创办归于朱熹的名下,由此可以找到某种合理的解释。泉山书院因是官府倡建,坐落于府城又有名儒讲学,自然吸引了四方学子,由此名噪一时。

  元代,由于统治阶级鼓励兴办书院,泉山书院得以久办不衰。然而入明以后,泉山书院却历经沧桑。明朝洪武初年(1368),泉山书院为晋江县学所占,书院无处迁徙,只好将朱熹像暂寄在县学的明伦堂,聊作对他的尊崇,师生则散居各处,继续学习。这种状况延续了二十年,直到洪武二十一年(1388),御史钟道元视察晋江县学宫,对泉山书院遭此境遇大为不快,当场批评说:朱文公先生乃天下万世所尊,何况泉州是他过化之地,本应将他"祀于学,以风励后生,宜尊宜严",现在竟没有专祠奉祀,未免有失体统。于是第二年就在县学的礼殿后面选择了一块空地,"荤除粪壤,疏剔榛荒",选择良辰吉日,破土动工,草草建了一座朱子祠,并配置有若干间学舍,算是恢复泉山书院了,"幽幽秩秩,有庑有堂,升旧像置祠中,俨乎如生人正坐堂上,学士大夫来游、来歇于斯者,拜谒祠下,如视严师,亦莫敢不敬焉"。虽然祀有专祠,学有定所,其规模毕竟大不如前,其声誉更是不可同日而语。泉山书院与晋江县学宫挤在一处达一百二十多年,一直到明正德年间情况才发生变化。其时在兴建书院热潮的推动下,重建泉山书院的事被提上议事日程。正德十五年(1520),葛恒知泉州,认为泉山书院与县学宫挤在一处委实不妥,建议移建泉山书院,得到赞同。于是将书院移建于县学宫对面的蔡巷内,即今鲤城区东门小学址,塑朱文公像于其中。洪武年间,御史陈仲述为书院所写的碑记亦移竖于新院址。这次重建实际上是祠学分开,祠旁另置学舍给士子学习,而朱子祠则专为奉祀朱熹之所,并由朱氏的两位裔孙看顾。事情过了二十多年,嘉靖十五年(1536),王士俊知泉州。次年春天,王士俊亲往泉山书院朱子祠祭祀朱熹。这次祭祀不仅体现出这位郡守对朱子的尊崇及对书院的重视,而且还为书院解决了一个实际问题,即购祀田给朱氏二嗣人,作为守顾朱子祠及祭祀之资。据明代沈源的《泉山书院记略》云:"安城方南王公守泉之次年乙未春,祀文公朱先生之祠。见朱氏两嗣人焉,孱然弱也。公问为谁,源进曰:'公嗣人,以檄来主斯祠者。'曰:'然则何以生?'曰:'园有荔,圃有蔬,岁得千缗,以食以衣。'曰:'千缗也,以衣食乎?'予慨夫前之君子有以来之,而莫能生之也。遂出白金十银示源曰:'是足以生公之嗣人矣,为我处田租焉。'晋江尹鲍君龙助白金六两,源暨生员谢监、陈谅朋白金四两,合二十四两,乃付之开元寺主僧。僧曰:'有去府城四十里而遥,土名流水庄,有田一丘,沃壤也。岁可获租三十石,以五石为修守费,二十五石者,实租也。'以白于方南公。方南公喜曰:'是足以生矣。'乃申命源曰:'征远者肇近者也,克终者慎始者也,详核以杜欺,定保以防夺,为我告后之君子,凡吾所以处此,为文公也。薄海内外凡诵法孔子者,皆知有文公,苟见其嗣人焉,莫不敬而恤之,将衣之、食之、教之、载之,唯恐其不至也,矧兹田也,以衣食嗣人者,有欺焉忍弗杜之,有夺焉忍弗防之也哉。'田属开元寺都其事,佃甲卢宜清,分治者佃户卢汝庆等四十五名,内载米二石,以隙地界僧人,俾之自输其嗣人,实食租二十五石,盖义举也。"(《晋江县志·学校》)这次购祀田不仅为两嗣人解决了守顾之资,而且书院的其他经费也得以进一步充实,因而书院得以更好地维持下来。尽管祠学分开,求学者因之减少,书院的影响已不如前,但毕竟得以恢复并维持其正常运转。嘉靖年间有朱定南先生到书院,"择诸生才俊谈道论文",表明这是一所较有影响的书院。

    泉山书院在清代有两次较大规模的续修,第一次是在康熙十二年(1673),第二次是乾隆七年(1742)。作为一所郡属的书院,泉山书院在明正德十年(1515)移建于蔡巷后,祠学分开,这种情况延续了一百五十多年,直至清康熙十二年(1673)王者都任泉州知府时,情况才发生变化。明末清初,由于王朝更迭,"兵旅频仍",沿海"迁界",加上清初统治者对书院的漠视,"二十年来斯是土者,率未遑礼乐事"。因此,王者都知泉州后,看到的泉山书院已是一片衰颓景象,"庙貌倾圮"。王者都是一位热心文教的知府,"以彬雅儒宗,宏圣天子作人至意,以振兴斯文为己任"。所以他就任后,诸生联名向他提出请求续修泉山书院,他不仅表示同意,而且带头捐俸促成此举。于是就原来书院的朱子祠地进行重建,拆掉已破落的朱子祠,重新建造,又在祠的北面建了斋堂十间,"置号房数十楹",作为诸生讲习之所。"盖鸠工具材,不逾时而告成事。于是堂宇聿新,遗像俨赫,拜瞻考肄,罔不祗勤"(《泉州府志·学校》)。至此,书院的条件得以较大改善,且祠学合一。但这次重建,基本按原有规制进行,因而随着生员的增加,书院至乾隆初年已日显狭迫。乾隆七年(1742),王廷诤知泉州,看到书院"卑陋湫隘,无以肃观瞻",认为朱熹"溯源洙泗,倡道东南,集诸儒之大成,崇祀之地不宜简陋"。于是召集邑士绅商议,并带头捐俸,"鸠工庀材,撤旧而更新之"。乾隆七年(1742)三月开始重建,十月完工,计费白银千余两。这次重建后的书院,"制度备,规模宏敞",前为仪门,中堂祀朱子,又别建启贤祠祀朱熹之父朱松,旁建敬业堂及十三间学舍,供诸生习业较艺其中。书院重建后,冠以"温陵"之名,盖因泉州别称温陵,书院从此便更名为温陵书院了。书院原有一些田租,刻于石碑,碑记犹存,然因年代久远被侵没,具体数额及租户已无从稽考。王廷诤又多方筹划,发动缙绅募资增置田产,充实经费,并将这些田产详细载于祠产碑。重建后的书院,由于规制较为完备,吸引了不少士子,泉属的晋江、南安、惠安、同安、安溪士子慕名纷至沓来,书院日渐容纳不下了。于是乾隆三十二年(1767),知府于承天寺边原施琅园林"澄圃"另建清源书院。清源书院由于地域宽广,建筑规模更大,足够容纳士子,于是取代了温陵书院的地位。温陵书院因之逐渐衰落而消失,只剩下朱子祠。这所历经四朝五百余年的古书院终于渐渐为人所淡忘。

小山丛竹书院

小山丛竹书院是朱熹在泉州任职期间亲自创建的一所书院,也是古代泉州颇有影响的一所书院。小山丛竹书院在泉州城隍庙旁,即今泉州市第三医院所在地。此地位于泉州城北,地势较高,古时绿树掩映,环境幽雅,明代朱监曾有诗赞誉曰:"岩峣碧屿杳冥蒙,绿映苍苍匝地封。明月影中金锁碎,乱云堆里玉玲珑。一峰小小芙蓉淡,万叶葱葱翡翠浓。自是一方仙境好,禅源不与世间同。"可见景色的优美瑰丽,因而南宋以前这里不仅建有纪念欧阳詹的"不二祠",而且建有佛寺资寿寺。由于此地环境清幽,更由于有先贤祠在此,因而使朱熹流连忘返,陶醉其中。南宋绍兴二十六年(1156)七月,朱熹任职同安主簿即行届满,滞留于府治等候调转批书时,由于暇余时间较多,于是经常到不二祠、资寿寺。他对这里的地势进行踏勘,认为是清源山"龙首之脉"的风水宝地,这风水宝地不应留给佛教禅林太多的空间,"徒使府治正脉为浮屠氏所据",而应用来作为传播儒学的阵地,而"不二祠"正是可资利用的一处很好的场所。朱熹对泉州先贤欧阳詹推崇备至,而以纪念欧阳詹的不二祠来传播儒学更具有特殊的意义,"不徒寄高山仰止之思,且以寓五百年道脉归儒之意,则寺所以废,与郡人文所以兴,未必不赖于此"。因此,他就在这里种竹、建亭,讲授理学,并亲书"小山丛竹"匾额,镌于石。朱熹亲自讲学,吸引了郡治及附近不少人前来听讲。这所书院由于是朱熹亲自创建,亲自讲学于其中,因而具有较高的社会知名度,不仅在当时具有相当的社会影响力,而且也成为古代泉州较为著名的书院之一。道光《晋江县志·学校》云:"郡治东北有高阜,地气独温,温陵之名实肇诸此。宋徽国公文公朱夫子种竹建亭,讲学其中,自题曰'小山丛竹'。固胜迹也。"现遗址尚存朱熹墨迹"小山丛竹"石刻横额。从这所书院的建立,也可看到书院与佛寺的消长兴替变迁。

  小山丛竹书院历宋而元而明,时废时兴,"历久倾圮,修复厥人",即在元或明初已毁废。因年代久远,未能得到及时的修葺,故在入明以后已湮没无闻。但毕竟这里曾是朱熹的讲学之所,明初,统治阶级提高理学的地位,朱熹著作被列于学宫。嘉靖年间,朱熹被尊为"先儒朱子",受到顶礼膜拜。因此之故,在明中叶以后,在新建和重建书院的热潮中,小山丛竹书院亦成为修葺的对象之一。明嘉靖年间(1522—1566),通判陈尧典感念朱熹的"过化"之功,于是发起重建"小山丛竹亭",并更名为"过化亭",且把朱熹遗像立于其中,以崇祀之。这所书院因此重新焕发出生机。明代李光缙在《重修小山丛竹书院记》中赞曰:"夫褒崇往哲,诱进来学者,贤大夫之业也;追绳祖武,景慕先修者,贤子孙之事也。文翁修举学宫,破蜀地陋风;班孟坚以冠循吏之首,孔甲为圣人后裔,愤诗书蟠炙,抱祭器为陈博士,太史公列经术诸儒之前。昔人重文教而不忍遗其先业类如此。后人视今,犹今之视昔。然则为先生后者,当何如耶?"

  小山丛竹书院在明末清初为兵灾所毁,书院基址被占为民居,"小山丛竹"石额被人扛走,朱熹的石雕像碎为三段,弃置于五贤祠壁隙,书院几至鞠为茂草,荡然无存。康熙三十四年(1695)秋,徐之霖任泉州通判,访求朱子遗迹,明经吴方皋为其介绍小山丛竹书院情况,并偕其实地视察,见到的景象已是一片苍凉,"废瓦坠垣,著秽不治""茂草绵芊,几莫能辨,虽寸橡片砾,亦荡然无存焉"。徐之霖感慨曰:"登其堂者,能无梁空燕雀,古壁丹青之思乎?""亵渎先贤不亦甚欤?"于是锐意兴复,"一以生彩笔之华,一以奠龙脉之固",要使"人以地杰,地以人灵,相须相成"。他捐出一年所余俸钱,于到任第二年秋天开始进行修复,并"躬亲指画,虽寒暑不避"。先重建了过化亭,把弃置于五贤祠壁隙的朱熹石刻像移出,召工匠补缀,移至亭中祭祀。又追查石额去向,"藏者知不能隐,乃得还归故物,为循旧址而楹竖之"。康熙三十九年(1700),泉州士子登乡荐者比往年增加数倍,再次激发了徐之霖扩建书院的意念,"非另建讲堂不足以广夫子启佑之遗爱"。于是发出倡议,并于次年偕同贡生詹允升、李云水、庄际培等人,再次扩建书院,在过化亭左侧空地上建起一座讲堂,经一年完成,名曰"诚正堂","盖扶夫子心学之渊源也"。又在过化亭后增建斋舍六间,作为士子藏修息游之所,题额"瞻紫"。意为瞻仰朱熹,因朱熹号紫阳。又在过化亭右畔筑六角小亭,题额"敬"字,"前后周围森列,滴翠盈阶"。书院门外,竖坊表于通衢,"俾人知所瞻礼"。扩建完成后,又把书院的基址及建筑物一一丈量,绘制成册,并雇人看守书院,使"可垂之永久"。康熙五十年(1711),知府刘侃重修,名"小山丛竹书院",延聘山长聚生课读,每年由府拨款作"为院长膏火"。至乾隆后期,重建后的书院因"年久风雨侵蚀,不无圮废"。乾隆四十年(1775),朱元荃任泉州太守,"与绅士修之,方经始,以外艰去"。十年后,朱元荃任汀漳龙巡道,再次发起重修,邑绅士纷起响应,倡捐者有司马曾华文、孝廉徐用遂等,劝捐者有孝廉郭大椿、蔡云举,明经林玉麟,诸生何有文、汪志清等。重修工作由陈世芬、徐用迪、陈守均、徐浩然、曾毓读等董其事,历经一年半时间而告成。书院因此又存续了相当一个时期。

欧阳书院

欧阳书院,又称清源欧阳书室,院址在泉州府城东北清源山五台峰右侧的虎岩,是为纪念欧阳詹而建。该地原为唐代泉州名士欧阳詹及林蕴、林藻兄弟的读书之所,景色清幽。但因年代久远,书室早已荒废,仅留有石室如瓦窑,又有可濡墨之石,石上大书曰石砚。元释大圭曾有题咏。明成化十八年(1482),运判张庸等感念欧阳詹及林蕴兄弟等对泉州文教的影响,于是捐集资金于原址重建欧阳书室,并立祠堂供祀欧阳詹。祠堂旁筑房舍数间,吸引四处士子学者,让他们在此研学栖息。嘉靖八年(1529),欧阳詹的裔孙欧阳深及欧阳深之子欧阳模重修。欧阳模,字宏甫,号八山,嘉靖三十七年(1558)举人,随后举进士,官云南参政。欧阳深及欧阳模因事业发达,且深恐先祖遗址泯灭,于是奋起重建欧阳书室,捐出资金,伐木陶土,拓地鼎新,考究方位,"以完其美"。拓地重建后的欧阳书室称欧阳书院,其规模比成化年间所建的书室扩大了不少,也较为堂皇壮观。据明代陈让所撰的镂于书院读书堂西面石上的《欧阳书室记》云:新建的欧阳书院"中为欧阳子读书室,西辟小轩,南北其户,任风月云烟以来往。东巨石,拔山而横出者二,如承露仙掌。浮以飞亭,望沧溟而临千里。南俯泉城,如碎盘觞豆,罗列几下。午夜书声可以相闻。紫峰在座,浸以晋江,若可架长虹,研珠而濡墨焉。此则欧阳书室之大观也。轩之西矮屋数间,辟东牖以迎朝曦。牖东石如崖门,由以入北室,奥然小区,可以居休观妙。室右巨石如立蛙,前仰后俯偻以入,可坐数十余人,固栖元之秘关也"(陈国仕《丰州集稿·记》)。书院建成后,进士李开芳书"高山仰止"刻于岩前。进士黄凤翔为其撰了一副对联,刻石嵌于壁,曰:"文章道德开先,万古云霞成豹稳;载籍音容在望,一龛烟火似萤囊。"黄凤翔还赋题一诗赞誉曰:"秋风似选读书声,遗迹灵岩结构成。甲第当年龙虎榜,湖山千古薜萝情。朝看野色连云起,夜落灯花带月明。为有孙支传世业,青苔那许锁柴荆。"何乔远、黄克晦等也皆有题咏。这所书院,由于建筑颇具规模,规制较为完备,有祠堂、有讲堂、有斋舍,又位于泉州风景名胜之地清源山南麓,风光旖旎,加上书院本为泉州先儒欧阳詹的读书之处,而且书院又一直存续到清代,因此颇具吸引力。书院建成后,一时之间,曾经吸引了一些学者聚集其中,可见其影响是比较大的。

(原载《海峡教育研究》2015年第3期,合作者苏黎明)

金门历代进士考证

　　自晋人南迁,渡海而居,金门文教日盛。有宋一代,阳翟人陈纲赴京赶考,一举成为金门、同安进士第一人,推动了金门文教事业的发展,金门的科举意识逐步增强。明代是金门举业的鼎盛时期,而清代金门的举业与全国一样逐步走向式微,直至消亡。关于历代金门进士的人数,由于史料的运用和认定标准的不一致,长期以来存在不同的看法。实际上关于区域进士人数的认定,历来都是一个有争议的问题。中国古代,进士数量的多少是衡量区域文教事业发达程度的重要标准。随着科举学的兴起,一些专家对地区进士认定标准进行了深入的研究。吴宣德先生所著《明代进士的地理分布》一书的观点是有代表性的。吴先生认为在区域进士统计标准上存在著籍(户籍所在地)和乡贯(籍贯)的问题。在分析两种认定标准存在的问题后,吴先生认为,著籍地(户籍所在地)就是进士生活、学习的地方,所以用著籍地(户籍所在地)来区分进士的地区来源显然较乡贯(籍贯)更能够反映进士来源地区的教育、科举等的实际情形。[①] 郭培贵先生在《明代科举的海上明珠——金门岛》一文中也指出:"只有报考户籍,即现籍在金门岛的举人和进士,才是真正从金门岛考出去的举人和进士,所反映的是金门科举的成绩,也才能真正成为我们评价明代金门科举实力及其影响的依据。"[②] 按照《明清进士题名碑录索引》的编例说明:明朝进士,籍贯有户籍、乡贯之分,户籍又有各种籍别。户籍的类别比较多,以"○"表示户籍,不同的籍别,以数字代表,注明其中。户籍、乡贯并有的,先注明户籍;后注明乡贯,并加括号"( )"。[③] 例如,张定"锦衣卫㊿(福建同安)",表示张定户籍为锦衣卫,祖籍

[①] 吴宣德:《明代进士的地理分布》,香港:香港中文大学出版社,2009年,第19页。
[②] 郭培贵:《明代科举的海上明珠——金门岛》,《福建日报》2017年3月14日第11版。
[③] 朱宝炯、谢沛霖编:《明清进士题名碑录索引》,上海:上海古籍出版社,1979年,第2页。

为福建同安,籍别为军籍。科榜名次也按数字表示,有如张定"明弘治 3/2/34",表示张定为明弘治三年(1490)第二甲第三十四名。为此,本文主要以户贯(户籍所在地)为标准,根据有关志书和史料对金门历代进士进行考证,同时对于史料中户贯在外而乡贯(祖籍所在地)为金门的历代进士也进行了相应的统计和分析。

宋代——金门举业的肇始时期

中唐之前泉州教育落后,社会经济基础薄弱,科举意识淡薄,这些因素造成了科举的空疏。唐贞元八年(792)欧阳詹成为开泉进士,与韩愈等二十二名才子成为同榜进士。欧阳詹第二名,韩愈第三名,"因为该科人才济济,龙虎争夺,时人称誉他们跃登'龙虎榜'"。[①] 欧阳詹对泉州文教和举业发展的影响是巨大的。北宋著名文人、政治家蔡襄认为,欧阳詹的德行和文学成就,福建后世"无能与比者"。[②] 此时的金门虽有人居住,但文教经济尚不发达,贞元十九年(803)闽观察使柳冕才奏置万安监,金门成为泉州的五个牧马区之一。[③]

入宋后,随着中国社会经济文化重心的向南转移,由于朝廷提倡、地方官员重视,泉州文风益炽,举业进入了初盛时期。宋太平兴国三年(978),金门居民开始缴纳户钞,宋廷加强对金门的统治,文教事业得到重视。[④] 在欧阳詹荣登"龙虎榜"200年后,淳化三年(992),金门人陈纲成为开同、开金进士,科举在金门得到了重视,举业进入了肇始时期。

关于宋代金门的进士,由于年代久远,史料欠缺,各种志书选举表的记载说法不一。以下列表说明。

一是光绪《金门志》和民国《金门县志》,详见表1。[⑤]

[①] 陈笃彬、苏黎明:《泉州古代科举》,济南:齐鲁书社,2004年,第22页。
[②] 陈笃彬、苏黎明:《泉州古代科举》,济南:齐鲁书社,2004年,第24页。
[③] 左树夔修,刘敬纂:民国《金门县志》卷一,金门:金门县文献委员会,1958年,第1页。
[④] 谢重光、杨彦杰、汪毅夫:《金门史稿》,厦门:鹭江出版社,第15页。
[⑤] (清)林焜熿、林豪修:光绪《金门志》卷八,台北:台湾银行经济研究室,1960年,第169~170页。左树夔修,刘敬纂:民国《金门县志》卷十六,金门:金门县文献委员会,1958年,第218~220页。

二是嘉庆《同安县志》和民国《同安县志》,详见表2。①
三是万历《泉州府志》和乾隆《泉州府志》,详见表3。②
四是弘治《八闽通志》和《闽书》,详见表4。③

表1 光绪《金门志》和民国《金门县志》的宋代金门进士名录

科　　　榜	姓名	光绪《金门志》	民国《金门县志》
淳化三年(992)壬辰孙何榜	陈 纲	有传	见《列传》
大中祥符五年(1012)壬子徐奭榜	陈 统	纲弟	纲弟
庆历二年(1042)壬午杨寘榜	陈 棫	有记载	有记载
皇祐元年(1049)己丑冯京榜	陈昌侯	统子,见《闽书》	统子,见《闽书》
元丰二年(1079)己未特奏名	陈 楷	棫从弟,《府志》作晋江人	棫从弟,《府志》作晋江人
重和元年(1118)戊戌王昂榜	陈良才	楷从弟,《八闽通志》作才良	棫从弟,《八闽通志》作才良
庆元二年(1196)丙辰邹应龙榜	陈 樞	《府志》:良才孙	《府志》:良才孙

表2 嘉庆《同安县志》和民国《同安县志》的宋代金门进士名录

科　　　榜	姓名	嘉庆《同安县志》	民国《同安县志》
淳化三年(992)壬辰孙何榜	陈 纲	祀乡贤,有传,阳翟人	阳翟人,祀乡贤,有传

---

① (清)吴堂纂修:嘉庆《同安县志》卷十七,第2~11页。吴锡璜纂:民国《同安县志》,北京:方志出版社,2007年,第458~460页。
② (明)阳思谦、黄凤翔纂:万历《泉州府志》卷十四,泉州:泉州市地方志编纂委员会办公室,1985年,第22~38页。(清)怀荫布修:乾隆《泉州府志》卷三十三,泉州:泉州市地方志编纂委员会办公室,1984年,第6~26页。
③ (明)黄仲昭纂修:弘治《八闽通志》卷五十,北京:书目文献出版社,1988年,第694~703页。(明)何乔远编纂,厦门大学古籍整理研究所、历史系古籍整理研究室《闽书》校点组校点:《闽书》卷八十一,福州:福建人民出版社,1994年,第2443~2450页、第2707~2709页。

续表

科　　　　榜	姓名	嘉庆《同安县志》	民国《同安县志》
大中祥符五年(1012)壬子徐奭榜	陈统	纲弟,俱洪济子,阳翟人	阳翟人,纲弟,俱洪济裔
庆历二年(1042)壬午杨寘榜	陈械	无记载	无记载
皇祐元年(1049)己丑冯京榜	陈昌侯	统子,阳翟人	阳翟人,统子
元丰二年(1079)己未特奏名	陈楷	无记载	无记载
重和元年(1118)戊戌王昂榜	陈良才	无记载	无记载
庆元二年(1196)丙辰邹应龙榜	陈櫨	阳翟人,洪济裔	阳翟人,济裔

表3　万历《泉州府志》和乾隆《泉州府志》的宋代金门进士名录

科　　　　榜	姓名	万历《泉州府志》	乾隆《泉州府志》
淳化三年(992)壬辰孙何榜	陈纲	同安人,见《人物传》	同安人,传见《循绩》
大中祥符五年(1012)壬子徐奭榜	陈统	纲弟,同安人	同安人、纲弟
庆历二年(1042)壬午杨寘榜	陈械	统子,晋江人	晋江人
皇祐元年(1049)己丑冯京榜	陈昌侯	晋江人	晋江人,统子,《闽书》作同安人
元丰二年(1079)己未特奏名	陈楷	晋江人	晋江人,械从弟
重和元年(1118)戊戌王昂榜	陈良才	晋江人	晋江人,楷从弟,《八闽通志》作才良
庆元二年(1196)丙辰邹应龙榜	陈櫨	晋江人,良才孙	晋江人,良才孙

表4　弘治《八闽通志》和《闽书》的宋代金门进士名录

科　　　　榜	姓名	弘治《八闽通志》	《闽书》
淳化三年(992)壬辰孙何榜	陈纲	同安人,见《人物》	同安县
大中祥符五年(1012)壬子徐奭榜	陈统	同安人	同安县,纲弟
庆历二年(1042)壬午杨寘榜	陈械	晋江人	晋江县

续表

科　　榜	姓名	弘治《八闽通志》	《闽书》
皇祐元年(1049)己丑冯京榜	陈昌侯	晋江人,统之子	同安县,统子
元丰二年(1079)己未特奏名	陈　楷	晋江人,械之从弟	晋江县,械从弟
重和元年(1118)戊戌王昂榜	陈良才	陈才良,晋江人,楷之从弟	晋江县,楷从侄
庆元二年(1196)丙辰邹应龙榜	陈　樲	晋江人,良才之孙	晋江县,良才孙

关于宋代金门进士,有几个问题需要说明。

1.光绪《金门志》、民国《金门县志》、嘉庆《同安县志》、民国《同安县志》一致记载陈纲、陈统兄弟为金门人;万历《泉州府志》、乾隆《泉州府志》、弘治《八闽通志》、《闽书》一致记载陈纲、陈统兄弟为同安人。陈纲、陈统兄弟户贯为金门,可以认定。

2.光绪《金门志》、民国《金门县志》、嘉庆《同安县志》、民国《同安县志》、《闽书》均有陈昌侯为金门进士的记载。乾隆《泉州府志》在记载陈昌侯为晋江人时,也引用了《闽书》的说法:"《闽书》作同安人。"[①]田洋陈氏宗亲会所编的《族谱》记载:"陈统之子建,字昌侯,宋皇祐元年(1049)登进士。"[②]黄振良先生所著《阳翟文史采风》一书中记载了陈统中举后隐居不仕。[③] 陈统登进士第为大中祥符五年(1012),登第后归隐不仕,没有外出为官的记录。综上所考,陈昌侯的户贯为金门可以认定。

3.光绪《金门志》、民国《金门县志》记载宋代金门共有进士7人(其中特奏名1人),除以上确认的三人外,还有陈械、陈良才、陈樲、陈楷(特奏名)等四人。弘治《八闽通志》、《闽书》、万历《泉州府志》、乾隆《泉州府志》均记载为晋江人,清道光《晋江县志》对四人均有记载。[④] 黄振良先生在《金门历代进士祖籍之探讨解析》一文中指出:陈纲、陈统、陈昌侯、陈械、陈良才,"这五

---

① (清)怀荫布修:乾隆《泉州府志》卷三十三,泉州:泉州市地方志编纂委员会办公室,1984年,第11页。
② 金门田洋陈氏宗亲联谊会编:《族谱》,2001年,第77页。
③ 黄振良主编:《阳翟文史采风》,金门:金门县金沙镇公所,2010年,第88～89页。
④ (清)周学曾等纂修:道光《晋江县志》卷三十,福州:福建人民出版社,1990年,第702、708、716、729页。

位进士的世系都非常清楚"。① 陈械的世系清楚,其从弟陈楷的世系也是没有问题的。《八闽通志》将陈良才记为陈才良,有误。《闽书》记载陈良才为陈楷从侄,有误。陈械、陈良才、陈檩、陈楷的户贯为晋江,乡贯为金门可以认定。

4. 叶钧培、黄奕展先生所著《金门族谱探源》一书提出:根据相关族谱记载,宋代金门还有宋朝登第(没有注明具体时间)的王公济(山后人)以及宋帝昺年间登第的陈大育(斗门人)。② 现考证如下:

一是宋朝(没有注明具体时间)登第的王公济。民国《福建通志》记载:"元祐六年(1091)马涓榜,晋江人王公济。"③万历《泉州府志》记载:"元祐六年,王公济,见《人物传》,俱晋江人。"④道光《晋江县志》载:"元祐六年辛未马涓榜,王公济,传见《宦绩》。"⑤《金门王氏族谱》记载:金门山后王氏始迁祖为王审知第七世孙王琎,迁入金门时间为南宋高宗年代。⑥ 王公济在元祐六年(1091)登第,其户贯及乡贯都与金门无关。

二是宋帝昺年间登第的陈大育。史载 1278 年 4 月,宋端宗赵昰去世,卫王昺立,改元祥兴。祥兴二年(1279)二月,宋兵大溃,陆秀夫负帝昺蹈海死。⑦ 史书并没有宋帝昺期间举行科考的记录,陈大育的登第没有依据。

根据上述有关史料,笔者认为有宋一代,户贯为金门的进士共有 3 人(详见表 5),乡贯为金门而户贯在外的有 4 人(详见表 6)。

宋代是泉州科举的第一个辉煌时期,一共产生了 1418 名进士,位居福建各州府前列。⑧ 金门当时只是泉州同安县绥德乡翔风里的四个都,经济文化尚不太发达,能有这样的举业成就,是一个很好的开端。

---

① 陈益源主编:《科举制度在金门论文集》,金门:金门县文化局、成功大学人文社会科学中心,2016 年,第 45 页。
② 叶钧培、黄奕展:《金门族谱探源》,台北:稻田出版社,2001 年,第 96、103 页。
③ 沈瑜庆、陈衍等纂:民国《福建通志》,北京:方志出版社,2006 年,第 4956 页。
④ (明)阳思谦、黄凤翔编纂:万历《泉州府志》卷十四,泉州:泉州市地方志编纂委员会办公室,1985 年,第 26 页。
⑤ (清)周学曾等纂修:道光《晋江县志》卷三十,福州:福建人民出版社,1990 年,第 706 页。
⑥ 金门王氏族谱编修委员会:《金门王氏族谱》,金门:金门王氏宗亲会,第 195 页。
⑦ 翦伯赞主编:《中外历史年表》,北京:中华书局,1961 年,第 499～500 页。
⑧ 陈笃彬、苏黎明:《泉州古代科举》,济南:齐鲁书社,2004 年,第 51 页。

表5　户贯为金门的宋代进士名录

科　榜	姓名	户贯	备注
淳化三年(992)壬辰孙何榜	陈　纲	阳翟	
大中祥符五年(1012)壬子徐奭榜	陈　统	阳翟	纲弟
皇祐元年(1049)己丑冯京榜	陈昌侯	阳翟	统子

表6　乡贯为金门而户贯在外的宋代进士名录

科　榜	姓名	户贯	乡贯	备注
庆历二年(1042)壬午杨寘榜	陈　棫	晋江县	阳翟	
元丰二年(1079)己未特奏名	陈　楷	晋江县	阳翟	棫从弟
重和元年(1118)戊戌王昂榜	陈良才	晋江县	阳翟	楷从弟
庆元二年(1196)丙辰邹应龙榜	陈　樌	晋江县	阳翟	良才孙

明代——金门举业的鼎盛时期

经过元代短暂的中落之后，有明一代，由于封建王朝和地方官员高度重视科举、民间对举业的追求也十分热烈，社会经济尤其是商品经济的发展为举业的繁荣提供了条件，泉州举业进入了一个新的繁荣时期。明代泉州共有文武进士661人，约占全省四分之一。[①] 明代金门经济文教事业繁盛，举业也走向了鼎盛时期。

关于明代金门进士的情况，综合几本志书及有关史料，考证如下：

一是光绪《金门志》和民国《金门县志》，详见表7。[②]

二是嘉庆《同安县志》和民国《同安县志》，详见表8。[③]

---

① 陈笃彬、苏黎明：《泉州古代科举》，济南：齐鲁书社，2004年，第123页。
② （清）林焜熿、林豪修纂：光绪《金门志》卷八，台北：台湾银行经济研究室，1960年，第170～171页。左树燮修，刘敬纂：民国《金门县志》卷十六，金门：金门县文献委员会，第221～241页。
③ （清）吴堂纂修：嘉庆《同安县志》卷十七，第18～32页；嘉庆《同安县志》卷十八，第4～6页。林学增修，吴锡璜纂：民国《同安县志》，北京：方志出版社，2007年，第464～469页，第496～497页。

三是乾隆《泉州府志》和民国《福建通志》,详见表9。①

表7　光绪《金门志》和民国《金门县志》的明代金门进士名录

科　　　榜	姓　名	光绪《金门志》	民国《金门县志》
弘治三年(1490)庚戌钱福榜	张　定	青屿人	青屿人
正德九年(1514)甲戌唐皋榜	黄　伟	有传	见《列传》
嘉靖五年(1526)丙戌龚用卿榜	陈　健	有传	见《列传》
嘉靖十四年(1535)乙未韩应龙榜	许　福	有传	见《孝义》
嘉靖二十年(1541)辛丑沈坤榜	许廷用	有传	见《列传》
嘉靖四十四年(1565)乙丑范应期榜	张凤征	有传	见《孝义》
嘉靖四十四年(1565)乙丑范应期榜	肖复阳	沙美人	沙美人
隆庆二年(1568)戊辰罗万化榜	蔡贵易	有传	见《列传》
万历十四年(1586)丙戌唐文献榜	蔡守愚	有传	见《列传》
万历十四年(1586)丙戌唐文献榜	李　玘	田墩人	田墩人
万历十七年(1589)己丑焦竑榜	蔡献臣	有传	见《列传》
万历十七年(1589)己丑焦竑榜	蔡懋贤	有传	见《列传》
万历十七年(1589)己丑焦竑榜	蒋孟育	有传	见《列传》
万历十七年(1589)己丑焦竑榜	陈基虞	有传	见《列传》
万历十七年(1589)己丑焦竑榜	黄华秀	有传	见《列传》
万历二十三年(1595)乙未朱之蕃榜	张继桂	有传	见《列传》
万历二十三年(1595)乙未朱之蕃榜	蔡复一	有传	见《列传》
万历二十九年(1601)辛丑张以诚榜	许　獬	有传	见《文苑》
万历二十九年(1601)辛丑张以诚榜	张廷拱	有传	见《列传》
万历三十八年(1610)庚戌韩敬榜	刘行义	刘澳人	刘澳人
万历四十四年(1616)丙辰钱士升榜	林　釬	有传	见《列传》
万历四十四年(1616)丙辰钱士升榜	张朝纲	有传	见《列传》

---

① (清)怀荫布修:乾隆《泉州府志》卷三十四,第5～23页;(清)怀荫布修:乾隆《泉州府志》卷三十六,第41页。沈瑜庆、陈衍等纂:民国《福建通志》,北京:方志出版社,2006年,第5061～5076页,第5154～5155页。

续表

科　　榜	姓　名	光绪《金门志》	民国《金门县志》
天启二年(1622)壬戌文震孟榜	陈昌文	有传	见《列传》
崇祯七年(1634)甲戌刘理顺榜	蔡国光	有传	见《列传》
崇祯十年(1637)丁丑刘同升榜	龚天池	何厝人	何厝人
崇祯十三年(1640)庚辰魏藻德榜	卢若腾	有传	见《忠烈》
崇祯十三年(1640)庚辰魏藻德榜	张朝綖	有传	见《列传》
嘉靖二十六年(1547)丁未科武进士	邵应魁	有传	见《列传》
万历十七年(1589)己丑科武进士	周文郁	金门所人	无记载
万历三十八年(1610)庚戌科武进士	刘　捷	金门所人	无记载

表8　嘉庆《同安县志》和民国《同安县志》的明代金门进士名录

科　　榜	姓　名	嘉庆《同安县志》	民国《同安县志》
弘治三年(1490)庚戌钱福榜	张　定	翔风十七都青屿人	翔风十七都青屿人
正德九年(1514)甲戌唐皋榜	黄　伟	翔风十七都汶水头人,有传	翔风十七都汶水头人,有传
嘉靖五年(1526)丙戌龚用卿榜	陈　健	翔风十七都阳翟人,有传	翔风十七都阳翟人,有传
嘉靖十四年(1535)乙未韩应龙榜	许　福	翔风十九都后浦人	翔风十九都后浦人
嘉靖二十年(1541)辛丑沈坤榜	许廷用	翔风后浦人	后浦人
嘉靖四十四年(1565)乙丑范应期榜	张凤征	翔风青屿人,有传	翔风青屿人,有传
嘉靖四十四年(1565)乙丑范应期榜	肖复阳	翔风十九都,沙美人	翔风沙美人
隆庆二年(1568)戊辰罗万化榜	蔡贵易	献臣父,有传	献臣父,有传
万历十四年(1586)丙戌唐文献榜	蔡守愚	翔风平林人,有传	翔风平林人,有传
万历十四年(1586)丙戌唐文献榜	李　玑	翔风十七都田墩人	翔风田墩人

续表

科　　榜	姓　　名	嘉庆《同安县志》	民国《同安县志》
万历十七年（1589）己丑焦竑榜	蔡献臣	贵易子，翔风平林人，有传	贵易子，翔风平林人，有传
万历十七年（1589）己丑焦竑榜	蔡懋贤	在坊前街人	在坊前街人
万历十七年（1589）己丑焦竑榜	蒋孟育	翔风十七都浦边人，有传	翔风浦边人，有传
万历十七年（1589）己丑焦竑榜	陈基虞	阳翟人，有传	翔风阳翟人，有传
万历十七年（1589）己丑焦竑榜	黄华秀	西黄人，有传	翔风西黄人，有传
万历二十三年（1595）乙未朱之蕃榜	张继桂	青屿人，有传	翔风青屿人，凤征子，有传
万历二十三年（1595）乙未朱之蕃榜	蔡复一	蔡厝人，有传	翔风蔡厝人，有传
万历二十九年（1601）辛丑张以诚榜	许狮	后浦人，有传	翔风后浦人，有传
万历二十九年（1601）辛丑张以诚榜	张廷拱	大嶝人，有传	翔风大嶝人，有传
万历三十八年（1610）庚戌韩敬榜	刘行义	刘澳人	翔风刘澳人
万历四十四年（1616）丙辰钱士升榜	林釬	欧垄人，有传	翔风欧垄人，有传
万历四十四年（1616）丙辰钱士升榜	张朝纲	青屿人，有传	翔风青屿人，有传
万历四十七年（1619）乙未庄际昌榜	苏寅宾	蔡店人，有传	翔风蔡店人，有传
天启二年（1622）壬戌文震孟榜	陈昌文	古区人，有传	翔风古区人，有传
崇祯七年（1634）甲戌刘理顺榜	蔡国光	平林人，有传	翔风平林人，有传
崇祯十年（1637）丁丑刘同升榜	龚天池	何厝人	十七都何厝人
崇祯十三年（1640）庚辰魏藻德榜	卢若腾	贤聚人，有传	翔风聚贤人，有传
崇祯十三年（1640）庚辰魏藻德榜	张朝綖	青屿人，有传	翔风青屿人，有传

续表

科　　榜	姓　名	嘉庆《同安县志》	民国《同安县志》
嘉靖二十六年(1547)丁未科武进士	邵应魁	金门所人,有传	金门所人,有传
万历十七年(1589)己丑科武进士	周文郁	金门所百户	金门所百户
万历三十八年(1610)庚戌科武进士	刘　捷	金门所正千户	金门所正千户

表9　乾隆《泉州府志》和民国《福建通志》的明代金门进士名录

科　　榜	姓　名	乾隆《泉州府志》	民国《福建通志》
弘治三年(1490)庚戌钱福榜	张　定	同安人	同安人
正德九年(1514)甲戌唐皋榜	黄　伟	同安人,有传	同安人
嘉靖五年(1526)丙戌龚用卿榜	陈　健	同安人,传见《循绩》	同安人
嘉靖十四年(1535)乙未韩应龙榜	许　福	同安人,传见《捍卫》	同安人
嘉靖二十年(1541)辛丑沈坤榜	许廷用	同安人,传见《循绩》	同安人
嘉靖四十四年(1565)乙丑范应期榜	张凤征	同安人,继桂父,传见《孝友》	同安人
嘉靖四十四年(1565)乙丑范应期榜	肖复阳	同安人	同安人
隆庆二年(1568)戊辰罗万化榜	蔡贵易	同安人,见《列传》	同安人
万历十四年(1586)丙戌唐文献榜	蔡守愚	同安人,见《列传》	同安人
万历十四年(1586)丙戌唐文献榜	李　玑	同安人	同安人
万历十七年(1589)己丑焦竑榜	蔡献臣	贵易子,传见《循绩》	同安人
万历十七年(1589)己丑焦竑榜	蔡懋贤	同安人,传见《仕迹》	同安人
万历十七年(1589)己丑焦竑榜	蒋孟育	同安人,传见《仕迹》	龙溪人

续表

科　榜	姓　名	乾隆《泉州府志》	民国《福建通志》
万历十七年（1589）己丑焦竑榜	陈基虞	同安人，传见《循绩》	同安人
万历十七年（1589）己丑焦竑榜	黄华秀	南安籍同安人，传见《循绩》	南安人
万历二十三年（1595）乙未朱之蕃榜	张继桂	同安人，传见《仕迹》	龙溪人
万历二十三年（1595）乙未朱之蕃榜	蔡复一	同安人，见《列传》	同安人
万历二十九年（1601）辛丑张以诚榜	许獬	同安人，传见《文苑》	会元，同安人
万历二十九年（1601）辛丑张以诚榜	张廷拱	同安人，见《列传》	同安人
万历三十八年（1610）庚戌韩敬榜	刘行义	同安人，漳浦籍	同安人
万历四十四年（1616）丙辰钱士升榜	林釬	同安人，见《列传》	第三人，龙溪人
万历四十四年（1616）丙辰钱士升榜	张朝纲	同安人，传见《循绩》	晋江人
万历四十七年（1619）乙未庄际昌榜	苏寅宾	同安人，传见《仕迹》	同安人
天启二年（1622）壬戌文震孟榜	陈昌文	同安人，传见《仕迹》	同安人
崇祯七年（1634）甲戌刘理顺榜	蔡国光	同安人，传见《循绩》	同安人
崇祯十年（1637）丁丑刘同升榜	龚天池	晋江人	晋江人
崇祯十三年（1640）庚辰魏藻德榜	卢若腾	同安人，见《列传》	同安人
崇祯十三年（1640）庚辰魏藻德榜	张朝綖	同安人，见《循绩》	同安人
嘉靖二十六年（1547）丁未科武进士	邵应魁	同安县，传见《勋绩》	同安人
万历十七年（1589）己丑科武进士	周文郁	同安县	南安人
万历三十八年（1610）庚戌科武进士	刘捷	同安县	同安人

关于明代金门进士有以下几个问题需要说明。

1.弘治三年(1490)庚戌钱福榜进士张定。《明清进士题名碑录索引》记载:张定,锦衣卫㊿(福建同安),《福建通志》作福建晋江,明弘治 3/2/34。[①]天一阁所藏《弘治三年进士登科录》记载:"张定,贯锦衣卫,官籍,福建同安人。国子生,治《诗经》……曾祖益初,赠南京通政使。祖太常,赠锦衣卫中所正千户。父苗,南京通政使。"[②]《金门青屿社张氏重恩堂集及族系谱图等专辑》记载:"弘治庚戌进士,任贵州左参议张定。"[③]以上记载清楚地表明张定乡贯为金门,户贯为锦衣卫。

2.万历十七年(1589)己丑焦竑榜进士黄华秀。乾隆《泉州府志》记载:黄华秀"南安籍同安人"。[④]《明清进士题名碑录索引》记载:黄华秀"福建南安⑳,明万历 17/3/90"。[⑤]康熙《南安县志》记载:"神宗万历十七年己丑焦竑榜黄华秀,浙江道御史。"[⑥]黄振良先生在《金门历代进士祖籍之探讨解析》一文中指出:黄华秀祖籍浯洲西黄,并进行了分析。[⑦] 黄华秀户贯应为南安,乡贯为金门。

3.万历十七年(1589)己丑焦竑榜进士蒋孟育。光绪《金门志》记载:蒋孟育"入龙溪庠,万历戊子举人,己丑进士"。[⑧]乾隆《龙溪县志》记载:"万历十七年乙丑焦竑榜,蒋孟育。"[⑨]《明清进士题名碑录索引》记载:蒋孟育,福建龙

[①] 朱宝炯、谢沛霖编:《明清进士题名碑录索引》,上海:上海古籍出版社,1979 年,第 459 页。

[②] 宁波市天一阁博物馆整理:《弘治三年进士登科录》,宁波:宁波出版社,2006 年,第 16 页。

[③] 《金门青屿社张氏重恩堂集及族系谱图等专辑》,1991 年,第 87 页。

[④] (清)怀荫布修:乾隆《泉州府志》卷三十四,泉州:泉州市地方志编纂委员会办公室,1984 年,第 15 页。

[⑤] 朱宝炯、谢沛霖编:《明清进士题名碑录索引》,上海:上海古籍出版社,1979 年,第 1556 页。

[⑥] (清)刘佑总辑:康熙《南安县志》卷十一,南安:南安县地方志编纂委员会办公室,1986 年,第 302 页。

[⑦] 陈益源主编:《科举制度在金门》,金门:金门县文化局,成功大学人文社科中心,2016 年,第 56 页。

[⑧] (清)林焜熿、林豪修纂:光绪《金门志》卷十,台北:台湾银行经济研究室,1960 年,第 260 页。

[⑨] (清)吴宜燮修,黄惠、李畴纂:乾隆《龙溪县志》卷十三,台北:成文出版社,1966 年,第 151 页。

溪⑩,明万历17/3/45。① 天一阁所藏《万历十七年进士履历便览》记载:蒋孟育"龙溪县籍同安人"。② 可以认定蒋孟育户贯为龙溪县,乡贯为金门。

4.万历二十三年(1595)乙未朱之蕃榜进士张继桂。光绪《金门志》记载:张继桂"凤征子,由龙溪学中式,万历戊子举人,乙未进士"。③ 乾隆《龙溪县志》记载:"万历二十三年乙未朱之蕃榜,张继桂,华亭知县。"④《明清进士题名碑录索引》记述:张继桂,福建龙溪⑩,明万历23/3/113。⑤《金门青屿社张氏重恩堂集及族系谱图等专辑》记载:"万历戊子举人,乙未进士,任华亭县知县张继桂。"⑥黄振良先生在《金门历代进士祖籍之探讨解析》一文中指出:张继桂因父亲张凤征早逝,叔父张凤表带其迁往龙溪。⑦ 以上可以说明张继桂户贯为龙溪,乡贯为金门。

5.万历三十八年(1610)庚戌韩敬榜进士刘行义。乾隆《泉州府志》记载:刘行义"同安人漳浦籍"。⑧ 光绪《漳浦县志》记载:"万历三十八年庚戌韩敬榜,刘行义。"⑨《明清进士题名碑录索引》记载:刘行义"福建漳浦⑳,(福建同安),明万历38/3/124。"⑩《明代史籍汇刊·明代登科录汇编》(万历三十八年庚戌科序齿录)记载:刘行义"福建漳州府漳浦县民籍,同安县人。"⑪以上说

---

① 朱宝炯、谢沛霖编:《明清进士题名碑录索引》,上海:上海古籍出版社,1979年,第1454页。
② 宁波市天一阁博物馆整理:《万历十七年进士履历便览》,宁波:宁波出版社,2006年,第22页。
③ (清)林焜熿、林豪修纂:光绪《金门志》卷十,台北:台湾银行经济研究室,1960年,第256页。
④ (清)吴宜燮修,黄惠、李畴纂:乾隆《龙溪县志》卷十三,台北:成文出版社,1966年,第151页。
⑤ 朱宝炯、谢沛霖编:《明清进士题名碑录索引》,上海:上海古籍出版社,1979年,第441页。
⑥ 《金门青屿社张氏重恩堂集及族系谱图等专辑》,1991年,第87页。
⑦ 陈益源主编:《科举制度在金门》,金门:金门县文化局,成功大学人文社科中心,2016年,第48页。
⑧ (清)怀荫布修:乾隆《泉州府志》卷三十四,泉州:泉州市地方志编纂委员会办公室,1984年,第18页。
⑨ (清)施锡卫:光绪《漳浦县志》卷十二,第9页。
⑩ 朱宝炯、谢沛霖编:《明清进士题名碑录索引》,上海:上海古籍出版社,1979年,第1981页。
⑪ 屈万里主编:《明代史籍汇刊·明代登科录汇编》,台北:学生书局,1969年,第11775页。

明刘行义的户贯为漳浦县,乡贯为金门。

6.万历四十四年(1616)丙辰钱士升榜进士林鈝。康熙《福建通志》记为同安县龙溪人。① 《明清进士题名碑录索引》记述:林鈝"福建同安⑩,(福建龙溪),明万历 44/1/3"。② 清李周望《国朝历科题名碑录初集(明万历四十四年进士题名碑录)》记述:林鈝"福建泉州府同安县民籍,龙溪县人"。林鈝户贯为金门可以认定。

7.万历四十四年(1616)丙辰钱士升榜进士张朝纲。康熙《福建通志》记为同安县。③《明清进士题名碑录索引》记载:张朝纲"福建同安⑳,(福建晋江),明万历 44/3/129"。④ 清李周望《国朝历科题名碑录初集(明万历四十四年进士题名碑录)》记载:张朝纲"福建泉州府同安县军籍,晋江县人"。张朝纲户贯为金门可以认定。

8.万历四十七年(1619)乙未庄际昌榜进士苏寅宾。光绪《金门志》、民国《金门县志》均无记载。嘉靖《同安县志》、民国《同安县志》均记载为"蔡店人"。《明清进士题名碑录索引》记述:"苏寅宾,福建同安⑩,明万历 47/3/37。"⑤《大同志》记载:万历壬子科乡试"苏寅宾,翔风十七都蔡店人。己未进士"。⑥ 以上可认定苏寅宾户贯为金门。

9.崇祯十年(1637)丁丑刘同升榜进士龚天池。康熙《福建通志》记为晋江县。⑦ 道光《晋江县志》记载:"崇祯十年丁丑刘同升榜,龚天池,鄞县知县。"⑧《明清进士题名碑录索引》记述:"龚天池,福建晋江⑩,明崇祯 10/3/

---

① (清)金鋐纂修:康熙《福建通志》,北京:书目文献出版社,1988 年,第 2063 页。
② 朱宝炯、谢沛霖编:《明清进士题名碑录索引》,上海:上海古籍出版社,1979 年,第 1642 页。
③ (清)金鋐纂修:康熙《福建通志》,北京:书目文献出版社,1988 年,第 2063 页。
④ 朱宝炯、谢沛霖编:《明清进士题名碑录索引》,上海:上海古籍出版社,1979 年,第 496~497 页。
⑤ 朱宝炯、谢沛霖编:《明清进士题名碑录索引》,上海:上海古籍出版社,1979 年,第 1470 页。
⑥ (清)朱奇珍修:《大同志》,福州:海峡书局,2018 年,第 153 页。
⑦ (清)金鋐纂修:康熙《福建通志》,北京:书目文献出版社,1988 年,第 2065 页。
⑧ (清)周学曾等纂修:道光《晋江县志》卷三十,福州:福建人民出版社,1990 年,第 763 页。

44。"①乾隆《泉州府志》记载:"崇祯十年丁丑刘同升榜,龚天池,晋江人。"②天一阁藏《崇祯十年进士履历便览》记载:"龚天池,晋江县人。"③以上可认定龚天池户贯为晋江县,有关史料上也没有龚天池乡贯为金门的记载。

10. 崇祯十三年(1640)庚辰魏藻德榜进士张朝綖。光绪《金门志》、民国《金门县志》、嘉庆《同安县志》、民国《同安县志》均记为金门人;乾隆《泉州府志》、民国《福建通志》均记为同安人。《明清进士题名碑录索引》记述:"张朝綖,福建晋江,(福建同安),明崇祯13/2/21。"④《国朝历科题名碑录初集(明崇祯十三年题名碑录)》记述:张朝綖"福建泉州府晋江县籍,同安县人"。天一阁藏《崇祯十三年进士履历便览》记载:张朝綖"晋江籍同安县人"。⑤庄为玑先生所著《晋江新志》记述:"崇祯十三年庚辰科张朝綖。"⑥从以上史料来看,张朝綖的户贯应为晋江,乡贯为金门。

11. 明代金门有邵应魁、周文郁、刘捷三名武进士,光绪《金门志》、嘉庆《同安县志》、民国《同安县志》、乾隆《泉州府志》均有记载。民国《福建通志》虽记载周文郁为南安人,但周文郁是在金门所百户任上登第的,户贯应为金门所。

12. 根据叶钧培、黄奕展先生所著《金门族谱探源》记载:明代金门尚有王振(没有注明具体时间)、王应麟(明万历年间)、陈良模(隆武元年)、陈廷樑(万历十三年)四位进士。⑦现考证如下:

一是王振(没有注明具体时间)。《明清进士题名碑录索引》:"王振,福

---

① 朱宝炯、谢沛霖编:《明清进士题名碑录索引》,上海:上海古籍出版社,1979年,第102页。

② (清)怀荫布修:乾隆《泉州府志》卷三十四,泉州:泉州市地方志编纂委员会办公室,1984年,第22页。

③ 宁波市天一阁博物馆整理:《崇祯十年进士履历便览》,宁波:宁波出版社,2006年,第18页。

④ 朱宝炯、谢沛霖编:《明清进士题名碑录索引》,上海:上海古籍出版社,1979年,第496页。

⑤ 宁波市天一阁博物馆整理:《崇祯十三年进士履历便览》,宁波:宁波出版社,2006年,第16页。

⑥ 庄为玑:《晋江新志》下册,泉州:泉州市地方志编纂委员会办公室,1985年,第101页。

⑦ 叶钧培、黄奕展:《金门族谱探源》,台北:稻田出版社,2001年,第96、103、104页。

建龙溪,明永乐19/3/149。"①民国《福建通志》记载:"永乐十九年曾鹤龄榜,王振,龙溪人。"②乾隆《龙溪县志》记载:"永乐十九年辛丑曾鹤龄榜,王振,庶吉士。"③《金门王氏族谱》之《庄严公(吕厝)裔派谱序》记载:"浯生公徙居漳州丹霞,传子玉齐讳振,大明永乐辛丑得进士,官翰苑。"④以上所考可认定,王振户贯为龙溪,乡贯为金门,登进士第时间为永乐十九年(1421)。

二是王应麟(明万历年间)。《明清进士题名碑录索引》:"王应麟,福建龙溪⑩,明万历8/3/200。"⑤民国《福建通志》记载:明万历八年(1580)庚辰张懋修榜,王应麟,龙溪人。⑥乾隆《龙溪县志》记载:"万历八年庚辰张懋修榜,王应麟,江西左布政使。"⑦《金门王氏族谱》之《珒公山后裔派族谱谱序》记载:"应麟,号玉沙,登明万历丙子(1576)举人,庚辰进士,官巡抚,后遂立籍于漳。"⑧按照明代科考的要求,王应麟立籍于漳应在登进士第之前。可以认定,王应麟户贯为龙溪,乡贯为金门。

三是陈廷樑(万历十三年)。明代万历十三年(1585)朝廷没有举行科考,查《明清进士题名碑录索引》也无陈廷樑登第记录。⑨

四是陈良模(隆武元年)。《中外历史年表》记载:1644年崇祯皇帝自缢。1645年在黄道周、郑芝龙等人的拥戴下,唐王朱聿键在福州即帝位,建元隆武。1646年隆武帝死于福州。⑩钱海岳先生在《南明史》一书中有隆武年间

---

① 朱宝炯、谢沛霖编:《明清进士题名碑录索引》,上海:上海古籍出版社,1979年,第299页。
② 沈瑜庆、陈衍等纂:民国《福建通志》,北京:方志出版社,2016年,第5056页。
③ (清)吴宜燮修,黄惠、李畴纂:乾隆《龙溪县志》卷十三,台北:成文出版社,1966年,第149页。
④ 金门王氏族谱编修委员会:《金门王氏族谱》,金门:金门王氏宗亲会,1994年,第277页。
⑤ 朱宝炯、谢沛霖编:《明清进士题名碑录索引》,上海:上海古籍出版社,1979年,第182页。
⑥ 沈瑜庆、陈衍等纂:民国《福建通志》,北京:方志出版社,2016年,第5070页。
⑦ (清)吴宜燮修,黄惠、李畴纂:乾隆《龙溪县志》卷十三,台北:成文出版社,1966年,第150页。
⑧ 金门王氏族谱编修委员会:《金门王氏族谱》,金门:金门王氏宗亲会,1994年,第194页。
⑨ 朱宝炯、谢沛霖编:《明清进士题名碑录索引》,上海:上海古籍出版社,1979年,第2092~2093页。
⑩ 翦伯赞主编:《中外历史年表》,北京:中华书局,1961年,第542页。

举行乡试的记载但没有举行会试的记载。①

13.黄振良先生在《金门历代进士祖籍之探讨解析》文中指出明代金门进士还有万历十一年(1583)癸未朱国祚榜进士黄萼。天一阁所藏《万历十一年进士登科录》记载:"黄萼,贯福建漳州府龙溪县,民籍。"②民国《福建通志》记载:"万历十一年癸未朱国祚榜,黄萼,龙溪人。"③《明清进士题名碑录》记载:"黄萼,福建龙溪⑩,明万历 11/3/264。"④乾隆《龙溪县志》记载:黄萼"万历十一年癸未朱国祚榜,梧州知府"。⑤《金水黄氏族谱》记载:"德绥,随父迁漳迨三世孙讳萼,号丹山,明庆隆丁卯科举人,至万历癸未(1583)中进士,任梧州府知府。因鲜往来而谱失。"⑥以上可认定黄萼户贯为龙溪县,其乡贯为金门。

综上所考,明代户贯为金门的共有进士 24 人,其中文进士 21 人,武进士 3 人(详见表 10)。乡贯为金门,户贯在外的进士有 9 人(详见表 11)。

表 10　户贯为金门的明代进士名录

科　榜	姓　名	户贯	名次
正德九年(1514)甲戌唐皋榜	黄　伟	汶水头	第二甲第 43 名
嘉靖五年(1526)丙戌龚用卿榜	陈　健	阳翟	第三甲第 139 名
嘉靖十四年(1535)乙未韩应龙榜	许　福	后浦	第二甲第 92 名
嘉靖二十年(1541)辛丑沈坤榜	许廷用	后浦	第三甲 157 名
嘉靖四十四年(1565)乙丑范应期榜	张凤征	青屿	第三甲第 97 名
嘉靖四十四年(1565)乙丑范应期榜	肖复阳	沙尾	第三甲第 159 名
隆庆二年(1568)戊辰罗万化榜	蔡贵易	琼林	第三甲第 146 名
万历十四年(1586)丙戌唐文献榜	蔡守愚	琼林	第二甲第 13 名

---

① 钱海岳撰:《南明史》,北京:中华书局,2016 年,第 399～400 页。
② 宁波市天一阁博物馆整理:《万历十一年进士登科录》,宁波:宁波出版社,2006 年,第 92 页。
③ 沈瑜庆、陈衍等纂:民国《福建通志》,北京:方志出版社,2016 年,第 5070 页。
④ 朱宝炯、谢沛霖编:《明清进士题名碑录索引》,上海:上海古籍出版社,1979 年,第 1556 页。
⑤ (清)吴宜燮修,黄惠、李畹纂:乾隆《龙溪县志》卷十三,台北:成文出版社,1966 年,第 150 页。
⑥ 金水黄氏族谱编修小组:《金水黄氏族谱》,金门:金门县金水黄氏大宗,1983 年,第 307 页。

续表

科　　榜	姓　名	户贯	名次
万历十四年(1586)丙戌唐文献榜	李玑	田墩	第三甲196名
万历十七年(1589)己丑焦竑榜	蔡懋贤	琼林	第二甲第5名
万历十七年(1589)己丑焦竑榜	蔡献臣	琼林	第二甲第6名
万历十七年(1589)己丑焦竑榜	陈基虞	阳翟	第三甲第35名
万历二十三年(1595)乙未朱之蕃榜	蔡复一	山兜	第二甲第27名
万历二十九年(1601)辛丑张以诚榜	许獬	后浦	第二甲第1名
万历二十九年(1601)辛丑张以诚榜	张廷拱	大嶝	第三甲第100名
万历四十四年(1616)丙辰钱士升榜	林釬	欧垄	第一甲第3名
万历四十四年(1616)丙辰钱士升榜	张朝纲	青屿	第三甲第129名
万历四十七年(1619)己未庄际昌榜	苏寅宾	蔡店	第三甲第37名
天启二年(1622)壬戌文震孟榜	陈昌文	古区	第三甲第289名
崇祯七年(1634)甲戌刘理顺榜	蔡国光	琼林	第三甲第195名
崇祯十三年(1640)庚辰魏藻德榜	卢若腾	贤聚	第二甲第18名
嘉靖二十六年(1547)丁未科武进士	邵应魁	金门所	
万历十七年(1589)己丑科武进士	周文郁	金门所	
万历三十八年(1610)庚戌科武进士	刘捷	金门所	

表11　户贯在外、乡贯为金门的明代进士名录

科　　榜	姓　名	户贯	乡贯	名次
永乐十九年(1421)辛丑曾鹤龄榜	王振	龙溪	吕厝	第三甲第149名
弘治三年(1490)庚戌钱福榜	张定	锦衣卫	青屿	第二甲第34名
万历八年(1580)庚辰张懋修榜	王应麟	龙溪	山后	第三甲第200名
万历十一年(1583)癸未朱国祚榜	黄萼	龙溪	金水	第三甲第264名
万历十七年(1589)己丑焦竑榜	蒋孟育	龙溪	浦边	第三甲第45名
万历十七年(1589)己丑焦竑榜	黄华秀	南安	西黄	第三甲第90名
万历二十三年(1595)乙未朱之蕃榜	张继桂	龙溪	青屿	第三甲第113名

续表

科　　榜	姓　名	户贯	乡贯	名次
万历三十八年(1610)庚戌韩敬榜	刘行义	漳浦	刘澳	第三甲第124名
崇祯十三年(1640)庚辰魏藻德榜	张朝綖	晋江	青屿	第二甲第21名

明代是金门举业的鼎盛时期。郭培贵教授指出:"可就是这样一个孤悬海外的偏僻岛屿,却成为明朝正德以后闻名遐迩的科举兴盛之地。"[①]明代金门举业繁盛与朱子的过化有密切关系。朱熹于绍兴二十一年(1151)被任命为同安县主簿,绍兴二十三年(1153)秋就任,绍兴二十七年(1157)离任。任职期间,朱熹积极倡学、厉行风教,对同安崇文重教风气的形成产生了很大的影响。任职期间,朱熹曾亲临金门。民国《金门县志》记载:"昔朱子主同安簿,观风海上,金门亲沐教化,故文章气节代有其人。而有明科目之盛,尤甲于上都。"[②]明代以程朱理学为主要内容的科举考试,对于深受朱子学术思想影响的金门读书人来说是十分有利的。明代金门的举业鼎盛还与俞大猷任职金门有很大的关系。嘉靖十四年(1535),俞大猷武举中式,列进士第五名,由百户升正千户,守御金门。[③] 俞大猷文治武功,在金门任职期间,延请名师来金门任教,"导以礼让,申以诗书"。[④]闲暇之时,俞大猷喜欢与金门的士大夫讲学吟诗,"磊落自豪",以此激励金门人发扬闽南人崇文重教的精神,形成浓厚的文化氛围。[⑤] 明代金门进士大多出现在俞大猷任职金门之后,可见俞大猷对金门文教事业发展功不可没。

清代——金门举业的式微时期

清代泉州的举业虽然也有一定的绩效,共有文进士265名、武进士88

[①] 郭培贵:《明代科举的海上明珠——金门岛》,《福建日报》2017年3月14日第11版。
[②] 左树夔修,刘敬纂:民国《金门县志》卷九,金门:金门县文献委员会,1958年,第91页。
[③] 何世铭:《俞大猷年谱》第1册,泉州:泉州历史研究会,1984年,第34~35页。
[④] (明)俞大猷撰,廖渊泉、张吉昌整理点校:《正气堂全集》,福州:福建人民出版社,2007年,第12页。
[⑤] 左树夔修,刘敬纂:民国《金门县志》卷十五,金门:金门县文献委员会,1958年,第208页。

名。但是此时封建社会已进入了衰颓时期,科举的腐败日益显著,科举逐步进入了没落时期,直至消亡,是不可避免的。清代金门举业由于迁界等因素的影响,颓势从进士人数上可以看出,远远不如明代。①

清代金门进士的有关志书记载如下:

一是民国《金门县志》和民国《同安县志》,详见表12。②

二是民国《福建通志》,详见表13。③

表12 民国《金门县志》和民国《同安县志》的清代金门进士名录

科　　榜	姓名	民国《金门县志》	民国《同安县志》
顺治十五年(1658)戊戌孙承恩榜	刘望龄	无记载	字尔三,东桥人
康熙六年(1667)丁未缪丹榜	陈睿思	观泰子,住松田	阳翟人,有传
康熙六十年(1721)辛丑邓钟岳榜	张对墀	传见《文苑》	青屿人,有传
雍正元年(1723)癸卯恩科于振榜	许履坦	后浦人	无记载
雍正五年(1727)丁未彭启丰榜	许琰	作"许炎",传见《文苑》(其他志书作"许琰")	后浦人,有传(作"许琰")
道光三年(1823)癸未林召棠榜	郑用锡	癸未科	高浦人,徙台湾

表13 民国《福建通志》的清代金门进士名录

科　　榜	姓名	民国《福建通志》
顺治十五年(1658)戊戌孙承恩榜	刘望龄	同安人
康熙六年(1667)丁未缪丹榜	陈睿思	同安人
康熙六十年(1721)辛丑邓钟岳榜	张对墀	晋江人
雍正元年(1723)癸卯恩科于振榜	许履坦	晋江人
雍正五年(1727)丁未彭启丰榜	许琰	同安人
道光三年(1823)癸未林召棠榜	郑用锡	台湾县人
道光六年(1826)丙戌朱昌颐榜	许德树	侯官人

---

① 陈笃彬、苏黎明:《泉州古代科举》,济南:齐鲁书社,2004年,第191页。

② 左树燮修,刘敬纂:民国《金门县志》卷十六,金门:金门县文献委员会,1958年,第232~236页。吴锡璜纂:民国《同安县志》,北京:方志出版社,2007年,第499~501页。

③ 沈瑜庆、陈衍等纂:民国《福建通志》,北京:方志出版社,2016年,第5164~5174页。

有几个需要说明的问题。

一、顺治十五年(1658)进士刘望龄。《明清进士题名碑录索引》记载："刘望龄,福建同安,清顺治15/2/24。"①乾隆《泉州府志》记载:顺治十五年戊戌孙承恩榜,刘望龄,"同安人"。②《大同志》记载:顺治辛卯科乡试"刘望龄,后浦人,住东桥。戊戌会魁"。③ 2000年出版的《同安县志》记载:顺治十五年戊戌孙承恩榜进士刘望龄,"金门后浦(住东桥)"。④ 刘望龄户贯为金门可以认定。

二、康熙六十年(1721)辛丑邓钟岳榜进士张对墀。乾隆《泉州府志》:"康熙六十年辛丑邓钟岳榜,张对墀,晋江人。"⑤《明清进士题名碑录索引》:"张对墀,福建晋江,清康熙60/3/27。"⑥道光《晋江县志》记载:"康熙六十年辛丑邓钟岳榜,张对墀。"⑦《金门青屿社张氏重恩堂集及族系谱图等专辑》记载:"康熙甲午亚元、辛丑进士,授河南开封府太康县知县正堂张对墀。"⑧黄振良先生在《金门历代进士祖籍之探讨解析》一文中指出:张对墀系张朝纲之五代孙。⑨ 张对墀户贯为晋江,乡贯为金门可以认定。

三、雍正元年(1723)癸卯恩科进士许履坦。乾隆《泉州府志》:"雍正元年癸卯恩科于振榜,许履坦,晋江人。"《明清进士题名碑录索引》记载:"许履坦,福建晋江,清雍正1/3/49。"道光《晋江县志》记载:"雍正元年癸卯恩科于振榜,许履坦。"黄振良先生在《金门历代进士祖籍之探讨解析》一文中指出:许履坦出自后浦五房。《金门族谱探源》记载:"许履坦,后浦人。"许履坦户

---

① 朱宝炯、谢沛霖编:《明清进士题名碑录索引》,上海:上海古籍出版社,1979年,第1963页。

② (清)怀荫布修:乾隆《泉州府志》卷三十七,泉州:泉州市地方志编纂委员会办公室,1984年,第2页。

③ (清)朱奇珍修:《大同志》,福州:海峡书局,2018年,第156页。

④ 同安县地方志编纂委员会编:《同安县志》,北京:中华书局,2000年,第1505页。

⑤ (清)怀荫布修:乾隆《泉州府志》卷三十七,泉州:泉州市地方志编纂委员会办公室,1984年,第6页。

⑥ 朱宝炯、谢沛霖编:《明清进士题名碑录索引》,上海:上海古籍出版社,1979年,第465页。

⑦ (清)周学曾等纂修:道光《晋江县志》卷三十,福州:福建人民出版社,1990年,第768页。

⑧ 《金门青屿社张氏重恩堂集及族系谱图等专辑》,1991年,第89页。

⑨ 陈益源主编:《科举制度在金门》,金门:金门县文化局、成功大学人文社科中心,2016年,第46页。

贯为晋江,乡贯为金门可以认定。①

四、道光三年(1823)癸未科进士郑用锡。《明清进士题名碑录索引》记述:"郑用锡,台湾府淡水,清道光 3/3/109。"②同治《淡水厅志》记载:"郑崇和,字其德,号诒庵,监生,籍金门。设教于淡,因家焉。""郑用锡,字在中,号祉亭,崇和之子。……道光癸未成进士,开台二百余年通籍自用锡始。"③郑用锡户贯为淡水,乡贯为金门可以认定。

五、金门《后沙村史》载:道光六年(1826)丙戌科进士许德树。④《明清进士题名碑录索引》载:"许德树,福建侯官,清道光 6/3/72。"⑤民国《福建通志》记载:"许懿善,先世居金门。五世祖盛,以军功任镇朔将军,世袭骑都尉。曾祖瑶,以荫官刑部陕西司郎中,历湖南常德府、河南卫辉府知府。宦绩称最。祖臣骥,岁贡生,早逝。祖妣郑氏,依其父于福州,籍焉。父崇楷,乾隆乙卯科举人……子德树……嘉庆(道光)丙戌成进士。"⑥这段文字说明了许盛是许懿善的高祖,而许懿善祖父许臣骥去世较早,其祖母就带着儿子许崇楷回到福州娘家,从此就在福州定居。许德树为许懿善之子。民国《福建通志》所记"嘉庆丙戌成进士"有误,应为"道光丙戌成进士"。许德树户贯为侯官,乡贯为金门可以认定。

六、叶钧培、黄奕展先生所著《金门族谱探源》一书还记有七位清代金门进士:张汝瑚(顺治十二年)、张星徽(康熙六十年)、陈桂洲(乾隆七年)、黄绍芳(丙申恩科)、蔡廷兰(甲辰科道光二十四年)、黄轩龄(庚辰科)、李景铭(光

---

① (清)怀荫布修:乾隆《泉州府志》卷三十七,泉州:泉州市地方志编纂委员会办公室,1984年,第6页。朱宝炯、谢沛霖编:《明清进士题名碑录索引》,上海:上海古籍出版社,1979年,第176页。(清)周学曾等纂修:道光《晋江县志》卷三十,福州:福建人民出版社,1990年,第768页。陈益源主编:《科举制度在金门》,金门:金门县文化局,成功大学人文社科中心,2016年,第52页。叶钧培、黄奕展:《金门族谱探源》,台北:稻田出版社,2001年,第101页。
② 朱宝炯、谢沛霖编:《明清进士题名碑录索引》,上海:上海古籍出版社,1979年,第2385页。
③ (清)陈培桂编纂:《淡水厅志》卷九,第13~14页。
④ 许木进著:《后沙村史——钟灵毓秀开胜地》,金门:金门县文化局,2023年,第161页。
⑤ 朱宝炯、谢沛霖编:《明清进士题名碑录索引》,上海:上海古籍出版社,1979年,第166页。
⑥ 沈瑜庆、陈衍等纂:民国《福建通志》,北京:方志出版社,2016年,第7356页。

绪三十年）。① 现考证如下：

1.张汝瑚（顺治十二年，1655年）。《明清进士题名碑录索引》《清代进士题名录》均无张汝瑚登进士第的记载。《大同志》记载：崇祯十五年（1642）壬午科乡试，"张汝瑚，翔风青屿人。府学中，湖广安陆府通判""住府城"，没有张汝瑚登进士第的记载。②《金门青屿张氏重恩堂集及族系谱图等专辑》记载：崇祯壬午科举人，任山西清源知县，升胡广推官张汝瑚。③ 张汝瑚没有进士身份可以确定。

2.张星徽（康熙六十年，1721年）。《明清进士题名碑录索引》《清代进士题名录》《民国福建通志》均无记载。《金门青屿张氏重恩堂集及族系谱图等专辑》记载：康熙丁酉经元，辛丑进士，选江南望江县，解任海澄学教谕张星徽。④ 罗元信先生在《失之交臂——康熙六十年（1721）会试磨勘与张星徽的仕途》一文中详细分析了康熙六十年（1721）会试磨勘的原因、经过和结果。此次磨勘共有12人"以磨勘革"，"今科停著殿试，过三年，仍准其殿试"，张星徽是其中一名。此后，张星徽于雍正八年（1730）、乾隆十年（1745）两次参加会试，俱无登第。乾隆十一年（1746），张星徽到漳州府海澄县任县学教谕。⑤ 张星徽没有进士身份可以确定。

3.陈桂洲（乾隆七年，1724年）。《明清进士题名碑录索引》记载：陈桂洲，"福建南安，清乾隆7/3/176"。⑥ 民国《南安县志》记载："高宗乾隆七年壬戌金甡榜，陈桂洲，翰林侍讲学士，广东、广西督学，顺天府丞。有传。"⑦民国《福建通志》记载："陈桂洲，字文馥，号修堂。祖鄞，自同安迁南安。"⑧《金门

---

① 叶钧培、黄奕展：《金门族谱探源》，台北：稻田出版社，2001年，第97、99、103、108、111页。
② （清）朱奇珍修：《大同志》，福州：海峡书局，2018年，第156页。
③ 《金门青屿社张氏重恩堂集及族系谱图等专辑》，1991年，第88页。
④ 《金门青屿社张氏重恩堂集及族系谱图等专辑》，1991年，第87页。
⑤ 陈益源主编：《科举制度在金门》，金门：金门县文化局，成功大学人文社科中心，2016年，第225～235页。
⑥ 朱宝炯、谢沛霖编：《明清进士题名碑录索引》，上海：上海古籍出版社，1979年，第2147页。
⑦ 戴希朱总纂：民国《南安县志》卷二十，南安：南安县地方志编纂委员会，1989年，第603页。
⑧ 沈瑜庆、陈衍等纂：民国《福建通志》，北京：方志出版社，2016年，第6583页。

族谱探源》载:"陈桂洲,斗门人。"①陈桂洲户贯为南安,乡贯为金门可以认定。

4.黄绍芳(道光丙申恩科)。《明清进士题名碑录索引》记述:黄绍芳,"福建侯官,清道光16/2/70"。② 民国《闽侯县志·选举(清进士)》记载:"道光十六年(1836)恩科侯官黄绍芳(刑部主事)。"③黄振良先生在《金门历代进士祖籍之探讨解析》一文中指出:"黄绍芳的先世系浯洲汶水头相房第九世孙华宇公,明末移民福建内地,在闽县落籍。"④从相关资料来看,黄绍芳户贯为侯官,乡贯为金门可以认定。

5.蔡廷兰(道光二十四年,1845年)。《明清进士题名碑录索引》记述:蔡廷兰"福建澎湖厅,清道光25/2/61。"⑤蔡文宾先生在其著作《蔡廷兰传》中指出:"琼林蔡氏自十七郎君再传十七世,为新仓三房蔡鸣震,于明崇祯十七年(1644)迁澎湖双头跨(今马公市兴仁里),为开澎始祖。""蔡鸣震迁澎后,再传五世,即蔡廷兰。"⑥《澎湖厅志》记载:"蔡廷兰,字香祖,学者称秋园先生,双头跨社人也。其父培华,别有传。""蔡培华,字明新,双头跨社人,原籍同安之金门。"⑦蔡廷兰登进士第时间应为道光二十五年(1845),《金门族谱探源》一书记载有误。其户贯为澎湖,乡贯为金门可以认定。

6.黄轩龄(光绪庚辰科)。《明清进士题名碑录索引》记述:黄轩龄"福建闽县,清光绪6/3/90"。⑧ 民国《闽侯县志·选举(清进士)》记载:光绪六年(1880)福州府闽县黄轩龄(字颐舫,主事)。⑨ 黄振良先生《金门历代进士祖

---

① 叶钧培、黄奕展:《金门族谱探源》,台北:稻田出版社,2001年,第105页。
② 朱宝炯、谢沛霖编:《明清进士题名碑录索引》,上海:上海古籍出版社,1979年,第1543页。
③ 欧阳英修,陈衍纂:民国《闽侯县志》卷四十二,闽侯:闽侯县地方志编纂委员会,1995年,第197页。
④ 陈益源主编:《科举制度在金门》,金门:金门县文化局,成功大学人文社科中心,2016年,第57页。
⑤ 朱宝炯、谢沛霖编:《明清进士题名碑录索引》,上海:上海古籍出版社,1979年,第1577页。
⑥ 蔡主宾:《蔡廷兰传》,金门:金门县文化局,2005年,第14页。
⑦ (清)林豪总修:《澎湖厅志》,台北:台湾银行经济研究室,1963年,第237页。
⑧ 朱宝炯、谢沛霖编:《明清进士题名碑录索引》,上海:上海古籍出版社,1979年,第1561页。
⑨ 欧阳英修,陈衍纂:民国《闽侯县志》卷四十二,闽侯:闽侯县地方志编纂委员会,1995年,第199页。

籍之探讨解析》一文中指出:黄轩龄是黄绍芳的儿子,其祖父为黄瑛,是嘉庆戊寅科举人,汶水头黄氏家庙还有一方"父子祖孙科甲"匾,正是黄瑛、黄绍芳、黄轩龄祖孙三人所立。① 黄轩龄的户贯为闽县,乡贯为金门可以认定。

7.李景铭(光绪三十年,1904年)。《明清进士题名碑录索引》记述:李景铭"福建闽县,清光绪 30/2/109。"②民国《闽侯县志·选举(清进士)》记载:"光绪三十年(1904)福州府闽县李景铭。"③黄振良先生在《金门历代进士祖籍之探讨分析》一文中指出:李景铭祖籍是古宁头进房,清初迁界时,其先世最后到福州落户。④ 可以认定李景铭户贯为闽县,乡贯为金门。

七、黄振良先生在《金门历代进士祖籍之探讨解析》一文中有清一代金门进士还有顺治十二年(1655)乙未科张可立。黄先生在文中指出:张苗的次子张宜"有一子过继予北京族人张质之子(张质之孙),其后裔张可立,清顺治十二年(1655)乙未科三甲 253 名进士"。⑤《明清进士题名碑录索引》记述:张可立"镶黄旗,清顺治 12/3/253"。⑥《清朝进士题名录》记述:"顺治十二年乙未科(1655),赐同进士出身第三甲三百十九名,253 张可立,镶黄旗汉军人。"⑦《金门青屿张氏重恩堂集及族系谱图等专辑》记载:"顺治乙未科进士,任扬州府驿传道张可立。"⑧张可立户贯为镶黄旗,乡贯为金门可以认定。

综上所考,有清一代,户贯为金门的进士有 3 人(详见表 14)。乡贯为金门、户贯在外的进士有 10 人(详见表 15)。

---

① 陈益源主编:《科举制度在金门》,金门:金门县文化局,成功大学人文社科中心,2016年,第 57 页。
② 朱宝炯、谢沛霖编:《明清进士题名碑录索引》,上海:上海古籍出版社,1979年,第 1310 页。
③ 欧阳英修,陈衍纂:民国《闽侯县志》卷四十二,闽侯:闽侯县地方志编纂委员会,1995年,第 201 页。
④ 陈益源主编:《科举制度在金门》,金门:金门县文化局,成功大学人文社科中心,2016年,第 57 页。
⑤ 陈益源主编:《科举制度在金门》,金门:金门县文化局,成功大学人文社科中心,2016年,第 48 页。
⑥ 朱宝炯、谢沛霖编:《明清进士题名碑录索引》,上海:上海古籍出版社,1979年,第 416 页。
⑦ 江庆柏编著:《清朝进士题名录》,北京:中华书局,2007年,第 89 页。
⑧ 《金门青屿社张氏重恩堂集及族系谱图等专辑》,1991年,第 88 页。

表 14　户贯为金门的清代进士名录

科　榜	姓　名	户贯	名次
顺治十五年(1658)戊戌孙承恩榜	刘望龄	后浦	第二甲第 24 名
康熙六年(1667)丁未缪肜榜	陈睿思	阳翟	第三甲第 5 名
雍正五年(1727)丁未彭启丰榜	许　炎	后浦	第三甲第 54 名

表 15　户贯在外而乡贯为金门的清代进士名录

科　榜	姓　名	户贯	乡贯	名次
顺治十二年(1655)乙未史大成榜	张可立	镶黄旗	青屿	第三甲第 253 名
康熙六十年(1721)辛丑邓钟岳榜	张对墀	晋江县	青屿	第三甲第 27 名
雍正元年(1723)癸卯恩科王振榜	许履坦	晋江县	后浦	第三甲第 49 名
乾隆七年(1742)壬戌金甡榜	陈桂洲	南安县	斗门	第三甲第 176 名
道光三年(1823)癸未林召棠榜	郑用锡	淡水厅	内洋	第三甲第 109 名
道光六年(1826)丙戌朱昌颐榜	许德树	侯官人	后沙	第三甲第 72 名
道光十六年(1836)丙申林鸿年榜	黄绍芳	侯官县	汶水头	第二甲第 70 名
道光二十五年(1845)乙巳恩科萧锦忠榜	蔡廷兰	澎湖厅	琼林	第二甲第 61 名
光绪六年(1880)庚辰黄思永榜	黄轩龄	闽县	汶水头	第三甲第 90 名
光绪三十年(1904)甲辰刘春霖榜	李景铭	闽县	古宁头	第二甲第 109 名

从宋淳化三年(992)陈纲成为开金进士,900 多年间金门一共产生了 53 名进士(包括 3 名武进士),其中户贯在金门的有 30 人,乡贯为金门、户贯在外的有 23 人。作为宋末以来兵家必争之地的滨海小岛[①],能有这样的科举成就,确实令人感到骄傲。这些金门进士,各种人才济济。他们有的官居高位,清正廉洁,忧国忧民;有的学识渊博,笔耕不辍,名作传世;有的英勇善战,保家卫国,彪炳史册。他们发扬敢拼爱赢、崇文重教、海纳百川和爱国爱乡的泉州精神,为中华民族的发展做出贡献,为后人留下了许多宝贵的精神财富。

(原载《闽台缘文史集刊》2019 年第 3 期)

[①] 谢重光、杨彦杰、汪毅夫:《金门史稿》,厦门:鹭江出版社,1999 年,第 19 页。

利玛窦与金门科第人物的交游

利玛窦(Matteo Ricci),字西泰,号清泰、西江,旅居中国的意大利耶稣会传教士、学者。1552年10月6日生于意大利马切拉塔,1610年5月10日卒于中国北京。1583年,利玛窦到广东肇庆传教,1589年移居韶州。1597年被任命为耶稣会中国传教会会长。利玛窦曾三次到南京、两次到北京,后得到明神宗的信任定居北京。利玛窦自称"西儒",是第一位"阅读中国文学并对中国典籍进行钻研的西方学者"。[①]

樊树志先生在其所著《晚明史:1573—1644》一书中指出:"利玛窦在中国传教的成功固然得益于他的'本土化'策略,更重要的是他带来了欧洲文艺复兴以来的先进的科学文化,令当时的知识阶层耳目一新。"[②]利玛窦在中国期间,中国许多士大夫与其有了接触,有的深受其影响。樊树志先生指出:晚明时"西学以前所未见的巨大魅力,深深吸引一批正在探求新知识的士大夫们,短短几年中掀起一个'西学东渐'的高潮"。[③] 在这次高潮中,金门王应麟、黄华秀、蔡献臣三位进士与利玛窦有了交游。王应麟、黄华秀、蔡献臣三位金门进士与利玛窦的交游是中西文化碰撞的缩影。这三位科第人物在与利玛窦交游过程中的表现,值得认真研究。

王应麟与利玛窦的交游

王应麟,字仁卿,号玉沙,明万历四年(1576)中举人,万历八年(1580)登

[①] 《中国大百科全书》总编委会:《中国大百科全书》第14册,北京:中国大百科全书出版社,2009年,第58页。
[②] 樊树志:《晚明史:1573—1644》,上海:复旦大学出版社,2015年,第141页。
[③] 樊树志:《晚明史:1573—1644》,上海:复旦大学出版社,2015年,第141页。

进士第。民国《福建通志》记载："明万历八年庚辰张懋修榜,王应麟,龙溪人。"①乾隆《龙溪县志》记载："万历八年庚辰张懋修榜,王应麟,江西左布政使。"②《金门王氏族谱》之《珤公山后裔派族谱谱序》记载："应麟号玉沙,登明万历丙子(1576)举人,庚辰进士,官巡抚,后遂立籍于漳。"③按照明代科考的要求,王应麟立籍于漳应在登进士第之前。可以认定,王应麟的祖籍为泉州金门山后,户籍为漳州龙溪。王应麟登进士第后首任溧阳县令。万历十五年(1587)调任南雄府同知,后迁镇江知府。万历四十一年(1613),升任顺天府尹,后迁应天巡抚。④

明嘉靖四十三年(1564),两广总督府从广西梧州移驻肇庆,肇庆成为两广的政治核心。从1583年9月到1589年7月,利玛窦都在肇庆活动。1589年8月,利玛窦被驱逐出肇庆。⑤ 在肇庆同知方应时的介绍下,利玛窦一行与韶州通判吕良佐认识,移居韶州。⑥ 利玛窦抵达韶州之后,很快和当地官员有了接触,与地方官宦有个短暂的蜜月期。韶州知府谢台卿、曲江知县刘文芳、南雄知府黄门、南雄同知王应麟和英县知县苏大用等人都先后与其有交往。⑦ 与地方官员的密切交往,提高了利玛窦的知名度,省城和地方的官员来到韶州都会去拜访利玛窦。利玛窦也利用这个机会,培养华人信徒,开展传教活动,并收礼部尚书瞿景淳的大儿子瞿太素为徒。瞿太素后来成为利玛窦的得力助手,成为明末翻译《欧几里得几何》的第一人。⑧ "利玛窦的这位弟子学会了设计各式各样的日晷以记时辰,还能'运用几何规则和尺度'测量高度和距离……又亲手'非常优雅而艺术地'制作各种木制、铜制甚

---

① 沈瑜庆、陈衍等纂:民国《福建通志》,北京:方志出版社,2016年,第5070页。
② (清)吴宜燮修,黄惠、李畴纂:乾隆《龙溪县志》卷十三,台北:成文出版社,1966年,第150页。
③ 金门王氏族谱编修委员会:《金门王氏族谱》,金门:金门王氏宗亲会,1994年,第194页。
④ 汤开建:《利玛窦明清中文文献资料汇释》,上海:上海古籍出版社,2017年,第16页。
⑤ [美]史景迁著,陈恒、梅义征译:《利玛窦的记忆之宫——当西方遇到东方》,上海:上海远东出版社,2005年,第373页。
⑥ [美]史景迁著,陈恒、梅义征译:《利玛窦的记忆之宫——当西方遇到东方》,上海:上海远东出版社,2005年,第373页。
⑦ 林金水:《利玛窦与中国》,北京:中国社会科学出版社,1996年,第28~29页。
⑧ 林金水:《利玛窦与中国》,北京:中国社会科学出版社,1996年,第30~32页。

至银制的工具:六分仪、天球仪、测象仪、量角器和'磁盒'"。①

1591年,利玛窦应英德县知县苏大用的邀请,出访英德县。苏大用陪同利玛窦前往英德著名景区碧落洞游览时与南雄同知王应麟相遇。② 王应麟与利玛窦一起出席了苏大用举行的宴会,并观看了"有音乐舞蹈和喜剧"的表演,几个人相谈甚欢,"一直延续到第二天凌晨"。对于这位新结交的西方传教士,王应麟视为知己。第二天,王应麟在官船上设宴招待了利玛窦一行,并让他们乘其官船回到韶州。③ 法国学者裴化行在其著作《利玛窦神父传》中指出:利玛窦在英德县,"遇见了南雄同知王应麟,同他结成深厚的友谊"。④

1592年,携眷居住在南雄的瞿太素,亲自前往韶州,邀请利玛窦前往南雄,"拜访许多朋友"。利玛窦接受了"这令人心动的邀请"。到达南雄后,利玛窦受到一群望教者的欢迎,"他们打算先把他扣留住",而利玛窦认为:"他必须首先拜会同知——在英德见过面的那位王应麟。""利玛窦立即前往同知府邸,坐上轿子,超出和尚一头,显得气派,同时也避免人群扰乱;同知亲自送出大门,然后回拜,互赠了礼品。"⑤因为王应麟的热情接待,利玛窦受到南雄官员的热烈欢迎,"一切其他官员都同这位长官比着表示殷勤,连日设宴款待,一日数次,神父应接不暇,幸好正是封斋节,他可以推辞,只用一点点饮料。宾客纷至沓来之后,他只好一一回拜。官员们率全家——甚至带上所有的邻居,伫候神父光临,街上挤满了人,许多人迎面跑过来掀起轿帘,看洋人下轿"。⑥

1599年1月,利玛窦和瞿太素去南京的路上经过镇江,时任镇江知府的王应麟热情地接待了他们。利玛窦在镇江度过了一个愉快的春节。春节过后。王应麟用官船将利玛窦一行送到南京。⑦《利玛窦中国札记》记有这件

---

① [法]裴化行著,管震湖译:《利玛窦神父传》,北京:商务印书馆,1995年,第335页。
② 林金水:《利玛窦与中国》,北京:中国社会科学出版社,1996年,第29页。
③ [意大利]利玛窦,金尼阁著,何高济等译:《利玛窦中国札记》,北京:中华书局,2010年,第250页。
④ [法]裴化行著,管震湖译:《利玛窦神父传》,北京:商务印书馆,1995年,第146页。
⑤ [法]裴化行著,管震湖译:《利玛窦神父传》,北京:商务印书馆,1995年,第150页。
⑥ [法]裴化行著,管震湖译:《利玛窦神父传》,北京:商务印书馆,1995年,第150页。
⑦ 宋黎明:《神父的新装——利玛窦在中国(1582—1610)》,南京:南京大学出版社,2011年,第135页。

事:虽然他们已经做好了去南京的准备工作,但"那时正值中国人欢度他们的新年,因而接洽任何事情都不方便……所以利玛窦神父和瞿太素就乘船往镇江,去看盛大的民间活动……在镇江,他们不断受到许多官吏和名流的包围。公众庆祝的兴奋平静下来之后,他们就准备动身去南京。知府为他们旅行准备了一艘大船,由公费开支,这是知府所享有的特权。这种旅行方式是有安全保障的,利玛窦神父很乐意利用这一点"。① 1610年利玛窦逝世之后,王应麟专门写了《钦赐大西洋陪臣葬地居舍碑文》,这是有关利玛窦在中国行迹最早的汉文传记资料。② 裴化行先生对于《钦赐大西洋陪臣葬地居舍碑文》有这样的评价:"在当时已就任京城一部分的主管官王应麟撰写的碑铭上题名的有好些当时著名士大夫或显宦:总督、尚书、御史、史官、户部侍郎、太子太傅、翰林、郎中、副使、知府、知州、知县……这是全中国社会哀悼他们已经完全容纳的一个人——泰西进士利玛窦。"③

黄华秀与利玛窦的交游

黄华秀,字居约,号同春,万历十六年(1588)中举人,万历十七年(1589)联捷进士。乾隆《泉州府志》记载:"万历十七年己丑焦竑榜,黄华秀,南安籍同安人。"④黄振良先生在《金门历代进士祖籍之探讨解析》一文中指出:黄华秀祖籍为金门西黄,并进行了分析。⑤ 黄华秀户贯应为泉州南安,乡贯为泉州金门西黄。万历十八年(1590),黄华秀出任广东韶州府推官。同治《韶州府志》记载:"黄华秀,南安人,进士,万历十八年司理韶州。精明果断,雪杀姑之冤,释代兄之囚,辩伐冢之诡。"⑥万历二十三年(1595),黄华秀因考绩吏

---

① [意大利]利玛窦、金尼阁著,何高济等译:《利玛窦中国札记》,北京:中华书局,2010年,第340~341页。
② 林金水:《利玛窦与中国》,北京:中国社会科学出版社,1996年,第30页。
③ [法]裴化行著,管震湖译:《利玛窦神父传》,北京:商务印书馆,1995年,第623页。
④ (清)怀荫布修:乾隆《泉州府志》卷三十四,泉州:泉州市地方志编纂委员会办公室,1984年,第15页。
⑤ 陈益源主编:《科举制度在金门》,金门:金门县文化局,成功大学人文社科中心,2016年,第56页。
⑥ (清)林述训等修:同治《韶州府志》卷二十八,台北:成文出版社,1966年,第590页。

治第一,被"荐召为南京浙江道御史"。①

利玛窦与韶州官员的蜜月期很快被打破,反对传教士的教案很快发生了。1591年,由于利玛窦在春节期间展出神像和三棱镜等物,大量民众围观,引起邻居的不满,有些人用石块袭击教堂,围攻仆人。② 瞿太素报告了知府谢台卿,谢台卿下令严惩肇事者。利玛窦要求瞿太素以其名义,写了申请给谢台卿,恳求谢台卿饶过这些人,利玛窦认为:"基督徒并不以怨报怨""他的教义教导他说如有必要,甚至要去帮助并救援那些伤害过他的人。"在利玛窦的恳请之下,谢台卿只下了一道告示,警告今后如有人再这样做,就一定严惩不贷。③

1592年7月,韶州夜袭教会的事再次发生,这次的事态比上次严重得多。袭击者"充分武装,人多势众",手持棍棒和斧头包围了教会,试图破门而入。在此次袭击事件中,两三名仆人受了重伤,一个神父头上被斧头轻微砍伤,利玛窦跳窗而逃时崴了脚。作为韶州的推官,黄华秀知道这件事后,"怒火上升,主要是想到强盗竟敢在他的任职期间在城区之内进行这样的暴行"。黄华秀审理了这起案件。从《利玛窦中国札记》一书中可以看出黄华秀审理案件的能力,比如"由于邻居没有人过问抢劫的事",黄华秀"断定强盗就是邻人,而且后来证明他是对的"。再比如在袭击现场找到了一顶帽子,为了确定袭击者,黄华秀让抓到的嫌疑人"一个挨一个在头上试戴这顶帽子,发现其中有一个人戴上去完全合适,肯定就是他的东西"。按照当时的习惯,帽子是"按照每个人的脑袋做的","这名特别的犯人就这样根据他的帽子验明正身"。黄华秀在审理案件时顶住来自各方的干扰,做到铁面无私、公平公正。他要求利玛窦"按正规法律手续,提出控告罪犯的状子"。利玛窦上呈的状子"措辞温和,说明没有被偷走什么,最后请求长官宽恕罪犯。如果做不到,就请从轻判刑"。对于利玛窦的态度,黄华秀感到惊奇,"尽管他赞同原告人的宽宏大量,他仍然对强盗发火,认为他们竟袭击了如此能体

---

① (清)怀荫布修:乾隆《泉州府志》卷四十九,泉州:泉州市地方志编纂委员会办公室,1984年,第57页。

② 宋黎明:《神父的新装——利玛窦在中国(1582—1610)》,南京:南京大学出版社,2011年,第68页。

③ [意大利]利玛窦、金尼阁著,何高济等译:《利玛窦中国札记》,北京:中华书局,2010年,第254~255页。

谅别人的好人"。① 最后韶州府审判的结果是:"为首者一人被处死刑,其他犯人均发为皇家奴隶三年,和尚和邻居以及捕快和更夫处以巨额罚款。"②因事涉洋人,加上肇事方上告,在案情审理清楚之后,韶州府将此案转到省里提刑按察使司。最后,此案以袭击者被"每人打二十大板释放"结案,这样处理的结果双方都比较满意。③

蔡献臣与利玛窦的交游

蔡献臣,字体国,号虚台,泉州金门人。万历十六年(1588)中举人,万历十七年(1589)联捷进士。初任礼部主事,历任兵部职方司主事、礼部主客郎中及仪制司郎中、湖广按察使、浙江海道右参议、提学副使、南光禄寺少卿。④《大同志》记载:"蔡献臣,字体国,号虚台。万历己丑进士,授刑曹。时上久不视朝,公抗疏定国储,忠爱恳切,言人所不敢言。凡所谳理,一归明允,司寇王元美叹为用世才";"迁主客郎,四方朝贡一依典制"。⑤

与利玛窦交游时,蔡献臣任礼部主客郎中,主持会同馆事务。1600年,利玛窦第二次带着贡物进北京,遭到天津税监马堂的百般阻拦。马堂搜查了贡物,私藏了部分贡品,并把利玛窦等人囚禁起来。按照惯例,外国人进贡应通过礼部上呈皇帝,而马堂绕开礼部直接上呈了两份奏疏,并在神宗内侍的斡旋下,得到御批,御批中要求"天津税监马堂进大西洋欧罗巴国人利玛窦所贡方物,命利玛窦进京"。⑥ 1601年,利玛窦抵达北京,暂时居住在一个太监的寓所里。第二天,贡品就送到宫中。⑦ 利玛窦通过太监直接进贡并客居太监寓所,引起了礼部官员的不满。按照明朝的惯例,外国人进贡必须

---

① [意大利]利玛窦、金尼阁著,何高济等译:《利玛窦中国札记》,北京:中华书局,2010年,第265~267页。
② [法]裴化行著,管震湖译:《利玛窦神父传》,北京:商务印书馆,1995年,第156页。
③ 林金水:《利玛窦与中国》,北京:中国社会科学出版社,1996年,第34页。
④ (明)蔡献臣撰,厦门市图书馆校注:《清白堂稿》,厦门:厦门大学出版社,2012年,第3~4页。
⑤ (清)朱奇珍修:《大同志》,福州:海峡书局,2018年,第208页。
⑥ 林金水:《利玛窦与中国》,北京:中国社会科学出版社,1996年,第77~81页。
⑦ 宋黎明:《神父的新装——利玛窦在中国(1582—1610)》,南京:南京大学出版社,2011年,第156页。

经过礼部,而且要入住会同馆。① 蔡献臣得知此事后,就召见了利玛窦一行,训斥他们没有遵守中国的法律和规矩。而利玛窦告诉蔡献臣:"一路上他受尽宦官马堂的暴力虐待,而马堂的横行霸道即使中国的显贵也招架不住。到了北京,又奉旨在宫中当差,未能前往贵衙候教是因为身受宦官的控制;况且,他居住中国已经多年,又来过北京一次,到处也去过,故此不应做外国人看待。"② 这里的"奉旨当差"是指利玛窦的贡品中包括自鸣钟,"皇上准奏,命宫廷内学的四名太监拜利玛窦为师,并必须于三日后将大自鸣钟送至宫内"。③ 自鸣钟送进宫内后有几次停了,皇帝十分不悦,宫中无人懂得修理,只好派人请利玛窦进宫修理。④ 蔡献臣听了利玛窦的辩解之后,"无词以对,只好给予希望,鼓励他,要他不必害怕,许诺要启奏皇帝并把这件事办到底,然而不能让他留在城里,将在夷馆拨出房屋让他及其伙伴居住,而费用由公家负担"。⑤ 利玛窦入住会同馆后,蔡献臣也给了利玛窦一行比较好的待遇。对此,《利玛窦札记》有如下记载:"神父们在这座所谓馆舍中一经安顿下来,他们就比住在这里的其他人受到了更高的礼遇。他们被分配住在专为中国大臣间或来此视察时居住的房间里。这些房间里布置有沙发、床位和加倍厚的缎面被子,并有椅子和其他必需品。"⑥ 同时,蔡献臣就此事上呈了《议处贡夷利玛窦疏》。在奏疏中,蔡献臣表达了对太监干预利玛窦进贡之事的不满,"今马堂混进之非,与臣等溺职之罪,俱有不容辞者。利玛窦既奉旨送部,乃不赴部驿而私寓僧舍,臣等不知其何意也"。虽然不合规,但蔡献臣也希望神宗能按惯例对待利玛窦进贡一事,"但查各夷进贡必有回赐,使臣到京必有宴赏。利玛窦以久住之夷自行进贡,虽从无此例,而其跋涉之劳,芹曝之忱,似不可不量加赏赉,以酬远人"。对此事的处理,蔡献臣建议:"臣等一面移文兵部,讨取勘合,候事毕送回广东、江西等处官司收管。或入籍居

---

① 宋黎明:《神父的新装——利玛窦在中国(1582—1610)》,南京:南京大学出版社,2011年,第160页。
② [法]裴化行著,管震湖译:《利玛窦神父传》,北京:商务印书馆,1995年,第343页。
③ [法]裴化行著,管震湖译:《利玛窦神父传》,北京:商务印书馆,1995年,第335页。
④ [法]裴化行著,管震湖译:《利玛窦神父传》,北京:商务印书馆,1995年,第338~339页。
⑤ [法]裴化行著,管震湖译:《利玛窦神父传》,北京:商务印书馆,1995年,第343页。
⑥ [意大利]利玛窦、金尼阁著,何高济等译:《利玛窦中国札记》,北京:中华书局,2010年,第414页。

住,或附船归国,俱各听从其变。第不许潜住两京,与内竖交往,以致别生事端。"①

吏部右侍郎曹于汴干预了此事,而在与利玛窦的交往中,蔡献臣对利玛窦也有了基本的了解。为此,蔡献臣就通知利玛窦,"叫他尽快提交一份禀帖,说由于健康不好,而使节馆舍内又缺乏医药和其他必需品,所以要求允许他本人和他的同伴迁居城内"。② 根据利玛窦的禀帖,蔡献臣上呈了《放归病夷以彰柔远德意疏》。在奏疏中,蔡献臣提出:"看得利玛窦涉远贡珍,乃其一念芹曝,臣等议拟赏赐之外,量给所进行李价值,并给冠带回还。盖亦参酌事理,上听裁夺,迄今候命不下者五阅月。"奏疏还陈述了利玛窦病情,"无怪乎本夷之郁而成病,病而思归也。察其情词恳切,盖真有不愿尚方赐予,惟欲山栖野逸之意,譬之禽鹿久羁,愈思长林而志丰草,人情固然,委宜体念"。在奏疏中,蔡献臣提出这样的建议:"利玛窦量给冠带,行移兵部,填给勘合,乃差通事送回江西等处,听其深山邃谷寄迹怡老,下遂本夷物外之踪,上彰圣朝柔远之怀。"此份奏疏与第一份相比口气缓和多了,在奏疏中,除了表达自己的同情外,蔡献臣还提出自己的担心,"臣恐本夷因病转郁,因郁转病,且其人冉冉老矣,万一霜露不虞,无论臣部职掌有辜,即皇上弘慈不遗一介,将必追咎臣等不力请而无及也。四裔亦必相率以利玛窦为戒,尚复有重译而趋阙廷哉"。③ 在还没有得到神宗皇帝的御批之前,蔡献臣允许利玛窦"有充分权力自赁房屋,在城内他们愿意的任何地方居住"。同时蔡献臣还派了四名差役,"每五天给神父们送去同样定量的为他们所习惯接受的食物。它们包括米、肉、盐、酒、蔬菜和薪火"。同时蔡献臣"还派一个差役供他们经常使用"。利玛窦一行对这种解决办法十分满意④,"于是在其他场合结识过利玛窦的人(这种人还多得很),都跑来道喜"。蔡献臣"也顺大流,差人请神父前去拜会,空前礼貌周到地接待他们之后,发表了这种观感:'反正

---

① (明)蔡献臣撰,厦门市图书馆校注:《清白堂稿》,厦门:厦门大学出版社,2012年,第9~10页。

② [意大利]利玛窦、金尼阁著,何高济等译:《利玛窦中国札记》,北京:中华书局,2010年,第421页。

③ (明)蔡献臣撰,厦门市图书馆校注:《清白堂稿》,厦门:厦门大学出版社,2012年,第10~11页。

④ [意大利]利玛窦、金尼阁著,何高济等译:《利玛窦中国札记》,北京:中华书局,2010年,第421页。

北京大得很,多一个夷人也无碍呀!'从此,他始终显得是最要好的朋友"。①后来在各方的共同努力下,利玛窦被批准在北京居住。

结　　语

　　由于黄华秀英年早逝,对于与利玛窦交游的反响没有留下文字记载。蔡献臣除了两份公事公办的奏疏之外,也没有留下其他文字记载。而利玛窦去世之后,王应麟专门写了《钦敕大西洋国士葬地居舍碑文》,留下有关的文字记载。分析三位金门科第人物与利玛窦交游时的言行和以上所提到的文字材料,可以得出以下三点结论:

　　一是三位金门科第人物对中西文化碰撞是欢迎的。王应麟在《钦敕大西洋国士葬地居舍碑文》中写道:"我国家文明盛世,怀柔博洽。迄今万历庚辰,有大西洋国士姓利讳玛窦号西泰,友辈数十,航海九万里,观光中国,始经肇庆,大司宪刘公旌之,托居韶阳郡。"碑文还用短短几句话说明了与利玛窦交往的过程:"当其时余奉敕凌江,窃与有闻。"碑文中还记载了利玛窦在中国的经历、交往的官员和去世后的安葬情况。② 整篇碑文充满了赞誉之情。从黄华秀友善地对待利玛窦和审案时的认真负责,也可以看出对待这种碰撞的态度。美国学者邓恩在其著作《一代巨人——明末耶稣会士在中国的故事》中指出:在处理韶州第二次教案时,地方当局"显示出负责任的高度判断能力和客观的公正性"。③ 在当时反洋教的氛围下,这种"客观的公正性"的基础就是对中西文化碰撞的欢迎。蔡献臣因为利玛窦直接通过太监进贡和没有经过批准私自借住太监家十分不满,但了解了利玛窦来华进贡的目的后态度有了很大的变化。邓恩指出:利玛窦入住会同馆后,"蔡献臣设宴款待他们。作为回报,利玛窦自制了几件科学仪器送给他:一个地球仪、一个四分仪和一架星象仪。当得到这些仪器时,蔡献臣非常高兴"。④ 这

---

　　① [法]裴化行著,管震湖译:《利玛窦神父传》,北京:商务印书馆,1995年,第350页。
　　② 汤开建:《利玛窦明清中文文献资料汇释》,上海:上海古籍出版社,2017年,第16~18页。
　　③ [美]邓恩著,余三乐、石蓉译:《一代巨人——明末耶稣会士在中国的故事》,北京:社会科学文献出版社,2014年,第22页。
　　④ [美]邓恩著,余三乐、石蓉译:《一代巨人——明末耶稣会士在中国的故事》,北京:社会科学文献出版社,2014年,第76页。

就是对中西文化碰撞欢迎的具体体现。

二是三位金门科第人物对利玛窦人格是赞许的。在碑文中,王应麟对利玛窦等传教士的看法是:"洵彬彬大雅君子","殚其底蕴,以事天地之主,以仁爱信望天主为宗,以广爱诲人为功用,以悔罪归诚为入门,以生死大事有备无患为究竟","视其立身谦逊,履道高明,杜物欲,薄名誉,澹世味,勤德业,与贤知共知,挈愚不肖共由。"①黄华秀在与利玛窦的交游中,对利玛窦对待教案的宽容态度感到惊奇,对待这种态度是赞许的。②邓恩指出,虽然利玛窦要为肇事者开脱,而黄华秀的回答是:"你尽你作为一名西方宗教教徒的责任,而我则必须尽我作为一名中国法官的责任。"③利玛窦写道:礼部尚书王忠铭拜访利玛窦时,提到黄华秀拜访他时,"曾对他谈起神父们的美德,尤其是在被盗贼袭击受伤后还不报复,甚至还为他们讲情,直至使他们免除死罪,他对此惊叹不已"。④向自己的上司介绍利玛窦的美德,这也是赞赏利玛窦人格的体现。从第二次奏疏中,蔡献臣为利玛窦陈述病情,恳请神宗"放归病夷以彰柔远德意"的态度来看,蔡献臣对利玛窦的人格是赞许的。⑤邓恩指出:"在几个月的时间里,利玛窦就和朝廷的主要部门里比较重要的官员建立了友好关系。第一次见面就让利玛窦在他面前跪了一个小时的蔡献臣,这时却将利玛窦请到他家,对他极为客气。"⑥这也是对利玛窦人格赞许的一种体现。

三是王应麟提出了"翼我中华"。在《钦敕大西洋国士葬地居舍碑文》中,王应麟认为利玛窦:"理穷性命,玄精象纬,乐工音律,法尽方圆。正历元

---

① 汤开建:《利玛窦明清中文文献资料汇释》,上海:上海古籍出版社,2017年,第18页。
② [意大利]利玛窦、金尼阁著,何高济等译:《利玛窦中国札记》,北京:中华书局,2010年,第265~267页。
③ [美]邓恩著,余三乐、石蓉译:《一代巨人——明末耶稣会士在中国的故事》,北京:社会科学文献出版社,2014年,第22页。
④ [意大利]利玛窦著,文铮译:《耶稣会与天主教进入中国史》,北京:商务印书馆,2014年,第181页。
⑤ (明)蔡献臣撰,厦门市图书馆校注:《清白堂稿》,厦门:厦门大学出版社,2012年,第10~11页。
⑥ [美]邓恩著,余三乐、石蓉译:《一代巨人——明末耶稣会士在中国的故事》,北京:社会科学文献出版社,2014年,第84~85页。

以副农时,施水器而资民用。翼我中华,岂云小补?"①对于中西文化碰撞所带来的欧洲文艺复兴以来的先进科技文化,王应麟认为是"翼我中华,岂云小补"的。王应麟的"翼我中华"是"西为中用"思想的萌芽。王应麟升任镇江知府后,将利玛窦赠送给他的肇庆版世界地图《大瀛全图》赠与时任应天巡抚的赵可怀,而赵可怀随即将其勒石模刻。② 这件事也可以说明王应麟对西为中用的重视,对西方科学技术的重视。利玛窦在耶稣会的罗马学院学习期间,"非常用功,不仅对神学,而且在拉丁文、哲学、数学、天文学、地理学等方面,都取得了优异的成绩"。③ 在中国时,利玛窦善于利用这些西方科学技术来帮助自己更好地进行传教活动。比如徐光启,官至崇祯朝礼部尚书兼文渊阁大学士、内阁次辅,在利玛窦的影响下不仅入了教,还与利玛窦合作翻译了《几何原本》《测量法义》等书,编纂《农政全书》等,成为中国近代科学的先驱。④ 利玛窦还带来了一些西方的物品,比如他送给神宗的物品就有"油画(耶稣像、圣母像)、自鸣钟、《圣经》、珍珠镶嵌十字架、《万国图志》、洋琴等"。⑤ 在与中国士大夫的交往中,利玛窦也经常赠送一些包括自己制作的这样的物品,以引起中国士大夫对西方科学技术的兴趣。梁启超先生在《中国近三百年学术史》中指出:"明末有一场大公案,为中国学术史上应该大笔特书者,曰欧洲历算之输入……要而言之,中国知识线和外国知识线相接触,晋唐间的佛学为第一次,明末的历算学便是第二次……在这种新环境下,学界空气当然变换。"⑥邓恩对王应麟所写的碑文给予了高度评价:"几年之后,利玛窦的老朋友王应麟任顺天府尹,发布了一道官方公告,并且刻在石头上,立在了利玛窦的墓旁。文告用简洁的语言庄重地写下了利玛窦的生涯,以及利玛窦给中国社会带来的非同一般的深远影响。"⑦从碑文中可以

---

① 汤开建:《利玛窦明清中文文献资料汇释》,上海:上海古籍出版社,2017年,第18页。
② 汤开建:《利玛窦明清中文文献资料汇释》,上海:上海古籍出版社,2017年,第16页。
③ 白寿彝总主编:《中国通史》第16册,上海:上海人民出版社,1989年,第1938页。
④ 白寿彝总主编:《中国通史》第16册,上海:上海人民出版社,1989年,第1932~1933页。
⑤ 白寿彝总主编:《中国通史》第16册,上海:上海人民出版社,1989年,第1951页。
⑥ 梁启超:《中国近三百年学术史》,北京:商务印书馆,2011年,第9~10页。
⑦ [美]邓恩著,余三乐、石蓉译:《一代巨人——明末耶稣会士在中国的故事》,北京:社会科学文献出版社,2014年,第106页。

看出王应麟对西为中用的重视,而利玛窦正是利用西方科学技术,"笼络中国知识阶层。当时中国一些较有远见的知识分子,为了富国强兵,渴望学到先进的科学技术。他们认为'苟利于国,远近何论焉?'"①

樊树志先生所著《晚明史:1573—1644》基于全球化的视野对于晚明中西文化的碰撞进行了深刻的分析。樊先生在该书中写道:晚明时"以利玛窦为代表的耶稣会士在这时的传教活动,以及随之而来的西方科学文化的传播,向长期封闭的中华帝国吹进了一股清新的空气,让人们接触到了以前闻所未闻的新思想、新事物,一些敏感的先进的知识分子把耶稣会士看作自己的朋友,如饥似渴地向他们学习,从他们那里汲取新的精神食粮,从而逐渐地改变了世界观和价值观"。② 分析这三位金门科第人物在与利玛窦交游中的表现,对我们了解"冰冻三尺,非一日之寒"的西学东渐过程,无疑是有一定帮助的。

(原载《金门乡谊》2020 年第 2 期)

---

① 白寿彝总主编:《中国通史》第 16 册,上海:上海人民出版社,1989 年,第 1948 页。
② 樊树志:《晚明史:1573—1644》,上海:复旦大学出版社,2015 年,第 153 页。

北京泉州会馆考证

何炳棣先生在《中国会馆史论》一书中指出："会馆是同乡人士在京师和其他异乡城市所建立的,专为同乡停留聚会或推进业务的场所。狭义的会馆指同乡所公立的建筑,广义的会馆指同乡组织……京师郡邑会馆最初是同乡仕宦公余聚会之所,逐渐才变成试馆,但始终不免同乡商人参加的痕迹。"[1]北京的泉州会馆共有6所,分别是泉郡会馆、永春会馆、晋江会馆、同安会馆、安溪会馆、惠安会馆。了解北京泉州会馆的基本情况,总结归纳北京泉州会馆的特点,对研究泉州的科举、文化、教育以及泉州与台湾的关系是很有帮助的。

泉郡会馆

泉郡会馆坐落于后孙公园胡同。后孙公园胡同位于宣武区东北部,东起万源夹道,西连兴胜胡同。后孙公园因孙承泽花园得名,乾隆时称孙公园,光绪时称后孙公园,民国时沿用。孙承泽(1593—1676),崇祯时进士,著有《天府广记》《春明梦余录》等。同治八年(1869),由李鸿章兄弟提倡,淮军诸将出资,购得孙公园部分房产辟为安徽会馆。戊戌变法期间,这里是维新派重要的活动场所之一,强学会会址。民国时,徐悲鸿领导的美术学校设于此。[2] 泉郡会馆为"中翰陈鸿亭、从父淑斋、兄耻园,于乾隆九年(1744)捐三百金为倡,与乡先生共同建置也"。[3] 仔细辨认会馆前院壁嵌的仅存56个字的碑文,《闽中会馆志》的作者李景铭得出四点结论:"一、此馆典自宝姓;二、

---

[1] 何炳棣:《中国会馆史论》,北京:中华书局,2017年,第12页。
[2] 《后孙公园胡同》,https://baike.baidu.com,访问日期:2020年4月1日。
[3] 李景铭:《闽中会馆志·泉郡会馆》,王日根、薛鹏志编纂:《中国会馆志资料集成》第一辑第四册,厦门:厦门大学出版社,2013年,第391页。

典价用过一千二百四十缗;三、此馆系同志所公建,非个人独资捐建者;四、此馆为棘闱士子驻足之所,并为旅京同乡醼饮之场。"①1937年时,该馆"凡四进,均南向。后有旷地,尚可筑室而居。"②1942年,李景铭"署命遍查闽馆(福建北京会馆)"时,"该馆凡四院,均有住人。唯第二院厢房三间塌坏,且已露天,尚未修理……该馆现住十二户,共五十一人,每月馆产收入共二百八十三元"。③根据《北京会馆基础信息研究》记载:泉郡会馆位处西城区后孙公园胡同31号,有房42间。附产五处:煤市街167号,占地0.12亩,铺面房5间;珠市口西大街83号,占地0.15亩,有房2间;永安路175号,旧为虎坊路路东五十二至七十号;永安路173号,为泉郡义地,占地2.5亩,有房三间;东经路6号院内,原为正宗小学。④

泉郡会馆的章程有几点是值得注意的:一是"本章程所称同乡,以泉属各县旅平同乡为限(泉属各县计包括晋江、南安、惠安、同安、安溪、思明、金门)"⑤"雍正十二年(1734),福建总督郝玉麟以(永春)县地重冈复岭,介漳平、仙游、南安、安溪、德化、大田六邑,去府治远,难以控制,请升为州,直隶福建布政司,领县二:德化、大田"。⑥永春升州后,永春、德化人不计入泉郡会馆接待人员之列。二是"本馆委员为名誉职,概不支薪""历届各委员会,应以每年元旦团拜时,将其所任事项之经过,列表公布。改选时,须将存折租折账簿、单据等件物交下届委员接管"。委员是不计报酬,自愿担任,馆务必须公开。三是"住房以先到后到馆为序,不得争执""同乡住馆者,每人以一间为限。遇有房间空闲时,得暂时通融。但须按间数,缴纳每月之馆内费

---

① 李景铭:《闽中会馆志·泉郡会馆》,王日根、薛鹏志编纂:《中国会馆志资料集成》第一辑第四册,厦门:厦门大学出版社,2013年,第397页。

② 李景铭:《闽中会馆志·泉郡会馆》,王日根、薛鹏志编纂:《中国会馆志资料集成》第一辑第四册,厦门:厦门大学出版社,2013年,第399页。

③ 李景铭:《闽中会馆志·泉郡会馆》,王日根、薛鹏志编纂:《中国会馆志资料集成》第一辑第四册,厦门:厦门大学出版社,2013年,第403页。

④ 白继增、白杰著:《北京会馆基础信息研究》,北京:中国商业出版社,2014年,第264~265页。

⑤ 李景铭:《闽中会馆志·泉郡会馆》,王日根、薛鹏志编纂:《中国会馆志资料集成》第一辑第四册,厦门:厦门大学出版社,2013年,第392页。

⑥ 永春县地方志编纂办公室整理:乾隆《永春州志》,厦门:厦门大学出版社,1994年,第11~12页。

用"。① 这些条款体现了公平的原则。

1942年李景铭实地调查时，泉郡会馆"大门前有泉郡会馆四字匾额，字尚完整，款书乾隆丙寅(乾隆十一年，1746年)夏月同郡公立。是即建馆时所制立者"。馆内有三块科名匾额："有文状元一匾，即光绪庚寅吴鲁(字肃棠)。有探花一匾，即同治甲戌黄贻楫。此即万年清轮船初次护送举子来京之年也。有武状元一匾，即黄培松。"②吴鲁，字肃堂，号且园，泉州晋江县人，光绪十六年(1890)殿试第一甲第一名(状元)，授翰林修撰，历任陕西典试(主考)，安徽、云南督学，吉林提学使等。庚子事变被困在京，后将目睹事变过程和联军侵略罪行写成《百哀诗》，颇有杜甫之风。③ 黄贻楫，字远伯，号霁川，泉州人，两广总督兼通商大臣黄宗汉之子。六考进士不第，同治十三年(1874)殿试获第三名(探花)，初授翰林院编修。后任授郎官，为刑部主事。时值河南大旱，黄贻楫亲自到灾区巡视，募款赈灾。后以母老告归。在泉州时热心教育事业和地方公益，任清源书院、崇正书院讲席。④ 黄培松(1854—1925)，字贤礼，号菊三，泉州南安人。光绪六年(1880)武举中会元，殿试钦点状元，授一等侍卫，历任广东参政、游击，琼州总兵，记名提督等。宣统三年(1911)，革命党人广州起义时，黄培松参与镇压，为泉州士民所不齿。⑤ 黄贻楫上京赴试时，住在泉郡会馆，获第三名(探花)后，应会馆同仁之邀，题写了一副脍炙人口的对联。后院廊前楹联云："清紫葵罗钟间气，蒙存浅达有遗书。"题识云："此帖旧为乡先达所撰，曾书悬于前厅中屏。庚子北京遭兵燹，馆中物均遗失，是帖亦无有存。癸卯春入都谒选，思及先达名句不忍磨灭，因与叶侍御秋汀、杨舍人璞生、张明府碧沧重镌兹楹，以仍其旧云。"下款云："光绪二十九年荔夏，廉枢黄尔沤谨誊。"⑥此楹联是泉郡会馆的镇馆之宝。上联夸泉州山川钟灵，有清源山、紫帽山、葵山、罗裳山诸名山；下联矜

---

① 李景铭：《闽中会馆志·泉郡会馆》，王日根、薛鹏志编纂：《中国会馆志资料集成》第一辑第四册，厦门：厦门大学出版社，2013年，第393～395页。
② 李景铭：《闽中会馆志·泉郡会馆》，王日根、薛鹏志编纂：《中国会馆志资料集成》第一辑第四册，厦门：厦门大学出版社，2013年，第397～398页。
③ 潘荣胜主编：《明清进士录》，北京：中华书局，2006年，第1149页。
④ 粘良图、李灿煌编：《晋江历代人名辞典》，厦门：厦门大学出版社，2013年，第239页。
⑤ 陈笃彬、苏黎明：《泉州古代科举》，济南：齐鲁书社，2004年，第239页。
⑥ 李景铭：《闽中会馆志·泉郡会馆》，王日根、薛鹏志编纂：《中国会馆志资料集成》第一辑第四册，厦门：厦门大学出版社，2013年，第398页。

泉州人物荟萃,重要著述有《四书蒙引》《四书存疑》《四书浅说》《四书达解》。明代的泉州,学者对四书的研究和探索风气很盛,学术著作很多,据粗略统计,共有一百三十五部。更重要的是,出过四部诠注四书的颇有名气著作,作为科举的指导读物被推向全国。这四部名著包括蔡清的《四书蒙引》、林希元的《四书存疑》、陈琛的《四书浅说》、王振熙的《四书达解》。蔡清将朱熹以后学者在四书诠注方面的主要著作加以整理,"合于文公者取之,异者斥之",使之合乎朱熹本旨。《四书蒙引》书成之后,名闻全国,成为风行一时的热门书。林希元的《四书存疑》,同样是为了恢复朱熹注释四书的本旨,其书多引《四书蒙引》,对朱熹注疏存有不同见解。书成之后,"为举业所宗""学者师之",也产生较大影响。陈琛的《四书浅说》深入浅出,比较通俗,很受欢迎。这四部著作,有的钦命刊行,有的收入《四库全书》,令泉州人引为骄傲。[1]

永春会馆

在《闽中会馆志》中,永春会馆记载比较简略,李景铭认为"永春属泉州府,是不过邑馆而已"。实际上,雍正十二年(1734)永春升为州,直隶福建布政司。"永春会馆坐落宣武门外椿树上三条三号"[2],据《〈城南旧事〉与新颜》的作者记述:椿树胡同地区形成于金代,因种植椿树而有此名。其范围包括东、西椿树胡同以及椿树上头条、上二条、上三条等。清代有许多名人住在这里。比如嘉庆六年(1801)进士陈用光。这里会馆也多,至少有15家。清末民初,许多著名的文人艺人也住在这里,如京剧四大名旦之一的荀慧生曾住椿树上三条11号,四大须生之首余叔岩曾住椿树上二条。[3] "相传此永春会馆创于乾隆初年,原在梁家园。嗣因失慎,由同乡京官林、陈两姓,捐俸四百两,别购此馆。契久已遗失,至光宣间,曾补一契……大门前有永春会馆四字,用阴文堆泥于墙上。款为陈宝鋆书,前清邮传部主事,但无年月。据其子燕荪云,此民国元年(1912)事也。因永春本县无人住京,馆为长班侵

---

[1] 陈笃彬、苏黎明:《泉州古代著述》,济南:齐鲁书社,2008年,第253页。
[2] 李景铭:《闽中会馆志·永春会馆》,王日根、薛鹏志编纂:《中国会馆志资料集成》第一辑第四册,厦门:厦门大学出版社,2013年,第532页。
[3] 秋陌离:《〈城南旧事〉与新颜》,https://www.DOUBAN.com,访问日期:2020年4月1日。

占。后经诉诸警察局,于民国二十二年(1933)胜诉,方将长班驱逐,收回本馆。因虑匾额易于藏匿弃置,易为堆泥,或可耐久。"①李景铭在调查时发现,"前院尚有空地,可以盖房";"该馆现住四户,共三十一人"。②《城南旧事》作者林海音的女儿夏祖丽写道:"1923年,母亲五岁,跟随父母从台湾迁居北京,先后住过珠市口谦安客栈、椿树上二条永春会馆、新帘子胡同、虎坊桥蕉岭会馆、西交民巷和梁家园。"③根据《北京会馆基础信息研究》记载:永春会馆占地1.09亩,有房10多间。附产一处位于椿树上二条路南二十号,有房9间。④

晋江邑馆

晋江邑馆坐落于南柳巷五十五号。南柳巷位于宣武区东北部,明代称为柳巷儿,清时称南柳巷、十门户。⑤ 相传北为河流故道,河岸两侧有柳树。晋江邑馆"建自何年,今不可考。遍查该馆,又无碑志可寻,唯有神龛中供奉宫保提督建馆中庵万老先生禄位,可知为清初万中庵提督创建者"。⑥ 夏祖丽在《一院槐花南柳巷》一文中写道:"晋江会馆建于清康熙年间,由泉州人、水师提督万正色捐宅。全院有北房五间,南房、东西房各三间,有两道门和影壁及月亮门。"⑦根据《北京会馆基础信息研究》记载:晋江邑馆占地2.75亩,老四合院有房18间。附产二处:在铁鸟胡同13号,有房13间;粉房琉璃街98号,占地0.5亩,有房11间。⑧ 王世仁先生主编的《宣南鸿雪图志》对其

---

① 李景铭:《闽中会馆志·永春会馆》,王日根、薛鹏志编纂:《中国会馆志资料集成》第一辑第四册,厦门:厦门大学出版社,2013年,第532页。
② 李景铭:《闽中会馆志·永春会馆》,王日根、薛鹏志编纂:《中国会馆志资料集成》第一辑第四册,厦门:厦门大学出版社,2013年,第532~533页。
③ 夏祖丽:《一院槐花南柳巷》,http://bj.wenming.cn,访问日期:2020年4月2日。
④ 白继增、白杰著:《北京会馆基础信息研究》,北京:中国商业出版社,2014年,第273页。
⑤ 《南柳巷》,https://baike.baidu.com,访问日期:2020年4月2日。
⑥ 李景铭:《闽中会馆志·晋江邑馆》,王日根、薛鹏志编纂:《中国会馆志资料集成》第一辑第四册,厦门:厦门大学出版社,2013年,第544页。
⑦ 夏祖丽:《一院槐花南柳巷》,http://bj.wenming.cn,访问日期:2020年4月2日。
⑧ 白继增、白杰著:《北京会馆基础信息研究》,北京:中国商业出版社,2014年,第270~271页。

有比较详细的描述:晋江会馆"为一座完整的四合院,大门向西,现为一小型如意门。正房坐北朝南,五开间,前带廊五檩进深,合瓦蝎子脊屋面。东、西厢房三开间,五檩进深,硬山过龙脊。西厢房后檐墙接一个一开间的耳房,坐南朝北,进深三檩,硬山过垄脊。倒座房五开间,坐南朝北,五檩进深,硬山过垄脊。耳房为一开间,坐南朝北,进深三檩,硬山过垄脊"。① 晋江邑馆供奉土地神、五文昌、泉州府晋江县城隍土地神、万正色和其子万际璋等人的神像、神牌。② 万正色(1637—1691),晋江邑馆创建人,字惟高,号中庵,清泉州晋江县浔尾(今属泉州市丰泽区)人,清顺治十五年(1658)中武举人。平定三藩作乱时,因功升任山西平鲁卫参将,后为湖南岳州水师总兵。因收复岳州、常德、长沙有功,调任福建水师总兵,升提督加太子太保衔。在任上收复郑军控制的湄洲、崇武、厦门、金门多地,授喇布勒哈番。因提出"台湾难攻且不必攻",改任陆路总督。康熙二十五年(1686)被罢官,只留喇布勒哈番世职。③ 万际璋,正色长子,字以昭,号朗斋。康熙年间跟随其父收复厦门、金门两地,授左都督,改任南汝金事。后迁河东参议,政绩突出,升任右江副使。平侗有功,调两广盐道。曾在京重修其父所置晋江会馆,"乡人客死远方者,悉捐资拾其遗骸归葬,人尤德之"。④

1942年,李景铭实地考察时,晋江邑馆"仅余吴鲁状元匾额一方,光绪庚寅立"。李景铭还收集了有关吴鲁的逸闻轶事一则:"鼎甲妙选虽糊名,然亦微讲声气。同光以来之殿撰,如徐郙、陈冕、黄思永、吴鲁、张建勋,皆由拔贡小京官,考充军机京章,僁直枢廷,借其声誉故也。然则吴肃堂之能魁天下,为晋江馆光者,其由来久矣,非偶然得之也。"⑤吴鲁状元确实得之不易,为晋江会馆增光添彩。会试中式后,参加殿试时,读卷官要取会试中的前十卷呈皇帝亲阅,十卷中最好的要放在上头,并往往得状元。当时,军机大臣孙毓汶为读卷官,曾是吴鲁的上司,对吴的文章书法向来很赞赏。这次看到吴的试卷,认得笔迹,想让吴中状元,便把他的试卷放在最上头。可是参加殿试

---

① 王世仁主编:《宣南鸿雪图志》,北京:中国建筑工业出版社,2015年,第733页。
② 李景铭:《闽中会馆志·晋江邑馆》,王日根、薛鹏志编纂:《中国会馆志资料集成》第一辑第四册,厦门:厦门大学出版社,2013年,第545~546页。
③ 粘良图、李灿煌编:《晋江历代人名辞典》,厦门:厦门大学出版社,2013年,第8页。
④ 粘良图、李灿煌编:《晋江历代人名辞典》,厦门:厦门大学出版社,2013年,第9页。
⑤ 李景铭:《闽中会馆志·晋江邑馆》,王日根、薛鹏志编纂:《中国会馆志资料集成》第一辑第四册,厦门:厦门大学出版社,2013年,第546页。

的江西人文廷式,文章书法也很不错,另一位读卷官是他的"座师",坚持要把他的卷放在最上头。两位读卷官不肯相让,其余读卷官害怕两人的权势,都不敢发表意见。直到日薄西山,仍无法解决,幸好有某侍郎,机敏敢言,便提议说:"二公不必争执,不如将两卷公诸于众评阅,由多数人决定。"两人同意了这种意见。大家评阅后,某侍郎便发表意见:"二卷书法并工,堪称瑜亮。"众读卷官均捋须点头,表示同意。侍郎接着指着文的卷说:"这一卷有用刀痕,可谓白璧微瑕,美中不足,宜屈居第二。"因考试时写错了字句,可用刀刮去重写,有刀痕就说明错处有改动。诸读卷官认为说得有理,都表示赞同。文的"座师"屈于众议,也就不敢多说了。吴的卷得以压在卷首,殿试时果然钦点状元。吴鲁就这样成为泉州科举史上的最后一个文状元,成为从晋江邑馆走出去的状元。① 陈盛明先生在《清末泉州叶题雁、吴鲁记八国联军暴行》一文中指出,吴鲁和祖籍晋江的台湾进士叶题雁都在晋江邑馆住过。② 而林海音一家从1931年到1948年都住在晋江邑馆,现在晋江会馆(林海音故居)为北京西城区文物保护单位。

同安会馆

根据李景铭《闽中会馆志》记述,"同安会馆坐落板章胡同五号……该馆创于乾隆二十五年(1760),陈舍人胪声舍宅以供邑人之用。先是馆在内城,久不可考。至清初总戎许公盛,始移建崇文门外,亦被人侵占。乾隆九年(1744)议建未果。至二十五年,始有此馆。同治六年(1867)重修一次,保守至今,非易事也"③;"该馆现住四户二十五人"。④ 板章胡同位处北京市西城陶然亭。根据《北京会馆基础信息研究》记载,同安会馆占地0.94亩,有房32间。附产二处:位于珠市口西大街83号,有房10多间;位于虎坊路7号,

---

① 陈笃彬、苏黎明:《泉州古代科举》,济南:齐鲁书社,2004年,第236页。
② 陈盛明:《清末泉州叶题雁、吴鲁记八国联军暴行》,《泉州鲤城文史资料》第2辑,1987年,第4页。
③ 李景铭:《闽中会馆志·同安会馆》,王日根、薛鹏志编纂:《中国会馆志资料集成》第一辑第四册,厦门:厦门大学出版社,2013年,第562页。
④ 李景铭:《闽中会馆志·同安会馆》,王日根、薛鹏志编纂:《中国会馆志资料集成》第一辑第四册,厦门:厦门大学出版社,2013年,第570页。

为同安义地,占地14.5亩。①

  李景铭前往调查时,同安会馆保存比较完整,"门前同安会馆四字为宣统元年五月陈文忠(宝琛)书""集雅堂匾额亦谓陈文忠书"。② 陈宝琛(1848—1935),福建闽侯人,字伯潜、伯泉、敬嘉,号弢庵、听水老人等。同治七年(1868)进士,历任内阁学士、礼部侍郎。曾为宣统帝帝师,官为太傅。③ "前院廊庑嵌有陈中翰记石刻及陈中翰重记石刻,又范熙溥重修记石刻可资稽讨。此外并有京师同安会馆题捐姓氏石刻",其中有两方碑刻为"昌平陈浩书"。④ 陈浩,北京昌平人,字紫澜。雍正二年(1724)进士,授编修,官至詹事府詹事。书法学苏东坡。⑤ 馆内还有"御制原任浙江提督追封三等壮烈伯李长庚碑文"。李长庚,字西岩,同安翔风里十二都后莲保后边村人。乾隆三十六年(1771)武进士,初授蓝翎侍卫。乾隆四十一年(1776)补浙江衢州都司,累迁至乐清副将,调任福建海坛镇总兵。因邻海民船被盗,以为海坛盗所为,被参革职。革职后,出家财募乡勇擒盗,因功被起用,累迁澎湖副将、定海总兵,屡战安南(今越南)夷艇,赏戴花翎。嘉庆十二年(1807),在与蔡牵的海战中,"颈额中炮立毙"。朝廷诏封三等壮烈侯,钦派巡抚张师诚到同安赐祭葬,命地方官建立专祠,春秋祭祀,赐谥"忠毅"。⑥ "相传李长庚善战,平林爽文之乱有功,乾隆六十年(1795)平安南艇盗,桑梓尤赖其保全。故乡人敬慕其忠烈,勒碣同安会馆为志。长庚功在国家,清史有传。"⑦

---

 ① 白继增、白杰著:《北京会馆基础信息研究》,北京:中国商业出版社,2014年,第266~267页。

 ② 李景铭:《闽中会馆志·同安会馆》,王日根、薛鹏志编纂:《中国会馆志资料集成》第一辑第四册,厦门:厦门大学出版社,2013年,第569页。

 ③ 尹海金、曹端详编著:《清代进士辞典》,北京:中国文史出版社,2004年,第185页。

 ④ 李景铭:《闽中会馆志·同安会馆》,王日根、薛鹏志编纂:《中国会馆志资料集成》第一辑第四册,厦门:厦门大学出版社,2013年,第562页。

 ⑤ 尹海金、曹端详编著:《清代进士辞典》,北京:中国文史出版社,2004年,第187页。

 ⑥ 同安县地方志编纂委员会编:《同安县志》,北京:中华书局,2000年,第1440~1441页。

 ⑦ 李景铭:《闽中会馆志·同安会馆》,王日根、薛鹏志编纂:《中国会馆志资料集成》第一辑第四册,厦门:厦门大学出版社,2013年,第570页。

安溪会馆

根据李景铭《闽中会馆志》记述,"安溪会馆坐落板章胡同七号……据云该馆创自康熙年间,为李文贞公赐宅之一隅……世传其舍宅为馆,大抵在康熙五十四年(1715)以后事。馆不甚大,院内有楼五楹,杨柳垂青,庭院萧瀡,路过者盖不知为相国故居也。间为馆丁占据,至民国六年(1917),始由乡人起诉,判决归还。现统一归泉郡会馆管理,尚无流弊"。① 该馆曾为馆丁所占,经十数年的诉讼,方收回。李景铭前往调查时,"住馆者尽同安、安溪之乡人,并无凌乱嚣杂之弊。该馆现住六户,共二十四人"。② 根据《北京会馆基础信息研究》记载,安溪会馆(李光地故宅)建于康熙五十四年(1715),位处西城区板章胡同9号(旧为路北七、八号),两院内共占地1.23亩,有房26间。"安溪会馆"匾额现存宣南文化博物馆内。③

李景铭述说,安溪会馆"门前有安溪会馆四字,雕在墙上,并非木匾";"该馆原祀创馆人李文贞及詹咫亭、官石溪两先生神位。然今楼上均已住人,神位全撤矣"。④ 李文贞,名光地,安溪人,康熙九年(1670)进士,康熙四十四年(1705)以吏部尚书授文渊阁大学士。康熙五十四年(1715)予假二年,仍悬缺以待。康熙五十七年(1718)卒,赠太子太傅,"为有清一代名臣"。⑤ 詹仰庇,字汝钦,号咫亭,安溪人,明嘉靖四十三年(1564)登进士第,初授广东南海知县,打击盗贼,推行赋役改革,晋为御史兼云南道监察御史。身为言官,詹仰庇八个月上疏四次,穆宗置若罔闻。神宗时因病回乡休养13年。后任江西参议、山东按察使司副使、南京太仆少卿、北京左佥都御史、左副都御史,多有建树。升为刑部左侍郎后,因病上六疏,才准退休。万历三

---

① 李景铭:《闽中会馆志·安溪会馆》,王日根、薛鹏志编纂:《中国会馆志资料集成》第一辑第四册,厦门:厦门大学出版社,2013年,第583页。

② 李景铭:《闽中会馆志·安溪会馆》,王日根、薛鹏志编纂:《中国会馆志资料集成》第一辑第四册,厦门:厦门大学出版社,2013年,第585页。

③ 白继增、白杰著:《北京会馆基础信息研究》,北京:中国商业出版社,2014年,第271页。

④ 李景铭:《闽中会馆志·安溪会馆》,王日根、薛鹏志编纂:《中国会馆志资料集成》第一辑第四册,厦门:厦门大学出版社,2013年,第585页。

⑤ 李景铭:《闽中会馆志·安溪会馆》,王日根、薛鹏志编纂:《中国会馆志资料集成》第一辑第四册,厦门:厦门大学出版社,2013年,第583页。

十二年(1604),泉州地震,开元寺镇国塔遭损,詹仰庇倡修,并题诗于塔中。①官献瑶,字瑜卿,号石溪,安溪还二里福春乡人,乾隆四年(1739)进士。官献瑶27岁选入国子监,被漳浦学者蔡世远收为门生,后又受业于桐城学者方苞。因"博通群经",被李光地聘为其孙子李清植的家庭教师。②

惠安会馆

根据《北京会馆基础信息研究》记述,惠安会馆建于清代,位处西城区耀武胡同9号(旧为羊肉胡同路北五号),占地0.59亩,有房7间。③《北京会馆资料集成》记载:"羊肉胡同,西有回人礼拜寺,有惠安会馆(载于光绪《顺天府志》)。"④《北京会馆资料集成》还记载了1949年1月25日制定的《惠安会馆章程》,其第三条为:"本会馆为惠安县旅平同乡公共集会及居住之处,馆址设于前外廊房头条西口外羊肉胡同五号。"第四条为:"凡本县旅平人士,经同乡二人以上之介绍证明,或具有足资证明之文件者,经理事会通过登记后,均得为本馆同乡。"⑤林海音在《城南旧事》一书中曾这样描写惠安会馆:"惠安馆在我们这条胡同的最前一家,三层石台阶上去,就是两扇大黑门凹进去,门上横着一块匾,路过的时候爸爸教我念过'飞安会馆'。爸爸说里面住的都是从'飞安'那个地方来的学生,像叔叔一样,在大学里念书。"⑥

结　语

北京泉州会馆有以下几个特点。

1.营造科举氛围。《中国大百科全书》对会馆类别有以下表述:"明清时

---

① 安溪县地方志编纂委员会编:《安溪县志》,北京:新华出版社,1994年,第1184～1186页。
② 安溪县地方志编纂委员会编:《安溪县志》,北京:新华出版社,1994年,第1198～1199页。
③ 白继增、白杰著:《北京会馆基础信息研究》,北京:中国商业出版社,2014年,第275～276页。
④ 李金龙、孙兴亚主编:《北京会馆资料集成》,北京:学苑出版社,2007年,第217页。
⑤ 李金龙、孙兴亚主编:《北京会馆资料集成》,北京:学苑出版社,2007年,第217页。
⑥ 林海音:《城南旧事》,北京:商务印书馆,2019年,第7页。

期的会馆大体可分为三种:(1)同乡官僚、缙绅和科举之士居停聚会之处,又称'试馆'。(2)以工商业者、行帮为主体的同乡会馆。(3)迁居客民建立的同乡移民会馆。"① 北京的泉州会馆有6所,主要是为了方便家乡举子赴京赶考提供方便而设立的。李景铭在《闽中会馆志》中经过考证指出:泉郡会馆"此馆为棘闱士子驻足之所,并为旅京同乡醵饮之场"。②《同安会馆记》载:泉郡会馆因"世际盛明,人文蔚起,每会试常多至不能容"。因此,前来京师谒补的陈胪声及从弟陈奇烈将购买的宅第捐献出来作为同安会馆。③《北京会馆资料集成》中将6所北京泉州会馆都列入"同乡试馆"。④ 北京泉州会馆浓郁的科举文化氛围还体现在祭祀和匾额上,泉郡会馆、同安会馆、晋江邑馆都有文昌帝君的神位,泉郡会馆还有文状元吴鲁、探花黄贻楫和武状元黄培松的匾额。有意思的是,李景铭在《闽中会馆志》中提到黄贻楫时,还记载:黄贻楫登进士第那年,"此即万年清轮船初次护送举子来京之年也"。同治八年(1869)六月,我国造船史上自制的第一艘火轮船"万年清"号轮船由福州船政局制成,同治十年(1871),举子们乘着清廷派出的"万年清"号轮船赴京赶考。⑤

2.浓厚桑梓气息。浓厚的乡土气息从建馆时就体现出来了。万正色舍宅建了晋江邑馆,李光地舍宅建立安溪会馆。《闽中会馆志》列出的同安会馆捐资人就有36位,多的捐有一百六十两,少的捐有二两。这都饱含着浓浓的乡情。⑥ 从管理上来看,在京的泉州乡亲都很团结。晋江邑馆、安溪会馆都明确"适用泉郡会馆旅平同乡会章程",同安会馆明确"适用泉属各会馆章程及住馆细则"。安溪会馆直接表明"统归泉郡会馆管理,尚无流弊"。

---

① 《中国大百科全书》总编委会:《中国大百科全书》,北京:中国大百科全书出版社,2009年,第10册355页。

② 李景铭:《闽中会馆志·泉郡会馆》,王日根、薛鹏志编纂:《中国会馆志资料集成》第一辑第四册,厦门:厦门大学出版社,2013年,第397页。

③ 李景铭:《闽中会馆志·同安会馆》,王日根、薛鹏志编纂:《中国会馆志资料集成》第一辑第四册,厦门:厦门大学出版社,2013年,第566页。

④ 李金龙、孙兴亚主编:《北京会馆资料集成》,北京:学苑出版社,2007年,第199、217、223、241、253、265页。

⑤ 李景铭:《闽中会馆志·泉郡会馆》,王日根、薛鹏志编纂:《中国会馆志资料集成》第一辑第四册,厦门:厦门大学出版社,2013年,第398页。

⑥ 李景铭:《闽中会馆志·同安会馆》,王日根、薛鹏志编纂:《中国会馆志资料集成》第一辑第四册,厦门:厦门大学出版社,2013年,第562~565页。

1906年北京外城巡警右厅开展会馆调查时,晋江会馆、泉郡会馆、同安会馆填写的《清末北京外城巡警右厅会馆调查表》都注明管理人为杨廷机。① 杨廷机,晋江人,光绪二十四年(1898)进士,授内阁中书,浙江补用道。② 从祭祀上来看,各会馆都有创馆人和故乡城隍、土地神位。北京泉州会馆还为乡亲聚会提供了方便,泉郡会馆章程明确规定"本馆团会每年两次,在国历元旦、国历六月间举行之"。民国二十六年(1937)泉郡会馆执行委员王大亨等编的《北京泉郡会馆馆志》中对乾嘉时期会馆的盛况有如下描述:"在清乾嘉时代,承平日久,人才辈出,吾泉文物甲于闽中。郡人北来者,苦无栖息之所,乡先达公建泉郡会馆及晋江、同安、安溪诸邑馆。郡人始得于七千里外聚处,形影互助,借联桑梓之欢;声气相求,共庆如归之乐。厥后各界乡人至斯,亦得欢然相聚,甚盛举也。"③

3.密切泉台关系。有关资料表明,在北京泉州会馆住过的台湾名人有叶题雁、李清琦、连雅堂、吴子瑜、林子瑾、洪炎秋、张钟铃、张我军、林焕文、林海音等。叶题雁,字映都,台湾县人,祖籍泉州,光绪六年(1880)进士,初授户部主事,后任员外郎、郎中,晋升广东道监察御史。④ 李清琦,字璧生,台湾彰化人,祖籍泉州,光绪二十年(1894)进士,选庶吉士。⑤ 清政府在光绪二十一年(1895)与日本签订《马关条约》,割让台湾,叶题雁(寓居晋江会馆)和翰林院庶吉士李清琦(寓居泉郡会馆)及在京的三名台湾举子联名上书,反对卖国求和,史称"五人上书"。⑥ 光绪二十六年(1900),八国联军侵占北京,时任户部郎中的叶题雁寓居晋江会馆,目睹了八国联军的罪行,写下了《外侮痛史》。文章仅500多字,但揭露了"洋兵破都城,焚毁劫掠,惨无天日"的滔天罪行。⑦ 连横,字雅堂,号武公、剑花,别署慕陶、慕真。台湾知名诗人、史

---

① 李金龙、孙兴亚主编:《北京会馆资料集成》,北京:学苑出版社,2007年,第223、241、253页。
② 粘良图、李灿煌编:《晋江历代人名辞典》,厦门:厦门大学出版社,2013年,第86页。
③ 李景铭:《闽中会馆志·泉郡会馆》,王日根、薛鹏志编纂:《中国会馆志资料集成》第一辑第四册,厦门:厦门大学出版社,2013年,第401页。
④ 陈盛明:《清末泉州叶题雁、吴鲁记八国联军暴行》,《泉州鲤城文史资料》第2辑,1987年,第2~3页。
⑤ 尹海金、曹端详编著:《清代进士辞典》,北京:中国文史出版社,2004年,第118页。
⑥ 粘良图、李灿煌编:《晋江历代人名辞典》,厦门:厦门大学出版社,2013年,第32页。
⑦ 陈盛明:《清末泉州叶题雁、吴鲁记八国联军暴行》,《泉州鲤城文史资料》第2辑,1987年,第2页。

学家,其著作有《台湾通史》《台湾语典》《台湾诗乘》,人称台湾文化第一人。1913年春,连横为参加华侨选举国会议员前往北京,就居住在晋江邑馆。① 1914年1月,在经大陆多地游历之后,连雅堂、林子瑾、吴子瑜三人按事先约定,齐聚北京,寓居晋江邑馆,共同筹办回复中国国籍手续。1914年1月31日,由林子瑾引路,连雅堂、吴子瑜二人去内务部办理了复籍手续。连雅堂申请回复中国国籍并更名连横,吴子瑜申请回复中国国籍并仍用原名吴世勋。而林子瑾是连雅堂、吴子瑜复籍更名的具保人(其于1912年已复籍)。② 夏祖丽写道:"据说连战的祖父连雅堂先生于1913、1914年也在此(晋江邑馆)住过。"③ 五四运动之后,洪炎秋、张钟铃、张我军等台湾爱国青年先后来到北京求学,住进了泉郡会馆。此时,张钟铃在北京世界语专科学校学习,洪炎秋在北京大学就读。晚间,三人经常一起到会馆附近由北京高等师范学院所办的补习班补习。张我军补习的目的是考进国立北京大学。④ 张我军后成为台湾新文学运动的开拓者、奠基人,著名作家和文艺理论家。洪炎秋成为台湾著名作家,致力于台湾国语教育的推广和普及。1950年,台湾第一所私立大学——淡江私立英语专科学校成立,张钟铃担任首任校长。《城南旧事》作者林海音一家先后住过永春会馆、晋江邑馆。林海音(1918—2001),原名林含英。著名作家、出版人,在大陆文学史与现代台湾文学史中,都有相当重要的地位,被称为衔接大陆五四文学和台湾当代文学的桥梁。⑤ 关于永春会馆,林海音写道:"在谦安客栈暂住不久,就搬到椿树上二条了。这是我在北京生长、生活起步的第一个居家。其实这是永春会馆的后进,正门在椿树上头条。这里另开一个后门出进,中间隔着一个大院子,院子里有一棵槐树,到了夏天槐树开花,唧鸟(蝉)叫,树上挂吊下来许多像蚕一样的槐树虫,俗称吊死鬼。淡淡的绿像槐树花一样的颜色。"此处描写的永春会馆,确实有诗一样的意境。后林海音一家因"家中由三口变成六口了,椿树上二条一溜三间的房,似乎不够住了",就搬离了永春会馆。1931年5月,林海音的父亲林焕文去世后,林家就搬到了晋江邑馆。林海音回忆道:

---

① 《连雅堂》,https://baike.baidu.com,访问日期:2020年4月8日。
② 北京市台湾同胞联谊会编著:《台湾会馆与同乡会》,北京:北京大学出版社,2012年,第186页。
③ 夏祖丽:《一院槐花南柳巷》,http://bj.wenming.cn,访问日期:2020年4月2日。
④ 何标主编:《老北京台湾人的故事》,北京:台海出版社,2009年,第119页。
⑤ 林海音:《城南旧事》,北京:商务印书馆,2019年,第1页。

父亲去世后,"为了生活的节省,就搬到了南柳巷五十五号的晋江会馆,不必付租金的房子。我们虽非晋江人,但是母亲的祖先却是福建同安移民到台湾的"。对于南柳巷晋江邑馆,林海音印象深刻,她写道:"南柳巷也是在我一生居住中占有重要的地方,时间又长,从我在无父后的十年成长过程中,经过读书、就业、结婚,都是从这里出发。我的努力,我的艰苦,我的快乐,我的忧伤……包含了种种情绪,有一点,我们有一个和谐的、相依为命的家庭,那是因为我们有一个贤良从不诉苦的母亲。"①在不同的历史时期,北京泉州会馆就这样以海纳百川的精神庇护了这些台湾同胞,密切了泉台情缘。

4.兴办新式学堂。清朝末年,科举弊端越来越明显,以科举为指向的教育已经适应不了社会发展的需要。光绪二十四年(1898),清廷首次下令改天下书院为新式学堂。泉州积极响应,从光绪二十八年(1902)到三十二年(1906),先后办起了泉州府官立中学堂、泉州公立中学堂、永春州中学堂、培元中学。②北京泉州会馆也积极跟上时代潮流,兴办新式学堂。光绪三十一年(1905),韩宝熙利用安溪会馆的一半馆产开设日新两等小学。后于1936年改称北平市第十二区第一、二、三保国民学校,1956年改称板章小学。③民国四年(1915),泉郡会馆在其附产福长街二条路南三十六号创办正宗小学,1928年后改称北平私立正宗小学。初创时,仅一个班,后来有所发展。1948年迁往粉房琉璃街,转由延平郡馆续办。④

会馆是一种特殊的历史文化遗存。北京泉州会馆以其"营造科举氛围、浓厚桑梓气息、密切泉台关系、兴办新式学堂"的鲜明特点,助力故乡科举、文化和教育事业,为"海滨邹鲁"的泉州增光添彩。

(原载《闽南》2021年第2期)

---

① 何标主编:《老北京台湾人的故事》,北京:台海出版社,2009年,第108页,第109~110页,第115~116页,第119页。
② 陈笃彬、苏黎明:《泉州古代教育》,济南:齐鲁书社,2005年,第216~217页。
③ 白继增、白杰著:《北京会馆基础信息研究》,北京:中国商业出版社,2014年,第265页。
④ 白继增、白杰著:《北京会馆基础信息研究》,北京:中国商业出版社,2014年,第205页。

泉州南外宗正司宗子进士研究

靖康之乱,金兵掳走徽宗、钦宗,宋朝失去了半壁江山。赵构在南京继位后,面对金兵挥师南下,南逃至杭州。随其南逃的南外宗正司的宗室成员先到镇江,后继续南迁,被当时经济文化发达,特别是海外贸易发达的泉州所吸引,留在了泉州。据《天潢贵胄:宋代宗室史》记载,南宋绍兴元年(1131)南外正司建立之后的一百年间,"那里的宗室出现了惊人的增长",339位宗室成员在泉州扎下根来繁衍生息,到绍定年间(1228—1233),在泉州的南外宗正司宗室成员已经达到2314人。[①] 这些宗室子弟,受教育程度高,举业成就突出。由于史料的运用和标准不一致,长期以来对南外宗正司宗室成员考取进士的人数、世系以及作用有不同的看法,本文根据《宋史》、有关志书和相关文献,对南外宗正司入泉,至宋朝灭亡期间,宗室成员中进士人数、世系进行考证,并归纳该进士群体的特点,以期能比较准确地反映当时南外宗正司宗室成员的举业成就及宗子进士的影响,对深入研究南外宗正司在泉州东方第一大港地位形成过程中的作用提供一定的帮助。

四本志书关于泉州南外宗正司宗子进士的记载

宋太祖立国之初,为了保证天潢贵胄的源远流长,特地写下"我族无亲疏,世世为缌麻"之训,并实施字辈取名制,为赵氏皇族的太祖、太宗、魏王三大支派写下了各自的世代排名。太祖派十四字为:德、惟、守(从)、世、令、子、伯、师、希、与、孟、由、宜、顺。太宗派十四字为:元、允、宗、仲、士、不、善、汝、崇、必、良、友、季、同。魏王派十四字为:德、承、克、叔、之、公、彦、夫、时、

---

① [美]贾志扬著,赵冬梅译:《天潢贵胄:宋代宗室史》,南京:江苏人民出版社,2010年,第223页。

若、嗣、次、古、光。① 弘治《八闽通志》与《闽书》均成书于明代,对宋代历史研究而言,史料价值比较高。而泉州目前仅存两部古代志书,万历《泉州府志》与乾隆《泉州府志》,也是研究泉州古代历史的必备书目。为了比较客观地了解南外宗正司入泉后进士的情况,必须根据太祖写下的世代排名,对弘治《八闽通志》《闽书》、万历《泉州府志》、乾隆《泉州府志》四种志书有关泉州南外宗宗子进士的记载情况进行考证。

1.弘治《八闽通志》②与《闽书》③有关泉州南外宗宗子进士的记载。

表1　弘治《八闽通志》与《闽书》的泉州南外宗宗子进士名录

科　榜	姓　名	弘治《八闽通志》	《闽书》
绍兴十八年(1148)	赵伯茂	晋江人	晋江县
绍兴二十一年(1151)	赵公迥	晋江人	晋江县
绍兴二十七年(1157)	赵汝譡	晋江人	晋江县
隆兴元年(1163)	赵公逮	晋江人,公迥之兄	晋江县,公迥兄
乾道二年(1166)	赵彦曌	晋江人	晋江县
乾道五年(1169)	赵伯遏、赵彦为	俱晋江人,赵彦为改名彦括	俱晋江县。赵彦为改名彦括,赵伯逊改名为伯遏
淳熙二年(1175)	赵师瑈	晋江人	晋江县
淳熙五年(1178)	赵师逮	晋江人	晋江县
淳熙八年(1181)	赵善庤	晋江人	晋江县
淳熙十一年(1184)	赵师琪	晋江人	晋江县

---

①　赵世通:《南外宗正司派系源流与传播》,泉州赵宋南外宗正司研究会:《赵宋南外宗与泉州》,厦门:厦门大学出版社,2016年,第236~237页。
②　(明)黄仲昭:弘治《八闽通志》,北京:书目文献出版社,1988年,第700~718页。
③　(明)何乔远编纂,厦门大学古籍整理研究所、历史系古籍整理研究室《闽书》校点组校点:《闽书》,福州:福建人民出版社,1994年,第2447~2454页、第2694页。

续表

科　榜	姓　名	弘治《八闽通志》	《闽书》
淳熙十四年(1187)	赵希宰、赵汝章、赵善谥	俱晋江人、善谥为善溢兄	俱晋江县
绍熙元年(1190)	赵汝偯、赵善新、赵汝傚	俱晋江人。善新为汝偯之父,汝傚为汝偯之兄	俱晋江县。善新为汝偯父,汝傚为汝偯兄
绍熙四年(1193)	赵善谥、赵师瑀	俱晋江人。善谥为善溢之弟	俱晋江县,善谥为善谥弟、善溢作善谥
庆元二年(1196)	赵善嵩、赵汝倕、赵邹夫、赵汝侒	俱晋江人。汝倕为善新之孙	俱晋江县
庆元五年(1199)	赵时和、赵公觊、赵艺夫	俱晋江人	俱晋江县
嘉泰二年(1202)	赵汝梧、赵希赞、赵汝恕	俱晋江人。汝梧为善谥之子	俱晋江县。汝梧为善谥子
开禧元年(1205)	赵偱夫、赵彦佻、赵汝襃、赵汝音	俱晋江人。偱夫为邹夫之从弟,汝音为汝襃之从弟	俱晋江县。偱夫为邹夫从弟,汝音为汝襃从弟
嘉定元年(1208)	赵公運	晋江人	晋江县
嘉定四年(1211)	赵汝啻、赵希瑶、赵汝櫩、赵与俐、赵汝佟、赵善夒	俱晋江人。汝啻为汝音之弟,与俐为希宰之侄。汝佟为善新之子,善夒为善嵩之弟。汝佟《闽书》作汝修	俱晋江县。汝啻为汝音弟,与俐为希宰侄。汝佟为善新子,善夒为善嵩弟。汝佟,《闽书》作汝修。
嘉定七年(1214)	赵必魁、赵希絜、赵希柜、赵希嬰、赵汝熊、赵汝嫒	俱晋江人。希絜、嬰为伯遏之孙,希柜为师瑀之子	俱晋江县。希絜为伯遏孙,希嬰为希絜弟,希柜为师瑀子
嘉定十年(1217)	赵汝玤、赵崇伯、赵善沧、赵希璋	俱晋江人	俱晋江县
嘉定十三年(1220)	赵时焕、赵与才、赵希旸	俱晋江人	俱晋江县
嘉定十六年(1223)	赵必彰、赵若武、赵希骎、赵师琇	俱晋江人。必彰作必璋,为必魁之兄,若武改名若儦,为时和之子	俱晋江县。必彰为必魁兄,若儦为时和子

续表

科　榜	姓　名	弘治《八闽通志》	《闽书》
宝庆二年(1226)	赵汝育、赵与讅、赵善书、赵师鉥、赵善璲、赵必循、赵汝卞、赵公迄、赵师霖、赵与秩	俱晋江人。汝育为汝音之弟,汝卞为汝育之兄,与秩为与讅之从兄,师霖为师琇之兄,善书为善沧之从弟	俱晋江县。汝育为汝音弟,与秩为师鉥从侄。与讅为与秩从弟。汝卞为汝育兄,师霖为师琇兄,善书为善沧从弟
绍定二年(1229)	赵崇艠、赵崇鎌、赵希敇、赵希橙、赵时实、赵密夫	俱晋江人。崇艠为汝佟子,希敇为希婴之弟,崇谦为汝嫒之子,希橙为师瑀之子	俱晋江县。崇艠为汝佟子,希敇为希婴弟,崇谦为汝嫒子,希橙为师瑀子
绍定五年(1232)	赵与钢、赵若凭、赵崇谱、赵时倕、赵崇罴、赵必得、赵崇彪	俱晋江人。与钢为师瑀之孙,时倕为艺夫之子,崇彪、崇罴为汝佟之子,崇谱为汝傲之子,必得为必循之弟	俱晋江县。与纲为师瑀孙,时倕为艺夫子,崇彪、崇罴为汝佟子,崇谱为汝傲子,必辑为必循弟
端平二年(1235)	赵希韬、赵若忠、赵希穰、赵希琏、赵时澺、赵珑夫、赵时劲	俱晋江人。希穰为希橙之从兄,若忠为若愚之弟	俱晋江县。希穰为希橙从兄,若忠为若凭弟
嘉熙二年(1238)	赵时煃、赵时涅、赵希府、赵奎夫	俱晋江人。时涅为时劲之从兄,《八闽通志》时涅作时捏	俱晋江县。时涅为时劲从兄,《闽书》奎夫作埈夫
淳祐元年(1241)	赵孟遹、赵崇珙、赵孟泳、赵嗣嘉、赵孟模、赵时烑、赵时漌	俱晋江人。孟遹为与俪之弟,崇珙为汝珢之从弟,嗣嘉为若愚之从侄,时烑为时煃之兄,时漌为时实之从弟	俱晋江人。孟遹为与俪弟,崇珙为汝珢从弟,嗣嘉为若忠从侄,时烑为时煃兄,时漌为时实从弟
淳祐四年(1244)	赵溓夫、赵洴夫、赵崇增、赵崇瑾、赵与絜、赵时椟	俱晋江人。崇增为汝嵍之子,崇瑾为汝卞之子,与絜为师逮之孙	俱晋江县。溓夫为洴夫弟,崇增为汝嵍子,崇瑾为汝卞子,与絜为师逮孙
淳祐七年(1247)	赵若沪、赵时煜、赵与稿、赵时芹、赵穗夫、赵霁夫、赵沾夫	俱晋江人。时煜为时烑之弟,与稿为与絜之兄,时芹为珑夫之子	俱晋江县。时煜为时烑弟,与稿作与椟,为与絜兄,时芹为珑夫子

89

续表

科　榜	姓　名	弘治《八闽通志》	《闽书》
宝祐四年(1256)	赵与遴、赵孟镏、赵若晋	俱晋江人	俱晋江县
景定三年(1262)	赵时眘、赵必功、赵时瓆、赵崇道、赵若林	俱晋江人	俱晋江县
咸淳元年(1265)	赵由灿	安溪人	安溪县
咸淳四年(1268)	赵由烨	安溪人	安溪县
咸淳七年(1271)	赵孟瑥、赵次刘(上舍释褐)	孟瑥为晋江人,次刘为安溪人	孟瑥为晋江县,次刘为安溪县
咸淳十年(1274)	赵孟泬	晋江人	晋江县

2.万历《泉州府志》①和乾隆《泉州府志》②有关泉州南外宗宗子进士记载。

表2　万历《泉州府志》和乾隆《泉州府志》的泉州南外宗宗子进士名录

科榜	姓名	万历《泉州府志》	乾隆《泉州府志》
绍兴十八年(1148)	赵伯茂	晋江人	晋江人
绍兴二十一年(1151)	赵公迥	晋江人	晋江人
绍兴二十七年(1157)	赵汝谦	晋江人	晋江人
隆兴元年(1163)	赵公逮	晋江人,公迥兄	晋江人,公迥兄
乾道二年(1166)	赵彦騉	晋江人	晋江人
乾道五年(1169)	赵伯遏、赵彦括	俱晋江人。赵彦为改名彦括,赵伯逊改名伯遏	俱晋江人。赵彦括原名彦括,赵伯遏原名伯逊
淳熙二年(1175)	赵师瑅	晋江人	晋江人
淳熙五年(1178)	赵师逮	晋江人	晋江人
淳熙八年(1181)	赵善彦	晋江人	晋江人

---

①　(明)阳思谦、黄凤翔编纂:万历《泉州府志》卷十四,泉州:泉州市地方志编纂委员会办公室,1985年,第28~45页。

②　(清)怀荫布修:乾隆《泉州府志》卷三十三,泉州:泉州市地方志编纂委员会办公室,1984年,第20~50页。

续表

科榜	姓名	万历《泉州府志》	乾隆《泉州府志》
淳熙十一年（1184）	赵师琪	晋江人	晋江人
淳熙十四年（1187）	赵希宰、赵汝章、赵善谥	俱晋江人	俱晋江人。善谥为善兄
绍熙元年（1190）	赵汝偰、赵善新、赵汝做	俱晋江人。汝偰为善新子，汝做为汝偰兄	俱晋江人。善新为汝偰父，汝做为汝偰兄
绍熙四年（1193）	赵善谥、赵师瑀	俱晋江人。善谥为善谥弟	俱晋江人。善谥为善谥弟，善谥作善谥
庆元二年（1196）	赵善嵩、赵汝俚、赵邹夫、赵汝侒	俱晋江人。汝俚为善新子	俱晋江人。汝俚为善新子
庆元五年（1199）	赵时和、赵公贶、赵艺夫	俱晋江人	俱晋江人
嘉泰二年（1202）	赵汝梧、赵希赟、赵汝恕	俱晋江人。汝梧为善谥子	俱晋江人。汝梧为善谥子
开禧元年（1205）	赵偖夫、赵彦佻、赵汝褒、赵汝音	俱晋江人。偖夫作犹夫	俱晋江人。偖夫作犹夫，为邹夫从弟，汝音为汝褒从弟
嘉定元年（1208）	赵公运	晋江人	晋江人
嘉定四年（1211）	赵汝甯、赵希瑶、赵汝欜、赵与俩、赵汝佟、赵善燮	俱晋江人。汝甯为汝音弟，与俩为希宰侄，汝佟作汝修，为善新子，善燮为善嵩之弟	俱晋江人。汝甯为汝音弟，与俩为师宰侄，汝佟为善新子，善燮为善嵩弟
嘉定七年（1214）	赵必魁、赵希絜、赵希柜、赵希婴、赵汝熊、赵汝嫒	俱晋江人。希絜作希洁，为伯邈子，希柜为师瑀子，希婴为希絜弟	俱晋江人。希絜作希洁，为伯邈子（一作孙），希婴为希絜弟，希柜为师偲子
嘉定十年（1217）	赵汝琈、赵崇伯、赵善沧、赵希璋	俱晋江人	俱晋江人
嘉定十三年（1220）	赵时焕、赵与才、赵希旸	俱晋江人	俱晋江人
嘉定十六年（1223）	赵必彰、赵若武、赵希騳、赵师琇	俱晋江人。必彰为必魁兄，若武、若僖为时和子	俱晋江人。必彰为必魁兄，若僖榜名若武，为时和子

续表

科榜	姓名	万历《泉州府志》	乾隆《泉州府志》
宝庆二年(1226)	赵汝育、赵与謵、赵善书、赵师鋼、赵善璨、赵必循、赵汝卞、赵公迄、赵师霖、赵与秩	俱晋江人。汝育为汝音弟,汝卞为汝育兄,师霖为师琇兄	俱晋江人。汝育为汝音弟,与秩为师鋼从侄、与謵为与秩从弟,汝卞为汝育兄,师霖为师琇兄、善书为善沧从弟
绍定二年(1229)	赵崇麟、赵崇鎌、赵希敆、赵希橙、赵时实、赵密夫	俱晋江人。崇麟为汝佟子,希敆为希婴弟,崇鎌为汝嫒子,希橙为师瑒子	俱晋江人。崇麟为汝佟子,希敆为希婴弟,崇鎌为汝嫒子,希橙为师瑒子
绍定五年(1232)	赵与钢、赵若凭、赵崇谱、赵时倰、赵崇霍、赵必得、赵崇彪	俱晋江人。与钢为师璩孙,时倰为艺夫子,崇彪、崇霍为汝佟子,崇谱为汝做子,必得为必循弟	俱晋江人。与纲作与钢,为师璩孙,时倰为艺夫子,崇彪、崇霍为汝佟子,崇谱为汝做子,必得为必循弟
端平二年(1235)	赵希韬、赵若忠、赵希穗、赵希雄、赵时澶、赵珑夫、赵时劲	俱晋江人。希穗为希橙之从兄,若忠为若凭弟,时澶作时忆	俱晋江人。希穗为希橙从兄,若忠为若凭弟
嘉熙二年(1238)	赵时煸、赵时涅、赵希府、赵奎夫	俱晋江人	俱晋江人。时涅为时劲从兄
淳祐元年(1241)	赵孟迺、赵崇玦、赵孟泳、赵嗣嘉、赵孟模、赵时烁、赵时漌	俱晋江人。孟迺为与俪弟,时烁为时煸兄	俱晋江人。孟迺为与俪弟,崇玦为汝珲从弟,嗣嘉为若忠从侄,时烁为时煸兄,时漌为时实从弟
淳祐四年(1244)	赵渐夫、赵渀夫、赵崇增、赵崇瑾、赵与絜、赵时楔	俱晋江人。渐夫为渀夫弟,崇增作崇增,为汝畬子,崇瑾为汝卞子,与絜为师逮之孙	俱晋江人。渐夫为渀夫弟,崇增为汝畬子,崇瑾为汝卞子,与絜为师逮孙
淳祐七年(1247)	赵若沪、赵时煜、赵与稽、赵时芹、赵穰夫、赵霁夫、赵沽夫	俱晋江人。时煜作时煜,为时烁弟,与稽为与絜兄,时芹为珑夫子	俱晋江人。时煜为时烁弟,与稽为与絜兄
宝祐四年(1256)	赵与遴、赵孟鐇、赵若晋	俱晋江人	俱晋江人
景定三年(1262)	赵时耆、赵必功、赵时璸、赵崇道、赵若林	俱晋江人	俱晋江人

续表

科榜	姓名	万历《泉州府志》	乾隆《泉州府志》
咸淳元年(1265)	赵由灿	无记籍贯	安溪人
咸淳三年(1267)	赵必薛(特奏名)	无载	晋江人
咸淳四年(1268)	赵由烨	安溪人	安溪人
咸淳七年(1271)	赵孟瑥、赵次刘(上舍释褐)	孟瑥为晋江人,次刘为安溪人	孟瑥为晋江人,次刘为安溪人
咸淳十年(1274)	赵孟泏	晋江人	晋江人

3.几个需要说明的问题：一是咸淳三年(1267)特奏名赵必薛,除乾隆《泉州府志》有记载以外,其余三本志书均无记载,《南外天源赵氏族谱·入闽科第题名录》也无记载。道光《晋江县志》载："宋特奏名,咸淳三年赵必薛。"①龚延明先生编著的《宋代登科总录》载：咸淳三年宋廷没有举行科考,但史料记载此年有上舍释褐3人,特赐2人。其中特赐赵必薛,"宗室,居泉州晋江县,汉王元佐十世孙。咸淳三年(1267)特赐进士第"。② 以上可以说明赵必薛为咸淳三年(1267)特赐进士。

二是泉州文史专家杨清江先生在《泉州南外宗子进士世系考》一文中指出："咸淳间(1265—1274年,具体科年未详)赵与蕃、赵与师(据族谱补),俱晋江人""宝祐元年(1253)癸丑科,赵时侈(据族谱补),晋江人"。③ 经查以上所列四本志书、道光《晋江县志》以及《宋代登科总录》,三人均无登进士第的相关记载。

以上考证可以说明从绍兴十八年(1148)到咸淳十年(1274),泉州南外宗正司宗子共有进士125名,其中特赐1名、上舍释褐1名。

---

① (清)周学曾等纂修：道光《晋江县志》卷三十,福州：福建人民出版社,1990年,第744页。
② 龚延明、祖慧编著：《宋代登科总录》,桂林：广西师范大学出版社,2014年,第6490页。
③ 杨清江：《泉州南外宗子进士世系考》,《泉州赵宋南外宗研究会会刊》2014年第1期,第48～68页。

泉州南外宗正司宗子进士世系考

《宋史·宗室世系表》"按顺序记录有30000个名字"[①],是研究宋代宗室世系的重要文献。根据《宋史·宗室世系表》对以上所列泉州南外宗正司125名进士进行考证,可以比较清晰地了解这些进士的世系。美国学者贾志扬先生在《天潢贵胄:宋代宗室史》一书的《宗室谱牒编码说明》中指明:"世系表按照标准的中国做法,每一代为一行,最上面一行代表第一代,第二行代表第二代,以此类推,长子的所有后裔都排在次子之前。编码按字母顺序,字母多少表示特定个人距离始祖一代的行辈数。第一个字母表示奠定了宗室基础的三兄弟,太祖(A,927—976)、太宗(B,939—997)和魏王(C,947—984)。自此以下,A表示长子,B表示次子,C为第三子,以此类推。"以南外宗入泉后第一位登进士第的赵伯茂为例,其世系谱牒编码为ADBAACED。其为赠承事郎子霖(ADBAACE)的四子,子霖为赠黔中郡公令檟(ADBAAC)的五子,令檟为南康侯世奕(ADBAA)的三子,世奕为金州观察使从郁(ADBA)的长子,从郁为英国公惟宪(ADB)的长子,惟宪为秦王德芳(AD)的次子,德芳为太祖匡胤(A)的四子。[②] 本文以贾先生的宗室谱牒编码规则,根据《宋史·宗室世系表》,按科年顺序列出泉州南外宗正司进士世系表。详见表3"太祖派入泉后宗子进士世系表"[③]、表4"太宗派入泉后宗子进士世系表"[④]、表5"魏王派入泉后宗子进士世系表"[⑤]。

需要说明的几个问题:

一是《宋史·宗室世系表》有泉州南外宗正司114名宗子进士的世系是明确的,可以认定。

二是四本志书中均记孟遹(ADBAACEEBAA)为与俪

---

① [美]贾志扬著,赵冬梅译:《天潢贵胄:宋代宗室史》,南京:江苏人民出版社,2005年,第14页。
② (元)脱脱等修:《宋史》,上海:上海古籍出版社,1986年,第762页。
③ (元)脱脱等修:《宋史》,上海:上海古籍出版社,1986年,第695~774页。
④ (元)脱脱等修:《宋史》,上海:上海古籍出版社,1986年,第774~884页。
⑤ (元)脱脱等修:《宋史》,上海:上海古籍出版社,1986年,第887~965页。

(ADBAACEEBAB)弟,有误。《南外天源赵氏族谱》记赵孟逌为与俐子,也有误。①《宋史·宗室世系表》载:希向(ADBAACEEBA)有四子,次子为与俐(ADBAACEEBAB)。孟逌(ADBAACEEBAA)为长子与份(ADBAACEEBAA)之子,与俐(ADBAACEEBAB)之侄。②

三是弘治《八闽通志》、《闽书》、乾隆《泉州府志》均记载崇玦为汝珲从弟,有误。汝珲(BDBKFDBCA)比崇玦(BDBKFDBAAB)昭穆字辈高一辈,不可能为从兄弟关系。《宋史·宗室世系表》载:汝珲(BDBKFDBCA)与崇玦(BDBKFDBAAB)为从叔侄关系。③

表 3　太祖派入泉后宗子进士世系表

字辈	名字、宗室谱牒编码及登科年份(其中 X 表示世系不明确)
伯	伯茂 ADBAACED(绍兴十八年)、伯遏 ABAEACGC(乾道五年)
师	师瑢 ABDBEABHB(淳熙二年)、师逮 ABAABDBBA(淳熙五年)、师琪 ABDEDGDEA(淳熙十一年)、师瑀 ADBDBBAED(绍熙四年)、师琇 ABACDDDEB(嘉定十六年)、师鋿 ABDDCGHBC(宝庆二年)、师霖 ABACDDDCA(宝庆二年)
希	希宰 ADBAACEEAB(淳熙十四年)、希赟 ADBACDBAHA(嘉泰二年)、希瑶 ABDEBGAABB(嘉定四年)、希絜 ABAEACGCCB(嘉定七年)、希婴 ABAEACGCCC(嘉定七年)、希秬 ADBDBBAEDA(嘉定七年)、希璋 ABDBFBBFAB(嘉定十年)、希旸 ABDBEAAACC(嘉定十三年)、希驎 ADEBBGBAB(嘉定十六年)、希敔 ABAEACGCDA(绍定二年)、希橙 ADBDBBAEDB(绍定二年)、希韜 AEBEBCCBCB(端平二年)、希穮 ADBDBBAECA(端平二年)、希琟 ADBBCAGABA(端平二年)、希府 ABBBCDJDAA(嘉熙二年)
与	与俐 ADBAACEEBAB(嘉定四年)、与才 ADABAGBAAAA(嘉定十三年)、与謵 ABDCGHBXXX(宝庆二年)、与秩 ABDCGHBXXX(宝庆二年)、与钢 ABDBEABHBAD(绍定五年)、与絜 ABAABDBBAXX(淳祐四年)、与穋 ABAABDBBAXX(淳祐七年)、与遴 ADBDBBAEDAB(宝祐四年)
孟	孟逌 ADBAACEEBAA(淳祐元年)、孟泳 ABBABBGBAAAG(淳祐元年)、孟模 ABBABBDAAABA(淳祐元年)、孟鐇 ABDFNADAAAAA(宝祐四年)、孟瑶 ABDFKACBBFAC(咸淳七年)、孟㳒 ABBAAABACAAC(咸淳十年)

---

① 赵世通主编:《南外天源赵氏族谱》,泉州:泉州赵宋南外宗正研究会,1994 年,第 668 页。

② (元)脱脱等修:《宋史》,上海:上海古籍出版社,1986 年,第 762 页。

③ (元)脱脱等修:《宋史》,上海:上海古籍出版社,1986 年,第 861 页。

续表

字辈	名字、宗室谱牒编码及登科年份(其中 X 表示世系不明确)
由	由灿 ABBABBDAAABAC(咸淳元年)、由烨 ABBABBDAAABAB(咸淳十年)

表4　太宗派入泉后宗子进士世系表

字辈	名字、宗室谱牒编码及登科年份(其中 X 表示世系不明确)
善	善庼 BDABEIAA(淳熙八年)、善谧 BHCBCGBA(淳熙十四年)、善新 BDBBFJBB(绍熙元年)、善谥 BHCBCGBB(绍熙四年)、善嵩 BDBOBLFA(庆元二年)、善奠 BDBOBLFB(嘉定四年)、善沧 BDBKFDBD(嘉定十年)、善书 BDBBCJBB(宝庆二年)、善璨 BAACFEAG(宝庆二年)
汝	汝谭 BAAMBEAAA(绍兴二十七年)、汝章 BAACABAAB(淳熙十四年)、汝做 BDBBFJBBA(绍熙元年)、汝傁 BDBBFJBBB(绍熙元年)、汝偅 BDBBFJBBC(庆元二年)、汝侒 BDABGJGAB(庆元二年)、汝梧 BHCBCGBAA(嘉泰二年)、汝恕 BABACAABA(嘉泰二年)、汝褒 BEAAGEACA(开禧元年)、汝音 BEAAGEAAD(开禧元年)、汝奢 BEAAGEAAE(嘉定四年)、汝橪 BXXXXXXXX(嘉定四年)、汝佟 BDBBFJBBE(嘉定四年)、汝熊 BDABEIABA(嘉定七年)、汝嫒 BDABEGCCA(嘉定七年)、汝浮 BDBKFDBCA(嘉定十年)、汝育 BEAAGEAAC(宝庆二年)、汝卞 BEAAGEADA(宝庆二年)
崇	崇伯 BXXXXXXXX(嘉定十年)、崇螇 BDBBFJBBEA(绍定二年)、崇鎌 BDABEGCCAA(绍定二年)、崇彪 BDBBFJBBCB(绍定五年)、崇增 BEAAGEAAEX、崇藿 BDBBCJBBCA(绍定五年)、崇谱 BDBBFJBBAF(绍定五年)、崇玦 BDBKFDBAAB(淳祐元年)、崇瑾 BEAAGEADAX(淳祐四年)、崇道 BDBOBLBABA(景定三年)
必	必魁 BFAADEABDEB(嘉定七年)、必彰 BFAADEABDEA(嘉定十六年)、必徇 BABACAIAABA(宝庆二年)、必得 BABACAIAABD(绍定五年)、必功 BDABEGCCAAA(景定三年)、必舝 BXXXXXXXXX(咸淳三年)

表5　魏王派入泉后宗子进士世系表

字辈	名字、宗室谱牒编码及登科年份(其中 X 表示世系不明确)
公	公迥 CBADCGB(绍兴二十一年)、公逮 CBADCGA(隆兴元年)、公贶 CDCCDAA(庆元五年)、公運 CCCBMBE(嘉定元年)、公迏 CJAMBBA(宝庆二年)
彦	彦骉 CCCAFFAC(乾道二年)、彦括(或为彦栝) CECBBDBA(乾道五年)、彦佻 CDCECBFA(开禧元年)

续表

字辈	名字、宗室谱牒编码及登科年份（其中 X 表示世系不明确）
夫	邹夫 CBADCGAAA（庆元二年）、艺夫 CDCCAACEA（庆元五年）、犹夫 CBADCGABB（开禧元年）、密夫 CJAMBAAAA（绍定二年）、珑夫 CDBAAEACA（端平二年）、奎夫 CCFAHBBBA（嘉熙二年）、泸夫 CBADCGCAA（淳祐四年）、颀夫 CBADCGCAB（淳祐四年）、穗夫 CDCCDADAA（淳祐七年）、霁夫 CCABHBABA（淳祐七年）、沾夫 CDCGOAAAA（淳祐七年）
时	时和 CABAAADDAG（庆元五年）、时焕 CDADADBFBA（嘉定十三年）、时实 CBACIAAACB（绍定二年）、时俚 CDCCAACFAB（绍定五年）、时澹 CDADACAAAA（端平二年）、时劲 CBADCGBBBB（端平二年）、时熄 CHEACABADA（嘉熙二年）、时涅 CBADCGCBAA（嘉熙二年）、时炼 CHEACABADC（淳祐元年）、时潼 CDACIACAAB（淳祐元年）、时楔 CDCEACBAAA（淳祐四年）、时煴 CHEACABADD（淳祐七年）、时芹 CDBAAEACAA（淳祐七年）、时耆 CDBAAEACAB（景定三年）、时璟 CDCDEABHCA（景定三年）
若	若僖 CABAAADDAGA（嘉定十六年）、若凭 CABAAADCADA（绍定五年）、若忠 CABAADCADC（端平二年）、若沪 CXXXXXXXXXX（淳祐七年）、若晋 CDADADBFBBA（宝祐四年）、若林 CCAAACABDAA（景定三年）
嗣	嗣矗 CABAAADDAEAC（淳祐元年）
次	次刘 CXXXXXXXXXXX（咸淳七年）

四是尚有泉州南外宗 11 名宗子进士的世系需要进一步考证。

1.嘉定四年（1211）登进士第的赵汝櫗，四本志书与《南外天源赵氏族谱》①均有记载，但无有关世系的记录。杨清江先生考证后，认为《宋史》也失载②，其世系有待考证。按昭穆字辈，可以认定其为太宗派，其宗室谱牒编码暂为 BXXXXXXXX。

2.嘉定十年（1217）登进士第的赵崇伯，四本志书与《南外天源赵氏族

---

① 赵世通主编：《南外天源赵氏族谱》，泉州：泉州赵宋南外宗正司研究会，1994 年，第 657 页。

② 杨清江：《泉州南外宗子进士世系考》，《泉州赵宋南外宗研究会会刊》2014 年第 1 期，第 48～68 页。

97

谱》①均有记载,但均无有关世系的记录。杨清江先生考证后,认为《宋史》也失载②,其世系有待考证。按昭穆字辈,可以认定其为太宗派,其宗室谱牒编码暂为BXXXXXXXX。

3.宝庆二年(1226)登进士第的赵与譔与赵与秩,四本志书与《南外天源赵氏族谱》均有记载。《闽书》载:"与秩为师錀从侄,与譔为与秩从弟。"乾隆《泉州府志》载:"与秩为师錀从侄,与譔为与秩从弟。"《南外天源赵氏族谱》载:"与譔为与秩从弟,秩为师錀从侄。"③赵师錀(ABDDCGHBC)也是宝庆二年(1226)登进士第,其世系明确。《宋史·宗室世系表》载:伯救有三子,长为师铜,次为师鍉,三为师錀。师錀还有从兄弟二人,按字辈与秩应为师錀的侄孙。④但《宋史·宗室世系表》《南外天源赵氏族谱》均无与譔、与秩明确的世系记载,因此,与譔、与秩的宗室谱牒编码暂为 ABDDCGHBXXX。

4.淳祐四年(1244)登进士第的赵崇璔,四本志书均载崇璔为汝耆(BEAAGEAAE)之子。《南外天源赵氏族谱》亦载:"崇璔为汝耆子。"⑤但《宋史·宗室世系表》在汝耆之下无有关后裔的记载。⑥因此,赵崇璔的宗室谱牒编码暂为 BEAAGEEAAEX。

5.淳祐四年(1244年)登进士第的赵崇瑾,四本志书均载崇瑾为汝下(BEAAGEADA)之子。《南外天源赵氏族谱》亦载:"崇瑾为汝下子。"⑦但《宋史·宗室世系表》在汝下之下无有关后裔的记载。⑧因此,赵崇瑾的宗室谱牒编码暂为 BEAAGEADAX。

6.淳祐四年(1244)登进士第的赵与絜、淳祐七年(1247)登进士第的赵与

---

① 赵世通主编:《南外天源赵氏族谱》,泉州:泉州赵宋南外宗正司研究会,1994年,第659页。
② 杨清江:《泉州南外宗子进士世系考》,《泉州赵宋南外宗研究会会刊》2014年第1期,第48~68页。
③ 赵世通主编:《南外天源赵氏族谱》,泉州:泉州赵宋南外宗正司研究会,1994年,第664页。
④ (元)脱脱等修:《宋史》,上海:上海古籍出版社,1986年,第731页。
⑤ 赵世通主编:《南外天源赵氏族谱》,泉州:泉州赵宋南外宗正司研究会,1994年,第669页。
⑥ (元)脱脱等修:《宋史》,上海:上海古籍出版社,1986年,第875页。
⑦ 赵世通主编:《南外天源赵氏族谱》,泉州:泉州赵宋南外宗正司研究会,1994年,第670页。
⑧ (元)脱脱等修:《宋史》,上海:上海古籍出版社,1986年,第875页。

穑,四本志书均有载,并都记载与絜为师逮孙,与穑为与絜兄。《宋史·宗室世系表》记师逮有二子,而孙辈没有记载。① 为此,与絜与与穑的宗室谱牒编码暂为 ABAABDBBAXX。

7. 淳祐七年(1247)登进士第的赵若沪,四本志书与《南外赵氏族谱》均有记载,但均无有关世系的记录。杨清江先生考证后,认为《宋史》也失载。② 按昭穆字辈,可以认定其为魏王派,其世系有待考证,宗室谱牒编码暂为 CXXXXXXXXXX。

8. 咸淳三年(1267)特奏名赵必辟,《宋代登科总录》明确记载:赵必辟为汉王元佐十世孙,居晋江县,咸淳三年特赐进士第。③ 乾隆《泉州府志》、道光《晋江县志》均有记载,但无关于其世系的说明。杨清江先生考证后,认为《宋史》也失载④,其世系有待考证。按昭穆字辈,可以认定其为太宗派,其宗室谱牒编码暂为 BXXXXXXXXXX。

9. 咸淳七年(1271)上舍释褐赵次刘,《南外天源赵氏族谱》无载,四本志书均有记载,但均无有关世系的记录。杨清江先生考证后,认为《宋史》也失载,⑤其世系有待考证。按昭穆字辈,可以认定其为魏王派,其宗室谱牒编码暂为 CXXXXXXXXXXX。

泉州南外宗正司宗子进士群体特点

南外宗正司的宗子进入泉州后,就作为特殊的宗族群体对泉州产生了影响。由于宗室成员的存在增加了泉州的财政负担,有些宗室成员"挟势为暴""流为猥贱,甚至抵法冒禁,色色有之",造成了不良影响,因此有些史学家对该群体的总体评价不高。泉州文史专家吴幼雄先生指出:"如何客观地评价泉州的南外宗正司和宗子,这是泉州地方史的一个课题。过去,史学界

---

① (元)脱脱等修:《宋史》,上海:上海古籍出版社,1986年,第697页。
② 杨清江:《泉州南外宗子进士世系考》,《泉州赵宋南外宗研究会会刊》2014年第1期,第48~68页。
③ 龚延明、祖慧编著:《宋代登科总录》,桂林:广西师范大学出版社,2014年,第6490页。
④ 杨清江:《泉州南外宗子进士世系考》,《泉州赵宋南外宗研究会会刊》2014年第1期,第48~68页。
⑤ 杨清江:《泉州南外宗子进士世系考》,《泉州赵宋南外宗研究会会刊》2014年第1期,第48~68页。

简单地把南外宗子说成是一群寄生虫,这是不符合史实的。"①客观地说,南外宗正司和宗子在泉州,提高了这座城市的政治地位,促进泉州文教事业的发展,参与泉州的对外贸易,在推进泉州成为东方第一大港的进程中发挥了重要作用,因此对泉州的影响主要是正面的。

作为这个特殊群体中的特殊群体——泉州南外宗正司宗子进士,也有其显著的特点。

一是占泉州绍兴十八年(1148)至咸淳十年(1274)进士总数的比例比较高。宋代泉州举业进入了辉煌时期,特别是南宋时期举业的兴盛可谓空前绝后。唐代泉州平均十几科才中一名进士,北宋平均每科中八人,而南宋平均每科中十八人。② 在泉州南宋的举业成就中,宗子进士占比不小,贡献大。

表6 南外宗正司宗子进士占泉州绍兴十八年(1148)至咸淳十年(1274)进士总数的比例(不含上舍释褐和武进士)

科年	宗子进士	进士总数	占比	科年	宗子进士	进士总数	占比
绍兴十八年(1148)	1	16	6%	嘉定七年(1214)	6	24	25%
绍兴二十一年(1151)	1	15	6%	嘉定十年(1217)	4	19	21%
绍兴二十四年(1154)	0	6	0	嘉定十三年(1220)	3	19	16%
绍兴二十七年(1157)	1	23	4%	嘉定十六年(1223)	4	29	14%
绍兴三十年(1160)	0	17	0	宝庆二年(1226)	9	28	32%
隆兴元年(1163)	1	20	5%	绍定二年(1229)	6	34	18%
乾道二年(1166)	1	22	4%	绍定五年(1232)	7	27	27%
乾道五年(1169)	2	21	9%	端平二年(1235)	6	27	22%

---

① 吴幼雄:《论南外宗正司的历史作用》,《泉州师专学报(社会科学版)》1995年第1期,第32~38页。
② 陈笃彬、苏黎明:《泉州古代科举》,济南:齐鲁书社,2004年,第91页。

续表

科年	宗子进士	进士总数	占比	科年	宗子进士	进士总数	占比
乾道八年（1172）	0	13	0	嘉熙二年（1238）	4	17	23%
淳熙二年（1175）	1	19	5%	淳祐元年（1241）	7	22	32%
淳熙五年（1178）	1	18	5%	淳祐四年（1244）	6	17	35%
淳熙八年（1181）	1	18	5%	淳祐七年（1247）	7	23	30%
淳熙十一年（1184）	1	22	4%	淳祐十年（1250）	0	7	0
淳熙十四年（1187）	3	21	14%	宝祐元年（1253）	0	5	0
绍熙元年（1190）	3	35	8%	宝祐四年（1256）	3	16	19%
绍熙四年（1193）	2	15	13%	开庆元年（1259）	0	3	0
庆元二年（1196）	4	39	10%	景定三年（1262）	5	13	38%
庆元五年（1199）	3	35	8%	咸淳元年（1265）	1	3	33%
嘉泰二年（1202）	3	26	11%	咸淳三年（1267）	1	1	100%
开禧元年（1205）	4	25	16%	咸淳四年（1268）	1	10	10%
嘉定元年（1208）	1	23	4%	咸淳七年（1271）	1	4	25%
嘉定四年（1211）	6	23	26%	咸淳十年（1274）	1	3	33%
宗子进士总数（不含上舍释褐1人）		124	进士总数	728	占比	17%	

从表6[①]可以看出，绍兴十八年（1148）至咸淳十年（1274），泉州南外宗宗子进士占泉州进士总数的17%。宝庆二年（1226）一科宗子进士9人，占

---

① 陈笃彬、苏黎明：《泉州古代科举》，济南：齐鲁书社，2004年，第295～301页。

比达到32%;淳祐四年(1244)一科宗子进士6人,占比达35%;景定三年(1262)一科宗子进士5人,占比38%。史料表明1228—1233年间,泉州南外宗宗室成员总数2314人,而"泉州一州的官方统计人口在1080年是201406户,到1241—1252年是255758户,假定平均每户5人,那么泉州一州的人口总数在前一个世纪是100万,后一个世纪是125万"。① 以2000多人,在100多万人口中,宗子进士平均比例能达到17%,确实为泉州南宋时期举业位居全省第二做出了较大贡献。

二是宗室内部形成了一批科第世家。宋朝建立之后,吸收唐朝的教训,为了巩固皇权,不允许宗室弟子参加科考为官。这项管制直至神宗时期才有所改变。在变法过程中对于宗室制度,"尽管神宗的改革把考试竞争作为核心,但是无论在神宗朝,还是在哲宗朝,都少有宗室通过考试。一个主要的原因是,几乎没有采取任何措施来提高宗子的教育水平"。② 这种情况到了徽宗时期有所改变,加强宗室教育,采取优惠政策,鼓励宗室成员参加科举,宗室成员"通过科举及第的人数越来越多"。③

南外宗正司南迁泉州后,在泉州良好教育氛围的熏陶下,宗子的教育问题引起了高度重视。道光《晋江县志》载:"宗学,在旧睦宗院东。绍兴初建,中有宣圣庙,置堂曰彰化。斋有三:曰宗强,曰信厚,曰立爱。嘉定十三年,更堂曰崇教。增斋一,曰怀德;更信厚曰升贤。斋有长谕,皆以宗姓。讲书教谕,则以庶姓。又有清源书院,在睦宗院内,知宗希衮所建。堂曰习说,斋四:曰浚明、严尊、忠恕、爱敬。"④ 从以上记载可以看出南外宗正司的宗子在泉州有良好的教育环境。

泉州南外宗正司科第世家的形成来之不易。入泉后十八年,即绍兴十八年(1148),赵伯茂(ADBAACED)成为南外宗正司宗子登第第一人。绍兴二十一年(1151)赵公迵(CBADCGB)登第,隆兴元年(1163)赵公逮

---

① [美]贾志扬著,赵冬梅译:《天潢贵胄:宋代宗室史》,南京:江苏人民出版社,2005年,第223页。

② [美]贾志扬著,赵冬梅译:《天潢贵胄:宋代宗室史》,南京:江苏人民出版社,2005年,第107页。

③ [美]贾志扬著,赵冬梅译:《天潢贵胄:宋代宗室史》,南京:江苏人民出版社,2005年,第104页。

④ (清)周学曾等纂修:道光《晋江县志》卷十三,福州:福建人民出版社,1990年,第297页。

(CBADCGA)登第,第一对宗子兄弟进士出现,此后宗室内科第世家不断出现。

从表7可以看出泉州南外宗正司宗子科第世家的情况:祖孙进士四家、父子进士十一家、兄弟进士十五家。值得一提的是赵善新(BDBBFJBB)家族。绍熙元年(1190)赵善新与长子汝傲(BDBBFJBBA)、次子汝僾(BDBBFJBBB)一起登进士第,其三子汝倕(BDBBFJBBC)于庆元二年(1196)登进士第,其五子汝佟(BDBBFJBBE)于嘉定四年(1211)登进士第。汝佟的长子崇鏊(BDBBFJBBEA)于绍定二年(1229)登进士第。而汝倕(BDBBFJBBC)的长子崇霪(BDBBCJBBCA)和次子崇彪(BDBBFJBBCB),汝傲的六子崇谱(BDBBFJBBAF)于绍定五年(1232)登进士第。短短四十二年,三代共九人登进士第。

表7 泉州南外宗正司宗子科第世家表

字辈	姓名、宗室谱牒编码及登科年份
祖孙	伯遏 ABAEACGC(乾道五年)、希絮 ABAEACGCCB(嘉定七年);善新 BDBBFJBB(绍熙元年)、崇鏊 BDBBFJBBEA(绍定二年)、崇谱 BDBBFJBBAF(绍定五年)、崇彪 BDBBFJBBCB(绍定五年)、崇霪 BDBBFJBBCA(绍定五年);师瑭 ABDBEABHB(淳熙二年)、与纲 ABDBEABHBAD(绍定五年);师逮 ABAABDBBA(嘉定十六年)、与絮 ABAABDBBAXX(淳祐四年)、与穑 ABAABDBBAXX(淳祐七年)
父子	善新 BDBBFJBB(绍熙元年)、汝傲 BDBBFJBBA(绍熙元年)、汝僾 BDBBFJBBB(绍熙元年)、汝佟 BDBBFJBBE(嘉定四年);师瑀 ADBDBBAED(绍熙四年)、希柜 ADBDBBAEDA(嘉定七年);善谧 BHCBCGBA(淳熙十四年)、汝梧 BHCBCGBAA(嘉泰二年);时和 CABAAADDAG(庆元五年)、若僖 CABAAADDAGA(嘉定十六年);汝佟 BDBBCJBBE(嘉定四年)、崇鹿 BDBBCJBBEA(绍定二年)、崇彪 BDBBCJBBCB(绍定五年)、崇霪 BDBBCJBBCA(绍定五年);汝瑗 BDABEGCCA(嘉定七年)、崇鎌 BDABEGCCAA(绍定二年);艺夫 CDCCAACEA(庆元五年)、时倕 CDCCAACFAB(绍定五年);汝傲 BDBBCJBBA(绍熙元年)、崇谱 BDBBCJBBAF(绍定五年);汝音 BEAAGEAAE(嘉定四年)、崇增 BEAAGEEAAE?(淳祐四年);汝卞 BEAAGEADA(宝庆二年)、崇瑾 BEAAGEADAX(淳祐四年);珑夫 CDBAAEACA(端平二年)、时芹 CDBAAEACAA(淳祐七年)、时者 CDBAAEACAB(景定三年)

103

续表

字辈	姓名、宗室谱牒编码及登科年份
兄弟	希絜 ABAEACGCCB（嘉定七年）、希婴 ABAEACGCCC（嘉定七年）；汝儆 BDBBFJBBA（绍熙元年）、汝儍 BDBBFJBBB（绍熙元年）、汝佟 BDBBFJBBE（嘉定四年）；善谧 BHCBCGBA（淳熙十四年）、善谥 BHCBCGBB（绍熙四年）；汝音 BEAAGEAAD（开禧元年）、汝䶮 BEAAGEAAE（嘉定四年）；洴夫 CBADCGCAA（淳祐四年）、溮夫 CBADCGCAB（淳祐四年）；善嵩 BDBOBLFA（庆元二年）、善夑 BDBOBLFB（嘉定四年）；必魁 BFAADEABDB（嘉定七年）、必彰 BFAADEABDEA（嘉定十六年）；汝音 BEAAGEAAD（开禧元年）、汝育 BEAAGEAAC（宝庆二年）；崇彪 BDBBFJBBCB（绍定五年）、崇霍 BDBBFJBBCA（绍定五年）；必循 BABACAIAABA（宝庆二年）、必得 BABACAIAABD（绍定五年）；若凭 CABAADCADA（绍定五年）、若忠 CABAADCADC（端平二年）；时煓 CHEACABADC（嘉熙二年）、时烁 CHEACABADA（淳祐元年）、时煴 CHEACABADD（淳祐七年）；浀夫 CBADCGCAA（淳祐四年）、溮夫 CBADCGCAB（淳祐四年）、与絜 ABAABDBBAXX（淳祐四年）、与稭 ABAABDBBAXX（淳祐七年）；时芹 CDBAAEACAA（淳祐七年）、时耆 CDBAAEACAB（景定三年）

三是宗子进士入仕后为官清正廉洁，有政声。南宋时期，宗室宗子通过科举入仕的限制有些宽松，甚至开始有一些照顾措施，比如量试录取和进士考试中的宗子特别考试。贾志扬先生写道："到南宋晚期，政府的每一个机构都可以发现宗室的存在。在州、县两级政府当中，宗室无所不在。路级职位，包括军事职位，也有宗室的身影。在中央，南宋初年曾经只允许宗室担任宗正司官员和礼仪性的职位，但是到了13世纪，他们频繁担任侍郎、尚书。"[1]这种照顾当然也包括泉州南外宗正司的宗子。表8是根据《宋代登科总录》以及乾隆《泉州府志》等史料整理的有关南外宗正司宗子进士为官情况的列表。

从表8可以看出，南外宗宗子进士进入中央一级的不多，只有赵彦为（CECBBDBA）为尚书郎、赵希絜（ABAEACGCCB）为礼部郎中，大部分为知州、知府、知县以及州、府、县的官员。从现存的几篇传记来看，这些宗子进士大多为官清正廉洁，有政声。

比如赵公週（CBADCGB）登进士第后任汀州户曹，"郡卒忿支赏缓"，发

---

[1] ［美］贾志扬著，赵冬梅译：《天潢贵胄：宋代宗室史》，南京：江苏人民出版社，2005年，第211页。

生哗变,赵公迥沉着应对,"州以无事"。①

表8 泉州南外宗正司宗子进士入仕一览表(仅列最高职位)

姓名、宗室谱牒编码	登科年份	最高职位	姓名、宗室谱牒编码	登科年份	最高职位
赵公迥 CBADCGB	绍兴二十一年(1151)	知南外宗正司摄州事	赵善燮 BDBOBLFB	嘉定四年(1211)	通判
赵彦为 CECBBDBA	乾道五年(1169)	尚书郎	赵希絜 ABAEACGCCB	嘉定七年(1214)	礼部郎中
赵伯遏 ABAEACGC	乾道五年(1169)	知州	赵希嫈 ABAEACGCCC	嘉定七年(1214)	提刑
赵师瑽 ABDBEABHB	淳熙二年(1175)	通判	赵汝玶 BDBKFDBCA	嘉定十年(1217)	判官
赵师逮 ABAABDBBA	淳熙五年(1178)	知县	赵时焕 CDADADBFBA	嘉定十三年(1220)	判官
赵善庨 BDABEIAA	淳熙八年(1181)	判官	赵善书 BDBBCJBB	宝庆二年(1226)	通判
赵善谧 BHCBCGBA	淳熙十四年(1187)	提辖	赵善璲 BAACFEAG	宝庆二年(1226)	判官
赵善新 BDBBFJBB	绍熙元年(1190)	知县	赵希橙 ADBDBBAEDB	绍定二年(1229)	主簿
赵汝倣 BDBBCJBBA	绍熙元年(1190)	广东市舶司提举	赵希攽 ABAEACGCDA	绍定二年(1229)	知州
赵善谥 BHCBCGBB	绍熙四年(1193)	知州	赵与钢 ABDBEABHBAD	绍定五年(1232)	知县
赵善嵩 BDBOBLFA	庆元二年(1196)	知府	赵崇彪 BDBBFJBBCB	绍定五年(1232)	通判

---

① (清)怀荫布修:乾隆《泉州府志》卷四十六,泉州:泉州市地方志编纂委员会办公室,1984年,第18~19页。

续表

姓名、宗室谱牒编码	登科年份	最高职位	姓名、宗室谱牒编码	登科年份	最高职位
赵汝褎 BEAAGEACA	开禧元年（1205）	知州	赵若忠 CABAADCADC	端平二年（1235）	参军
赵汝音 BEAAGEAAD	开禧元年（1205）	知州	赵珑夫 CDBAAEACA	端平二年（1235）	从事郎
赵偖夫 CBADCGABB	开禧元年（1205）	参军	赵孟模 ABBABBDAAABA	淳祐元年（1241）	参军
赵汝佟 BDBBCJBBE	嘉定四年（1211）	知州	赵必䔍 BXXXXXXXXX	咸淳三年（1267）	主簿

赵汝做（BDBBFJBBA）为德庆府通判时，"筑堤以障晋康江，亘三十里。知宾州，凿七井城中，以免江汲，民便之。提举广东市舶常平茶盐"。①

赵伯遏（ABAEACGC）知南恩州，"下车蠲积逋为缗钱万，乞减额丁米，宽民力"，"改德庆府，立贡闱，修郡庠"，"知漳州，蠲鬻盐宿负，以羡钱造浮梁，便行者"。②

赵善谥（BHCBCGBB）"知循州，勤恤民隐，茅居者悉瓦之，病涉者为之成梁。兴利除害，靡不殚心"。③

赵偖夫（CBADCGABB）嘉定间任漳州司法参军，"有惠政。捐俸营厅署，清源刘元刚为记，称其'知识才力，明决敏给，俾得尽见于事功，当不至此'"。④

赵师瑂（ABDBEABHB）任汀州通判时，"上杭峒酋结连他峒叛，克日齐发"。师瑂访查得知此事后，"伏卒峒口，俟其出，一战擒其酋"，从此"郡赖以安"。汀州人民"感而祀之"。⑤

---

① （清）周学曾等纂修：道光《晋江县志》，福州：福建人民出版社，1990年，第1158页。

② （清）怀荫布修：乾隆《泉州府志》卷四十六，泉州：泉州市地方志编纂委员会办公室，1984年，第26页。

③ （清）怀荫布修：乾隆《泉州府志》卷四十六，泉州：泉州市地方志编纂委员会办公室，1984年，第31页。

④ （清）沈定均修，吴联薰增纂：光绪《漳州府志》，北京：中华书局，2011年，第1170页。

⑤ （清）怀荫布修：乾隆《泉州府志》卷四十六，泉州：泉州市地方志编纂委员会办公室，1984年，第28页。

赵汝佟（BDBBFJBBE）"知郁林州。陛对，言国家频年多厄，乞谨德修政以弭灾。……改韶州，以平易为治……为人清旷，托僧庐以居"。①

赵时焕（CDADADBFBA）"授侯官尉，有能声，再调长溪，奸恶悉奔他境，号神明尉"。因为有能声，"辟湖湘帅幕官"。在此任上，一天晚上，有人"讹传北兵至"，造成大乱。"官民汹汹欲溃时"，时焕十分镇定，行动如常，"治文书自如，留同幕饮"，安定了人心。②

四是积极融入泉州社会，助力东方第一大港的形成。南移之后，宗室融入地方社会的程度也就越来越高。贾志扬先生对此有过这样的评价："泉州的南外宗正司和它所属的宗室住宅具有两个明显特征。第一，它构成了帝国最大的宗室聚居地，并且因此成为实际的宗室事务中心，虽然它远离首都临安。第二，泉州是南宋最大的城市之一，它的经济繁荣主要依靠发达的海外贸易。再有，高度发达的书院文化，使得福建成为南宋科举最成功的路分，泉州乃至整个福建的政治影响力正处于历史最高峰。"③主动融入泉州、助力泉州的发展，对宗室进士来讲，是最好的选择，而他们大部分也是这样做了。

南外宗正司宗室进士赵公逈担任过南外宗正司知事。赵公逈（CBADCGB），字仲和，任汀州户曹时有政声，"以留正荐，召对，知西外宗正事，改南外摄州事。莅政简洁，人不敢干以私。……逈贵达不肯治第，居盘龙僧舍，晏如也"。④宗室的行为关涉朝廷的颜面，因此宋廷向来重视宗室的管理。赵公逈得到宰相留正的青睐，担任过西外和南外宗知事。作为南外宗正司宗子的赵公逈充分认识到宗室管理的重要性，因此他以身作则，"莅政简洁"，得到泉州社会与宗子的好评。

积极参与泉州的有关活动，特别是九日山的祈风典礼。从北宋开始，出席朝廷各种相关的典礼活动，就成为宗子的日常工作之一。南迁之后，这种

---

① （清）怀荫布修：乾隆《泉州府志》卷四十六，泉州：泉州市地方志编纂委员会办公室，1984年，第39页。

② （清）怀荫布修：乾隆《泉州府志》卷四十六，泉州：泉州市地方志编纂委员会办公室，1984年，第40页。

③ [美]贾志扬著，赵冬梅译：《天潢贵胄：宋代宗室史》，南京：江苏人民出版社，2005年，第222~223页。

④ （清）怀荫布修：乾隆《泉州府志》卷四十六，泉州：泉州市地方志编纂委员会办公室，1984年，第18~19页。

习惯就沿袭下来,为了更好地融入地方社会,宗子们也经常出席地方的有关典礼活动。南宋泉州成为东方第一大港,成为海上丝绸之路的起点城市,为了祈求远航安全,九日山一年两次的祈风典礼,就成为泉州的重要活动。南宋两度知泉州的真德秀曾说过:"惟泉为州,所持以足公私之用者,番舶也。番舶之至时与不时者,风也,而欲使风之从非而不愆期者,神也。"①这段话说明了当时九日山祈风典礼的重要意义。目前九日山尚存 13 方祈风石刻②,其中有一方位处东峰南麓石刻群东中央悬崖,石刻云:"舶司岁两祈风于通远王庙,祀事既毕,登山泛溪,因为一日之欵。淳熙戊申夏四月,会者六人:林枅、赵公迥、胡长卿、韩俊、折知刚、赵善罙。冬十月,会者五人:赵不遏、胡长卿、韩俊、赵善罙、郑颐孙。"③石刻明确记载时知南外宗正司事、宗子进士赵公迥(CBADCGB),参加了淳熙十五年(1188)四月的祈风典礼。

南外宗宗子进士积极助力泉州文教事业的发展。比如赵汝褒(BEAAGEACA),字德华,"少有俊声,游郡庠,与里士较月书率占上游,仕以才称"。④ 赵必薜(BXXXXXXXXX),"宋亡不仕,易名文孙,不接流俗,专以训诲为事"。⑤ 在九日山西峰东坡巨岩石刻群中,至今尚存宗子进士赵时焕(CDADADBFBA)与时任南安县令的赵崇暾于淳祐十二年(1252)登山题诗的石刻。赵时焕诗云:"濒年因送客,携酒访山灵。归去成何事?重来愧此亭。天宽野水白,松润石崖青。倚仗思今古,寒鸥落远汀。郡人赵时焕题秦君亭。"⑥登九日山吟诗怀古是泉州古代文人的重要活动,从诗中可以看出赵时焕(CDADADBFBA)经常参加这种活动。

结　语

《泉州南外宗正司遗址 2019 年度考古发掘报告》指出:"作为一支重要

---

① 黄柏龄:《九日山志》,上海:上海辞书出版社,2006 年,第 82 页。
② 黄柏龄:《九日山志》,上海:上海辞书出版社,2006 年,第 82 页。
③ 黄柏龄:《九日山志》,上海:上海辞书出版社,2006 年,第 86 页。
④ (明)阳思谦、黄凤翔编纂:万历《泉州府志》卷十四,泉州:泉州市地方志编纂委员会办公室,1985 年,第 32 页。
⑤ (明)阳思谦、黄凤翔编纂:万历《泉州府志》卷十七,泉州:泉州市地方志编纂委员会办公室,1985 年,第 16 页。
⑥ 黄柏龄:《九日山志》,上海:上海辞书出版社,2006 年,第 33 页。

的政治力量,南外宗正司在泉州的存在,进一步促进了泉州海内外贸易的发展繁荣。"①这种评价是比较客观的。而作为这个群体中的特殊群体——宗子进士,融入泉州社会,积极作为,为泉州这个宋元时期中国的世界海洋商贸中心的形成做出了贡献。

(原载《闽台缘文史集刊》2021年第3期)

---

① 中国社科院考古研究所等编著:《泉州南外宗正司遗址2019年度考古发掘报告》,北京:科学出版社,2020年,第4页。

晚明中西文化碰撞的缩影
——泉州科第人物与利玛窦的交游

利玛窦（Matteo Ricci），字西泰，号清泰、西江。是旅居中国的意大利耶稣会传教士、学者。1583年，利玛窦到广东肇庆传教，建立第一个传教会所。1589年移居韶州，1597年被任命为耶稣会中国传教会会长。利玛窦曾三次到南京、两次到北京，后得到明神宗的信任定居北京。利玛窦自称"西儒"，是第一位"阅读中国文学并对中国典籍进行钻研的西方学者"。[①] 樊树志先生在其所著《晚明史：1573—1644》中指出："利玛窦在中国传教的成功固然得益于他的'本土化'策略，更重要的是他带来了欧洲文艺复兴以来的先进的科学文化，令当时的知识阶层耳目一新。西学以前所未见的巨大魅力，深深吸引一批正在探求新知识的士大夫们，短短几年中掀起一个'西学东渐'的高潮。"[②] 利玛窦在中国期间，中国许多士大夫与他都有了接触，有的深受其影响。在这种高潮中，泉州一些科第人物与利玛窦有了交游。泉州是宋元时期海外交通史上的重要城市，从这座城市走出去的科第人物在西学东渐过程中的表现，是晚明中西方文化碰撞的缩影，值得认真研究。

与利玛窦有过交游的泉州科第人物

根据相关史料记载和林金水先生所著《利玛窦与中国》一书中的统计表，与利玛窦有过交游的泉州科第人物有以下几位（以交游时间为序）：[③]

谢台卿，字登之，泉州晋江人，万历八年（1580）登进士第，与其兄吉卿同

[①] 《中国大百科全书》总编委会：《中国大百科全书》第14册，北京：中国大百科全书出版社，2009年，第58页。

[②] 樊树志：《晚明史：1573—1644》，上海：复旦大学出版社，2015年，第141页。

[③] 林金水：《利玛窦与中国》，北京：中国社会科学出版社，1996年，第286～313页。

榜。登第后,"授教宛陵,分闱京畿"。后历任大理寺评事、寺副、寺正,出守韶州。① 万历二十年(1592)任韶州知府,任职期间"省刑节费,除暴烛奸,善政善教"。② 后升任宛马寺卿,"丁父忧归","年八十余卒"。③ 谢台卿与利玛窦交游是在任韶州知府期间。

王应麟,字仁卿,号玉沙,万历四年(1576)中举人,万历八年(1580)登进士第。民国《福建通志》记载:"明万历八年庚辰张懋修榜,王应麟,龙溪人。"④乾隆《龙溪县志》记载:"万历八年庚辰张懋修榜,王应麟,江西左布政使。"⑤《金门王氏族谱》之《珽公山后裔派族谱谱序》记载:"应麟,号玉沙,登明万历丙子(1576)举人,庚辰进士。官巡抚,后遂立籍于漳。"⑥按照明代科考的要求,王应麟立籍于漳应在登进士第之前。可以认定,王应麟的乡贯为泉州金门山后,户贯为漳州。王应麟中进士第后首任溧阳县令。万历十五年(1587)调任南雄府同知,后迁镇江知府。万历四十一年(1613),升任顺天府尹,后迁应天巡抚。⑦ 王应麟与利玛窦有过三次交游,一次是1590年在英德县,第二次是1592年在南雄,第三次是1599年在镇江。

黄华秀(1559—1597),字居约,号同春,万历十六年(1588)中举人,万历十七年(1589)联捷进士。乾隆《泉州府志》记载:"万历十七年己丑焦竑榜,黄华秀,南安籍同安人。"⑧黄振良先生在《金门历代进士祖籍之探讨解析》一文中指出:黄华秀祖籍为金门西黄,并进行了分析。⑨ 黄华秀户贯应为泉州南安,乡贯为泉州金门西黄。万历十八年(1590),黄华秀出任广东韶州府推

---

① (清)周学曾等纂修:道光《晋江县志》,福州:福建人民出版社,1990年,第1191页。
② (清)林述训等修:同治《韶州府志》卷二十八,台北:成文出版社,1966年,第588~589页。
③ (清)周学曾等纂修:道光《晋江县志》,福州:福建人民出版社,1990年,第1191页。
④ 沈瑜庆、陈衍等纂:民国《福建通志》,北京:方志出版社,2016年,第5070页。
⑤ (清)吴宜燮修,黄惠、李畴纂:乾隆《龙溪县志》卷十三,台北:成文出版社,1966年,第150页。
⑥ 金门王氏族谱编修委员会:《金门王氏族谱》,金门:金门王氏宗亲会,1994年,第194页。
⑦ 汤开建:《利玛窦明清中文文献资料汇释》,上海:上海古籍出版社,2017年,第16页。
⑧ (清)怀荫布修:乾隆《泉州府志》卷三十四,泉州:泉州市地方志编纂委员会办公室,1984年,第15页。
⑨ 陈益源主编:《科举制度在金门》,金门:金门县文化局,成功大学人文社科中心,2016年,第56页。

官。同治《韶州府志》记载:"黄华秀,南安人,进士,万历十八年司理韶州。精明果断,雪杀姑之冤,释代兄之囚,辩伐冢之诡。"①万历二十三年(1595),因考绩吏治第一,被"荐召为南京浙江道御史"。② 黄华秀与利玛窦的交游是在任韶州推官期间。

杨道宾,字惟彦,号荆岩,泉州晋江人,万历十四年(1586)进士及第,第一甲第二名(榜眼),授翰林院编修。累官礼部左侍郎,充经筵日讲《起居注》。③ 杨道宾任国子监祭酒时,著《崇正录》对太学生写文章提出要求,并制定《射礼议节》,要求太学生遵守。晚明时期,内忧外患,杨道宾"表进《三国志》《五代史》","托前代事讽谏也"。杨道宾多次上疏,"疏陈时政",希望神宗"励精图治",但神宗没有采纳。杨道宾卒于官,赠礼部尚书,谥文恪。④ 杨道宾与利玛窦第一次交游是1599年于南京,第二次是1601年于北京。

李贽(1527—1602),字宏甫,号卓吾,又号温陵居士,户贯为明泉州晋江县聚宝境(今属泉州市鲤城区),乡贯为泉州南安县榕桥。嘉靖三十一年(1552)举人,历共城教谕、国子监博士、姚安知府。后弃官,寄居黄安、湖北麻城龙湖芝佛院,专心治学。李贽是晚明进步思想家,最后被明神宗以"敢倡乱道"的莫须有罪名,将其下狱。入狱后,听说朝廷要押解其回泉州,愤而自刎死于狱中。⑤ 李贽与利玛窦有过二次交游,一次是万历二十七年(1599)于南京,一次是万历二十八年(1600)于济宁。⑥

张维枢,字子环,号贤中,泉州晋江人,万历二十六年(1598)登进士第。初授孝乌令,万历三十一年(1603)分校乡闱,升刑部郎中。万历三十四年(1606)典试粤东,后出知湖州府,升湖广佥事、山西兵备道,加强战备,酋不敢犯边,推为边功第一,以病告归。天启五年(1625)任用为陕西陇右参政,升陕西巡抚、南工部侍郎。崇祯元年(1628)校试礼闱。所著有《淡然斋》

---

① (清)林述训等修:同治《韶州府志》卷二十八,台北:成文出版社,1966年,第590页。
② (清)怀荫布修:乾隆《泉州府志》卷四十九,泉州:泉州市地方志编纂委员会办公室,1984年,第57页。
③ (清)周学曾等纂修:道光《晋江县志》,福州:福建人民出版社,1990年,第1132页。
④ 沈瑜庆、陈衍等纂:民国《福建通志》,北京:方志出版社,2006年,第6300~6301页。
⑤ 福建省南安县地方志编纂委员会:《南安县志》,南昌:江西人民出版社,1993年,第864~866页。
⑥ 许建平著:《李卓吾传》,北京:东方出版社,2004年,第349~357页。

诸集。① 张维枢与利玛窦1607年交游于北京。

张瑞图(1570—1641),字长公,号二水,泉州晋江人,万历三十一年(1603)中举人,万历三十五年(1607)"胪唱第三人进士及第"。张瑞图登第后初授翰林院编修,后历少詹事、礼部侍郎,以礼部尚书入阁,晋建极殿大学士,加少师。张瑞图尤功书法,为魏忠贤写了许多生祠碑文。魏忠贤案发后,张瑞图未列入逆党名单,但毅宗直接干预了此事,毅宗质问道:"瑞图为忠贤书碑……非实状耶?"为此张瑞图被定为逆案中人,罢官遣归。② 张瑞图与利玛窦交游是在1608年以后。

陈亮采,字惠甫,号希唐,泉州晋江人,万历二十三年(1595)进士。历刑部郎中,台州知府、湖州知府,升任山东兵备道、浙江按察使。后"以亲老乞归"。③ 陈亮采与利玛窦交游是1608年于北京。

林金水先生所著《利玛窦与中国》一书的统计表中没有列蔡献臣。现考证如下:蔡献臣,字体国,号虚台,泉州金门人。万历十六年(1588)中举人,万历十七年(1589)联捷进士。初任礼部主事,历任兵部职方司主事、礼部主客郎中及仪制司郎中、湖广按察使、浙江海道右参议、提学副使、南光禄寺少卿。④ 万历三十八年(1610),被查降调而辞官返乡。1601年,利玛窦第二次进北京后,蔡献臣与利玛窦有了交游。此事《利玛窦中国札记》一书中有记载⑤,蔡献臣所著《清白堂集》一书中也收入了两份与利玛窦有关的奏疏。⑥

林金水先生所著《利玛窦与中国》一书的统计表中还列有杨道会和张赓两人。现考证如下:

杨道会,字惟宗,泉州晋江人,杨道宾从兄。明隆庆二年(1568)进士,任黄岩令,升任南户部主事。历任工部都水司,虞衡员外、屯田郎中。后出守

---

① (清)周学曾等纂修:道光《晋江县志》,福州:福建人民出版社,1990年,第1136~1137页。
② 晋江地方志编纂委员会:《晋江市志》,上海:上海三联书店,第1512~1513页。
③ 粘良图、李灿煌编:《晋江历代人名辞典》,厦门:厦门大学出版社,2013年,第136页。
④ (明)蔡献臣撰,厦门市图书馆校注:《清白堂稿》,厦门:厦门大学出版社,2012年,第3~4页。
⑤ [意大利]利玛窦、金尼阁著,何高济等译:《利玛窦中国札记》,北京:中华书局,2010年,第421页。
⑥ (明)蔡献臣撰,厦门市图书馆校注:《清白堂稿》,厦门:厦门大学出版社,2012年,第9~11页。

安庆、台州,历官至布政右使。万历三十八年(1610)上疏请求归乡。根据《利玛窦中国札记》记载,杨道宾在与利玛窦的交往中,告诉利玛窦,他有个从兄弟在广东,是个基督教徒。① 史料中没有记载杨道会与利玛窦有过交游。

张赓,字夏詹,泉州晋江人,万历二十五年(1597)中举人,授平湖教谕。"勤于训课,所奖拔士,多登高第","丁艰归,囊橐萧然"。② 史料中没有张赓与利玛窦交游的记录。张赓在天启元年(1621),由西方传教士艾儒略受洗,成为天主教徒。在张赓与韩霖(天主教徒)合写的《利玛窦》一文中,也没有与利玛窦交游的记载。③

表1 与利玛窦有过交游的泉州科第人物名表

姓 名	字 号	籍 贯	与利玛窦交游时间、地点	官 职	科 榜
谢台卿	字登之,号韦申	泉州晋江	1590—1591年,韶州	韶州知府	万历八年(1580)进士
王应麟	字仁卿,号玉沙	户贯:漳州海澄;乡贯:泉州金门	1590年,英德县;1592年,南雄;1599年,镇江	南雄同知;镇江知府	万历八年(1580)进士
黄华秀	字居约,号同春	户贯:泉州南安;乡贯:泉州金门	1592年,韶州	韶州推官	万历十七年(1589)进士
杨道宾	字惟彦,号荆岩	泉州晋江	1599年,南京;1601年,北京	礼部侍郎	万历十四年(1586)进士
李 贽	字宏甫,号卓吾,又号温陵居士	户贯:泉州晋江;乡贯:泉州南安	1599年,南京;1600年,济宁	弃官为民	嘉靖三十一年(1552)举人

---

① 粘良图、李灿煌编:《晋江历代人名辞典》,厦门:厦门大学出版社,2013年,第90~91页。[意大利]利玛窦、金尼阁著,何高济等译:《利玛窦中国札记》,北京:中华书局,2010年,第426页。
② (清)周学曾等纂修:道光《晋江县志》,福州:福建人民出版社,1990年,第1200页。
③ 汤开建:《利玛窦明清中文文献资料汇释》,上海:上海古籍出版社,2017年,第54~55页。

续表

姓　名	字　号	籍贯	与利玛窦交游时间、地点	官职	科榜
蔡献臣	字体国，号虚台	泉州金门	1601年，北京	礼部主客郎中	万历十七年（1589）进士
张维枢	字子环，号贤中	泉州晋江	1607年，北京	刑部郎中	万历二十六年（1589）进士
张瑞图	字长公，号二水	泉州晋江	1608年，北京	翰林院编修	万历三十五年（1607）进士
陈亮采	字惠甫，号希唐	泉州晋江	1608年，北京	浙江按察使	万历二十三年（1595）进士

泉州科第人物与利玛窦交游的过程

泉州科第人物与利玛窦的交游，正处于晚明大变局之时，分析他们之间的交游过程，有助于深入了解当时中西文化碰撞的情况。

谢台卿与利玛窦的交游。明嘉靖四十三年（1564），两广总督府从广西梧州移驻肇庆，肇庆成为两广的政治核心。从1583年9月到1589年7月，利玛窦都在肇庆活动。1589年8月，利玛窦被驱逐出肇庆。[1] 在肇庆同知方应时的介绍下，利玛窦一行与韶州通判吕良佐认识[2]，移居韶州。[3] 利玛窦抵达韶州之后，很快和当地官员有了接触。韶州知府谢台卿、曲江知县刘文芳、南雄知府黄门、南雄同知王应麟和英县知县苏大用等都先后与其有交

---

[1] [美]史景迁著，陈恒、梅义征译：《利玛窦的记忆之宫——当西方遇到东方》，上海：上海远东出版社，2005年，第373页。

[2] [意大利]利玛窦、金尼阁著，何高济等译：《利玛窦中国札记》，北京：中华书局，2010年，第234～235页。

[3] [美]史景迁著，陈恒、梅义征译：《利玛窦的记忆之宫——当西方遇到东方》，上海：上海远东出版社，2005年，第373页。

往。① 与地方官员的密切交往,提高了利玛窦的知名度,省城和地方的官员来到韶州都会去拜访利玛窦。利玛窦也利用这个机会,培养华人信徒,开展传教活动,并收礼部尚书瞿景淳的大儿子瞿太素为徒。瞿太素后来成为利玛窦的得力助手,成为明末翻译《欧几里得几何》的第一人。② 然而反对传教士的教案很快发生了,1591年,由于利玛窦在春节期间展出神像和三棱镜等物,大量民众围观,引起邻居的不满,有些人用石块袭击教堂,围攻仆人。③ 瞿太素报告了知府,知府谢台卿下令严惩肇事者。后来利玛窦要求瞿太素以其名义,写了申请给谢台卿,恳求谢台卿饶过这些人,利玛窦认为:"基督徒并不以怨报怨""他的教义教导他说,如有必要,甚至要去帮助并救援那些伤害过他的人。"在利玛窦的恳请之下,谢台卿只下了一道告示,告示中写道:"今后如有人胆敢再犯类似刚刚赦免了的罪行,那么按告示的规定,他应该知道,任何有地位或身份的人从中斡旋,都不能解救他。就一定严惩不贷。"④美国学者邓恩在其著作《一代巨人——明末耶稣会士在中国的故事》中指出:在处理韶州教案时,地方当局"显示出负责任的高度的判断能力和客观的公正性"。⑤ 在当时反洋教的氛围下,这种"客观的公正性"的基础就是对中西文化碰撞的欢迎。谢台卿在韶州任职时间短,没有留下有关与利玛窦交游反响的文字记载。

王应麟与利玛窦的交游。1591年,利玛窦应英德县知县苏大用的邀请,出访英德县。苏大用陪同利玛窦前往英德著名景区碧落洞游览时与南雄同知王应麟相遇。⑥ 这是王应麟与利玛窦的第一次交游。王应麟与利玛窦一起出席了苏大用举行的宴会,并观看了"有音乐舞蹈和喜剧"的表演,几个人相谈甚欢,"一直延续到第二天凌晨"。对于这位新结交的西方传教士,王应麟视为知己。第二天,王应麟在官船上设宴招待了利玛窦一行,并让他们乘

---

① 林金水:《利玛窦与中国》,北京:中国社会科学出版社,1996年,第28~29页。
② 林金水:《利玛窦与中国》,北京:中国社会科学出版社,1996年,第30~32页。
③ 宋黎明:《神父的新装——利玛窦在中国(1582—1610)》,南京:南京大学出版社,2011年,第68页。
④ [意大利]利玛窦、金尼阁著,何高济等译:《利玛窦中国札记》,北京:中华书局,2010年,第254~255页。
⑤ [美]邓恩著,余三乐、石蓉译:《一代巨人——明末耶稣会士在中国的故事》,北京:社会科学文献出版社,2014年,第22页。
⑥ 林金水:《利玛窦与中国》,北京:中国社会科学出版社,1996年,第29页。

其官船回到韶州。①

1592年,利玛窦与王应麟有了第二次交游。当时,携眷居住在南雄的瞿太素,亲自前往韶州,邀请利玛窦前往南雄,"拜访许多朋友"。利玛窦接受了"这令人心动的邀请"。到达南雄后,利玛窦认为:"他必须首先拜会同知——在英德见过面的那位王应麟。""利玛窦立即前往同知府邸,坐上轿子,超出和尚一头,显得气派,同时也避免人群扰乱。同知亲自送出大门,然后回拜,互赠了礼品。"②因为王应麟的热情接待,利玛窦受到南雄官员的热烈欢迎。

利玛窦与王应麟的第三次交游发生在1599年1月,利玛窦和瞿太素去南京的路上经过镇江,时任镇江知府的王应麟热情地接待了他们。利玛窦在镇江度过了一个愉快的春节。春节过后,王应麟用官船将利玛窦一行送到南京。③利玛窦逝世之后,王应麟专门写了《钦赐大西洋陪臣葬地居舍碑文》,这是有关利玛窦在中国行迹最早的汉文传记资料。④

黄华秀与利玛窦的交游。万历十八年(1590),黄华秀出任韶州推官。1592年7月韶州夜袭教会的事再次发生,这次的事态比上次严重得多。袭击者手持棍棒和斧头包围了教会,试图破门而入。在此次袭击事件中,两三名仆人受了重伤,一个神父头上被斧头轻微砍伤,利玛窦跳窗而逃时崴了脚。作为韶州的推官,黄华秀审理了这起案件。从《利玛窦中国札记》一书中可以看出黄华秀审理案件的能力。比如在袭击现场找到了一顶帽子,为了确定袭击者,黄华秀让抓到的嫌疑人"一个挨一个在头上试戴这顶帽子,发现其中有一个人带上去完全合适,肯定就是他的东西"。按照当时的习惯,帽子是"按照每个人的脑袋做的","这名犯人就这样根据他的帽子验明正身"。黄华秀在审理这起案件时顶住来自各方的干扰,做到铁面无私、公平公正。他要求利玛窦"按正规法律手续,提出控告罪犯的状子"。利玛窦上呈的状子"措辞温和,说明没有被偷走什么,最后请求长官宽恕罪犯。如

---

① [意大利]利玛窦、金尼阁著,何高济等译:《利玛窦中国札记》,北京:中华书局,2010年,第250页。
② [法]裴化行著,管震湖译:《利玛窦神父传》,北京:商务印书馆,1995年,第150页。
③ 宋黎明:《神父的新装——利玛窦在中国(1582—1610)》,南京:南京大学出版社,2011年,第135页。
④ 林金水:《利玛窦与中国》,北京:中国社会科学出版社,1996年,第30页。

果做不到,就请从轻判刑"。① 对于利玛窦的态度,黄华秀感到惊奇。韶州府审判的结果是:首犯处死,从犯服劳役。因为事涉洋人,加上肇事方上告,在案情审理清楚之后,韶州府将此案转到省里提刑按察使司。最后,此案以袭击者被"每人打二十大板释放"结案,这样处理的结果双方都比较满意。② 与利玛窦的这段交游,让黄华秀打开了看世界的一扇窗户。礼部尚书王忠铭拜访利玛窦时,提到黄华秀拜访他时,"曾对他谈起神父们的美德,尤其是在被盗贼袭击受伤后还不报复,甚至还为他们讲情,直至使他们免除死罪,他对此惊叹不已"。③ 向自己的上司介绍利玛窦的美德,这也是对中西文化碰撞欢迎的一种体现。可惜的是,黄华秀英年早逝,没有留下相关的文字记载。

杨道宾与利玛窦的交游。1595 年 5 月利玛窦首次到南京,后因不受欢迎而离开。④ 1598 年 7 月,利玛窦第二次来到南京,当时日本侵略朝鲜,打到中朝边界,战争的气氛使得利玛窦不能在南京久留。⑤ 1599 年 2 月,利玛窦第三次来到南京。此时的南京,由于战争已基本结束,对洋人的管控没有那么严格,利玛窦就在南京住下来。开始利玛窦住在承恩寺,承恩寺是当时明廷用来接待来宾的地方。后来在工部员外郎的推荐下,利玛窦购买了工部宅邸。⑥ 杨道宾就是 1599 年与利玛窦在南京有了交游。由于礼部尚书王忠铭拜访了利玛窦,于是"所有司法官和其他高级官员都来向他表示敬意"⑦,其中有礼部侍郎王樵、刑部尚书赵参鲁、国子监祭酒郭正域、翰林院编修杨道宾和科吏祝石林等。⑧ 杨道宾与利玛窦的第二次会面是 1601 年在北京。1598 年 9 月,利玛窦首次到北京,没有被批准居住。1601 年 1 月,利玛窦再

---

① [意大利]利玛窦、金尼阁著,何高济等译:《利玛窦中国札记》,北京:中华书局,2010年,第 265~267 页。
② 林金水:《利玛窦与中国》,北京:中国社会科学出版社,1996 年,第 34 页。
③ [意大利]利玛窦著,文铮译:《耶稣会与天主教进入中国史》,北京:商务印书馆,2014年,第 181 页。
④ 林金水:《利玛窦与中国》,北京:中国社会科学出版社,1996 年,第 41~42 页。
⑤ 林金水:《利玛窦与中国》,北京:中国社会科学出版社,1996 年,第 51~52 页。
⑥ 林金水:《利玛窦与中国》,北京:中国社会科学出版社,1996 年,第 57~71 页。
⑦ [意大利]利玛窦、金尼阁著,何高济等译:《利玛窦中国札记》,北京:中华书局,2010年,第 343 页。
⑧ 宋黎明:《神父的新装——利玛窦在中国(1582—1610)》,南京:南京大学出版社,2011 年,第 136 页。

次进京,经过长达四个月的多方努力,终于在5月被允许定居北京。① 利玛窦定居北京之后,杨道宾与其又有了交往。根据《利玛窦中国札记》记载,在交往中,杨道宾告诉利玛窦,他有一个从兄弟在广东,是个基督教徒,"某些天内是从不肯听人劝告开荤的"。因为这种缘故,杨道宾也非常倾向于基督教,但"还没有仿效他兄弟的榜样"。杨道宾还告诉利玛窦,他看到一个著名文人的一本书中有一些反对基督教和利玛窦的教义问答,"他又亲自删掉了而代之以相反的观点"。②

李贽与利玛窦的交游。1599年第三次到南京之后,利玛窦与李贽有了第一次交游,此次交游中两人有过三次相会。此时李贽住在焦竑家里。焦竑,万历十七年(1589)廷试第一名(状元)。焦竑"与李贽过从甚密。认为佛经所言,最合儒家'尽性至命'真谛。企图引佛入儒,调和儒、释思想"。③ 李贽和焦竑一起出席了在南京大理寺卿李汝珍府中举行的儒、释辩论会,辩论的主角是当时释坛名僧雪浪大师和利玛窦。双方就人性善恶、万物的创造等问题展开讨论。④《利玛窦中国札记》中这样描写李贽:"他七十岁了,熟悉中国的事情,并且是一位著名的学者,在他所属的教派中有很多信徒。""不久以前,在一次文人集会上讨论基督之道时,只有他一个人始终保持沉默。"⑤ 第二次相会是李贽拜访利玛窦。《利玛窦中国札记》记载:"这两位名人都十分尊重利玛窦神父,特别是那位儒学的叛道者,当人们得知他拜访外国神父后,都惊异不止。"⑥李贽是一位特立独行的学者,他去拜访利玛窦说明他对"东西方两种先进思想的碰撞与交流的强烈欲望"。⑦ 第三次会面是利玛窦回访李贽。法国学者裴化行在其著作《利玛窦神父传》中记载了此次会面:在此次回访中,李贽"接待时有众多弟子侍立左右。主宾二人久久谈

---

① [美]史景迁著,陈恒、梅义征译:《利玛窦的记忆之宫——当西方遇到东方》,上海:上海远东出版社,2005年,第374页。
② [意大利]利玛窦、金尼阁著,何高济等译:《利玛窦中国札记》,北京:中华书局,2010年,第426页。
③ 翟国璋主编:《中国科举辞典》,南昌:江西教育出版社,2006年,第838~839页。
④ 许建平著:《李卓吾传》,北京:东方出版社,2004年,第352~354页。
⑤ [意大利]利玛窦、金尼阁著,何高济等译:《利玛窦中国札记》,北京:中华书局,2010年,第359页。
⑥ [意大利]利玛窦、金尼阁著,何高济等译:《利玛窦中国札记》,北京:中华书局,2010年,第359页。
⑦ 樊树志:《晚明史:1573—1644》,上海:复旦大学出版社,2015年,第166页。

论宗教问题，但李贽不愿争论或反驳，只是宣称我们的宗教不错。他送给神父两把扇子，亲笔写上两首极其优美的诗，后来许多人转抄，他自己也收入诗集"。① 目前我们在李贽作品中只看到《赠利西泰》这一首诗。

李贽与利玛窦的第二次交游是在山东济宁。1600年5月，利玛窦从南京出发，沿运河北上进京，路过济宁。当时李贽正在漕运总督刘东星家做客。在《利玛窦中国札记》中这样描写了这次交游："在山东省有一位总督，他管辖着所有内河的船只，甚至包括给皇城运粮的船只。""他的儿子曾由一位名叫李卓吾的朋友介绍，见过利玛窦神父，所以他也从儿子那里听到了很多关于基督信仰的事。""恰巧这位李卓吾和总督住在济宁城。船在那里停泊，利玛窦神父派使者去找他的朋友李卓吾，说是要拜会他，谈谈去北京的事。""李卓吾听说利玛窦神父要来，马上就转告自己的邻居。总督十分高兴，向神父发出正式邀请。""他们热烈地接待了神父，然后听他谈了一些欧洲的情况以及总督十分关心的有关来生来世的问题。""利玛窦神父刚一回到船上……总督大人大驾前来……总督最后上了船，行过正式访问时遵行的常礼，他赞叹不绝神父送给皇帝的礼物。"李贽和刘东星一起拜访利玛窦，一起登船观看利玛窦准备送给神宗的贡品，"第二天，利玛窦神父正式回访，作为交换礼物，他送给总督一些欧洲饰物。这些东西制作新奇，他们缺乏估价。他在官府中待了一整天，和李卓吾及总督的孩子共同进餐""总督要看到在南京撰写的，准备觐见皇帝时上呈的文书，其中有些话他不喜欢，因此他认真地另写一份，后来由他的私人书手整齐地重抄一遍"。②

蔡献臣与利玛窦的交游。1601年，利玛窦第二次进北京时，蔡献臣与利玛窦有了交游。此时，蔡献臣任礼部主客郎中，会同馆的事务由他主持。按照惯例，外国人进贡应通过礼部上呈皇帝，而利玛窦通过太监直接进贡，引起了礼部官员的不满。③ 蔡献臣上呈了《议处贡夷利玛窦疏》，在疏中表达了对太监干预利玛窦进贡之事的不满，"今马堂混进之非，与臣等溺职之罪，俱有不容辞者。利玛窦既奉旨送部，乃不赴部驿而私寓僧舍，臣等不知其何意也"。虽然不合规，但蔡献臣也希望神宗能按惯例对待利玛窦进贡一事："但

---

① [法]裴化行著，管震湖译：《利玛窦神父传》，北京：商务印书馆，1995年，第263页。
② [意大利]利玛窦、金尼阁著，何高济等译：《利玛窦中国札记》，北京：中华书局，2010年，第385～387页。
③ 宋黎明：《神父的新装——利玛窦在中国(1582—1610)》，南京：南京大学出版社，2011年，第160页。

查各夷进贡必有回赐,使臣到京必有宴赏。利玛窦以久住之夷自行进贡,虽从无此例,而其跋涉之劳,芹曝之思,似不可不量加赏赉,以酬远人。"①在神宗没有答复之前,蔡献臣让利玛窦等人"在使节们的馆舍里强迫居住了三天"。后来吏部右侍郎曹于汴干预了这件事。了解了有关情况后,蔡献臣通知利玛窦,"尽快提交一份禀帖,说由于健康不好,而使节馆舍内又缺乏医药和其他必需品,所以要求允许他本人和他的同伴迁居城内"。②根据利玛窦的禀帖,蔡献臣又上呈了《放归病夷以彰柔远德意疏》,陈述了利玛窦病情,"臣恐本夷因病转郁,因郁转病","其人冉冉老矣,万一霜露不虞"等等,提出了让利玛窦外出居住的要求。③在各方的共同努力下,利玛窦被批准在北京居住。美国学者邓恩指出:利玛窦入住会同馆后,"蔡献臣设宴款待他们。作为回报,利玛窦自制了几件科学仪器送给他:一个地球仪、一个四分仪和一架星象仪。当得到这些仪器时,蔡献臣非常高兴"。④这就是对中西文化碰撞欢迎的具体体现。

张瑞图与利玛窦的交游。张瑞图给利玛窦的诗中提到《畸人篇》,《畸人篇》即《畸人十篇》。《四库全书总目》记载:《畸人十篇》"明利玛窦撰。是书成于万历戊申,凡十篇,皆设为问答,以申彼教之说"。⑤李之藻(万历二十六年进士,明代科学家,学识渊博,精于天文历算、数学)⑥为《畸人十篇》题序的时间为"万历戊申",即万历三十六年(1608)。⑦根据张瑞图赠送给利玛窦的诗中提起看到《畸人十篇》,可以断定,张瑞图与利玛窦的交游是在利玛窦完成《畸人十篇》之后。当利玛窦把《畸人十篇》赠送给张瑞图时,张瑞图写了

---

① (明)蔡献臣撰,厦门市图书馆校注:《清白堂稿》,厦门:厦门大学出版社,2012年,第9～10页。
② [意大利]利玛窦、金尼阁著,何高济等译:《利玛窦中国札记》,北京:中华书局,2010年,第421页。
③ (明)蔡献臣撰,厦门市图书馆校注:《清白堂稿》,厦门:厦门大学出版社,2012年,第10～11页。
④ [美]邓恩著,余三乐、石蓉译:《一代巨人——明末耶稣会士在中国的故事》,北京:社会科学文献出版社,2014年,第76页。
⑤ (清)永瑢等撰:《四库全书总目》,北京:中华书局,1965年,第1080页。
⑥ 汤开建:《利玛窦明清中文文献资料汇释》,上海:上海古籍出版社,2017年,第92～93页。
⑦ 汤开建:《利玛窦明清中文文献资料汇释》,上海:上海古籍出版社,2017年,第127～128页。

一首诗作为答谢:"昔我游京师,曾逢西泰氏。贻我十篇书,名篇畸人以。我时方少年,未省究生死。徒作文字看,有似风过耳。及兹既老大,颇知惜余齿。学问无所成,深悲年月驶。取书再三读,低徊抽厥旨。始知十篇中,篇篇皆妙理。九原不可作,胜友乃嗣起。著书相羽翼,河海互原委。孟子言事天,孔圣言克己。谁谓子异邦,立言乃一揆。方域岂足论,心理同者是。诗礼发冢儒,操戈出弟子。口诵圣贤言,心营锥刀鄙。门墙堂奥间,咫尺千万里。"①诗中可以看出张瑞图对利玛窦学问的敬仰,对中西文化碰撞的欢迎。

张维枢与利玛窦的交游。万历三十五年(1607),张维枢入京任刑部郎中。万历三十七年(1609),张维枢离京出知浙江湖州。张维枢与利玛窦的交游就在其刑部郎中任上,据张氏自述,他于"丁未年",即万历三十五年(1607)见过利玛窦,为利玛窦的"谦冲善下,阐扬天主教义"以及建议修历所打动,就萌生了撰写利玛窦传记的想法。②

陈亮采与利玛窦的交游。陈亮采《七克篇·序》记述:"以待次都门,得交西泰利君。持所闻质之,利君辄大诧。因得毕阅其说,所谓《天主实义》《畸人十篇》者。"③《天主实义》出版于 1604 年,④《畸人十篇》完成于 1608 年,⑤陈亮采与利玛窦的交游应在 1608 年之后。

泉州科第人物对与利玛窦交游的反响

晚明经济全球化的趋势、商品经济的成长、西学东渐的渗透,再加上内忧外患,对中国社会产生了深刻影响,泉州科第人物在这种环境下遇见了利玛窦。遗憾的是,因为各种原因,有些泉州科第人物在与利玛窦交游之后没有留下有关反响的文字记载,笔者以与利玛窦有过交游的泉州科第人物留下的有关文字记载来分析这些科第人物对中西文化碰撞的反响。

---

① 汤开建:《利玛窦明清中文文献资料汇释》,上海:上海古籍出版社,2017 年,第 428 页。

② 叶农:《〈大西利西泰子传〉与张维枢考述》,《福建师范大学学报(哲学社会科学版)》2012 年第 4 期,第 125~131 页。

③ 汤开建:《利玛窦明清中文文献资料汇释》,上海:上海古籍出版社,2017 年,第 139 页。

④ 宋黎明:《神父的新装——利玛窦在中国(1582—1610)》,南京:南京大学出版社,2011 年,第 300 页。

⑤ (清)永瑢等撰:《四库全书总目》,北京:中华书局,1965 年,第 1080 页。

王应麟的"翼我中华"。利玛窦逝世之后,王应麟专门写了《钦敕大西洋国士葬地居舍碑文》,这是有关利玛窦在中国行迹最早的汉文传记资料。在碑文中,王应麟写道:"我国家文明盛世,怀柔博洽。迄今万历庚辰,有大西洋国士姓利讳玛窦号西泰,友辈数十,航海九万里,观光中国。始经肇庆,大司宪刘公旋之,托居韶阳郡。"碑文中用短短几句话叙述了与利玛窦交往的过程:"当其时余奉敕凌江,窃与有闻。"碑文中还记载了利玛窦在中国的经历、交往的官员和去世后的安葬情况。王应麟对利玛窦等传教士的看法是:"洵彬彬大雅君子""殚其底蕴,以事天地之主,以仁爱信望天主为宗,以广爱海人为功用,以悔罪归诚为入门,以生死大事有备无患为究竟""视其立身谦逊,履道高明,杜物欲,薄名誉,澹世味,勤德业,与贤知共知,挈愚不肖共由"。更重要的是王应麟认为,利玛窦"理穷性命,玄精象纬,乐工音律,法尽方圆。正历元以副农时,施水器而资民用。翼我中华,岂云小补?"①对于利玛窦不远万里来到中国,王应麟是欢迎的;对于利玛窦的为人,王应麟是赞赏的;对于中西文化的碰撞,王应麟认为是"翼我中华"的。利玛窦在耶稣会的罗马学院学习期间,"非常用功,不仅对神学,而且在拉丁文、哲学、数学、天文学、地理学等方面都取得了优异的成绩"。② 在中国时,利玛窦善于利用这些西方科学技术来帮助自己更好地进行传教活动。比如利玛窦收礼部尚书瞿景淳的大儿子瞿太素为徒,"利玛窦的这位弟子学会了设计各式各样的日晷以记时辰,还能'运用几何规则和尺度'测量高度和距离……又亲手'非常优雅而艺术地'制作各种木制、铜制,甚至银制的工具:六分仪、天球仪、测象仪、量角器和'磁盒'"。③ 徐光启,官至崇祯朝礼部尚书兼文渊阁大学士、内阁次辅,在利玛窦的影响下不仅入了教,还与利玛窦合作翻译了《几何原本》《测量法义》等书,编纂《农政全书》等,成为中国近代科学的先驱。④ 利玛窦还带来了一些西方的物品,比如他送给神宗的物品就有"油画(耶稣像、圣母像)、自鸣钟、《圣经》、珍珠镶嵌十字架、《万国图志》、洋琴等"。⑤ 在与中国

---

① 汤开建:《利玛窦明清中文文献资料汇释》,上海:上海古籍出版社,2017年,第16~19页。
② 白寿彝总主编:《中国通史》第16册,上海:上海人民出版社,1989年,第1938页。
③ [法]裴化行著,管震湖译:《利玛窦神父传》,北京:商务印书馆,1995年,第139页。
④ 白寿彝总主编:《中国通史》第16册,上海:上海人民出版社,1989年,第1932~1933页。
⑤ 白寿彝总主编:《中国通史》第16册,上海:上海人民出版社,1989年,第1951页。

士大夫的交往中,利玛窦也经常赠送一些包括自己制作的这样的物品。利玛窦就赠送给时任南雄同知王应麟肇庆版的世界地图《大瀛全图》,王应麟升任镇江知府后,将利玛窦赠送的《大瀛全图》赠与时任应天巡抚的赵可怀,而赵可怀随即将其勒石模刻。① 王应麟对于中西文化碰撞所带来的"欧洲文艺复兴以来的先进的科学文化",是感兴趣的。他所提出的"翼我中华"就是"西为中用"思想的萌芽。

张维枢的"乾元统天"。根据《利玛窦明清中文文献资料汇释》作者汤开建先生的考证,张维枢的《大西利西泰子传》是应传教士艾儒略之约而写的。比较艾儒略所写传记之后,汤先生认为,"艾传'自利子殁,人多有画其像而景仰之者'句以前的文字与张传'维枢曰曩余郎西曹于丁未年'句以前的文字内容完全一致,但艾传文字略详于张传文字,明显可以看出来张传是根据艾传删削而成"。② 张文记载了利玛窦的生平,来华传教的过程,去世后朝廷赐其葬地等。难能可贵的是张文还详尽记载了当时与利玛窦交往的中国士大夫,这为研究利玛窦对中国的影响留下了宝贵的资料。张维枢对中西文化碰撞的反响表现在文章最后的总结中。在这段文字中,张维枢首先介绍了自己与利玛窦的交往及印象:"维枢曰:曩余郎西曹于丁未年(1607),谒利子,见其谦冲善下,阐扬天主教义,灿如也。后念我朝历法岁差,雅欲厘正。礼部疏荐利子及庞子同修,旨报可。利子寄书本国,招同志多携西书广译。"值得一提的是张维枢提出的"乾元统天"即中西合璧的思想。在文中张维枢写道:"近吾里张夏詹父子虔奉圣教,夏詹为述天学,证符良确,《易》称:乾元统天,帝出乎震,与《诗》《书》《礼记》之称上帝非一,复何疑于天主教旨。"③中西合璧,可以在《易》《诗》《书》《礼记》中找到依据,也就是说都可以统一到儒学上来。

李贽的"不知何为"。李贽与利玛窦有过交游后,有友人提及了此事,李贽在《与友人书》中做了回复。李贽在此文中,对利玛窦这个人还是赞赏有加的,对中西文化的碰撞是欢迎的。李贽说:利玛窦"住南海肇庆几二十载,

---

① 汤开建:《利玛窦明清中文文献资料汇释》,上海:上海古籍出版社,2017年,第16页。
② 汤开建:《利玛窦明清中文文献资料汇释》,上海:上海古籍出版社,2017年,第42页。
③ 汤开建:《利玛窦明清中文文献资料汇释》,上海:上海古籍出版社,2017年,第43~48页。

凡我国书籍无不读,请先辈与订音释,请明于四书性理者解其大义,又请明于六经疏义者通其解说。今尽能言我此间之言,作此间之文字,行此间之仪礼,是一极标致人也"。对利玛窦的雄辩之术,李贽是深有感触,"中极玲珑,外极朴实,数十人群聚喧杂,雠对各得,傍不得以其间斗之使乱"。李贽评论道:"我所见人未有其比,非过亢则过谄,非露聪明则太闷闷聩聩者,皆让之矣。"① 这种赞赏也体现在李贽的《赠利西泰》一诗中:"逍遥下北溟,迤逦向南征。刹利标名姓,仙山记水程。回头十万里,举目九重城。观国之光未,中天日正明。"② 虽然对利玛窦赞赏有加,但李贽对利玛窦的传教,基本是否定的。在文章的开头,李贽就提到:利玛窦"初航海至南天竺始知有佛,已走四万余里矣。及抵广州南海,然后知我大明国士先有尧、舜,后有周、孔"。在文章的最后,李贽说:"但不知到此何为,我已经三度相会,毕竟不知到此何干也。意其欲以所学易吾周、孔之学,则又太愚,恐非是尔。"③ 实际上,利玛窦也很清楚这一点,所以利玛窦也没有与李贽深交。宋黎明先生在《神父的新装——利玛窦在中国(1582—1610)》一书中指出了这个问题,并以利玛窦对待两个"钦犯"的态度来说明这个问题。在李贽入狱后,"利玛窦从未尝试探监,对他狱中自刎也表现冷漠"。而后来湖广佥事冯应京因反对税使陈奉,成为"钦犯"。冯应京"入狱前,利玛窦殷勤探望,并始终保持着密切的联系"。冯应京在狱中阅读有关天主教的书籍,"每天膜拜神父们送给他的一张救世主像"。④ 对于李贽这种既欢迎又全盘否定的态度,美国学者邓恩进行了深入的分析,他指出:"李贽(又名载贽)是为独特的人。在为朝廷效力多年后,他退休在家,潜心研究佛学。起初,他想将儒学与佛学结合起来。在这之前,他猛烈地抨击朱熹学说和书院的新儒学。因此他被正统的儒家学者视为敌人。1599 年,当利玛窦和他相遇的时候,正是他名噪一时之际。

---

① 汤开建:《利玛窦明清中文文献资料汇释》,上海:上海古籍出版社,2017 年,第 394 页。
② 汤开建:《利玛窦明清中文文献资料汇释》,上海:上海古籍出版社,2017 年,第 418~419 页。
③ 汤开建:《利玛窦明清中文文献资料汇释》,上海:上海古籍出版社,2017 年,第 394~395 页。
④ 宋黎明:《神父的新装——利玛窦在中国(1582—1610)》,南京:南京大学出版社,2011 年,第 172 页。

他们都不喜欢宋代的新儒学,也许是这一相同之处使他们走到一起。"①黄仁宇先生对这个问题有其独到的见解,在《万历十五年》一书中,黄先生写道:"但是李贽对这个社会具有理智上的关心,则属毫无疑义。这种关心和信仰自由有其相通之处,在它的后面有社会经济的背景,也有与他所处的社会环境有特别的关联,而其个人心理上和哲学上的特点尤其不能忽视。这些条件只能更把李贽构成为一位特色鲜明的中国学者,而不是一位类似条件下的欧洲式人物。"②李贽是一位离经叛道者,他喜欢中西文化的碰撞,但在西学的问题上,特别是利玛窦的传教,他所提出的"不知何为"的观点,实际上就是对西学的全盘否定,而且他这种态度是十分坚决的。

　　陈亮采的"而心向焉"。陈亮采幼年即加入天主教,与利玛窦交游后,"因利玛窦又得以交庞迪我,两人'一觌而称莫逆'"。万历四十二年(1614),庞迪我完成了《七克篇》,"即请陈亮采作序"。③《四库全书总目》记载:"《七克》七卷,明西洋人庞迪我撰。该书成于万历甲辰。其说以天主所禁罪宗凡七:一谓骄傲,二谓嫉妒,三谓悭吝,四谓忿怒,五谓迷饮食,六谓迷色,七谓懈惰于善。迪我因作此书,发明其义:一曰伏傲,二曰平妒,三曰解贪,四曰熄忿,五曰塞饕,六曰防淫,七曰策怠。其言出于儒、墨之间。就所论之一事言之,不为无理。而皆归本敬事天主以求福,则其谬在宗旨,不在词说也。"④陈亮采在序言中表明自己很早就接触了天主教,"曩余年方垂髫,即于天主耶稣之教,窃有闻也"。⑤ 泉州是海上丝绸之路的起点城市,有世界宗教博物馆之称,"盖吾乡之舶于海者,与大西人游归,为余言天主耶稣之教,以事天地之主为主,以仁爱信望天主为宗,以爱养教化为功用,以悔罪归诚为入门,以生死大事有备无患为究竟。余闻其说,而心向焉"。⑥从小耳濡目染,又加上利玛窦、庞迪我等人的教诲,因此陈亮采高度评价了《七克》这本书。陈亮

---

① [美]邓恩著,余三乐、石蓉译:《一代巨人——明末耶稣会士在中国的故事》,北京:社会科学文献出版社,2014年,第54页。

② 黄仁宇:《万历十五年》,北京:九州出版社,2014年,第203页。

③ 汤开建:《利玛窦明清中文文献资料汇释》,上海:上海古籍出版社,2017年,第139页。

④ (清)永瑢等撰:《四库全书总目》,北京:中华书局,1965年,第1080页。

⑤ 汤开建:《利玛窦明清中文文献资料汇释》,上海:上海古籍出版社,2017年,第139页。

⑥ 汤开建:《利玛窦明清中文文献资料汇释》,上海:上海古籍出版社,2017年,第139页。

采认为:"其书精实切近,多吾儒所雅称。至其语语字字,刺骨透心,则儒门鼓吹也。其欲念念息息,皈依上帝,以冀享天报而永免沉沦,则儒门羽翼也。""日有孳孳,惟日不足,此文所以纯亦不已。而孔所以不知老之至也,奈之何? 其讳言报也。周孔黜人世之报,以虚其心;大西希生天之报,以实其证。东南西北,圣圣一揆,岂非然哉?"[①]这种"而心向焉",就是一种全盘接受的观点,是一种全盘西化的倾向。

结　　语

对于晚明中西文化碰撞,梁启超先生在《中国近三百年学术史》中指出:"明末有一场大公案,为中国学术史上应该大笔特书者,曰:欧洲历算之输入……要而言之,中国知识线和外国知识线相接触,晋唐间的佛学为第一次,明末的历算学便是第二次……在这种新环境下,学界空气,当然变换。"[②] 樊树志先生基于全球化的视野对于这种碰撞进行了深刻的分析。樊先生写道:晚明时"以利玛窦为代表的耶稣会士在这时的传教活动,以及随之而来的西方科学文化的传播,向长期封闭的中华帝国吹进了一股清新的空气,让人们接触到了以前闻所未闻的新思想、新事物,一些敏感的先进的知识分子把耶稣会士看作自己的朋友,如饥似渴地向他们学习,从他们那里汲取新的精神食粮,从而逐渐地改变了世界观和价值观"。[③] 从本文的分析中可以看出,尽管看法不一、做法不一,但对于中西文化碰撞的兴趣和思变求进是与利玛窦交游的泉州科第人物的主流思想。不管是从学术史的角度,还是以全球化的视野,分析泉州科第人物在与利玛窦交游中的表现及反响,对深入了解"冰冻三尺,非一日之寒"的西学东渐过程,无疑是有一定帮助的。

（原载《闽南》2021 年第 5 期）

[①] 汤开建:《利玛窦明清中文文献资料汇释》,上海:上海古籍出版社,2017 年,第 139 页。
[②] 梁启超著:《中国近三百年学术史》,北京:商务印书馆,2011 年,第 9～10 页。
[③] 樊树志:《晚明史:1573—1644》,上海:复旦大学出版社,2015 年,第 153 页。

"泉南佛国"探源

泉州古代有许多别称,包括宋人祝穆所著《方舆胜览》称"温陵""清源""武荣""桐城"①以及"鲤城""海滨邹鲁""泉南佛国"等等。这些别称大多与地理学有关。宋元时期来泉的外国人因泉州遍植刺桐树而对其鲜红娇艳的花朵留下深刻印象,故在其著作中:"称泉州为 Zayton,或 Zaitun 与 Zeytoun 等音相仿佛之名。所以得是称者。"②但古代泉州人将刺桐作为吟咏对象,用刺桐这个别称的不多,以至 19 世纪到 20 世纪初为了确定何处为 Zaitun,引发了一场国际性的大讨论。"海滨邹鲁"有人文气息,但只要靠海,重视文教、人才辈出的城市都可以使用,没有特异性。而泉南佛国,既有地理方位上的指向性,又有浓厚的人文底蕴,颇受古代泉州人喜爱。

"泉州"之南,故称泉南

要了解泉南佛国的内涵,首先要了解泉南的含义。从地域上说,泉南指的是泉州之南。但是早期的泉州所包含的区域不仅仅是现在的泉州。弘治《八闽通志》对福建的建置沿革有如下记载:"福建,《周职方》为七闽地。秦为闽中郡。汉高帝五年封亡诸王于此,是为闽越国。……(建元)六年,封无诸孙丑为繇王,又封余善为东越王,与繇王并处,故又曰东越。"后因余善反汉,汉武帝"迁其民江淮间,遂虚其地。后复立冶县,属会稽南部都尉"。到了吴永安三年(260),"以建安为建安郡……凡领九县"。到了晋太康三年(282),"始以侯官、东安为晋安郡,俱隶扬州"。③ 后来随着朝代的更替,福建

---

① (宋)祝穆撰:《方舆胜览》,北京:中华书局,2003 年,第 207 页。
② [日本]桑原隲藏著,陈裕菁译订:《蒲寿庚考》,北京:中华书局,2009 年,第 3 页。
③ (明)黄仲昭纂修:弘治《八闽通志》,北京:书目文献出版社,1988 年,第 14 页。

建置上又出现了许多变化,直到隋朝,泉州终于出现了。《隋书·地理志》载:"建安郡,陈置闽州。仍废,后又置丰州,平陈改曰泉州。大业初,改曰闽州。"①意思为:原来的建安郡在陈国时为闽州,废掉后改名丰州,陈国被平定后改为泉州。隋朝大业初改为闽州。淳熙《三山志》载:"隋开皇九年平陈,改为泉州,废建安、南安两郡来属。"②也就是说,从隋高祖开皇九年(589)开始,就有了泉州这个地名。为什么改为泉州呢?《元和郡县图志》的解释是:"因泉山为名。"③《闽县乡土志》载:"冶山,古名泉山……北有天泉池。右为欧冶池。"相传福州的泉山为春秋末年欧冶子铸剑之处,故又名冶山,"因山为名",所以改名为泉州也就理所当然了。④ 当时泉州所辖地域相当于现在福建省辖区,治所在现在的福州。《隋书·地理志》载:泉州,"统县四,户一万二千四百二十一"。⑤ 这四县为闽县、建安、南安、龙溪。因此当时的泉南从地域上来说,泛指现在闽江以南的地区。光绪《漳州府志》载:"丁儒,字学道。先济阳人,徙光州固始。"唐总章二年(669),陈政入闽,因"儒通经术,喜啸咏,练达世务。政与语,慕焉,引为军咨祭酒……承诏佐郡,任承事郎。政殁,子元光代……儒以承事郎参理州事,劝课农民,通工惠商,财用以阜……漳人思之,有颂陈将军父子功者,辄颂及丁承事"。⑥ 其诗《归闲诗二十韵》之一云:"漳北遥开郡,泉南久罢屯。归寻初旅寓,喜作旧乡邻。"⑦此诗说明了当时的泉南所指的是闽江以南地区。

  隋唐期间福建的建置历经了几次变化,《元和郡县图志》载:"隋大业二年改为闽州,三年改为建安郡。武德六年改为泉州,八年置都督府。景云二年又为闽州。"⑧从隋高祖开皇九年(589)开始,到唐景云二年(711),在断断续续使用了122年后,由于人口迅速增长:"户九万一千一百八十六,口四十一万五百九十六。"⑨泉州不再作为地域相当于现在福建省辖区的称呼了。《旧唐书·地理志》记载:"圣历二年,分泉州之南安、莆田、龙溪三县置武荣

---

① (唐)魏徵等纂:《隋书》,上海:上海古籍出版社,1986年,第113页。
② (宋)梁克家修纂:淳熙《三山志》,福州:福州市地方志编纂委员会,2000年,第4页。
③ (唐)李吉甫撰:《元和郡县图志》,北京:中华书局,1983年,第715页。
④ (清)朱景星修,郑祖庚纂:《闽县乡土志》,福州:海风出版社,2001年,第199页。
⑤ (唐)魏徵等纂:《隋书》,上海:上海古籍出版社,1986年,第113页。
⑥ (清)沈定均修:光绪《漳州府志》,北京:中华书局,2011年,第1162页。
⑦ (清)沈定均修:光绪《漳州府志》,北京:中华书局,2011年,第1857页。
⑧ (唐)李吉甫撰:《元和郡县图志》,北京:中华书局,1983年,第715页。
⑨ 沈瑜庆、陈衍等纂:民国《福建通志》,北京:方志出版社,2016年,第2091页。

州。三年州废,三县还泉州。久视元年,又以三县置武荣州。"①《旧唐书·睿宗纪》记载:"睿宗景云二年,改泉州为闽州,置都督,改武荣州为泉州。"②意思是圣历二年(699)从泉州析出南安、莆田、龙溪三县设立武荣州。圣历三年(700)州废,当年武则天改年号为久视后复置。景云二年(711),原泉州改为闽州,并置都督府,原武荣州改为泉州。《太平寰宇记·泉州》给出了原武荣州改为泉州的理由,"泉山,州北五里,因此为名"。③ 此处所指的泉山就是现在的清源山,此时的泉州又是"因山为名"了。闽州当时管辖泉州、建州、漳州、潮州。至此,现在闽南地区泉州的名称终于确定下来了。

有意思的是,光绪《漳州府志》载:南唐保大四年(946),"时刺史董思安以其父名章,请改漳州为南州",直到北宋乾德四年(966)才复名为漳州。④这也为当时泉南的地理方位提供了佐证。实际上,五代史料中还有称闽南为泉南的。比如《五国故事》载:"初从效有泉南之地,洪进为其大将,与张汉思同列。"⑤当时留从效割据的就是现在的闽南之地。而漳州改为南州之后,史料中泉州、南州也经常并列,于是出现了"泉南等州"字样。比如五代北宋初诗人徐铉在《唐故客省使寿昌殿承宣金紫光禄检校太保使持节筠州诸军事筠州刺史本州团练使汝南县开国男周君墓志铭》中写道:周廷构"为寿昌殿承宣,出为忠义军监军、泉南等州宣谕使"。⑥《十国春秋》载:留从效去世后,陈洪进"遣使请命于江南。江南以洪进为清源军节度、泉南等州观察使"。⑦

有人认为泉南作为泉州的雅称始于唐。宋人王象之《舆地纪胜·泉州·官吏》载:"欧阳詹《北楼记》云:安定席公贞元七年下车,姜公辅有《寄泉南席使君》诗。"⑧清人冯登府《闽中金石志》也载:"安定席公贞元七年下车,姜公辅有《寄泉南席使君》诗。"⑨席相,生卒年不详,安定人,贞元七年(791)

---

① (五代)刘昫等撰:《旧唐书》,上海:上海古籍出版社,1986年,第199页。
② (五代)刘昫等撰:《旧唐书》,上海:上海古籍出版社,1986年,第26页。
③ (宋)乐史著:《太平寰宇记》,北京:中华书局,2007年,第2031页。
④ (清)沈定均修:光绪《漳州府志》,北京:中华书局,2011年,第2页。
⑤ 佚名:《五国故事》,北京:中华书局,1991年,第18页。
⑥ (五代)徐铉著:《骑省集》,台北:台湾中华书局,1971年,第15卷,第7页。
⑦ (清)吴任臣著:《十国春秋》,北京:中华书局,1983年,第1352页。
⑧ (宋)王象之撰:《舆地纪胜》,北京:中华书局,1983年,第3744页。
⑨ (清)冯登府著:《闽中金石志》,福州:海峡书局,2017年,第23页。

任泉州刺史,颇有政绩。可惜的是《北楼记》并无此说,《全唐诗》及唐代其他相关史料也无载,故只能存疑了。①

入宋之后,泉南作为泉州雅称得到广泛运用。主要原因为:一是大宋统一了中国,闽南分裂割据结束,泉州、漳州各自发展的局面形成。二是"闽南"这个词的流传。"闽南"这个词起源于唐,韩愈《唐故中散大夫少府监胡良公墓神道碑》载:"少府监胡公者讳珦,字润博,年七十九,以官卒。……其子逞、迺、巡、遇、述、迁、造与公婿广文博士吴郡张籍……使人自京师南走八千里,至闽南两越之界上,请为公铭刻之墓碑于潮州刺史韩愈。"②韩愈此时任潮州刺史,"文中把'闽南'与'两越'(闽越和南越)并列,并作为潮州地界,显然是指福建的南部,其地域范围应该包括泉州、漳州和汀州。实际上,在宋代之前文献中,提到'闽南'的也只有韩愈的《唐故中散大夫少府监胡良公墓神道碑》这一处"。③入宋后,"闽南"之称开始流行,林国平先生检索《四库全书》发现:"宋元明清时期文献中出现'闽南'一词有400处,剔除重复的,也有300多处。"④"闽南"这个词的流传,泉南就成了泉州的专属别称了。三是虽然泉州已不是地域意义上的"泉南"了,但因古人对"泉南"地理方位指向性十分明确,而且这个词朗朗上口,有文韵,颇得士人喜爱,约定俗成,泉南也就成为泉州的雅称。经检索《四库全书》,共有"泉南"965处,剔除不相关及重复的,尚有334处,涉及著述226部,其中宋代102部、元代31部、明代52部、清代41部。

《舆地纪胜·泉州·风俗形胜》引北宋泉州人钱熙语:"闽之奥区泉南为最,其地带岭海华,实之物颇与岷峨同,其人习诗书儒雅之俗多与江淮类。"⑤钱熙(953—1000),字大雅,泉州南安人,北宋雍熙二年(985)进士,官至殿中丞。《宋史·钱熙传》载:钱熙"幼颖悟,及长,博冠群籍,善属文"。⑥这是宋代现存文献中最早将泉州称为泉南的记载。

谢履(1017—1094),字履道,泉州惠安人,宋嘉祐二年(1057)进士。嘉

---

① 王四达:《"泉南佛国"考辨》,《华侨大学学报(哲学社会科学版)》1997年第2期,第64~70页。
② (清)董诰等编:《全唐文》,北京:中华书局,1983年,第5686页。
③ 林国平:《"闽南"小考》,《泉州师范学院学报》2013年第1期,第13~17页。
④ 林国平:《"闽南"小考》,《泉州师范学院学报》2013年第1期,第13~17页。
⑤ (宋)王象之撰:《舆地纪胜》,北京:中华书局,1983年,第3733页。
⑥ (元)脱脱等纂:《宋史》,上海:上海古籍出版社,1986年,第1478页。

靖《惠安县志》载:谢履"历清溪令……又以秘书丞知兴化军,历婺州"。① 《舆地纪胜·泉州·诗》载其《泉南歌》云:"泉州人稠山谷瘠,虽欲就耕无地辟。州南有海浩无穷,每岁造舟通异域。"②

蔡絛(1096—1162),字约之,自号百衲居士,别号无为子,仙游人,蔡京之子,官至徽猷阁待制。蔡絛《铁围山丛谈》是宋代笔记中比较受学者重视的一种。《铁围山丛谈》载:"大观、政和之间,天下大治,四夷响风,广州、泉南请建蕃学。"③ 从书中记载可看出北宋时泉州的对外海上贸易发达,与广州相媲美。

南宋期间,"泉南"作为泉州雅称得到更加广泛的运用,经检索《四库全书》,涉及的有王十朋的《梅溪集》、叶适的《水心集》、李心传的《建炎以来系年要录》、戴复古的《石屏诗集》、真德秀的《西山文集》等69部著述。比如戴复古的《石屏诗集》。戴复古(1167—?),字式之,号石屏,浙江南塘人,南宋江湖派诗人。立志学诗,不求功名。在"行万里路,读万卷书"的过程中,戴复古来到泉州,写下了《久寓泉南待一故人消息,桂影诸葛如晦谓客舍不可住,借一园亭安下,即事凡有十首》。④ 戴复古还有《泉南》一诗,诗云:"南地无冰雪,常疑暖作灾。昼昏山雾合,寒变海风来。垄麦衔芒早,梅花带叶开。客中归未得,岁事渐相催。"⑤

有趣的是,南宋时不仅戴复古这样的外来士子喜爱"泉南"这个雅称,连皇帝也知道"泉南"这个雅称指的是泉州。李心传(1166—1243),字微之,号秀岩,隆州井研(今四川井研)人。因科举失利,居家潜心著述。宋理宗时起用为史馆校勘,赐进士出身,专修《中兴四朝帝纪》,官至工部侍郎。李心传的著述《建炎以来系年要录》是一部编年体史书,记载了宋高宗赵构一朝的史事,其中有"泉南"3处,2处与宋高宗有关。此书卷四十四载:绍兴元年(1131)五月,"秘阁修撰提举临安府洞霄宫赵令𢢾为集英殿修撰,知南外宗

---

① (明)张岳等纂:嘉靖《惠安县志》,福州:福建人民出版社,2016年,第132~133页。
② (宋)王象之撰:《舆地纪胜》,北京:中华书局,1983年,第3752页。
③ (宋)蔡絛撰:《铁围山丛谈》,北京:中华书局,1983年,第27页。
④ (宋)戴复古:《石屏诗集》,《影印文渊阁四库全书》1165册,台北:台湾商务印书馆,1983年,第555页。
⑤ (宋)戴复古:《石屏诗集》,《影印文渊阁四库全书》1165册,台北:台湾商务印书馆,1983年,第601页。

正事。上命令廙往泉南选宗室子育之宫中"。① 卷四十五载：绍兴元年(1131)六月，"上谕大臣曰：'昨令廙选艺祖之后宗子二三岁者，得四五人，资相皆非岐嶷，且令归家，俟至泉南选之。'先是尚书右仆射范宗伊有造膝之请，故上有此谕"。② 艺祖指的是宋太祖赵匡胤。这两段记载都是关于选拔宋太祖后裔加以培养之事。南外宗正司南迁泉州成为促进泉州对外海上贸易繁盛的重要政治力量引起了朝廷的高度重视。

叶适《水心集》也佐证了南宋皇帝知道"泉南"为泉州雅称。叶适(1150—1223)，字正则，号水心居士，温州永嘉人，淳熙五年(1178)进士第二人(榜眼)。叶适的《水心集》载：嘉泰三年(1203)叶适知泉州时，曾给宁宗皇帝上了三道札子，有两处用泉南指代泉州，"臣病苦余日，圣恩垂怜，使转漕湖外，守符泉南""泉南素有乐郡之名，与他州异"。③

元明清时期，以"泉南"指代泉州的现象也还比较普遍。比如周密(1232—1298)，字公谨，号草窗，祖籍济南，宋末元初爱国词人。周密为笔记大家，留下了大量的笔记，具有重要的史料价值。其《癸辛杂识·佛莲家资》云："泉南有巨贾南蕃佛莲者，蒲氏之婿也。其家甚富，凡发海舶八十艘。癸巳岁殂，女少无子，官没其家资，见在珍珠者一百三十石，他物称是。"④

《元史·爪哇》记载："爪哇在海外，视占城益远。自泉南登舟海行者，先至占城而后至其国。"⑤

陈懋仁，生卒年不详，明代浙江嘉兴人，曾在泉州任经历，写过一本《泉南杂志》，收入《四库全书》。《四库全书总目》称：此书"记泉南事多故牒所未备……其载山川、古迹、禽鱼、花木以及郡县事实颇为详具"。⑥

清人李清馥所著《闽中理学渊源考》最能说明古人对"闽南"与"泉南"两个词的认识。李清馥，生卒年不详，字根侯，安溪人，李光地之孙。其《闽中

---

① (宋)李心传著：《建炎以来系年要录》，《影印文渊阁四库全书》第325册，台北：台湾商务印书馆，1983年，第613页。
② (宋)李心传著：《建炎以来系年要录》，《影印文渊阁四库全书》第325册，台北：台湾商务印书馆，1983年，第626页。
③ (宋)叶适著：《水心集》，《影印文渊阁四库全书》第1164册，台北：台湾商务印书馆，1983年，第47~48页。
④ (元)周密撰：《癸辛杂识》，北京：中华书局，1988年，第193页。
⑤ (明)宋濂等撰：《元史》，上海：上海古籍出版社，1986年，第540页。
⑥ (清)永瑢等撰：《四库全书总目》，北京：中华书局，1965年，第672页。

理学渊源考》收入《四库全书·史部·传记类》,书中23处提到"泉南",5处提到"闽南"。比如,《闽中理学渊源考》卷十二《温陵陈氏家世学派》云:"大谏者钱公熙、楚公者曾公会、龙学公即休斋伯祖龙图学士陈公从易也。诸公为泉南人物一时之倡。"①钱熙、曾会、陈从易皆为泉州人。卷八十一《布衣陈剩夫先生真晟学派》云:"陈真晟,字剩夫,漳浦人。浦滨海患倭,洪武间,其先世自泉中调戍漳之镇海卫,因家焉。"陈真晟在前往临川吴聘君处求学时,曾对陪伴他的兄长之子说:"我死,即瘗于道,题曰'闽南布衣陈某墓'足矣。"②陈真晟,祖籍泉州,"生于镇海,迁于龙岩,晚定居于漳之玉洲",③故称自己为"闽南布衣"。

民淳向佛　誉为佛国

传说朱熹曾为泉州撰写过一副对联:"此地古称佛国,满街都是圣人。"此副对联由近代高僧弘一大师书写,现悬挂于泉州开元寺。1927年,在《温陵开元寺志·重刻序》中古田吴亨春称:"昔贤题开元寺联云:'此地故称佛国,满街都是圣人。'"④这是史料中关于此副对联的最早记载。1938年,弘一大师书写时特意加注:"寺门旧有此联,朱文公撰,久佚,为补书之,戊寅沙门一音书。"不管是"昔贤",还是"久佚,为补书之",都表明没有确切的证据说明此对联为朱熹所题,而且释元贤崇祯年间所编的《温陵开元寺志》中也无载,故只能存疑。朱熹任同安主簿期间,是其思想由佛转儒的时期。他曾按事安溪,留下了《安溪道中》《安溪书事》《留安溪三日按事未竟》等诗。安溪彭格(离清水岩西大约一公里)现仍立有一石碣,长三尺半,宽二尺,上有阴刻"佛国"二字,字径各尺半,竖排,楷笔藏锋,没有署名。据泉州文史专家陈允敦先生在《泉州名匾录》一书中考证:其字"从笔法看显为朱熹所书"。⑤这

---

① (清)李清馥著,何乃川、李秉乾点校:《闽中理学渊源考》,北京:商务印书馆,2018年,第179页。
② (清)李清馥著,何乃川、李秉乾点校:《闽中理学渊源考》,北京:商务印书馆,2018年,第784页。
③ (清)沈定均修:光绪《漳州府志》,北京:中华书局,2011年,第1332页。
④ (明)释元贤著,吴幼雄、杨清江点校:《温陵开元寺志》,北京:商务印书馆,2019年,第4页。
⑤ 陈允敦著:《泉州名匾录》,北京:紫禁城出版社,1995年,第30页。

也只能说明朱熹确实为泉州题过"佛国"二字。

目前有比较明确的史料表明泉州被称为佛国起源于五代。南宋祝穆所撰的《方舆胜览·泉州·名宦》载："从效以海滨之州介于江、广、吴越三国之间，虽称藩南唐，而实自雄据一隅。彼虽环视，莫敢议者。先是妙应大师黄涅槃者谶云：'先打南，后打北，留取清源作佛国。'既而清源果无干戈之扰，乃从效姓名所应。"①《全唐诗》卷八七五也载有此《黄涅槃谶》。②《新五代史》载："是岁璟保大四年。留从效闻延政降唐，执王继勋送于金陵。李璟以泉州为清源军，以从效为节度使。"③也就是说，泉州有"佛国"之称应不晚于南唐保大四年（946）。

佛教在泉州的传播有一早二多的特点：一是时间较早。晋江东石人蔡永蒹所著《西山杂志》载：东汉永平十年（67），楚王刘英派大中大夫沙世坚入闽，为畲家人建三天竺，上天竺安海之龙江寺、中天竺又曰西天寺，下天竺即竺世庵。④《福建佛教史》的作者王荣国认为："姑且不讨论《西山杂志》的上述记载是否真实，由于缺乏佐证，蔡永蒹的'佛教于东汉由陆路传入福建说'无法确信。"⑤

万历《泉州府志》记载："延福寺，在九日山下，晋太康间建，去山二里许，唐大历三年移建今所。宋乾德中陈洪进增建，乃改名延福寺。"⑥这是有确切历史记载的泉州第一座佛寺。《泉州佛教综览》载："'延福寺'始建于西晋太康九年（288），因而又称'晋代梵宫'。初名建造寺，位于丰州镇，原址距九日山二里之内的庙下村，唐大历三年（768）移至九日山南麓。"⑦南朝陈天嘉四年（563），印度僧人拘那罗陀又名真谛，在太守王方奢的邀请下，"循人事，权止海隅。伺旅束装，未思安堵"，挂锡延福寺（当时名为建造寺）翻译佛经。⑧"在那期间，拘那罗陀于九日山西峰，现'一眺石'处校译了源自印度的《金刚

---

① （宋）祝穆：《方舆胜览》，北京：中华书局，2003年，第212～213页。
② 黄钧等点校：《全唐诗》第8册，长沙：岳麓书社，1998年，第739～740页。
③ （宋）欧阳修等撰：《新五代史》，上海：上海古籍出版社，1986年，第92页。
④ 黄世春：《东石访古》，《福建文博》1992年第1期，第71～74页。
⑤ 王荣国：《福建佛教史》，厦门：厦门大学出版社，1997年，第3页。
⑥ （明）阳思谦、黄凤翔编纂：万历《泉州府志》卷二十四，泉州：泉州市地方志编纂委员会办公室，1985年，第22页。
⑦ 泉州佛教协会编：《泉州佛教综览》第2册，北京：中国文化出版社，2020年，第283页。
⑧ （唐）道宣撰：《续高僧传》，北京：中华书局，2014年，第20页。

般若波罗蜜经》,并向当地百姓僧侣播道讲佛。有'翻经石'为记"。① 唐天宝十三载(754),泉州南安人、超功寺僧昙静就跟随鉴真和尚东渡日本传法,在日本任戒师,并设立放生池。②

二是佛寺很多,大寺名寺不少。2000年出版的《泉州市志》载:佛教传入泉州后创建了大批佛寺,据统计,全市共有佛寺近800座,有名称可考的近600座,"根据记载:原晋江县(包括今鲤城区、晋江县、石狮市)曾建有200多座,南安县建有100余座,惠安县建有160座左右,永春县建有170座,安溪县建有各种寺观194座(佛寺约占一半),德化县建有55座(宋代最为兴盛),金门数座"。③《福建佛教史》记载:泉州佛寺建于唐代的有66座,建于五代的有55座,建于宋代76座。④ 其中大寺名寺不少。元延祐三年(1316),曾任福建平章政事的亦黑迷失,"以为仁宗皇帝、皇太后、皇后祝寿,同时亦为自己及家人祈福延寿为由,在全国范围内选定百所大寺"。⑤《闽中金石略·一百大寺看经记》载:泉州路有承天寺、崇福寺、光孝寺、北藏寺、大开元寺、水陆寺、法石寺、延福寺、积善寺、西禅寺、招福寺、封崇寺、白沙灵应庵、明心寺等寺入选。⑥ 入选的100所寺院中福建有31所,泉州有14所,泉州占全国比例的14%、占福建比例的45%。

三是僧侣众多,高僧不少。北宋文学家、史学家、政治家曾巩(1019—1083)在《元丰类稿·本朝政要策·佛教》中写道:"开宝中,令僧尼百人许岁度一人。至道初,又令三百人岁度一人,以诵经五百纸为合格。先是泉州奏,僧尼未度者四千人,已度者万数。天子惊骇,遂下诏曰:'古者一夫耕三人食,尚有受馁者。今一夫耕十人食,天下安得不重困,水旱安得无转死之民。'"⑦ 未度者四千,已度者竟达万数,泉州佛教之兴盛可想而知,连皇帝都感到"惊骇"。在众多的僧侣之中,高僧不少。根据民国《福建通志·福建高

---

① 泉州佛教协会编:《泉州佛教综览》第2册,北京:中国文化出版社,2020年,第283页。
② 福建省南安县地方志编纂委员会编:《南安县志》,南昌:江西人民出版社,1993年,第804页。
③ 泉州市地方志编纂委员会:《泉州市志》,北京:中国社会科学出版社,2000年,第3523页。
④ 王荣国:《福建佛教史》,厦门:厦门大学出版社,1997年,第47、152、163、212页。
⑤ 兰惠英:《古代福建佛教的海洋传播》,福州:福建教育出版社,2018年,第168页。
⑥ (清)陈棨仁:《闽中金石略》,北京:商务印书馆,2019年,第212~213页。
⑦ (宋)曾巩撰:《元丰类稿》第8册,北京:国家图书馆出版社,2018年,第84页。

僧传》统计：唐代泉州有高僧16人，五代有30人，宋代有60人，元代有8人。①

佛国这个别称五代后在泉州流传甚广。试举几个例子如下：

真德秀（1178—1235），字实夫，号西山，浦城人，庆元五年（1199）登进士第。嘉定十年（1217）、绍定五年（1232）真德秀两次知泉州，颇有政声。② 其诗《泉州贡闱庆成》云："维南有州古佛国，选佛场开自畴昔。"③其《泉州劝孝文》曰："此州素称佛国，好善者多。今请乡党邻里之间更相劝勉。"④

释大圭（1304—？），俗姓廖，字恒白，泉州人，元代爱国诗僧。其著作《梦观集》被收入《四库全书》。释大圭虽然为僧，但关心社会，关心百姓疾苦，这在《梦观集》中得到充分体现。其诗《吾郡》云："吾郡从来称佛国，未闻有此食人风。凶年竟遭心术变，末俗何由古昔同？市近只今真有虎，物灵犹自避生虫。诸公肉食无充耳，急为饥民散腐红！"⑤

释元贤（1577—1657），字永觉，建阳人，"福州林之蕃暨诸善信延主鼓山"。⑥ 崇祯十六年（1643），释元贤在《温陵开元寺志·序》中写道："泉南旧称佛国，名山胜刹，棋布星列。然开元一刹，实为之冠，盖创自唐之垂拱，是历年数为最久也。广之一百二十院，是聚甍流为最繁也。其禅、教、律三宗之彦，雀起而鼎立，是毓贤哲为最盛也。"⑦

当然佛国的专属性并不强，比如光绪《漳州府志》载："漳旧号佛国。"⑧莆田"地有佛国"，宁德称"佛国仙都"，杭州为"东南佛国"，等等。

古人称泉州为佛国，除了佛教兴盛之外还有十分丰富的人文内涵。张阐（1092—1165），字大猷，永嘉人，宣和六年（1124）登进士第。"绍兴中通判

---

① 沈瑜庆、陈衍等纂：民国《福建通志》，北京：方志出版社，第8832～8949页。
② 张惠评编著：《泉州古代职官录》，福州：海峡书局，2017年，第36～37页。
③ （宋）真德秀：《西山文集》，《影印文渊阁四库全书》第1174册，台北：台湾商务印书馆，1983年，第7页。
④ （宋）真德秀：《西山文集》，《影印文渊阁四库全书》第1174册，台北：台湾商务印书馆，1983年，第628页。
⑤ （元）释大圭：《梦观集》，上海：上海辞书出版社，2011年，第42页。
⑥ 沈瑜庆、陈衍等纂：民国《福建通志》，北京：方志出版社，第8963页。
⑦ （明）释元贤著，吴幼雄、杨清江点校：《温陵开元寺志》，北京：商务印书馆，2019年，第3页。
⑧ （清）沈定均修：光绪《漳州府志》，北京：中华书局，2011年，第1164页。

泉州军州事……有治声。累官工部尚书"。① 《舆地纪胜·泉州·风俗形胜》引其《赵都官契雪录序》云:"泉之为郡,风俗淳厚,其人乐善,故称佛国。"②

陈谠(1134—1216),字正仲,号崇清,仙游人,隆兴元年(1163)登进士第。曾于淳熙间(1174—1189)任泉州州学教授。《舆地纪胜·泉州·四六》载其《贺黄左史》云:"泉号佛国而风俗素淳,舶交岛夷而财赋本裕。"③

蔡清(1453—1508),字介夫,号虚斋,明晋江县府城曾井铺(今属泉州市鲤城区)人,成化十三年(1477)解元,成化二十年(1484)登进士第,历官至江西提学副使。蔡清为明代泉州大儒。在《赠节推葛侯报政治京序》一文中蔡清写道:"吾泉素称民淳讼简,昔人至以佛国为之号。"④

已佚的隆庆《泉州府志》也载:"泉地风气温融,人素质实……昔人号曰佛国,曰海滨邹鲁。"⑤

最能说明这个问题的是黄河清的《送太守李君之任泉郡序》。黄河清,字应期,号莲峰,南安人,弘治十五年(1502)登进士第,官至南京右通政使。在《送太守李君之任泉郡序》一文中,黄河清写道:"泉郡宅于海山间,闽越奥区也。山海之产视九州之得于山海者,贸繁而异。山而居者岁食其山之人,犹出其余以贸易于海;海之居者亦食海之人,举得而有焉。盖山海之利居田之半,其民亦侈然安其利以自足矣。民乐安其利,相观而善,故吏于土者恒不劳而理,号曰'佛国'。"⑥将泉州称为"佛国"与优越的地理环境、繁盛的海上贸易、淳朴的风俗民情紧密地联系在一起。

泉南佛国　名扬四海

把泉南与佛国联系在一起作为泉州别称,有许多人认为始于唐代无等

---

① (清)周学曾等纂修:道光《晋江县志》,福州:福建人民出版社,1990年,第982页。
② (宋)王象之撰:《舆地纪胜》,北京:中华书局,1983年,第3733页。
③ (宋)王象之撰:《舆地纪胜》,北京:中华书局,1983年,第3759页。
④ (明)蔡清著,张吉昌、廖渊泉点校:《蔡文庄公集》,北京:商务印书馆,2018年,第73页。
⑤ (清)怀荫布修:乾隆《泉州府志》卷二十,泉州:泉州市地方志编纂委员会办公室,1984年,第2～3页。
⑥ (清)陈国仕编,杨清江点校:《丰州集稿》,北京:商务印书馆,2018年,第208～209页。

禅师。乾隆《泉州府志》载:"无等,会稽人,居南安延福寺,四十年不出,刺史卢某三请不至。遣使仗剑云:'不下山,取头来。'无等曰:'身非我有,况头耶?'禅寂自若。"卢某指大中九年(855)任泉州刺史的卢同白。卢同白听闻此事,感慨万千,题诗一首:"九日峰前八十秋,禅庵遥枕晋江流。师心应共山无动,笑指烟霞早晚休。"[1]黄柏龄先生所编著的《九日山志》记载:唐代无等禅师"居此山时,曾题刻'泉南佛国'于岩额,后磨灭而重刊"。[2] 可惜的是,目前没有发现比较明确可以佐证的史料。就连泉州人曾会,北宋端拱二年(989)进士第二人(榜眼),所撰写的《重修清源郡武荣州九日山寺碑》,提到了"坑之右石龛者,危岩虚室,人迹罕到,无等禅师昔常宴居。唐大中中,郡守问道,留偈旌德,今犹存也"[3],却没有提到"泉南佛国"题刻,只好存疑了。

竣工于宋嘉祐四年(1059)的洛阳桥,建有中亭。道光《晋江县志》载:"桥中有台,又有济亨亭,宋宗室赵不驺书额。有'泉南佛国'亭,元至正间建,四明张即之书匾。"[4]张即之(1186—1263),字温夫,安徽历阳人,宋代著名书法家。"泉南佛国"亭建于元至正间(1341—1370),此时张即之已去世百年左右了。此亭后被毁,史料记载语焉不详,也只能存疑了。

目前泉州保存着四处"泉南佛国"题刻等古迹。第一处在晋江南天寺西北侧山坡上,阴刻楷书,字径高约2米,宽1.5米。陈允敦先生认为此崖刻笔画"质朴凝毅,六尺见方,绝无败笔处可找。……笔力腕力一依'放生池'三字略无差异""字属王十朋书无疑"。[5] 王十朋(1112—1171),字龟龄,号梅溪,浙江乐清人,绍兴二十七年(1157)进士第一人(状元),乾道四年(1168)知泉州,乾道六年(1170)离任。万历《泉州府志》载:"安平出城十里许,有大佛寺,石佛高五六丈余。旁有大石镌'泉南佛国'四字,字高六尺,宋王梅溪公笔。"[6]王十朋《梅溪集》中有"泉南"24处、"佛国"6处。比如祭祀韩琦时作诗云:"天开我宋太平基,紫府真人下应期。河朔魁梧出真相,泉南葱郁产奇

---

[1] (清)怀荫布修:乾隆《泉州府志》卷六十五,泉州:泉州市地方志编纂委员会办公室,1984年,第3页。
[2] 黄柏龄编著:《九日山志》,上海:上海辞书出版社,2006年,第28页。
[3] (清)陈国仕编、杨清江点校:《丰州集稿》,北京:商务印书馆,2018年,第306页。
[4] (清)周学曾等纂修:道光《晋江县志》,福州:福建人民出版社,1990年,第219页。
[5] 陈允敦:《泉州名匾录》,北京:紫禁城出版社,1995年,第19页。
[6] (明)阳思谦、黄凤翔编纂:万历《泉州府志》卷二十四,泉州:泉州市地方志编纂委员会办公室,1985年,第7页。

儿。"《次韵夔漕赵若拙见寄》云:"光华持节花溪上,老病分符佛国中。"并自注:"清源号佛国。"①《梅溪集》重刊委员会所编的《王十朋全集》收有王十朋佚诗《承天寺十奇诗》,其中《瑶台明月》云:"蛟龙扶榜堪同出,鸾凤带笙犹可闻。佛国泉南为甲刹,年年光彩镇长存。"②虽然关于石刻的时间有争议,但字为王十朋所书可以确定。既有石刻,又有诗为证,可以认定"泉南佛国"别称的出现应不晚于乾道六年(1170)。

第二处是九日山无等岩,第三处是清源山半岭岩,均为监郡偰玉立于元至正十年(1350)所题。偰玉立(1290—1365),字世玉,畏吾儿人,延祐五年(1318)登进士第,至正九年(1349)监泉州。偰玉立有《清源洞》诗云:"洞府神仙去不还,清源紫帽耸高寒。泉南佛国几千界,闽海蓬莱第一山。"③实际上,偰玉立还为开元寺题过"泉南佛国"。《温陵开元寺志》载:"三门,始创自垂拱三年,有石柱生牡丹之瑞。宋绍兴二十五年灾,寻建。泰定四年春,复灾,佛果炤重建。至正十年,监郡偰世玉署其门曰'泉南佛国'。洪武间僧正映重修。万历间僧真晓重修。"④可惜的是此匾现已无存。

第四处为承天寺照壁"泉南佛国"题刻。此题刻笔法奇异,笔势生动,题刻右边有"天启丙寅",左边有"张瑞图谨书"。张瑞图(1570—1641),晋江人,字长公,号二水,果亭山人等,万历三十五年(1607)进士第三人(探花)。官至礼部尚书、武英殿大学士,改中极殿。张瑞图为明代四大书法家之一,因魏忠贤生祠碑文多出自其手,被定为阉党,罢官归家。⑤ 天启丙寅为天启六年(1626),张瑞图书王十朋《承天寺十奇诗》,后刻于承天寺十奇诗碑廊,时人称"诗、书、刻三绝"。⑥ 20世纪80年代承天寺重建工程竣工后,寺方将《承天寺十奇诗碑》拓本中"泉南""佛国"以及"张瑞图谨书""天启丙寅"等字样临摹放大,刻于承天寺照壁之上。

---

① (宋)王十朋:《梅溪集》,《影印文渊阁四库全书》第1151册,台北:台湾商务印书馆,1983年,第481页。
② (宋)王十朋:《王十朋全集》,上海:上海古籍出版社,第1024~1025页。
③ 泉州市诗词协会、泉州学研究所编:《泉州千家诗》,福州:海峡文艺出版社,2007年,第87页。
④ (明)释元贤著,吴幼雄、杨清江点校:《温陵开元寺志》,北京:商务印书馆,2019年,第12~13页。
⑤ 粘良图、李灿煌编:《晋江历代名人辞典》,厦门:厦门大学出版社,2013年,第116页。
⑥ 释向愿主编:《承天寺志稿》,泉州:泉州承天寺志编辑组,2010年,第120~121页。

"泉南佛国"探源

泉南佛国的美誉,随着泉州海上贸易的发达而名扬四海,促进了泉州佛教的海洋传播,为多元宗教文化和谐并存奠定了基础,也为泉州成为宋元中国的世界海洋商贸中心做出了贡献。比如《诸蕃志》载:北宋雍熙间(984—987),"有天竺僧人啰护哪航海而至,自言天竺国人,番商以其胡僧,竞持金缯珍宝以施。僧一不有,买隙地,建佛刹于泉之城南,今宝林院是也"。[①] 这是外国僧人在泉州建的唯一佛教寺院。真德秀在《申枢密院措置沿海事宜状》中指出了宝林院的位置,"宝林新旧两寨在城南一里许。初因绍兴间统制陈敏申谋自福州延祥发到水军暂住宝林寺。其后,就寺傍建寨,因以宝林为名。"[②]明崇祯七年(1634),宝林院被洪水冲毁。清顺治元年(1644),莲西法师重建,并更名宝海庵。[③]

即使是在开元寺镇国塔的建造中也有外国僧人的影子。《温陵开元寺志》载:开元寺镇国塔,宋嘉熙二年(1238),"僧本洪始易以石,仅一级而止。法权继之,至第四级化去。天竺讲僧乃作第五级及合尖,凡十年始成"。[④]

晋江人净源法师还与入宋求法的高丽国王子义天演绎了中韩千年佛教交流史上的一段佳话。《佛祖统纪》载:"法师净源,晋江杨氏,受《华严》于五台承迁,学《合论》于横海明覃。还南,听长水《楞严》、《圆觉》、《起信》,时四方宿学推为义龙。"[⑤]净源法师因出生晋江,学者称其为晋水法师,曾主持过泉州清凉寺,"因省亲于泉,请主清凉"。[⑥] "义天(1055—1101),俗姓王,名煦,字义天,高丽太祖四世孙,文宗王第四子",从小有"出世志","文宗王褒之为佑世僧统"。宋元祐元年(1086),义天"给宣宗及太后留书一封",遂带领弟子入宋求法。义天到达杭州后,"拜净源为师,钻研华严学"。[⑦] 归国后,

---

[①] (宋)赵汝适著,杨博文校释:《诸蕃志校释》,北京:中华书局,2000年,第86页。
[②] (宋)真德秀:《西山真文忠公文集》卷八,上海:上海书店,1989年,第14页。
[③] 泉州佛教协会编:《泉州佛教综览》第1册,北京:中国文化出版社,2020年,第29页。
[④] (明)释元贤著,吴幼雄、杨清江点校:《温陵开元寺志》,北京:商务印书馆,2019年,第11页。
[⑤] (宋)释志磐撰,释道法校注:《佛祖统纪校注》,上海:上海古籍出版社,2012年,第656页。
[⑥] (宋)释志磐撰,释道法校注:《佛祖统纪校注》,上海:上海古籍出版社,2012年,第656页。
[⑦] 魏常海:《中华佛教史·中韩佛教交流史卷》,太原:山西教育出版社,2012年,第193~194页。

义天与净源法师书信往来不断,继续交流切磋佛法。宋元祐三年(1088),净源法师入寂,"临终前撰'遗书'一封致义天,后委曲寄至"。① 义天得知此事后,作了《追荐大宋净源阇梨百日斋疏》,并于宋元祐四年(1089)净源法师周年忌日,"遣门人寿介等至杭州慧因寺主祭净源"。② 义天归国后,为高丽佛教的传播做出了卓越贡献,信徒"凡一千人",著述颇丰,"寂后册封为'国师',定谥'大觉'"。③

余 论

然而佛教的迅猛发展也给泉州人带来了负面影响。第一是大量土地被佛寺占有,使本来可耕地缺乏的泉州雪上加霜。《温陵开元寺志》载:开元寺有晋江县原额田地山九十五顷八亩三分,南安县原额田山九十顷六十五亩二分,惠安县原额田地三十六顷一十六亩,同安县原额田地四十亩四厘一毫,安溪县原额田地十六顷七十三亩六分,永春县原额田地十顷二十九亩五分,仙游县原额田地一十五顷六亩五分,莆田县原额田地三顷七十六亩三分,龙溪、长泰二县原额田地五顷二十四亩六钱。总计约为二百七十三顷三十九亩。④《十国春秋》记载:闽王王延钧"弓量田土第为三等,膏腴上等以给僧道(因有寺田之名),其次以给土著,又其次以给流寓"。⑤ 上好的膏腴之地都成了寺田。第二是大量劳动力流失为僧尼。《十国春秋》又记载:王延钧曾一次"度民两万为僧,由是闽地多僧"。⑥ 其中泉州所占的比例应不少。入宋后,这种现象还是比较严重,上文所提到《元丰类稿》的记载便是明证。第三是钱财大量涌入佛寺。比如道光《晋江县志》载:五代晋江人义英,"出家开元浴宝院。闽王王审知造金银二藏经,闻英善笔札,征之缮写,厚施以奖劳"。而义英得到奖赏后,用这笔钱买了三十亩地捐给寺院。⑦ 这样的例子

---

① 兰惠英:《古代福建佛教的海洋传播》,福州:福建教育出版社,2018年,第134页。
② 陈景富:《中韩佛教关系一千年》,北京:宗教文化出版社,1999年,第402页。
③ 魏常海:《中华佛教史·中韩佛教交流史卷》,太原:山西教育出版社,2012年,第193～194页。
④ (明)释元贤著,吴幼雄、杨清江点校:《温陵开元寺志》,北京:商务印书馆,2019年,第46～48页。
⑤ (清)吴任臣撰:《十国春秋》,北京:中华书局,1983年,第1323页。
⑥ (清)吴任臣撰:《十国春秋》,北京:中华书局,1983年,第1323页。
⑦ (清)周学曾等纂修:道光《晋江县志》,福州:福建人民出版社,1990年,第1389页。

不胜枚举。同时,官方支持的力度也很大。《五国故事》载:闽王王延钧即位当天,穿上礼服,戴上礼冠后,"遂恍惚不能自知,久之方苏。乃心许饭僧三百万,缮经三百藏。寻而稍安,乃讫其礼"。① 花钱消灾,一次性给三百万。吴幼雄先生在《泉州宗教文化》一书中指出:"宋代,泉州的佛教寺院因经济雄厚,做了不少社会公益事业,特别是僧人造桥尤其突出。……宋代泉州十座著名大石桥的兴建和修建,有七座与佛教僧人有关。"②

更重要的是这种万众迷佛,造成了一些社会不良习俗的形成,阻碍了儒学思想的传播。为此,思想上已完成从佛到儒转变的朱熹实在看不下去了,淳熙年间(1174—1189),他专门写了《释氏论》,表达了自己的看法,"如结坛颂咒、二十五轮之类,以至于大力金刚、吉盘荼鬼之属,则其粗鄙俗恶之状,校之首章重玄极妙之指,盖水火不相入矣"。③ 淳熙十六年(1189),朱熹知漳州,采取了严厉的抑佛措施。光绪《漳州府志》载:"男女聚僧庐,为传经会,女不嫁者,私创庵舍以居。始严禁之,俗为大变。"④

因此,正如《泉州历史上的人与事》一书所指出的:"对于'泉南佛国'这个称谓,是当冷静审视的,将它视为泉州佛教盛行的标志,那还说得过去。倘若一味将它当作骄傲与自豪的标准,恐怕就不是很恰当了。"⑤实际上,《温陵开元寺志·重刻序》一文中也称:"夫泉南佛国,名播寰中。循名核实,则岂仅僧多有德之俦,亦必俗尚无为之化,故以称焉。"⑥作者的意思非常明确,泉州之所以能称为"佛国",不仅仅是因为佛教兴盛,"亦必俗尚无为之化",与风俗民情有关。

"满街都是圣人"最早见于王阳明的《传习录》。《传习录》云:"一日,王汝止出游归,先生问曰:'游何见?'对曰:'见满街都是圣人。'先生曰:'你看满街人都是圣人,满街人倒看你是圣人在。'"⑦王阳明认为:"圣人之所以为

---

① 佚名:《五国故事》,北京:中华书局,1991年,第14页。
② 吴幼雄:《泉州宗教文化》,厦门:鹭江出版社,1993年,第135页。
③ (宋)朱熹著,郭齐、尹波编注:《朱熹文集编年评注》,福州:福建人民出版社,2019年,第5040页。
④ (清)沈定均修:光绪《漳州府志》,北京:中华书局,2011年,第1164页。
⑤ 陈笃彬、苏黎明:《泉州历史上的人与事》,济南:齐鲁书社,2010年,第192页。
⑥ (明)释元贤著,吴幼雄、杨清江点校:《温陵开元寺志》,北京:商务印书馆,2019年,第4页。
⑦ 陈荣捷:《王阳明〈传习录〉详注集注》,重庆:重庆出版社,2017年,第289页。

圣,只是其心纯乎天理,而无人欲之杂。……故曰'人皆可以为尧舜'者以此。"①佛国必须建立在"满街都是圣人"的基础上,这应该是撰写"此地古称佛国,满街都是圣人"对联的"昔贤"对当时泉州人的期望。也许只有把蔡清、黄河清等人所理解的"佛国",与王阳明心目中的"圣人"联系起来,才是古代泉州人世代相传的"泉南佛国"的真正含义。

(原载《闽台缘文史集刊》2022年第1期)

---

① 陈荣捷:《王阳明〈传习录〉详注集注》,重庆:重庆出版社,2017年,第94~95页。

《四库全书》泉人理学著述考论

《中国大百科全书》载:理学为"中国宋元明清时期以讨论理气、心性等问题为核心的哲学思潮"。①《中国大百科全书》又记载:《四库全书》是"中国官修大型手写本综合性丛书。乾隆四十六年(1781)十二月修成,按经、史、子、集分类,故名。共收书 3503 种,79337 卷,约 9.97 亿字,装订成 3.6 万册,6700 余函"。② 泉州理学著述肇始于宋,兴盛于明,沿袭于清,是泉州古代著述的重要组成部分,也是泉州古代著述的一大特点。在泉州历代著述中,共有 29 人的 54 部著作被收入《四库全书》,其中有 8 人的 24 部理学著述,约占收入著者的 28%、收入著述的 44%。了解这些著述的情况,对于了解泉州明清时期成为理学研究重镇是很有帮助的。

《四库全书》宋代泉人理学著述考论

宋代是泉人理学研究的肇始时期,《四库全书》收入宋代泉人著述有 18 部,其中理学著述 3 部,约占比 17%。

一是曾恬的《上蔡语录》。曾恬,字天隐,南宋泉州人,绍兴中官至大宗正丞。乾隆《泉州府志》载:曾恬,"字天隐,晋江人,公亮玄孙。少从杨龟山、谢上蔡、陈了翁、刘元成诸贤游,为存心养性之学"。③ 曾恬著有《上蔡语录》

---

① 《中国大百科全书》总编委会:《中国大百科全书》第 14 册,北京:中国大百科全书出版社,2009 年,第 5 页。
② 《中国大百科全书》总编委会:《中国大百科全书》第 21 册,北京:中国大百科全书出版社,2009 年,第 146~147 页。
③ (清)怀荫布修:乾隆《泉州府志》卷四十一,泉州:泉州市地方志编纂委员会办公室,1984 年,第 25 页。

145

三卷、《孝类书》二卷。①

《上蔡语录》三卷收入《四库全书·子部·儒家类》,底本为浙江巡抚采进本。《四库全书总目》称:"盖良佐之学,醇疵相半。朱子于《语录》举其疵,于《祠记》举其醇,似矛盾而非矛盾。和而观之,良佐之短长可见矣。"②

《上蔡语录》是曾恬与胡安国合作,辑录谢良佐的理学言论。谢良佐(1050—1103),字显道,河南上蔡人,元丰八年(1085)登进士第,程颐、程颢的得意门人,对程颐、程颢理学思想有诸多阐发。谢良佐创造了上蔡学派,此学派最大的特点是为程、朱理学的发展发挥了桥梁作用。胡安国(1074—1138)亦是南宋初年的理学家。曾恬与胡安国编辑此书,意在使人们对谢良佐的理学思想有更全面的了解。书成之后,朱熹又做过增删,将他认为不能体现谢良佐理学本旨的言论予以删除,同时增加了一些内容。绍兴二十九年(1159),朱熹出监潭州南岳庙时为此书写了后序。③ 黄宗羲在《宋元学案》中云:"程门高弟,予窃以上蔡为第一,《语录》尝累手录之。语者谓'道南'一派,三传而出朱子,集诸儒之大成,当等龟山于上蔡之上。不知一堂功力,岂因后人为轩轾!且朱子之言曰:'某少时妄志于学,颇借先生之言以发其趣。'则上蔡固朱子之先河也。"④

《增订四库简明目录标注》载:《上蔡语录》有"朱子遗书本、明刊本"。⑤惜已佚。除《四库全书》本外,现存还有《上蔡语录》一卷《罗卷汇编》(乐山堂全集),道光十四至二十二年(1834—1842)善化曾氏刻本,藏中国科学院图书馆、上海图书馆。⑥

二是吕大奎的《春秋或问》《春秋五论》。吕大奎(1226—1276),字圭叔,号朴乡,南安县人。淳祐七年(1247)进士,官至崇政殿说书。乾隆《泉州府志》载:"蒲寿庚降元,胁大奎署降表,不从。有门人为管军总管扶出之,泥封

---

① (清)怀荫布修:乾隆《泉州府志》卷七十四,泉州:泉州市地方志编纂委员会办公室,1984年,第4页。
② (清)永瑢等撰:《四库全书总目》,北京:中华书局,1965年,第779页。
③ (宋)谢良佐撰,曾恬、胡安国录,朱熹删定:《上蔡语录》,《影印文渊阁四库全书》第698册,台北:台湾商务印书馆,1983年,第591~592页。
④ (清)黄宗羲:《宋元学案》,北京:中华书局,1986年,第917页。
⑤ (清)邵懿辰撰:《增订四库简明目录标注》,台北:世界书局,1967年,第389页。
⑥ 中国古籍总目编纂委员会编:《中国古籍总目·丛书部》,北京:中华书局,上海:上海古籍出版社,2012年,第1037页。

所著书一室,逃入海。寿庚遣兵追及,问其姓名不答,怒杀之,年四十九。"①
吕大奎拜朱熹得意门生陈淳的门人杨昭复为师,潜心理学研究,著述颇丰。

《春秋或问》二十卷,附《春秋五论》一卷,收入《四库全书·经部·春秋类》,底本为两江总督采进本。《四库全书总目》称:"大奎所论,于三家得失,实属不诬。视诸家之弃传谈经,固迥然有别……程端学尝称,《五论》明白正大,而所引《春秋》事,时与经意不合。今考《或问》之中,与经意亦颇有出入。大概长于持论而短于考实。然大奎后于德祐初由兴化迁知漳州,未行而元兵至。沿海都制置使蒲寿庚举城降,大奎抗节遇害。其立身本末,皎然千古,可谓深知《春秋》之义。其书所谓明分义、正名实、著几微,为圣人之特笔者,侃侃推论,大义凛然,足以维纲常而卫名教,又不能以章句之学锱铢绳之矣。"②

《春秋或问》《春秋五论》承继了朱熹的思想并有所发明。比如在"然则孔子何以作《春秋》"一问中,吕大奎评论道:"其文则修,其义则作。孔子病天下之是非、邪正贸乱而不明也。天下之是非、邪正贸乱而不明,则是人心之恻隐、羞恶者无复存也。人心之恻隐、羞恶者无复存,则是天下不复有人道也。天下不复有人道,则是造化生生之理遂息灭而不复运也。孔子天理之所在,而讵敢以自安乎?《春秋》虽欲不作,恶得而不作?"③这与朱熹的看法是一致的。而吕大奎评《春秋》不拘泥于前人定论,人云亦云,亦有自己的见解。比如吕大奎认为:"故尝以为三传要皆失实,而失之多者,莫如《公羊》。"④在三传之中,吕大奎认为《左传》及《穀梁传》值得推崇。《春秋或问》《春秋五论》得到时人的赞赏。其弟子,曾任潮州元公书院堂长的何梦申在《春秋或问跋》中写道:"诸士有以《春秋》请问者,先生出《五论》示之,咸骇未闻,因并求全稿。先生又出《集传》《或问》二书,盖本文公之说而发明之。有《五论》以开其端,有《集说》以详其义,又有《或问》以极其辩难之指归,而《春

---

① (清)怀荫布修:乾隆《泉州府志》卷四十一,泉州:泉州市地方志编纂委员会办公室,1984年,第51页。
② (清)永瑢等撰:《四库全书总目》,北京:中华书局,1965年,第224页。
③ (宋)吕大奎撰:《春秋或问》,《影印文渊阁四库全书》第157册,台北:台湾商务印书馆,1983年,第480页。
④ (宋)吕大奎撰:《春秋或问》,《影印文渊阁四库全书》第157册,台北:台湾商务印书馆,1983年,第676页。

秋》之旨明白矣。"①

元军进犯泉州，吕大奎将所有著述泥封一室，后被毁，著述散失。乾隆《泉州府志》载："独其门人所传《学易管见》《春秋或问》《论孟集解》《易经集解》行于世。"②除《四库全书》本外，现存还有《春秋五论》一卷，明隆庆元年(1567)姚咨茶梦斋抄本，藏中国国家图书馆；《春秋或问》二十卷，《春秋五论》一卷，有通志堂经解本(康熙刻、同治刻、日本文化刻)。③

《四库全书》明代泉人理学著述考论

明代是泉人理学研究的兴盛时期，《四库全书》收入明代泉人著述7部，其中理学著述3部，约占比43%。

一是蔡清的《易经蒙引》《四书蒙引》。蔡清(1453—1508)，字介夫，号虚斋，明晋江县府城曾井铺(今属泉州市鲤城区)人，成化十三年(1477)解元，成化二十年(1484)进士，历官至江西提学副使。蔡清登进士第后，"即乞假归讲学"，后"得礼部祭祠主事"。王恕执掌吏部，"重清，调为稽勋主事……清乃上二札：一请振纲纪，一荐刘大夏等三十余人。恕皆纳用"。不久"以母忧归"，后又"乞假养父"，"家居授徒不出"。正德改元后，"即家起江西提学副使"。因宁王做法不符合礼制，"遂乞休"。后"起清南京国子监祭酒，命甫下，而清已卒"。④蔡清虽有入仕的经历，但一生大部分时间是在泉州讲学和著述。《明史》载："蔡清少走侯官，从林玭学易，尽得其肯綮。"⑤蔡清著述颇丰。

《易经蒙引》十二卷，收入《四库全书·经部·易类》，底本为江苏巡抚采进本。《四库全书总目》称："是书专以发明朱子本义为主，故其体例以本义与经文并书，但于本义每条之首加一圈以示别，盖尊之亚于经也。然实多与

---

① (宋)吕大奎撰：《春秋或问》，《影印文渊阁四库全书》第157册，台北：台湾商务印书馆，1983年，第664页。

② (清)怀荫布修：乾隆《泉州府志》卷四十一，泉州：泉州市地方志编纂委员会办公室，1984年，第52页。

③ 中国古籍总目编纂委员会编：《中国古籍总目·经部》，北京：中华书局，上海：上海古籍出版社，2012年，第638页。

④ (清)张廷玉等撰：《明史》，上海：上海古籍出版社、上海书店，1986年，第788页。

⑤ (清)张廷玉等撰：《明史》，上海：上海古籍出版社、上海书店，1986年，第788页。

本义异同……不肯委曲附和……朱子不全从程《传》,而能发明程《传》者莫若朱子。清不全从《本义》,而能发明《本义》者莫若清。醇儒心得之学,所由与争门户者异欤。"①

吴焯在《绣谷亭薰习录》一书中指出:《易经蒙引》"发明朱子之学,救偏补阙,盖本义文疏耳,虽皆出于诸儒经说,而撷拾无遗。谓为紫阳之功臣,洵无愧焉。"②这种评价是比较客观的。《易经蒙引》的最大特点就是以朱子的《本义》为主,但不拘泥于《本义》而多有发明。比如蔡清赞成朱熹的观点,认为《易》模写天地之理,但在此基础上,蔡清提出了"吾身之易",认为《易经》之易,应该是"天地之易"与"吾身之易"的折射。在承继了朱子《易》为卜筮之书说的基础上,蔡清主张"《易》以道义配祸福",云:"《易》虽主卜筮,然以道义配祸福,与他术数书不同,所以为经也,故无不效。昔晋何晏闻管辂明易数,请与论易。邓飏在座,请作一卦,当至三公不? 又问:'连梦青蝇数十来集鼻上。'辂告知曰:'元凯辅舜,周公佐周,皆以和惠谦恭享有多福。今君侯位尊势重,而怀德者鲜,畏威者众,殆非小心永福之道。愿君侯哀多益寡,非礼勿履,则三公可至,青蝇可驱也。'后二人皆坐事诛夷。"③蔡清借用三国时术士管辂的典故来阐明"《易》以道义配祸福"的道理。为此蔡清认为:"辂以易数名,而其言如此,是知以道义配祸福者矣。当老庄虚浮之世,而有如此等人物,亦豪杰之士哉! 愚尝谓上有天,下有地,中有人。天有时,地有利,人有为,人为之功用亦大矣。人为之善者,或能吉其凶。其不善者,则能凶其吉。愚故录辂之言,以正《易》道之门户也。"④

《明史》记载:"嘉靖八年(1529),其子推官存远以所著'易经'、'四书'蒙引进于朝,诏为刊布。"⑤除《四库全书》本外,现存版本有《易经蒙引》十二卷,明嘉靖八年(1529)建阳书坊刻本,藏中国国家图书馆;明万历三十八年(1610)彭刻本,藏北京师范大学图书馆、南京图书馆等处;明万历间敖鲲翻刻林希元本,藏北京大学图书馆、美国哈佛大学燕京图书馆等处;明末刻本,

---

① (清)永瑢等撰:《四库全书总目》,北京:中华书局,1965年,第28页。
② (清)吴焯:《绣谷亭薰习录》,北京:中华书局,1995年,第537页。
③ (明)蔡清撰:《易经蒙引》,《影印文渊阁四库全书》第29册,台北:台湾商务印书馆,1983年,第10页。
④ (明)蔡清撰:《易经蒙引》,《影印文渊阁四库全书》第29册,台北:台湾商务印书馆,1983年,第10~11页。
⑤ (清)张廷玉等撰:《明史》,上海:上海古籍出版社、上海书店,1986年,第788页。

藏中国科学院图书馆、日本静嘉堂等处。《补订虚斋旧读易经蒙引》八卷,明朱柏庐辑,清末民国抄本,藏中国国家图书馆。[1]

《四书蒙引》十五卷,《别附》一卷,收入《四库全书·经部·四书类》,底本为江苏巡抚采进本。《四库全书总目》云:"清人品端粹,学术亦醇。此书虽为科举而作,特以明代崇尚时文,不得不尔。至其体认真切,阐发深至,犹有宋人讲经讲学之遗。未可以体近讲章,遂视为揣摩弋获之书也。"[2]

《四书蒙引》以朱熹《四书集注》的基本观点,对如何学习掌握四书进行系统的阐述。比如朱子在《大学章句序》中云:"三代之隆,其法浸备,然后王宫、国都以及闾巷,莫不有学。"[3]为了让人们能够更好地理解朱子之意,蔡清写道:"大抵王宫、国都皆有小学,闾巷唯有小学无大学。长乐陈氏曰:'夫诸侯之学,小学在内,大学在外。故《王制》小学在公宫南之左,大学在郊,以其选士由内以升外,然后达于京故也。天下之学,小学居外,大学居内。故《文王世子》言:'凡语于郊,然后于成均取爵于上尊,以其选士由外以升于内,然后达于朝故也。'语于郊,本注云:'论辩学士才能于郊学之中也。'"[4]由于蔡清的解释,人们对于古代学校设置的情况就一目了然了。

《四书蒙引》的问世可谓一波三折。完成初稿后,稿件丢失,蔡清重写,后旧稿又找回。蔡清想就二书稿删正成一书,但没有时间完成。直到嘉靖中武进庄煦才根据两份书稿,"刊削冗复,十去三四,辑成一书而刊之"。《明史》记载:"嘉靖八年(1529)诏为刊布。"除《四库全书》本外,现存版本有《虚斋蔡先生四书蒙引初稿》十五卷,明正德十五年(1520)李埕刻本,藏天一阁(存卷一至六、八至十四);明刻本,藏日本静嘉堂。《蔡虚斋先生四书蒙引》十五卷,明嘉靖六年(1527)刻本,藏北京大学图书馆、复旦大学图书馆等处;明万历十五年(1587)吴同春刻本。藏中国国家图书馆、清华大学图书馆等处;明万历间刻本,藏山东省图书馆;崇祯二年(1629)刻本,藏日本大谷大学图书馆;崇祯八年(1635)刻本,藏日本内阁图书馆、日本静嘉堂等处;清光绪

---

[1] 中国古籍总目编纂委员会编:《中国古籍总目·经部》,北京:中华书局,上海:上海古籍出版社,2012年,第98页。

[2] (清)永瑢等撰:《四库全书总目》,北京:中华书局,1965年,第302页。

[3] (宋)朱熹著,郭齐、尹波评注:《朱熹文集编年评注》,福州:福建人民出版社,2019年,第3707页。

[4] (明)蔡清撰:《四书蒙引》,《影印文渊阁四库全书》第206册,台北:台湾商务印书馆,1983年,第11页。

十八年(1892)蔡群英刻本,藏北京大学图书馆、上海图书馆。《蔡虚斋先生四书蒙引》十五卷,明宋兆禴重订明刻本,藏北京大学图书馆、首都图书馆等处;明大业堂刻本,藏复旦大学图书馆。①

二是林希元的《易经存疑》。林希元(1482—1566),字茂贞,号次崖,明泉州同安县山头村(今属厦门市翔安区)人,正德十二年(1517)进士,官至广东提学佥事。《大同志》载:"公读书迟而甘刻苦,至研理释义,尤极专精。"②林希元为官及辞官后,长期从事教学和著述,学术精湛,声誉卓著,是明代著名的理学家和教育家。明人蔡献臣云:"正德丁丑榜,吾泉最号得人,学宪公琛,襄惠公岳,而大理寺丞次崖林公希元也。三先生皆精于经学,以文章气节名一时,而作用不同,际遇亦异,甚为学士所宗,而称我明人物第一流则一云。"③林希元著述颇丰。

《易经存疑》十二卷,收入《四库全书·经部·易类》,底本为福建巡抚采进本。《四库全书总目》云:"研究义理,持论谨严,比古经师则不足,要犹愈于剽窃庸肤为时文弋获之术者。盖正嘉以前儒者犹近笃实也。"④

《易经存疑》是林希元的代表作,是明代泉州继蔡清《易经蒙引》之后关于《易经》研究的又一部重要著作。《明史》载:林希元"所著《存疑》等书,与琛所著《易经通典》《四书浅说》,并为举业所宗"。⑤ 是书以朱熹的本义为主旨,大量引用蔡清《易经蒙引》的观点,而对朱熹及蔡清没讲清楚的某些问题加以阐述,进一步丰富了朱子理学思想,故曰"存疑"。比如对《大畜》卦辞的解释,朱熹在《原本周易本义》中写道:"以艮畜乾,又畜之大者也。又以内乾刚健,外艮笃实辉光,是以能日新其德,而畜之大业。"⑥蔡清写道:"大阳也,艮畜乾,艮是阳,非若小畜之以巽畜乾也,故为大畜。况以艮畜乾,其所畜者,乾也。又畜之大者也。又内刚健,外笃实辉,内外合德,其德日新,而为

---

① 中国古籍总目编纂委员会编:《中国古籍总目·经部》,北京:中华书局,上海:上海古籍出版社,2012年,第862页。
② (清)朱珍奇修:《大同志》,福州:海峡书局,2018年,第201~202页。
③ (明)蔡献臣撰:《清白堂稿》,厦门:厦门大学出版社,2012年,第106~107页。
④ (清)永瑢等撰:《四库全书总目》,北京:中华书局,1965年,第29页。
⑤ (清)张廷玉等撰:《明史》,上海:上海古籍出版社、上海书店,1986年,第788页。
⑥ (宋)朱熹撰:《原本周易本义》,《影印文渊阁四库全书》第12册,台北:台湾商务印书馆,1983年,第646页。

之畜之大也。"①而林希元在《易经存疑》中写道:"《大畜》之义有三:艮畜乾大者畜也,是一义;所畜者乾,又畜之大,是一义;内乾刚健,外艮笃实辉光,日新其德,为畜之大,是一义。"②三者比较,李育富先生认为:"较之朱子过简,蔡清之过繁,希元则适得其中,较为准确地阐明了《本义》见解。"③林希元在《易经存疑·序》中写道:"学者沿传求经,沿经求道,精思力践,深造自得……其或片词只翰,未协皇坟,千贤一失,容或有焉……今必下视程、朱,则吾之说焉能有易于彼?无则上宗郑、贾,郑、贾之说其可施于今乎?是故昔贤传注,庸可厚非?今之君子,我未之信也。"④说明了命名《易经存疑》的意义所在。

根据林希元在《易经存疑序》中所言,可以判定此书首刊于嘉靖二十年(1541)。除《四库全书》本外,现存还有《易经存疑》十二卷,明万历二年(1574)书林林有梧刻本,藏中国国家图书馆、北京大学图书馆;清康熙十七年(1678)仇兆鳌刻本,藏中国国家图书馆、北京大学图书馆等处。⑤

《四库全书》清代泉人理学著述考论

清代是泉人理学研究的沿袭时期,《四库全书》收入清代泉人著述25部,其中理学著述17部,约占比68%。

一是李光地的《周易通论》《周易观象》《尚书解义》《诗所》《朱子礼纂》《大学古本说》《中庸章段论》《中庸余论》《读〈论语〉札记》《读孟子札记》《注解正蒙》《榕村语录》。李光地(1642—1718),字晋卿,号厚庵,又号榕村,泉州安溪县湖头人。康熙九年(1670)进士,累官至吏部尚书、文渊阁大学士。在协助康熙平定三藩之乱,以及促成统一台湾诸方面,发挥了极为重要的作

---

① (明)蔡清撰:《易经蒙引》,《影印文渊阁四库全书》第29册,台北:台湾商务印书馆,1983年,第273页。
② (明)林希元撰:《易经存疑》,《影印文渊阁四库全书》第30册,台北:台湾商务印书馆,1983年,第348页。
③ 李育富:《论林希元〈易经存疑〉对〈周易本义〉的注疏价值》,《信阳师范学院学报(哲学社会科学版)》2013年第4期,第28~31页。
④ (明)林希元撰:《易经存疑》,《影印文渊阁四库全书》第30册,台北:台湾商务印书馆,1983年,第197页。
⑤ 中国古籍总目编纂委员会编:《中国古籍总目·经部》,北京:中华书局,上海:上海古籍出版社,2012年,第100页。

用。李光地既是政治家,又是大学者。他遍读群经,儒学经传,诸子百家、历数、兵法、水利、律吕、音韵等,无不旁涉会通,得其要领。[1] 李光地著述颇丰,有十二部理学著述收入《四库全书》。

《周易通论》四卷,收入《四库全书·经部·易类》,底本为两江总督采进本。《四库全书总目》云:"是书综论《易》理,各自为篇……无不条析其义,而推明其所以然,在宋学中可谓融会贯通,卓然成一家之说。"[2]

《周易通论》是李光地晚年的易学之作,为此李光地首先对《易经》起源的探索作了一个归纳,正本清源。李光地认为:"八卦之名,为伏羲所命""六十四卦之名,为文王所命""系爻固文公之义,而周公成之与""夫子赞《易》曰《十翼》"。然后,李光地又对"四贤"在易学研究上所做出的贡献进行了评价:"间尝论《易》之源流,四圣之后,四贤之功为不可掩。盖自周子标'太极'之指,邵子定'两仪'以下之次,而伏羲之意明。程子归之于性命、道德之要,其学以尚辞为先,而文、周之理得。朱子收而兼用之,又特揭卜筮以存《易》之本教,分别象占以尽《易》之变通。于是乎由孔圣以追羲、文,而《易》之道粲然备矣。"[3]"四圣"指的是伏羲、文王、周公、孔子,而"四贤"指的是周敦颐、邵雍、程颐、朱熹。李光地赞同朱熹的"卜筮之说",云:"朱子深探其本,作《本义》一编,专归卜筮。然而至今以为訾謷,盖恐狭易之用、小《易》之道,而使经为伎术者流也。殊不知《易》之用,以卜筮而益周。《易》之道,以卜筮而益妙。而凡经之象数辞义,皆以卜筮观之而后可通,初非小技末术之比也。"[4]为此李光地总结道:"是故朱子之大有功于《易》,卜筮之说也。有得于此,然后可以言洁静、精微之要。"[5]

据《文贞公年谱》所载,此书完成于康熙五十一年(1712)。[6] 除《四库全书》本外,现存还有《周易通论》四卷,清康熙间李氏教忠堂刻本,藏中国国家

---

[1] 陈笃彬、苏黎明:《泉州古代著述》,济南:齐鲁书社,2008年,第261～262页。
[2] (清)永瑢等撰:《四库全书总目》,北京:中华书局,1965年,第38页。
[3] (清)李光地撰:《易经通论》,《影印文渊阁四库全书》第42册,台北:台湾商务印书馆,1983年,第537～538页。
[4] (清)李光地撰:《易经通论》,《影印文渊阁四库全书》第42册,台北:台湾商务印书馆,1983年,第539页。
[5] (清)李光地撰:《易经通论》,《影印文渊阁四库全书》第42册,台北:台湾商务印书馆,1983年,第539页。
[6] (清)李光地撰,陈祖武点校:《榕村全书》第十册,《文贞公年谱》,福州:福建人民出版社,第93页。

图书馆;清初刻本,藏东北师范大学图书馆;清道光七年(1827)刻、宝翰楼印本,藏中国国家图书馆、上海图书馆。《周易通论》二卷,清慎厥堂刻本,藏山东省图书馆。①

《周易观彖》十二卷,收入《四库全书·经部·易类》,底本为浙江巡抚采进本。《四库全书总目》称:"盖尊信古经,不敢窜乱,犹有汉儒笃守之遗。其大旨虽与程、朱二家颇有出入,而理足相明,有异同而无背触也。"②

是书使用通行注疏本为底本,采用以传附经的编排方式,"这是李光地继承汉费直以传解经的传统,以及魏王弼《周易注》、唐孔颖达《周易正义》、宋程颐《伊川易传》的处理方式,而未采取《周易折中》,遵循朱熹《周易本义》使用的经、传分离的编排方式"。③《御纂周易折中》奉旨而作,必须遵循康熙的意愿,而《周易观彖》是李光地自己的易学之作,可以表达自己易学思想,为此李光地就采用了以传附经的编排方式。是书贯穿了"以性为本"的理念。程、朱理学主张"以理为本",而陆、王心学提出"以心为本",李光地在各取所长的基础上提出了"以性为本"。李光地云:"故宜为之说曰,理即性也。言气之中有亘古不已之性,是之谓理,不可以以气为理也。"④李光地认为天地之性本是善的,人秉天地之性,所以本性也是善的。但由于"气异质殊",受到外界的影响,就有了不善的存在。在解释"中孚"之卦时,李光地指出:"二阴在内,四阳在外。凡中虚之物,有感于外,则化生于其中。盖其中虚者,实理具足,故感于外而生于中,非由外铄我也。人心之性,感物发动,理亦如是。'孚'之为字,从爪、从子。鸟之覆卵,气自外入,形从中化。内外之感,'中孚'之义。"⑤通过释'中孚'卦,李光地强调了后天学习的重要性,强调了"以性为本"的理念。

根据《文贞公年谱》所载,是书完成于康熙五十三年(1714)。⑥ 除《四库

---

① 中国古籍总目编纂委员会编:《中国古籍总目·经部》,北京:中华书局,上海:上海古籍出版社,2012年,第130页。
② (清)永瑢等撰:《四库全书总目》,北京:中华书局,1965年,第38页。
③ (清)李光地撰,梅军校笺:《周易观彖校笺》,北京:中华书局,2021年,第7页。
④ (清)李光地撰,陈祖武点校:《榕村全书》第八册,《榕村全集》,福州:福建人民出版社,2013年,第186页。
⑤ (清)李光地撰:《易经观彖》,《影印文渊阁四库全书》第42册,台北:台湾商务印书馆,1983年,第758~759页。
⑥ (清)李光地撰,陈祖武点校:《榕村全书》第十册,《文贞公年谱》,福州:福建人民出版社,第93页。

全书》本外,现存还有《周易观象》十二卷,清康熙间李氏教忠堂刻本、清康熙五十三年(1714)南丰汤氏刻本,藏中国国家图书馆;清乾隆间浙江刻本,藏四川省图书馆;清嘉庆九年(1804)南城梅照壁刻本,藏山东省图书馆、辽宁省图书馆等处;清嘉庆十九年(1814)魁元堂刻本藏南京图书馆;清道光七年(1827)刻宝翰楼印本藏中国国家图书馆、上海图书馆等处;清安溪李氏重刻本藏南京图书馆。《周易观象》不分卷,清康熙五十一年(1712)武强刘谦抄本,藏北京大学图书馆。[1]

《尚书解义》一卷,收入《四库全书·经部·书类》,底本为两江总督采进本。《四库全书总目》称:"是书仅解尧典、舜典、大禹谟、皋陶谟、益稷、禹贡、洪范七篇,盖未竟之本。所说不以训诂为长,辞旨简约而多有精义。"[2]

是书体现出对《古文尚书》的回护。《今文尚书》是汉代博士伏生所传,《古文尚书》为鲁恭公从孔子宅壁中所得,经孔安国整理。王寅在《李光地与清初经学》一书中指出:"李光地站在辩伪派的反面,坚定维护伪《古文尚书》,认为伪《古文尚书》'不可疑也'。他从伪《古文尚书》的序文、文字、篇目及内容等几个方面论证了伪《古文尚书》的真,尤其是反驳了以朱熹为代表辩伪派的许多说法,在学术史上具有相当的意义。"[3]比如李光地认为:"《书》别古今文者,《书》本百篇,方秦焚经,伏生壁藏之。及汉初禁除,求之才得二十八篇,以教授齐鲁间,文帝遣晁错从受焉。然错不识科斗,而生不通隶字,以口相传,齐语多难晓者,错用意属读而已。后武帝时孔壁书处百篇虽具而科斗亦无知者,以伏生书参对求之又得二十余篇。错受经后定为隶书,故曰今文,孔壁书则三代六书之体可见,故曰古文。"[4]是书解说重在义理。比如对于《洪范》篇,李光地认为:"《洪范》者,大法也,意即《顾命》所谓'大训'者也。河出图,洛出书,圣人则之。其学皆兴于殷之末世,周人世守,与天球赤刀并列焉。"[5]对于洛书的真伪,用"大法""大训"等义理来说明其真实存在。

---

[1] 中国古籍总目编纂委员会编:《中国古籍总目·经部》,北京:中华书局,上海:上海古籍出版社,2012年,第130页。
[2] (清)永瑢等撰:《四库全书总目》,北京:中华书局,1965年,第104页。
[3] 王寅:《李光地与清初经学》,天津:天津古籍出版社,2019年,第83~84页。
[4] (清)李光地撰:《尚书七篇解义》,《影印文渊阁四库全书》第68册,台北:台湾商务印书馆,1983年,第109页。
[5] (清)李光地撰:《尚书七篇解义》,《影印文渊阁四库全书》第68册,台北:台湾商务印书馆,1983年,第134页。

李光地以义理解,"洛书也就与事物的本原联系起来。'参天两地'在他的思想中,含有本体论的意味,'万理、万象、万数'备矣,莫不自参天两地而来"。①

据《榕村谱录合考》载:《尚书七篇解义》完成于康熙五十七年(1718)。②除《四库全书》本外,现存还有《尚书七篇解义》二卷,清康熙间李氏教忠堂刻本,藏中国国家图书馆。③

《诗所》八卷,收入《四库全书·经部·诗类》,底本为福建巡抚采进本。《四库全书总目》称:"是编大旨不主于训诂名物,而主于推求诗意。……其言皆明白切实,足阐朱子未尽之义。"④

是书对朱子的诗说采取了扬长避短的态度。比如,李光地虽然赞同《郑》《卫》为"淫奔之诗",赞同"放郑声"之说,但认为郑诗可以保留。李光地写道:"论其分,则诗直述情事,而乐被以音容,故曰'兴于诗,成于乐'。郑诗可存也,而郑声必放。"⑤李光地"主张'放郑声'而保留郑诗,这样的看法也包括诗与乐的关系是'诗自诗,乐自乐',不可混淆。……从他对诗与乐的关系来看,他既同意朱熹的看法,也承认'不淫诗亦可以淫声歌之,淫诗亦可以不淫声歌之',同意吕祖谦'放郑声'之说。可见他对朱、吕诗说都有承继与批判。"⑥是书亦体现了李光地"以性为本"的思想。在序言中,李光地认为:"古者学校四术及孔门之教,皆以《诗》首,为其近在情性,察于伦理。而及其至也,光四海,通神明,率由是也。"⑦

据陈万策《诗所·序》可知,是书编写始于康熙五十六年(1717),完成于康熙五十七年(1718)。除《四库全书》本外,现存还有《诗所》八卷,清雍正六年李光植等刻本,藏中国国家图书馆、北京大学图书馆等处;清雍正六年

---

① 王寅:《李光地与清初经学》,天津:天津古籍出版社,2019年,第119页。
② (清)李光地撰,陈祖武点校:《榕村全书》第十册,《榕村谱录合考》,福州:福建人民出版社,第329页。
③ 中国古籍总目编纂委员会编:《中国古籍总目·经部》,北京:中华书局,上海:上海古籍出版社,2012年,第262页。
④ (清)永瑢等撰:《四库全书总目》,北京:中华书局,1965年,第132页。
⑤ (清)李光地撰:《诗所》,《影印文渊阁四库全书》第86册,台北:台湾商务印书馆,1983年,第31页。
⑥ 王寅:《李光地与清初经学》,天津:天津古籍出版社,2019年,第54页。
⑦ (清)李光地撰:《诗所》,《影印文渊阁四库全书》第86册,台北:台湾商务印书馆,1983年,第3页。

(1728)教忠堂刻本,藏北京文物局、南开大学图书馆等处;清抄本,藏湖南大学图书馆。①

《朱子礼纂》五卷,收入《四库全书·经部·礼类》,底本为江苏巡抚采进本。《四库全书总目》称:(是书)"分为五目,曰总论,曰冠昏,曰丧,曰祭,曰杂仪。缕析条分,具有统贯……类聚而区分之,使秩然有理,于学《礼》者亦为有功矣。"②

是书承继了朱子以《仪礼》为经的编纂方法。李光地在《朱子礼纂·总论》中引用了朱子《乞修三礼札子》所言:"故臣顷在山林,实与二三学者考订其说,欲以《仪礼》为经,而取《礼记》及诸经史杂书所载有及于礼者,皆以附于本经之下,具列注疏诸儒之说,略有端绪。"③受朱子的影响,在编纂《朱子礼纂》时,李光地尤其强调《仪礼》的重要性,以朱子的《仪礼经传通解》为经,综合朱子其他著述中有关礼的论述,分门别类,使其系统化。这种编纂方式无疑是比较科学的。是书强调礼的教化作用。比如关于"冠昏",《朱子礼纂》云:"问:冠昏之礼,如欲行之,当须使冠昏之人易晓其言,乃为有益。如三加之辞,出门之戒,若只以古语告之,彼将谓何?曰:'只以今之俗语告之,使之易晓乃佳。'"④在这里,朱子强调了履礼之中体现出来的重要意义,而明了其意义,比语言本身更为重要。

据《榕村谱录合考》载:是书完成于康熙四十六年(1707)。⑤除《四库全书》本外,现存还有《朱子礼纂》五卷,清雍正十一年(1733)教忠堂刻本,藏清华大学图书馆、浙江省图书馆。⑥

《大学古本说》一卷、《中庸章段论》一卷、《中庸余论》一卷、《读论语札记》二卷、《读孟子札记》二卷,收入《四库全书·经部·四书类》,底本为福建

---

① 中国古籍总目编纂委员会编:《中国古籍总目·经部》,北京:中华书局,上海:上海古籍出版社,2012年,第350页。
② (清)永瑢等撰:《四库全书总目》,北京:中华书局,1965年,第181页。
③ (清)李光地撰:《朱子礼纂》,《影印文渊阁四库全书》第142册,台北:台湾商务印书馆,1983年,第664~665页。
④ (清)李光地撰:《朱子礼纂》,《影印文渊阁四库全书》第142册,台北:台湾商务印书馆,1983年,第676页。
⑤ (清)李光地撰,陈祖武点校:《榕村全书》第十册,《榕村谱录合考》,福州:福建人民出版社,2013年,第280页。
⑥ 中国古籍总目编纂委员会编:《中国古籍总目·经部》,北京:中华书局,上海:上海古籍出版社,2012年,第514页。

巡抚采进本。《四库全书总目》称:"阐发精义尤多。……大旨皆主于寻求义理,宛转发明。"①

《四库全书》又称《大学古本说》《中庸章段论》《中庸余论》《读论语札记》《读孟子札记》为《榕村四书说》。② 是书提倡"《大学》古本说",在《大学古本说·序》中,李光地云:"《大学》古本,自二程兄弟所更既不同,朱子考订又异。学者尊用虽久,而元、明以来,诸儒谨守朱说者,皆不能允于心,而重有篡置者,又无足述也。愚思朱子所补,致知格物一传耳。然而诚意致知,正心诚意,其阙自若也。其诚意传文释体,迥然与前后诸章别,来学之疑,有由然已。余姚王氏古本之复,其号则善,而说义乖异,曾不如守旧者之安。欲为残经征信,不亦难乎?"③"《大学》古本说"并不是为了标新立异,而是认为程、朱等人对《大学》古本的修改,令人无法"深探其本旨"。是书体现了李光地朱陆兼采的学风。比如在解《公孙丑章句上》"是集义所生者,非义袭而取之也。行有不慊于心,则馁矣。我故曰告子未尝知义,以其外之也"时,李光地认为:"此句错说已久,大抵即以告子当义袭而取者。夫告子方外义而不事,而又安肯袭取夫气。原情而论,其非指告子,无疑也。陆象山、王余姚又将义袭二字倒说作袭义,谓掇拾剽掠义理于外者。其以告子外义当之者以此,其借之以议朱学者亦以此。故朱、陆当日,互以告子相訾謷也。其文义颠倒之谬,朱子已尝辩之。然《集注》于此句语气,亦未道破。故学者虽知'义袭'非说告子,又须另说一种人症候。"④从文中可以看出,李光地清醒地看到朱、陆之间的缺陷,陆、王"将义袭二字倒说作袭义","朱子已尝辩之。然《集注》于此句语气,亦未道破"。

据《榕村谱录合考》载:《四书解义》完成于康熙五十六年(1717)。除《四库全书》本外,现存还有《四书解义》六卷,清康熙五十九年(1720)居业堂刻本,藏湖北省图书馆、南京图书馆;《四书解义》(榕村四书说)七卷(《大学古本说》一卷,《中庸章段》一卷,《中庸余论》一卷,《读论语札记》二卷,《读孟子

---

① (清)永瑢等撰:《四库全书总目》,北京:中华书局,1965年,第304页。
② (清)李光地撰:《榕村四书说》,《影印文渊阁四库全书》第210册,台北:台湾商务印书馆,1983年,第1页。
③ (清)李光地撰,陈祖武点校:《榕村全书》第三册《四书解义》,福州:福建人民出版社,2013年,第16页。
④ (清)李光地撰:《榕村四书说》,《影印文渊阁四库全书》第210册,台北:台湾商务印书馆,1983年,第91~92页。

札记》二卷),清康熙五十九年(1720)居业堂刻、康熙六十一年(1722)增修本,藏中国国家图书馆、福建省图书馆等处。《大学古本说》一卷、《中庸章段论》一卷、《中庸余论》一卷、《读论语札记》二卷、《读孟子札记》二卷,清乾隆元年(1736)李清馥刻、嘉庆六年(1801)补刻本,藏上海图书馆、福建省图书馆等处。《四书解义》清道光五年(1825)刻,藏中国国家图书馆、中国科学院图书馆等处。①

《注解正蒙》二卷,收入《四库全书·子部·儒家类》,底本为江苏巡抚采进本。《四库全书总目》称:"疏通证明,多阐张子未发之意……于明以来诸家注释之中可谓善本矣。"②

是书"以程朱解张载",体现了李光地的独特见解。比如在解"太虚无形,气之本体"章时,李光地云:"言'太虚无形'之中,而'气之本体'存焉,即太极也。朱子《图解》云:'此所谓无极而太极也。所以动而阳,静而阴之本体也',正此意也。然周子谓之太极,而张子谓之太虚者,太极如性字,太虚如静字;太极如中字,太虚如未发字。"③为此张瑞元先生指出:"李光地避而不用张载的'太虚'范畴,却使用了朱子理学所常用的'太极'范畴,认为'气之本体'是太极。这显然是要用朱子理学的话语系统来诠释张载的哲学。"④

据《榕村谱录合考》载:是书完成于康熙三十九年(1700)。⑤《正蒙》二卷(李光地注),清初刻本,藏南京图书馆、吉林省图书馆;康熙间刻本,藏上海图书馆。清刻本藏中国国家图书馆、南京图书馆。⑥

《榕村语录》三十卷,收入《四库全书·子部·儒家类》,底本为福建巡抚采进本。《四库全书总目》称:"光地之学源于朱子,而能心知其意,得所变通,故不拘墟于门户之见。其诂经兼取汉、唐之说,其讲学亦酌采陆、王之

---

① 中国古籍总目编纂委员会编:《中国古籍总目·丛书部》,北京:中华书局,上海:上海古籍出版社,2012年,第1113页。
② (清)永瑢等撰:《四库全书总目》,北京:中华书局,1965年,第776页。
③ (清)李光地撰:《注解正蒙》,《影印文渊阁四库全书》第697册,台北:台湾商务印书馆,1983年,第337页。
④ (清)李光地撰,张瑞元点校:《注解正蒙》,北京:中华书局,2020年,第12页。
⑤ (清)李光地撰,陈祖武点校:《榕村全书》第十册,《榕村谱录合考》,福州:福建人民出版社,第245页。
⑥ 中国古籍总目编纂委员会编:《中国古籍总目·子部》,北京:中华书局,上海:上海古籍出版社,2012年,第74页。

义。而于其是非得失,毫厘千里之介,则辨之甚明,往往一语即决疑似。"①

是书为李光地门人徐用锡及其孙李清植所辑,包括经书总论及论四书八卷,论《易》《书》《诗》《三礼》《春秋》《孝经》九卷,论六子诸儒及诸子道统三卷,论史二卷,论学二卷,论性命理气二卷,论治道二卷,论诗文二卷等。② 比较全面地阐述了光地的理学思想,影响深远。光地把家乡安溪湖头的书屋命名为"榕村书屋",是书故取名《榕村语录》。有意思的是,李光地早年受陆王心学的影响,在讲学时不免流露出来,后人整理《榕村语录》时也尽量做了删除,但还是有一些痕迹可寻。比如在《大学》中,李光地提到:"陆象山《答赵咏道书》,引《大学》从'物有本末'起,至'格物'止,引得极精,两'物'字便是一个,把物之本末,事之始终,讲究明白,便知所先后。未有知本末始终,而尚倒置从事者……格物之说,至程朱而精,然'物有本末'一节,即是引起此意。物,事即物也。本末始终,即物中之理也。格之,则知所先后,而自诚意以下,一以贯之矣。象山陆子看得融洽,未可以同异忽之。"③李光地用"极精""看得融洽"等词,表示赞赏陆象山"格物致知"与"知所先后"融会贯通的观点。

据徐用锡跋,是书首刻于雍正十一年(1733)。除《四库全书》本外,现存还有《榕村语录》三十卷,乾隆间刻本、道光间刻本,藏中国国家图书馆。④

应该说明的是,康熙皇帝特诏李光地等大臣编纂的《御纂周易折中》《御纂性理精义》《御纂朱子全书》,李光地在奉敕编纂过程中发挥了重要作用。但这三本书主要体现了康熙帝的统治思想,为此本文不做考论。李光地著述结集刊印的有《李文贞公全集》(收入著述三十九种),乾隆元年(1736)李清植刻本(嘉庆六年补刻),藏上海图书馆、复旦大学图书馆等处;⑤《榕村全书》(重刻《榕村全集》《李文贞公全书》)收入著述三十二种,附十种,清道光

---

① (清)永瑢等撰:《四库全书总目》,北京:中华书局,1965年,第799页。
② 陈笃彬、苏黎明:《泉州古代著述》,济南:齐鲁书社,2008年,第264页。
③ (清)李光地撰:《榕村语录》,《影印文渊阁四库全书》第725册,台北:台湾商务印书馆,1983年,第9页。
④ 中国古籍总目编纂委员会编:《中国古籍总目·子部》,北京:中华书局,上海:上海古籍出版社,2012年,第141页。
⑤ 中国古籍总目编纂委员会编:《中国古籍总目·丛书部》,北京:中华书局,上海:上海古籍出版社,2012年,第1112页。

九年(1829)李文迪刻本,藏中国国家图书馆、中国科学院图书馆等处。[①]

二是李光坡的《周礼述注》《仪礼述注》《礼记述注》。李光坡(1651—1723),字耜卿,号茂夫,安溪人,李光地弟。《清史稿》载:李光坡"性至孝,家居不仕,潜心经术"。[②] 李光坡专攻《三礼》,先后撰写了《周礼述注》《仪礼述注》《礼记述注》,通称为《三礼述注》。

《周礼述注》二十四卷,收入《四库全书·经部·礼类》,底本为福建巡抚采进本。《四库全书总目》云:"光坡此书,不及汉学之博奥,亦不至如宋学之蔓衍。平心静气,务求理明而词达。于说经之家,亦可谓适中之道矣。"[③]

《周礼述注》是李光坡《三礼述注》中的第一部,他倾注心血,耗时二十年。是书"沉潜《注》《疏》,博证诸家"。李光坡在《授长孙清驹周礼跋》中写道:"吾初授周礼,无师友,又无明解,牵勉俗本,混沦读之,多不能句。沉潜《注》《疏》,博证诸家,辛勤四十年,乃敢章句分断。"[④]郑玄,东汉儒学家、经学家。其《三礼注》(《周礼注》《仪礼注》《礼记注》),虽原书佚,后人辑佚而部分保留,但历来为理学研究者所重视。贾公彦,唐代著名经学家。《四库全书总目》评其《周礼注疏》云:"公彦之疏,亦极博核,足以发挥郑学。《朱子语录》称:'《五经》疏中,《周礼疏》最好。'"[⑤]李光坡在编纂是书时,"沉潜《注》《疏》",说明了对《注》《疏》的高度重视。在卷首,李光坡注明其所引用治《周礼》的共有67家[⑥],"其搜讨之广、治学之勤及崇尚所在,于此可见矣"。[⑦] 是书精心安排刊刻体例。李光坡所作"刊刻凡例"共九条,从这九条可以看出,李光坡在字画、字音、字义上的考量以及朱子注例"居先"的思想,并为其后所编的《礼记述注》《仪礼述注》所沿用。

康熙四十三年(1704),李光坡完成是书初稿提交李光地审定。除《四库全书》本外,现存还有《周礼述注》二十四卷,清乾隆八年(1743)李氏清白堂

---

① 中国古籍总目编纂委员会编:《中国古籍总目·丛书部》,北京:中华书局,上海:上海古籍出版社,2012年,第1113页。
② 赵尔巽等修:《清史稿》,上海:上海古籍出版社、上海书店,1986年,第1100页。
③ (清)永瑢等撰:《四库全书总目》,北京:中华书局,1965年,第155页。
④ (清)李光坡撰:《皋轩文集》,《四库全书存目丛书·集部》第237册,济南:齐鲁书社,2001年,第144页。
⑤ (清)永瑢等撰:《四库全书总目》,北京:中华书局,1965年,第149页。
⑥ (清)李光坡著,陈忠义点校:《周礼述注》,北京:商务印书馆,2019年,第5~7页。
⑦ 林存阳:《清初三礼学》,北京:社会科学文献出版社,2002年,第205页。

刻本,藏中国国家图书馆、北京大学图书馆等处;清光绪三年(1877)刻本藏上海图书馆、南京图书馆等处。①

《礼记述注》二十八卷,收入《四库全书·经部·礼类》,底本为福建巡抚采进本。《四库全书总目》的评价是:"其论可谓持是非之公心,扫门户之私见,虽义取简明,不及郑、孔之赅博,至其精要,则亦略备矣。"②

是书的最大特点是"本述注疏""朱子之教"。与编纂《周礼述注》一样,在解经时,李光坡在不改变本义的情况下,加以删简后,大量引用了《注》《疏》的内容。不同的是,此处的《疏》指的是孔颖达所编纂的《礼记正义》。孔颖达为孔子三十二世孙,唐代经学家,主持修撰的《五经正义》(《毛诗正义》《尚书正义》《周易正义》《礼记正义》《春秋左传正义》),是集魏晋南北朝以来经学大成的著作,宋刻《十三经注疏》时,将五本《正义》合在一起,又称《五经疏》。在《礼记述注序》中,李光坡写道:"诸经注疏,共最《礼记》。朱子教学者看注、看疏自好,然文字浩汗,班史谓'说五字之文,至二三万言'者,盖汉、唐讲师之体尔。"③又云:"今也不量其力,本述注疏,朱子之教也。"④比如在《曾子问第七》经文为:"曾子问曰:'君薨既殡,而臣有父母之丧,则如之何?'孔子曰:'归居于家,有殷事,则君之所,朝夕否。'"⑤《礼记注疏》的解经为:"殷大也。孔子答云:君殡既讫,君所无事。父母新丧,故归于家,以治父母之丧。若君丧有朔月,月半荐新大事,则臣之适君所以哭君。若凡常朝夕,则不往哭君,唯在家为父母治丧。故云朝夕否。若臣有父母之丧既殡,而后有君丧,则归君所。若父母之丧有殷事之时,则来归家,平常朝夕则不来,恒在君处。注:《正义》曰:'君薨既殡,是君丧在前。殡后亲死,是父母丧在后。亲丧痛甚,恒居于家,是隆于父母也。'"⑥李光坡将其删简为:"注曰:

---

① 中国古籍总目编纂委员会编:《中国古籍总目·经部》,北京:中华书局,上海:上海古籍出版社,2012年,第431页。
② (清)永瑢等撰:《四库全书总目》,北京:中华书局,1965年,第173页。
③ (清)李光坡撰:《礼记述注》,《影印文渊阁四库全书》第127册,台北:台湾商务印书馆,1983年,第280页。
④ (清)李光坡撰:《礼记述注》,《影印文渊阁四库全书》第127册,台北:台湾商务印书馆,1983年,第498页。
⑤ (汉)郑玄注,(唐)孔颖达疏、陆德明音义:《礼记注疏》,《影印文渊阁四库全书》第115册,台北:台湾商务印书馆,1983年,第403页。
⑥ (汉)郑玄注,(唐)孔颖达疏、陆德明音义:《礼记注疏》,《影印文渊阁四库全书》第115册,台北:台湾商务印书馆,1983年,第403页。

'居家者,因其哀后,隆于父母。殷事,朔月、半月,荐新之奠。'疏曰:'若臣亲丧既殡,而后有君丧,则归君所。父母由殷事,则来家。朝夕,则恒在君处。'"①文字精简了不少,而意思则更加明确。在一些问题的看法上,李光坡也与朱熹保持一致。比如《朱子语类》云:"《礼运》言,三王不及上古事。人皆谓其说似庄、老,先生曰:'《礼运》之说有理,三王自是不及上古。胡明仲言,恐是子游撰。'"②朱熹是不赞成"三王不及上古事"为庄、老所言。李光坡认可朱熹的说法,"勿论尧舜气象,三代视之,有大同、小康之别。即当身目验,所见故老遗俗,浑朴挚心,即有此等大同意思,以视后生流习便别。且句句实理,修养渐摩,可以驯致,非荒忽不可几者。宋、元儒随声为老氏意,真不解也"。③

关于《礼记述注》成书时间,《四库全书总目》称为康熙戊子年(1708),有误。李光坡四子李钟份在《周礼述注后跋》中写道:"丙申岁,与伯父家庭讲论礼书。凡乡有吉凶嘉礼,必指父,言曰:'宜问礼于识礼者。'是年,父修《礼记述注》,三载成。"④依此可得知,是书完成于康熙五十七年(1718)。除《四库全书》本外,现存还有《礼记述注》二十八卷,清乾隆三十二年(1767)清白堂刻本,藏中国科学院图书馆、南京图书馆等处;清光绪八年(1882)刻本,藏上海图书馆、湖北省图书馆等处。⑤

《仪礼述注》十七卷,收入《四库全书·经部·礼类》,底本为福建巡抚采进本。《四库全书总目》称:"盖《周礼》犹可谈王谈霸,《礼记》犹可言敬言诚,《仪礼》则全为度数节文,非空辞所可敷演,故讲学家避而不道也。李光坡此编,虽瑕瑜互见,然疏解简明,使学者不患于难读,亦足为说礼之初津矣。"⑥

《仪礼》因主要是"度数节文",因此研究难度比较大,研究之人历来不多,难怪四库馆臣会认为:"故讲学家避而不道也。""清兴,虽有张尔岐《仪礼郑注句读》倡先声于北,姚际恒《仪礼通论》继响于南,但终因和之者寡,故不

---

① (清)李光坡撰:《礼记述注》,《影印文渊阁四库全书》第127册,台北:台湾商务印书馆,1983年,第498页。
② (宋)黎靖德编,王星贤点校:《朱子语类》,北京:中华书局,2020年,第2731页。
③ (清)李光坡撰:《礼记述注》,《影印文渊阁四库全书》第127册,台北:台湾商务印书馆,1983年,第403页。
④ (清)李光坡著,陈忠义点校:《周礼述注》,北京:商务印书馆,2019年,第8页。
⑤ 中国古籍总目编纂委员会编:《中国古籍总目·经部》,北京:中华书局,上海:上海古籍出版社,2012年,第485~486页。
⑥ (清)永瑢等撰:《四库全书总目》,北京:中华书局,1965年,第163页。

能引起更多学者的关注。李光坡于此局面中,不畏艰难,再注目于此,实为难能可贵"。① 即使清初研究《仪礼》之人也寥寥无几,鉴于此,李光坡在完成《礼记述注》后,投入了大量精力完成此书。是书最大的特点是在保持原义基础上删节引用郑《注》、贾《疏》,并广泛运用宋人的研究成果,阐述自己的见解。比如在解《士昏礼第二》"昏礼。下达,纳采用雁"经文时,采用了郑《注》:"注曰:达,通也。将欲与彼合昏姻,必先使媒氏下通其言。女氏许之,乃后使人纳其采择之礼。纳采而用雁为挚者,取其顺阴阳往来",而删掉其中"《诗》云:'取妻如之何,匪媒不得。'昏必由媒交接设绍介,皆所以养廉耻"等文字。② 又用了陆佃(陆游祖父)之解:"若逆女之类,自天子达是也。大夫有昏礼而无冠礼,则冠礼不下达矣。"还用了朱子之解:"今按下达之说,陆氏说为近是。盖大夫执雁,士执雉,而士昏下达,纳采用雁。如大夫乘墨车,士乘栈车,而士昏亲迎,乘墨车也。"③最后将贾公彦《疏》中较长的一段文字简化为:"知乘墨车为摄盛,而不知下达二字,本为用雁而发。言自士以下,至于庶人,皆得用雁,亦摄盛之意也。"④汉、唐、宋四人的解经,把为何婚礼要用"媒氏",为何要"用雁"为见面礼,解释得十分清楚。

据《仪礼述注序》,是书完成于清康熙六十年(1721)。除《四库全书》本,现存还有《仪礼述注》十七卷清乾隆三十二年(1767)清白堂刻本,藏中国科学院图书馆、南京图书馆等处;清光绪十年(1884)刻本,藏北京大学图书馆、南京图书馆等处。⑤

应该说明的是,除单行本外,现存还有《三礼述注》三种七十一卷,乾隆八年(1743)至三十二年(1767)清白堂刻本,藏清华大学图书馆、福建师范大学图书馆;光绪三年(1877)刻本,藏上海图书馆、南京图书馆等处。⑥

---

① 林存阳:《清初三礼学》,北京:社会科学文献出版社,2002年,第206页。
② (汉)郑玄注,(唐)贾公彦疏、陆德明音义:《仪礼注疏》,《影印文渊阁四库全书》第102册,台北:台湾商务印书馆,1983年,第47页。
③ (清)李光坡撰:《仪礼述注》,《影印文渊阁四库全书》第108册,台北:台湾商务印书馆,1983年,第314页。
④ (清)李光坡撰:《仪礼述注》,《影印文渊阁四库全书》第108册,台北:台湾商务印书馆,1983年,第314页。
⑤ 中国古籍总目编纂委员会编:《中国古籍总目·经部》,北京:中华书局,上海:上海古籍出版社,2012年,第452页。
⑥ 中国古籍总目编纂委员会编:《中国古籍总目·经部》,北京:中华书局,上海:上海古籍出版社,2012年,第536页。

三是李钟伦的《周礼纂训》。李钟伦,生卒年不详,字世得,安溪人,李光地子,康熙三十二年(1693)举人。《清史稿》载:"治经史性理,旁及诸子百家,从其叔父光坡治三礼,于《周官》《礼记》犹精,称其家学。"①李钟伦尚未授官即去世,著有《周礼纂训》《菜园遗书》《四书节记》《三礼仪制歌诀》等。②

《周礼纂训》二十一卷,收入《四库全书·经部·礼类》,底本为福建巡抚采进本。《四库全书总目》称:"凡所诠释,颇得周官大义。惟于名物、度数不甚加意,故往往考之不详。"③

李钟伦治《周礼》深受叔父李光坡的影响。其子李清馥写道:"府君复受业于季父茂夫先生,时茂夫先生方讲治《三礼》,府君亦笃嗜礼经,曾以所习业请于公,公训示曰:'某欲通三礼,甚善,此郑康成、朱文公继圣大业,如能精熟,极佳。'后即有《周官》《学校论》二篇,寄呈于公,公皆加笔。复编《三礼仪制歌诀》,疑从事礼经时所著也。"④从李清馥所言,可以看出李钟伦治《周礼》的家学渊源,不仅有叔父李光坡的传授,还有父亲李光地的悉心指导。是书的最大特点是精核,清代著名理学家李绂在《周礼纂训序》中也指出:"安溪李文贞公先世以经学起家,子弟皆通知群经,而世得兄独留意《周礼》,作《纂训》一书,列《注》《疏》于前,而以己意训之于后。其言精切,多有发前人所未发者,非今时习举业者所能,岂非豪杰之士超出于万万者哉!"⑤与其叔父李光坡所著《周礼述注》一样,对于《周礼》中的职官,自天官至秋官,均详细注疏,并加以训义。只有《考工记》部分没有加以注释,因为李钟伦认为这部分不是周公的古代经典,而是后来河间献王所作。⑥ 李学勤等主编的《四库大辞典》认为:"《周礼纂训》凡所诠释,用词简要,多得'礼'意,是研究《周礼》较好的一部参考书。"⑦比如在解"凡通货贿以玺节出入之"经文时,李钟伦在引用了《注》《疏》之解后写道:"王畿之内五十里有市,盖亦有市官之

---

① 赵尔巽等修:《清史稿》,上海:上海古籍出版社、上海书店,1986年,第1100页。
② (清)怀荫布修:乾隆《泉州府志》卷七十四,泉州:泉州市地方志编纂委员会办公室,1984年,第65页。
③ (清)永瑢等撰:《四库全书总目》,北京:中华书局,1965年,第155~156页。
④ (清)李钟伦撰:《周礼纂训》后记,清道光刻本,第1页。
⑤ (清)李钟伦撰:《周礼纂训》李序,清道光刻本,第2页。
⑥ 陈笃彬、苏黎明:《泉州古代著述》,济南:齐鲁书社,2008年,第268页。
⑦ 李学勤、吕文郁主编:《四库大辞典》,长春:吉林大学出版社,1996年,第230页。

属在焉。出入货贿皆有玺节,不必尽侯国之司市,而后为入也。"①关于运输货物凭印章,李钟伦认为在都城里有主管贸易的市官,都城出入的货物都有印章,到其他地方就可以自由贸易了。从是书的"精核"也可以看出当时的理学研究正逐步向汉学转变。

根据官献瑶的序,是书应首刊于乾隆二十二年(1757)。② 除《四库全书》本外,现存还有《周礼纂训》二十一卷乾隆间成云山房刻本,藏北京大学图书馆、上海图书馆以及清道光刻《榕村全书》本。③

四是李清馥的《闽中理学渊源考》。李清馥,字根侯,安溪人,李钟伦次子。国子监生,官至广平知府。其在广平任职期间,"暇则修学宫,葺试院,延宿学以主讲书院,为立规条,置经籍田亩,以供讲肄,资膏火"④,十分重视文化教育。因家学渊源,李清馥从小即广泛涉猎理学书籍。民国《福建通志》载:李清馥"生四岁而孤,光地授以《太极图解》《通书》《西铭》《正蒙》等书,即知以古学自期"。⑤ 李清馥著有《闽中理学渊源考》《闽学志略》《道南讲授》等。⑥

《闽中理学渊源考》九十二卷,收入《四库全书·史部·传记类》,底本为福建巡抚采进本。《四库全书总目》评价:"其例每人各为小传,传末各注所据之书,并以语录、文集有关论学之语摘录于后,考据颇为详核。"⑦

是书承继了李光地"汉宋兼采"的学术倾向。李清馥由李光地抚养长大,受其理学思想影响较深。李光地"讲理学……既推崇宋学,也推崇汉学,认为两种不同治学方法皆有可取之处,皆有利于学术繁荣"。⑧ 李清馥在《闽中理学渊源考·序》中写道:"先公感焉,尝论吾闽之学,笃师承,谨训诂,终身不敢背其师说,以为近于汉儒传经遗意。公余讲切,每持此论,以救末学

---

① (清)李钟伦撰:《周礼纂训》,《影印文渊阁四库全书》第100册,台北:台湾商务印书馆,1983年,第703页。
② (清)李钟伦撰:《周礼纂训》官序,清道光刻本,第4页。
③ 中国古籍总目编纂委员会编:《中国古籍总目·经部》,北京:中华书局,上海:上海古籍出版社,2012年,第431页。
④ 沈瑜庆、陈衍等纂:民国《福建通志》,北京:方志出版社,2016年,第6490页。
⑤ 沈瑜庆、陈衍等纂:民国《福建通志》,北京:方志出版社,2016年,第6490页。
⑥ 陈笃彬、苏黎明:《泉州古代著述》,济南:齐鲁书社,2008年,第268页。
⑦ (清)永瑢等撰:《四库全书总目》,北京:中华书局,1965年,第529页。
⑧ 苏黎明、陈钦明:《清代名臣李光地》,厦门:厦门大学出版社,2021年,第185页。

之偏,其意远矣!"①比如对于"以兴学养士为先务,以明经驾行为首选"的古灵学派,《闽中理学渊源考》给予了较高的评价:"海滨四先生者,忠文陈公襄、助教周公希孟、祭酒郑公宏中、教授陈公季慈,同时倡学于闽者也。闽自唐欧阳四门开人文之先,海滨四先生继之。先哲尝述宋初安定、徂徕、泰山三先生倡学于周、程未起之先,功不可忘。若四先生在闽倡学于杨、罗、李、朱未起之日,功亦岂可没哉?"②又云:"宋初三山刘执中与陈古灵、周希孟诸先生皆以经学为邑人倡,其时周、程尚隐濂、洛。三山前辈之学以经鸣者,皆渊源于四先生及先生云。"③这些评价都体现了李清馥"汉宋兼采"的学术倾向。

据李清馥序言,是书编纂始于乾隆七年(1742),初稿完成于乾隆十四年(1749),后经不断修改完善,在《三山郭梅西先生学派·纯德郭梅西先生陞》中有注云:"乾隆戊子四月上浣,清馥谨书。"④也就是说,是书修订稿的完成不早于乾隆三十三年(1768)。除《四库全书》本外,现存还有《闽中理学渊源考》九十二卷清丁氏竹书堂抄本,藏南京图书馆。⑤

结　语

肇始于宋的泉州理学著述,自从朱子过化之后,特别是明清时期的科举考试以程朱理学为指南,泉州就成了理学研究的重镇。清代泉州举人黄贻楫上京赴试时,住在泉郡会馆,获进士第三名(探花)后,应会馆同仁之邀,题写了一副脍炙人口的对联:"清紫葵罗钟灵气,蒙存浅达有遗书。"⑥此楹联是

---

① (清)李清馥撰:《闽中理学渊源考》,《影印文渊阁四库全书》第460册,台北:台湾商务印书馆,1983年,第3页。
② (清)李清馥撰:《闽中理学渊源考》,《影印文渊阁四库全书》第460册,台北:台湾商务印书馆,1983年,第159页。
③ (清)李清馥撰:《闽中理学渊源考》,《影印文渊阁四库全书》第460册,台北:台湾商务印书馆,1983年,第174页。
④ (清)李清馥撰:《闽中理学渊源考》,《影印文渊阁四库全书》第460册,台北:台湾商务印书馆,1983年,第454页。
⑤ 中国古籍总目编纂委员会编:《中国古籍总目·史部》,北京:中华书局,上海:上海古籍出版社,2012年,第656页。
⑥ 李景铭:《闽中会馆志·泉郡会馆》,王日根、薛鹏志编纂:《中国会馆志资料集成》第一辑第四册,厦门:厦门大学出版社,2013年,第398页。

北京泉郡会馆的镇馆之宝。上联夸泉州山川钟灵,有清源山、紫帽山、葵山、罗裳山诸名山;下联矜泉州人文荟萃,重要著述有《四书蒙引》《四书存疑》《四书浅说》《四书达解》。这四部诠注《四书》颇有名气的理学著作,作为科举的指导读物被推向全国,而蔡清的《四书蒙引》被收入《四库全书》。明代泉人理学著述除收入《四库全书》的3部之外,尚有收入《四库全书总目·存目》的15部,泉州人为此感到骄傲。《闽中理学渊源考》认为:"明初学者多属朱门派绪,其传习说经,犹存宋元间诸儒家法。三山林氏以易学倡教东南,虚斋时弱冠为诸生,以金宪临江周公虚白命,得登其门,卒之经学大明,为有明一代经师之首,海内宗之。厥后,陈紫峰、林次崖、苏紫溪第衍其绪,以易学成一家言,于是泉南习《易》者家弦户诵。"①清初沿袭于明,理学研究方兴未艾。康熙朝重臣、官拜文渊阁大学士的李光地,收入《四库全书》的理学著作就有十二部。《清儒学案》云:"安溪学博而精,以朱子为依归,而不拘门户之见。康熙朝儒学大兴,左右圣祖者,孝感、安溪后先相继,皆恪奉程、朱而深究天人,研究经义、性理,旁及历算、乐律、音韵;圣祖所契许而资赞助者,安溪为独多。"②足见李光地理学思想的影响之深之广。清代中后期,随着汉学的兴起,理学研究逐渐走向式微。当然应该说明的是由于封建统治阶级推行独尊理学的政策,也导致了泉州明清时期思想禁锢,学术研究上不如宋代辉煌,没有出现宋代那种百家争鸣的盛况。

(原载《闽学研究》2022年第4期)

---

① (清)李清馥撰:《闽中理学渊源考》,《影印文渊阁四库全书》第460册,台北:台湾商务印书馆,1983年,第499页。
② 徐世昌编纂:《清儒学案》,北京:人民出版社,2010年,第1023页。

阳明心学对明代泉州的影响
——以丘养浩、王慎中、李贽、苏濬、刘鳞长为例

  泉州是朱子过化之地。朱熹在幼童时即随其父朱松（时任晋江石井镇监）来到泉州，从此与泉州结下不解之缘。绍兴二十三年（1153），朱熹莅任泉州同安主簿。在泉州任职四年间，朱熹以兴办书院、交友讲学等方式，来推行自己的理学主张。离职后，朱熹又于淳熙十年（1183）和绍熙元年（1190）先后两次来到泉州，继续宣传理学思想，朱子的理学思想就此牢牢扎根在泉州，而明代泉州成为理学研究的重镇。明代中后期，由于理学成为封建统治阶级的统治思想，特别是以程朱理学为科举考试的主要内容，进一步禁锢了人们的思想，与社会发展背道而驰，心学应运而生，并得到广泛传播。在此期间，泉州一批思想家接触了心学，接受了心学，比如丘养浩、王慎中、李贽、苏濬、刘鳞长等。虽然他们在明代泉州思想界并没有成为主流，但他们对心学的研究，也在泉州思想史上书写了浓墨重彩的一笔。

一、丘养浩与《居夷集》

  丘养浩，字以文，号集斋，晋江人，宋末元初理学家丘葵之十世孙，正德十六年（1521）进士，官至右佥都御史，巡抚四川、江西。丘养浩登进士第后，授余姚知县，任职期间政绩突出，雍正《浙江通志》载：丘养浩"才识明敏，视义勇为。旌善良，抑豪横，民皆知所劝诫。时姚赋役多奸欺，养浩洞见弊源，乃定为横纵册厘正之，最称均平。擢御史去。"[①]在任监察御史期间，丘养浩"疏劾近侍陈钦横恣都城，谪永平府推官。未行，台谏疏救，赐还职席"。[②] 后

[①] （清）嵇曾筠等监修，沈翼机等编纂：雍正《浙江通志》，《影印文渊阁四库全书》第523册，台北：台湾商务印书馆，1983年，第159页。

[②] （清）怀荫布修：乾隆《泉州府志》卷四十二，泉州：泉州市地方志编纂委员会办公室，1984年，第59页。

因参与"大礼议事件"审理,得罪阁相张璁。"大同兵变"后,丘养浩"条陈防边便宜十余事,朝论韪焉"。① 嘉靖六年(1527),丘养浩提出"督办火器"方案,得到明世宗认可。丁内艰后,丘养浩"督学南畿",其区域包括现在江苏、安徽、上海市,在任期间"谨条教、考艺文,专意于作人兴学"。② 嘉靖十三年(1534),太庙遭火灾,明世宗想趁机兴建太庙,委派丘养浩负责此事。工程完工后,虽朝野非议颇多,但丘养浩廉洁自好,擢"南京大理寺少卿"。嘉靖二十三年(1544),丘养浩"擢右佥都御史,巡抚四川","檄谕杂谷、白草,蕃夷先后纳款",剿灭"构播肆虐"的乌蒙、罗魁等部,四川出现安定的局面。"边将李爵险谲善附,举废将何卿起代"。③ 丘养浩回京后因遭诬陷入狱,"部覆得白"④,遂辞官归家,卒于家。

《王阳明年谱长编》云:成化八年(1472)"九月癸亥(三十日)亥时,王阳明出生于余姚莫氏楼,取名云,莫氏楼后名瑞云楼"。⑤ 余姚是王守仁的故乡,受其思想影响很深。仅正德十六年(1521)九月中旬至下旬,王阳明"归余姚省祖茔",就有以下讲学记录:"在余姚,与朱同芳、朱同蓁兄弟讲论经学,题其馆曰'授经堂'"⑥"钱德洪率二侄钱大经、钱应扬及余姚士子郑寅、俞大本来受学"⑦"次日,余姚士子七十四人来受学,遂讲学于龙泉山之中天阁,亲书三八会期于壁",等等。⑧ 丘养浩任余姚知县后,在此浓烈氛围的影响下,以王阳明为师,成为心学门人。⑨《王阳明年谱长编》载:"韩柱(廷佐)、丘养浩(以义)、徐珊(汝佩),皆阳明门人。"⑩

嘉靖三年(1524)四月,丘养浩刊刻《居夷集》,"同校集者韩子柱廷佐、徐

---

① (清)怀荫布修:乾隆《泉州府志》卷四十二,泉州:泉州市地方志编纂委员会办公室,1984年,第59页。
② (明)王慎中撰:《遵岩集》,《影印文渊阁四库全书》第1274册,台北:台湾商务印书馆,1983年,第432页。
③ (清)怀荫布修:乾隆《泉州府志》卷四十二,泉州:泉州市地方志编纂委员会办公室,1984年,第59页。
④ (清)周学曾等纂修:道光《晋江县志》,福州:福建人民出版社,1990年,第1139页。
⑤ 束景南:《王阳明年谱长编》,上海:上海古籍出版社,2017年,第4页。
⑥ 束景南:《王阳明年谱长编》,上海:上海古籍出版社,2017年,第1420页。
⑦ 束景南:《王阳明年谱长编》,上海:上海古籍出版社,2017年,第1421页。
⑧ 束景南:《王阳明年谱长编》,上海:上海古籍出版社,2017年,第1422页。
⑨ 福建省政协文化文史和学习委员会编:《王阳明与福建》,福州:福建人民出版社,2020年,第118页。
⑩ 束景南:《王阳明年谱长编》,上海:上海古籍出版社,2017年,第1610页。

子珊汝佩,皆先生门人",刊刻此集的目的是"以传诸同志"。①《居夷集》分三卷,"收录王阳明谪居期间诗文198篇(首),前有丘养浩序,后有徐珊、韩柱跋。第一卷共21篇,其中赋1篇,记8篇,序5篇,杂著3篇,书信4篇。第二卷为居夷诗(含赴谪与返回途中的部分诗作)110首。第三卷为狱中诗与赴谪诗共67首,其中狱中诗15首,赴谪诗52首"。②王阳明谪居贵州龙场驿,"龙场悟道"是其心学思想成熟期。为此,丘养浩刊刻《居夷集》,对心学的传播起了重要作用。在《序居夷集》中,丘养浩认为阳明之学:"专以孔孟为师,明白简易,一洗世儒派分枝节之繁,微言大训,天下之学士宗之。"③对于"龙场悟道",丘养浩给予很高评价:"先生之资,明睿澄澈于天下实理,固已实见而实体之,而养熟道凝,则于贵阳时独得。为多宜,会远趋,收众湝以折诸圣。任道有余力,而行道有余功,固皆居夷者之为之也。古圣人历试诸难,造物者将降大任之意,无然乎哉?"④韩柱、徐珊也在跋中说明了刊刻《居夷集》的意义。韩柱云:"夫文以载道也。阳明夫子之文由道心而达也,故求之跃如也,究其奥如也,体之扩如也。爱之美也,传之爱也。此《居夷集》所由刻也。"⑤徐珊言:"夫子居夷三载,素位以行,不愿乎外,盖无入而不自得焉。其所为文,虽应酬寄兴之作,而自得之。心溢之言外,故其文闳以肆,纯以雅,婉曲而畅,无所怨尤者。此夫子之知发而为文也。故曰:'笃其实,而艺则传贤者,得以学而至之,是为教。'则是集也,无非教也,不传可乎?如求之言语、文字之间,以师绳度,是则荒矣,不传可也。"⑥总而言之,丘养浩刊刻《居夷集》,对传播阳明心学发挥了重要作用。

时人对丘养浩的评价比较高。明代文学家王慎中在《丘中丞传》中言:丘养浩"阔达恢廓,如无所择,而简别精审,细入曲折,具有条理。忧时偾事,殆不可堪,而器貌敦博,无小人悻悻之意。为文不规规古法,才驰气驾,姿态俊发,有以喻人",⑦对丘养浩从人品到为学皆佩服之至。而受过丘养浩推荐

---

① (明)王守仁著,李半知校注:《居夷集》,贵阳:贵州人民出版社,2022年,第7页。
② (明)王守仁著,李半知校注:《居夷集》,贵阳:贵州人民出版社,2022年,第2页。
③ (明)王守仁著,李半知校注:《居夷集》,贵阳:贵州人民出版社,2022年,第7页。
④ (明)王守仁著,李半知校注:《居夷集》,贵阳:贵州人民出版社,2022年,第7页。
⑤ (明)王守仁著,李半知校注:《居夷集》,贵阳:贵州人民出版社,2022年,第207页。
⑥ (明)王守仁著,李半知校注:《居夷集》,贵阳:贵州人民出版社,2022年,第208页。
⑦ (明)王慎中撰:《遵岩集》,《影印文渊阁四库全书》第1274册,台北:台湾商务印书馆,1983年,第434页。

之恩的俞大猷在《祭邱集斋都宪文》中云:"呜呼!壮图摧于厄运,长才屈于短日。才志未遂而身先死,国患未殄而天不憗遗。猷之所以恨恨者此也。感时永怀,痛心自忖。施重山岳,义气灰没。今天下名公尚有忧国奉公如翁者,俾猷得借晨风,振劲翮,效锥刀之用,立毛发之功,以副翁爱国一念,知猷平生者耶。"[①]敬仰之心、感激之情,悲痛之感可见。

二、以"心"入文的王慎中

王慎中(1509—1559),字道思,号南江,更号遵岩,明晋江县安海人,嘉靖五年(1526)进士。中进士时年仅十八,官至河南布政司右参政。登进士第后,王慎中任户部主事,与唐顺之、李开先、陈束、屠应峻、赵时春、任瀚、吕高等名士相互切磋,故有"嘉靖八才子"之称,[②]而王慎中为"八才子"之首。王慎中秉性刚直,恃才傲物,《明史》载:"(嘉靖)十二年,诏简部郎为翰林,众首拟慎中。大学士张孚敬欲一见,辞不赴。"[③]张璁是当时权倾一时的首辅,于是谗言四起,王慎中后被谪为常州通判,历任山东提学佥事、江西参议、河南参议等职,后被罢官。《明史》载:"会二十年大计,吏部注慎中'不及'。而大学士夏言先尝吏部尚书,慎中其属吏也,与相忤,遂内批不谨,落其职。"[④]罢官归家之后,王慎中"居家孝友,奉亲笃挚。信爱诸弟,周恤族人"[⑤],纵游名山大川,居家授徒著述。后又在清源山建"清源精舍",继续讲学著述,在士林生活中度过了后半生。[⑥]王慎中有著述《遵岩集》行于世。

王慎中在南京户部、礼部任职期间与阳明入室弟子王畿有了交往。李开先在《遵岩王参政传》中写道:"升任户部主事,再升礼部员外,俱在留都闲简之区,益得肆力问学。与龙溪王畿讲解王阳明遗说,参以己见,于圣贤奥

---

① (明)俞大猷撰,廖渊泉、张吉昌整理点校:《正气堂全集》,福州:福建人民出版社,2007年,第738页。
② (清)张廷玉等撰:《明史》,上海:上海古籍出版社、上海书店,1986年,第803页。
③ (清)张廷玉等撰:《明史》,上海:上海古籍出版社、上海书店,1986年,第803页。
④ (清)张廷玉等撰:《明史》,上海:上海古籍出版社、上海书店,1986年,第803页。
⑤ (清)怀荫布修:乾隆《泉州府志》卷四十二,泉州:泉州市地方志编纂委员会办公室,1984年,第65页。
⑥ 陈笃彬、苏黎明:《泉州古代著述》,济南:齐鲁书社,2008年,第213页。

旨微言,多所契合。"①在山东任职期间,王慎中与阳明弟子王玑有交往。王畿在《中宪大夫都察院右佥都御史在庵王公墓表》中写道:王玑任职山东,"政务之暇,即进诸生论学。齐鲁之士彬彬向风,一时同官若莲峰叶君、石云沈君、遵岩王君时相讨论宗要,以政为学"。②

在王慎中转任江西参议期间,受心学的影响最大。弘治元年(1488)七月,时年王阳明十七岁,"江西参议诸让书来招亲","七月,亲迎夫人诸氏于洪都"。③ 此次迎亲王阳明在江西待了一年多,直到弘治二年(1489)十二月,才"偕夫人归余姚"。④ 此后王阳明还有两次在江西任职的经历。第一次是正德五年(1510),王阳明就任庐陵知县;第二次是正德十一年(1516),王阳明"以兵部尚书王琼荐,升都察院右佥都御史,巡抚南、赣,汀、漳等处"。⑤ 王阳明在两次任职江西期间,政绩突出,在剿匪、平定宁王叛乱方面做出了重要贡献。特别是任职江西期间,王阳明重教兴学,创办书院,讲授心学,形成了以邹守益、聂豹、欧阳德为首的王学江右学派。为此,江西心学兴盛。王慎中任职江西时,接受了心学。李开先写道:"年余,(王慎中)转江西参议,乃阳明政教所及之地,故老犹能道其详。仲子则寻陈迹、讲新知,往来白鹿、鹅湖间。公事不废,而士子闻所未闻矣。更与双江聂司马、东郭邹司成、念庵罗殿撰、南野欧阳大宗伯交游讲学。存斋徐少师旧曾督学于此,德望尊重,难乎其继,莫不顾推及仲子者。乃迁河南参政去,众为觖望。"⑥寻阳明遗迹,往来白鹿洞、鹅湖等书院,同王门弟子欧阳南野、邹守益、罗念庵、聂双江等交游讲学,为此王慎中走上了追寻心学之路。

在心学的影响下,王慎中的文学思想发生了变化,从"文必秦汉"的复古派转变为唐宋派。在《与唐荆川》一信中,王慎中写道:"夫以余之诵习章句,忽闻诸君之论,其于圣贤之学,亦能谬言梗概,而窃知一二。然自櫽括其行,

---

① (明)李开先撰:《李中麓闲居集》,《四库全书存目丛书·集部》第93册,济南:齐鲁书社,1997年,第157页。
② (明)王畿:《龙溪王先生全集》第4册,镇江:江苏大学出版社,2019年,第516~517页。
③ 束景南:《王阳明年谱长编》,上海:上海古籍出版社,2017年,第62页。
④ 束景南:《王阳明年谱长编》,上海:上海古籍出版社,2017年,第66页。
⑤ 束景南:《王阳明年谱长编》,上海:上海古籍出版社,2017年,第901页。
⑥ (明)李开先撰:《李中麓闲居集》,《四库全书存目丛书·集部》第93册,济南:齐鲁书社,1997年,第157~158页。

则未免于小人,岂非其言为空言,而知乃臆知也!然则由是以知《大学》之所谓'致知'者,信在内而不在外,系于性而不系于物,而龙溪君之言,为益可信矣。"①与王畿交往之后,王慎中的思想有顿悟之感。李开先写道:"至是始发宋儒之书读之,觉其味长,而曾、王、欧氏文尤可喜,眉山兄弟尤以为过于豪而失之放。以此自信,乃取旧所为文如汉人者,悉焚之。但有应酬之作,悉出入曾、王之间。唐荆川见之,以为头巾气。仲子言:'此大难事也,君试举笔自知之。'未几,唐亦变随之矣。尝以书寄予:'新来独得为文之妙,兄虽海内极相契,而于此文有不能共其味者矣!'然不知其正相同也。"②不仅自己在心学的影响下崇尚唐宋,而且影响了唐顺之等人。故《明史》云:"慎中为文,初主秦、汉,谓东京下无可取。已悟欧、曾作文之法,乃尽焚旧作,一意师仿,尤得力于曾巩。顺之初不服,久亦变而从之。"③王慎中的以"心"入文也渗透到其文学理论中,"在审美思想上,心学认为人的'心'是最重要的,对任何事物都要有自我意识参与,如没有'心'的参与,那外物是无意义的"。④ 王阳明在《传习录》中云:"夫学贵得之心,求之于心而非也,虽其言之出于孔子,不敢以为是也。而况其未及孔子者乎?求之于心而是也,虽其言之出于庸常,不敢以为非也。而况其出于孔子者乎?"⑤正是表达了这种思想。王慎中是赞同这种看法的。在《与江午坡书一》中,他写道:"其作为文字、法度、规矩,一不敢背于古,而卒归于自为其言。此在前世为公共之物,而在今日亦为不传之秘,欲与语人,都无晓者,尤思与兄道之。"⑥"自为其言"与"求之于心而是也",都说明文学创作要发自内心,不能一味因袭古人。

三、以"心"入禅的李贽

李贽(1527—1602),字宏甫,号卓吾,又号温陵居士,明晋江县府城聚宝

---

① (明)王慎中撰:《遵岩集》,《影印文渊阁四库全书》第1274册,台北:台湾商务印书馆,1983年,第518页。
② (明)李开先撰:《李中麓闲居集》,《四库全书存目丛书·集部》第93册,济南:齐鲁书社,1997年,第157页。
③ (清)张廷玉等撰:《明史》,上海:上海古籍出版社、上海书店,1986年,第803页。
④ 王文荣:《王慎中与明代心学》,《上饶师范学院学报》2005年第4期,第27~31页。
⑤ 陈荣捷:《王阳明〈传习录〉详注集注》,重庆:重庆出版社,2017年,第200页。
⑥ (明)王慎中撰:《遵岩集》,《影印文渊阁四库全书》第1274册,台北:台湾商务印书馆,1983年,第538页。

境(今属泉州市鲤城区)人,祖籍泉州南安县榕桥。嘉靖三十一年(1552)举人,历任共城教谕、国子监博士、姚安知府。后弃官,寄居黄安、湖北麻城龙湖芝佛院,专心治学。李贽是晚明进步思想家,"主张个性解放与自由,有人称他为反对封建专制主义的启蒙运动的先驱"。① 作为对后世影响深刻的进步思想家,《明史》中却没有专门为其立传,"是很不公平的,恰恰暴露了作者竭力维护封建'正统'的顽固立场"。② 李贽最后被明神宗以"敢倡乱道"的莫须有罪名,将其下狱。入狱后,听说朝廷要押解其回泉州,最终采取"自刎"的极端方式走完了不满、挣扎、奋斗的一生,以表达对那个时代的不满。

李贽从小离经叛道,七岁随其父白斋读书歌诗,习礼文。十二岁"父白斋试以《老农老圃论》,为同学们所称赞"。③ 在《卓吾论略》中,李贽写道:"年十二,试《老农老圃论》。居士曰:'吾时已知樊迟之问,在荷蓧丈人间。'然而上大人丘乙已不忍也,故曰'小人哉,樊须也',则可知矣。"④李贽的哲学思想受王阳明、王畿和王艮的影响很大。李贽在四十岁时开始接触阳明心学,在《阳明先生年谱后语》中,他写道:"不幸年甫四十,为友人李逢阳、徐用检所诱,告我龙溪王先生语,示我阳明王先生书,乃知得道真人不死,实与真佛、真仙同。虽倔强,不得不信之矣。"⑤从此李贽开始了对王学的探索。在以后的很多著述中,李贽都提到了王学,并倾注心血完成了《阳明先生道学钞》与《阳明先生年谱》的编纂工作。

李贽属王阳明入室弟子王艮所创立的泰州学派。在《储瓘》中,李贽写道:"心斋之子东崖公(王襞),贽之师。东崖之学,实出自庭训,然心斋先生在日,亲遣之事龙溪于越东,与龙溪之友月泉老衲矣,所得更深邃也。东崖幼时,亲见阳明。"⑥王艮(1483—1541),字汝止,号心斋,出身盐户,发愤自学,成为一代宗师。王艮是王阳明的信徒,也是泰州学派的创始人。《明史》云:"王氏弟子遍天下,率都爵位有气势。艮以布衣抗其间,声名反出诸弟子

---

① 白寿彝总主编:《中国通史》第16册,上海:上海人民出版社,1989年,第1692页。
② 白寿彝总主编:《中国通史》第16册,上海:上海人民出版社,1989年,第1707页。
③ [日]铃木虎雄:《李卓吾年谱》,《李贽研究参考资料》第一辑,福州:福建人民出版社,1975年,第94页。
④ 张建业主编:《李贽全集注》第1册,北京:社会科学文献出版社,2010年,第233页。
⑤ (明)李贽:《阳明先生道学钞》,北京:首都师范大学出版社,2019年,第265页。
⑥ 张建业主编:《李贽全集注》第3册,北京:社会科学文献出版社,2010年,第276页。

上。然艮本狂士,往往驾师说上之。"①《中国学术通史(宋元明卷)》一书指出:"王艮的重要学术思想有三:一是'淮南格物说',二是'明哲保身论',三是'百姓日用之学'。"②王艮认为格物的实质就是要校正规矩,以此解决"社会贫富与国家治乱问题"。而只有"立身保命"才能实现"明明德""亲民""止于至善",因此"尊身、爱身和保身看成是首要的人伦物理"。③ 王艮在实践上进一步发挥了王学,"他所说的'百姓日用即道''百姓日用条理处,即是圣人条理处',又正是王学的发挥,因为王阳明的知行合一说,其宗旨在于知圣人之道,行圣人之志"。④ 受王艮的主观唯物主义的影响,在《答邓石阳》一文中,李贽写道:"穿衣吃饭,即是人伦物理;除却穿衣吃饭,无伦物矣。世间种种皆衣与饭类耳,故举衣与饭而世间种种自然在其中,非衣饭之外更有所谓种种绝与百姓不相同者也。学者只宜于伦物上识真空,不当于伦物上辨伦物。"⑤

李贽的"以'心'入禅",受王畿的影响很大。王畿(1498—1583),字汝中,别号龙溪,山阴人,嘉靖十一年(1532)进士,官至南京兵部武选郎中。王畿为王阳明的入室弟子,深受王阳明主观唯心主义的影响,进一步提出了:"人知神之神,不知不神之为神。无知之知是为真知,罔觉之修,是为真修。"⑥而这实际已经接近"禅学唯心主义"。⑦ 王畿还引进禅宗之言,来说明他的主张,"夫何思虑,非不思不虑也。所思所虑,一出于自然,而未尝有别思别虑,我何容心焉。……惠能曰:'不思善,不思恶,却又不断百思想。'此上乘之学,不二法门也"。⑧ 在《复焦弱侯》一文中,李贽写道:"世间讲学诸书,明快透髓,自古至今未有如龙溪先生者。弟旧收得颇全,今俱为人取去,无一存者。诸朋友中读经既难,读大慧《法语》及中峰《广录》又难,惟读龙溪

---

① (清)张廷玉等撰:《明史》,上海:上海古籍出版社、上海书店,1986年,第793页。
② 张立文主编:《中国学术通史(宋元明卷)》,北京:人民出版社,2004年,第480页。
③ 张立文主编:《中国学术通史(宋元明卷)》,北京:人民出版社,2004年,第480~481页。
④ 黄仁宇:《万历十五年》,北京:九州出版社,2014年,第225页。
⑤ 张建业主编:《李贽全集注》第1册,北京:社会科学文献出版社,2010年,第8页。
⑥ (明)王畿:《龙溪王先生全集》第4册,镇江:江苏大学出版社,2019年,第156页。
⑦ 侯外庐等主编:《宋明理学史》,西安:西北大学出版社,2018年,第975页。
⑧ (明)王畿:《龙溪王先生全集》第1册,镇江:江苏大学出版社,2019年,第259~261页。

先生书,无不喜者。以此知先生之功在天下后世不浅矣。"① 万历十六年(1588)夏,送走家眷后,在孤身一人的情况下,李贽干脆"剃去头发,仅留胡须,以异端自居"。② 李贽在麻城的讲学活动以及收女弟子之事,引起了非议,有人指责他"宣淫败俗"。李贽干脆从城内"移居城东龙潭湖芝佛寺"。③ 李贽皈依佛门,写了不少佛学著作。李玉昆先生在《李贽的佛学思想》一文中指出:"李贽的佛学著作包括对佛经、佛学著作的题解、释读、序跋、游览寺院、听讲经的诗等",并列出了 16 篇题解、释读,10 篇序跋,11 首诗。④ 李先生认为:李贽"与佛教发生关系应在 30 岁。……对佛教有深入研究在 50 岁入滇为云南太守时"。⑤ 在 20 多年的佛学研究中,李贽"以禅为主,禅净双修"⑥"主张众生平等,认为人人皆具佛性,人人皆可成佛"。⑦ 万历十四年(1586),李贽在《答耿司寇》一文中清楚地表明了自己的佛学思想。李贽写道:"圣人不责人之必能,是以人人皆可以为圣。故阳明先生曰:'满街皆圣人。'佛氏亦曰:'即心即佛,人人是佛。'夫唯人人之皆圣人也,是以圣人无别不容己道理可以示人也。故曰:'予欲无言。'夫唯人人之皆佛也,是以佛未尝度众生也。无众生相,安有人相?无道理相,安有我相?无我相,故能舍己;无人相,故能从人。非强之也,以亲见人人之皆佛而善与人同故也。善既与人同,何独于我而有善乎?人与我既同此善,何有一人之善而不可取乎?"⑧

李贽的"以'心'入禅",除了受王畿的影响之外,也与其宁折不弯的斗争

---

① 张建业主编:《李贽全集注》第 1 册,北京:社会科学文献出版社,2010 年,第 110～111 页。
② 张建业主编:《李贽全集注》第 26 册,北京:社会科学文献出版社,2010 年,第 449 页。
③ 张建业主编:《李贽全集注》第 26 册,北京:社会科学文献出版社,2010 年,第 449 页。
④ 泉州市李贽学术研究会:《李贽与东亚文化》,厦门:厦门大学出版社,2016 年,第 230 页。
⑤ 泉州市李贽学术研究会:《李贽与东亚文化》,厦门:厦门大学出版社,2016 年,第 225 页。
⑥ 泉州市李贽学术研究会:《李贽与东亚文化》,厦门:厦门大学出版社,2016 年,第 228 页。
⑦ 泉州市李贽学术研究会:《李贽与东亚文化》,厦门:厦门大学出版社,2016 年,第 227 页。
⑧ 张建业主编:《李贽全集注》第 1 册,北京:社会科学文献出版社,2010 年,第 72 页。

精神有关。李贽认为"此间无见识之人多以异端目我,故我遂为异端以成竖子之名"。① 李贽不惜以落发入禅来与假道学决裂,以异端自居,也是为了追求"人人皆可成佛""满街皆圣人"的民主平等的社会理想。日本学者沟口雄三认为:"李卓吾对异端的自觉意识,他的孤绝自觉意识不是由于他脱离了世俗之后才获得的,相反,这是他最为真挚地生活于世俗世界的结果。他通过将世俗生活中的矛盾呈现于自身,在受到伤害的自身痛感之中,磨砺了他自身的自觉意识。"②

四、由"理"而"心"的苏濬

苏濬(1542—1599),字君禹,号紫溪,晋江人,万历元年(1573)乡试第一名(解元),万历五年(1577)进士,官至广西布政司参政。苏濬"为诸生,即耽书史。教授旁邑主人多藏书,昼夜搜涉,学益富。为文苍渊宏肆,一时莫匹"。③ 登进士第后,苏濬初授南刑部主事,"忧归",后"起补工部。癸未分校礼闱,得士多名人,李廷机其最著者。寻改礼部,擢浙江督学佥事,评品精详,众服公明"。④ 后迁陕西分守参议,对待百姓"若亲父兄"。"移广西备兵副使,寻移其省参政"。⑤ 任职期间,"政尚简易,与文化俗……岑溪峒猺反侧,起废将陈遴,以吴广为先锋,躬自督战,讨平之。修《粤西志》,人称信史"。因病,"乞休","迁贵州按察使,不赴"。⑥ 李廷机对其评价很高,在《紫溪苏先生祠记》中写道:"先生忠信孝友,仕不择官、不择地,家不求田,不问舍,是其为人尔已矣。先生归而绝迹公门,结庐先陇,盖未及二年而殁。当其病时,每对其友人言:'吾生有涯,吾位、吾年、吾福泽只是如此,足矣、足矣。'遍召所亲与诀别,而属其子曰:'衣有故衣,棺无过数金,吾亲殓故薄

---

① 张建业主编:《李贽全集注》第1册,北京:社会科学文献出版社,2010年,第129页。
② [日]沟口雄三著,龚颖译:《中国前近代思想的曲折与展开》,北京:三联书店,2011年,第164页。
③ (清)怀荫布修:乾隆《泉州府志》卷四十三,泉州:泉州市地方志编纂委员会办公室,1984年,第91页。
④ (清)周学曾等纂修:道光《晋江县志》,福州:福建人民出版社,1990年,第1129页。
⑤ (清)周学曾等纂修:道光《晋江县志》,福州:福建人民出版社,1990年,第1129页。
⑥ (清)怀荫布修:乾隆《泉州府志》卷四十三,泉州:泉州市地方志编纂委员会办公室,1984年,第91页。

也.'"①苏濬去世后,郡人请建特祠奉祀,与蔡清、陈琛并列。

苏濬接受心学的主要原因有:一是受座师郭子章的影响。乾隆《泉州府志》载:"万历癸酉大司马泰和郭子章以建州司理与试事,梦蔡虚斋出其门,既得濬卷,大奇之,首荐得解元。"②郭子章(1543—1618),字相奎,号青螺,江西泰和人,隆庆五年(1571)进士,累官右都御史兼兵部侍郎、兵部尚书。郭子章年轻时师从胡直,而胡直为王阳明嫡传弟子欧阳德、罗洪先之弟子,"故郭子章是属于江右王门一派"。③虽然《泉州府志》所记载的只是一种传说,但苏濬能得解元,与郭子章这个伯乐有很大关系,故与其来往密切,接受了心学浸润。二是有任浙江督学佥事的经历。苏濬在浙江任职期间,"评品精详,众服公明"。④阳明心学在浙江广泛传播,影响巨大,苏濬受其影响是必然的。

苏濬的由理入"心",可以从其《易经儿说》与《易经生生篇》两部著述的比较中看出端倪。《易经儿说》原为苏濬居家时教授子侄的讲稿,故称《易经儿说》。书中所述,大体上均分为三个层次:首先是注释文句,其次是阐述大意,最后则是总括出核心思想。无论是注释、阐述或总括,苏濬都是"墨守朱子本义,尺寸不逾"。比如在解《丰》卦经文时,苏濬写道:"卦所以名为丰者,盖卦德以明而动,明足以察大机,动足以建大业,王者所以致盛大之治也。文王系词以为当丰之时,礼乐皆已修明,刑政皆已备举,方服之内皆已率服,是固有亨道矣。然王者至此,履玉帛之盛,则侈肆易兴。际安谧之期,则淫佚易起。盛极将衰,是又有忧道矣。然徒忧何益哉?必当可忧之时,谨未然之戒。察祸乱于几微,而为之杜其端。灼利害于广远,而为之防其渐。兢兢业业,俾常如日之中而不昃焉,则丰亨可以常保矣。夫明以致天下之治,而又日中以保天下之治,此君子以人事维持天命也与。"⑤把《丰》隐含的道理用浅显的语言表达清楚,特别是"盛极将衰,是又有忧道矣",为此必须防患于未然。在《朱子语类》中,朱熹对此是这样表述的:"是他忒丰大了。这物事

---

① (明)李廷机著,于英丽点校:《李文节集》,北京:商务印书馆,2019年,第606页。
② (清)怀荫布修:乾隆《泉州府志》卷四十三,泉州:泉州市地方志编纂委员会办公室,1984年,第91页。
③ (明)郭子章著,谢辉点校:《郭氏易解》,上海:上海古籍出版社,2017年,第11页。
④ (清)周学曾等纂修:道光《晋江县志》,福州:福建人民出版社,1990年,第1129页。
⑤ (明)苏濬撰:《易经儿说》,《四库全书存目丛书·经部》第13册,济南:齐鲁书社,1997年,第422页。

盛极,去不得了,必衰也。人君于此之时,当如奉盘水,战兢自持,方无倾侧满溢之患。若才有纤毫骄矜自满之心,即败矣。所以此处极难。崇宁中群臣创为'丰亨豫大'之说。当时某论某人曰:'当丰亨豫大之时,而为因陋就简之说。君臣上下动以此籍口,于是安意肆志,无所不为,而大祸起矣。'"①相比较之下,苏濬把朱熹之意表达清楚了,而且语言更加浅显易懂。由于此书通俗易懂,且较精准地把握朱熹的思想,故成为当时科举的一部重要指导书。

《易经儿说》收入《四库全书总目·经部·易类存目》。《四库全书总目》云:"濬《周易冥冥篇》恍惚支离,颇涉异学。及作是书,乃墨守朱子《本义》,尺寸不逾。其首先曰'讲'者,诠释文句也。次曰'意'者,推阐大旨也。次曰'总论',则一卦之纲领也。又间出旁注,以一二语标题。盖专为科举之学而设。因在家塾以此书为子侄讲授,故称'儿说'。万历中尝刊行,板后散佚。康熙丁卯,其裔孙尧松等重刊之。"②万历二十年(1592年)至万历二十五年(1597年),苏濬任职广西,按蔡献臣序中所言,《周易冥冥篇》三次修改,更名为《生生篇》就在此时。四库馆臣认为《易经生生篇》作于《易经儿说》之前的看法是错误的。而四库馆臣认为:《易经儿说》"墨守朱子《本义》,尺寸不逾"的评论是恰当的。

接受了心学之后,苏濬写了《易经生生篇》,又称《周易冥冥篇》。此书的最大特点是以"心"解易,恪守儒学之道。受王阳明心学的影响,苏濬在解易中引入心学。比如,在解《丰》卦的《总论》中,苏濬指出:"人之一心,浑然天理,如太虚之中,空空洞洞,即万感当前,而一真常照也。但照心易息,而忘心易生。智慧情识,障之于内。纷华盛丽,障之于外。于是闻见日增,意智日扬,而丰蔀日甚矣。夫明非自外至也,从中出也。中无所累,则清明生于夜气,虽幽而亦明也。中有所累,则斗沫蔽于日中,虽明而亦幽也。微矣哉。幽明之几乎。古之圣贤,独见独闻,不以尸居而废惺惺,明目达聪,不以大庭而遣炯炯。故曰有孚、曰发志。一念之明,固明也。曰来章、曰夷主、曰配主,天下之明,亦明也。至于继明照于四方,而丰亨之治,如日中天矣。同有

---

① (宋)黎靖德编,王星贤点校:《朱子语类》,北京:中华书局,2020年,第2265页。
② (清)永瑢等撰:《四库全书总目》,北京:中华书局,1965年,第59页。

是明德者,慎毋自藏,而终于弗觊哉。"①此处解"丰卦",与《儿说》有很大差别。此时苏濬受到阳明心学的影响,认为人之心本来就是"浑然天理"的,只不过受到了"智慧情识""纷华盛丽"的障蔽。人要自觉排除这些障蔽,"夫明非自外至也",这样就能成为"明德者"。与上文所举《朱子语类》言,此书的解卦也与朱子的解卦旨趣相去甚远。苏濬也提倡知行合一,比如他在解易时强调治国之道。在解《否卦》时,苏濬云:"此其亡之戒,圣人所以惓惓也。以周之宣王,奋然于厉王不振之后,《庭燎》问夜,《云汉》忧民,安集歌于《鸿雁》,振武咏于《车攻》。至驱猃狁,平蛮荆,厥功灿然,乃料民太原,识者已谓其渐不克终。未几,而幽王煽乱,亦谓宣王有以酿之,则其亡之训,良可鉴哉。"②文中用周宣王的兴亡之事告诫统治者,得民心者得天下。

《易经生生篇》收入《四库全书总目·经部·易类存目》。《四库全书总目》云:"此书惟解上、下经,《系辞》《说卦》,删《序卦》《杂卦》。大旨主王弼虚无之说,一切归之于心学,非惟废卜筮之说,乃并宋儒言理。而偶及数者,亦以为执泥牵拘。其训'潜龙勿用',以为'心之寂然不动';训'大明终始',以为'心之灵明不昧'。而于《系辞》之末,以《易》主忘言为归宿。观其以'冥冥'名书,则其说之遁于二氏,不问可知矣。"③

《易经生生篇》因"一切归之于心学","颇涉异学",故入存目。实际上,苏濬的《易经生生篇》之所以受时人欢迎,还在于对儒学的坚守。明人蔡献臣在《苏紫溪先生易经生生篇序》中云:"先生藩臬粤西时,冥思韦编,时发其所独得,至再三削牍,名《冥冥》,更名《生生》。即先生亦自谓抉羲、文、周、孔之秘,而补程、朱、蔡、陈之遗,在兹篇矣。献臣初受是经,已去受《诗》,然自角丱即乘下风,不意其终茫然也。今读兹篇,始觉了了。如象非潜龙、见龙之谓,变非损来,既济来之谓,系则勿用亦词,占则潜龙亦占。斯言也,使考亭复生,亦必首肯。"④苏濬门人李光缙在《生生篇序》中亦云:"苏先生之论

---

① (明)苏濬撰:《生生篇》,《四库全书存目丛书·经部》第13册,济南:齐鲁书社,1997年,第93页。
② (明)苏濬撰:《生生篇》,《四库全书存目丛书·经部》第13册,济南:齐鲁书社,1997年,第32页。
③ (清)永瑢等撰:《四库全书总目》,北京:中华书局,1965年,第59页。
④ (明)苏濬撰:《生生篇》,《四库全书存目丛书·经部》第13册,济南:齐鲁书社,1997年,第1页。

《易》也,剖羲、文之秘,发周、孔之旨,补程、朱之遗。"①心学与理学都是儒学的延续与发展,是儒学的重要组成部分。由此可见,四库馆臣对于《易经生生篇》的评判是失之偏颇的。

五、刘鳞长与《浙学宗传》

刘鳞长(1598—1661),字孟龙,号乾所,明晋江县桥南(今属泉州市洛江区)人,万历四十六年(1618)中举人,万历四十七年(1619)联捷进士,官至兵部尚书兼东阁大学士。刘鳞长登进士第后,"授工部都水司主事,接管皇极门等工差务,以节省浮费二十余万金。触总理工程内监马诚,怒与魏珰倚毗为奸陷之,令修卢沟桥,矫旨降三级,调外,嗣复矫旨削职为民"。② 崇祯初,刘鳞长复官,因"为尚书张凤翔劝止事发,被累同逮诏狱,谪常州通判"。③ 后刘鳞长"署昆山令四阅月",政绩突出,"父老为塑像于候潮旧址,祀之。转南户部主事,擢郎中,旋视两浙学政,有公明之誉。迁四川建昌参议、川东参政"。④ 因大败张献忠有功,隆武二年(1646),南明政权擢刘鳞长"为太仆寺少卿、兵部右侍郎,加太子太保、兵部尚书兼东阁大学士"。⑤ 南明政权失败后,刘鳞长归家,后卒于家。

刘鳞长接受心学是在其任两浙学政时。在《浙学宗传序》中,刘鳞长写道:"余既携《闽学宗传》,灾武林之梨,教越士,间沂胥涛,泛湖光。想见子韶业受敝闽龟山,宗皈未发,横浦风致,犹有存者。寻驱十一国,览慈湖水明碧练,波心月落。徜徉遇杨敬仲与陆象山,订悟本心真景。吊宝婺旧墟,抚然叹曰:'于越东莱先生与吾里考亭夫子问道质疑,卒揆于正。'教泽所渐,金华

---

① (明)苏濬撰:《生生篇》,《四库全书存目丛书·经部》第13册,济南:齐鲁书社,1997年,第4页。
② (清)周学曾等纂修:道光《晋江县志》,福州:福建人民出版社,1990年,第1139页。
③ (清)怀荫布修:乾隆《泉州府志》卷四十四,泉州:泉州市地方志编纂委员会办公室,1984年,第80~81页。
④ (清)怀荫布修:乾隆《泉州府志》卷四十四,泉州:泉州市地方志编纂委员会办公室,1984年,第81页。
⑤ (清)怀荫布修:乾隆《泉州府志》卷四十四,泉州:泉州市地方志编纂委员会办公室,1984年,第81页。

四贤,称朱学世嫡焉。往事非邈也。击楫姚江,溯源良知,觉我明道学于斯为盛。"①从序言可看出,刘鳞长在浙江任职期间,游历了许多儒学遗址,特别是"击楫姚江,溯源良知,觉我明道学于斯为盛",于是"缘念以浙之先正,呼浙之后人,即浙学又安可无传?周海门《圣学宗传》尚矣,然颇详古哲,略于今儒。乃不揣固陋,稍稍编汇成书,梓且行"。②感慨之下,刘鳞长就编纂了《浙学宗传》并刊刻行于世。

因受心学影响深的缘故,刘鳞长在《浙学宗传》序言中写道:"唯真学者,了心入圣,为宗门中大觉,至孝而无难。不明心学,即堕落于罔觉不孝而不可药救。"③在诸儒之中,刘鳞长在该书中以介绍心学为最详。书中共收录儒学名士44人,其中心学门人有19位,约占比43%。作为心学门人,刘鳞长对心学儒者的评价往往一语中的。比如对于陆九渊,刘鳞长云:"象山先生自少即悟宇宙即吾心二语。所谓先立其大,此可概见。后来学问,亦不曾加予此。谆谆诲人,亦只在自求本心。识得本心,即凡即圣,即人即天,昧却时连凡人亦不是了。此最吃紧提醒处。世有诋为禅学者,将无失其本心。"④"悟宇宙即吾心",道出了象山之学的真谛。陈献章(1428—1500),字公甫,号石斋,人称白沙先生。其上承陆九渊之学,所创立的岭南心学为明代心学的发端。此书收录陈献章弟子贺钦,刘鳞长称:贺钦"成化丙戌进士,为户科给事中,见献章《论学》,叹曰:'至性不显,宝藏犹霾。世即用我,而我奚以为用。'即日上疏,解官去。执弟子礼事献章"。⑤贺钦后归家授徒,为岭南心学在浙江的传播发挥了重要作用。收录贺钦,说明了刘鳞长对心学流派的了解。在该书《圣功格》一文中,刘鳞长表达了自己对王阳明的崇敬:"视古克己省身之功,岂多让也!尔乡王阳明先生亦今代圣人也。日以良知二字惓惓诲人,无非此意。诸生生其乡,读其书,岂无景行其为人者乎?本道不敏,

---

① (明)刘鳞长撰:《浙学宗传》,《四库全书存目丛书·史部》第111册,济南:齐鲁书社,1996年,第1~2页。
② (明)刘鳞长撰:《浙学宗传》,《四库全书存目丛书·史部》第111册,济南:齐鲁书社,1996年,第2页。
③ (明)刘鳞长撰:《浙学宗传》,《四库全书存目丛书·史部》第111册,济南:齐鲁书社,1996年,第4页。
④ (明)刘鳞长撰:《浙学宗传》,《四库全书存目丛书·史部》第111册,济南:齐鲁书社,1996年,第20页。
⑤ (明)刘鳞长撰:《浙学宗传》,《四库全书存目丛书·史部》第111册,济南:齐鲁书社,1996年,第69页。

愿与诸生共勉之。"①《浙学宗传》所收录《拔本塞源论》,是王阳明答顾东桥书的一部分,是阳明心学的代表作。《浙学宗传》还收录了《证人社学檄》《社约书后》等阳明三传弟子刘宗周的心学代表作,由此可见刘鳞长对心学的研究是比较深入的。

刘鳞长虽入心门,但编纂《浙学宗传》时所收录浙学门派比较齐全,除心学之外,既记载杨时、朱熹等的理学宗传,又有张九成的横浦学派,吕祖谦、陈亮、何基、王柏、金履详、许谦等的金华学派(又称婺学)等等。同时刘鳞长注意不抱门户之见,《浙学宗传》对于其他学派之人,也给予中肯的评价。比如对杨时,刘鳞长称:"龟山先生自道南著称,四方士多从之学,推为程氏正宗,素不求闻达。时宰以人望召之,颇有异议,然竟无能用其言者。遂告老归,一以著书讲学为事。与胡安国往来论辩尤多,先达陈瓘、邹浩皆师事之。考亭南轩之学得其正,皆出于龟山云。"②杨时在"二程"与朱熹之间的承前启后作用自明。

《浙学宗传》收入《四库全书总目·史部·传记类存目》。《四库全书总目》云:"是编乃其为浙江提学副使时所编。以周汝登所辑《圣学宗传》颇详古哲,略于今儒,遂采自宋迄明两浙诸儒,录其言行,排纂成帙。大旨以姚江为主,而援新安以入之,故首列杨时,次以朱子、陆九渊并列。陈亮则附载于末,题曰《推豪别录》。又以蔡懋德《论学》诸条及鳞长所自撰《扫背图》诸篇缀于卷后。懋德、鳞长非浙人,入之浙学已不类,而自撰是书自称刘乾所先生,与古人一例,尤于理未安也。"③

刘鳞长对于闽学与浙学的关系有自己的见解。他携父亲刘廷焜所著《闽学宗传》入浙。刘鳞长认为:"认证宗传,学恒于斯,教恒于斯。则若闽若浙,同属家亲,而大宗小宗,其登上岸矣。以俟有心诸君子证焉。"④闽学和浙学同宗,故纂《浙学宗传》。书中列有杨时、朱熹、刘鳞长等三位闽人以及江西人陆九渊、江苏人蔡懋德。这五位儒学名士,均在浙江任过职,并收浙人

---

① (明)刘鳞长撰:《浙学宗传》,《四库全书存目丛书·史部》第111册,济南:齐鲁书社,1996年,第152页。

② (明)刘鳞长撰:《浙学宗传》,《四库全书存目丛书·史部》第111册,济南:齐鲁书社,1996年,第13页。

③ (清)永瑢等撰:《四库全书总目》,北京:中华书局,1965年,第561页。

④ (明)刘鳞长撰:《浙学宗传》,《四库全书存目丛书·史部》第111册,济南:齐鲁书社,1996年,第4页。

弟子,故入浙学门派。四库馆臣云:"懋德、鳞长非浙人,人之浙学已不类。"所言差矣。

结　　语

虽然阳明心学在明代泉州的传播终究没有成为思想界的主流,但其影响不可小觑。由于丘养浩、王慎中、李贽、苏濬、刘鳞长等王学门人都是明代中后期的名臣、思想家、文学家等,他们把心学带到了泉州,对泉州的思想界产生了巨大的冲击,这种影响一直持续到清代。比如清代理学名臣、官至吏部尚书、文渊阁大学士的泉州安溪人李光地,早期就曾受心学思想的影响。特别值得一提的是李贽思想的影响,时至今日海内外李贽思想的研究方兴未艾。日本学者沟口雄三将李贽与鲁迅做了比较,他认为:"李卓吾作为此一时期(明末)最具典型意义的思想者——很像民国时期的鲁迅——被提炼出来加以研究,也就是说,李卓吾的生涯将明末这一时期的历史性矛盾极为尖锐地呈现出来。"[①]这足见心学门人李贽思想的影响颇为深远。

（原载《闽学研究》2023 年第 2 期）

[①] [日]沟口雄三著,龚颖译:《中国前近代思想的屈折与展开》,北京:三联书店,2011年,第 107 页。

泉州古代易学研究探略

《周易》成书于西周,始称《易》或《周易》,故司马迁云:"文王拘而演《周易》。"[1]汉代是易学研究的兴盛时期,《汉书·艺文志·六艺略》云:"六艺之文,《乐》以和神,仁之表也;《诗》以正言,义之用也;《礼》以明体,明者著见,故无训也;《书》以广听,知之术也;《春秋》以断事,信之符也。五者,盖五常之道,相须而备,而《易》为之原。故曰:'《易》不可见,则乾坤或几乎息矣。'言与天地为终始也。"[2]从此,"中国古代各朝史书的《经籍志》《艺文志》,以及各类官修、私撰的目录学专著,均将《周易》研究的著述列居群经之首"。[3] 作为六经之首的《周易》,被称为《易经》,成为一门显学。唐代把《易经》作为科举考试的内容,更突出了《易经》的重要地位。汉唐之后,《易经》研究者络绎不绝,易学研究成为中国古代传统文化的重要组成部分。

中唐之后,特别是欧阳詹登进士第之后,泉州"缦胡之缨,化为青衿",文化逐步发展,易学研究也随之逐步走向兴盛。唐五代泉州易学研究著述见诸史籍者,有陈黯的《大易神正书》。北宋有5部,南宋有27部,元代有1部。明代泉州易学研究达到高峰,见诸史籍的易学研究著述有110部。清初沿袭明代,易学研究著述不少。清代中后期,泉州《易经》研究逐步走向式微。有清一代,见诸史籍的泉人易学研究著述64部,不仅数量不如明代,而且质量也远不如明代。泉州古代在易学研究方面有四个阶段值得关注:一是南宋时期以李中正为代表的以史解易,二是明代中期以蔡清为代表的以"理"解易,三是明代晚期以李贽为代表的以"心"解易,四是清初李光地的以"性"解易。这四个阶段的研究各有不同的突出特点,代表着泉州古代易学研究

---

① 韩兆琦编著:《史记笺注》,南昌:江西人民出版社,2004年,第6445页。
② (汉)班固撰:《汉书》,上海:上海古籍出版社、上海书店,1986年,第165页。
③ 张善文:《历代易家与易学要籍》,福州:福建人民出版社,1998年,第4页。

的最高水平,是了解古代泉州易学研究的关键。

南宋时期以李中正为代表的以史解易

李中正,生卒年不详,字少谦,南宋晋江人。乾隆《泉州府志》载:中正"积涉狷介,与傅忠简诸公友善"。① 据此可知,李中正与傅自得生活在同一时期。傅自得,字安道,"以父死国,得补承务郎、福建路提点刑狱司、通判泉州,知兴化军。时秦桧以上旨命自得究前泉州知州赵令衿诽谤罪,自得力图宽解。及桧死,反以体究事,罢郡事。孝宗登极,开复故官,除知漳州……改授两浙提点刑狱公事。寻罢归"。② 由此可知李中正大约生活于南宋光宗、孝宗时期。李中正有《泰轩易传》行于世,此书为目前发现的宋代泉人研究《易经》仅存的著述。

《泰轩易传》收入《续修四库全书》。《续修四库全书总目提要》云:"此书《宋史·艺文志》未著录,诸家书目失收,《经义考》《四库全书总目》未及,唯日本有足利学所贮文明中影本。1808 年,日本天瀑山人(林述斋)刊入《佚存丛书》,用活字印刷,清嘉庆时传入我国。"③ 说明了此书版本的来源。

《泰轩易传》的主要特点是以史解易。以史解易,古来有之,故《续修四库全书总目提要》云:"以史证《易》,《四库全书总目提要》以宋人李光、杨万里为代表,实则马王堆帛书《缪和》篇已开风气,可谓源远流长;视《易》为殷、周之史,此书实为先声。由此言之,此书在《易》学史上自应有它的地位。"④

李中正的以史解易,首先是大量引用商周之事解经。这种解经方法所涉人事离文王演化周易时间近,有助于对卦义的理解。宋人董洪在《泰轩易传·跋》中云:《泰轩易传》"真得三圣之心,而非区区训诂之末,其有功于吾

---

① (清)怀荫布修:乾隆《泉州府志》卷五十五,泉州:泉州市地方志编纂委员会办公室,1984 年,第 42 页。
② (清)周学曾等纂修:道光《晋江县志》,福州:福建人民出版社,1990 年,第 1094~1095 页。
③ 《续修四库全书总目提要》编纂委员会编:《续修四库全书总目提要·经部》,上海:上海古籍出版社,2015 年,第 8 页。
④ 《续修四库全书总目提要》编纂委员会编:《续修四库全书总目提要·经部》,上海:上海古籍出版社,2015 年,第 8 页。

道也不浅"。① 比如解《屯卦》九五爻辞时,李中正认为:"九五以刚居尊,处屯难之时。既不能众建诸侯与天下同其利,而使初九磐桓居贞,以得民于下。又不能亲附大臣,资以辅助,而使六四乘马班如。以往应于初,上下之情不通,而德泽不加于民。此屯其膏之象也。小而为一国之主,不侵君以得民,以此为贞则凶,岂不有乖于大亨贞之义。处屯难之中,不能弘济博施以拯斯民,又何光大之有。坎为云而未雨,有屯其膏之象。此爻象殷之末世。"②把此爻辞与殷朝末世紧密联系起来。

除以殷商之事为主外,李中正的以史解易也引用了上至尧舜禹,下至汉唐之史事。比如解《坤卦》初六爻辞时云:"田氏篡齐,来于威王之霸。六卿分晋肇于文公之兴,赵高之奸蓄于始皇之时,宝宪之乱始于光武之世,司马懿之祸生于魏武之手,五胡之乱基于平吴之后。皆当其盛时而不之觉也。"③引用的史事涉及春秋战国、秦汉、魏晋南北朝。

清人阮元在《研经室集》中亦云:"凡言《易》者,非泥阴阳,即拘象数。此(《泰轩易传》)则专明人事,于起伏消长之机,随事示戒,非空谈者可及。"④《续修四库全书总目提要》亦指出:"此书解《易》主于义理,释卦、爻辞往往以前代史事为证。"⑤以上都说明《泰轩易传》以史事解易的特点十分突出。

以史解易对泉州后代的易学家产生了一定的影响,比如明代的林欲楫。林欲楫(1576—1662),字仕济,号平庵,晋江人,万历三十一年(1603)解元,四年后举进士,官至礼部尚书,有《易经勺解》行于世。此书收入《四库全书总目·经部·易类存目》,《四库全书总目》云:"其说专主人事,以发明理义为主,不及象数。"⑥比如在解《明夷卦》时,林欲楫云:"明夷一卦,当文王与纣之时。他卦言利贞而此独言艰贞,文之所遇亦侘艰矣。乃吾夫子不以艰贞归文王,而归箕子,箕子更艰于文王也。文王当三分有二之秋,易挟威以震

---

① (宋)李中正撰:《泰轩易传》,《续修四库全书》第 2 册,上海:上海古籍出版社,2001 年,第 199 页。
② (宋)李中正撰:《泰轩易传》,《续修四库全书》第 2 册,上海:上海古籍出版社,2001 年,第 68 页。
③ (宋)李中正撰:《泰轩易传》,《续修四库全书》第 2 册,上海:上海古籍出版社,2001 年,第 62 页。
④ (清)阮元:《研经堂集》,北京:中华书局,1993 年,第 1228 页。
⑤ 《续修四库全书总目提要》编纂委员会编:《续修四库全书总目提要·经部》,上海:上海古籍出版社,2015 年,第 8 页。
⑥ (清)永瑢等撰:《四库全书总目》,北京:中华书局,1965 年,第 62 页。

主,而柔顺之难。箕子当贵戚无权之秋,易屈节以避祸,而正志之难。文之可以无夷而夷也,箕子可以无艰而艰也。非夷且艰亦不得为文王、箕子矣。"①此解经从文王"三分天下有其二,以服事殷",以及箕子辅纣,谏阻不听,被贬为奴的"人事",来阐明"非夷且艰亦不得为文王、箕子矣"的义理。

再如明代的林欲楫。林欲楫(1595—1657),字为磐,号素庵,明晋江县府城新门外浮桥(今属泉州市鲤城区)人,明天启二年(1622)登进士第,官至吏部郎中。林欲楫著有《易经象解》一书。此书收入《四库全书总目·经部·易类存目》,《四库全书总目》称:"其说取《易》象大义,各摭史事以配,每一卦为一解。"②可惜的是,《易史象解》的版本已佚,无法进行深入的研读。

明代中期以蔡清为代表的以"理"解易

蔡清(1453—1508),字介夫,号虚斋,明晋江县府城曾井铺(今属泉州市鲤城区)人,成化十三年(1477)解元,成化二十年(1484)进士,历官至江西提学副使等。蔡清登进士第后,"即乞假归讲学",后"得礼部祠祭主事"。当时王恕执掌吏部,"重清,调为稽勋主事……清乃上二札:一请振纲纪,一荐刘大夏等三十余人。恕皆纳用"。不久"以母忧归",后又"乞假养父""家居授徒不出"。正德改元后,"即家起江西提学副使",因宁王做法不符合礼制,"遂乞休"。后"起清南京国子监祭酒。命甫下,而清已卒"。③蔡清虽有入仕的经历,但一生中大部分时间都在泉州讲学和著述。《明史》载:蔡清"少走侯官,从林玭学易,尽得其肯綮。……清之学,初主静,后主虚,故以虚名斋。平生饬躬砥行,贫而乐施,为族党依赖。以善《易》名"。④蔡清有《易经蒙引》《太极图解》《河洛私见》等易学著述行于世。

以"理"解易,即理学易,用理学思想解释《易经》,这是蔡清易学研究的主要特点。当然蔡清这种以"理"解易是"不全从《本义》,而能发明《本义》"。⑤清人吴焯在《绣谷亭薰习录》一书中指出:蔡清的《易经蒙引》"发明

---

① (明)林欲楫撰:《易经勺解》,《四库全书存目丛书·经部》第19册,济南:齐鲁书社,1997年,第395页。
② (清)永瑢等撰:《四库全书总目》,北京:中华书局,1965年,第65页。
③ (清)张廷玉等撰:《明史》,上海:上海古籍出版社、上海书店,1986年,第788页。
④ (清)张廷玉等撰:《明史》,上海:上海古籍出版社、上海书店,1986年,第788页。
⑤ (清)永瑢等撰:《四库全书总目》,北京:中华书局,1965年,第28页。

朱子之学,救偏补阙,盖本义之疏耳。虽皆出于诸儒经说,而撷拾无遗。谓为紫阳之功臣,洵无愧焉"。① 这种评价是比较贴切的。比如蔡清赞成朱熹的观点,认为《易》摹写天地之理。但他在解释《系辞》"天下之理得,而成位乎其中矣"时云:"大抵《易》书之理即天地之理,天地之理亦吾身之理。孔子此章之言,一以见人当求易理于天地,二以见人当求天地之理于吾身。盖有天地之易,有吾身之易,有《易》书之易。究竟论之,则易理本在天地于吾身,其《易》书则是天地人身之易之影子也。若不是于天地吾身上体验得出,则看那《易》书之易,终亦死杀了。虽曰《易》与天地准,亦不见其果与天地准矣。孔子《系辞传》之作特地是要人见得此理破。"②从这些文字中,可以看出与朱熹"所论《易》是圣人模写阴阳造化,此说甚善"③相比,蔡清在天地之易基础上,提出了"吾身之易"。蔡清认为《易经》之易,应该是天地之易与"吾身之易"的折射。

再如蔡清承继了朱子《易》为卜筮之书说,但主张"《易》以道义配祸福"。朱子云:"近又读《易》,见一意思:圣人作《易》,本是使人卜筮以决所行之可否,而因之以教人为善,如严君平所谓与人子言依于孝,与人臣言倚于忠者。故卦爻之辞,只是因依象类,虚设于此,以待扣而决者,使以所值之辞决所疑之事。"④明确表达了"《易》本是使人卜筮以决所行之可否"之意。蔡清云:"《易》虽主卜筮,然以道义配祸福,与他术数书不同,所以为经也,故无不效。昔晋何晏闻管辂明易数,请与论易。邓飏在座,请作一卦,当至三公不?又问:'连梦青蝇数十来集鼻上。'辂告知曰:'元凯辅舜,周公佐周,皆以和惠谦恭享有多福。今君侯位尊势重,而怀德者鲜,畏威者众,殆非小心永福之道。愿君侯衰多益寡,非礼勿履,则三公可至,青蝇可驱也。'后二人皆坐事诛夷。"⑤蔡清借用三国时术士管辂的典故来阐明"《易》以道义配祸福"的道理。管辂应曹魏大臣、玄学家何晏之约前往论《易》。当时曹魏大将邓飏也在旁

---

① (清)吴焯:《绣谷亭薰习录》,北京:中华书局,1995年,第537页。
② (明)蔡清撰:《易经蒙引》,《影印文渊阁四库全书》第29册,台北:台湾商务印书馆,1983年,第564~565页。
③ (宋)朱熹著,郭齐、尹波评注:《朱熹文集编年评注》,福州:福建人民出版社,2019年,第2322页。
④ (宋)朱熹著,郭齐、尹波评注:《朱熹文集编年评注》,福州:福建人民出版社,2019年,第1507页。
⑤ (明)蔡清撰:《易经蒙引》,《影印文渊阁四库全书》第29册,台北:台湾商务印书馆,1983年,第10页。

边,邓飏请管辂帮其占一卦,看能否官至三公,并告知曾梦见数十只青蝇聚集其鼻子之吉兆。而管辂认为邓飏位尊势重,却不讲道德修养,即使得好卦,如果不改,恐怕下场也不妙。后何晏和邓飏二人都被杀而且夷三族。蔡清认为:"辂以易数名,而其言如此,是知以道义配祸福者矣。当老庄虚浮之世,而有如此等人物,亦豪杰之士哉!愚尝谓上有天,下有地,中有人。天有时,地有利,人有为,人为之功用亦大矣。人为之善者,或能吉其凶。其不善者,则能凶其吉。愚故录辂之言,以正《易》道之门户也。"①这就是"《易》以道义配祸福"的具体体现。

《明代易学史》一书的作者认为:"《易经蒙引》依朱子之说,折中宋、元、明诸家朱学注疏,极力纠正其中误读偏颇之处,条分缕析,十分详尽,极有价值……难能可贵的是,蔡清对朱子之说并非一味拘执墨守,这对时人及后学冲破朱学藩篱,进一步发展宋明理学具有重要意义。"②任利伟在《蔡清易学述略》一文中也指出:"蔡清总结了南宋末年以来程朱理学的发展过程,认为无论是宋末学者的'尽取伊洛遗言,以资科举',还是元代学者的'名理不精,而失之疏略'以及当时学者的'于经传鲜有究心',其共同弊病在于对程朱义理墨守成规,不敢有所发明,致使程朱之学代代相因,粗糙空洞。"③这些评论都说明蔡清在明代易学史上有着重要地位,为明清时期泉州成为易学研究重镇奠定了基础。

附于《明史·蔡清传》的陈琛、林希元的以"理"解易值得一提。陈琛(1477—1545),字思献,号紫峰,晋江人,正德十二年(1517)与林希元同榜进士,官至吏部考功郎。陈琛有《易学浅说》行于世。此书收入《四库全书总目·经部·易类存目》,《四库全书总目》称:"琛《易》学出蔡清,故大旨主于义理。然欲兼为科举之计,故顺讲析讲,全如坊本高头讲章,较清《易经蒙引》,可谓每况愈下矣。"④

《易经浅说》是陈琛对蔡清《易经蒙引》的进一步发挥。虽然《易经浅说》也是适应科举之需而作,且在理学思想的阐述上没有超出蔡清,但是陈琛把

---

① (明)蔡清撰:《易经蒙引》,《影印文渊阁四库全书》第29册,台北:台湾商务印书馆,1983年,第10~11页。
② 林忠军、张沛、张韶宇:《明代易学史》,济南:齐鲁书社,2018年,第63页。
③ 张涛主编:《周易文化研究》第七辑,北京:社会科学文献出版社,2015年,第94页。
④ (清)永瑢等撰:《四库全书总目》,北京:中华书局,1965年,第53页。

这些阐述以白话的形式体现出来,通俗易懂,深受当时士人欢迎。① 比如在解经文"君子以自强不息"时,陈琛写道:"夫子《大象传》释卦之象,谓夫三阳之卦为乾,乾有天之象焉。此卦上下皆乾,则是天之运行,今日一周而明日又一周,若重复之象,非至健不能也。其在君子,则克治之功已深,存养之力已到。其天德之刚,卓然而自立;人欲之私,靡然而退听。又且自始至终,无顷刻之间断。由壮至老,无一时之止息。君子之乾,孰大于是? 此君子当作自然说。《本义》'不以人欲害其天德之刚',乃推原说。"② 言简意赅,经之解浅而义明。反观蔡清用了五百多字,还引用了《本义》《孟子》《大学章句》等典籍,虽然也深刻阐明了经义,但显得比较繁杂。

林希元(1481—1565),字茂贞,号次崖,明代同安县山头村(今属厦门市翔安区)人,正德十一年(1516)举人,正德十二年(1517)联捷进士,与陈琛同榜,官至南京大理寺丞、广东按察司佥事。林希元有《易经存疑》行于世。此书收入《四库全书·经部·易类》,《四库全书总目》称:"是书用《注疏》本。其解经一以朱子《本义》为主,多引用蔡清《蒙引》,故杨时乔《周易古今文》谓其继《蒙引》而作,微有异同。其曰'存疑'者,洪朝选序谓其存朱子之疑,以羽翼程、朱之传、义也。"③ 由此可见,这也是一本以理解易之作。

当然林希元解易也有其特点,那就是尊崇程朱,但没有完全拘泥于程朱;承继于蔡清,但没有完全拘泥于蔡清。比如对《大畜》卦辞的解释,朱熹在《原本周易本义》中写道:"以艮畜乾,又畜之大者也。又以内乾刚健,外艮笃实辉光,是以能日新其德,而畜之大业。"④ 蔡清写道:"大阳也,艮畜乾,艮是阳,非若小畜之以巽畜乾也,故为大畜。况以艮畜乾,其所畜者,乾也。又畜之大者也。又内刚健,外笃实辉,内外合德,其德日新,而为之畜之大也。"⑤ 而林希元在《易经存疑》中写道:"《大畜》之义有三:艮畜乾大者畜也,是一义;所畜者乾,又畜之大,是一义;内乾刚健,外艮笃实辉光,日新其德,

---

① 陈笃彬、苏黎明:《泉州古代著述》,济南:齐鲁书社,2008年,第139~140页。
② (明)陈琛撰:《陈紫峰先生周易浅说》,《四库全书存目丛书·经部》第4册,济南:齐鲁书社,1997年,第11页。
③ (清)永瑢等撰:《四库全书总目》,北京:中华书局,1965年,第29页。
④ (宋)朱熹撰:《原本周易本义》,《影印文渊阁四库全书》第12册,台北:台湾商务印书馆,1983年,第646页。
⑤ (明)蔡清撰:《易经蒙引》,《影印文渊阁四库全书》第29册,台北:台湾商务印书馆,1983年,第273页。

为畜之大,是一义。"①三者比较,在《论林希元〈易经存疑〉对〈周易本义〉的注疏》一文中,李育富认为:"较之朱子过简,蔡清之过繁,希元则适得其中,较为准确地阐明了《本义》见解。"②不赞成朱熹的观点时,林希元也是直言不讳。比如林希元写道:"夫子作《系辞大传》以明易,至是见得天地间道理,不外乎阴阳二者。故特发明出来示人,此是探本穷源之论。"③林希元认为朱熹的这种论点有值得斟酌的地方,故云"故圣人即阴阳迭运以语道之全体,非阴阳迭运之外复有个道也。朱子乃曰其理则所谓道,却似阴阳迭运之外,又有个道,未免起人疑惑"。④

对于明代中期,泉州易学研究之盛,《闽中理学渊源考》载:"明初学者多属朱门派绪,其传习说经,犹存宋元间诸儒家法。三山林氏以易学倡教东南,虚斋时弱冠为诸生,以金宪临江周公虚白命,得登其门,卒之经学大明,为有明一代经师之首,海内宗之。厥后,陈紫峰、林次崖、苏紫溪第衍其绪,以易学成一家言,于是泉南习《易》者,家弦户诵。"⑤

明代晚期以李贽为代表的以"心"解易

李贽(1527—1602),字宏甫,号卓吾,又号温陵居士,明晋江县府城(今属泉州市鲤城区)人,祖籍南安县榕桥,嘉靖三十一年(1552)举人,官至姚安知府。李贽"从小就很有个性,六岁丧母,便能自立"。⑥乡试中举后,两次会试不中,李贽就不再参加进士考试,走上了仕途,初授河南卫辉府辉县教谕,后任国子监博士、吏部司务,南京刑部员外郎、郎中。万历五年(1577),李贽出任云南姚安知府,道光《云南通志》记载:李贽任姚安知府期间"性严洁,民

---

① (明)林希元撰:《易经存疑》,《影印文渊阁四库全书》第30册,台北:台湾商务印书馆,1983年,第348页。
② 李育富:《论林希元〈易经存疑〉对〈周易本义〉的注疏价值》,《信阳师范学院学报(哲学社会科学版)》2013年第4期,第28~31页。
③ (明)林希元撰:《易经存疑》,《影印文渊阁四库全书》第30册,台北:台湾商务印书馆,1983年,第535页。
④ (明)林希元撰:《易经存疑》,《影印文渊阁四库全书》第30册,台北:台湾商务印书馆,1983年,第535页。
⑤ (清)李清馥撰:《闽中理学渊源考》,《影印文渊阁四库全书》第460册,台北:台湾商务印书馆,1983年,第499页。
⑥ 白寿彝总主编:《中国通史》第16册,上海:上海人民出版社,1989年,第1693页。

间时罹火灾,为建火神庙,祈而禳焉。在官三年,自劾免归,士民攀辕卧道,车不能发"。① 万历九年(1581),李贽弃官后,主要是著书立说,教授弟子。李贽是晚明进步思想家,"主张个性解放与自由,有人称他为反对封建专制主义启蒙运动的先驱"。② 后被明神宗以"敢倡乱道"等莫须有罪名,将其下狱。入狱后,愤而自刎死于狱中。③ 李贽平生著作颇丰,其易学研究著述《九正易因》收入《四库全书总目·经部·易类存目》,《四库全书总目》云:"贽所著述,大抵皆非圣无法,唯此书尚不敢诋訾孔子,较他书为谨守绳墨云。"④

　　以"心"解易,即心学易,用心学思想解释易经,这是李贽易学研究的重要特点。李贽在四十岁时开始接触阳明心学,在《阳明先生年谱后语》中,他写道:"不幸年甫四十,为友人李逢阳、徐用检所诱,告我龙溪王先生语,示我阳明王先生书,乃知得道真人不死,实与真佛、真仙同。虽倔强,不得不信之矣。"⑤ 从此李贽开始了对王学的探索。在以后的很多著述中,李贽都提到了王学,并倾注心血完成了《阳明先生道学钞》与《阳明先生年谱》的编纂工作。在《九正易因》一书中,李贽以心解易,表达了强烈的反传统思想。比如《传习录》云:"一日,王汝止出游归。先生(王阳明)问曰:'游何见?'对曰:'见满街都是圣人。'先生曰:'你看满街人都是圣人,满街人倒看你是圣人在。'"⑥ 王阳明认为:"圣人之所以为圣,只是其心纯乎天理,而无人欲之杂……故曰'人皆可以为尧舜'者以此。"⑦ 而李贽在《九正易因》对《乾卦》的解释正是承继了王阳明这种圣人观。李贽云:"大哉乾元,万物资始。既资以始,必资以终。元非统天而何?夫天者,万物之一物,苟非疏以乾元,又安能行云施雨,使品物流通形著而若是亨乎?故曰大哉乾元。人唯不明乾道之终始,是以不知乾元之为大,苟能大明乎此,则知卦之六位,一时皆已成就,特乘时而后动矣。是故居初则乘潜龙,居二则乘见龙,居三乘惕龙,居四乘跃龙,居五乘飞龙,居上乘亢龙。盖皆乾道自然变化,圣人特时乘之以御天云耳。是故一

---

① 张建业主编:《李贽全集注》第26册,北京:社会科学文献出版社,2010年,第328页。
② 白寿彝总主编:《中国通史》第16册,上海:上海人民出版社,1989年,第1692页。
③ 福建省南安县地方志编纂委员会编:《南安县志》,南昌:江西人民出版社,1993年,第866页。
④ (清)永瑢等撰:《四库全书总目》,北京:中华书局,1965年,第55页。
⑤ (明)李贽:《阳明先生道学钞》,北京:首都师范大学出版社,2019年,第265页。
⑥ 陈荣捷:《王阳明〈传习录〉详注集注》,重庆:重庆出版社,2017年,第289页。
⑦ 陈荣捷:《王阳明〈传习录〉详注集注》,重庆:重庆出版社,2017年,第94~95页。

物各具一乾元,是性命之各正也,不可得而同之也。万物统体一乾元,是太和之保合也,不可得而异也。故曰乃利贞。然则人人各正一乾之元也,各具有是首出庶物之资也,乃以统天者归之乾,时乘御天者归之圣,而自甘与庶物同腐焉,不亦伤乎?万国保合有是乾元之德也,何尝一日不咸宁也。乃以乾为天,以万为物,以圣人能宁万国,以万国必咸宁于圣人,不益伤乎?故曰:乾,元亨利贞。举四德以归乾,而独以大哉赞元,其旨深矣。"[1]张建业为此指出:"正因为'一物各具一乾元',李贽进一步提出'人人各正一乾之元也,各具有是首出庶物之资也',就是说人人都具有乾元这种大德,人人都具备首出万物的资格,没必要把一切都归于圣人。如若认为只有圣人才能'乘御天''宁万国',那是真正的悲哀可伤啊!李贽从《乾卦》引出的这一命题,强调人人平等,人人皆圣,具有强烈的反封建压迫、反封建传统的战斗意义。"[2]四库馆臣认为:《九正易因》"较他书为谨守绳墨云",此言差矣。

明代晚期,泉州还有一位著名的以"心"解易的易学家苏濬。苏濬(1542—1599),字君禹,号紫溪,晋江人。万历元年(1573)解元,万历五年(1577)进士,官至广西布政司参政、广西按察副使。苏濬因受其座师郭子章的影响以及任浙江督学佥事的经历,深受阳明心学的浸润,创作了《易经生生篇》一书。

《易经生生篇》收入《四库全书总目·经部·易类存目》,《四库全书总目》云:"大旨主王弼虚无之说,一切归之于心学,非惟废卜筮之说,乃并宋儒言理,而偶及数者,亦以为执泥牵拘。"[3]

受阳明心学的影响,苏濬在解易中引入心学。比如在解《丰卦》的《总论》中,苏濬指出:"人之一心,浑然天理,如太虚之中,空空洞洞,即万感当前,而一真常照也。但照心易息,而忘心易生。智慧情识,障之于内。纷华盛丽,障之于外。于是闻见日增,意智日扬,而丰蔀日甚矣。夫明非自外至也,从中出也。中无所累,则清明生于夜气,虽幽而亦明也。中有所累,则斗沫蔽于日中,虽明而亦幽也。微矣哉!幽明之几乎。古之圣贤,独见独闻,不以尸居而废惺惺;明目达聪,不以大庭而遣炯炯。故曰有孚、曰发志。一

---

[1] (明)李贽撰:《九正易因》,《四库全书存目丛书·经部》第6册,济南:齐鲁书社,1997年,第696页。

[2] 张建业:《李贽与〈九正易因〉》,《北京师范学院学报(社会科学版)》1988年第1期,第1~8页。

[3] (清)永瑢等撰:《四库全书总目》,北京:中华书局,1965年,第59页。

念之明,固明也。曰来章、曰夷主、曰配主,天下之明,亦明也。至于继明照于四方,而丰亨之治,如日中天矣。同有是明德者,慎毋自藏,而终于弗觌哉。"①苏濬认为人之心,本来就是"浑然天理"的,只不过受到了"智慧情识""纷华盛丽"的障蔽。人要自觉排除这些障蔽,"夫明非自外至也",这样就能成为"明德者"。苏濬也提倡知行合一,比如他在解易时强调治国之道。在解《否卦》时,苏濬云:"此其亡之戒,圣人所以惓惓也。以周之宣王,奋然于厉王不振之后,《庭燎》问夜,《云汉》忧民,安集歌于《鸿雁》,振武咏于《车攻》。至驱猃狁,平蛮荆,厥功灿然,乃料民太原,识者已谓其渐不克终。未几,而幽王煽乱,亦谓宣王有以酿之,则其亡之训,良可鉴哉。"②文中用周宣王的兴亡之事告诫统治者,得民心者得天下。凡此种种,都是心学易的突出表现。

对于苏濬易学研究,特别是《易经生生篇》的价值,《明代易学史》的作者认为:"一方面,他以圣人洗心而作《易》的命题,证明了天地之道、圣人之心与《周易》一书的同一性,进而解决了以心释《易》的理论前提,推动了明代心学易思潮的发展;另一方面,他通过'在本体上宗程朱,在功夫上宗阳明'的学术思路调和理学与心学的尝试,也在一定程度上推动了明代理学的发展。"③

清代初期李光地的以"性"解易

李光地(1642—1718),字晋卿,号厚庵,又号榕村,安溪人,康熙九年(1670)进士,累官至吏部尚书、文渊阁大学士。李光地在协助康熙平定"三藩"之乱,以及促成统一台湾诸方面发挥了极为重要的作用。李光地既是政治家,又是大学者,他遍读群经,儒学经传,诸子百家、历数、兵法、水利、律吕、音韵等,无不旁涉会通,得其要领。《清史稿》载:"(康熙)四十四年,拜文渊阁大学士。时上潜心理学,旁阐六艺,《御纂朱子全书》及《周易折中》《性

---

① (明)苏濬撰:《生生篇》,《四库全书存目丛书·经部》第13册,济南:齐鲁书社,1997年,第93页。
② (明)苏濬撰:《生生篇》,《四库全书存目丛书·经部》第13册,济南:齐鲁书社,1997年,第32页。
③ 林忠军、张沛、张韶宇:《明代易学史》,济南:齐鲁书社,2018年,第248页。

理精义》诸书,皆命光地校理,日召入便殿研求探讨。"①李光地著作颇丰,有十八部著作收入《四库全书》。其易学代表作主要有《周易通论》《周易观象》。

李光地的易学研究有几个方面值得注意:一是对《易经》起源的探索作了一种归纳,正本清源。李光地认为:"八卦之名,为伏羲所命""六十四卦之名,为文王所命""系爻固文王之义,而周公成之与""夫子赞《易》曰《十翼》"。同时李光地又对"四贤"在易学研究上所做出的贡献进行了评价:"间尝论《易》之源流,四圣之后,四贤之功为不可掩。盖自周子标'太极'之指,邵子定'两仪'以下之次,而伏羲之意明。程子归之于性命、道德之要,其学以尚辞为先,而文、周之理得。朱子收而兼用之,又特揭卜筮以存《易》之本教,分别象占以尽《易》之变通。于是乎由孔圣以追羲、文,而《易》之道粲然备矣。"②"四圣"指的是伏羲、文王、周公、孔子,而"四贤"指的是周敦颐、邵雍、程颐、朱熹。

二是肯定了朱子之说。李光地是赞同朱熹的"卜筮之说"的。为此,在《易教》中,李光地写道:"三代学校之教,《诗》《书》《礼》《乐》四术而已。《易》掌于太卜,国史掌于史官,乃专官之学,未尝施于学校也。故韩宣子至鲁,乃见《易象》《春秋》,则知《诗》《书》《礼》《乐》列国有传,而二书独閟。自夫子赞修之后,稍见于世矣。故记礼者名为《六经》,而庄周之徒,颇知其意者,亦往往并述焉。然自秦政燔经,独存卜筮、医药、种树之书,而《易》幸不毁。则知其时犹未直目之经,学士先生犹未流行诵习,以故卜筮家专司而世守之。是则《易》之本教然也。"③李光地对朱子的"卜筮之说"做了以下评价:"朱子深探其本,作《本义》一编,专归卜筮。然而至今以为訾謷,盖恐狭易之用、小《易》之道,而使经为伎术者流也。殊不知《易》之用,以卜筮而益周。《易》之道,以卜筮而益妙。而凡经之象数辞义,皆以卜筮观之而后可通,初非小技末术之比也。"④最后,李光地总结道:"是故朱子之大有功于《易》,卜筮之说

---

① 赵尔巽等修:《清史稿》,上海:上海古籍出版社、上海书店,1986年,第1100页。
② (清)李光地撰:《易经通论》,《影印文渊阁四库全书》第42册,台北:台湾商务印书馆,1983年,第538页。
③ (清)李光地撰:《易经通论》,《影印文渊阁四库全书》第42册,台北:台湾商务印书馆,1983年,第538~539页。
④ (清)李光地撰:《易经通论》,《影印文渊阁四库全书》第42册,台北:台湾商务印书馆,1983年,第539页。

也。有得于此,然后可以言洁静精微之要。"①

三是小学研究的运用。《中国大百科全书》载:小学,"汉代称文字学为小学,隋唐以后成为文字学、训诂学和音韵学的总称"。② 梅军在《周易观象校笺·前言》中写道:"在撰写《周易观象》时,李光地也能自觉地追求博洽融通,研覃经训,并将小学研究运用于《周易》文本的校勘及经义理解。宋明以来,治《易》者多囿于谈论象数、义理,空疏附会而罔顾文字、音韵、训诂之学。迄至清初,这种状况并未改变。而李光地能够从文字、音韵、训诂出发,据以探讨义理之真,这是李光地治《易》能超出群儒的一个重要的原因。"③比如在解"鼎"卦辞"元吉亨"时,李光地写道:"'元吉亨'当从《象传》作'元亨','吉'字衍也。凡卦名下直曰'元亨',而无他辞者二,'大有'、'鼎'也。'大有'之义与'比'相似,然'比'以一阳统众阴,所有者民也。'大有'以一阴得众阳,所有者贤也。'鼎'之义与'井'相似,然'井'在邑里之间,所养者民也。鼎为朝庙贵器,所养者贤也。《易》之义,至于'尚贤',则'吉'无以加,故其辞皆直曰'元亨'。"④因此,梅军认为:"程颐云:文羡'吉'字,卦才可以致'元亨',未便有'元吉'也。《象》复止云'元亨',其羡明矣。朱熹亦云:'吉',衍文也。李光地同意程、朱关于文本校勘意见,并联系'大有'、'比'、'井'诸卦,从经世致用的角度阐述君王治国行政须养贤养民的道理。"⑤

李光地学术上最大的成就是在汲取古今圣哲之成说以及东渐西学之精华,结合时务之需,加以发扬光大,提出"以性为本"之说。⑥ 程、朱理学主张"以理为本",而陆、王心学提出了"以心为本",李光地在各取所长的基础上提出了"以性为本"。李光地认为:"故宜为之说曰,理即性也。言气之中有亘古不已之性,是之谓理,不可以以气为理也。"⑦他还提出了"知性明善"。

---

① (清)李光地撰:《易经通论》,《影印文渊阁四库全书》第42册,台北:台湾商务印书馆,1983年,第539页。
② 《中国大百科全书》总编会:《中国大百科全书》第24册,北京:中国大百科全书出版社,2009年,第543页。
③ (清)李光地撰,梅军校笺:《周易观象校笺》,北京:中华书局,2021年,第12页。
④ (清)李光地撰:《易经观象》,《影印文渊阁四库全书》42册,台北:台湾商务印书馆,1983年,第735页。
⑤ (清)李光地撰,梅军校笺:《周易观象校笺》,北京:中华书局,2021年,第13页。
⑥ 陈笃彬、苏黎明:《泉州古代著述》,济南:齐鲁书社,2008年,第265页。
⑦ 李光地撰,陈祖武点校:《榕村全书》第八册《榕村全集》,福州:福建人民出版社,2013年,第186页。

李光地认为:"性者善而已矣。物之性犹人之性,人之性犹我之性。知其性善之同,而尽之之本在我。此所以知性明善也,此所以为知本也"。①

为此,以"性"解易,是李光地易学研究的最大特点,在中国易学史上自成一家。比如在解释"继之者善也,成之者性也"时,李光地提出:"释'与天地相似'之'性'也。'继'犹'继体''继志'之'继'。盖天赋人受,交接之间也。天地之性纯粹至善,人物得是理以有生,则莫不有天命之善焉。然乾道变化,二五参差,气异质殊,品类各正,是则为人物之性。故不特人与物,通塞偏正,较然异也。就人之中,仁知之见,各倚于所禀;百姓之愚,行习而不知。此所以与天地不相似而仁义合一之道鲜也。"②李光地认为天地之性本是善的,人秉天地之性,所以本性也是善的。但由于"气异质殊",受到了外界的影响,就有了不善的存在。赵中国在《李光地性本论构建中的易学贡献》一文中指出:"所以在李光地的性论中,就基础而言,性为天地之性,为善;就当下之呈现而言,性有人物之性,有不善存在。如此之观念,一方面坚持了性善论,另一方面也解释了为何有不善的存在。"③再如在解释"中孚"之卦时,李光地指出:"二阴在内,四阳在外。凡中虚之物,有感于外,则化生于其中。盖其中虚者,实理具足,故感于外而生于中,非由外铄我也。人心之性,感物发动,理亦如是。'孚'之为字从爪、从子,鸟之覆卵,气自外入,形从中化。内外之感,'中孚'之义。"④通过释"中孚"卦,李光地强调了后天学习的重要性,强调了"以性为本"的理念。

萧元在《周易大辞典》中云:李光地之论易"尤重在阐述《周易》的应用,尽力使易学服务于官方政治。以易致用,以性理说易,是李光地易学的一大特色"。⑤《清儒学案》云:"安溪学博而精,以朱子为依归,而不拘门户之见。康熙朝儒学大兴,左右圣祖者,孝感、安溪后先相继,皆恪奉程、朱而深究天

---

① 李光地撰,陈祖武点校:《榕村全书》第八册《榕村全集》,福州:福建人民出版社,2013年,第147页
② (清)李光地撰:《易经观象》,《影印文渊阁四库全书》42册,台北:台湾商务印书馆,1983年,第771~772页。
③ 赵中国:《李光地性本论构建中的易学贡献》,《易学研究》2012年第5期,第27~34页。
④ (清)李光地撰:《易经观象》,《影印文渊阁四库全书》第42册,台北:台湾商务印书馆,1983年,第758~759页。
⑤ 萧元、廖名春主编:《周易大辞典》,北京:中国工人出版社,1992年,第243页。

人,研究经义、性理,旁及历算、乐律、音韵。圣祖所契许而资赞助者,安溪为独多。"①足见李光地学术思想影响之广。

结　语

　　肇始于唐代的泉州易学研究,初盛于宋,鼎盛于明,沿袭于清初,直到清代中后期逐步走向式微。史籍记载,一千多年来,泉州共有易学研究著述208部,其中收入《四库全书》的有5部,收入《四库全书总目存目》有11部,收入《续修四库全书》有3部,而李中正、蔡清、林希元、陈琛、李贽、苏濬、李光地等人的易学研究对中国古代易学研究产生了重要的影响。这些易学著述充分体现了泉州作为国务院公布的第一批历史文化名城、联合国教科文组织在世界各国建立的第一个"世界多元文化展示中心"、首届"东亚文化之都"入选城市,列入《世界遗产名录》的宋元中国的世界海洋商贸中心的深厚文化底蕴。

（原载《闽南》2023年第4期）

---

① 徐世昌编纂:《清儒学案》,北京:人民出版社,2010年,第1023页。

世遗泉州的别样解读

——《四库全书》宋代泉人著述考论

2021年在第44届世界遗产大会上,世界遗产委员会一致决定将"泉州:宋元中国的世界海洋商贸中心"列入《世界遗产名录》,足以说明当时泉州海外贸易的繁盛。经济的发展带动了文化教育事业的发展,宋代泉州出现了"家诗书而户弦诵""十室之间,必有书舍,诵读之声相闻"的景象,推动了著述活动的开展,营造了有利的学术文化氛围,使泉州著述活动进入了第一个高峰时期。据统计,有宋一代泉州载入史籍的共有著者200人,著述391部。[①]《中国大百科全书》称:《四库全书》是"中国官修大型手写本综合性丛书,乾隆四十六年(1781)十二月修成,按经、史、子、集分类,故名。共收书3503种,79337卷,约9.97亿字,装订成3.6万册,6700余函。"[②]宋代泉人著述,被收入《四库全书》的有14人的18部著作。

《四库全书·经部》宋代泉人著述考论

收入《四库全书·经部》的宋代泉人著述有:吴棫的《韵补》,吕大奎的《春秋或问》《春秋五论》。

一是吴棫的《韵补》。吴棫,生卒年不详,字才老,同安人,生活于北宋末年至南宋初年,北宋宣和六年(1124)登进士第,因学问广博,尤精通经史,曾召试馆职,不就。南宋绍兴中为太常丞,以为孟仁仲草表忤秦桧,出为泉州通判以终。[③]

---

① 陈笃彬、苏黎明:《泉州古代著述》,济南:齐鲁书社,2008年,第7页。
② 《中国大百科全书》总编委会:《中国大百科全书》第21册,北京:中国大百科全书出版社,2009年,第146~147页。
③ (清)周中孚著,黄曙辉、印晓峰校:《郑堂读书记》,上海:上海书店出版社,2009年,第239页。

吴棫的《韵补》五卷收入《四库全书·经部·小学类》，底本为两淮盐政采进本。《四库全书总目》云："棫书虽抵牾百端，而后来言古音者皆从此而推阐加密。故辟其谬而仍存之，以不没筚路蓝缕之功焉。"①

《韵补》的主要特点如下：一是将古韵分为九部，为后来音韵研究者，特别是清代学者的研究奠定了基础；二是该书正文之前记录 50 种引用书目，并附有该书韵文的简要介绍。② 这些引书有的已佚，"这为古籍的辑佚、校勘、整理工作提供了可靠材料"。③ 三是影响深远。清代周中孚《郑堂读书记》对此书评价很高："朱子多用其说于《诗传》《楚辞注》。其援引该博，考据精当，诚有功于古音之学，而大旨亦若《诗补音》，不过不专为《诗》作也。后人如陈季立（第）、方子谦（日升）之书，大都袭其所引用，别为次第而已。"④

关于《韵补》的版本，徐蒇原序云："才老以壬申岁出闽，别时谓蒇曰：'吾书后复增损，行遽不暇出，独藏旧书。'"⑤胡玉缙先生据此认为："乃知吴氏有定本，未授徐氏。今本是其初稿，故舛错若是耳。"⑥修改本或没有刊印，或已佚，不得而知。除《四库全书》本外，现存还有《韵补》，宋刻本，藏辽宁省图书馆；元刻本，藏中国国家图书馆、南京图书馆等处；明嘉靖元年（1522）何天衡刻本，藏复旦大学图书馆；明嘉靖间许宗鲁刻本，藏天津图书馆、上海图书馆等处。⑦

二是吕大奎的《春秋或问》《春秋五论》。吕大奎（1226—1276），字圭叔，号朴乡，南安人。淳祐七年（1247）进士，官至崇政殿说书。乾隆《泉州府志》载："蒲寿庚降元，胁大奎署降表，不从。有门人为管军总管扶出之，泥封所

---

① （清）永瑢等撰：《四库全书总目》，北京：中华书局，1965 年，第 360 页。
② （宋）吴棫：《韵补》，《影印文渊阁四库全书》第 237 册，台北：台湾商务印书馆，1983 年，第 58～60 页。
③ （宋）吴棫：《宋本韵补》，北京：中华书局，1987 年，第 1 页。
④ （清）周中孚著，黄曙辉、印晓峰校：《郑堂读书记》，上海：上海书店出版社，2009 年，第 239 页。
⑤ （宋）吴棫撰：《韵补》，《影印文渊阁四库全书》第 237 册，台北：台湾商务印书馆，1983 年，第 58～60 页。
⑥ 胡玉缙撰、王欣夫辑：《四库全书总目提要补正》，上海：上海书店出版社，2020 年，第 293 页。
⑦ 中国古籍总目编纂委员会编：《中国古籍总目·经部》，北京：中华书局，上海：上海古籍出版社，2012 年，第 1134 页。

著书一室,逃入海。寿庚遣兵追及,问其姓名不答,怒杀之,年四十九。"①吕大奎拜朱熹得意门生陈淳的门人杨昭复为师,潜心理学研究,著述颇丰。

其《春秋或问》二十卷,附《春秋五论》一卷,收入《四库全书·经部·春秋类》,底本为两江总督采进本。《四库全书总目》对这两部书评价较高,称:"大奎所论,于三家得失,实属不诬。视诸家之弃传谈经,固迥然有别……大奎抗节遇害,其立身本末,皎然千古,可谓深知《春秋》之义。其书所谓明分义、正名实、著几微,为圣人之特笔者,侃侃推论,大义凛然,足以维纲常而卫名教,又不能以章句之学锱铢绳之矣。"②

《春秋或问》《春秋五论》承继了朱熹的思想并有所发明。是书仍然沿用十二公的排列,以问答的形式,对重要的事项进行评说。在开篇之《春秋褒贬论》中,吕大奎分别对"《春秋》以一字为褒贬,信乎""然则圣人之笔法,何若""然则孔子何以作《春秋》"等学习《春秋》时必须解答的重要问题提出了自己的看法。比如在"然则孔子何以作《春秋》"一问中,吕大奎评论道:"其文则修,其义则作。孔子病天下之是非、邪正贸乱而不明也。天下之是非、邪正贸乱而不明,则是人心之恻隐、羞恶者无复存也。人心之恻隐、羞恶者无复存,则是天下不复有人道也。天下不复有人道,则是造化生生之理遂息灭而不复运也。孔子天理之所在,而讵敢以自安乎?《春秋》虽欲不作,恶得而不作?"③这与朱熹的看法是一致的。朱子曾云:"《春秋》本是严底文字,圣人此书之作,遏人欲于横流,遂以二百四十二年行事寓其褒贬。恰如大辟罪人,事在款司,极是严紧,一字不敢乱下。使圣人作经,有今人巧曲意思,圣人亦不解作得。"④

程端学乃元代理学家,他评价《春秋五论》云:"吕朴乡《五论》明白正大,而于明分义、正名分、著几微三条之下所引春秋事时或与经意不合。"⑤"明白正大",无疑是直接的褒扬,而其所谓"与经意不合",实际上正是吕大奎的独

---

① (清)怀荫布修:乾隆《泉州府志》卷四十一,泉州:泉州市地方志编纂委员会办公室,1984年,第51页。
② (清)永瑢等撰:《四库全书总目》,北京:中华书局,1965年,第224页。
③ (宋)吕大奎撰:《春秋或问》,《影印文渊阁四库全书》第157册,台北:台湾商务印书馆,1983年,第480页。
④ (宋)黎靖德编,王星贤点校:《朱子语类》,北京:中华书局,2020年,第2648页。
⑤ (清)朱彝尊、翁方纲、罗振玉撰:《经义考·补正·校注》,北京:中国书店,2009年,第1299页。

到之处,说明《春秋五论》不拘泥于前人定论,人云亦云,而有自己的见解。比如在《春秋五论·论五》中,吕大奎对《左传》《榖梁传》及《公羊传》这三部书进行品评,提出:"窃尝思之,《左氏》熟于事,而《公》《榖》深于理。盖左氏曾见国史,故虽熟于事,于理不明。《公》《榖》出于经生所传,故虽深于理,而事多缪。二者合而观之,可也。然《左氏》虽曰'备事',而其间有不得其事之实。《公》《榖》虽曰'言理',而其间有害于理之正者,不可不知也。"①这种评价颇为中肯。吕大奎还对三传分别进行了评价。对《左传》,吕大奎写道:"盖《左传》每述一事,必究其事之所由,深于情伪,熟于世故,往往论其成败,而不论其是非;习于时世之所趋,而不明乎大义之所在。"②对于《公》《榖》二传,吕大奎写道:"若夫公、榖二氏,固非亲受经者,其所述事多是采之传闻,又不曾见国史,故其事多谬误。略其事而观其理,则其间固有精到者,亦甚众。此尤致知者所宜知而深辨之也。"③在对三传评论之后,吕大奎认为:"故尝以为三传要皆失实,而失之多者,莫如《公羊》。"④在三传之中,吕大奎认为《左传》及《榖梁传》值得推崇。

吕大奎的《春秋或问》《春秋五论》对后人研究《春秋》产生了一定的影响。《郑堂读书记》云:"其书皆摘取经义,设为问答,大旨主持左氏,而排诋《公羊》及何氏之说,较当时弃传解经诸家,固为胜之。"⑤此论极是。

元军进犯时,吕大奎将其所有著述泥封一室,后被毁,著述散失。乾隆《泉州府志》载:"泥封室尽毁,独其门人所传《学易管见》《春秋或问》《论孟集解》《易经集解》行于世。"⑥除《四库全书》本外,现存还有《春秋五论》一卷,明隆庆元年(1567)姚咨茶梦斋抄本,藏中国国家图书馆,以及《春秋或问》二十

---

① (宋)吕大奎撰:《春秋或问》,《影印文渊阁四库全书》第157册,台北:台湾商务印书馆,1983年,第674页。
② (宋)吕大奎撰:《春秋或问》,《影印文渊阁四库全书》第157册,台北:台湾商务印书馆,1983年,第674页。
③ (宋)吕大奎撰:《春秋或问》,《影印文渊阁四库全书》第157册,台北:台湾商务印书馆,1983年,第675页。
④ (宋)吕大奎撰:《春秋或问》,《影印文渊阁四库全书》第157册,台北:台湾商务印书馆,1983年,第676页。
⑤ (清)周中孚著,黄曙辉、印晓峰校:《郑堂读书记》,上海:上海书店出版社,2009年,第170页。
⑥ (清)怀荫布修:乾隆《泉州府志》卷四十一,泉州:泉州市地方志编纂委员会办公室,1984年,第51～52页。

卷,《春秋五论》一卷,通志堂经解本(康熙刻、同治刻、日本文化刻)。①

《四库全书·史部》宋代泉人著述考论

收入《四库全书·史部》的宋代泉人著述有:吕夏卿的《唐书直笔》、梁克家的淳熙《三山志》以及吕中的《大事记讲义》。

一是吕夏卿的《唐书直笔》。吕夏卿,字缙叔,泉州人,庆历二年(1042)进士,官至知制诰。其政绩并不突出,但在史学方面却颇有成就。当欧阳修奉命修《新唐书》时,了解吕夏卿精通文史,就推荐他参与,而吕夏卿不负重托,坚持了十七年。乾隆《泉州府志》载:"凡预载笔者,皆一时高选,前后十余人,迁徙不常,惟夏卿与范镇自发凡讫于竣事。"②吕夏卿有著述《唐兵志》三卷、《唐书直笔新例》一卷、《唐文献信考》《古今系表》等行于世。③

《唐书直笔》四卷,收入《四库全书·史部·史评类》,底本为浙江巡抚采进本。《四库全书总目》称:"曾公亮《进唐书表》所列预纂修者七人,夏卿居其第六……是其位虽出欧阳修、宋祁下,而编摩之力,实不在修、祁下也。……晁氏(晁公武)称夏卿此书,欧、宋间有取焉。所有未符,乃欧、宋所未取者。然是丹者非素,论甘者忌辛,著述之家,各行所见,其取者未必皆是,其不取者未必皆非。"④

《宋史》载:吕夏卿"学长于史,贯穿唐事,博采传记杂说数百家,折中整比。又通谱学,创为世系诸表,于《新唐书》最有功"。⑤ 吕夏卿在编纂《新唐书》过程中,查阅了大量的历史档案,掌握了许多第一手资料,及时发现了《新唐书》在编写中的不少问题,为此摘引了宋祁、欧阳修在编写《新唐书》纪、志、传文例中的"繁文缺误",撰成《唐书直笔》一书,运用春秋笔法,对《新

---

① 中国古籍总目编纂委员会编:《中国古籍总目·经部》,北京:中华书局,上海:上海古籍出版社,2012年,第638页。
② (清)怀荫布修:乾隆《泉州府志》卷五十四,泉州:泉州市地方志编纂委员会办公室,1984年,第12页。
③ (清)怀荫布修:乾隆《泉州府志》卷七十四,泉州:泉州市地方志编纂委员会办公室,1984年,第4页。
④ (清)永瑢等撰:《四库全书总目》,北京:中华书局,1965年,第752页。
⑤ (元)脱脱等修:《宋史》,上海:上海古籍出版社、上海书店,1986年,第1202页。

唐书》编纂中出现的问题加以批评,以为参与修书者鉴。① 比如吕夏卿主张"一字褒贬"说,在《宰相拜复》中夏卿写道:"杀大臣有罪书伏诛,无罪书赐死,非君命书害。"②一字之差,意思完全不同。在史料的取舍上,吕夏卿提出:"论议表章以明君上之得失,补国家之利害,非当时所通行则不书……论货殖之弊,陈礼乐之原,则志之……诗赋之作,足以揄扬国体而明功烈则见之……诏策之实足以信后代则撼辞",等等。③

《四库全书总目》云:"据晁公武《读书志》,是书乃其在书局时所建明。"④也就是说,此书写作时间基本与《新唐书》一致。除《四库全书》本外,现存还有《唐书直笔》四卷,《新例须知》一卷,明影宋朝本、清影宋朝本(顾锡麟校并跋)、明抄本,藏中国国家图书馆;清同治八年(1869)刻本,藏北京大学图书馆;清抄本,藏中国国家图书馆、上海图书馆。⑤

二是梁克家的淳熙《三山志》。梁克家(1127—1187),字叔子,南宋泉州东街(今属泉州市鲤城区)人。绍兴三十年(1160)进士第一名(状元)。梁克家从政几十年,表现了一个政治家应有的真知灼见,累官至右丞相,"虽近戚权幸不少假借,而外济以和"。梁克家曾被宋孝宗遣派与金使交涉,出色地完成了外交使命。梁克家去世后,孝宗赞其政绩,"为之垂涕"。⑥《宋史》载:梁克家"幼聪敏绝人,书过目成诵"。其才气横溢,"为文浑厚明白,自成一家。辞令尤温雅,多行于世"。淳熙八年(1181),梁克家"起知福州,在镇有治绩"。⑦ 在福州期间,梁克家完成了淳熙《三山志》的修纂工作。

淳熙《三山志》四十二卷,收入《四库全书·史部·地理类》,底本为两淮马裕家藏本。《四库全书总目》称:"今观其人物,唯收科第,土俗时出谣谶,亦皆于义未安。然其志主于纪录掌故,而不在夸耀乡贤,侈陈名胜,固亦核实之道,自成志乘之一体,未可以常例绳也。其所纪十国之事,多有史籍所

---

① 陈笃彬、苏黎明:《泉州古代著述》,济南:齐鲁书社,2008年,第46页。
② (宋)吕夏卿:《唐书直笔》,《影印文渊阁四库全书》第685册,台北:台湾商务印书馆,1983年,第708页。
③ (宋)吕夏卿:《唐书直笔》,《影印文渊阁四库全书》第685册,台北:台湾商务印书馆,1983年,第729页。
④ (清)永瑢等撰:《四库全书总目》,北京:中华书局,1965年,第752页。
⑤ 中国古籍总目编纂委员会编:《中国古籍总目·史部》,北京:中华书局,上海:上海古籍出版社,2012年,第458页。
⑥ (元)脱脱等修:《宋史》,上海:上海古籍出版社、上海书店,1986年,第1335页。
⑦ (元)脱脱等修:《宋史》,上海:上海古籍出版社、上海书店,1986年,第1335页。

遗者,亦足资考证。"①

淳熙《三山志》的编纂有如下特点:一是旁征博引,访寻遗迹,遍访乡老,搜罗古志。在该书序言中,梁克家写道:"予领郡暇日,访无诸以来遗迹故俗。"走遍福州,访寻古迹旧俗,"约诸里居与仕于此者,相与纂集"。同时,"讨寻断简,援据公牍,采诸长老所传,得诸里间所记"。就这样,"上穷千载建创之始,中阅累朝因革之由,而益之以今日之所闻见",完成了淳熙《三山志》四十卷本的修纂工作。② 二是突出了以史为鉴的作用。比如虽然"附山川于寺观,未免失伦",然而这种体例是对于从闽国遗留下来的"万众迷佛"现象的一种批判。梁克家写道:"自属吴越,首尾才三十二年,建寺亦二百二十一。虽归朝化,颓风弊习,浸入骨髓。富民翁姬,倾施资产,以立院宇者亡限。庆历中,通至一千六百二十五所。"③梁克家用了"颓风弊习,浸入骨髓"等词来描写这种现象,希望人们能够以史为鉴。三是影响深远。是书历来评价较高,比如明人林材称是书:"事核而词确,章诏往来,于是乎在。"④清人朱彝尊称:淳熙《三山志》"十国之事,可征信者多,有出于《八闽通志》、王氏《闽大记》、何氏《闽书》之外,学者所当博稽也"。⑤ 民国《福建通志·修纂沿革史》云:"今日欲考究福建省会掌故者,要必以是志称首选焉。"⑥是书至今仍是研究宋代以前福州地区政治、经济、军事、文化的重要参考资料。

民国藏书家沈祖牟云:淳熙《三山志》"而今所传之四十二卷本,其三十一、三十二两卷则淳祐八年(戊申)朱貔孙所补者……以版本言,淳熙原刻本外,或再刻于淳祐,但此已无可考。即万历间吾乡藏书家极盛,而林都谏于壬子授梓时所据仅为马恭敏抄本四十二卷本,已非梁叔子、朱貔孙之久矣。"⑦除《四库全书》本外,现存还有淳熙《三山志》四十二卷,宋淳熙九年(1182)修、崇祯十一年(1638)刻本,藏华东师范大学图书馆;清抱山堂抄本

---

① (清)永瑢等撰:《四库全书总目》,北京:中华书局,1965年,第598页。
② (宋)梁克家撰:淳熙《三山志》,《影印文渊阁四库全书·史部》第484册,台北:台湾商务印书馆,1983年,第117页。
③ (宋)梁克家撰:淳熙《三山志》,《影印文渊阁四库全书·史部》第484册,台北:台湾商务印书馆,1983年,第481页。
④ (宋)梁克家撰:淳熙《三山志》,福州:福州地方志编纂委员会,2000年,第2页。
⑤ (宋)梁克家撰:淳熙《三山志》,福州:福州地方志编纂委员会,2000年,第6页。
⑥ 沈瑜庆、陈衍等纂:民国《福建通志》,北京:方志出版社,2016年,第11页。
⑦ (宋)梁克家撰:淳熙《三山志》,福州:福州地方志编纂委员会,2000年,第8页。

藏福建省图书馆。①

三是吕中的《大事记讲义》。吕中，字时可，晋江人，淳祐七年（1247）进士，官至国子监丞兼崇政殿说书。道光《晋江县志》载，吕中曾上疏言："进讲经史，乞依正文进读，不宜节贴避忌，不惟可察古今治乱，亦以革臣下谄谀之习。又言，人能正心则事不足为，君能正心则天下不足治。"②吕中著作颇丰，乾隆《泉州府志》载有《论语讲义》《演易十图》《皇朝大事记》《宋朝治迹要略》等。③

《大事记讲义》二十三卷，收入《四库全书·史部·史评类》，底本为浙江鲍士恭家藏本。《四库全书总目》云：（是书）"事以类叙，间加论断。凡政事制度及百官贤否，具载于编。论中所议选举资格及茶盐政制诸条，颇切宋时稗政。又所载铨选之罢常参，任子之多裁汰，三司之有二司，茶税之易刍粮，皆《宋史》各志及马端临之《文献通考》所未备者。又所载朋党诸人事实，及议新法诸人辨论，皆与《宋史》列传多有异同。亦足资史学之参证。"④

《大事记讲义》记载了整个北宋的历史，从宋太祖始，迄于宋钦宗，共二十三卷。刘实甫在《宋大事记讲义原序》中指出了该书的特点："是书年以记大事，一朝之事，类之随朝分，类随事通释，考求原委，显征阐微，言近而指远也。"⑤《类编皇朝大事记讲义（类编皇朝中兴大事讲义）》的整理者张其凡先生认为此书具有以下三项独特的价值："第一，此书可做宋人编的当代史看，可约略了解北宋政治的大概面貌。第二，通过此书可以了解宋人，尤其是南宋人如何看待北宋历史的。这对今天研究北宋历史，是有启发和帮助的。第三，这本书为应付当时的科目而编，从书中的内容可窥视当时科场所询及北宋历史的大致内容。"⑥因记载较全面且翔实，得到很高评价，是研究北宋历史的重要参考文献。

---

① 中国古籍总目编纂委员会编：《中国古籍总目·史部》，北京：中华书局，上海：上海古籍出版社，2012年，第4346页。
② （清）周学曾等纂修：道光《晋江县志》，福州：福建人民出版社，1990年，第1101页。
③ （清）怀荫布修：乾隆《泉州府志》卷七十四，泉州：泉州市地方志编纂委员会办公室，1984年，第11页。
④ （清）永瑢等撰：《四库全书总目》，北京：中华书局，1965年，第753页。
⑤ （宋）吕中撰：《大事记讲义》，《影印文渊阁四库全书》第686册，台北：台湾商务印书馆，1983年，第186页。
⑥ （宋）吕中撰，张其凡、白晓霞整理：《类编皇朝大事记讲义类编皇朝中兴大事讲义》，上海：上海人民出版社，2014年，第884页。

《四库全书总目》云："前有兴国军教授刘实甫序,谓水心以其师讲贯之素,发明我朝圣君贤相之心。则是书乃中平日讲论稿本,叶适等为之编次云。"①以上足以证明有宋刻本的存在,惜已佚。除《四库全书》本外,现存还有清文珍楼抄本《类编皇朝大事记讲义》二十三卷,《中兴讲义》一卷,藏北京大学图书馆;清抄本(清丁丙跋),藏南京图书馆、福建师范大学图书馆;明抄本《类编皇朝大事记讲义》二十七卷,藏上海图书馆。②

《四库全书·子部》宋代泉人著述考论

收入《四库全书·子部》宋代泉人的著述有:曾公亮的《武经总要》,苏颂的《新仪象法要》,曾慥的《类说》《高斋漫录》、庄绰的《鸡肋编》、曾恬的《上蔡语录》、陈模的《东宫备览》以及李迅的《集验背疽方》。

一是曾公亮的《武经总要》。曾公亮(999—1078),字明仲,号乐正,北宋泉州人,住州东街三朝铺(今属泉州市鲤城区),天圣二年(1024)进士,官至宰相。曾公亮是北宋著名的政治家、军事科学家。《闽书》记载:"公亮历事三朝,朝典宪章,明习通练,矜慎折狱。四方奏谳,必躬省览,原情议法,谓'政事以仁民为先。'"③

其《武经总要》四十卷,收入《四库全书·子部·兵家类》,底本为江苏巡抚采进本。《四库全书总目》评价云:"前集备一朝之制度,后集具历代之得失,亦有足资考证者……宋一代朝廷修讲武备之书,存者惟此篇而已,固宜存与史志相参也。"④

《武经总要》是我国第一部较全面较系统的军事学大全。这部著作从宋仁宗康定元年(1040)开始编写,历经五年完成。该书把我国历代的主要兵书和宋代军事家的军事成果汇集起来,既是宋代的武备之书,也是研究我国古代军事学的重要著作,具有很高的史料价值。书中详细记载了宋代的军事组织和作战方略,军械制作及训练、使用方法,以及历史用兵故事,边防地

---

① (清)永瑢等撰:《四库全书总目》,北京:中华书局,1965 年,第 753 页。
② 中国古籍总目编纂委员会编:《中国古籍总目·史部》,北京:中华书局,上海:上海古籍出版社,2012 年,第 500~501 页。
③ (明)何乔远编纂,厦门大学古籍整理研究所、历史系古籍整理研究室《闽书》校点组校点:《闽书》,福州:福建人民出版社,1994 年,第 2455~2456 页。
④ (清)永瑢等撰:《四库全书总目》,北京:中华书局,1965 年,第 838 页。

理等;记载世界第一支"火药火箭",描述了多种火药武器,还记下了当时三种火药的配方。书中所载"指南鱼"制作方法,又是世界上关于利用地磁场进行人工磁化的最早记载,表明当时已知道利用地磁倾角,具有珍贵的科学价值。难能可贵的是书中记载北宋"命王师出戍,置巡海水师营垒……从屯门山用东风西南行,七日至九乳螺洲"。① 所谓"九乳螺洲",即今日西沙群岛。这足以说明北宋的海军已巡海至西沙群岛一带了,西沙群岛自古以来就是中国神圣的领土。②

从《武经总要·仁宗皇帝御制序》可看出宋仁宗时期已有刻本③,惜已佚。除《四库全书》本外,现存还有《武经总要》前集二十(二十二)卷、后集二十卷(二十一),明正统四年(1439)李进刻本,藏上海图书馆;明弘治十七年(1504)李赞刻本,藏北京大学图书馆、辽宁省图书馆等处;明弘治间刻本,藏北京大学图书馆;明金陵林唐富刻本,藏北京大学图书馆、南京图书馆等处;明万历三十六年(1608)庄重抄本(明庄重跋,清高宗弘历题诗),藏中国国家图书馆。④

二是苏颂的《新仪象法要》。苏颂(1020—1101),字子容,北宋泉州同安县(今属厦门市同安区)人。庆历二年(1042)登进士第,官至宰相。卒赠魏国公。苏颂少时读书勤奋,博览群书。其一生最大的成就在学术,特别是天文科技方面。《宋史》载:苏颂奉命别制浑仪。⑤ 苏颂著述颇丰,据有关文献记载,苏颂主持编纂的著述有 5 部,参与编纂的著述有 3 部,主持或参与校注的著述有 8 部,而古人收集整理的苏颂著述有 4 部。这些著述涉及面十分广泛,内容包括天文学、机械学、医药学、地理学、历史学、民俗学、人口学、宗教学、文字学、教育学、文学等等。

《新仪象法要》三卷,收入《四库全书·子部·天文算法类》,底本为内府藏本。《四库全书总目》给予高度评价:"为台三层,上设浑仪,中设浑象,下

---

① (宋)曾公亮:《武经总要》,《影印文渊阁四库全书》第 726 册,台北:台湾商务印书馆,1983 年,第 574 页。
② 陈笃彬、苏黎明:《泉州古代著述》,济南:齐鲁书社,2008 年,第 51~52 页。
③ (宋)曾公亮:《武经总要》,《影印文渊阁四库全书》第 726 册,台北:台湾商务印书馆,1983 年,第 236 页。
④ 中国古籍总目编纂委员会编:《中国古籍总目·子部》,北京:中华书局,上海:上海古籍出版社,2012 年,第 315 页。
⑤ (元)脱脱等修:《宋史》,上海:上海古籍出版社、上海书店,1986 年,第 1226 页。

设司辰,贯以一机。激水转轮,不假人力,时至刻临,则司辰出告星辰躔度所次。占候测验,不差晷刻。昼夜晦明,尽可推见,前此未有也。叶梦得《石林燕语》亦谓,颂所修制之精,远出前古。其学略授冬官正袁惟几,今其法苏氏子孙亦不传云云。按书中有官局生袁惟几之名,与《燕语》所记相合,其说可信。知宋时固甚重之矣。"①

《新仪象法要》代表着十一世纪我国天文学和机械制作发展水平,是我国现存的最早、最详尽的水力运转天文仪器专著。元祐元年(1086),苏颂奉命会同"通九章算术,常以钩股法推考天度"②的韩公廉等人,共同设计和制造水运仪象台,用来观测日月星辰的位置。绍圣初年,苏颂还与韩公廉合撰《新仪象法要》,"作为水运仪象台的设计说明书"。③ 全书分三卷,上卷介绍浑仪的设计,附总图四种,分图十三种;中卷介绍浑象的设计,附总图七种,分图四种;下卷介绍水运仪象的设计,附总图二种,分图二十一种。图中绘有机械零件一百五十多种。书中附有依据实测绘制的两套星图,绘星一千四百六十颗,是我国留存至今最早、最完整的星图之一,比西欧在十四世纪文艺复兴之前观测到的星数多四百三十八颗,早四百年。④

《新仪象法要》刻本成于绍圣年间(1094—1098),后有淳祐刻本等。而流传最广的是南宋施元之乾道八年(1172)该书刻本⑤,惜已佚。除《四库全书》本外,现存还有《仪象法纂》一卷,明抄本,藏南京图书馆;《新绍圣仪象要》三卷,清抄本,藏中国国家图书馆;《新仪象法要》三卷首一卷,清道光二十三年(1843)同安苏廷玉刻本,藏中国国家图书馆。⑥

三是曾慥的《类说》《高斋漫录》。曾慥,字端伯,曾公亮从孙,官至尚书郎、直宝文阁,奉祠。道光《晋江县志》载:曾慥"博学能词,间居银峰,集百家

---

① (清)永瑢等撰:《四库全书总目》,北京:中华书局,1965年,第892页。
② (宋)苏颂:《新仪象法要》,《影印文渊阁四库全书》第786册,台北:台湾商务印书馆,1983年,第82页。
③ (宋)苏颂撰,陆敬严、钱学英译注:《新仪象法要译注》,上海:上海古籍出版社,2007年,第1页。
④ 陈笃彬、苏黎明:《泉州古代著述》,济南:齐鲁书社,2008年,第49页。
⑤ (宋)苏颂撰,陆敬严、钱学英译注:《新仪象法要译注》,上海:上海古籍出版社,2007年,第14页。
⑥ 中国古籍总目编纂委员会编:《中国古籍总目·子部》,北京:中华书局,上海:上海古籍出版社,2012年,第1012页。

之说,类纂成册。可以资治礼,助名教,供谈笑,广见闻,凡六百二十余种"。①曾慥学问渊博,著作颇丰,其《类说》《高斋漫录》《乐府雅词》及《补遗》,收入《四库全书》,是宋代泉州收入《四库全书》著作最多的文人。

《类说》六十卷,收入《四库全书·子部·杂家类》,底本为两江总督采进本。《四库全书总目》称:"南宋之初,古籍多存,慥又精于裁鉴,故所甄录,大都遗文僻典,可以裨助多闻。又每书虽经节录,其存于今者以原本相校,未尝改窜一词。"②

是书涉及广泛。从时间上说,从先秦到宋代。比如有记先秦事的《穆天子传》、汉朝事的《汉武帝内传》《赵后外传》、记唐朝事的《杨妃外传》、记五代事的《五代史补》、记宋朝事的《三朝圣政录》等等。从内容上说,包括文学、历史、宗教、自然科学及应用科学,手工业生产等等,无所不包。正如明人岳钟秀在《订刊类说序》中所言:"上自紫盖黄垆,下及昆虫草木,无不包罗。内而修身养命,外而经国字氓,无不该遍焉。食息起居之节,怡情玩物之宜,无不冥搜而骈集焉,若是乎弗类也者。"③从其所采书来说,所涉及书目达到二百五十种,其中约五十种仅存于《类说》中。④比如唐代的《秦京杂记》《两京杂记》《汉上题襟》《王氏神仙传》《树萱录》《海物异名记》等,宋代的《名臣传》《乘异记》《使辽录》《见闻杂录》《见闻录》《三朝圣政录》《荆湖近事》《南唐野史》《缙绅脞说》《诗苑类格》《砚谱》《香谱》等等。⑤

关于《类说》版本,胡玉缙先生指出:"书初出时,麻沙书坊尝有刊本。后其版亡佚,宝庆丙戌,叶时为建安守,为重锓置于郡斋,今亦不可复见。"⑥除《四库全书》本外,现存还有《类说》宋刻本(仅存三卷),藏中国国家图书馆;明抄本(存前编十五卷、后编二十六卷,清钱曾跋),藏中国科学院图书馆。《类说》六十卷,明天启六年(1626)岳钟秀刻本,藏中国国家图书馆(缪荃孙校)、西安市文管会、台湾图书馆;明会稽钮氏世学楼抄本(清王端履校并

---

① (清)周学曾等纂修:道光《晋江县志》,福州:福建人民出版社,1990年,第1337页。
② (清)永瑢等撰:《四库全书总目》,北京:中华书局,1965年,第1061页。
③ (宋)曾慥编纂,王汝涛校注:《类说校注》,福州:福建人民出版社,第1~2页。
④ (宋)曾慥编纂,王汝涛校注:《类说校注》前言,福州:福建人民出版社,第2页。
⑤ 薛琪薪:《〈类说〉之独存唐宋著述及文献价值》,《河北民族师范学院学报》2014年第4期,第62~64页。
⑥ 胡玉缙撰,王欣夫辑:《四库全书总目提要补正》,上海:上海书店出版社,2020年,第1020页。

跋),藏台湾图书馆。①

《高斋漫录》一卷,收入《四库全书·子部·小说家类》,底本为《永乐大典》本。《四库全书总目》称:此书"上自朝廷典章,下及士大夫事迹,以至文评、诗话、诙谐、嘲笑之属,随所见闻,咸登记录。中如给舍之当服帻带,不历转运使之不得为知制诰,皆可补史志所未备。其征引丛杂,不无琐屑。要其可取者多,固远胜于游谈无根者也"。②

《高斋漫录》记录了北宋时期的朝野杂事,既有朝廷的大事、名人轶事,也有日常琐事,有较高的文献价值。比如书中所记载的苏东坡一些逸事,体现了苏东坡诙谐风趣的性格,对深入了解苏东坡的文学创作很有帮助:"东坡闻荆公《字说》新成,戏曰:'以竹鞭马为笃,以竹鞭犬,有何可笑?'又曰:'鸠字从九从鸟,亦有证据。《诗》曰:鸤鸠在桑,其子七兮。和爷和娘,恰是九个。'"③"东坡尝谓钱穆父曰:'寻常往来,须称家有无;草草相聚,不必过为具。'穆父一日折简,召坡食皛饭。及至,乃设饭一杯,萝卜一楪,白汤一盏而已。盖以三白为皛也。后数日,坡复召穆父食毳饭,穆父意坡必有毛物相报。比至,日晏并不设食,穆父馁甚,坡曰:'萝卜汤饭俱毛也。'穆父叹曰:'子瞻可谓善戏谑者也!'"④凡此种种,苏东坡"善戏谑"的性格跃然纸上。

《四库全书总目》对《高斋漫录》的版本也做了介绍:"近时曹溶尝采入《学海类编》而只存五页……今从《永乐大典》各韵中捃摭裒辑、视溶所收,多逾什之三四,其或溶本有之而《永乐大典》失载者,亦参校补入。"⑤除《四库全书》本外,现存还有《高斋漫录》一卷,嘉靖二十三年(1544)陆楫俨山书院雪山书院刻本,藏中国国家图书馆、青海省图书馆。⑥

四是庄绰的《鸡肋编》。庄绰,生卒年不详,字季裕,泉州惠安人。《闽书》《八闽通志》《泉州府志》《惠安县志》均没有记载。庄绰在著作《鸡肋篇》

---

① 中国古籍总目编纂委员会编:《中国古籍总目·子部》,北京:中华书局,上海:上海古籍出版社,2012年,第1917页。
② (清)永瑢等撰:《四库全书总目》,北京:中华书局,1965年,第1197页。
③ (宋)曾慥撰:《高斋漫录》,《影印文渊阁四库全书》第1038册,台北:台湾商务印书馆,1983年,第318页。
④ (宋)曾慥撰:《高斋漫录》,《影印文渊阁四库全书》第1038册,台北:台湾商务印书馆,1983年,第318页。
⑤ (清)永瑢等撰:《四库全书总目》,北京:中华书局,1965年,第1197页。
⑥ 中国古籍总目编纂委员会编:《中国古籍总目·子部》,北京:中华书局,上海:上海古籍出版社,2012年,第2115页。

中,自署"清源人",有学者称其为山西太原人,因历史上太原也有清源之称。近代文史考证学者余嘉锡在《四库提要辨证》中,考证其为泉州惠安人,并为学术界所公认。庄绰早年随父外迁,最高官职为"朝奉大夫知筠州"。

其《鸡肋篇》三卷,收入《四库全书·子部·小说家类》,底本为江西巡抚采进本。《四库全书总目》称:(庄绰)"博物洽闻,有《杜集援证》《灸膏肓法》《筮法新仪》行于世。闻其他著述尚多,惜未之见。……季裕方浮沉郡县,与当时朝士附合秦桧者固自有殊。统观其书,可与后来周密《齐东野语》相埒,非《辍耕录》诸书所及也。"①

庄绰早年随父外迁,曾在襄阳、顺昌、澧州等地为官。② 因阅历广,勤于笔耕,《鸡肋编》记录了作者大量亲身见闻或可靠的文献考证,涉及面宽,民生、民俗、医药、科技、天文等均有涉猎,具有较高的文献价值。比如涉及战乱的:"自中原遭北敌之祸,人死于兵革水火,疾饥坠压,寒暑力役者,盖已不可胜计。而避地二广者,幸获安居。连年瘴疠,至有灭门。"③涉及养蚕技术的:"河间老卒云'蚕子最耐寒热,腊月八日或二十三日以新水浴过,至三月间虽热,而桑未可采,则以棉絮裹置深密处,则不生。欲令生,则出置风日中,每捶间用生地黄四两研汁,洒桑叶,饲之,则取丝多于其他'",等等。④ 为后人留下了宝贵的历史资料。《鸡肋篇》名取曹操所谓"鸡肋、鸡肋,食之无味,弃之可惜"之义。

据《四库全书总目提要补正》记载:(《鸡肋编》)"丁氏《藏书志》有钞本,并载邵懿辰记云:'近《琳琅秘室丛书》始得影元钞本,用活字摆印,姚钟芳因以此见赠。阁本删去一条,删改二条,皆为补正。'"⑤可见当时宋本已佚。除《四库全书》本外,现存还有《鸡肋编》一卷,明穴砚斋抄本、清初影钞元钞本,藏中国国家图书馆;《鸡肋编》三卷,附校勘记一卷(清胡珽校勘),咸丰间刻本,藏南京图书馆;《鸡肋编》三卷,附校勘记一卷,续校一卷(清胡珽校勘董

---

① (清)永瑢等撰:《四库全书总目》,北京:中华书局,1965年,第1199页。
② 陈笃彬、苏黎明:《泉州古代著述》,济南:齐鲁书社,2008年,第88页。
③ (宋)庄绰撰:《鸡肋编》,《影印文渊阁四库全书》第1039册,台北:台湾商务印书馆,1983年,第170页。
④ (宋)庄绰撰:《鸡肋编》,《影印文渊阁四库全书》第1039册,台北:台湾商务印书馆,1983年,第141页。
⑤ 胡玉缙撰,王欣夫辑:《四库全书总目提要补正》,上海:上海书店出版社,2020年,第1113页。

金鑑续校),琳琅秘室从书本(光绪木活字印),藏中国国家图书馆(傅增湘校并跋)。①

五是曾恬的《上蔡语录》。曾恬,生卒年不详,字天隐,南宋泉州人,绍兴中官至大宗正丞。乾隆《泉州府志》载:(曾恬)"公亮玄孙。少从杨龟山、谢上蔡、陈了翁、刘元成诸贤游,为存心养性之学"。② 曾恬著有《上蔡语录》三卷、《孝类书》二卷。③

《上蔡语录》三卷,收入《四库全书·子部·儒家类》,底本为浙江巡抚采进本。《四库全书总目》称:"盖良佐之学,醇疵相半。语录举其疵,于祠记举其醇,似矛盾而非矛盾,和而观之,良佐之短长可见矣。"④

《上蔡语录》是曾恬与胡安国合作,辑录谢良佐的理学言论。谢良佐(1050—1103),字显道,河南上蔡人,元丰八年(1085)进士,程颐、程颢的得意门人,对程颐、程颢理学思想有诸多阐发。胡安国(1074—1138),字康侯,号青山,学者称武夷先生,福建崇安(今武夷山市)人,绍圣四年(1097)进士,著有《春秋传》等。曾恬与胡安国编辑此书,意在使人们对谢良佐的理学思想有更全面的了解。书成之后,朱熹做过增删,将他认为不能体现谢良佐理学本旨的言论予以删除,同时增加了一些内容。绍兴二十九年(1159),朱熹出监潭州南岳庙时为此书写了后序。⑤

谢良佐创立上蔡学派,此学派最大的特点是为程朱理学的发展发挥了桥梁作用。比如在忠恕问题上,谢良佐认为忠恕"犹影也。无忠做恕不出来,如'己所不欲,勿施于人'。施诸己而不愿,亦勿施诸人,说得自分明。恕,天道也。伯淳曰:'天地变化,草木蕃,是天地之恕。天地闭,贤人隐,是天地之不恕。'"⑥在反复揣摩之下,朱熹接受了程颢、谢良佐的思想,在隆兴

---

① 中国古籍总目编纂委员会编:《中国古籍总目·子部》,北京:中华书局,上海:上海古籍出版社,2012年,第1651~1652页。
② (清)怀荫布修:乾隆《泉州府志》卷四十一,泉州:泉州市地方志编纂委员会办公室,1984年,第25页。
③ (清)怀荫布修:乾隆《泉州府志》卷七十四,泉州:泉州市地方志编纂委员会办公室,1984年,第4页。
④ (清)永瑢等撰:《四库全书总目》,北京:中华书局,1965年,第779页。
⑤ (宋)谢良佐撰,曾恬、胡安国录,朱熹删定:《上蔡语录》,《影印文渊阁四库全书》第698册,台北:台湾商务印书馆,1983年,第591~592页。
⑥ (宋)谢良佐撰,曾恬、胡安国录,朱熹删定:《上蔡语录》,《影印文渊阁四库全书》第698册,台北:台湾商务印书馆,1983年,第582页。

二年(1164)《答柯国材》信中,朱熹写道:"示谕忠恕之说甚详,旧说似是如此。近因详看明道、上蔡诸公之说,却觉旧有病。盖须认得忠恕便是道之全体,忠体可恕用,然后'一贯'之语方有落处。若言恕乃一贯发出,又却差了此意也。如未深晓,且以明道、上蔡之语思之,反复玩味,当自见之,不可以迫急之心求之。如所引'忠恕独钦'以下,尤不干事。彼盖各言入道之门、求仁之方耳,与圣人之忠恕道体本然初不相干也。"①"朱子经过数年的思考忠恕,并最终提出'忠体而恕用',实为早年思想重要的一阶段"。②

《增订四库简明目录标注》载:《上蔡语录》有"朱子遗书本,明刊本"。③惜已佚。除《四库全书》本外,现存还有《上蔡语录》一卷,《罗卷汇编》(乐山堂全集)道光十四至二十二年(1834—1842)善化曾氏刻本,藏中国科学院图书馆、上海图书馆。④

六是陈模的《东宫备览》。陈模,字中行,泉州永春人,陈知柔之侄,庆元二年(1196)进士,官至校书郎兼检讨。乾隆《永春州志》记载:(陈模)"以学行,召试馆职。时方开边,模对策,为王恢首谋之,戮不足以偿僵尸百万之冤。参政李璧读之,嘉叹。"⑤

陈模在儒学研究上颇有成就,著有《东宫备览》六卷,收入《四库全书·子部·儒学类》,底本为浙江吴玉墀家藏本。《四库全书总目》称:"支分缕析,节次详明。前有《进书表》一篇,《叙》一篇,又有《上宰相札子申言》二十余条,中择妃嫔,简宫僚,谨游习三条,尤为切务。又冠以改官省札及诰词,以温峤侍臣箴比之,盖当时甚重其书也。"⑥

撰写《东宫备览》时,陈模任秘书省正字。撰写此书的目的是为储君的教育提供一部比较完备的符合儒学礼仪的参考书。陈模将儒家经典中有关条规摘录出来,加以梳理,汇成一册。全书脉络清楚,结构谨严,详略得当,

---

① (宋)朱熹著,郭齐、尹波编注:《朱熹文集编年评注》,福州:福建人民出版社,2019年,第1867页。
② 陈石军:《朱子编〈上蔡语录〉考》,《中国哲学史》2018年第4期,第70~78页。
③ (清)邵懿辰撰:《增订四库简明目录标注》,台北:世界书局,1967年,第389页。
④ 中国古籍总目编纂委员会编:《中国古籍总目·丛书部》,北京:中华书局,上海:上海古籍出版社,2012年,第1037页。
⑤ (清)杜昌丁督修,黄任主编:乾隆《永春州志》,厦门:厦门大学出版社,1994年,第368页。
⑥ (清)永瑢等撰:《四库全书总目》,北京:中华书局,1965年,第787~788页。

叙述透彻,充分反映了陈模的儒学思想。① 比如《立教》篇强调诗书礼乐的教化功能,特别强调了"教之以乐"的重要作用,"使之弦歌以养其耳目,舞蹈以养其血气",以及"一归中和"的培养目标。②《崇俭》篇认为"生长于富室则易于奢,而难于俭也",何况太子"兼富贵而有之者乎"。③ 因此太子必须厉行节俭,这样才能做到"天下乐诵而愿戴之"。《规谏》篇强调的是从谏如流,对太子进行规谏的重要性:"矧夫国之储贰,实众望之所属,当以贤圣仁孝闻于天下者,而犹有过之未改,有谏之不听,可乎?"④ 是书对后代的储君教育产生较大影响,比如纪晓岚奉乾隆皇帝之命编纂《帝范观之》一书作为储君的教材时,主要收入清代皇帝所撰的文章,而对前代的著述仅收入唐太宗的《帝范》及陈模的《东宫备览》。

《东宫备览》六卷成书后,正本被"宝之东宫,藏之秘府,天下学士可闻而不可见"。⑤ 此钞本惜已佚。除《四库全书》本外,现存还有清抄本藏中国国家图书馆、北京大学图书馆、福建省图书馆等处以及《学海类编》本(道光活字印、民国影印)。⑥

七是李迅的《集验背疽方》。李迅,生卒年不详,字嗣立,晋江人,官至大理评事。按《永乐大典》《文献通考》及《福建通志》记载,李迅以医著名,精于外科。⑦ 李迅对背疽的治疗颇有心得,平素广集药方,亲自试用,研究出一些疗效甚佳药方。著《集验背疽方》一书,是书流行于南宋庆元年间,影响深远。

《集验背疽方》一卷,收入《四库全书·子部·医家类》,底本为《永乐大典》本。《四库全书总目》称:"背疽为患至巨。俗医剽窃一二丹方,或妄施刀针,而于受病之源,发病之形,及夫用药次第,节宣禁忌之所宜,俱置不讲。

---

① 陈笃彬、苏黎明:《泉州古代著述》,济南:齐鲁书社,2008年,第70页。
② (宋)陈模:《东宫备览》,《影印文渊阁四库全书》第709册,台北:台湾商务印书馆,1983年,第298页。
③ (宋)陈模:《东宫备览》,《影印文渊阁四库全书》第709册,台北:台湾商务印书馆,1983年,第311~312页。
④ (宋)陈模:《东宫备览》,《影印文渊阁四库全书》第709册,台北:台湾商务印书馆,1983年,第316页。
⑤ (清)陆心源:《皕宋楼读书志》,杭州:浙江古籍出版社,2016年,第701页。
⑥ 中国古籍总目编纂委员会编:《中国古籍总目·子部》,北京:中华书局,上海:上海古籍出版社,2012年,第178页。
⑦ 陈笃彬、苏黎明:《泉州古代著述》,济南:齐鲁书社,2008年,第87页。

故夭阏者十恒八九。今迅所撰，于集方之前俱系以论说。凡诊候之虚实，治疗之节度，无不斟酌轻重，辨析毫芒，使读者了如指掌。"①

关于编纂是书的目的，李迅在《背疽方总论》中写道："背疽之方，所载百余，然有验者极少。其间又有用药偏重，或太冷，或太热，或药性有毒者，今皆不录，独择尝用而经验者录之，庶几不至有误活人治病之意。"②虽然当时背疽方有"百余"，但问题比较多，为此李迅"独择尝用而经验者录之"。是书提出背疽五因说："背疽其源有五：天行一；瘦弱气滞二；怒气三；肾气虚四；饮法酒食炙煿物，服丹药热毒五。盖治背疽，不可一概将为热毒，其治之法，难易当自一而至五。"③针对这"五源"，治疗必须遵循五项原则："察背疽法有内外之别""审内证用药""服补药捷径""疽发所在有不可治者""戒忌"等。是书还阐述了扶正、托毒、活血、行气、解毒、散结、排脓等用药大纲，并列出具有以上功能的药方三十方。总之，是书的特点是主论明确，主次分明，扶正祛邪，托毒排脓，生肌收口，法度井然，是李迅治疗背疽的独特见解和经验的记载。

《集验背疽方》宋本已佚，《四库全书总目》云："谨从《永乐大典》中采掇裒订，仍为一卷。"除《四库全书》本外，现存还有《三三医书九十九种三集》，民国十三年（1924）杭州三三医社铅印本，藏中国中医科学院图书馆、上海中医药大学图书馆等处；④《国医小丛书》三十四种，民国二十年（1931）上海国医书局铅印本，藏中国国家图书馆、中国中医科学院图书馆、北京中医药大学图书馆等处。⑤

《四库全书·集部》宋代泉人著述考论

收入《四库全书·集部》的宋代泉人著述有：苏颂的《苏魏公文集》、曾慥

---

① （清）永瑢等撰：《四库全书总目》，北京：中华书局，1965年，第867页。
② （宋）李迅撰：《集验背疽方》，《影印文渊阁四库全书》第743册，台北：台湾商务印书馆，1983年，第435页。
③ （宋）李迅撰：《集验背疽方》，《影印文渊阁四库全书》第743册，台北：台湾商务印书馆，1983年，第435页。
④ 中国古籍总目编纂委员会编：《中国古籍总目·子部》，北京：中华书局，上海：上海古籍出版社，2012年，第428～429页。
⑤ 中国古籍总目编纂委员会编：《中国古籍总目·子部》，北京：中华书局，上海：上海古籍出版社，2012年，第430页。

的《乐府雅词》及《补遗》、胡仲弓的《苇航漫游稿》以及蒲寿宬的《心泉学诗稿》。

一是苏颂的《苏魏公文集》。苏颂简介见《新仪象法要》。

苏颂的《苏魏公文集》七十二卷,收入《四库全书·集部·别集类》,底本为浙江鲍士恭家藏本。《四库全书总目》云:"史称颂天性仁厚,宇量恢廓,在哲宗时称为贤相。……今检是集,凡诸家所举各篇,悉在其中。足知完本尚存,无所阙佚。而颂文翰之美,单词只句,脍炙人口,即此亦可见其概矣"①

《宋史》对苏颂渊博的学问极尽褒扬,称他"自书契以来,经史、九流、百家之说,至于图纬、律吕、星官、算法、山经、本草,无所不通,尤明典故"。② 朱熹对苏颂的评价也很高,为苏颂建祠时专门写了碑文称:"士患不学耳,而世之学者,或有所怵于外,则眩而失其守。如公学至矣,又能守之,终其一身不变,此士君子所难,而学者所宜师也!"③苏颂历仕五朝,官至宰相,《苏魏公文集》表现出很强的民本思想和改革精神。比如在《请别定县令考课及立乡官》中,苏颂认为:"国家恃以为治者,民也。使民敦本而趋善者,县令也。"④为此,他提出了令长的考核制:"以令长能用善道谕民,勉末游而归本业,致狱讼稀简而盗贼衰息者为优等;其能钩校簿书,均移税赋,发奸捕盗,兴利除害者为次等。二者咸无,为下等。优等望赐超擢,次等再加激励,末等自当降擢。"苏颂认为令长考核制的实施,"则廉平之吏,思尽所长。礼义之风,庶几可致"。⑤ 苏颂对王安石的变法是支持的。比如在《议学校法》中,苏颂表达了对当时学校教育的不满:"臣窃谓本朝学制大抵仿唐之旧,然而设官有未备,而教导有未至,故积日虽久,而成效无闻也。"他认为:"今学官八人,谓宜各令分掌职事……其教导有方,成效显著,为诸生凛服者,候及三年,委判监闻于朝廷,望赐召试馆阁职事。"⑥对于诸生,他认为可以通过考试分三等,

---

① (清)永瑢等撰:《四库全书总目》,北京:中华书局,1965年,第1314页。
② (元)脱脱等修:《宋史》,上海:上海古籍出版社、上海书店,1986年,第1226页。
③ (宋)朱熹著,郭齐、尹波编注:《朱熹文集编年评注》,福州:福建人民出版社,第3731页。
④ (宋)苏颂:《苏魏公文集》,《影印文渊阁四库全书》第1092册,台北:台湾商务印书馆,1983年,第259页。
⑤ (宋)苏颂:《苏魏公文集》,《影印文渊阁四库全书》第1092册,台北:台湾商务印书馆,1983年,第260页。
⑥ (宋)苏颂:《苏魏公文集》,《影印文渊阁四库全书》第1092册,台北:台湾商务印书馆,1983年,第236页。

"试入优等者,上于朝廷。望加旌拔,或直送省试"。① 关于科举改革,苏颂在《议贡举法》中提出了"考试关防太密""士子不事所业""诈冒户取应"以及"取人多少不均"等四大问题,并提出了改革的建议。②

对于苏颂的文学成就,《苏魏公文集·原序》作者汪藻评价道:"此所以一话言,一章句,皆足以垂世立教,革浇浮而偷薄。与轲、雄之书,百世相望,而非当时翰墨名家者所能仿佛也。"③

关于《苏魏公文集》的学术价值,管成学先生主编的《苏颂精神长青》一书指出:(此书)"涉及苏颂的生平、里籍家世、道德观、教育思想、法律思想、科学思想等诸多领域。《苏魏公文集》是研究苏颂的资料宝库,但目前还没有得到充分的发掘和利用。"④

绍兴九年(1139),苏颂之子苏携编成《苏魏公文集》,惜未刊刻。⑤《增订四库简明目录标注》载:"宋乾道辛卯施元之三衢刊本。"此为《苏魏公文集》最早刊本。⑥ 惜已佚。除《四库全书》本外,现存还有《苏魏公文集》七十二卷,影写宋刊本,藏日本静嘉堂文库;⑦《苏魏公文集》七十二卷,附录一卷,目录二卷,清道光二十二年(1842)苏廷玉刻本,藏中国国家图书馆、上海图书馆等处;清光绪二十八年(1902)苏氏刻本,藏北京大学图书馆。⑧

二是曾慥的《乐府雅词》及《补遗》。曾慥简介见《类说》。

曾慥的《乐府雅词》三卷及《补遗》一卷,收入《四库全书·集部·词曲类》,底本为江苏巡抚采进本。《四库全书总目》称:(此书)"则命曰《雅词》,具有风旨,非靡靡之音可比。至于道宫、薄媚、西子词、排遍之后,有入破、虚催、衮遍、催拍、歇拍、煞衮诸名,皆他本所罕载。犹见宋人旧法,不独《九张

---

① (宋)苏颂:《苏魏公文集》,《影印文渊阁四库全书》第1092册,台北:台湾商务印书馆,1983年,第235~236页。
② (宋)苏颂:《苏魏公文集》,《影印文渊阁四库全书》第1092册,台北:台湾商务印书馆,1983年,第237页。
③ (宋)苏颂,王同策、颜其中等点校:《苏魏公文集》,北京:中华书局,1998年,第2页。
④ 管学成主编:《苏颂精神常青》,镇江:江苏大学出版社,2020年,第243页。
⑤ 祝尚书:《宋人别集叙录》,北京:中华书局,2020年,第298页。
⑥ (清)邵懿辰撰:《增订四库简明目录标注》,台北:世界书局,1967年,第687页。
⑦ 祝尚书:《宋人别集叙录》,北京:中华书局,2020年,第299页。
⑧ 中国古籍总目编辑委员会编:《中国古籍总目·集部》,北京:中华书局,上海:上海古籍出版社,2012年,第211页。

机》词仅见于此,是又足资词家之考证矣。"[1]

《乐府雅词》及《补遗》所辑皆宋人之词,精审独到,无篇不雅,是现存最早宋人选宋词的著作。成书后,曾慥作了序,说明了此书特点。一是"余所藏名公长短句,裒合成篇"[2]"肯定了词是可以合乐而唱的、句子长短不一的歌词"。[3] 比如书中收录欧阳修的《采桑子》鼓子词1套11首,宋人惯用拍板节制节奏,演唱词歌,用鼓属于比较特殊,所以用鼓伴奏的词就称鼓子词。[4] 二是"涉谐谑,则去之,名曰《乐府雅词》"。[5] 曾慥所处时代,谑词和艳词流行:"欧公一代儒宗,风流自命,词章幼眇,世所矜式。当时小人,或作艳曲,谬为公词,今悉删除。"[6]"《乐府雅词》的择词标准反映了南宋词风由俗艳向清雅转移的发展趋势"。[7] 三是收词面比较广。只要符合"雅"的标准就收,"凡三十有四家,虽女流亦不废。此外又有百余阕,平日脍炙人口,咸不知姓名,则类于卷末,以俟询访,标目'拾遗'云"。[8]

根据曾慥原序,是书应刊刻于绍兴十六年(1146)。[9] 宋代多种目录学著述有载,"宋亡之后,《乐府雅词》几乎不为人知,元、明两朝数百年之间,藏书家罕见著录"。[10] 除《四库全书》外,现存还有《乐府雅词》三卷,《拾遗》二卷,清嘉庆秦氏石研斋抄本(清秦恩复校并跋,清翁同书跋并录秦恩复题识),藏

---

[1] (清)永瑢等撰:《四库全书总目》,北京:中华书局,1965年,第1824页。

[2] (宋)曾慥撰:《乐府雅词》,《影印文渊阁四库全书》第1489册,台北:台湾商务印书馆,1983年,第168页。

[3] 余敏芳、谢珊珊:《〈乐府雅词〉选文结构:有深意的形式》,《江西社会科学》2014年第2期,第104~108页。

[4] 余敏芳、谢珊珊:《〈乐府雅词〉选文结构:有深意的形式》,《江西社会科学》2014年第2期,第104~108页。

[5] (宋)曾慥撰:《乐府雅词》,《影印文渊阁四库全书》第1489册,台北:台湾商务印书馆,1983年,第168页。

[6] (宋)曾慥撰:《乐府雅词》,《影印文渊阁四库全书》第1489册,台北:台湾商务印书馆,1983年,第168页。

[7] 杜云:《〈乐府雅词〉与南宋词风》,《信阳师范学院学报(哲学社会科学版)》2002年第5期,第90~92页。

[8] (宋)曾慥撰:《乐府雅词》,《影印文渊阁四库全书》第1489册,台北:台湾商务印书馆,1983年,第168页。

[9] (宋)曾慥撰:《乐府雅词》,《影印文渊阁四库全书》第1489册,台北:台湾商务印书馆,1983年,第168页。

[10] 肖鹏:《〈乐府雅词〉四题》,《南京师大学报(社会科学版)》1990年第1期,第36~41页。

南京图书馆;清顾肇声家抄本(叶景葵校),藏上海图书馆。[1]

三是胡仲弓的《苇航漫游稿》。胡仲弓,生卒年不详,字希圣,号苇航,泉州晋江人,寓杭州。南宋进士,曾任县令,仕至监粮料院。[2] 登进士第后胡仲弓作诗《一第》云:"六年收一第,不特为荣身。殿下拜明主,堂府有老亲。衣冠新进士,湖海旧诗人。误入功名网,归来负钓纶。"[3]后放浪江湖以老,与文人士大夫、僧道名流以诗为友,著有《苇航漫游稿》。[4]

《苇航漫游稿》四卷,收入《四库全书·集部·别集类》,底本为《永乐大典》本。《四库全书总目》称:"南宋末年,诗格日下,'四灵'一派撼晚唐清巧之思;'江湖'一派,多五季衰飒之气。故仲弓是编及其兄仲参所作《竹庄小集》,均不出山林枯槁之调……然吟咏既繁,性情各见,洪纤俱响,正变兼陈。苟非淫慝之音,即不在放斥之列。诗家有此一格,固不妨使之并存,亦录唐诗者不遗周昙《咏史》之例也。"[5]

《四库全书总目》称:"故仲弓是编及其兄仲参所作《竹庄小集》,均不出山林枯槁之调",其实不然,生活于宋末动荡年代,胡仲弓是心忧天下,关注民瘼。比如其诗作《含章殿》云:"千古风流说寿阳,梅花飘落粉犹香。寄言长信宫中女,莫学当时忘国妆。"[6]国土沦丧,宫中还是莺歌燕舞,岂不令诗人感到悲伤。《雪中有感》云:"闾阎愁叹不堪闻,风雪如何更作嗔。白玉楼台银步障,只宜富贵不宜贫。"[7]战乱之中,贫富的巨大反差,使诗人于心不安。《苇航漫游稿》还体现了诗人朴实清新,善于用典的创作风格。比如,《次陈芸居问讯后村韵二首》之二:"清夜万感集,风荡云物空。倚楼看星斗,

---

[1] 中国古籍总目编辑委员会编:《中国古籍总目·集部》,北京:中华书局,上海:上海古籍出版社,2012年,第3397页。

[2] 龚延明、祖慧编著:《宋代登科总录》,桂林:广西师范大学出版社,2014年,第7073页。

[3] (宋)胡仲弓:《苇航漫游稿》,《影印文渊阁四库全书》第1186册,台北:台湾商务印书馆,1983年,第689页。

[4] 粘良图、李灿煌编:《晋江历代名人辞典》,厦门:厦门大学出版社,2013年,第176页。

[5] (宋)永瑢等撰:《四库全书总目》,北京:中华书局,1965年,第1410页。

[6] (宋)胡仲弓:《苇航漫游稿》,《影印文渊阁四库全书》第1186册,台北:台湾商务印书馆,1983年,第715页。

[7] (宋)胡仲弓:《苇航漫游稿》,《影印文渊阁四库全书》第1186册,台北:台湾商务印书馆,1983年,第717页。

照破泥丸宫。静观人世人,颠倒醉梦中。佳趣有谁识,睡觉窗前红。"①用词求清求新,思念故人之情,跃然诗中。《苇航漫游稿》的用典基本出自经史。比如《霸王庙》"拔山力尽误终身"②,出自《史记·项羽本纪》;《赠易数朱俊甫》"三绝韦编及太玄"③,出自《史记·孔子世家》;《感古十首》其八:"明哲保令终"④,出自《诗经·大雅·烝民》等等。这些典故都为当时文人所熟悉,体现了胡仲弓诗歌创作朴实的特点。

据《四库全书总目》记载,因胡仲弓"诗名不甚著",原稿无存,编修《四库全书》时,根据陈起的《江湖后集》,"校于《永乐大典》分列于各韵以下者,起所选之外,遗佚尚多",于是就"搜采裒辑,编为四卷"。⑤除《四库全书》本外,现存还有《苇航漫游稿》清抄本(丁丙跋),藏南京图书馆。⑥

四是蒲寿晟的《心泉学诗稿》。蒲寿晟,又作蒲寿宬、蒲寿戌,生卒年不详,字镜泉,号心泉,宋元时期泉州的阿拉伯诗人。随其父、其弟(蒲寿庚)徙居泉州,与其弟蒲寿庚平定海寇有功,蒲寿晟被授领卫。南宋咸淳七年(1271),蒲寿晟知广东梅州,有惠政。光绪《嘉应州志》载:蒲寿晟"知梅州,一毫无取于民,居处饮食俭约。曾井遗泽在民。遣人还籍取家资,建石亭其上。日汲井水二瓶置诸公堂,欲常目在之,而踵其武也。州进士杨圭题其梁曰:曾氏井泉千古冽,蒲侯心地一般清。今祀名宦祠"。⑦后因宋朝将倾,隐居于泉州东海法石乡。蒲寿晟为华化的阿拉伯人,通晓文史,擅长诗赋、书法。⑧蒲寿晟虽与蒲寿庚是兄弟,但性格与志向迥然不同。入元后亦未再出仕,著有《心泉学诗稿》行世。

---

① (宋)胡仲弓:《苇航漫游稿》,《影印文渊阁四库全书》第1186册,台北:台湾商务印书馆,1983年,第668页。
② (宋)胡仲弓:《苇航漫游稿》,《影印文渊阁四库全书》第1186册,台北:台湾商务印书馆,1983年,第700页。
③ (宋)胡仲弓:《苇航漫游稿》,《影印文渊阁四库全书》第1186册,台北:台湾商务印书馆,1983年,第702页。
④ (宋)胡仲弓:《苇航漫游稿》,《影印文渊阁四库全书》第1186册,台北:台湾商务印书馆,1983年,第668页。
⑤ (清)永瑢等撰:《四库全书总目》,北京:中华书局,1965年,第1410页。
⑥ 中国古籍总目编辑委员会编:《中国古籍总目·集部》,北京:中华书局,上海:上海古籍出版社,2012年,第390页。
⑦ (清)温仲和纂:光绪《嘉应州志》,上海:上海书店出版社,2013年,第318页。
⑧ 中国伊斯兰百科全书编辑委员会编:《中国伊斯兰百科全书》,成都:四川辞书出版社,2011年,第442页。

《心泉学诗稿》六卷,收入《四库全书·集部·别集类》,底本为《永乐大典》本。《四库全书总目》云:"今观其诗,颇有冲澹闲远之致,在宋、元之际犹属雅音。裒录存之,厘为六卷,亦足以备一家。若其人,则疑以传疑,姑附诸南宋之末焉。"①

《心泉学诗稿》饱含着浓厚的民本思想。生活为官在南宋末年这个动荡的年代,面对百姓的颠沛流离,困苦生活,蒲寿晟深感悲痛,为此以诗歌的形式表现出来。比如《送使君给事中常东轩先生》云:"锋车洛阳道,秋日旌旗光。松阴父老语,何计攀夕郎?南泉昔乐土,画戟深凝香。今为雕瘵区,盐米忧仓皇。一食不遑暇,众哺安能忘?时哉异真倪,心乎爱龚黄。报政未期年,丹诏飞十行。正阳初继离,化瑟方再张。岂无兰蕙丛?所思在孤芳。屐声到星辰,泰阶列寒芒。眷怀赤子心,启齿玉帝旁。唐相有遗烈,至今留甘棠。"②此诗通过今昔对比,"南泉昔乐土","今为雕瘵区,盐米忧仓皇",原来的"乐土",现在变为民生疾苦之区,连盐米的供应都令人担忧,"深入描述了宋元时期粤东、闽南一带食盐走私所带来的一系列社会问题"。③ 再如《种麦》:"荒林僻左地,时已及来牟。颇学鸦种麦,可怜人代牛。莫言耒耜苦,且愿甲兵休。来岁如旋磨,机轮向瀑流。"④战乱带来的土地兼并问题,迫使农民不得不"荒林僻左地"。然而贫穷的农民买不起耕牛,只能"人代牛"了。在困苦生活的挣扎之中,百姓的唯一希望就是战争早点结束,"莫言耒耜苦,且愿甲兵休",能过上安定的日子,即使再苦再累也心甘情愿。

蒲寿晟的诗歌创作风格正如《四库全书总目》所言:"颇有冲澹闲远之致,在宋元之际犹属雅音。"比如《次清老弟韵》云:"恐负东风约,清吟野步迟。淡烟杨柳外,微雨海棠间。远寄千杯绿,多情两鬓丝。闲愁须遣尽,蜂蝶不堪羁。"⑤以"淡烟""微雨"来描写景色,"两鬓丝""闲愁"突出了对友人的

---

① (清)永瑢等撰:《四库全书总目》,北京:中华书局,1965年,第1419页。
② (宋)蒲寿晟撰:《心泉学诗稿》,《影印文渊阁四库全书》第1189册,台北:台湾商务印书馆,1983年,第842~842页。
③ 广东省梅州市纪委监委主编:《忠廉大义:梅州节士史话》,广州:南方日报出版社,2019年,第73页。
④ (宋)蒲寿晟撰:《心泉学诗稿》,《影印文渊阁四库全书》第1189册,台北:台湾商务印书馆,1983年,第860页。
⑤ (宋)蒲寿晟撰:《心泉学诗稿》,《影印文渊阁四库全书》第1189册,台北:台湾商务印书馆,1983年,第857页。

思念。《牧童歌十首》其四:"倦来牛背卧,一觉度前岗。牛饱儿呼馁,归来煨芋香。"①近似白描的手法,恬淡的田园生活令人向往。

清之前《心泉学诗稿》的相关版本均已佚,《四库全书》本为"检《永乐大典》各韵内所录"。除《四库全书》本外,现存还有《心泉学诗稿》六卷,乾隆年间翰林院抄本(《四库全书》底本,丁丙跋),藏南京图书馆;清末刘氏远碧楼抄本,藏天津图书馆。②

结　　语

从收入《四库全书》宋代泉人著述,可以看出宋代泉人著述的几个特点。一是理学著述颇有建树。曾恬的《上蔡语录》使人们对谢良佐的理学思想有了更全面的了解;吕大奎潜心理学研究,其《春秋或问》《春秋五论》见解独特。③二是史学著述影响深远。吕夏卿的《唐书直笔》,树立了秉笔直书的典范;吕中的《大事记讲义》记载全面而翔实;梁克家的《三山志》具有重要的史料价值,影响至今。④ 三是科技著述成就显著。曾公亮编辑的《武经总要》是世界上第一部兵书集成,苏颂编撰的《新仪象法要》代表着十一世纪我国天文学和机械制作的最高水平,李迅的《集验背疽方》影响深远等等。⑤ 四是文学著述令人瞩目。苏颂脍炙人口的文章,表现出很强的民本思想和改革精神;曾慥的《乐府雅词》所辑宋人之词,精审独到,无篇不雅;胡仲弓的《苇航漫游稿》朴实清新,心忧天下;《心泉学诗稿》"冲澹闲远之致",关注民生。⑥ 凡此种种,足以说明在当时泉州成为中国世界海洋商贸中心的背景下,在多元文化的熏陶下,宋代泉州的著述活动涉及面广,影响深远,出现了百家争鸣的盛况。这种盛况是世遗泉州的别样解读,是宋代泉州深厚文化底蕴的体现。

(原载《泉南文化》2024 年第 2 期)

---

① (宋)蒲寿宬撰:《心泉学诗稿》,《影印文渊阁四库全书》第 1189 册,台北:台湾商务印书馆,1983 年,第 867 页。
② 中国古籍总目编辑委员会编:《中国古籍总目·集部》,北京:中华书局,上海:上海古籍出版社,2012 年,第 392 页。
③ 陈笃彬、苏黎明:《泉州古代著述》,济南:齐鲁书社,2008 年,第 104～105 页。
④ 陈笃彬、苏黎明:《泉州古代著述》,济南:齐鲁书社,2008 年,第 102～103 页。
⑤ 陈笃彬、苏黎明:《泉州古代著述》,济南:齐鲁书社,2008 年,第 100～101 页。
⑥ 陈笃彬、苏黎明:《泉州古代著述》,济南:齐鲁书社,2008 年,第 106～107 页。

泉州人物

俞大猷任职金门行迹考

明代抗倭名将俞大猷（1503—1580），字志辅，号虚江，明泉州晋江县河市（今属泉州市洛江区）濠格头村人。[①] 俞大猷先祖来自凤阳霍邱，其始祖俞敏，"从高皇帝驱驰天下四十载，始膺百户之封于泉"。俞家世袭百户之职。[②] 俞大猷从小刻苦学习，有远大志向。五岁入私塾读书，十五岁中秀才。俞大猷师从明代名儒蔡清的学生王宣、林福和赵本学学习《易经》。特别是赵本学能"即《易》家奇正虚实之权衍兵"，其《韬钤内外篇》不传儿子，只传给俞大猷，为俞大猷日后精通兵法奠定了良好基础。[③] 嘉靖十年（1531），29岁的俞大猷继承了他家世袭的百户职位。从戎之后，俞大猷用心学习骑射和剑术，特别是向当时同安的武术高手李良钦学习荆楚长剑法。由于俞大猷文化素养高，加上勤学苦练，很快掌握了骑射和剑术的要义，表现出较高的水平。李良钦曾用"公异日剑术，天下无敌者"来评价俞大猷的剑术水平。[④] 嘉靖十三年（1534），俞大猷中式举人。嘉靖十四年（1535），俞大猷武举会试中式，列进士第五名，由百户升正千户，守御金门。[⑤] 俞大猷在会试中论策解答第一问"天下有正气，有血气，何以相别"时写道："事故世有曾子出焉，曰自反而缩，虽千万人，吾往矣。自反而不缩，虽褐宽薄，吾不惴焉。"曾子这段话的意思是自我反省，如果觉得我是有道理的，即使有千万人反对，我也将勇往直前。自我反省，如果觉得是我是没有道理的，即使对方是布衣百姓，我也会认真听取他们的意见。俞大猷十分赞同孟子所言"能善养吾浩然之气"。俞大猷认为："若项羽之气，能勇而

[①] 何世铭：《俞大猷年谱》小序，泉州：泉州历史研究会，1984年，第1页。
[②] （明）俞大猷撰，廖渊泉、张吉昌整理点校：《正气堂全集》，福州：福建人民出版社，2007年，第11页。
[③] 范中义：《俞大猷》，泉州：泉州市社会科学界联合会，2003年，第3～4页。
[④] 范中义：《俞大猷》，泉州：泉州市社会科学界联合会，2003年，第5～6页。
[⑤] 何世铭：《俞大猷年谱》第1册，泉州：泉州历史研究会，1984年，第32～34页。

不能怯。沛公之气,能勇能怯,号称大度之主。楚汉兴亡之机,实决于此"。①正是在这种浩然正气的指引下,俞大猷怀揣着报国卫国的梦想,走向金门,担负起守卫金门的任务。在金门五年的历练后,俞大猷走向抗倭第一线,戎马一生,成为抗倭民族英雄。

抗倭击盗　守御金门

金门古称浯洲、仙洲、浯江等,由大小金门(金门本岛、烈屿岛)以及周围十多座岛屿组成。② 金门从五代开始就是同安县辖地,因战略地位重要,宋末以来金门成了兵家必争之地。明初由于倭患严重,金门作为泉、漳门户,其防倭的战略地位十分突出。③ 为了加强海防,朝廷在各地设立卫所,福建沿海共设立五卫十二所,金门千户所是其中之一。④ 卫所是明代军队的基本编制,卫以下设所,所有千户所、百户所。千户所有正千户一人,属正五品。⑤ 卫配备的军兵大约五千六百名,千户所配备的军兵大约一千二百名,百户所配备的军兵大约二百二十名。⑥ 卫所是独立的,有着军事职能和行政管理职能的地理单位,管辖着面积大小不等的耕地和数量多少不一的人口。⑦

到金门任职后,俞大猷认真履行军事主官的职能,加强防御,巩固工事,积极备战,抗倭击盗,保一方平安。俞大猷十分注重练兵,在加强常规训练的同时,发挥自己所长,"有荆楚剑法以教士卒",取得很好的效果。⑧ 后来到武平任职,俞大猷延续在金门的练兵方法,"日教士击剑斗艺,精娴于四方"。⑨ 金门为俞大猷践行其军事思想,特别是其海防思想提供了实践基地。俞大猷珍惜这

---

① (明)俞大猷撰,廖渊泉、张吉昌整理点校:《正气堂全集》,福州:福建人民出版社,2007年,第67页。
② 曾纪鑫:《大明雄风俞大猷传》,北京:九州出版社,2015年,第23页。
③ 谢重光、杨彦杰、汪毅夫著:《金门史稿》,厦门:鹭江出版社,1999年,第19~20页。
④ 曾纪鑫:《大明雄风俞大猷传》,北京:九州出版社,2015年,第24页。
⑤ 鹿谙慧、曲万发、孔令纪主编:《中国历代官制》,济南:齐鲁书社,2013年,第421页。
⑥ 何世铭:《俞大猷年谱》第1册,泉州:泉州历史研究会,1984年,第35页。
⑦ 郭红等著:《明代卫所"民化":法律·区域》,上海:上海大学出版社,2019年,第24页。
⑧ (明)俞大猷撰,廖渊泉、张吉昌整理点校:《正气堂全集》,福州:福建人民出版社,2007年,第916页。
⑨ (明)俞大猷撰,廖渊泉、张吉昌整理点校:《正气堂全集》,福州:福建人民出版社,2007年,第14页。

个机会,金门五年的实践使俞大猷的军事思想得到了进一步的提高,为今后的抗倭事业奠定了良好的基础。

俞大猷在金门任职期间经历了两次战事,充分展现其军事才能。一是嘉靖十五年(1536),"有司发兵捕官澳盗,颇扰民"。俞大猷率兵前往制止,路上两军相遇,"而两发刃以斗"。俞大猷即令其兵就地而坐,"彼兵乃不斗""竟治其兵长,无敢扰民者"。[①] 俞大猷勤于练兵,加强防御,不战而屈人之兵,名震海疆,海盗们不敢骚扰金门,给金门人民创造了一个比较安定的社会环境。[②] 二是嘉靖十七年(1538)八月,受时任福建巡海道副使余锓的指派,俞大猷率兵剿灭杨志新等九十余名海寇。[③]

任职金门期间,俞大猷针对当时海上防卫松懈,海寇猖獗,"遂至勾通日本""涓涓不壅,终成江河"的现象,先后向时任佥事御史陈伍山陈书两封,提出自己的看法。在《上金宪伍山陈公条陈用兵二弊二便书》中,俞大猷提出造成这种局势的原因是"二弊",即"上不能用将,将不能用兵",并进行分析。俞大猷认为:"今日委一府首领,明日委一县巡捕;今日委一寨把总,明日委一卫指挥;今日兵船三五泊此湾澳,明日兵船六七抛彼洲屿"的现象导致了"不慎择,不专责",这是用将之大忌。俞大猷认为:"凡今诸将之用兵也,师出无律,何有于智?身家念重,何有于勇?"这是用兵之大忌。俞大猷提出解决"二弊"的方法是"二便":首先,"委任当极其至也",委任要慎重,要隆重,要委以实权;其二,"赏费当有所取足也",对于立功人员要论功行赏,赏费给足。俞大猷认为如果能深刻认识"二弊",实行"二便","夫何疑一方寇盗乎?今日举行,成功以定"。如能把"二便"的政策坚持实行下去,俞大猷认为:"屡习为常,威声遐布。卑职敢谓终闽山海,可无西渔之盗也。"[④]在《又呈画处官澳三策》中,俞大猷提出:一是"征船数十艘,征兵数百,水路并进,十日之内,可冀其效"。但此策"杀掠及于非罪,未保其必无也"。二是不调外船外兵,自己率领精兵五十,劲兵二百,"卒然而动,一月之间,可冀其效"。但此策只是"劫之而已。以往之贼,固

---

① (明)俞大猷撰,廖渊泉、张吉昌整理点校:《正气堂全集》,福州:福建人民出版社,2007年,第12~13页。
② 俞大猷研究编委会:《俞大猷研究》,厦门:厦门大学出版社,1998年,第224页。
③ (明)俞大猷撰,廖渊泉、张吉昌整理点校:《正气堂全集》,福州:福建人民出版社,2007年,第401页。
④ (明)俞大猷撰,廖渊泉、张吉昌整理点校:《正气堂全集》,福州:福建人民出版社,2007年,第75~77页。

未必尽得。将来之贼,又不敢保其无也"。三是不动一兵,不用一船,俞大猷和夫人到官澳当人质:"为之辨善恶,立保甲,行乡约。朝夕查点,以稽其所在,宣布常道威德,以劝谕之。"使用此策,"三月之间,可冀其效,诚一方生灵之福"。①从这两封上书可以看出俞大猷攻心为上,治理海盗的策略。可惜的是,陈伍山当时不仅不采纳俞大猷的建议,还"呵杖之曰:'武人安书?'夺其印"。受到如此不公平的待遇,俞大猷坦然面对,笑着说:"此非吾自见之地。"②

爱民亲民　教化一方

俞大猷所师从的王宣、林福和赵本学等人都是蔡清的学生。蔡清是明代名儒,清源学派的创始人。蔡清认为《易》是"五经之首""生命之蕴""理(精神)先,气(物质)后""尽六合皆气也,理则此气之理耳"。俞大猷在成长过程中深受其影响,民本思想扎根于心。③ 俞大猷在其会试论策《安国全军之道》以"君子能成乎天下之事,以忍为之而已"破题,通篇围绕着忍而持重展开。俞大猷指出:"法曰:'善为治者蓄其怒,善为兵者蓄其愠。'夫怒蓄则德可大,而愠积则威可立。"④在金门任职期间履行管理职能时,俞大猷充分践行了这种治理理念。

金门系海岛,其居民向来彪悍,爱诉讼,是比较难治理的地方。俞大猷任职之后,采取有效措施,制止了这种不良风气。他用酒席招待了有名望的长辈,晓之以理,动之以情。民众有诉讼,俞大猷都虚心地听取双方意见,绝不偏袒,使双方心服口服。每逢初一、十五,俞大猷就把老百姓召集到乡约所开会,讲明这半个月来发生的事情和其中的是非曲直,让大家共同评议。这样,做错事的人认识到自己的错误,就会感到十分羞愧,"悔前之为",而痛改前非。俞大猷在金门五年间,"人无以讼闻于司府,司府亦不闻发一牒于金门勾摄某人

---

① (明)俞大猷撰,廖渊泉、张吉昌整理点校:《正气堂全集》,福州:福建人民出版社,2007年,第77~78页。
② (明)俞大猷撰,廖渊泉、张吉昌整理点校:《正气堂全集》,福州:福建人民出版社,2007年,第30页。
③ 泉州市地方志编纂委员会编:《泉州市志》,北京:中国社会科学出版社,2000年,第3745页。
④ (明)俞大猷撰,廖渊泉、张吉昌整理点校:《正气堂全集》,福州:福建人民出版社,2007年,第65页。

也"。金门人"嚣讼最"的习气得到有效遏制,民风向善。[1]

嘉庆《同安县志》记载:(嘉靖)"十五年丙申、十六年丁酉久旱大饥,民多流殍。"[2]当时福建灾情比较严重,不少人饿死,朝廷赈灾,开仓发粮。各县大多采用按户口申领的发放方式,这种发放方式导致了"里胥墨冒,施不当饥"。冒领的多了,真正的灾民没有领到粮食。为防止这种现象的出现,有的县就采取召集灾民到县城或州治发粮的办法。而灾民离乡赶赴县城或州治,没有办法及时得到粮食,死的人反而越来越多。俞大猷奉福建巡抚李元阳之命,与许福、黄伟等人负责地方赈灾之事。俞大猷采取赈灾方式与其他地方不一样,每到一乡,俞大猷就把乡民召集起来,请乡民席地而坐,他逐一查看,看到那些真正饥饿的乡民,"以药识其额",马上发给票据,领到粮食。三天之内,"凡骨立色菜,无不得谷者"。同时允许灾民凭票据领取几天的粮食,"资贸贩,兴艺作",保证日常生活不受饥荒影响,乡民能自食其力。这种针对性强的赈灾方式,保证了赈灾活动的有效性,"所活者万余人"。[3] 民国《金门县志》记载:此次赈灾活动"无一人遗,无片刻滞,无斗釜滥",取得了明显的效果。俞大猷等人在赈灾活动中深入民众,尽心尽责,殚精竭虑。在赈灾中,黄伟勇挑重担,后因"殚神毕力,疾作而卒,远近咨嗟"。[4] 黄伟是一位学识渊博、性情耿直厚道的金门进士,为躲避官场的是非曲直,辞官在家。黄伟去世后,俞大猷专门写了《祭黄逸所太守文》,叙述了自己与黄伟从相识、相知到视为知己的过程,赞颂了黄伟的为人、赈灾的业绩和远大的志向,"然死以一逸所,而生以一方之民,固逸所之志无所遗悔也",对黄伟的去世表示深切的哀悼。[5]

俞大猷任职金门期间对疫病防治十分关注。当他接到有关疫病的报告后,专门写了一篇《驱疫文》,表明其对百姓患疫病的关心和防治疫病的决心。《驱疫文》写道:"疫有鬼乎? 吾不得而知也。疫无鬼乎? 吾不得而知也……但

---

[1] (明)俞大猷撰,廖渊泉、张吉昌整理点校:《正气堂全集》,福州:福建人民出版社,2007年,第12页。
[2] (清)吴堂主修:嘉庆《同安县志》卷十三,第1页。
[3] (明)俞大猷撰,廖渊泉、张吉昌整理点校:《正气堂全集》,福州:福建人民出版社,2007年,第12页。
[4] 左树夔修,刘敬篡:民国《金门县志》卷十七,金门:金门县文献委员会,1958年,第2页。
[5] (明)俞大猷撰,廖渊泉、张吉昌整理点校:《正气堂全集》,福州:福建人民出版社,2007年,第737页。

君子为人父母，凡可以生全乎天下者，当无所不用乎其情耳。"这段话表明了俞大猷不相信鬼神，但只要对老百姓有利的事，他一定去做。俞大猷先礼后兵，率领金门所的官员和老百姓，"用羊、豕、香果、酒之礼，祭而享之，从而示之"。然后命令疫鬼从速离开，并且表明了与疫鬼斗争到底的决心，"疫如有鬼，宜听吾戒，勿贻伊悔"。正是有了这种坚定的决心，俞大猷与金门所的军民采取有力措施加强防治工作，"数日后，金门人无复疫者"，取得了防治疫病的胜利。①

崇文重教　奖掖后进

明代是金门文风繁荣、举业鼎盛的时期。这种风气的形成与朱子的过化有关。朱熹于绍兴二十一年（1151）被任命为同安县主簿，绍兴二十三年（1153）秋就任，绍兴二十七年（1157）离任。任职期间，朱熹积极倡学、厉行风教，对同安崇文重教风气的形成产生了很大的影响。朱熹曾亲临金门游览，民国《金门县志》记载："昔朱子主同安簿，观风海上，金门亲沐教化，故文章气节代有其人。而有明科目之盛，尤甲于上都。"②俞大猷在金门任职期间，延师任教，奖掖后进，进一步推动了金门崇文重教浓厚氛围的形成。

任职期间，俞大猷延请名师至金门任教，"导以孝让，申以诗书"。③ 闲暇之时，俞大猷喜欢与金门的士大夫讲学吟诗，"磊落自豪"，以此激励金门发扬泉州人崇文重教的精神，形成浓厚的文化氛围。④ 金门城外南磐山上，有一片背山面海的石丛，俞大猷闲暇之时会与金门的士大夫来这里谈诗论学，并在碣石上题刻"虚江啸卧"四个字。⑤ 俞大猷诗文、书法俱佳，是一位难得的文武双全抗倭名将。杨成先生在《俞大猷诗文赏析》一文中指出：俞大猷的诗歌激昂雄健、多风云气；热烈奔放，自然舒展；清峻高古，卓尔不群。⑥ 林英明先生在《泉

---

① （明）俞大猷撰，廖渊泉、张吉昌整理点校：《正气堂全集》，福州：福建人民出版社，2007年，第733～735页。
② 左树燮修，刘敬纂：民国《金门县志》卷九，金门：金门县文献委员会，1958年，第91页。
③ （明）俞大猷撰，廖渊泉、张吉昌整理点校：《正气堂全集》，福州：福建人民出版社，2007年，第12页。
④ 左树燮修，刘敬纂：民国《金门县志》卷十五，金门：金门县文献委员会，1958年，第208页。
⑤ 杨天厚、林丽宽：《金门匾额人物》，金门：金门县文化局，2006年，第83页。
⑥ 陈继川、俞建辉主编：《俞大猷研究论文集》，厦门：厦门大学出版社，2016年，第357～359页。

州书法史略》一书中指出:俞大猷的书法"厚重沉雄,出规入矩,既有颜真卿书体的严谨庄重,又有欧阳询九成宫的婉约遒劲,充盈着一股豪迈之气"。① 在俞大猷的影响下,明代金门诗风兴盛,诗人辈出。沈玉水先生在《俞大猷在金门的业绩》一文中指出:"正是由于俞大猷的启迪,金门诗风大振。"文中还引用了林焜熿《浯洲见闻录》所载:其中蔡守愚有"魏、唐风味",蔡献臣则"明净简远",其子谦光"变为娟秀高华"。许獬则"冲秀高华,兼收陶(潜)、谢(灵运)",蔡复一"以经济显,尤工于诗"。②

俞大猷任职金门期间十分爱惜人才,奖掖后进,注意培养人才。据民国《金门县志》记载:邵应魁,金门所人,从小十分聪明,"弱冠操举子业",县试成绩名列前茅。适俞大猷来金门任职,"从之游,遂徒业焉"。从此跟俞大猷学习武术兵法,勤学苦练,练就一身本领,立志保家卫国。嘉靖二十六年(1547),邵应魁武举登第,成为金门第一个武进士,授镇抚职。立军功,"中丞疏荐其可大用"。嘉靖三十四年(1555),在俞大猷指挥下,邵应魁抗击倭寇,勇猛善战,歼敌无数,在战斗中负伤,"大猷亲为傅药解衣"。③ 俞大猷升任总督,镇守浙江时,邵应魁同去,连战皆捷,后晋升为福建都司署都指挥佥事。邵应魁有诗稿和《射法》一书存世。④ 师徒两人亦师亦友,共同抗倭,成就了明代抗倭史上的一段佳话。金门文人颜扬诗文俱佳,"俞大猷与为刎颈之交,致之任,厚资之"。⑤ 俞大猷在《与颜文岫书》中描述了这段友情:"忆昔金门聚首五载,公以道义教生,谓其君用之,则安富贵尊荣。生以道义勉公,谓其弟子从之,则孝悌忠信……吾二人之所志,何尝不同耶?"⑥辞官在家的金门进士许福,与俞大猷"过从甚洽"。泉州大饥荒时,与俞大猷、黄伟一起主持赈灾,"民收实惠"。其居家二十年,倭寇来犯时,"团结乡社,边方恃以无虞"。后授江南监察御史,

---

① 林英明:《泉州书法史略》,北京:九州出版社,2018年,第104页。
② 俞大猷研究编委会:《俞大猷研究》,厦门:厦门大学出版社,1998年,第225页。
③ 左树夔修,刘敬纂:民国《金门县志》卷十七,金门:金门县文献委员会,1958年,第5页。
④ 同安县地方志编纂委员会:《同安县志》,北京:中华书局,2000年,第1429页。
⑤ 左树夔修,刘敬纂:民国《金门县志》卷二十,金门:金门县文献委员会,1958年,第91页。
⑥ (明)俞大猷撰,廖渊泉、张吉昌整理点校:《正气堂全集》,福州:福建人民出版社,2007年,第158页。

"将赴任卒"。①

心忧天下　敢于进言

　　俞大猷任职金门,虽地处边陲孤岛,但他始终存忧国忧民之心,关心国家大事。除两次就防御海寇之事向上进言外,俞大猷还曾就征讨安南之事上书兵部尚书毛伯温。这份上书充分体现了俞大猷的战略思想和军事素养。

　　当时安南(今越南)是中国的藩属国。明正德十一年(1516),安南发生宫廷政变,进入军事混战时期。嘉靖六年(1527),莫登庸趁乱篡位并于第二年遣使要求明廷册封其为安南王,明廷不同意。从嘉靖十七年(1538)到嘉靖十九年(1540),明廷对征讨还是招抚莫登庸进行了长达 3 年的争议。嘉靖十九年(1540),明廷终于下定决心,委任咸宁侯仇鸾、兵部尚书毛伯温,共同讨伐莫登庸。②

　　俞大猷是从前来福建招兵的广东按察司佥事林按之处得到朝廷出兵安南的消息,并了解到正在广泛征求意见,"案行两广、云南都、布、按三司通行所属府、卫、州、县、学校大小官员及山林宿儒、壮士,但有谋策,俱要开陈"。俞大猷认为这种集思广益的方法值得提倡:"大海不辞涓流,大计欲求一得。"俞大猷根据自己了解到的安南情况,结合自己的军事思想,上呈了《上两广军门东塘毛公平安南书》。③

　　在《上两广军门东塘毛公平安南书》中,俞大猷提出了征讨莫登庸的两条策略:"伐谋攻心为上,而伐兵攻城乃其次焉。"

　　对于伐兵攻城策,俞大猷提出了正兵两路,以及分兵三哨的用兵行进策略以及进军路线。关于正兵两路,俞大猷认为北路由广西凭祥州镇南关出发,西路从云南临安出发,两路会师,"以入交城,自有仞转石之势矣"。关于分兵三哨,俞大猷提出:一是"用福建经惯舟师",袭击顺化、升华、思义、广南等府;二是"用广东舟师",从钦、廉州出发,入永安、万宁;三是"用广西田宁、龙州的归顺之兵",袭击谅山、长庆。俞大猷认为用二正兵攻占都城,用三分兵袭击诸

---

①　左树夔修,刘敬纂:民国《金门县志》卷十九,金门:金门县文献委员会,1958 年,第 79 页。
②　曾纪鑫:《大明雄风俞大猷传》,北京:九州出版社,2015 年,第 27~29 页。
③　(明)俞大猷撰,廖渊泉、张吉昌整理点校:《正气堂全集》,福州:福建人民出版社,2007 年,第 70 页。

郡,"此击常山蛇法也。首尾中并举,岂复能逗哉"? 为了保证二正兵、三分兵策略的顺利实施,俞大猷认为"三十万兵之强脆老赢,悉当了然于大将军心中,然后可进攻也"。陆兵和水兵各须操演三个月,"然后分授各路之将,亦须操演数时,方用启行"。对于后勤保障,俞大猷建议用猴传之法,"猴传者,令兵夫空手挨立岭路,将米逐包传过,如猴之所为者"。俞大猷认为猴传时,米要包结实,以一斗五升为一包,"每十日一给,一军一包,最为简便"。对于战斗武器,俞大猷建议"其御象之具,则合适造战车。其接战之具,则合作长矛"。同时俞大猷预见到征战的长期性,为此,他认为"贼于进兵之路,必开设陷阱,日久草长,不异平地"。俞大猷建议要让前锋拿着大槌,"凡遇宽广可疑之地,用力击打,以验地下虚实,而后可行"。①

对于伐谋攻心之策,俞大猷指出:莫登庸的投降不知真假,"但我使不往,彼使不敢入。其志之真与否,其处分之欲如何,皆不可知也"。他建议:"一面陈兵,克日以进;一面遣使数辈,径抵其都,责以夏夷之分,谕以逆顺之理,惧以强弱之势。"如果莫登庸真有悔过之意,"要见坊社、村洲、冈峒、源场、户口、粮米、实属何府州县,或听吾郡县,或听吾分立,得其实落回报"。如果这样,"则一使讲通之力,足抵数十万之师"。如果莫登庸反悔不降,"拒慢吾使,复固怙终,罪在不赦,则贼之虚实,吾使已伺觇其大概矣""旗自正正,阵自堂堂,泰山压卵之下,可指日以枭莫贼之首矣"。俞大猷认为派出的使臣应该是:"学裕才充,节坚识宏,直以国家生灵为念,而等生死荣辱于浮云太虚者,然后能为大司马、大将军成此伟绩也。"虽然危机重重,但俞大猷表示自己愿意担当这使者之使命:"念卑职学才节识,虽万万不如人,但叨国厚恩,许身愿报,不敢让与古之忠臣奇士。"②

从此上书中可以看出俞大猷对于安南形势的关心,以及对安南地理形势的了解,充分表达了俞大猷的忧国忧民之心以及有勇有谋的战略胆识。毛伯温采用了俞大猷的策略,使安南问题得以顺利解决,"伯温奇之,乃用其策。翌年,别遣使者黄绾持书入安南,晓谕莫登庸"。③ 最后莫登庸领着自己的手下,

---

① (明)俞大猷撰,廖渊泉、张吉昌整理点校:《正气堂全集》,福州:福建人民出版社,2007年,第70~72页。

② (明)俞大猷撰,廖渊泉、张吉昌整理点校:《正气堂全集》,福州:福建人民出版社,2007年,第73页。

③ 何世铭:《俞大猷年谱》第1册,泉州:泉州历史研究会,1984年,第38~39页。

带着地图、户籍,金银财宝,经镇南关来到明军大营投降。①

文治武功　无尽思念

嘉靖十九年(1540),俞大猷因上书陈伍山之事,被免去职务,离开金门。金门人对其文治武功,为人、为官十分敬佩,对其为金门发展做出的贡献十分怀念。

当他被免职返家时,"门人流涕为作生祠。其秀才从俞授易者,追随至郡中。其兵丁习剑法者,给役其家不肯去"。不舍之情至深,令人十分感动。②

嘉靖三十九年(1560),俞大猷门人杨宏举继任金门所千户时,在俞大猷题写的"虚江啸卧"四字旁边建了一座啸卧亭,并撰写《虚江啸卧亭记》。杨宏举在亭记中写道:"公为秀才,即喜诵范文正公'先忧后乐'之语,慨然摹效之,啸卧岂自暇逸乎哉?必不然矣!夫公文武忠孝,所至人诵其名;生平以理自信,虽百折不少挫。其视文正,殆后先一辙尔矣。""啸于斯,卧于斯,流芳百世肇于斯。"仰慕之情扑面而来。③后来该处成为金门八大名胜之一,金门文人到此流连忘返,题字写诗文,表达对俞大猷的敬仰和怀念。许獬七世孙清代文人许春时写了《啸卧亭记》。在《啸卧亭记》中,许春时对啸卧亭周围的风景进行了描述,"登其顶,眼界尤宽"。对亭的来历做了说明:"明时,虚江俞公尝为金门千户,治兵岛上,公余每偕僚属浏览于此。公去后,门人杨宏举因石建亭,上镌虚江啸卧四大字,承公志也。"许春时用一段话表达了对俞大猷功绩的敬仰:"亦思公之屯兵海峤,身经百战,先天下之忧而忧。洎乎妖氛已靖,卧啸于此,后天下之乐而乐。"最后许春时发出了"呜呼!俞公往矣,险阻依然!惊涛谁挽?亭头纵望,百感交集,安知后之视今,不尤今之视昔也哉"的感慨。人称"秋泉先生"的清代金门文人林文湘登临此亭写了《游啸卧亭分韵》,其中有"石亭遥瞰海天虚,地记将军横槊余""苍凉岛屿含生色,文藻勋名共卷舒"等诗句表达了对俞大猷的怀念之情。《金门志》的作者林焜熿写了《啸卧亭怀古》,其中有"石碑岘首思遗爱,铜柱朱崖说古侯。散发狂吟和铁笛,鱼龙惊起暮朝秋"等诗句,用晋代襄阳人在岘首山建庙立碑纪念羊祜和东汉将军马援为国征战在朱崖上

---

① 曾纪鑫:《大明雄风俞大猷传》,北京:九州出版社,2015年,第32页。
② 何世铭:《俞大猷年谱》第1册,泉州:泉州历史研究会,1984年,第40页。
③ 曾纪鑫:《大明雄风俞大猷传》,北京:九州出版社,2015年,第35~36页。

立铜柱的典故来歌颂俞大猷功绩。① 啸卧亭边还有许多石刻,比如,俞大猷门人杨宏举所题:"汪洋江海,波浪怒来。我有片物,挥之使回。"以及清代雍正年间总兵昌瑞麟所题"如画"等。②

嘉靖四十三年(1564),金门进士许廷用撰写了《都督俞公生祠记》。此文充分表达了金门人对俞大猷的感念之情。许廷用在文中对建生祠和自己欣然接受撰写生祠记的原因做了分析,"金门所生祠一区,所各官暨耆士为俞虚江建也。公昔视师金门所,卑尊长少,举欣欣然,爱若父母,相与亭而碑之。假笔于余季父西埔翁,颂德颂公垂不朽"。介绍完俞大猷历任官职后,许廷用用"卑尊少长,动则思公"来表达金门人对俞大猷的无尽思念。对俞大猷在金门所做的贡献,许廷用写道:"公为金门御而公廉,孚以恩信。有荆楚剑法以教士卒,有诗书礼乐以育英才,有圣训规条以帅父老子弟行乡约。乃今甲胄之士,人人公侯心,而白皙青衿,间亦崭然露头角。公之教也,斯不亦湛思汪想,足鼓人心乎?"在描述了俞大猷的抗倭功勋之后,许廷用写道:"斯不亦肤功赫足系人望乎?夫其恩足鼓人心也,足故人知感而碑竖焉。公其功足系人望也,是故人不忘而祠建焉。"最后,许廷用洋洋洒洒用了一段话,几个典故,表达自己的感慨:"昔羊叔子守襄阳,百姓为建碑,望者罔不出涕。狄梁公为魏州刺史,百姓为之生祠,过者严然,岂不足颂甘棠之爱?然见碑坠泪,不过一时感触,岂若岁时有祀,致爱致悫之为有常也。过庙肃恭虔,亦其一方一隅。武平、定海等处,在在有碑有祠,吾又不知其孰为惑也。以此观之,则世谓古今人不相及,殆未为通论也。"从公元269年开始,羊祜镇守襄阳十年,文治武功,造福襄阳人民,得到襄阳人民的爱戴。羊祜逝世后,老百姓为他建庙立碑。唐代名臣狄仁杰遭人诬陷,经牢狱之灾后被贬为彭泽县令。在彭泽期间,狄仁杰爱民如子,离开时,老百姓为他建立生祠。用这两个古代深受民众爱戴的人物来比喻俞大猷,充分体现了许廷用对俞大猷的崇敬之心。③

金门是俞大猷从政抗倭的第一站。在五年任职期间,俞大猷向金门人民交出了一份满意的答卷。俞大猷戎马一生,抗倭击寇,没有辜负金门人民对他的期望。"俞龙戚虎"威名远扬,使倭寇闻之胆战心惊。俞大猷一生虽然挫折

---

① (清)林焜熿、林豪修纂:光绪《金门志》卷十四,台北:台湾银行经济研究室,1960年,第383~385页。
② 黄振良:《金门古迹导览》,金门:金门县文化局,2008年,第64~67页。
③ (明)俞大猷撰,廖渊泉、张吉昌整理点校:《正气堂全集》,福州:福建人民出版社,2007年,第916~918页。

无数,但爱国爱民之心未变。《明史·俞大猷传》用这么一段话对俞大猷的一生做了总结:"大猷负奇节,以古贤豪自期。其用兵先计后战,不贪近功。忠诚许国,老而弥坚,所在有大勋。"①俞大猷这种优秀的品质,在金门任职期间已初见端倪。

(原载《闽台缘文史集刊》2019 年第 2 期)

---

① (清)张廷玉等撰:《明史》,上海:上海古籍出版社,1986 年,第 598 页。

"五桂联芳,八鲤渡江"中的南安石井黄氏兄弟

明代是金门举业的鼎盛时期,而"五桂联芳,八鲤渡江"是金门科举史上的巅峰。万历十六年(1588),蔡献臣、陈基虞、蒋孟育、黄华秀、张继桂、黄华瑞、赵维藩、吕大楠等八位金门人中举人。万历十七年(1589)蔡献臣、蔡懋贤、蒋孟育、陈基虞、黄华秀等五位金门人登进士第。① 作为当时同安县翔风里四个都的金门能有这样的举业成就不能不令金门人感到骄傲。② 而其中黄华瑞、黄华秀兄弟的户贯为南安石井东安下村,乡贯为金门西黄。

三度迁徙,扎根东安

泉州南安石井东安下村黄氏族谱记载:东安下黄氏祖先为金门西黄人,其开浯始祖一世祖为黄沧海。黄沧海原居同安金柄,元兵南下时,为躲避兵乱,迁至金门。③ 黄沧海以染布为生,其居住地命名为"染厝"。到了四世祖黄文俦(号遁斋),因入赘于南安桂林(今石井院前西部西头宫地)李家,便卜居此地。④ 黄文俦的儿子为黄逸斋,号元良,育有三子,因为桂林之地比较狭小,没有足够的发展空间,三个儿子就分居三个地方。长子黄东山移居东安下,次子黄桂南留居桂林,三子黄质斋移居后井,形成三房鼎峙,各辟宗祠的局面。黄东山(1450—1524),字公祥,成为开基东安下的黄氏一世祖。⑤

---

① (清)林焜熿、林豪修纂:光绪《金门志》卷九,台北:台湾银行经济研究室,1960年,第170、175页。
② 朱宝炯、谢沛霖编:《明清进士题名碑录索引》,上海:上海古籍出版社,1979年,第2页。
③ 黄家国主编:《紫云东安下文史汇编》,南安:东安下文史汇编编委会,2007年,第16页。
④ 颜立水等撰文,黄振良等摄影:《金门先贤行迹采风》,金门:金门县文化局,第80页。
⑤ 黄家国主编:《紫云东安下文史汇编》,南安:东安下文史汇编编委会,2007年,第16页。

石井是人杰地灵之地,石井镇的杨林书院是泉州最早的书院之一。杨林书院原为唐末杨肃的书舍。杨肃天资聪颖,勤奋好学,既读四书五经,又随父亲学医。传说杨肃为闽王王审知夫人治好疮疾后,王审知遂改书舍所在地崎髻山为杨子山。后杨肃的书舍就改名为杨林书院,朱熹在同安任职时曾多次到杨林书院讲学。南宋时到杨林书院讲学学习的还有吕大奎、杨景陆等一大批人。杨林书院带动了石井文教事业的发展。① 东安下所在地为桂林之东,元代便有东安村,后废。杨子山蜿蜒而下,共有七峰,俗称"七星坠地"。东安下村就建于杨子山下,村后便是华表山,前面有"七星小池圹",背山临溪,土地肥沃。东山公定居此处后,黄氏家族发挥敢拼爱赢的泉州精神,利用自然环境的优势,促进了经济和文教事业的发展。明代村里很多人就读于杨林书院,至清代仅有三百人的东安下村就办有东、西、中三间书房。②

　　黄华瑞、黄华秀兄弟的曾祖父黄钺为东安下二世祖。天一阁藏《万历十七年(1589)进士履历便览》虽然大部分已漫漶不清,但在黄华秀的履历便览中还可以看到"曾祖钺""父思孝""授广东韶州府推官"的字样。③ 黄钺,字国威,号石崖。七岁成吟,九岁善赋,人称神童。少时曾就读于杨林书院,后又拜蔡清为师。《闽中理学渊源考》在《文庄蔡虚斋先生清学派》中记载:"黄钺,南安人,孝廉也。讲学蔡文庄公之门,为东南弟子师。"④《儒林宗派》在《蔡氏学派》中记载:"黄钺,南安。"⑤蔡清曾为黄钺祖父的墓志铭篆额。蔡清去世后,黄钺写了《祭蔡虚斋先生文》,文中表达了对蔡清的崇敬之情,"嗟维先生,吾道之祯";对蔡清的感激之情,"循循善诱,纲举目张",以及对蔡清去世的哀痛之情,"修身补过,以毕余生。敢使坠绪,确然无承。先生是临,以翌其行。呜呼哀哉"?⑥民国《南安县志》记载:黄钺,正德二年(1507)中举人,正德六年(1511)春闱"大主考病,失其卷,特荐钦赐进士出身"。黄钺不愿为官,"假归不仕",到杨林书

---

① 陈笃彬、苏黎明:《泉州古代书院》,济南:齐鲁书社,2003年,第55~56页。
② 黄家国主编:《紫云东安下文史汇编》,南安:东安下文史汇编委员会,2007年,第15~17页。
③ 宁波市天一阁博物馆整理:《万历十七年进士履历便览》,宁波:宁波出版社,2006年,第21页。
④ (清)李清馥:《闽中理学渊源考》,北京:商务印书馆,2018年,第609页。
⑤ (清)万斯同撰:《儒林宗派》,台湾:广文书局,1971年,第352页。
⑥ 黄家国主编:《紫云东安下文史汇编》,南安:东安下文史汇编委员会,2007年,第92页。

院讲学。① 黄钺是蔡清的弟子,精通《易学》,在杨林书院讲学,强调"清修实践,格物致知",所讲义理引人入胜,吸引了一大批士子前来就读,对他的讲学赞叹不已。在他掌教杨林书院时,门生遍布晋江、南安、同安。② 乾隆《泉州府志》记载:"黄钺,南安人,正德丁卯年举人。讲学蔡庄文公之门,终身不仕,为东南弟子师。"③在他的谆谆善诱下,杨林书院人才辈出。比如郑普,嘉靖十一年(1532)进士,初任无锡知县,后升任户部员外郎、云南府知府;许拱,嘉靖十一年(1532)以岁贡授华亭训导,后任荆州府学教授;李文瓒,嘉靖四十年(1561)登贤书,曾任易州知州、湖广常德府同知;吴复清,嘉靖三十六年(1557)以贡选试于廷,历任山东、湖南、广东教职。④ 明代晋江人何炯所编的《清源文献》记有黄钺《次吴朴斋》五言古诗一首,摘录如下:"客路逢秋风,扁舟况晚发。水落见丹崖,雁声天宇阔。欸乃鸣榔声,宿鸟惊林樾。推枕起无言,独对江心月。"⑤

据新出土的黄华瑞墓志铭记载:黄钺生子庠生自芸,自芸没有子嗣,以其叔叔的儿子封君承继。封君即黄华瑞、黄华秀兄弟的父亲黄杨东,字思孝,邑庠生。父因子贵,后封文林郎、广东韶州推官。

黄华瑞、黄华秀为五世祖。据《东安黄氏大长房笃夫公派下谱牒》记载:黄华瑞出生于嘉靖三十六年(1557)五月,黄华秀出生于嘉靖三十八年(1559)九月。⑥

兄弟同榜,双凤联科

在这种崇文重教氛围的影响下,黄华瑞、黄华秀兄弟从小志向远大,刻苦好学。黄华瑞、黄华秀兄弟的母亲吴氏,"勤俭辛楚,虽极劳瘁无怨嗟,妻道母道皆优焉","故二子得以肄业,乃克成名,虽祖德,实父功母训也"。⑦ 直到现在

---

① 戴朱希总纂:民国《南安县志》,南安:南安县地方志编纂委员会,1989年,第1091~1092页。
② 陈笃彬、苏黎明:《泉州古代书院》,济南:齐鲁书社,2003年,第148页。
③ (清)怀荫布修:乾隆《泉州府志》卷五十五,泉州:泉州市地方志编纂委员会办公室,1984年,第52页。
④ 陈笃彬、苏黎明:《泉州古代书院》,济南:齐鲁书社,2003年,第148~149页。
⑤ (明)何炯编、陈金聪点校:《清源文献》,北京:商务印书馆,2019年,第21页。
⑥ 《东安黄氏大长房笃夫公派下谱牒》,五世华秀、五世华瑞。
⑦ 刘安居编:《南安历史人物传略》,北京:作家出版社,2003年,第60页。

民间还流传着许多兄弟俩励志求学的故事。笔者在田调时,东安下村乡中耆老提供了两则有关黄华瑞、黄华秀兄弟刻苦学习的故事材料。一是虽然家中贫寒,但由于有父母的倾力培养,他们从小勤奋好学。在杨林书院学习时,每天早早到达书房。中午时,学童们都回家吃饭,他们因家中贫穷,回家也没有午饭可吃,只好到学校旁边的小溪中抓些小鱼,捡些柴火,烧鱼吃,渴了就喝些小溪的水。所以每天下午也是他们最早到达书房。这件事情被老师知道后,大为感动,从此就免费提供午餐,而他们学习就更认真、更刻苦。当地现在还流传着一句:"杨山书房读书比早到"的俚语。二是有一次,黄华瑞、黄华秀兄弟到邻村看有关宋庠、宋祁兄弟双双中进士的梨园戏时,黄华瑞对黄华秀说:"如果我们能像宋家兄弟一样该多好啊!"旁边观戏的人听到他们的对话,就嘲笑他们是白日做梦。从此兄弟俩互相鼓励,更加勤奋学习。[①] 黄华瑞、黄华秀兄弟年纪稍大一点,母亲不顾家中经济困难,送他们到泉州府城学习。在泉州府城学习时,他们"唯仅灯书不夜分,不休讲诵,不究理不止""攻苦茹淡,伯仲相助以有成"。兄弟俩同窗、同吃、同砚、同床、同被,互相帮助,互相促进,"奋志益笃",学业成绩都很优秀,有"伯仲同宴""双凤齐鸣"的美誉。[②]

万历十六年(1588),黄华瑞、黄华秀兄弟同中举人,有"兄弟同榜,双凤联科"之美称。康熙《南安县志》记载:万历十六年(1588)戊子科解元潘洙,"黄之瑞(铖孙子,改名华瑞,南京国子监助教)、黄华秀(之瑞弟,字居约,己丑进士)。"[③]乾隆《泉州府志》记载:万历十六年(1588)戊子科解元潘洙,"黄华秀(华瑞弟,己丑进士)、黄华瑞(榜名之瑞,宁洋教谕,升国子监助教,俱同安人)"。[④]

万历十七年(1589),黄华秀登进士第。《明清进士题名碑录索引》记载:"黄华秀,福建南安⑳,明万历17/3/90。"[⑤]按此书的编例说明,黄华秀是万历十

[①] 许建军、徐庆芳:《七星坠地,书香门第杨山村》,《石井印象》微信公众号,2018年6月11日。

[②] 刘安居编:《南安历史人物传略》,北京:作家出版社,2003年,第60页。

[③] (清)刘佑总辑:康熙《南安县志》,南安:南安县志编辑委员会办公室,1986年,第316页。

[④] (清)怀荫布修:乾隆《泉州府志》卷三十五,泉州:泉州市地方志编纂委员会办公室,1984年,第35页。

[⑤] 朱宝炯、谢沛霖编:《明清进士题名碑录索引》,上海:上海古籍出版社,1979年,第1556页。

七年(1589)榜第三甲第 90 名。[①] 民国《福建通志》记载:万历十七年己丑焦竑榜,"黄华秀(俱南安人)"。[②] 乾隆《泉州府志》记载:万历十七年己丑焦竑榜,"黄华秀,南安籍,同安人"。[③] 康熙《南安县志》记载:"神宗万历十七年己丑焦竑榜,黄华秀,浙江道御史。"[④]

弟至廉正,兄尽孝悌

  黄华秀登进士第后首任广东韶州府推官。任职期间,黄华秀对下仁慈,对上刚直不阿,审案精明决断。黄华秀任职时,韶州人好讼,有父亲告儿子、兄长告弟弟,"又有父兄为子弟所告者"。对于民事纠纷,黄华秀"以惠民善俗为先",认真做好调解工作,使当事双方"俱悔悟折服",冰释前嫌。[⑤] 对于重大棘手的案件,黄华秀审理迅速,而且做到公平、公正,令人心服口服。同治《韶州府志》记载:"黄华秀,南安人,进士,万历十八年司理韶州。精明果断,雪杀姑之冤,释代兄之囚,辩伐冢之诡。"[⑥] 万历二十三年(1595),因考绩吏治第一,被"荐召为南京浙江道御史"。[⑦] 在韶州任职时,由于人事交替,乳源县令没及时到位,黄华秀还兼了一段时间的乳源县令。在此期间,华秀主持了《乳源县志》的编修,写了序言并为分土志(沿革、疆域、山川、风俗、灾异)、定制志(城池、桥梁)等重要章节写了引言。[⑧] 从序言和引言可以看出黄华秀对乳源县情还是比较了解的,虽说是兼职,但投入的精力也不少。比如在桥梁这一节的引言中,黄华秀通过讲述建造通济桥的事来激励后人关心慈善事业。黄华秀写道:"通

  [①] 朱宝炯、谢沛霖编:《明清进士题名碑录索引》,上海:上海古籍出版社,1979 年,第 1 页。
  [②] 沈瑜庆、陈衍等纂:民国《福建通志》,北京:方志出版社,2016 年,第 5071 页。
  [③] (清)怀荫布修:乾隆《泉州府志》卷三十四,泉州:泉州市地方志编纂委员会办公室,1984 年,第 15 页。
  [④] (清)刘佑总辑:康熙《南安县志》,南安:南安县志编辑委员会办公室,1986 年,第 302 页。
  [⑤] 刘安居编:《南安历史人物传略》,北京:作家出版社,2003 年,第 60 页。
  [⑥] (清)林述训等修:同治《韶州府志》,台北:成文出版社,1966 年,第 590 页。
  [⑦] (清)怀荫布修:乾隆《泉州府志》卷四十九,泉州:泉州市地方志编纂委员会办公室,1984 年,第 57 页。
  [⑧] (清)张洗易纂修:康熙《乳源县志》,乳源:乳源瑶族自治县县志编纂委员会,2001 年,第 13~29、145~147 页。

济桥,乡民饶仁独立肩成。"钱不够,就变卖自己的家产继续完成。这是一件功德无量的事,"邑西北三百里,民免垫溺者若干人"。饶仁还是个做好事不求名的人,"有司欲表其德,饮于乡,皆不就。入山唯恐不深,避人畏觅其影"。虽然生活艰难,但饶仁"茹苦终身,泰然自足"。最后黄华秀称赞道:"此义而隐者,可以风乡。"①在韶州任职期间,黄华秀廉洁奉公,苦心司理,民风因此大变,每次断案,所有办案人员只收七升米,因此获得了"黄七升"的美誉,"谓其每事而造只食七升米,便了当了"。② 耶稣会传教士、意大利学者利玛窦住韶州时,黄华秀友善地对待他们,利玛窦称其为"教团的朋友"。③ 韶州有些人对外国传教士不满,用石块袭击教堂,甚至携带武器冲击教堂,造成了严重的人员伤害。作为韶州推官,黄秀华审理了案件。从《利玛窦中国札记》一书中可以看出黄华秀审理案件的能力,比如在袭击现场找到了一顶帽子,为了确定袭击者,黄华秀让抓到的嫌疑人"一个挨一个在头上试戴这顶帽子,发现其中有一个人带上去完全合适,肯定就是他的东西"。按照当时的习惯,帽子是"按照每个人的脑袋做的"。黄华秀在审理案件时顶住来自各方的干扰,做到严肃认真、公平公正④,而利玛窦"则总是抱着息事宁人的态度希望官员们对这些肇事者宽大处理"。⑤ 因为事涉洋人,在明确案情之后,黄华秀要求利玛窦呈上状子,案件还需经过更高级别的官员审理。最后结案,袭击者被"判以每人各打二十竹板,然后开释"。⑥ 与利玛窦的这段交往让黄华秀打开了看世界的一扇窗户。黄华秀任职韶州深得民众爱戴,在他离开韶州之后,民众在府治所在地曲江县西河地为其建生祠,"司理黄公祠,在西河,讳华秀",四时祭祀,感谢其恩德。⑦

万历二十三年(1595),黄华秀就任南京浙江道监察御史,此时,朝廷正处

---

① (清)张洗易纂修:康熙《乳源县志》,乳源:乳源瑶族自治县县志编纂委员会,2001年,第29页。
② 刘安居编:《南安历史人物传略》,北京:作家出版社,2003年,第60页。
③ [意大利]利玛窦、金尼阁著,何高济等译,何兆武校:《利玛窦中国札记》,北京:中华书局,2018年,第270页。
④ [意大利]利玛窦、金尼阁著,何高济等译,何兆武校:《利玛窦中国札记》,北京:中华书局,2018年,第266～277页。
⑤ 徐海燕:《利玛窦在中国:第六章迁居韶州》,http://blog.sina.com.cn,访问日期:2019年12月25日。
⑥ [意大利]利玛窦、金尼阁著,何高济等译,何兆武校:《利玛窦中国札记》,北京:中华书局,2018年,第270页。
⑦ (清)林述训等修:同治《韶州府志》,台北:成文出版社,1966年,第398页。

于内忧外患之时。神宗即位后以张居正为首辅,有过十年的励精图治,"精核吏治",推行章奏"考成法";清丈全国田亩,推行"一条鞭法",这些新政"换来了经济发展和社会安定的局面"。① 张居正去世后,神宗开始自毁改革成果,一方面搞臭张居正,一方面以"病"为借口,"日夜纵饮作乐",疏于朝政。② 黄华秀就任后明廷面临四大问题:"东方有辽左之忧""中原有矿税之兴""楚藩有小人之构""三殿之灾尤为非常"。黄华秀刚果洞达,敢于直言,曾就定国体、阻矿税、雪楚藩、罢枢辅、录谏臣、防倭寇之事6次上疏,人称其为"贤御史"。③

在《畏天变恤人言疏》中,黄华秀对当时朝政混乱表示担忧。针对这个问题,他认真进行了调查研究:"仰察天心,俯稽舆论,听民庶之谣吟,问路叟之隐忧。"经调查研究之后,黄华秀认为要解决朝政混乱的问题必须做到:"今日修省当速举行者三:视朝也、郊庙也、纳谏也;当速议行者一:大婚也;当共举而通行者二:泰交也、省刑也;当议处而速行者亦二:举逸也、采办也。"对于神宗怠于临朝听政,黄华秀提出了严肃的批评:"今殿庭希御,堂陛旷疏,百官庶府思欲睹圣天子之威仪而不可得矣。二宫火焚,得非天不欲皇上以幽闭辄跸之所,而忘青阳总章之居耶?"④"二宫火焚"指的是万历二十四年(1596)乾清宫、坤宁宫被火烧尽之事。⑤ 黄华秀认为此事是上天对神宗不临朝听政的警告,为此希望神宗尽快恢复临朝听政:"臣见古者谨灾,有召群臣便殿者,有御殿门亲受表章者,是知诸臣之请,视朝是也。所当亟行也。"⑥对于神宗不亲行郊庙之事,黄华秀也提出了批评:"圣代以前,未有不亲者,乃今数年来,尽遣代矣。""以为无益耶,则胡以祭也;以为有益耶,则胡以代也。"黄华秀认为"二宫火焚"也是上天对神宗不亲行郊庙之事的警告,"二宫火燔,适值祭扫之日,得非天不欲皇上以内禁斋居而为明禋报本之地乎!"黄华秀劝告神宗:"臣见古者谨灾,有郊祀

---

① 白寿彝总主编:《中国通史》第16册,上海:上海人民出版社,1989年,第1623~1628页。
② 白寿彝总主编:《中国通史》第16册,上海:上海人民出版社,1989年,第1629~1632页。
③ 戴朱希总纂:民国《南安县志》,南安:南安县地方志编纂委员会,1989年,第826~827页。
④ (明)朱吾弼、李云鹄等辑:《皇明留台奏议》,《续修四库全书》第467册,上海:上海古籍出版社,2001年,第344页。
⑤ 白寿彝总主编:《中国通史》,上海:上海人民出版社,1989年,第1633页。
⑥ (明)朱吾弼、李云鹄等辑:《皇明留台奏议》,《续修四库全书》第467册,上海:上海古籍出版社,2001年,第344页。

甘泉者,有入告寝庙者,是知诸臣之请,郊庙是也。所当亟行也。"[①]对于纳谏之事,黄华秀举了秦朝与隋朝的例子,"苦言利行,苦药利病。秦以恶闻过而失,隋以不受言而亡。察往镜来,可为龟鉴。"黄华秀严肃批评了神宗的一些做法:"陛下督过言官,厌薄谠论,各臣动至数十,章奏百无一发,使暗哑而归,朝阳寡和,则焚炀赫幨之虞,得非天不欲皇上以龙楼鸡幢之严,为文书架阁之府乎?"为此,黄华秀建议神宗:"臣见古者谨灾,有诏求直言者、有令群臣极陈得失者,以知诸臣之请,开言路是也。所当亟行也。"[②]神宗因宠爱郑贵妃,欲立其所生皇三子为太子,遭到皇太后及廷臣的反对,从而产生了"国本"之争。[③] 对于"国本之争",黄华秀知道直接向神宗提出册立太子之事,肯定无效,于是就换了一个角度,从"大婚当速行"谈起。有明一代,皇子的婚礼都是在十五岁时举行的,"我太子诸王婚礼虽殊,然皆举以十五岁,未有愆期者,历历可考也"。黄华秀认为神宗在皇长子出讲时,已经给予了不同于诸皇子的待遇,这次的婚礼顺理成章,"暂以皇长子妃命名,而以太子妃之礼举之"。为此黄华秀建议:"臣见古者谨灾,有司有请豫建太子者,以知诸臣之请,大婚是也,当速议而行者也。"[④]"泰交"说的是"君臣道和,相得益彰"。黄华秀指出:"古者君臣上下,手足腹心,协气熏蒸,太和翔洽,故天表之应,应之以详。"而现在的君臣关系就不一样了,"今也宫禁端居,堂帘万里。上既远隔,下亦阔疏。大臣少格心之论,小臣乏造膝之规。人各有心,心各一意,譬之同舟而胡越。然乖气致异,天固欲使内壁之深严,易为幄筵之亲接也"。为此,黄华秀建议:"谓宜日赐燕见,使元老得时奉徽音;月数御门,使群僚得时望颜色。而为大臣者,又当正笏垂绅而从容讽议;为小臣者,亦宜随职效忠而展采错事。要使君臣道和,相得益彰。""臣见古者谨灾,有谓君臣当交敬者、有谓为君难,为臣亦不易者,以知泰交之说是也。"[⑤]神宗权力欲极强,张居正在世时受到钳制,亲政之后为了保证

---

① (明)朱吾弼、李云鹄等辑:《皇明留台奏议》,《续修四库全书》第 467 册,上海:上海古籍出版社,2001 年,第 345 页。

② (明)朱吾弼、李云鹄等辑:《皇明留台奏议》,《续修四库全书》第 467 册,上海:上海古籍出版社,2001 年,第 345 页。

③ 樊树志:《晚明史:1573—1644》,上海:复旦大学出版社,2015 年,第 435~436 页。

④ (明)朱吾弼、李云鹄等辑:《皇明留台奏议》,《续修四库全书》第 467 册,上海:上海古籍出版社,2001 年,第 345 页。

⑤ (明)朱吾弼、李云鹄等辑:《皇明留台奏议》,《续修四库全书》第 467 册,上海:上海古籍出版社,2001 年,第 345~346 页。

牢牢地掌控朝政,加大了刑罚的力度,甚至派锦衣卫校尉去侦听法司的审讯,造成了刑罚泛滥。① 为此黄华秀提出了"省刑"这个问题。黄华秀认为:"古者罪止其辜,罚不及众,故刑措之朝,百端辐辏。今也告讦门开,抄没习渐,上既督责,下亦阿承。籍良右以抵赃,骈无辜而受虐。"黄华秀建议:"谓宜解烦苛之纲,追赃者恕之;蠲连坐之诛,被逮者原之。而理官刑曹,亦宜体好生之心,不难平反以逆主。奉钦恤之诏,毋轻枉陷以毒民,要使生者不死,死者不冤……臣见古者谨灾,有请肆赦者,有议五覆者,以知诸臣之请,缓刑是也。"② 万历年间,由于神宗滥用刑罚和怠政,造成了各级官员的大量缺额,朝政难以维持。针对这个问题,黄华秀提出了自己的看法,黄华秀认为可以采取多种办法选贤用能,"陛下试令吏部、都察院从公查核,分别以请其于百折不回、抗节抵柱者,不次超迁,以慰人望;次则循资推转;又次则稍宽谪禁,以收人心。将见举不至滥,野无遗贤,中外欣欣,弹冠相庆,民心悦而天意得矣"。③ 万历年间由于战事不断,灾祸接连,朝廷财政短缺而民众又穷困潦倒,但宫内照常挥霍无度。针对这个问题,黄华秀指出:"陛下不以此时蠲额外之供,停不急之役,广大之以市民心计。于今营缮方兴,物料等项,其势又不得不取之于民。加以东事告急,兵饷日增,转输盈途,诛求四出。"这就会导致"有如居者不堪出办之繁、行者不耐登途之苦,东匮西竭,新嗟旧怨,什然并作。窃恐秦人戍泽之变,可谓寒心矣"。为此黄华秀建议:"臣见古者谨灾,有议宽无名之征者,有议省内供之费者,以知诸臣之请,酌采办是也。"④

万历时由于朝政混乱,因此谣言四起在所难免,而神宗选择性地听信谣言更是助长了这种风气的流行。万历二十四年(1596),留守后卫百户王守仁,提出将其先祖定远侯王弼留在楚王府的巨额财产捐出来。一听有巨额财产,神宗马上行动。得知此事后,黄华秀上呈了《乞察馋诬亲藩疏》。在奏疏中,黄华秀开门见山,对留守后卫百户王守仁提出将其先祖定远侯王弼留在楚王府的巨额财产捐出来这件事表示怀疑。黄华秀说:"臣等阅邸报,见留守后卫百户

---

① 樊树志:《晚明史:1573—1644》,上海:复旦大学出版社,2015年,第377~378页。
② (明)朱吾弼、李云鹄等辑:《皇明留台奏议》,《续修四库全书》第467册,上海:上海古籍出版社,2001年,第346页。
③ (明)朱吾弼、李云鹄等辑:《皇明留台奏议》,《续修四库全书》第467册,上海:上海古籍出版社,2001年,第346页。
④ (明)朱吾弼、李云鹄等辑:《皇明留台奏议》,《续修四库全书》第467册,上海:上海古籍出版社,2001年,第347页。

王守仁献其先祖定远侯王弼所遗御赐金宝财物,乃二百年前寄顿楚府者。臣等窃尤其诞,以为捐资应取诸己,进献必共其存,岂有借财于宗藩,输助于远代者?"黄华秀认为如因此事引起诸藩不满,后果是比较严重的,并以晁错进言削藩,引发七国举兵叛乱为例,希望神宗谨慎行事。黄华秀提出:"臣等读史,见七国之变始于晁错,后虽伏诛无救。"①

晚明时,贪财的神宗派出太监为矿监税使,到处"开矿榷税",搜刮民脂民膏。② 为此,黄华秀在万历二十四年(1596)九月上呈了《乞查矿议异同并重责成疏》。在奏疏中,黄华秀认为开矿的利弊,要查世宗朝"当日胡然而开,胡然而止"的原因,这样"其所得之利孰与所得之害,一据案可明也"。在这个问题上,黄华秀倾向于不开采,因担心神宗非开采不可,黄华秀建议:"倘陛下欲姑试之乎,则亦请就近暂开一路,俟其长便,然后将产矿之处逐一开采。此不过外府寄之,未为晚也。不必遽以未睹之利,遣使旁午,轻传呼召,以摇人心也。"在此奏疏中,黄华秀还希望神宗尽快解决工部尚书缺位的问题以及停止要求官员捐俸。③

中国的倭患始于元代,明初也是海疆面临的问题,但还没有形成较大的威胁。嘉靖年间倭寇与海盗合流,倭患爆发,对中国东南千里海疆造成了极大的威胁。④ 万历年间面对严峻的形势,明廷就和与不和争论不下。万历二十四年(1596),明廷正式派出册封使节团,《明史·神宗纪》记载:万历二十四年(1596)"四月己亥,李宗城自倭营奔还王京"。五月"庚午,复议封倭,命都督金事杨方亨、游击沈惟敬往"。⑤ 作为堂堂的天朝特使李宗城竟然弃职仓皇出逃,立刻引起了朝廷的混乱。黄华秀由邸报得知消息后,上呈了《预防倭患疏》。在奏疏中,黄华秀指出:"日阅邸报,见本兵凭杨方亨揭帖,议欲将调兵转饷遣将事宜,尽行暂罢。此非万全之策也。"黄华秀认为:"因封而设备是也,废备而持封非也。何者?必有备而后封可成也。"为此,黄华秀提出了三条计策:一是"议战

---

① (明)朱吾弼、李云鹄等辑:《皇明留台奏议》,《续修四库全书》第467册,上海:上海古籍出版社,2001年,第378~379页。
② 白寿彝总主编:《中国通史》第16册,上海:上海人民出版社,1989年,第1633页。
③ (明)朱吾弼、李云鹄等辑:《皇明留台奏议》,《续修四库全书》第467册,上海:上海古籍出版社,2001年,第418~419页。
④ 上海中国航海博物馆编著:《新编中国海盗史》,北京:中国大百科全书出版社,2014年,第149页。
⑤ (清)张廷玉等撰:《明史》,上海:上海古籍出版社、上海书店,1986年,第40页。

于疆场之外。谓一或用兵救朝鲜事在不疑也";二是"议守于疆场之内。谓调兵守险,宜预图也";三是"决胜于庙堂之上。谓选将临朝,不可缓也"。在奏疏中,黄华秀还表达了对提出"废备而持封"的兵部尚书石星的不满:"万一倭酋寒盟,伺隙长驱,窃恐碎星之首不足以谢天下。"[1]《明史·神宗纪》记载:万历二十五年(1597)"春正月丙辰,朝鲜使来请援。二月丙寅,复议征倭,丙子前都督同知麻贵为备倭总兵官,统南北诸军"。[2] 黄华秀阅知倭寇再次侵犯朝鲜的邸报后,连续上呈"罢枢辅、录谏臣疏"和"斥石星,为海瑞昭雪疏"。在奏疏中,黄华秀认为"而元辅赵志皋与本兵石星庸懦无识,偏言议封,撤兵娟寇,致关白复敢率众内犯。此欺君误国之罪,诚有如前后诸臣所论者"。日本古代的关白相当于现在的首相。在为海瑞昭雪的问题上,黄华秀敢于直谏:"臣不知陛下何眩而何昧也? 今死者不能复生,而生者犹可继死,臣愿以一身蚁命,冒死陈哀,显海瑞前表之忠,悔陛下前车之失。"黄华秀期望神宗"将海瑞名书竹帛,而功存山河。石星诛诸国门,而威振华夏,国家幸甚,人民幸甚"。[3] 从上述奏疏中,可以看出黄华秀对社会问题的敏锐洞察力和对明廷的耿耿忠心,可惜的是,当时明朝已经日薄西山,即将走向灭亡。

黄华秀因"家学故有渊源",公务之余,与"德兴祝世禄、宁国张应泰、潜江欧阳东凤及郡人李范廉、骆日升为读书之会",相互交流,切磋学问。[4]

万历二十五年(1597)六月七日,黄华秀"卒于官",年仅39岁。"老母吴老太夫人及恭人许氏检其遗俸,不余一钱。不能殓,赖赙助,方得扶榇归家"。黄华秀历官八年,身上"不余一钱",丧事还得亲朋好友凑钱帮忙办理。其老母感叹道:"自吾为黄家妇,食贫劳瘁,抚儿成名,而勋业未完,竟以清白遗子孙手。"神宗为表彰其廉正,敕赐神主入南京乡贤祠及广东韶州府学名宦祠配祀。[5]

黄华瑞中举后,作为长兄,因父亲早逝,在家主持家务,侍奉母亲至情至孝,劳瘁忧思。黄华秀任南京浙江道监察御史,相隔千里之遥,每当看到母亲思念黄华秀之苦,又得知黄华秀思母之情,黄华瑞与黄华秀商量之后决定"迎

---

[1] (明)朱吾弼、李云鹄等辑:《皇明留台奏议》,《续修四库全书》第467册,上海:上海古籍出版社,2001年,第657页。
[2] (清)张廷玉等撰:《明史》,上海:上海古籍出版社、上海书店,1986年,第41页。
[3] 黄家国主编:《紫云东安下文史汇编》,南安:东安下文史汇编编委会,2007年,第106~108页。
[4] 戴朱希总纂:民国《南安县志》,南安:南安县地方志编纂委员会,1989年,第828页。
[5] 刘安居编:《南安历史人物传略》,北京:作家出版社,2003年,第61页。

亲北辙"。黄华瑞不顾路途遥远、"高滩峻岭、水路苦难",送母亲到南京就养。一家人团聚,老母亲儿孙绕膝,其乐融融。黄华秀去世后,黄华瑞冒着三伏酷暑,千里迢迢,陪伴着年迈的母亲、黄华秀的妻子和儿子,扶殡归还家乡。此时黄家家徒四壁,黄华瑞葬弟抚孤,赡养母亲,任劳任怨,孝悌之情感人至深。①母亲去世后,黄华瑞被选任宁洋教谕,后升任南京国子监学正。《宁洋县志》记载:"教谕黄华瑞,南安举人,三十二年任,升南国子监学正。"②与黄华秀一样,黄华瑞任职期间廉洁奉公,刚正不阿,神宗赐匾旌表"南国双贤"。

遗迹尚存,影响深远

目前东安下村保存着一定数量十分有价值的历史遗存。一是黄氏家庙。家庙位处东安下村的中心,系1998年重修,占地面积约600平方米,坐东朝西,五开间二进,硬山式,燕尾脊。前面并排三川大门,凹寿,有两个角门。正中大门有一对守门的獬豸(此物件于1997年被盗,1998年家庙重修时,按原形照片雕刻),双边部柱有"学正豸使第,乡贤名宦家"的对联。大门上方有"黄氏家庙"匾额,中门上有"加冠"、"进禄"四个字,两边有"祖孙科第""兄弟同榜"的两块匾额。大厅面阔五间,双路栋梁,大厅主殿供奉列祖列宗,东边房祀土地公,西边房祀孔子和五大圣人神像。③

二是匾额和楹联。厅正中有"进士"匾额两块。右边一块有"万历己丑科第廿七名,赐进士出身黄华秀"的字样(这块匾额是1987年重刻的,名次有错,应为赐同进士出身第九十名),左边一块有"正德辛未科赐进士第二名黄钺"的字样。厅后两旁和厅前端有"文魁"匾额三块,分别为黄钺、黄华瑞、黄华秀各一块。④厅前正中有"奉政大夫"匾额一块,匾内有"举孝廉出身,任永春县正堂黄友政"的字样,黄友政即金门西黄的二世祖黄云谷。左边有"文林郎"匾额一

---

① 黄家国主编:《紫云东安下文史汇编》,南安:东安下文史汇编编委会,2007年,第40页。

② (清)董钟骥主修:同治《宁洋县志》卷五,第9页。

③ 黄家国主编:《紫云东安下文史汇编》,南安:东安下文史汇编编委会,2007年,第20页。

④ 黄家国主编:《紫云东安下文史汇编》,南安:东安下文史汇编编委会,2007年,第21页。

块,内有"太封君文林郎、广东韶州府推官黄思孝",黄思孝即黄华秀的父亲黄杨东。① 左侧廊上有"将军"匾额,右侧廊上有"千戎"匾额,据乡间耆老介绍,这两匾额是为八世祖黄廷飏而立。② 黄廷飏是遗腹子,出生未及四个月,被潮州的宗亲收留,后在潮州成长。长大后,在督抚大将军的领导下,平寇有功,被授任为广东潮州府戎旗千总事。在母亲的要求下,黄廷飏功成名就之后,回到故乡,为家乡的发展做贡献。③

家庙内楹联也十分丰富,刻楹联的柱子已用金黄色铁皮包上,乡间耆老告诉笔者,这是为了保护柱子而采取的措施,楹联已按原样刻在铁皮上。清乾隆年间,奉政大夫、河南陈州府知府进士洪应心专程到东安下"黄氏祖庙"拜谒黄华秀画像,并赠联。赠联云:"魁上国以文章,一经赐第,双凤联科,先世孝廉宜昌大;遗子孙以清白,五载明刑,三年司谏,簧宫俎豆长馨香。"现为厅中柱联。其他的楹联还有:"一经赐第,发甲发科,首屈东安一指;双凤齐鸣,为监为史,允称南国双贤""南京谏臣,东国名贤,经世文章留风沼;祖孙科第,兄弟同榜,当时摺笏振家声""国子流芳绵教化,乌台义气笃忠贞",等等。④

三是进士墓。这是黄华瑞、黄华秀兄弟和父亲黄杨东为曾祖父黄钺和祖父黄鸿磐所筑之墓,地处东安下村中心。目前其墓冢、墓亭、三道曲手、墓池、双侧护栏、墓前的石狮、墓埕都保存完好。墓亭的顶盖损坏后用水泥加红色染料修成。2006年金门文史专家黄振良先生到东安下村采风时,墓亭内墓桌上还供奉有"嘉靖庚子年进士,仲春吉日立"字样的石匾。⑤ 此次笔者前往田野调查时,石匾已不见。墓前方有两块石碑,右边石碑有三行字,分别是"正德辛未科""钦赐进士石崖黄公暨配邱孺人墓""考邑庠生鸿磐公暨妣洪孺人附葬"。左边石碑也有三行字,分别是"孙乡进士南京国子监学正华瑞""男邑庠生封君文林郎广东韶州府推官杨东""孙赐进士南京浙江道监察御史华秀"。

---

① 颜立水等撰文,黄振良等摄影:《先贤行迹采风》,金门:金门县文化局,2006年,第83页。
② 黄家国主编:《紫云东安下文史汇编》,南安:东安下文史汇编编委会,2007年,第22页。
③ 黄家国主编:《紫云东安下文史汇编》,南安:东安下文史汇编编委会,2007年,第16页。
④ 黄家国主编:《紫云东安下文史汇编》,南安:东安下文史汇编编委会,2007年,第22页。
⑤ 颜立水等撰文,黄振良等摄影:《金门先贤行迹采风》,金门:金门县文化局,2006年,第81页。

四是黄华秀故居。黄华秀故居在黄氏家庙左前方约十来米处,陈敬聪先生编著的《泉州古民居》记载:黄华秀故居"系三开间二落大厝,砖石木结构,硬山式屋顶,红砖砌墙,白石墙裙"。故居与普通村民的大厝基本一样,并不豪华。书中还记载:故居门口有两块石板,乞丐来了,家里人就让他们坐在上面,端粥给他们吃。这两块石板,乡里人称其为乞丐椅,"这些都是黄华秀授意家人做的,可见他对穷苦人的同情"。① 此次笔者田调时,第一进已坍塌,但还可以看出墙是采用闽南传统的"出砖入石"的做法,以瓦片和红砖砌成的,有石构窗,屋顶呈"人"字规。据村中耆老言,此故居建于明代万历年间。

五是对民俗和民间信仰的影响。笔者在田调时,乡中耆老提供了一些黄华瑞、黄华秀"兄弟同榜,双凤联科"后对当地民俗和民间信仰产生影响的素材。比如那天黄华瑞、黄华秀兄弟观看有关宋庠、宋祁兄弟俩双双中进士的梨园戏说出励志话时,旁边听到的人是下园村的族人,这人还对黄华瑞、黄华秀兄弟说:"你们兄弟俩如果考中,今后东安下村过普度,我们下园村人来帮忙。"黄华瑞、黄华秀兄弟登科后,下园村村民恪守信用,东安下村过普度时就过来帮忙。久而久之,就形成了"杨山普度,下园来帮忙"的习俗。② 田调时笔者看到东安下村前有一座"明圣宫",供奉的是田都大元帅。宫内《明圣宫碑记》记载了这样一种传说。明万历十六年(1588年)秋闱,黄华瑞、黄华秀兄弟参加府城的科举考试,寄宿于白狗庙,庙里供奉尊神田都元帅。晚上黄华秀做了一场奇梦,一个白衣美少年,忽然出现在他们面前,忽然又走在他们背后,如此反反复复,出现数次。两人醒来后一交谈,所做的梦都一样,就互相探讨这是不是田都元帅在托梦考题？黄华秀想到了《论语·子罕》中的一句话:"仰之弥高,钻之弥坚,瞻之在前,忽焉在后。"兄弟俩就以这两句为题,练习以待,有备无患。到了考场后,打开试卷,与推测相符。兄弟俩考完后发誓:"他日若得高中,当本尊神为吾家挡境。"兄弟俩高中后,就择良时吉日在东安下建庙,恭请田都元帅到本村为挡境神。于是田都元帅托梦出才子的故事代代相传,每年科考前夕,善男信女都带着学子朝拜田都元帅之风兴起,经久不衰。

笔者在田调时发现黄氏家庙的门口挂着"石井镇'一镇一孝廉'人物故事分享会"的横幅。乡中耆老告诉笔者在泉州市开展的"一镇一孝廉"创建活动

---

① 陈敬聪编著:《泉州古民居》,北京:中国文史出版社,2016年,第104~105页。
② 许建军、徐庆芳:《七星坠地,书香门第杨山村》,《石井印象》微信公众号,2018年6月11日。

中,黄华瑞、黄华秀被石井镇选为典型人物,并在黄氏家庙开展了相关活动。石井镇东安下村有着厚重的孝廉文化资源,黄华瑞、黄华秀兄弟是孝廉文化的典型人物,在东安下村黄氏家庙开展这样的活动是实至名归的。

认祖归宗,成就佳话

20世纪60年代,金门重修朱子祠,成立文献委员会,进行乡贤的普查工作,目的是准确地记载乡贤的事迹,在朱子祠前的讲堂悬挂前代乡贤的匾额。在西黄(现名西园)调查有关黄华秀和黄华瑞的事迹时,收获甚少。只有少数乡老知道黄华秀的名字,当调查人员想要详细了解黄华秀时,出现了"甲族推问乙族,乙族推问丙族"的情况,因此关于黄华秀的事迹只能沿用旧县志的有关记录。[1]

2000年,东安下村的黄氏族人给金门黄氏宗亲寄去了一封信,并附上有关的族谱资料。族谱资料显示,其祖先为浯江"狮黄人"。开浯始祖为黄沧海,黄沧海与弟黄沧浯在元兵南下时迁居金门,以染业为生,并将其居住之地命名为"染厝"。到了四世祖遁斋公,入赘南安桂林李家。后来遁斋公的长孙遵照父亲的要求分居东安下。所附族谱资料还有黄钺、黄华瑞、黄华秀"祖孙科第""兄弟同榜""南国双贤"的有关情况。[2] 这些谱牒资料得到了金门黄氏宗亲的确认。2000年冬天,东安下宗祠重修后举行祔祧典礼,金门黄氏宗亲理事会派人参加,并赠送匾额,上题"孝悌传家"。从此,两岸乡亲往来密切,认祖归宗,成就了两岸一家亲的一段佳话。

2006年,金门文史专家黄振良先生特地到东安下村进行调查,并发表了《黄华秀的故居与宗祠》《黄华秀传略》等有关文章。文章详细描述了东安下黄氏家庙、进士墓、黄华秀故居的有关情况及黄华秀的有关事迹,并将东安下《黄氏族谱》中所记黄华秀奏疏六篇附于文章之后,为后人研究黄华秀提供方便。

台湾学者罗元信先生为了考证黄华秀的生平和奏疏,专程到北京、南京、河北、江苏、广东、福州、泉州、金门、厦门、同安等地,查阅了大量的历史档案文

---

[1] 颜立水等撰文,黄振良等摄影:《金门先贤行迹采风》,金门:金门县文化局,第79页。
[2] 颜立水等撰文,黄振良等摄影:《金门先贤行迹采风》,金门:金门县文化局,第80页。

献,为深入研究黄华秀提供了大量翔实的资料。①

  当走到东安下村,走进黄氏家庙,望着"祖孙科第""兄弟同榜"的匾额、"学正豸使第,乡贤名宦家"的对联和金门黄氏宗亲会送的"孝悌传家"匾额,我们会为明代黄华瑞、黄华秀兄弟廉洁奉公、刚直不阿、一心为国的情怀和黄氏宗亲认祖归宗,两岸一家亲的佳话而深深感动。

(原载《金门乡谊》2020 年第 1 期)

---

① 黄家国主编:《紫云东安下文史汇编》,南安:东安下文史汇编编委会,2007 年,第 156 页。

晚明中西文化的别样碰撞
——当李贽遇上利玛窦

据《中国大百科全书》载:利玛窦(Matteo Ricci,1552—1610),字西泰,号清泰、西江。旅居中国的意大利耶稣会传教士,生于意大利马切拉塔,卒于中国北京。1583年,利玛窦到广东肇庆传教,建立第一个传教会所,1589年移居韶州。1597年被任命为耶稣会中国传教会会长。利玛窦曾三次到南京、两次到北京,后得到明神宗的信任定居北京。利玛窦自称"西儒",是第一位"阅读中国文学并对中国典籍进行钻研的西方学者"。[1] 樊树志先生在其所著《晚明史:1573—1644》中指出:"利玛窦在中国传教的成功固然得益于他的'本土化'策略,更重要的是他带来了欧洲文艺复兴以来的先进的科学文化,令当时的知识阶层耳目一新。"[2] 利玛窦在中国期间,中国许多士大夫与他有了接触,有的深受其影响。樊先生指出:晚明时"西学以前所未见的巨大魅力,深深吸引一批正在探求新知识的士大夫们,短短几年中掀起一个'西学东渐'的高潮"。[3]

李贽(1527—1602),字宏甫,号卓吾,又号温陵居士,明泉州晋江县府城聚宝境(今属泉州市鲤城区)人,祖籍泉州南安县。嘉靖三十一年(1552)举人,历任共城教谕、国子监博士、姚安知府。后弃官,寄居黄安、湖北麻城龙湖芝佛院,专心治学。李贽是晚明进步思想家,最后明神宗以"敢倡乱道"等莫须有的罪名,将其下狱。入狱后,李贽听说朝廷要押解其回泉州,愤而自刎,死于狱中。[4] 李贽与利玛窦有过两次交游,一次是万历二十七年(1599)在南京,一次

---

[1] 《中国大百科全书》总编委会:《中国大百科全书》14册,北京:中国大百科全书出版社,2009年,第58页。

[2] 樊树志:《晚明史:1573—1644》,上海:复旦大学出版社,2015年,第141页。

[3] 樊树志:《晚明史:1573—1644》,上海:复旦大学出版社,2015年,第141页。

[4] 福建省南安县地方志编纂委员会:《南安县志》,南昌:江西人民出版社,1993年,第864~866页。

是万历二十八年(1600)在济宁。① 作为宋明理学的反叛者,李贽在西学东渐过程中的表现值得认真研究。

李贽与利玛窦的交游

李贽与利玛窦的第一次交游发生在利玛窦1599年到南京之后。在这次交游中,两人有过三次会面,"李贽在南京与利玛窦的'三度相会',渴望吸收先进的'西学',反映了东西方两种先进思想的碰撞与交流的强烈欲望"。② 此时李贽住在焦竑家里。焦竑,江宁(今江苏南京)人,字弱侯,号澹园,万历十七年(1589)廷试第一名(状元)。焦竑"与李贽过从甚密。认为佛经所言最合儒家'尽性至命'真谛,企图引佛入儒,调和儒、释思想"。③ 第一次相会是李贽和焦竑一起出席了在南京大理寺卿李汝珍府中举行的儒、释辩论会,辩论的主角是当时释坛名僧雪浪大师和利玛窦。双方就人性善恶、万物的创造等问题展开讨论。④《利玛窦中国札记》这样描写利玛窦与李贽的第一次会面:"当时在南京城里住着一位显贵的公民,他原来得过学位中的最高级别。中国人认为这本身就是很高的荣誉。后来他被罢官,闲居在家,养尊处优,但人们还是非常尊敬他。"⑤这里指的是焦竑。"他家里还住着一个有名的和尚,此人放弃官职,削发为僧,由一名儒生变成一名拜偶像的僧侣,这在中国有教养的人中间是很不寻常的事情"。⑥ 这里指的是李贽。"他七十岁了,熟悉中国的事情,并且是一位著名的学者,在他所属的教派中有很多信徒。……不久以前,在一次文人集会上讨论基督之道时,只有他一个人始终保持沉默"。⑦ 第二次相会是李贽拜访利玛窦,《利玛窦中国札记》记载:"这两位名人都十分尊重利玛窦神父,特

---

① 许建平:《李卓吾传》,北京:东方出版社,2004年,第349页。
② 樊树志:《晚明史:1573—1644》,上海:复旦大学出版社,2015年,第166页。
③ 翟国璋主编:《中国科举辞典》,南昌:江西教育出版社,2006年,第838~839页。
④ 许建平:《李卓吾传》,北京:东方出版社,2004年,第352~354页。
⑤ [意大利]利玛窦、金尼阁著,何高济等译:《利玛窦中国札记》,北京:中华书局,2010年,第358~359页。
⑥ [意大利]利玛窦、金尼阁著,何高济等译:《利玛窦中国札记》,北京:中华书局,2010年,第359页。
⑦ [意大利]利玛窦、金尼阁著,何高济等译:《利玛窦中国札记》,北京:中华书局,2010年,第359页。

别是那位儒学的叛道者,当人们得知他拜访外国神父后,都惊异不止。"①李贽是一位特立独行的学者,他去拜访利玛窦说明他对"东西方两种先进思想的碰撞与交流的强烈欲望"。② 第三次会面是利玛窦回访李贽。法国学者裴化行在其著作《利玛窦神父传》中记载了此次会面:在此次回访中,李贽"接待时有众多弟子侍立左右。主宾二人久久谈论宗教问题,但李贽不愿争论或反驳,只是宣称我们的宗教不错。他送给神父两把扇子,亲笔写上两首极其优美的诗,后来许多人转抄,他自己也收入诗集"。③ 目前在李贽作品中只看到《赠利西泰》这一首诗。

李贽与利玛窦的第二次交游是在山东济宁。1600 年 5 月,利玛窦从南京出发,沿运河北上进京,路过济宁。当时李贽应漕运总督刘东星的邀请,正在其家中做客。《利玛窦中国札记》记述了这次交游:"在山东省有一位总督,他管辖着所有内河的船只,甚至包括给皇城运粮的船只……他的儿子曾由一位名叫李卓吾(Liciu)的朋友介绍,见过利玛窦神父,所以他也从儿子那里听到了很多关于基督信仰的事……恰巧这位李卓吾和总督住在济宁(Zinim)城。船在那里停泊,利玛窦神父派使者去找他的朋友李卓吾,说是想要拜会他,谈谈去北京的事……李卓吾听说利玛窦神父要来,马上就转告自己的邻居。总督十分高兴,向神父发出正式邀请,派出了轿子或轿夫,把他接进府来。"④利玛窦应邀来到了刘东星的家,李贽与刘东星十分热情地接待了他们。《利玛窦中国札记》记载:"他们热烈地接待了神父,然后听他谈了一些欧洲的情况以及总督十分关心的有关来生来世的问题。"⑤利玛窦离开总督府后,李贽和刘东星就回访了利玛窦,一起登船观看利玛窦准备送给神宗的贡品。"利玛窦神父刚一回到船上……总督大人大驾前来……总督最后上了船,行过正式访问时遵行的常礼,他赞叹不绝神父送给皇帝的礼物"。⑥ 第二天,利玛窦又正式回访了刘东

---

① [意大利]利玛窦、金尼阁著,何高济等译:《利玛窦中国札记》,北京:中华书局,2010 年,第 359 页。
② 樊树志:《晚明史:1573—1644》,上海:复旦大学出版社,2015 年,第 166 页。
③ [法]裴化行著,管震湖译:《利玛窦神父传》,北京:商务印书馆,1995 年,第 263 页。
④ [意大利]利玛窦、金尼阁著,何高济等译:《利玛窦中国札记》,北京:中华书局,2010 年,第 385~386 页。
⑤ [意大利]利玛窦、金尼阁著,何高济等译:《利玛窦中国札记》,北京:中华书局,2010 年,第 386 页。
⑥ [意大利]利玛窦、金尼阁著,何高济等译:《利玛窦中国札记》,北京:中华书局,2010 年,第 386 页。

星和李贽,"第二天,利玛窦神父正式回访,作为交换礼物,他送给总督一些欧洲饰物。这些东西制作新奇,他们缺乏估价。他在官府中待了一整天,和李卓吾及总督的孩子共同进餐……总督要看在南京撰写的、准备晋见皇帝时上呈的文书,其中有些话他不喜欢,因此他认真地另写一份,后来由他的私人书手整齐地重抄一遍"。①

利玛窦对李贽的印象

与李贽的交游给利玛窦留下了深刻的印象,有些许惺惺相惜的感觉。这种惺惺相惜的基础是对宋明理学的不满。裴化行指出:"利玛窦的'儒教'并不局限于反对与佛教或道教做任何妥协,他仔细把伦理学和形而上学加以区别。他越是乐意赞扬王阳明予以通俗化的那些律则,就越是驳斥朱熹的唯物主义理论(实际应为客观唯心主义)。"②为此,利玛窦还曾有过发展李贽成为天主教徒的想法。《利玛窦中国札记》是这样描述这种印象的:"神父们决定,在一有可能的机会时就报答他们受到的恩德。他们也有意把基督教义的奥妙教给总督和他的朋友李卓吾。当时他们做不到这点,因为他们访问的时间短暂,也因为负责北京之行的人行动匆忙。"③这是指在济宁利玛窦一行得到漕运总督刘东星和李贽的热情接待,"那个时间的三年内,总督和李卓吾都死了。总督在离任退休前去世,而李卓吾在北京自刎而死。一些不知名的官员向皇帝控告李卓吾,谴责他写的书。因此皇帝下诏把他的书全部焚毁,并把他投入囹圄。李卓吾不能忍受公开地遭到贬抑,以致他的名字成为他的敌人的笑谈。作为中国人罕见的范例,他要向他的弟子证明,如他平常告诉他们的那样,他完全不因畏死而动容,并且以这样一死来使他的敌人失望"。④以"中国人罕见的范例"来评价李贽,确实是实至名归,也是利玛窦的真实感受。

对李贽人格和学问的赞许,是利玛窦的基本态度。然而利玛窦要与李贽

---

① [意大利]利玛窦、金尼阁著,何高济等译:《利玛窦中国札记》,北京:中华书局,2010年,第386~387页。

② [法]裴化行著,管震湖译:《利玛窦神父传》,北京:商务印书馆,1995年,第276页。

③ [意大利]利玛窦、金尼阁著,何高济等译:《利玛窦中国札记》,北京:中华书局,2010年,第387页。

④ [意大利]利玛窦、金尼阁著,何高济等译:《利玛窦中国札记》,北京:中华书局,2010年,第387~388页。

进一步深交必须面对两个问题:李贽有可能成为一位天主教徒吗？与李贽的深交对利玛窦的传教事业会有不良影响吗？首先,李贽和利玛窦并没有就天主教问题进行讨论,张国刚先生在《中西文化关系通史》一书中明确地指出:李贽"既然对利玛窦的意图不明,或者说对他欲取代儒学的傻念头不以为然,则更像是立足于中国本土传统,以上邦长者之心宽待利玛窦这一仰慕华风的西来后学。李贽不参与人生人性讨论,恐非利玛窦所能影响"。① 这决定了李贽不可能成为一名天主教徒。其次,他的"异端邪说"充满着叛逆精神,受到了广大群众的欢迎,与封建统治阶级水火不相容,"必置之死地而后快"。曾为吏部尚书的明代学者朱国祯在其著作《涌幢小品》中写道:"今日士风猖狂,实开于此,全不读《四书》本经,而李氏《藏书》《焚书》人挟一册,以为奇货。坏人心,伤风化,天下之祸,未知所终也。"②在李贽病入膏肓、旦暮垂危时,他的对手也没有放过他。万历三十年(1602),李贽七十六岁,礼科都给事中张问达上疏劾奏李贽,而神宗皇帝接到奏疏后,立即下令捉拿治罪,并烧毁其已刊和未刊的书籍,凡敢私藏者一律治罪。③ 作为与朝廷打过不少交道的利玛窦肯定知道朝廷对李贽的态度,十分清楚这两个问题的答案,所以没有与李贽深交。与李贽走得太近,甚至吸收李贽入教,对利玛窦在中国的传教事业会有很大的影响。宋黎明先生在其著作《神父的新装——利玛窦在中国(1582—1610)》一书中以利玛窦对待两个"钦犯"的态度来说明这个问题。李贽入狱后,"利玛窦从未尝试探监,对他狱中自刎也表现冷漠"。而后来湖广佥事冯应京因反对税使陈奉,成为"钦犯",利玛窦却百般关心。④ 冯应京得知利玛窦的事是在湖广任职时,看到李贽命人抄写的利玛窦著作《交友论》,"听说过(李贽)赞扬利玛窦之词"。当时冯应京还派一位弟子"去南昌或南京拜利玛窦为师,而神父却已前往北京"。⑤ 冯应京被捕后,被送到北京,他又派这位弟子去拜见利玛窦。利玛窦赶忙在冯应京"入狱前前去探望并予以宽慰。交谈才一小时,两人就结成了亲密友谊,全国莫不惊讶,还以为他们交友已久哩。冯被秘密囚禁三年,整个期间,

---

① 张国刚:《中西文化关系通史》,北京:北京大学出版社,2019年,第567~568页。
② 张建业主编:《李贽全集注》第26册,北京:社会科学文献出版社,2010年,第200页。
③ 白寿彝总主编:《中国通史》第16册,上海:上海人民出版社,1989年,第1705~1706页。
④ 宋黎明:《神父的新装——利玛窦在中国(1582—1610)》,南京:南京大学出版社,2011年,第172页。
⑤ [法]裴化行著,管震湖译:《利玛窦神父传》,北京:商务印书馆,1995年,第356页。

他们俩互致函件,也互相照顾,密切保持联系,被罢黜的这位官员把神父们的事情当作自己的事情,反之亦然"。① 冯应京在狱中阅读有关天主教的书籍,"潜心研习基督教义;至于狱外他家里的人,他要他们都受了洗……最后,在京官们的不断恳求下,皇帝终于将他释放出狱。不过,神父们暂时还见不着他,因为他留京的两三天,去看他的人太多了。本想在关厢的一幢房子里给他施洗,但为谨慎起见,宁愿留待南京的神父去他故乡给他施洗。他回去之后突然死了"。②"反对税使陈奉"与"敢倡乱道而惑世诬民"两个罪名完全不一样,前者只是对朝廷某一种做法的否定,而后者却是对统治阶级思想的全面否定。《利玛窦神父传》的中文译者管震湖先生在《译序》中对这个问题有其独到的见解:"我们无意于把明末三帝万历、天启和崇祯以及后来的清初三帝康熙、雍正和乾隆说成无比宽厚,他们对于白莲教之类民间教派的残酷镇压说明相反的政策——可以说是一种宗教政策,其核心是维护皇朝的统治。"③管先生接着分析道:"利玛窦深入研习中国的历史,领悟到这种奥妙,这就是他处处小心翼翼,不问政治,尤其绝对不与秘密会社混同的原委所在。同样明智的是,他还懂得在中国没有什么法治,从上到下,实行的是人治。遂以他那种随和的性格,从南到北处处结下好人缘,尤其着重搞好上层关系。只要看看他在党祸愈演愈烈的年代,尽管不阿谀阉竖,交结众多东林党人,自己并未受到牵累,就可以想见他是多么善于应付复杂的局面了。"④从"有意把基督教义的奥妙教给"李贽,到入狱后的毫不关心,这应该是利玛窦权衡利弊后做出的选择。

李贽的"不知何为"论

李贽与利玛窦有过交游后,有友人提及了此事,李贽在《与友人书》中做了回复。李贽在《与友人书》中,对利玛窦这个人是赞赏有加的,对中西文化的碰撞是欢迎的。李贽写道:利玛窦"住南海肇庆几二十载,凡我国书籍无不读,请先辈与订音释,请明于四书性理者解其大义,又请明于六经疏义者通其解说。

---

① [法]裴化行著,管震湖译:《利玛窦神父传》,北京:商务印书馆,1995年,第357页。
② [法]裴化行著,管震湖译:《利玛窦神父传》,北京:商务印书馆,1995年,第357~358页。
③ [法]裴化行著,管震湖译:《利玛窦神父传》译序,北京:商务印书馆,1995年,第15页。
④ [法]裴化行著,管震湖译:《利玛窦神父传》译序,北京:商务印书馆,1995年,第15页。

今尽能言我此间之言,作此间之文字,行此间之仪礼,是一极标致人也"。① 对利玛窦的雄辩之术,李贽也深有感触,"中极玲珑,外极朴实,数十人群聚喧杂,雠对各得,傍不得以其间斗之使乱"。李贽评论道:"我所见人未有其比,非过亢则过谄,非露聪明则太闷闷聩聩者,皆让之矣。"②这种赞赏也表现在李贽的《赠利西泰》一诗中:"逍遥下北溟,迤逦向南征。刹利标名姓,仙山记水程。回头十万里,举目九重城。观国之光未,中天日正明。"③这种赞赏应该也是惺惺相惜的体现,是发自内心的。

虽然对利玛窦个人赞赏有加,但经过深入了解后,李贽对利玛窦的传教基本是否定的,并提出了"不知何为"论,这种"不知何为"论,是对西学的全面否定。在《与友人书》的开头,李贽就提到利玛窦"初航海至南天竺始知有佛,已走四万余里矣。及抵广州南海,然后知我大明国先有尧、舜,后有周、孔"。④ 文章的最后,李贽说:"但不知到此何为,我已经三度相会,毕竟不知到此何干也。意其欲以所学易吾周、孔之学,则又太愚,恐非是尔。"⑤这篇文章应该是写于李贽与利玛窦在南京交游之后,才有"三度相会"之说。李贽这种既欢迎又全盘否定的态度,是有其深刻原因的。

首先,李贽的高远志向决定了他的"不知何为"论。李贽对自己的评价比较高,他认为自己的著作为"万世治平之书,经筵当以进读,科场当以选士,非漫然也"。⑥ 由于这种政治志向,李贽希望更多的人能理解他的思想,因此对中西文化的碰撞,他必然是持欢迎态度的,希望从中找到知音。黄仁宇先生在《万历十五年》一书中指出:"李贽好强善辩,不肯在言辞上为人所屈,在做官的时候也经常与上司对抗。"⑦而从他"始终保持沉默",倾听利玛窦与雪浪大师的辩论,到屈尊拜访利玛窦,就可以看出他对中西文化碰撞的态度。然而利玛窦不远万里来到中国的目的主要是为了传教、发展教徒、传播福音。他尽可能使

---

① 汤开建:《利玛窦明清中文文献资料汇释》,上海:上海古籍出版社,2017 年,第 394 页。
② 汤开建:《利玛窦明清中文文献资料汇释》,上海:上海古籍出版社,2017 年,第 394 页。
③ 汤开建:《利玛窦明清中文文献资料汇释》,上海:上海古籍出版社,2017 年,第 418~419 页。
④ 汤开建:《利玛窦明清中文文献资料汇释》,上海:上海古籍出版社,2017 年,第 394 页。
⑤ 汤开建:《利玛窦明清中文文献资料汇释》,上海:上海古籍出版社,2017 年,第 394~395 页。
⑥ 张建业主编:《李贽全集注》第 3 册,北京:社会科学文献出版社,2010 年,第 135 页。
⑦ 黄仁宇:《万历十五年》,北京:九州出版社,2014 年,第 212 页。

自己的传教与统治阶级提倡的思想融合在一起,希望得到统治阶级的信任和支持。樊树志先生指出:"利玛窦总结了他的前辈在中国传教活动的经验教训,尽可能使天主教本土化,亦即使天主教教义与中国传统儒家学说相结合,谓之'合儒''补儒''趋儒'。一言以蔽之,尽量中国化。"①为了达到形式和内容上的统一,利玛窦换上儒服,"不惜修改教规,默认对祖先的崇拜,以圣经附会四书五经,因此博得中国士大夫的好感和崇敬。"②利玛窦的最高利益所在,"那就是在中国站稳脚跟,创立据点,自上而下地劝人信教,为以后建立天主教会奠定基础,而不在于其他"。③当李贽与利玛窦会面后,了解了利玛窦不远万里来到中国的目的,必然会提出"不知何为"论。

  其次,李贽的矛盾哲学观决定了他的"不知何为"论。黄仁宇先生指出:"李贽的学说一半唯物,一半唯心,这在当时儒学的思想家中并非罕见。"④美国学者邓恩在其著作《一代巨人——明末耶稣会士在中国的故事》中,对这个问题进行了深入的分析,他指出:"李贽(又名载贽)为独特的人。在为朝廷效力多年后,他退休在家,潜心研究佛学。起初,他想将儒学与佛学结合起来。在这之前,他猛烈地抨击朱熹学说和书院的新儒学。因此他被正统的儒家学者视为敌人。1599 年,当利玛窦和他相遇的时候,正是他名噪一时之际。他们都不喜欢宋代的新儒学,也许是这一相同之处使他们走到一起。"⑤李贽认为"穿衣吃饭即是人伦物理……这种观点,从哲学思想来看,是一种粗俗的唯物论思想"。⑥同时李贽又皈依佛门,写了不少佛学著作,这又是唯心论的体现。比如在《心经提纲》中,李贽指出:"《心经》者,佛说心之径要也。心本无有,而世人妄以为有;亦无无,而学者执以为无。有无分而能所立,是自挂碍也,自恐怖也,自颠倒也,安得自在? 独不观于自在菩萨乎? 彼其智慧行深,既到自在彼岸矣。斯时也,自然照见色、受、想、行、识五蕴皆空,本无生死可得,故能出离生死苦海,而度脱一切苦厄焉。此一经之总要也。"⑦当然李贽也为其落发为僧

---

  ① 樊树志:《晚明史:1573—1644》,上海:复旦大学出版社,2015 年,第 136 页。
  ② 樊树志:《晚明史:1573—1644》,上海:复旦大学出版社,2015 年,第 136 页。
  ③ [法]裴化行著,管震湖译:《利玛窦神父传》译序,北京:商务印书馆,1995 年,第 15 页。
  ④ 黄仁宇:《万历十五年》,北京:九州出版社,2014 年,第 223 页。
  ⑤ [美]邓恩著,余三乐、石蓉译:《一代巨人——明末耶稣会士在中国的故事》,北京:社会科学文献出版社,2014 年,第 54 页。
  ⑥ 白寿彝总主编:《中国通史》第 16 册,上海:上海人民出版社,1989 年,第 1697 页。
  ⑦ 张建业主编:《李贽全集注》第 1 册,北京:社会科学文献出版社,2010 年,第 280 页。

辩护过,黄仁宇先生写道:"在给曾继泉(李贽的学生)的一封信里,李贽说到他之所以落发,'则因家中闲杂人等时时望我归去,又时时不远千里来迫我,以俗事强我。故我剃发以示不归,俗事亦决然不肯与理也。'"[1]同时"李贽虽入空门,却没有受戒,也不参加僧众的唪经祈祷"。[2] 这些都是李贽的矛盾哲学思想的体现,因此黄仁宇先生称其为"自相冲突的哲学家"。[3] 而利玛窦却主张用天主教义来完善儒家思想,"徐光启把利玛窦的这种做法概括为'易佛补儒',意思就是破除偶像并完善士大夫的行为准则"。[4] 利玛窦"不但以自己的服装,还以自己的传道证明,他确确实实是道的诠释者,但这是基督之道。而且在这两方面,他都是崇拜偶像的和尚的敌手。相反,他对儒家却不加挑剔,反而赞扬他们,尤其是他们的伟大哲学家孔夫子"。[5] 利玛窦的这些思想是李贽所不能接受的,反之亦然。这也是李贽提出"不知何为"论的原因。

再次,李贽的重文轻理也决定了他的"不知何为"论。"重文轻理"是中国古代文人的典型特征,李贽也不例外。黄仁宇先生指出:"李贽本人的著作以及有关他的传记资料,从来没有表示出他有参加任何群众运动的痕迹或者企图。他对于工业、农业的技术改进和商业的经营管理都毫无兴趣,他所谓'穿衣吃饭即是人伦物理',不过是要求高级的官僚以其实际的政绩使百姓受惠,而不是去高谈虚伪的道德、崇尚烦琐的礼仪。"[6]黄先生得出的结论是:"但这并不表示李贽自己有意于实践,而只能表示他是一个提倡实践的理论家。"[7]利玛窦在耶稣会的罗马学院学习期间,"非常用功,不仅对神学,而且在拉丁文、哲学、数学、天文学、地理学等方面都取得了优异的成绩"。[8] 在中国时,利玛窦善于利用这些西方科学技术来帮助自己更好地进行传教活动。比如利玛窦收礼部尚书瞿景淳的大儿子瞿太素为徒,瞿太素跟利玛窦学数学,成为明末翻译《欧几里得几何》的第一人。[9] "利玛窦的这位弟子学会了设计各式各样的日晷以记时辰,还能'运用几何规则和尺度'测量高度和距离……又亲手'非常优雅

---

[1] 黄仁宇:《万历十五年》,北京:九州出版社,2014年,第208页。
[2] 黄仁宇:《万历十五年》,北京:九州出版社,2014年,第213页。
[3] 黄仁宇:《万历十五年》,北京:九州出版社,2014年,第202页。
[4] 樊树志:《晚明史:1573—1644》,上海:复旦大学出版社,2015年,第138页。
[5] 樊树志:《晚明史:1573—1644》,上海:复旦大学出版社,2015年,第138页。
[6] 黄仁宇:《万历十五年》,北京:九州出版社,2014年,第228页。
[7] 黄仁宇:《万历十五年》,北京:九州出版社,2014年,第228页。
[8] 白寿彝总主编:《中国通史》第16册,上海:上海人民出版社,1989年,第1938页。
[9] 林金水:《利玛窦与中国》,北京:中国社会科学出版社,1996年,第30~32页。

而艺术地'制作各种木制、铜制,甚至银制的工具:六分仪、天球仪、测象仪、量角器和'磁盒'"。① 徐光启官至崇祯朝礼部尚书兼文渊阁大学士、内阁次辅,在利玛窦的影响下不仅入了教,还与利玛窦合作翻译了《几何原本》《测量法义》等书,编纂《农政全书》等,成为中国近代科学的先驱。② 利玛窦还带来了一些西方的物品,比如他送给明神宗的就有"油画(耶稣像、圣母像)、自鸣钟、《圣经》、珍珠镶嵌十字架、《万国图志》、洋琴等。"③在与中国士大夫的交往中,利玛窦也经常赠送一些包括自己制作的这样的物品。比如利玛窦就赠送给李贽的老乡,时任南雄同知王应麟,肇庆版的世界地图《大瀛全图》。王应麟升任镇江知府后,将利玛窦赠送给他的《大瀛全图》赠与应天巡抚赵可怀,而赵可怀随即将其勒石模刻。④ 同样是李贽的老乡,任礼部主客郎中,主持会同馆事务的蔡献臣,因为利玛窦直接通过太监进贡而且没有经过批准私自借住太监家十分不满,但了解了利玛窦来华进贡的目的后态度有了很大的变化。利玛窦入住会同馆后,"蔡献臣设宴款待他们。作为回报,利玛窦自制了几件科学仪器送给他:一个地球仪、一个四分仪和一架星象仪。当得到这些仪器时,蔡献臣非常高兴"。⑤ 可是在有关李贽与利玛窦交游的资料中,没有利玛窦赠予李贽这些物件的记载,只看到李贽"命人抄写利玛窦的《交友论》多份,分赠在湖广的众多弟子,赠送时赞扬了其价值"。⑥ 以上可以看出利玛窦在交友方面是因人施策的。而李贽的重文轻理,也是利玛窦与李贽无法深交和李贽提出"不知何为"的原因之一。

"利玛窦当然不是反封建的先锋战士,只是一个东来的传教士""利玛窦既是神父,念念不忘的是肩负的传教使命"。⑦ 白寿彝先生主编的《中国通史》指出:李贽"主张个性解放与自由,有人称他为反对封建专制主义的启蒙运动的先驱"。⑧ 当遇上利玛窦,李贽会改变吗?答案当然是否定的。黄仁宇先生对这个问题有其独到的见解。在《万历十五年》一书中,黄仁宇先生

---

① [法]裴化行著,管震湖译:《利玛窦神父传》,北京:商务印书馆,1995年,第139页。
② 白寿彝总主编:《中国通史》第16册,上海:上海人民出版社,1989年,第1932~1933页。
③ 白寿彝总主编:《中国通史》第16册,上海:上海人民出版社,1989年,第1951页。
④ 汤开建:《利玛窦明清中文文献资料汇释》,上海:上海古籍出版社,2017年,第16页。
⑤ [美]邓恩著,余三乐、石蓉译:《一代巨人——明末耶稣会士在中国的故事》,北京:社会科学文献出版社,2014年,第75页。
⑥ [法]裴化行著,管震湖译:《利玛窦神父传》,北京:商务印书馆,1995年,第263页。
⑦ [法]裴化行著,管震湖译:《利玛窦神父传》译序,北京:商务印书馆,1995年,第10、13页。
⑧ 白寿彝总主编:《中国通史》第16册,上海:上海人民出版社,1989年,第1692页。

写道:"但是李贽对这个社会具有理智上的关心,则属毫无疑义。这种关心和信仰自由有其相通之处,在它的后面有社会经济的背景,也有与他所处的社会环境有特别的关联,而其个人心理上和哲学上的特点尤其不能忽视。这些条件只能更把李贽构成为一位特色鲜明的中国学者,而不是一位类似条件下的欧洲式人物。"①李贽是一个离经叛道者,他是喜欢中西文化的碰撞,但作为"一位特色鲜明的中国学者",在西学的问题上,特别是利玛窦的传教,他那所谓"不知何为"论,实际上就是全盘否定,而且他的这种态度是十分坚决的。

  1602年3月,李贽在狱中用剃刀自刎,这位东方的反封建斗士留给侍者的最后一句话是"七十老翁何所求"!黄仁宇先生指出:李贽"挣扎、奋斗却并没有得到实际的成果。虽然他的《焚书》和《藏书》一印再印,然而作者意在把这些书作为经筵的讲章、取士的标准,则无疑是一个永远的幻梦"。② 1610年5月,利玛窦神父病情严重,进入了弥留状态,出现了谵妄,"主要说的是教徒、教会,促使中国人——甚至皇帝入教……以及其他这类性质的言语"。③ 带着这样的"幻梦",这位西方忠诚的传教士离开了人间。两位东西方文化巨人,就这样离开了人世。他们交游过,惺惺相惜过,尽管道不同不相为谋,他们为各自的"幻梦"奋斗过,历史也因为他们的奋斗而留下了不可磨灭的痕迹。

(原载《泉州师范学院学报》2020年第3期)

---

① 黄仁宇:《万历十五年》,北京:九州出版社,2014年,第203页。
② 黄仁宇:《万历十五年》,北京:九州出版社,2014年,第238~239页。
③ [法]裴化行著,管震湖译:《利玛窦神父传》,北京:商务印书馆,1995年,第620页。

七位晋江进士的晋金情

晋江与金门隔海相望,与金门最近距离仅5.1海里。通过二十多年的共同努力,2018年8月5日,晋江水经晋江龙湖抽水泵站进入了金门供水泵站,晋江向金门供水得以实现,充分体现了"两岸一家亲,共饮一江水"的晋金情缘。光绪《金门志》记载:"宋太平兴国三年,岛居者始输纳户钞。熙丰间,始立都图。都有四,其统图九,为翔风里,并统于绥德乡。"①绥德乡,归同安管辖,同安县隶属泉州府,府城所在地为晋江。金门与晋江人员往来十分密切,比如五代金门人陈洪济曾任晋江县令,南宋时期泉州著名的梁克家、傅自得、曾从龙等三大家族都有人进入金门。频繁的人际往来化成了浓浓的晋金情。入宋至清共有七位乡贯为金门、户贯为晋江的士子登进士第,进一步密切了晋金情。

乡贯阳翟的宋代晋江进士

据金门田洋陈氏宗亲联谊会所编的族谱记载:始祖陈达,字宗源,号松岗。五代后梁乾化三年(913),是年陈达十六岁,"闽王王审知旁求元光后,公与兄通同往。留通麀下,授节度使。加公承事郎,领父令奏镇同安浯洲盐场,从之"。②陈达的长子陈洪济曾任同安、晋江县令。道光《晋江县志》记载:"五代县令陈洪济,《闽书》云初令同安,继令晋江,皆兴学以教士,年代无考。"③《族谱》还记载:陈洪济在任同安县令期间,"建学县治东南隅登龙

---

① (清)林焜熿、林豪修纂:光绪《金门志》卷二,台北:台湾银行经济研究室,1960年,第5页。
② 金门田洋陈氏宗亲联谊会编:《族谱》,2001年,第22页。
③ (清)周学曾等纂修:道光《晋江县志》,福州:福建人民出版社,1990年,第596页。

坊"。① 民国《同安县志》记载："儒学,在县治东南隅。旧在登龙坊,五代末邑令陈洪济建。"②这种崇文重教的优良传统在其家族中得到很好的发扬。光绪《金门志》、民国《金门县志》记载宋代金门共有进士7人(其中特奏名1人),全都出自阳翟陈氏家族,而且户贯都为金门(参见表1)。③

表1　光绪《金门志》、民国《金门县志》的宋代金门阳翟进士记载

科　　榜	姓名	光绪《金门志》	民国《金门县志》
淳化三年(992)壬辰孙何榜	陈纲	有传	见《列传》
大中祥符五年(1012)壬子徐奭榜	陈统	纲弟	纲弟
庆历二年(1042)壬午杨寘榜	陈棫	有记载	有记载
皇祐元年(1049)己丑冯京榜	陈昌侯	统子,见《闽书》	统子,见《闽书》
元丰二年(1079)己未特奏名	陈楷	棫从弟,《府志》作晋江人	棫从弟,《府志》作晋江人
重和元年(1118)戊戌王昂榜	陈良才	楷从弟,《八闽通志》作才良	棫从弟,《八闽通志》作才良
庆元二年(1196)丙辰邹应龙榜	陈樻	《府志》:良才孙	《府志》:良才孙

嘉庆《同安县志》、民国《同安县志》没有记载陈棫、陈楷、陈良才登进士第的信息,其余四人均记载户贯为金门(参见表2)。④

而万历《泉州府志》、乾隆《泉州府志》记载,除陈纲、陈统外,其余五人户贯均为晋江(参见表3)。⑤

---

① 金门田洋陈氏宗亲联谊会编:《族谱》,2001年,第22~23页。
② 吴锡璜:民国《同安县志》,北京:方志出版社,2007年,第426页。
③ (清)林焜熿、林豪修纂:光绪《金门志》卷九,台北:台湾银行经济研究室,1960年,第169、170、172页。左树夔修,刘敬纂:民国《金门县志》卷十六,金门:金门县文献委员会,1958年,第218~220页。
④ (清)吴堂纂修:嘉庆《同安县志》卷十七,第2~11页。吴锡璜:民国《同安县志》,北京:方志出版社,2007年,第458~460页。
⑤ (明)阳思谦、黄凤翔:万历《泉州府志》卷十四,泉州:泉州市地方志编纂委员会办公室,1985年,第22~38页。(清)怀荫布修:乾隆《泉州府志》卷三十三,泉州:泉州市地方志编纂委员会办公室,1984年,第6~26页。

表 2　嘉庆《同安县志》、民国《同安县志》的宋代金门阳翟进士记载

科　　榜	姓名	嘉庆《同安县志》	民国《同安县志》
淳化三年(992)壬辰孙何榜	陈纲	祀乡贤,有传。阳翟人	阳翟人,祀乡贤,有传
大中祥符五年(1012)壬子徐奭榜	陈统	纲弟,俱洪济子。阳翟人	阳翟人,纲弟。俱洪济裔
庆历二年(1042)壬午杨寘榜	陈棫	无记载	无记载
皇祐元年(1049)己丑冯京榜	陈昌侯	统子,阳翟人	阳翟人,统子
元丰二年(1079)己未特奏名	陈楷	无记载	无记载
重和元年(1118)戊戌王昂榜	陈良才	无记载	无记载
庆元二年(1196)丙辰邹应龙榜	陈槱	阳翟人,洪济裔	阳翟人,洪济裔

表 3　万历《泉州府志》、乾隆《泉州府志》的宋代金门阳翟进士记载

科　　榜	姓名	万历《泉州府志》	乾隆《泉州府志》
淳化三年(992)壬辰孙何榜	陈纲	同安人,见《人物传》	同安人,传见《循绩》
大中祥符五年(1012)壬子徐奭榜	陈统	纲弟,同安人	同安人,纲弟
庆历二年(1042)壬午杨寘榜	陈棫	晋江人	晋江人
皇祐元年(1049)己丑冯京榜	陈昌侯	统子、晋江人	晋江人,统子。《闽书》作同安人
元丰二年(1079)己未特奏名	陈楷	晋江人	晋江人,棫从弟
重和元年(1118)戊戌王昂榜	陈良才	晋江人	晋江人,楷从弟,《八闽通志》作才良
庆元二年(1196)丙辰邹应龙榜	陈槱	晋江人,良才孙	晋江人,良才孙

　　弘治《八闽通志》的记载也是除陈纲、陈统外,其余五人户贯均为晋江。而《闽书》记载是陈纲、陈统、陈昌侯三人户贯为金门,其余四人户贯为晋江

(参见表4)。①

表4 弘治《八闽通志》、《闽书》的宋代金门阳翟进士记载

科　　榜	姓名	弘治《八闽通志》	《闽书》
淳化三年(992)壬辰孙何榜	陈纲	同安人,见《人物》	同安县
大中祥符五年(1012)壬子徐奭榜	陈统	同安人	同安县,纲弟
庆历二年(1042)壬午杨寘榜	陈棫	晋江人	晋江县
皇祐元年(1049)己丑冯京榜	陈昌侯	晋江人,统之子	同安县,统子
元丰二年(1079)己未特奏名	陈楷	晋江人,棫之从弟	晋江县,棫从弟
重和元年(1118)戊戌王昂榜	陈良才	陈才良,晋江人,楷之从弟	晋江县,楷从侄
庆元二年(1196)丙辰邹应龙榜	陈櫹	晋江人,良才之孙	晋江县,良才孙

光绪《金门志》、民国《金门县志》、嘉庆《同安县志》、民国《同安县志》《闽书》均有陈昌侯为金门进士的记载。乾隆《泉州府志》在记载陈昌侯为晋江人时,也引用了《闽书》的说法:"闽书作同安人。"②田洋陈氏宗亲会所编的族谱记载:陈统之子建,字昌侯,宋皇祐元年(1049)登进士。③ 黄振良先生所著《阳翟文史采风》一书中记载了陈统中举后隐居不仕。④ 陈统登进士第为大中祥符五年(1012),登第后隐居不仕,没有外出为官的记录。根据以上的考证,陈昌侯的户贯为金门可以认定。

除已确认户贯为金门的陈纲、陈统、陈昌侯三人外,宋代乡贯为金门的进士还有陈棫、陈良才、陈櫹、陈楷(特奏名)等四人。弘治《八闽通志》、《闽

---

① (明)黄仲昭编纂:弘治《八闽通志》卷五十,北京:书目文献出版社,1988年,第694~703页。(明)何乔远编纂,厦门大学古籍整理研究所、历史系古籍整理研究室《闽书》校点组校点:《闽书》卷八十一,福州:福建人民出版社,1994年,第2443~2450页,第2708~2709页。
② (明)怀荫布修:乾隆《泉州府志》卷三十三,泉州:泉州市地方志编纂委员会办公室,1984年,第11页。
③ 金门田洋陈氏宗亲联谊会编:《族谱》,2001年,第77页。
④ 黄振良主编:《阳翟文史采风》,金门:金门县金沙镇公所,2010年,第88页。

书》、万历《泉州府志》、乾隆《泉州府志》均记载这四人户贯为晋江。道光《晋江县志》在《宋进士》一节中记载:庆历二年(1042)壬午杨寘榜陈械①,元丰二年(1079)特奏名陈楷(械从弟)②,重和元年(1118)戊戌王昂榜陈良才(楷从弟)③,庆元二年(1196)丙辰邹应龙榜陈樞(良才孙)。④《浯阳陈氏家谱》载:陈樞"信房进公之子,浯阳八世"。⑤ 金门文史专家黄振良先生在《金门历代进士祖籍之探讨解析》一文中指出:陈械为金门阳翟陈氏第四世。⑥ 陈械的世系清楚,陈楷、陈良才、陈樞的世系也是没有问题的。金门阳翟陈氏在晋江定居下来后,有宋一代,晋江有陈械、陈楷、陈良才、陈樞四位进士出自这个家族。可惜的是,由于年代久远,资料散失,目前查不到陈械、陈楷、陈良才三位阳翟陈氏后裔登进士第后的经历。金门县金沙镇公所编印的《阳翟文史采风》记述:陈樞"官翰林侍讲,后隐而不仕,著有《信行实录》。葬于黄龙山南侧,墓龟是用一整块岩石雕凿,是金门较完整的宋墓"。⑦《金门古典文献探索》记述:《信行实录》"仅见载于《金门志》选举表及《浯阳陈氏族谱》中,书早佚,未见。内容亦难究其详"。⑧ "隐而不仕",归葬金门,叶落归根,这也是乡贯为金门,户籍为晋江的陈樞对家乡的一种眷念。

乡贯青屿的明清晋江进士

金门青屿张氏家族与晋江的渊源很深。据《金门青屿社张氏重恩堂集及族系谱图等专辑》记载:宋仁宗康定二年(1041),始祖张盈始入闽,开始居住于福州。张盈生一子名张昭,后移居兴化。张昭生二子,"长延齐公,居五店市湖中。次延鲁公,居泉州城南门内大寺后。生一子镜斋公,(镜斋公)生

---

① (清)周学曾等纂修:道光《晋江县志》,福州:福建人民出版社,1990年,第702页。
② (清)周学曾等纂修:道光《晋江县志》,福州:福建人民出版社,1990年,第729页。
③ (清)周学曾等纂修:道光《晋江县志》,福州:福建人民出版社,1990年,第708页。
④ (清)周学曾等纂修:道光《晋江县志》,福州:福建人民出版社,1990年,第716页。
⑤ 《浯阳陈氏家谱》编纂委员会:《浯阳陈氏家谱》,同安:同安田洋陈氏宗亲联谊会,金门庵前陈氏宗亲会,第86页。
⑥ 陈益源主编:《科举制度在金门论文集》,金门:金门县文化局、成功大学人文社会科学中心,2016年,第45页。
⑦ 黄振良主编:《阳翟文史采风》,金门:金门县金沙镇公所,2010年,第89页。
⑧ 金门县宗族文化研究协会编:《金门古典文献探索》,金门:金门县文化局,2011年,第3页。

九子,住在泉州晋江张林乡,各房分支衍派,子孙众盛,文武科第"。[1] 晋江文史专家粘良图先生在《从金门谱牒看晋金渊源关系》一文中指出:"青屿张氏是晋江张林乡镜斋公后裔,经徙惠安东园,继徙金门青屿。"[2]迁入金门后,青屿张氏家族命运多舛。其族谱中张敏所写的《识文》记载:张家在金门"田鱼力学为业,乐善不倦,族日以大"。明朝正统十四年(1449),"乡寇为孽,邑里递为保障计,以叔益彬有谋略,举为民兵之总以御寇。众约遇警以'螺声'为号,务相救援。未几,海寇登岸,大肆劫掠,叔率本宗子弟往御之",取得了抗击海寇的胜利。后遭人诬陷,张益彬屈打成招,锒铛入狱,死在狱中。[3] 家中"成年男子被官府抓去充军,张敏和他哥哥张庆、张本等幼丁都被阉割送往南京,入宫中为太监"。[4] 张敏因聪明伶俐,谨言慎行,被选去照顾皇太子。民国《金门县志》记载:"敏虽幼,而言动举止迥异常儿,英宗择为青宫近侍,事宪宗恭慎无过。宪宗嗣位,敏旦夕左右,至子夜辄起以侍,有所见闻,未尝外泄。外庭诸事,概不干预,忠谨之名,溢于宫禁。"[5]"奉命操练腾骧四卫官军,兼理十九房马政,监督五军大营。不久,又蒙赐玺书总督十二团营"。[6] 宪宗年近半百,膝下无子,"万贵妃专宠而妒,后宫有孕者皆堕之,悼恭太子亦遇害。帝偶行内藏,纪太后以嫔御守藏。应对称旨,得幸,有娠"。[7] 孝宗出生后,万贵妃"使敏溺焉。敏惊曰:'上未有子,奈何去之。'乃藏之他室,加意抚养。纪太后乳少,敏时袖粉饵哺啜,万妃日伺无所得"。[8] 张敏利用机会把纪妃生子之事禀报了宪宗,"宪宗自太子薨后,久无嗣,一日召敏栉发,照镜叹曰:'冉冉矣,而未子。'敏伏地称死罪曰:'万岁有子也。'帝叱曰:'安得有?'敏叩头言状,帝大喜,即日幸西内,遣迎皇太子,拥至阶下,发披地,走入

---

[1] 《金门青屿社张氏重恩堂集及族系谱图等专辑》,1991年,特第1页。
[2] 粘良图:《从金门谱牒看晋金渊源关系》,http://www.pdwh.cn,访问日期:2020年5月17日。
[3] 张荣强:《金门青屿社》,金门:金门县政府,2001年,第3页。
[4] 同安县地方志编纂委员会编:《同安县志》,北京:中华书局,2000年,第1426页。
[5] 左树夔修,刘敬纂:民国《金门县志》卷十九,金门:金门县文献委员会,1958年,第56页。
[6] 同安县地方志编纂委员会编:《同安县志》,北京:中华书局,2000年,第1426页。
[7] 左树夔修,刘敬纂:民国《金门县志》卷十九,金门:金门县文献委员会,1958年,第57页。
[8] 左树夔修,刘敬纂:民国《金门县志》卷十九,金门:金门县文献委员会,1958年,第57页。

帝怀,已六岁矣。帝抚视久之,悲喜泪下曰:'我子类我'。① 宪宗因张敏保太子有功,十分信任张敏,帮助张氏家族平反了冤案。张敏去世后,宪宗十分重视,"讣闻,震悼,遣司礼御马二监治丧,赐宝钞二万贯,冠帽、牙牌、玉带、祭二坛。户部给斋粮麻布,工部造坟"。② 孝宗即位后,不仅"追赐敏玺书",并且"官其家人","恩泽之盛,大珰所稀"。③

孝宗恩泽所及包括张敏的侄子张苗。光绪《金门志》记载:"张苗,字世英,号实斋,青屿人。成化丁亥,以楷书精妙,擢中书舍人。癸巳,修《通鉴纲目》成,迁大理寺评事。壬寅,进《御览小楷纲目》,超拜太常寺丞,旋加少卿。又以叔敏保翊孝庙功,推恩进太常寺卿。寻改南京通政使,乞休归。弘治乙丑,进阶二品。"④张苗选择了泉州府城离其祖先居住过的大寺后不远的会通市附近作为退休养老之处,建造了宅第,这条巷子人们也就称其为通政巷。这样,金门青屿张氏家族再次回归了泉州府城。⑤

张氏家族十分珍惜来之不易的家族逆袭,其子弟崇文重教,好学向上。在子孙的共同努力下,青屿张氏家族逆袭为金门四大科举家族之一。据统计,明清两个朝代,青屿张家共有7位进士。他们是明代弘治三年(1490)庚戌钱福榜张定,嘉靖四十四年(1565)乙丑范应期榜张凤征,万历二十三年(1595)乙未朱之蕃榜张继桂,万历四十四年(1616)丙辰钱士升榜张朝纲,崇祯十三年(1640)庚辰魏藻德榜张朝綖,以及清代顺治十二年(1655)乙未史大成榜张可立,康熙六十年(1721)辛丑邓钟岳榜张对墀。其中张朝綖和张对墀的户贯为晋江。

《明清进士题名碑录索引》记载:"张朝綖,福建晋江(福建同安),明崇祯13/2/21。"⑥明崇祯十三年(1640)第二甲第21名。《国朝历科题名碑录初集

---

① 左树燮修,刘敬纂:民国《金门县志》卷十九,金门:金门县文献委员会,1958年,第57页。
② 左树燮修,刘敬纂:民国《金门县志》卷十九,金门:金门县文献委员会,1958年,第57页。
③ 左树燮修,刘敬纂:民国《金门县志》卷十九,金门:金门县文献委员会,1958年,第57页。
④ (清)林焜熿、林豪修纂:光绪《金门志》卷十,台北:台湾银行经济研究室,1960年,第228页。
⑤ 张荣强:《金门青屿社》,金门:金门县政府,2001年,第169页。
⑥ 朱宝炯、谢沛霖编:《明清进士题名碑录索引》,上海:上海古籍出版社,1979年,第496页。

（明崇祯十三年题名碑录）》记述：张朝綖"福建泉州府晋江县籍，同安县人"。① 天一阁所藏《崇祯十三年进士履历便览》记载：张朝綖"晋江籍，同安县人"。② 《金门史稿》指出："金门进士中又有张朝綖为明崇祯十三年（1640年）庚辰科会魁。科举制度规定，会试之阅卷官一般为18人，分为18房，各房评荐的第一名试卷卷主合'十八会魁'。"③ 庄为玑先生所著《晋江新志》记述："崇祯十三年庚辰科，张朝綖。"④ 黄振良先生指出："张苗四子张宪的曾孙朝綖，崇祯十三年（1640）庚辰殿试第二甲第21名进士。"⑤ 从以上史料来看，张朝綖的户贯应为晋江，乡贯为金门。

张朝綖，字思藻，号青武。张朝綖的私塾先生是陈文晖，"陈文晖，字光夏，晋江安海人。明万历二十八年（1600）举人，授青田令，爱民如子，勤勉从事。擢户部主事。青田人塑像生祀之"。⑥ 因不满魏忠贤的所作所为，陈文晖更名陈鹄，辞官隐居晋江卢塘，设馆授徒，先后培养了十七名进士和一名举人，当地人称之为"鲁东十八士"。张朝綖就是其中一位进士，其同窗还有金门进士卢若腾。⑦ 张朝綖登进士第后，"授职方司主事，抗疏清核京卫冒粮数十余万。升郎中，典试广西，转江西湖西道，住袁州。时郡北有天井窝，强贼盘踞，民遭荼毒，历任监司，剿抚两困。朝綖单骑抵穴开谕，盗尽解甲。升云南督学，民为之攀舆，因留任。寻擢右佥都御史，巡抚南赣，清勤自矢。后归，以病卒。祀乡贤"。⑧

---

① （清）李周望：《国朝历科题名录初集》，明崇祯十三年题名碑录（庚辰科）。
② 宁波市天一阁博物馆整理：《崇祯十三年进士履历便览》，宁波：宁波出版社，2006年，第16页。
③ 汪毅夫、杨彦杰、谢重光：《金门史稿》，厦门：鹭江出版社，2003年，第224页。
④ 庄为玑：《晋江新志》下册，泉州：泉州市地方志编纂委员会办公室，1985年，第101页。
⑤ 陈益源主编：《科举制度在金门》，金门：金门县文化局、成功大学人文社科中心，2016年，第47～48页。
⑥ 粘良图、李灿煌编：《晋江历代人名辞典》，厦门：厦门大学出版社，2013年，第128页。
⑦ 黄冬虹：《"鲁东十八士"：古代教育史上的惊世传奇》，http://www.qzwb.com，访问日期：2020年5月20日。
⑧ 左树夔修，刘敬纂：民国《金门县志》卷十七，金门：金门县文献委员会，1958年，第26页。

乾隆《泉州府志》载："康熙六十年辛丑邓钟岳榜,张对墀,晋江人。"①《明清进士题名碑录索引》记载："张对墀,福建晋江,清康熙 60/3/27。"②道光《晋江县志》记载："康熙六十年辛丑邓钟岳榜,张对墀。"③《金门青屿社张氏重恩堂集及族系谱图等专辑》记述："康熙甲午亚元、辛丑进士,授河南开封府太康县知县正堂张对墀。"④黄振良先生在《金门历代进士祖籍之探讨解析》一文中指出:张对墀系张朝纲之五代孙。⑤ 张对墀户贯为晋江,乡贯为金门可以认定。民国《金门县志》记载:张对墀,字丹飏,号仰峰,青屿人。迁姜屿,再迁晋江。"张对墀登进士第后,"授太康知县,有政声。因友人事株连获罪,卒于配所。生平博学多识,诗古文奥衍宏深,所著有《同江集》行世"。⑥《金门古典文献探索》云:《同江集》"仅见金门旧志载,今未见其书,未能详其究里。惟《金门志》言集已刊行,显有刊本,然今已不复见诸"。⑦

民国《金门县志》文征卷下《诗》一节载有张对墀诗两首,摘录如下,《鹭门观海》:"康回凭怒折地维,精卫木石无所施。茫茫大地汇为水,至今东南名天池。天池何浩浩,近接鹭门岛。帆影蔽津梁,桅尖拂苍昊。龙户耳目奇,马人须眉老。凿齿雕题重译声,南金大贝诸夷宝。家涂翠碧与丹青,人饰珊瑚及玛瑙。试问此物所从来,尽说梯航由海道。海色㳺然,朝宗百川。白回岛屿,苍绕市廛。山头返照,港口横烟。汹汹涌涌,森森渊渊。九年水不潦,七年旱不干。昔闻黄河之水天上来,今见沧海之水天外接。更上山头第一峰,海外奇观收目睫。排天风浪雪山倾,浴日鲸波金冶泄。十寻楼橹挂高篷,看似空中舞片叶。须臾万里乘长风,依稀篷影亦渐灭。纵有钱镠之弩能射潮,伍胥之风能鼓浪,一旦对此,亦应心魂怯。吁嗟乎!海之源无底止,

---

① (清)怀荫布修:乾隆《泉州府志》卷三十七,泉州:泉州市地方志编纂委员会办公室,1984 年,第 6 页。
② 朱宝炯、谢沛霖编:《明清进士题名碑录索引》,上海:上海古籍出版社,1979 年,第 465 页。
③ (清)周学曾等纂修:道光《晋江县志》,福州:福建人民出版社,1990 年,第 768 页。
④ 《金门青屿社张氏重恩堂集及族系谱图等专辑》,1991 年,第 89 页。
⑤ 陈益源主编:《科举制度在金门》,金门:金门县文化局,成功大学人文社科中心,2016 年,第 46 页。
⑥ 左树夔修,刘敬纂:民国《金门县志》卷二十,金门:金门县文献委员会,1958 年,第 95 页。
⑦ 金门县宗族文化研究协会编:《金门古典文献探索》,金门:金门县文化局,2011 年,第 235 页。

海之阔无涯涘。洞庭云梦真可吞,江淮河汉浮沤耳。我欲临流乘风访八遐,冲风波浪不用指南车,直向吾家博望借仙槎。扶桑旸谷皆游遍,身骑烛龙排云霞。回首泥涂煦沫者,纷纷辙鲋与井蛙。"《万石崖》:"袍笏时时拜米颠,别开蓬岛隔尘缘。一泓清浅沙为路,万窍玲珑石作天。佛洞云深连树霭,僧房日午起茶烟。欲携胜景囊中去,拟与秦王借一鞭。"①张对墀的诗文超众,民国《同安县志》记载:"对墀博学多识,工时艺,为泉第一。诗、古文尤奥衍宏深,力追古人。"②这两首诗气势磅礴,文采横溢,值得晋江和金门人以之为傲。

乡贯后浦的清代晋江进士

金门后浦许氏是金门的四大科举家族之一。据《金门珠浦许氏族谱》载:"今浯之许姓,据金门县志所载,系宋末自丹诏(今诏安)迁来,故名初居之村曰丹诏,后分数系……自先世居同安浯洲丹诏村徙居后浦……为陈姓赘婿,遂居涂山(今后浦)。"③金门许氏与晋江许氏有着千丝万缕的联系。2005年5月,金门许氏宗亲组成的恳亲团到金井镇湖厝村拜谒先祖,共叙乡情,受到了祖籍地乡亲的热烈欢迎。恳亲团负责人、金门红十字组织会长许金龙先生动情地说:"不管怎么样,我们有共同的祖先。我们从金门来拜祖,心里想,虽然两岸现在有点隔离,但是彼此根脉相通,今天我们来这里就像一家人一样,这次来走的祭祖之路,也是为两岸和平架桥。"④

黄振良先生在《金门历代进士祖籍之探讨解析》一文中,详细分析了后浦许氏家族作为金门四大科举家族之一的基本情况。黄振良先生指出:"嘉靖七年(1528)戊子,六房第九世许福领乡荐第六名,嘉靖十四年(1535)乙未科二甲92名进士。但他并未出仕为官,而请求终身归养……接着长房第十世许廷用中嘉靖十九年(1540)庚子科举人,再登辛丑科三甲157名进士……万历二十九年(1601),后翰房有'同安才子'之称的许獬,会试第一,

---

① 左树夔修,刘敬纂:民国《金门县志·文征》,金门:金门县文献委员会,1958年,第82~83页。
② 吴锡璜:民国《同安县志》,北京:方志出版社,2007年,第920页。
③ 金门县许氏宗亲会编:《金门珠浦许氏族谱》,1987年,第175页。
④ 陈桂生:《金门许氏宗亲昨赴金井寻根》,http://news.sohu.com/20050605,访问日期:2020年5月17日。

殿试第二甲第一名进士,更以'文章许钟斗'的文才让人嘉颂'许同安'的美名。"对于清代许氏家族的进士,黄先生写道:"五房的许履坦于雍正元年(1723)癸卯恩科三甲 49 名进士,六房的许琰也于雍正五年(1727)丁未登三甲 54 名进士,这两人都是祖籍金门而不在金门出生的人,许履坦在自己的出身履历上自称是'福建泉州府晋江县人',许琰也是在同安桐屿出生的。"①

民国《福建通志》记载:"雍正元年癸卯恩科于振榜,许履坦,晋江人"。②乾隆《泉州府志》:"雍正元年癸卯恩科于振榜许履坦,晋江人"。③《明清进士题名碑录索引》记述:"许履坦,福建晋江,清雍正 1/3/49。"④道光《晋江县志》记载:"雍正元年癸卯恩科于振榜,许履坦。"⑤《金门族谱探源》记述:许履坦,后浦人。⑥ 许履坦户贯为晋江,乡贯为金门可以认定。《金门匾额人物》一书指出:"许履坦,字贞伯,号基浦,金门后浦许氏五房后裔……授河南密县令,后改任汀州府教谕。"⑦

民国《密县志》记载:密县知县"许履坦,福建晋江进士,雍正五年任"。⑧许履坦到任之前,密县大旱三年,民不聊生,连县衙门的官吏薪水也不保,县令弃官而去。许履坦到任伊始,不顾旅途劳顿,就四处视察灾情。许履坦在视察过程中看到的是这样的景象:"走牛店到米村,青山无色,集市无声。农田无耕夫,路有逃难人。村舍少鸡鸣,民无隔夜粮。"了解了灾情之后,许履坦马上着手进行赈济灾民、生产自救的工作。通过寻找水源、拦河截水的措施,后又喜得降雨,有效地缓解了灾情。虽然采取了许多有效措施,秋收时,粮食还是减产了 40%。⑨ 在征粮时,面对严峻形势,许履坦敢于打破惯例。

---

① 陈益源主编:《科举制度在金门》,金门:金门县文化局,成功大学人文社科中心,2016年,第 51~52 页。
② 沈瑜庆、陈衍等纂:民国《福建通志》,北京:方志出版社,2016年,第 5164~5174 页。
③ (清)怀荫布修:乾隆《泉州府志》卷三十七,泉州:泉州市地方志编纂委员会办公室,1984年,第 6 页。
④ 朱宝炯、谢沛霖编:《明清进士题名碑录索引》,上海:上海古籍出版社,1979年,第 176 页。
⑤ (清)周学曾等纂修:道光《晋江县志》,福州:福建人民出版社,1990年,第 768 页。
⑥ 叶钧培、黄奕展:《金门族谱探源》,台北:稻田出版社,2001年,第 101 页。
⑦ 杨天厚、林丽宽:《金门匾额人物》,金门:金门县文化局,2005年,第 227~228 页。
⑧ 王忠修:民国《密县志》,郑州:中州古籍出版社,2009年,第 146 页。
⑨ 郑国顺:《念民疾苦的许履坦》,https://kuaibao.qq.com,访问日期:2020 年 5 月 23 日。

"(按照惯例)密邑办粮,定例加一四征解,履坦慨然曰:'凡做官者,宽一分则民受一分之赐。'遂出示加一二征,民食其德者数年。"①为此许履坦向雍正皇帝上了奏疏,奏疏云:"河南钧州府密县知县许履坦为灾民难以供赋呈,许履坦跪拜奏曰:密邑之地,幅员百里。旱荒三载,难以供赋,具茨无色,溱洧断流。二十月余,雨不压尘,雪不厚纸,山之绿转地之红,畴之青泛碱之白。密云止而不雨,旱坏五谷禾苗,霜之寒打坏九秋荞麦。卑职尽责,拦河淤坝,挖泉找水,借贷种粮,发展生产。但杯水车薪,难济邑之万民。岁凶连年,百姓是苦,物贱如粪,粟贵似珠,一百银钱一斗面,三十两银一斗米,三间瓦房六两银,蓣藜面子要十文。市无商贾,路断行人。卖儿卖女,人爨人骨。如斯之灾,赋税有加。盐漕茶税,催票如雨。庐室空虚,征粮何人?人穷生盗,盗即生乱。安邦保本,忧国忧民。呈请免赋,沐浴皇恩。"②朝廷久未答复,面对困苦的百姓,许履坦只好自作主张,减免赋税征粮。钧州府知府得知此事后,十分恼火,免去了许履坦的官职。许履坦"卸事后囊无余资,亏谷二百余石。密人闻之,肩挑背负,争相代偿,不数日而足。有西山民驼谷数斗至,履坦以谷足辞,其人愧无以伸意,倾之馆门而去"。③ 场面极其感人,而更感人的场面发生在许履坦离职时,"去之日,老幼男妇载酒泣送,终日不能出郭。东行四十里,有襤褛老妇携稚子以果酒跪进,曰:'好老爷,乞饮贫妇一杯酒。'履坦凄然受之,士民至今感颂云"。④ 许履坦当官"廉明仁恕"至此,确实令人感动。

金门有句俗语:"贵金门。"主要指的是金门科举业绩不凡,人才辈出。从宋淳化三年(992)陈纲成为开金进士,到1905年废除科举,900多年间金门一共产生了53名进士(包括3名武进士),其中户贯在金门的有30人。而乡贯为金门、户贯在外的有23人,而其中户贯为晋江的就占了将近三分之一,这充分表明了晋江与金门的密切情缘。

(原载《金门乡谊》2020年第3期)

---

① 王忠修:民国《密县志》,郑州:中州古籍出版社,2009年,第343页。
② 郑国顺:《念民疾苦的许履坦》,https://kuaibao.qq.com,访问日期:2020年5月23日。
③ 王忠修:民国《密县志》,郑州:中州古籍出版社,2009年,第343页。
④ 王忠修:民国《密县志》,郑州:中州古籍出版社,2009年,第343页。

明代六位漳州进士的金门缘

经过元代短暂的中落之后,有明一代,由于封建王朝和地方官员高度重视科举,民间对举业的追求也十分热烈,社会经济尤其是商品经济的发展为举业的繁荣提供了条件,泉州举业进入了一个新的繁荣时期。明代泉州共有文武进士661人,约占全省的四分之一。① 明代金门经济文教事业繁盛,举业也走向了鼎盛时期。明代户贯为金门的进士共有24人,包括文进士21人,武进士3人。乡贯为金门,户贯在外的进士共有9人,其中户贯为漳州的有6人。

翰苑题名——王振

王振,生卒年不详,字玉齐,龙溪县人,永乐十九年(1421)登进士第。乾隆《龙溪县志》记载:"永乐十九年辛丑曾鹤龄榜,王振,庶吉士。"②《明清进士题名碑录索引》记载:"王振,福建龙溪,明永乐19/3/149。"③即永乐十九年(1421)第三甲第149名。民国《福建通志》记载:"永乐十九年曾鹤龄榜,王振,龙溪人。"④《金门王氏族谱》之《庄严公(吕厝)裔派谱序》记载:"浯生公徙居漳州丹霞,传子玉齐讳振,大明永乐辛丑得进士,官翰苑。"⑤综上所考可认

---

① 陈笃彬、苏黎明:《泉州古代科举》,济南:齐鲁书社,2004年,第123页。
② (清)吴宜燮修、黄惠、李畴纂:乾隆《龙溪县志》卷十三,台北:成文出版社,1966年,第149页。
③ 朱宝炯、谢沛霖编:《明清进士题名碑录索引》,上海:上海古籍出版社,1979年,第299页。
④ 沈瑜庆、陈衍等纂:民国《福建通志》,北京:方志出版社,2016年,第5056页。
⑤ 金门王氏族谱编修委员会:《金门王氏族谱》,金门:金门王氏宗亲会,1994年,第277页。

定,王振户贯为龙溪,乡贯为金门。

光绪《漳州府志》记载:"永乐十九年辛丑曾鹤龄榜,王振,庶吉士,见《翰苑题名》。"[1]从唐代中期之后,历经宋、金、元,翰林院官员位置显赫,不仅掌修国史,而且成为天子的文学侍从之臣。[2]明洪武十八年(1385),明太祖朱元璋在进士中选优,派往翰林院、承敕监等观政,始称庶吉士。明永乐初年,朝廷设内阁,随着内阁权力的加重,阁臣实际上相当于宰相。而阁臣大多是翰林出身,能进入翰林院成为一种荣耀。永乐二年(1404年),明成祖朱棣"选进士中文学、书法优秀者入翰林院深造,称翰林院庶吉士,三年后考试授官"。[3]《明实录·太宗实录》载:(永乐十九年)"令第一甲进士曾鹤龄为翰林院修撰,刘矩、裴纶俱为编修。"[4]然后又从二甲、三甲进士中选出"卫恕、陈融、温良、姚本、张恕、万硕、黄澍、杨鼎、王连、李学、吴得全、朱子福、王振、蒋谦、韦昭等为庶吉士,隶翰林院。余进士令还乡进学以待用"。[5]永乐十九年(1421)共录取进士201名,除状元授翰林院修撰,榜眼、探花授翰林院编修外,作为庶吉士进翰林院仅13人,而乡贯为金门、户贯为龙溪的王振就是其中一位。可惜的是,因史料缺乏,王振入翰林院之后的经历有待考证。

官拜京尹——王应麟

王应麟(1552—1628),字仁卿,号玉沙,明万历四年(1576)中举人,万历八年(1580)登进士第,官至应天巡抚。《明清进士题名碑录索引》:"王应麟,福建龙溪[10],明万历 8/3/200。"[6]即万历八年(1580)第三甲第200名。民国《福建通志》记载:明万历八年庚辰张懋修榜,王应麟,龙溪人"。[7] 乾隆《龙溪县志》记载:"万历八年庚辰张懋修榜,王应麟,江西左布政使。"[8]《万历八年

---

[1] (清)沈定均修:光绪《漳州府志》,北京:商务印书馆,2011年,第600页。
[2] 李树:《中国科举史话》,济南:齐鲁社,2004年,第160页。
[3] 翟国璋主编:《中国科举辞典》,南昌:江西教育出版社,2006年,第157~158页。
[4] 《钞本明实录》第3册,北京:线装书局,2005年,第445页。
[5] 《钞本明实录》第3册,北京:线装书局,2005年,第445页。
[6] 朱宝炯、谢沛霖编:《明清进士题名碑录索引》,上海:上海古籍出版社,1979年,第182页。
[7] 沈瑜庆、陈衍等纂:民国《福建通志》,北京:方志出版社,2016年,第5070页。
[8] (清)吴宜燮修,黄惠、李畴纂:乾隆《龙溪县志》卷十三,台北:成文出版社,1966年,第150页。

登科录》记载:"王应麟,贯福建漳州府龙溪县民籍,国子生,治《诗经》。字仁卿,行一,年二十八,八月二十五日生。曾祖先宗,祖质安,父荣贵,母黄氏……福建乡试第五十九名,会试第七十二名。"①《金门王氏族谱》之《珊公山后裔派族谱谱序》记载:"应麟号玉沙,登明万历丙子(1576)举人,庚辰进士,官巡抚。后遂立籍于漳。"②按照明代科考的要求,王应麟立籍于漳应在登进士第之前。可以认定,王应麟户贯为龙溪,乡贯为金门。

王应麟"少负笈从于潘鸣时"。潘鸣时,字碧梧,明代理学家。传说王应麟到潘家之前,潘家人梦见青龙入室,感到十分惊讶。王应麟拜潘鸣时为师后,潘"以弟女字焉"。③ 登进士第后,初授溧阳令。"溧阳剧邑",历来是比较难治理的县。王应麟利用清理田亩的机会,"躬履阡陌,稽其沃瘠高下以定赋惟均,又增置社仓以备荒"。④ 因得罪人,"为蜚语所中,调南雄郡丞,署郡篆"。在南雄郡丞任上,有政绩,"事闻,诏赐白金,声誉复起"。万历二十年(1592)擢润州守(即镇江知府),历迁四川参政,再擢右方伯。当时朝廷修三殿,需要木材,"奉敕采木蜀中",王应麟考虑到四川屡遭兵乱,"民困已甚,难堪巨役",就采用"官给其值",向荆商购买木材的方法,并亲自到涪渝督办此事,以达到不扰民的目的。万历三十九年(1611),升江西布政使。上任路过江宁之时,江水猛涨,朝廷采购的木材四处漂游,"楚人刮去蜀中题识,冒为楚材,运官禁之不能止",王应麟"乃停舟江浒",多方协调,"运官得以木输上方"。⑤ 万历四十一年(1613),王应麟升顺天府尹,为人正派,"勋戚、巨珰不敢干以私"。后迁应天巡抚,因政声远扬,"百姓闻其来,皆相庆"。应天巡抚任期满,王应麟乞休归,"疏十三上,然后得请"。⑥ 万历末年,朝政混乱,虽然王应麟人在故里,但心系国家,"关心国事","而神宗、光宗忧诏相继至,力疾哭临,病发不可支,卒年七十有六"。⑦

王应麟是晚明中西文化碰撞的参与者,也是西为中用思想的创立者之

---

① 屈万里主编:《明代史籍汇刊·明代登科录汇编》,台北:学生书局,1969年,第10369页。
② 金门王氏族谱编修委员会:《金门王氏族谱》,金门:金门王氏宗亲会,1994年,第194页。
③ (清)沈定均修:光绪《漳州府志》,北京:中华书局,2011年,第1305页。
④ (清)沈定均修:光绪《漳州府志》,北京:中华书局,2011年,第1305页。
⑤ (清)沈定均修:光绪《漳州府志》,北京:中华书局,2011年,第1305页。
⑥ (清)沈定均修:光绪《漳州府志》,北京:中华书局,2011年,第1305页。
⑦ (清)沈定均修:光绪《漳州府志》,北京:中华书局,2011年,第1305页。

一。王应麟在南雄和镇江任上与旅居中国的意大利耶稣会传教士、学者利玛窦有过交游。王应麟在与利玛窦的交游中对西学很感兴趣,利玛窦曾将世界地图《大瀛全图》赠送给他,王应麟升任镇江知府后,将地图赠与时任应天巡抚的赵可怀,而赵可怀将其勒石摹刻。① 万历三十八年(1610)利玛窦逝世之后,王应麟专门写了《钦赐大西洋陪臣葬地居舍碑文》,这是有关利玛窦在中国行迹最早的汉文传记资料。② 在这篇碑文中,王应麟提出了"翼我中华"的思想。王应麟认为利玛窦"理穷性命,玄精象纬、乐工音律,法尽方圆。正历元以副农时,施水器而资民用。翼我中华,岂云小补?"③"翼我中华"就是西为中用思想的萌芽,为吸收西方先进的科学技术奠定了良好的思想基础。

梧州知府——黄萼

黄萼(1551—?),字国英,龙溪县人,万历十一年(1583)登进士第。乾隆《龙溪县志》记载:黄萼"万历十一年癸未朱国祚榜,梧州知府"。④ 光绪《漳州府志》记载:"万历十一年癸未朱国祚榜,黄萼,龙溪人。梧州知府,居官清慎。"⑤民国《福建通志》记载:"万历十一年癸未朱国祚榜,黄萼,龙溪人。"⑥《明清进士题名碑录》记载:"黄萼,福建龙溪⑩,明万历 11/3/264。"⑦即万历十一年(1583)第三甲第 264 名。天一阁藏《万历十一年进士登科录》记载:"黄萼,贯福建漳州府龙溪县民籍,国子生,治《易经》。字国英,年三十二,九月二十五日生。曾祖容清,祖纯杰,父佐。福建乡试第十五名,会试第二百

---

① 汤开建:《利玛窦明清中文文献资料汇释》,上海:上海古籍出版社,2017 年,第 16 页。
② 林金水:《利玛窦与中国》,北京:中国社会科学出版社,1996 年,第 30 页。
③ 汤开建:《利玛窦明清中文文献资料汇释》,上海:上海古籍出版社,2017 年,第 18 页。
④ (清)吴宜燮修,黄惠、李畴纂:乾隆《龙溪县志》卷十三,台北:成文出版社,1966 年,第 151 页。
⑤ (清)沈定均修:光绪《漳州府志》,北京:中华书局,2011 年,第 610 页。
⑥ 沈瑜庆、陈衍等纂:民国《福建通志》,北京:方志出版社,2016 年,第 5070 页。
⑦ 朱宝炯、谢沛霖编:《明清进士题名碑录索引》,上海:上海古籍出版社,1979 年,第 1556 页。

十五名。"①《金水黄氏族谱》记载:"德绥,随父迁漳,迨三世孙讳萼,号丹山,明庆隆丁卯科举人,至万历癸未(1583)中进士,任梧州府知府。因鲜往来而谱失记。"②以上可认定黄萼户贯为龙溪县,其乡贯为金门。查崇祯《梧州府志》、同治《梧州府志》,均无黄萼就任知府的记载,黄萼登进士第后事迹不详,有待考证。

黄振良先生在《金门历代进士祖籍之探讨解析》一文中记述:黄萼"取得功名后返乡谒祖……2016年6月间,金水黄氏宗亲到漳州寻亲,双方再度取得联系"。③金门与漳州黄氏后裔再叙亲情,实乃幸事。

吏部侍郎——蒋孟育

蒋孟育(1558—1619),字道力,号恬庵,龙溪人,万历十七年(1589)登进士第,官至南吏部右侍郎。光绪《金门志》记载:蒋孟育"浦边人。入龙溪庠,万历戊子举人,己丑进士"。④ 乾隆《龙溪县志》记载:"万历十七年己丑焦竑榜,蒋孟育。"⑤《明清进士题名碑录索引》记述:"蒋孟育,福建龙溪⑩,明万历17/3/45。"⑥即万历十七年(1589)第三甲第45名。天一阁藏《万历十七年进士履历便览》记载:蒋孟育"龙溪县籍,同安人"。⑦ 蒋孟育户贯为龙溪县,乡贯为金门可以认定。

蒋孟育从小聪明好学,"幼颖慧,日记数千言"。长大后,"通经史,能为

---

① 宁波市天一阁博物馆整理:《万历十一年进士登科录》,宁波:宁波出版社,2006年,第92页。

② 金水黄氏族谱编修小组:《金水黄氏族谱》,金门:金门县金水黄氏大宗,1983年,第307页。

③ 陈益源主编:《科举制度在金门论文集》,金门:金门县文化局、成功大学人文社会科学中心,2016年,第55页。

④ (清)林焜熿、林豪修纂:光绪《金门志》卷十,台北:台湾银行经济研究室,1960年,第260页。

⑤ (清)吴宜燮修,黄惠、李畴纂:乾隆《龙溪县志》卷十三,台北:成文出版社,1966年,第151页。

⑥ 朱宝炯、谢沛霖编:《明清进士题名碑录索引》,上海:上海古籍出版社,1979年,第1454页。

⑦ 宁波市天一阁博物馆整理:《万历十七年进士履历便览》,宁波:宁波出版社,2006年,第22页。

古今文"。① 万历十七年(1589)登进士第的金门人共有五人,除了蒋孟育之外,还有蔡献臣、蔡懋贤、陈基虞、黄华秀等四人,其中黄华秀乡贯为金门,户贯为泉州南安。金门人称之为"五桂联芳"。蒋孟育登进士第后,选庶吉士,"以亲老归养"。后"起补,历国子监祭酒,南吏部右侍郎"。蒋孟育为人为官俱佳,"古心谦德,无贵态;操守廉洁,始终如一"。在吏部为官时,"其子履决,不能补",其子倒也能理解父亲的廉洁奉公,"相视而笑曰:'吾父子何贫也'"。② 蒋孟育"终以清节著",他去世后,"赠尚书,赐祭葬,谥'文介',祀乡贤"。③

蒋孟育"亲老归养"后,与张燮等人在漳州组织了玄云诗社。张维枢,字子环,号贤中,泉州晋江人,万历二十六年(1598)登进士第,在《赠礼部尚书恬庵蒋公传》一文中对玄云诗社做了以下描述:"初,公之归养也,多奉赠。公从友人游,水石松篁,烟云鸥鸟,酒栏歌啸,客散摊书,忻然若终身乐之最。后以高朝宪、戴亨融、张绍和诸同志共定霞中之盟也。芝山春色,白社素风,声韵唱提,琴觞酬酢,识者以为有湛然玄对之度焉。"④诗社初创时骨干为"漳州七子"蒋孟育、郑怀魁、张燮、高克正、林茂桂、王志远、戴燝,后发展为"玄云十三子"。⑤ 这些骨干都是当时漳州精于诗词的名流。比如张燮,字绍和,十五岁通五经兼览史鉴百家,是明代漳州著名的藏书家、著述家。明代漳州大学者黄道周曾云:"雅尚高致,博学多通,足备顾问,则……不如张燮。"⑥再如林茂桂,字德芬,漳浦人,万历十四年(1586)登进士第,"为诗文下笔立就","授深州知州,一意为民,有控死非命者,立往视之。虽穷乡,刻期至"。林茂桂"为属官所中,罢归家居"。归家后,林茂桂与"戴燝、张燮、何乔远文酒相命,四壁萧然终"。⑦ 这些文人雅士在一起游历漳州名胜、褒贬时政、吟诗作赋,留下了许多动人的诗篇,在漳州文学史上画下了浓墨重彩的一笔。

---

① (清)沈定均修:光绪《漳州府志》,北京:中华书局,2011年,第1340页。
② (清)林焜熿、林豪修纂:光绪《金门志》卷十,台北:台湾银行经济研究室,1960年,第260页。
③ (清)林焜熿、林豪修纂:光绪《金门志》卷十,台北:台湾银行经济研究室,1960年,第260页。
④ (明)蒋孟育著,王振汉点校:《恬庵遗稿》,陈庆元主编:《台湾古籍丛编》第1辑,福州:福建教育出版社,2017年,第576页。
⑤ 黄大林:《明朝漳州的玄云诗社》,《闽台文化交流》2009年第1期,第49~53页。
⑥ 黄大林:《明朝漳州的玄云诗社》,《闽台文化交流》2009年第1期,第49~53页。
⑦ (清)沈定均修:光绪《漳州府志》,北京:中华书局,2011年,第1340页。

蒋孟育积极参与诗社的活动,《恬庵遗稿》中随处可见其参加玄云诗社活动的诗作,比如《九月八日,戴亨融、郑辂思、王宗苏、徐鸣卿、陈元明、伯畴、张绍和、郑瓒思、吴亮恭玄云社集,分得齐字》《社集,赋得"秋蝉鸣树间",分空字》《社集,登芝山亭,予、鸣卿、瓒对弈不至》《社集,赋得"冬夜读书",得风字》《同社过集小园,分得时字》等等。

蒋孟育诗文俱佳,著有《恬庵遗稿》《台阁文宪选粹》《文选崇正编》《文选采奇编》。后三书已佚,只有《恬庵遗稿》存世。张燮在《恬庵遗稿序》中引用了蒋孟育的弟子顾元镜对蒋孟育著作的评价:"公文沉博精远,涵浸古今,追琢之工,不轻一字。"①蒋孟育的儿子蒋勇在《刻集小引》中称:"先严生平简重,于文字尤不苟率。每搦管含毫,毋论长篇巨章,必数易纸而后脱稿。即片札半行,亦必凝神点定。"②

光绪《漳州府志》载:"三世宰贰坊,在龙亭库前。为封侍郎蒋玉山、赠侍郎蒋相、户部侍郎蒋孟育立。"③蒋玉山为蒋孟育之祖父,蒋相为其父,两人都得到皇帝的封赠。此坊现存,位处漳州芗城区香港路。《道范颜馨 五桂联芳》一书载:牌坊"采坐北向南,坊宽八公尺、高十一公尺,为一座三间五楼十二柱的典型明代造型牌楼。十二根长型立柱稳稳地插在长约四公尺的矩形底座中,形成了一明间与两次间的空间格局,也撑起了整座三层五楼的厚重力量"。④ 这座牌坊表达了漳州人对蒋孟育的无尽思念。

华、松县令——张继桂

张继桂,生卒年不详,字廷高,万历二十三年(1595)登进士第,历官华亭、松阳县令。光绪《金门志》记载:张继桂,"凤征子,由龙溪学中式万历戊子举人,乙未进士"。⑤ 乾隆《龙溪县志》记载:"万历二十三年乙未朱之蕃榜,

---

① (明)蒋孟育著,王振汉点校:《恬庵遗稿》,陈庆元主编:《台湾古籍丛编》第1辑,福州:福建教育出版社,2017年,第576页。
② (明)蒋孟育著,王振汉点校:《恬庵遗稿》,陈庆元主编:《台湾古籍丛编》第1辑,福州:福建教育出版社,2017年,第574页。
③ (清)沈定均修:光绪《漳州府志》,北京:中华书局,2011年,第70页。
④ 王振汉撰文:《晚明礼部尚书蒋孟育》,陈长庆汇编:《道范颜馨 五桂联芳》,金门:金门县文化局,第161页。
⑤ (清)林焜熿、林豪修纂:光绪《金门志》卷十,台北:台湾银行经济研究室,1960年,第256页。

张继桂,华亭知县。"①《明清进士题名碑录索引》记述:张继桂,福建龙溪⑩,明万历 23/3/113。② 即万历二十三年(1595)第三甲第 113 名。《金门青屿社张氏重恩堂集及族系谱图等专辑》记载:"万历戊子举人,乙未进士,任华亭县知县张继桂。"③黄振良先生指出:张继桂因父亲张凤征早逝,叔父张凤表带其迁往龙溪。④ 以上考证,可认定张继桂户贯为龙溪,乡贯为金门。

张继桂为人"笃亲信友,意气倜傥"。⑤ 登进士第后,任华亭知县,张继桂裁罢衙门办事要收钱的常例,造福于民。后转任松阳知县,张继桂以德治县,取得显著成效,虽然"均役、清田、催科、听讼,鞭扑不施",但是"赋额无逋,教化大行"。⑥ 张继桂"卒于官。归榇后,家中萧然",妻子只能靠织布来养活一家人,"妻孥织作自赡"。华亭、松阳两县百姓奉祀其于名宦祠。⑦

张凤征、张继桂这对父子进士,成就了明代金门科举史上的一段佳话。张凤征,字舜夫,号治庭,"生而颖敏,襁褓中辄能识壁上字。九岁,通五经大义"。嘉靖四十年(1561)中举人,嘉靖四十四年(1565)登进士第,"观政御史台"。⑧ 虽然常年患病,但张凤征还是"力疾视事,辰入申归,不少懈"。⑨ 病情严重归家养病时,"行至张家湾而卒"。⑩ 张凤征为人"性笃实,嗜善若渴。见

---

① (清)吴宜燮修,黄惠、李畴纂:乾隆《龙溪县志》卷十三,台北:成文出版社,1966年,第 151 页。
② 朱宝炯、谢沛霖编:《明清进士题名碑录索引》,上海:上海古籍出版社,1979年,第 441 页。
③ 《金门青屿社张氏重恩堂集及族系谱图等专辑》,1991年,第 87 页。
④ 陈益源主编:《科举制度在金门》,金门:金门县文化局,成功大学人文社科中心,2016年,第 48 页。
⑤ (清)林焜熿、林豪修纂:光绪《金门志》卷十,台北:台湾银行经济研究室,1960年,第 256 页。
⑥ (清)林焜熿、林豪修纂:光绪《金门志》卷十,台北:台湾银行经济研究室,1960年,第 256 页。
⑦ (清)林焜熿、林豪修纂:光绪《金门志》卷十,台北:台湾银行经济研究室,1960年,第 256 页。
⑧ (清)林焜熿、林豪修纂:光绪《金门志》卷九,台北:台湾银行经济研究室,1960年,第 208 页。
⑨ (清)林焜熿、林豪修纂:光绪《金门志》,台北:台湾银行经济研究室,1960年,第 208 页。
⑩ (清)林焜熿、林豪修纂:光绪《金门志》卷九,台北:台湾银行经济研究室,1960年,第 208 页。

不善,谨避而已"。① 嘉靖三十八年(1559),金门遭倭患,倭寇把张凤征和张凤表兄弟都绑了。绑匪要求一人回去拿赎金,张凤征说:"吾弟幸有子,其负若子出。营金赎我,即不能办,幸毋以我为念。"而弟弟凤表也说:"兄善事父母,且未有子,不可留。"②兄弟俩"相推良久",绑匪非常愤怒,甚至拔刀要杀了他们,最后因为"感其义",就把他们两个都放了。③ 兄弟俩"以急难争死",让人感动,金门人世代传颂。张凤征去世后,张凤表历尽艰辛把张继桂养育成人,荣登进士第。《金门匾额人物》记述:张凤征、张继桂"父子进士"匾,"仍高挂在青屿张氏'褒忠祠'内"。④

两省藩司——刘行义

刘行义(1576—?),字天达,漳浦人,万历三十八年(1610)登进士第,官至湖广、陕西布政使。光绪《漳浦县志》记载:刘行义"万历三十八年庚戌韩敬榜,刘行义。"⑤乾隆《泉州府志》记载:"万历三十八年庚戌韩敬榜,刘行义,同安人,漳浦籍。"⑥《明清进士题名碑录索引》记述:刘行义,"福建漳浦⑳,(福建同安),明万历 38/3/124"。⑦即万历三十八年(1610)第三甲第 124 名。《万历三十八年庚戌科序齿录》记载:刘行义,"福建漳州府漳浦县民籍,同安县人,字天达,号伊人,治《诗》,丙子九月二十三日生。庚子乡试七十六名,会试一百二十八名,廷试三甲一百二十四名。曾祖铨,祖宗立,父用中,母陈氏"。⑧ 以上可以认定刘行义的户贯为漳浦县,乡贯为金门。

---

① (清)林焜熿、林豪修纂:光绪《金门志》卷九,台北:台湾银行经济研究室,1960 年,第 208 页。
② (清)林焜熿、林豪修纂:光绪《金门志》卷九,台北:台湾银行经济研究室,1960 年,第 208 页。
③ (清)林焜熿、林豪修纂:光绪《金门志》卷九,台北:台湾银行经济研究室,1960 年,第 208 页。
④ 杨天厚、林丽宽:《金门匾额人物》,金门:金门县文化局,第 128 页。
⑤ (清)施锡卫:光绪《漳浦县志》卷十二,第 9 页。
⑥ (清)怀荫布修:乾隆《泉州府志》卷三十四,泉州:泉州市地方志编纂委员会办公室,1984 年,第 18 页。
⑦ 朱宝炯、谢沛霖编:《明清进士题名碑录索引》,上海:上海古籍出版社,1979 年,第 1981 页。
⑧ 屈万里主编:《明代史籍汇刊·明代登科录汇编》,台北:学生书局,1969 年,第 11775 页。

刘行义登进士第后，初授合浦令，在任上"廉洁爱民"，"有盗采珠池者，行义密捕之，得大珠百余颗"。刘行义没有私吞，而是"闻巡抚，上诸朝"，廉洁之声名扬四方。当时少数民族地区遭受盗寇侵扰，朝廷"召广西狼兵征援"。狼兵是明代"以粤西狼人组成的军队"。① 倭寇作乱时，朝廷会调集狼兵参与抗倭，《明史·兵志三》记载："西南边服有各土司兵。湖南永顺、保靖二慰宣所部，广西东兰、那地、南丹，归顺诸狼兵，四川酉阳、石砫秦氏、冉氏诸司，宜力最多。"②狼兵长带领部下到合浦县衙强征粮草，刘行义无法满足他们强索的数量，狼兵长拔刀相向，"瞋目而视"。刘行义不动声色，斥责狼兵长："若欲反乎？吾天子命吏，若敢杀予乎！"平定了狼兵。因平定狼兵有功，授职吏部稽勋司，"历考功、文选，升员外郎"，后因顶撞魏忠贤，被弹劾归家。经福建按察使李嗣京推荐，刘行义升任惠州副使，历广西苍梧参政、按察使、湖广布政使、陕西布政使，均有惠政及于民。③

刘行义与同乡黄道周同朝为官，两人惺惺相惜，交往颇深。黄道周（1585—1646），字幼玄，号石斋，天启二年（1622）登进士第。漳州漳浦县铜陵（今属东山县铜陵）人，历官翰林院编修、詹事府少詹事、江西布政司都事，南明隆武年间任吏部侍郎、礼部尚书、少傅兼太子太保、吏部尚书、武英殿大学士。抗清被俘，"悲愤不食，十四日犹不死。……三月五日骑拥过西华门，坐不起，曰：'此与高皇帝陵寝近，可死。'监刑者从之。"④漳浦青龙寺现存有黄道周撰文、刘行义书丹的青龙山碑。⑤ 黄道周工书善画，特邀刘行义书丹，足以证明两人关系不一般，也可说明刘行义书法水平较高。此碑成为两人交往的历史见证。

刘行义教育后代有方，其儿子、曾孙都为举人，成为漳浦的科举世家。《漳浦县志·选举志·举人》中载："崇祯十五年壬午何承都榜，刘辰柯，行义子。"⑥"康熙二十年辛酉郑元超榜，刘夔龙，行义曾孙。辰黼孙。南宫知县，

---

① 罗竹风主编：《汉语大词典》，上海：汉语大词典出版社，1997年，第2759页。
② （清）张廷玉等撰：《明史》，上海：上海古籍出版社、上海书店，1986年，第249页。
③ （清）沈定均修：光绪《漳州府志》，北京：中华书局，2011年，第1369页。
④ （清）林登虎、林绍祖等纂修：康熙《漳浦县志》，漳浦：福建省漳浦县政协文史资料征集委员会，2004年，第464页。
⑤ 陈桂味主编：《漳浦文史资料》第21辑，2002年，第23页。
⑥ （清）林登虎、林绍祖等纂修：康熙《漳浦县志》，漳浦：福建省漳浦县政协文史资料征集委员会，2004年，第339页。

赈饥减役,宿弊尽除。"①金门也从来没有忘记这位为家乡增光添彩的两省藩司。黄振良先生写道:如今刘澳"刘家宗祠"内还有一方为这位两省藩司所立的"藩司"匾额。②

  漳州与金门两地地缘相近、血缘相亲、文缘相承、商缘相连、法缘相循,关系源远流长。漳州至金门仅 9.4 海里,龙海的"南太武"与金门的"北太武"两座名山隔海相望,宛如一对姐妹山。在明代 9 位乡贯为金门,户贯在外的进士中,就有 6 位户贯为漳州,占比达三分之二。这六位乡贯金门的漳州进士以勤政爱民、清正廉洁闻名于世。金门人没有忘记这六位家乡人,不管是在族谱上、家庙里、有关文献中,都有他们的记载,因为他们是漳州人,也是金门人的骄傲。

(原载《金门乡谊》2021 年第 1 期)

---

① （清）林登虎、林绍祖等纂修:康熙《漳浦县志》,漳浦:福建省漳浦县政协文史资料征集委员会,2004 年,第 342 页。

② 陈益源主编:《科举制度在金门论文集》,金门:金门县文化局、成功大学人文社会科学中心,2016 年,第 54 页。

晚明泰州学派的左右之辩
——论李贽与耿定向的论争

李贽(1527—1602),字宏甫,号卓吾,又号温陵居士,明晋江县府城聚宝境(今属泉州市鲤城区)人,祖籍泉州南安县。嘉靖三十一年(1552)举人,历任共城教谕、国子监博士、姚安知府。后弃官,寄居黄安、麻城龙湖芝佛院,专心治学。晚年往来南北两京等地。李贽是明代进步思想家,"主张个性解放与自由,有人称他为反对封建专制主义启蒙运动的先驱"。[1] 最后被明神宗以"敢倡乱道"的莫须有罪名,将其下狱。入狱后,听说朝廷要押解其回泉州,愤而自刎死于狱中。[2]

耿定向(1524—1596),字在伦,号楚侗,又号天台,湖北黄安(今湖北红安)人。嘉靖三十五年(1556)登进士第,历任御史、侍郎、户部尚书等,是明代著名的思想家之一。[3]

李贽与耿定向同属泰州学派,两人从相识到相知、从相知到相辩,从相辩到相讦、从相讦到相谅,成为明代学术思想史上的一件大事。深入研究这场论争,对于了解晚明学术思想界的状况是很有帮助的。

从相识到相知

嘉靖四十三年(1564),李贽祖父去世,李贽"只身回泉州守制,并将曾祖、祖父、父亲三世合葬于泉州东门外东岳山"。[4] 守制三年后,李贽"携家到

---

[1] 白寿彝总主编:《中国通史》第16册,上海:上海人民出版社,1989年,第1692页。
[2] 福建省南安县地方志编纂委员会:《南安县志》,南昌:江西人民出版社,1993年,第866页。
[3] 张建业主编:《李贽全集注》第1册,北京:社会科学文献出版社,2010年,第42页。
[4] 张建业主编:《李贽全集注》第26册,北京:社会科学文献出版社,2010年,第431页。

北京,补礼部司务职"。① 此时李贽开始接触王阳明的学说。在《王阳明年谱后语》中,李贽写道:"不幸年甫四十,为友人李逢阳、徐用检所诱,告我龙溪王先生语,示我阳明王先生书,乃知得道真人不死,实与真佛、真仙同,虽倔强,不得不信之矣。"②李逢阳,号翰峰,江宁(今江苏南京)人,明穆宗隆庆二年(1568)进士,终官南京太常寺卿。徐用检,字克贤,号鲁源,兰溪人。嘉靖四十一年(1562)进士,官至太常寺卿。两人对李贽接受阳明之学起了很重要的作用。③ 因在礼部任职期间,"即与高尚书、殷尚书、王侍郎、万侍郎尽触也"。④ 于是李贽离开北京到南京,改任南京刑部员外郎。

张居正执政时,不喜欢讲学,因此北京讲学之风不盛,而南京作为陪都,"更为著名讲学集会的地方"。⑤ 黄宗羲在《明儒学案》中写道:"往李卓吾讲心学于白门,全以当下自然指点后学,说个个人都是见见成成的圣人,才学便多了。闻有忠节孝义之人,却云都是做出来的,本体原无此忠节孝义。"⑥李贽好友焦竑,万历十七年(1589)殿试第一名(状元),在《读书不识字》一文中写道:"宏甫为南比部郎,日聚友讲学。寮友或谓之曰:'吾辈读书,义理岂有不明,而事讲乎?'宏甫曰:'君辈以高科登仕籍,岂不读书?但苦未识字,须一讲耳。'"⑦李贽对讲学十分重视,特地写了《会期小启》,申明每月十六举行,希望参加者准时到会,"会期之不可改,犹号令之不可反,军令之不可二也。故重会期,是重道也,是重友也。重友以故重会,重会以故重会期……若欲会,照旧是十六"。⑧

隆庆六年(1572),李贽在南京与耿定理、耿定向相识。耿定理(1534—1584年),字子庸,号楚倥,耿定向之弟,也是明代著名思想家。李贽在《耿楚倥先生传》一文中记述了这次见面,"岁壬申,楚倥游白下,余时懵然无知,而

---

① 张建业主编:《李贽全集注》第 26 册,北京:社会科学文献出版社,2010 年,第 432 页。
② 张建业主编:《李贽全集注》第 26 册,北京:社会科学文献出版社,2010 年,第 432～433 页。
③ 张建业主编:《李贽全集注》第 26 册,北京:社会科学文献出版社,2010 年,第 433 页。
④ 张建业主编:《李贽全集注》第 2 册,北京:社会科学文献出版社,2010 年,第 110 页。
⑤ 容肇祖编:《李贽年谱》,北京:三联书店,1957 年,第 32 页。
⑥ (清)黄宗羲:《明儒学案》,北京:中华书局,2008 年,第 1476 页。
⑦ 张建业主编:《李贽全集注》第 26 册,北京:社会科学文献出版社,2010 年,第 94 页。
⑧ 张建业主编:《李贽全集注》第 1 册,北京:社会科学文献出版社,2010 年,第 181 页。

好谈说。"耿定理就问李贽:"学贵自信,故曰'吾斯之未能信'。又怕自是,故又曰:'自以为是,不可与人尧、舜之道。'试看自信与自是有何分别?"李贽回答道:"自以为是,故不可与人尧、舜之道;不自以为是,亦不可与人尧、舜之道。""楚倥遂大笑而别,盖深喜余之终可入道也。余自是而后,思念楚倥不置。"①耿定向在《观生纪》中写道:"(隆庆)六年壬申,我生四十九岁……还过金陵,与李宏甫、焦弱侯辈商学。"②

万历五年(1577),李贽出任云南姚安知府,途径黄安,前往拜访耿氏兄弟。在《耿楚倥先生传》中,李贽写道:"丁丑入滇,道经团风,遂舍舟登岸,直抵黄安见楚倥,并睹天台,便有弃官留住之意。楚倥见余萧然,劝余复入,余乃留吾女并吾婿庄纯夫于黄安,而因与之约曰:'待吾三年满,收拾得正四品禄俸归来为居食计,即与先生同登斯岸矣。'楚倥牢记吾言,教戒纯夫学道甚紧。吾女吾婿,天台先生亦一以己女己婿视之矣。"③从相识到相知,激情之下,李贽就把女儿、女婿托付给耿氏兄弟了。

万历九年(1581),李贽辞官,于初夏到达黄安,一家人又团聚了。耿氏兄弟将其安排在城外五云山中的天窝书院,李贽写道:"侗天为我筑室天窝,甚整……绝尘世,怡野逸,实无别样出游志念。盖年来精神衰甚,只宜隐也。"④对于耿氏兄弟的安排,李贽十分满意,也很感激。从万历九年(1581)开始至耿定理去世的这段时间,是李贽与耿氏兄弟从相识到相知的"蜜月期"。在这段时间里,李贽在天窝书院著书立说,教授耿家子弟,活得十分自在。在《与焦弱侯》一文中,李贽写道:"山中寂寞无侣,时时取史册披阅,得与其人会觏,亦自快乐,非谓有志于博学宏词可也。尝谓载籍所称,不但赫然可纪述于后者是大圣人。纵遗臭万年,绝无足录,其精神巧思亦能令人心羡……自古至今多少冤屈,谁与辩雪……近有读史数十篇,颇有发明。入九之后,雪深数尺,不复亲近册子,偶一阅子由(苏辙)《老子解》,乃知此君非深《老子》者,此老盖真未易知也。呵冻作《解老》一卷,七日而成帙,自谓莫逾。

---

① 张建业主编:《李贽全集注》第2册,北京:社会科学文献出版社,2010年,第22页。
② (明)耿定向著,傅秋涛点校:《耿定向集》,上海:华东师范大学出版社,2015年,第810页。
③ 张建业主编:《李贽全集注》第2册,北京:社会科学文献出版社,2010年,第22页。
④ 张建业主编:《李贽全集注》第3册,北京:社会科学文献出版社,2010年,第138页。

今亦未暇录去,待春暖冻解,抄出呈上取证何如?"①其乐融融,跃然纸上。

  李贽与耿定向从相识到相知有三个原因。第一个原因是同样深受泰州学派影响。在《明儒学案》中,黄宗羲将耿定向归入泰州学案。泰州学派的创始人为王艮。王艮(1483—1541),字汝止,号心斋,出身盐户,发愤自学,成为一代宗师。《明史》云:"王氏弟子遍天下,率都爵位有气势。艮以布衣抗其间,声名反出诸弟子上。然艮本狂士,往往驾师说上之。"②张立文先生主编的《中国学术通史(宋元明卷)》一书指出,"王艮的重要学术思想有三:一是'淮南格物说',二是'明哲保身论',三是'百姓日用之学'。"③王艮认为格物的实质就是要校正规矩,以此解决"社会贫富与国家治乱问题"。而只有"立身保命"才能实现"明明德""亲民""止于至善",因此王艮把"尊身、爱身和保身看成是首要的人伦物理"。④ 王艮提出的"百姓日用之学"将"圣人之道归结为百姓日用,将圣贤心学还原成百姓身学,从而使心学宗旨从道体的至善意境向身体的功利处境急转直下,理学思潮辛辛苦苦营造出来的道德理想国和价值乌托邦,竟然完全消失在百姓日用和穿衣吃饭中"。⑤ 耿定向推崇王阳明的心学,以"私淑"王艮自居。在上书奏请祭祀王守仁等人的奏疏中,耿定向写道:"乃其讲学淑人,单揭要指曰'致良知'云者,即孔子之所谓仁,是人之所以生生者也。本诸身而能视能听,能言能动;显诸伦而为忠为孝,为弟为信。"⑥这段话体现出了很浓厚的"人伦物理"的思想。而李贽受王艮的影响也很深,在《答邓石阳》一文中,李贽写道:"穿衣吃饭,即是人伦物理;除却穿衣吃饭,无伦物矣。世间种种皆衣与饭类耳,故举衣与饭而世间种种自然在其中,非衣饭之外更有所谓种种绝与百姓不相同者也。学者只宜于伦物上识真空,不当于伦物上辨伦物。"⑦在《储瓘》一文中,李贽写道:"心斋之子东崖公(王襞),贽之师。东崖之学,实出自庭训。然心斋先生

---

① 张建业主编:《李贽全集注》第 3 册,北京:社会科学文献出版社,2010 年,第 124～125 页。
② (清)张廷玉等撰:《明史》,上海:上海古籍出版社、上海书店,1986 年,第 793 页。
③ 张立文主编:《中国学术通史(宋元明卷)》,北京:人民出版社,2004 年,第 480 页。
④ 张立文主编:《中国学术通史(宋元明卷)》,北京:人民出版社,2004 年,第 481 页。
⑤ 张立文主编:《中国学术通史(宋元明卷)》,北京:人民出版社,2004 年,第 480～481 页。
⑥ (明)耿定向著,傅秋涛点校:《耿定向集》,上海:华东师范大学出版社,2015 年,第 62 页。
⑦ 张建业主编:《李贽全集注》第 1 册,北京:社会科学文献出版社,2010 年,第 8 页。

在日,亲遣之事龙溪于越东,与龙溪之友月泉老衲矣,所得更深邃也。东崖幼时,亲见阳明。"①李银安先生在《李贽与耿定向之交》一文中指出:"泰州学派的基本思想、交流方式和话语方式都是李、耿二人思想、感情、生活的融合点、兴奋点……耿定向与李贽之学皆属王阳明心学范畴,而且同为泰州学派一脉,因此他们共同之点颇多。这是二人相交,特别是耿定向邀请李贽到黄安的思想基础。"②这也是李贽与耿定向从相识到相知的思想基础。

第二个原因是耿家对李贽的照顾之恩。同治《黄安县志》载:"李卓吾……与邑中耿楚倥相遇白下,极友善。仕为姚安太守,将之任,路经团风,纡道过楚倥,因谒耿简恭,深投契合,遂有寓安之意,以其婿及女侨居于耿氏之五柳别墅。与楚倥约曰:'待吾三年满,收拾得正四品禄俸,归来为居食计,即与先生同登斯岸矣。'既三年,果弃官来归,曰:'吾老矣,得一二友以永日,吾乐之,何必故乡耶?'爰栖此焉。"③女儿、女婿在此三年,耿家极为照顾,李贽辞官到黄安后也得到了耿氏兄弟的热情招待。同治《黄安县志》中有关于天窝书院的记载:天窝书院"即天窝山房,距城十五里,在五云山之巅,耿公恭简、仲子子庸讲学处也……温陵李贽侨寓于窝,所著《焚书》《藏书》,半脱稿于期间"。④

第三个原因是与耿定理"柔和轻松"的性格有关。在《万历十五年》一书中,黄仁宇先生认为李贽与耿定理的差异比李贽和长兄耿定向之间的差异还要大得多。耿定理认为"儒家的仁就是无我主义,一个人成为圣人,则是把自我之有化而为无,进入了寂灭的境界,以致'无声无臭'"。⑤耿定理认为"这种高悬在空中的理想主义只能深藏于心,不能应用于现实,并发展成为伦理和道德的标准。所以在实际生活中,耿定理从来没有应考,也从来没有做官……然而李贽则认为'穿衣吃饭,即是人伦物理',这无疑和耿定理的思想判若水火"。⑥耿定向和李贽能和睦相处,与耿定理"柔和轻松"的性格有

---

① 张建业主编:《李贽全集注》第3册,北京:社会科学文献出版社,2010年,第276页。
② 张建业主编:《李贽与麻城》,北京:中国广播电视出版社,2003年,第250页。
③ 张建业主编:《李贽全集注》第26册,北京:社会科学文献出版社,2010年,第333~334页。
④ 张建业主编:《李贽全集注》第26册,北京:社会科学文献出版社,2010年,第334页。
⑤ 黄仁宇:《万历十五年》,北京:九州出版社,2014年,第211页。
⑥ 黄仁宇:《万历十五年》,北京:九州出版社,2014年,第211页。

关。耿定理在世时,"总是能够用他特有的方式调解他长兄和李贽之间的冲突"。①

从相知到相辩

万历十二年(1584)七月,耿定理病逝于黄安。李贽感到极为悲痛,并作了《哭耿子庸》诗四首。摘录其四如下:"君心未易知,吾言何恻恻!大言北海若,小言西河伯。缓言微风人,疾言养叔射。粗言杂俚语,无不可思绎。和光混俗者,见之但争席。浩气满乾坤,收敛无遗迹。时来一鼓琴,与君共晨夕。已矣莫我知,虽生亦何益!"②这四首诗,深情抒发了李贽对耿定理的情感以及对其去世的无限悲痛。

耿定理去世后,李贽与耿定向的矛盾开始公开化了。是年八月,耿定向升任都察院左副都御史,因害怕李贽的思想影响了他的子侄,多次写信给李贽,开始对李贽进行非难。明代文学家袁中道在《李温陵传》中记载:"子庸死,子庸之兄天台公惜其(指李贽)超脱,恐子侄效之,有遗弃之病,数致箴切。"③而李贽在万历十二年(1584)写于黄安的《答耿中丞》一信中,对耿定向的言论进行了批驳。此信比较完整表达了李贽的基本思想,"是李贽'非圣无法'的代表作,具有鲜明的时代特征"。④ 在这一年,李贽还写了《复耿中丞》《又答耿中丞》两封信对耿定向的指责进行反驳。⑤

万历十三年(1585),在周思久、周思敬兄弟的帮助下,李贽离开黄安,后住进了麻城维摩庵。在《与弱侯焦太史》一信中,李贽表达了对耿定理的怀念以及到达维摩庵之后的情况。李贽写道:"此间自八老(耿定理)去后,寂寥太甚,因思向日亲近善知识时,全不觉知身在何方,亦全不觉欠少甚么,相看度日,真不知老之将至。盖真切友朋,生死在念,万分精进,他人不知故耳。自今实难度日矣!……所幸菩萨不至终穷,有柳塘老以名德重望为东道主,其佳婿曾中野舍大屋以居我,友山兄又以智慧禅定为弟教导之师,真

---

① 黄仁宇:《万历十五年》,北京:九州出版社,2014年,第212页。
② 张建业主编:《李贽全集注》第2册,北京:社会科学文献出版社,2010年,第253页。
③ 张建业主编:《李贽全集注》第26册,北京:社会科学文献出版社,2010年,第158页。
④ 林海权:《李贽年谱考略》,福州:福建人民出版社,2005年,第160页。
⑤ 林海权:《李贽年谱考略》,福州:福建人民出版社,2005年,第160页。

可谓法施、食施、檀越施兼得其便者矣。"①是年,耿定向写了《纪梦》一文,该文以托梦的形式将王守仁的"良知"与《中庸》的"淡"联系在一起。在梦中,耿定向与荆石王相君(王锡爵)论学,"相君徐问曰:'阳明良知之指云何?'余曰:'惟淡,知乃良;不淡,知弗良矣。淡固良知之宗祖也。'相君再四首肯云"。②第二天,耿定向与人谈起此事:"次晚,周子礼、李士龙侍,余忆前梦语之。……子礼怃然曰:'平常闻教语未有若斯吃紧亲切者,既识得此体,即有夙染习气,亦自知湔磨涤涮矣。'余曰:'然,然。'"③李贽写了《答耿中丞论淡》加以反驳。李贽认为耿定向是"寐中作白昼语",故写道:"世人白昼寐语,公独于寐中作白昼语,可谓常惺惺矣。"④李贽认为:"若苟有所忻羡,则必有所厌舍,非淡也。……淡岂可以易言乎?"⑤为此,李贽劝告耿定向:"愿公更不必论湔磨涤涮,而惟直言问学开大之益;更不必虑虚见积习之深,而惟切究师友渊源之自。则康节所谓'玄酒味方淡,大音声正希'者,当自得,不期淡而自淡,不亦庶乎契公作人之微旨,而不谬为'常惺惺'语也耶。"⑥

万历十四年(1586),耿定向在《与周柳塘》一信中对李贽的"以任真自得为趣"进行了批判。耿定向写道:"忆昔年卓吾寓兄湖上时,兄谓余重名教,卓吾识真机。亡弟消兄曰:'拆篱放犬!'……兄时不解,曾以语余,余哂而不答,盖翼兄之自解也。乃近书来,复曰余'以继往开来为重',而卓吾'以任真自得为趣',则亡弟之消,兄至今未会矣。"⑦因信中提到了李贽,周思久就将此信转给了李贽。李贽看信后,写了《童心说》给予反驳。《童心说》是阐述李贽哲学思想和文学主张的重要文章。是年,李贽还写了《答耿司寇》一封万言长信,提出了"'何必专学孔子而后为正脉'的异端口号,提出了'人人皆

---

① 张建业主编:《李贽全集注》第3册,北京:社会科学文献出版社,2010年,第68～69页。
② (明)耿定向著,傅秋涛点校:《耿定向集》,上海:华东师范大学出版社,2015年,第491页。
③ (明)耿定向著,傅秋涛点校:《耿定向集》,上海:华东师范大学出版社,2015年,第491～492页。
④ 张建业主编:《李贽全集注》第1册,北京:社会科学文献出版社,2010年,第58页。
⑤ 张建业主编:《李贽全集注》第1册,北京:社会科学文献出版社,2010年,第58页。
⑥ 张建业主编:《李贽全集注》第1册,北京:社会科学文献出版社,2010年,第58页。
⑦ (明)耿定向著,傅秋涛点校:《耿定向集》,上海:华东师范大学出版社,2015年,第123～124页。

可以为圣'的思想命题"。①

万历十五年(1587),李贽遭眷归泉,写《与耿司寇告别》一信。李贽在信中表明自己是因失言遭乡愿所仇。乡愿,语出《论语》:"乡愿,德之贼(败坏者)也。"②李贽写道:"若夫德贼之乡愿,则虽过门而不欲其入室。盖拒绝之深矣,而肯遽以人类视之哉!而今事不得已,亦且与乡愿为侣,方且尽忠告之诚,欲以纳之于道,其为所仇疾,无足怪也,失言故耳。"③李贽就此向耿定向作别:"仆今将告别矣,复致意于狂狷与失人、失言之轻重者,亦谓惟此可以少答万一尔。贱眷思归,不得不遣。仆则行游四方,效古人之求友。"④耿定向看了信后,认为李贽所言"乡愿"指的是自己,于是就写了《又与李卓吾》一信加以反驳。耿定向写道:"来札中所谓乡愿之拟,循省实非其伦。尝惟乡愿模样大类中行,孔孟薄诮之者,只为自以为是,不可入尧舜之道耳。今仰思尧舜之道何道哉?只是这些子不容自己的仁脉流传。至于孔孟,其模样历千万岁可睹也。今世禅活子不修不证,撑眉张吻,自以为是微妙处,余虽不知,其模样可概睹已。意即彼释迦之道且亦难入,而强与言尧舜、孔孟之道,岂不由耳食哉!……剖心矢口,一申其说,亦所谓不直则道不见也。公试循思。"⑤

李贽与耿定向从相知到相辩大约进行了四年。这四年的相辩,李贽与耿定向主要是在思想上的交锋。分析这场交锋必须明确两个问题,一是相辩的性质。这场相辩的性质,可以说是泰州学派中的左右派之辩。李、耿两人同属泰州学派,在这场相辩中,"两家门徒标榜角立,而耿、李分敌国。此曰'吾师圣人也'。彼亦曰:'吾师圣人也'。载赘曰'彼以耿为南方圣人乎,吾将为西方圣人矣'"!⑥嵇文甫先生在《晚明思想史论》一书中写道:"在思想史上,一个大师的门下往往是'学焉各得其性之所近,源远而末益分'。于是乎'儒分为八,墨分为三',形成许多小派别,而向各方面分途发展。"⑦嵇先

---

① 张建业主编:《李贽全集注》第1册,北京:社会科学文献出版社,2010年,第79页。
② 金良年撰:《论语译注》,上海:上海古籍出版社,2004年,第213页。
③ 张建业主编:《李贽全集注》第1册,北京:社会科学文献出版社,2010年,第67页。
④ 张建业主编:《李贽全集注》第1册,北京:社会科学文献出版社,2010年,第67页。
⑤ (明)耿定向著,傅秋涛点校:《耿定向集》,上海:华东师范大学出版社,2015年,第162~163页。
⑥ 张建业主编:《李贽全集注》第26册,北京:社会科学文献出版社,2010年,第76页。
⑦ 嵇文甫:《晚明思想史》,北京:北京出版社,2014年,第18页。

生在该书《王学的分化》一章中,专门描述了"王学左派"和"王学右派"的情况。嵇先生将李贽归入"狂禅派"。对于"狂禅派"的特征,嵇先生是这样归纳的:"当万历以后,有一种似儒非儒,似禅非禅的'狂禅'运动风靡一时。这种运动以李卓吾为中心,上溯至泰州派下的颜、何一系,而其流波及于明末的一批文人。他们的特色是'狂',旁人骂他们'狂',而他们也以'狂'自居。"① 在《儒教叛徒李卓吾》一书中,吴泽先生对于李贽是这样表述的:"王学左派之尤——李卓吾。"② 吴先生关于李贽有这样一段话:"他受着王艮一派'向下沉'的英雄主义气派行为的影响,使得他主观主义的唯心思想或观念论更加自由、解放、狂放,终于铸成了他那浪漫主义的唯心论和儒学批判主义,成为'王学左派之尤'。"③ 对于耿定向,吴震先生在《阳明后学研究》一书中提出了"卫道意识","随着阳明学风靡天下,在晚明思想界中出现了种种所谓'异变'现象。对当时出现的种种'喜新厌旧'的社会风气深感危机,并欲力挽狂澜于既倒者,实在为数不少。耿天台大概可以算是其中的一个代表性人物"。④ 日本学者冈田武彦在《王阳明与明末儒学》一书中指出:"这样一来,天台便与修证派(正统派)诸儒一样提倡'良知即天理'说,以至将阳明的'致良知'与朱子的'穷理'看作同旨。他认为因为朱子的'穷理'不仅仅在于追求知识,而在于反身体认,即穷得自身的立命之源,所以王门一派称之为'支离'是错误的。他还论述了朱子的行履气象及继往开来的精神,并以此为基础,一边说若真正地尊信体认阳明之教旨,就不会违背朱子;一边又说没有必要同朱子聚讼驳异。"⑤ 左右派的观点泾渭分明,相辩是必然的。

二是相辩的内容。对于相辩的主要问题,李贽在《耿楚倥先生传》中写道:"而天台先生亦终守定'人伦之至'一语在心,时时恐余有遗弃之病。余亦守定'未发之中'一言,恐天台或未窥物始,未察伦物之原。"⑥ 也就是说,李贽认为"人伦之至"和"未发之中"是两人相辩的焦点。"人伦之至"坚持的是儒学的道统,而"未发之中"追求的是人的自由、解放。"人伦之至"和"未发

---

① 嵇文甫:《晚明思想史》,北京:北京出版社,2014年,第57页。
② 吴泽:《儒教叛徒李卓吾》,上海:华夏书店,1948年,第38页。
③ 吴泽:《儒教叛徒李卓吾》,上海:华夏书店,1948年,第41页。
④ 吴震:《阳明后学研究》,上海:上海人民出版社,2003年,第372~373页。
⑤ [日本]冈田武彦:《王阳明与明末儒学》,重庆:重庆出版社,2016年,第184~185页。
⑥ 张建业主编:《李贽全集注》第2册,北京:社会科学文献出版社,2010年,第22页。

之中"之辨主要集中在两个方面：

（1）卫道统和反道统。从相辩一开始，这个问题就出现了。耿定理过世后，在《与周柳塘》一文中，耿定向写道："卓吾之学只图自了，原不管人，任其纵横可也。兄兹为一邑弟子宗者，作此等榜样，宁不杀人子弟耶？……惟兄仅一子，孤注耳，血气尚未宁也。兄若以此导之，忍耶？"①在万历十二年（1584）写于黄安的《答耿中丞》一信中，李贽对耿定向的言论进行了批驳。李贽在信中提出了人人平等的观念："夫天生一人，自有一人之用，不待取给于孔子而后足也。若必待取足于孔子，则千古以前无孔子，终不得为人乎？"②李贽对耿定向的"乃所愿，则学孔子也"的"慎术""择术"的理论进行反驳："故为愿学孔子之说者，乃孟子之所以止于孟子，仆方痛憾其非夫，而谓公我愿之欤？……孔子未尝教人之学孔子，而学孔子者务舍己而必以孔子为学，虽公亦必以为真可笑矣。"③李贽对儒教的核心"仁"进行了批判："夫天下之人得所也久矣，所以不得所者，贪暴者扰之，而'仁者'害之也。'仁者'以天下之失所也而忧之，而汲汲焉欲贻之以得所之域。于是有德礼以格其心，有政刑以絷其四体，而人始大失所矣。"④同时，李贽还提出了"各从所好，各骋所长"的自由发展的理念，"富贵利达所以厚吾天生之五官，其势然也。是故圣人顺之，顺之则安之矣。是故贪财者与之以禄，趋势者与之以爵，强有力者与之以权，能者称事而官，懦者夹持而使。有德者隆之虚位，但取具瞻；高才者处以重任，不问出入。各从所好，各骋所长，无一人之不中用。何其事之易也。"⑤这两封书信，阐述了双方在卫道统与反道统上的基本立场。

（2）"不容己"与"童心说"。张学智先生在《明代哲学史》一书中指出："耿定向继承王阳明、王艮的'根心''格物'诸说，参之以朱子学、佛学而加以融贯，提出了'不容己'的学说。"⑥在与李贽的书信中，耿定向多次提到了"不容己"。在《与李卓吾书（第三段）》中，耿定向指出："余惟反之本心不容己者，虽欲坚忍无为，若有所使而不能。反之本心不自安者，虽欲任放敢为，若

---

① （明）耿定向著，傅秋涛点校：《耿定向集》，上海：华东师范大学出版社，2015年，第126页。
② 张建业主编：《李贽全集注》第1册，北京：社会科学文献出版社，2010年，第40页。
③ 张建业主编：《李贽全集注》第1册，北京：社会科学文献出版社，2010年，第40页。
④ 张建业主编：《李贽全集注》第1册，北京：社会科学文献出版社，2010年，第41页。
⑤ 张建业主编：《李贽全集注》第1册，北京：社会科学文献出版社，2010年，第41页。
⑥ 张学智：《明代哲学史》，北京：中国人民大学出版社，2012年，第262页。

有所制而不敢。是则浅肤之纲领,惟求不失本心而已矣,岂是束于其教,不达公上乘之宗耶?"①在《与李卓吾书(第四段)》中,耿定向指出:"公谓余之不容自己者,乃《弟子职》诸篇入孝出弟等事。公所不容己者,乃大人明明德于天下事。此则非余所知也。除却孝悌等,更明何德哉?窃意公所云明德者,从寂灭灭已处觑得无生妙理,便谓明了。余所谓不容己者,即子臣弟友根心处识取有生常道耳。"②万历十四年(1586),耿定向在《与周柳塘》一信中写道:"夫孔孟之学,学求真耳。其教,教求真耳。舍此一真,何以继往,何以开来哉?……兹欲与兄一剖真机,虑兄以为声闻不省,然此中真机有勃勃不可遏者。……吾儒之教以仁为宗,正以其得不容己之真机也。彼以寂灭灭已为真,或以一切任情从欲为真,可无辩哉!"③李贽阅信后,写了《童心说》给予反驳。李贽的《童心说》立意是:"立足于明真揭假,把一切失去童心的假人、假事、假文、假道学的真面目揭露在世人面前。"④李贽写道:"夫童心者,真心也。若以童心为不可,是以真心为不可也。夫童心者,绝假纯真,最初一念之本心也。若失却童心,便失却真心;失却真心,便失却真人。人而非真,全不复有初矣。"⑤在阐明"童心"的概念之后,李贽对当时"障其童心"的弊端进行了批判:"夫学者既以多读书、识义理障其童心矣,圣人又何用多著书立言以障学人为耶?童心既障,于是发而为言语,则言语不由衷;见而为政事,则政事无根柢;著而为文辞,则文辞不能达。……所以者何?以童心既障,而以从外入者闻见道理为之心也。……盖其人既假,则无所不假矣。由是而以假言与假人言,则假人喜;以假事与假人道,则假人喜;以假文以假人谈,则假人喜。无所不假,则无所不喜。"⑥李贽在文中也批判了《六经》《论语》《孟子》等著作,认为其非出于"童心":"夫《六经》《语》《孟》,非其史官过为褒崇之词,则其臣子极为赞美之语。又不然,则其迂阔门徒,懵懂弟子,记忆师说,有头无尾,得后遗前,随其所见,笔之于书。……乃道学之口实假人之渊

---

① (明)耿定向著,傅秋涛点校:《耿定向集》,上海:华东师范大学出版社,2015年,第163页。
② (明)耿定向著,傅秋涛点校:《耿定向集》,上海:华东师范大学出版社,2015年,第163页。
③ (明)耿定向著,傅秋涛点校:《耿定向集》,上海:华东师范大学出版社,2015年,第124~125页。
④ 林海权:《李贽年谱考略》,福州:福建人民出版社,2005年,第178页。
⑤ 张建业主编:《李贽全集注》第1册,北京:社会科学文献出版社,2010年,第276页。
⑥ 张建业主编:《李贽全集注》第1册,北京:社会科学文献出版社,2010年,第276页。

薮也,断断乎其不可以语于童心之言明矣。"[1]为此,李贽提出了"童心者之自文"的文学思想:"天下之至文,未有不出于童心焉者也。苟童心常存,则道理不行,闻见不立,无时不文,无人不文,无一样创制体格文字而非文者。诗何必古选,文何必先秦。……故吾因是而有感于童心者之自文也,更说甚么《六经》,更说甚么《语》《孟》乎?"[2]

从相辩到相讦

万历十六年(1588)二月,耿定向回到黄安,此时他任南京都察院右副都御史。在《观生纪》中,耿定向记有此次黄安之行:"十六年戊子,我生六十五岁。便还里,以二月葬仲弟,三月葬彭淑人。撰哭仲子文暨亡妻彭淑人圹志。"[3]他写了一封信给周柳塘,对李贽进行人身攻击。李贽得知此信后,写了《答周柳塘》一信加以反驳。李贽写道:"耿老与周书云:'往见说卓吾狎妓事,其书尚存,而顷书来乃谓弟不能参会卓吾禅机。'……又谓:'鲁桥诸公之会宴邓令君也,卓吾将优旦调弄,此亦禅机也,打滚意也。'……又谓:'卓吾曾强其弟狎妓,此亦禅机也。'又谓:'卓吾曾率众僧入一嫠妇之室乞斋,卒令此妇冒帷簿之羞,士绅多憾之,此亦禅机也。'"[4]从信中的内容可以看出,此次论争已经从相辩发展到相讦了。李贽是一位"桀骜不驯"的斗士,必然加以反击。在《答周柳塘》一信中,在逐条驳斥耿定向的人身攻击后,李贽写道:"弟极知兄之痛我,侗老之念我,然终不敢以庸众人之心事兄与侗老者,亦其禀性如是。亦又以侗老既肯出此言以教我矣,我又安敢默默置可否于度外,而假为世间承奉之语以相奉承,取决于二公一时之忻悦已耶!"[5]是年夏天,李贽"剃去头发,仅留胡须,以异端自居"。[6]周思久写信给耿定向之弟

---

[1] 张建业主编:《李贽全集注》第1册,北京:社会科学文献出版社,2010年,第277页。
[2] 张建业主编:《李贽全集注》第1册,北京:社会科学文献出版社,2010年,第276~277页。
[3] (明)耿定向著,傅秋涛点校:《耿定向集》,上海:华东师范大学出版社,2015年,第815页。
[4] 张建业主编:《李贽全集注》第1册,北京:社会科学文献出版社,2010年,第218~219页。
[5] 张建业主编:《李贽全集注》第1册,北京:社会科学文献出版社,2010年,第221页。
[6] 张建业主编:《李贽全集注》第26册,北京:社会科学文献出版社,2010年,第449页。

耿定力，希望耿定向不要对李贽剃发进行攻击。耿定向回信道："家弟传兄教云，卓吾已剃发，属余更弗弹射云云。吁！是何言欤？是何言欤？……且兄仁人也，卓吾剃发便可置之度外耶？此中士绅闻卓吾剃发，或束名教骇而异之者，或钦佛教喜而乐闻之者。即兄援古宰官出家之陈迹为解，似亦未得卓吾心髓也。彼世求富贵利达者，或刺股悬梁，亦有剃发闭门者。此老心雄，其剃发也，原是发奋求精进耳。亦如博士家欲中之极如此……虽然，平常中原自玄妙，粗浅中更是精微。圣学如是，佛学亦如是。佛降而禅，圣降而儒，道斯歧矣。卓吾发愤如此，计当必透此一关。透此一关，便是人天师矣。若由是益惊玄奇，只在禅家见趣上盘旋，吾恐不免堕入十二天魔中去也。"①是年夏天，李贽看了耿定向与国子监博士刘元卿的信稿之后，在《寄答耿大中丞》一信中，"李贽嘲笑了耿定向'言舍己从人以欺人'的言行不一的虚伪行径，揭露了他们以'扶世立教'而自诩的狂妄态度"。②也是在这年夏天，李贽看到了有关评论何心隐的文章，专门写了《答邓明府》及《何心隐论》，称赞张居正与何心隐，并对耿定向不向何心隐伸出援手，造成何心隐之死，感到愤慨。③黄宗羲在《明儒学案（恭简耿天台先生定向）》中指出："乃卓吾之所以恨先生者，何心隐之狱，惟先生与江陵厚善，且主杀心隐之李义河，又先生之讲学友也。斯时救之固不难，先生不敢沾手，恐以此犯江陵不说学之忌。"④

万历十八年（1590），《焚书》在麻城刊印。李贽作《自序》云："今既刻《说书》，故再《焚书》亦刻，再《藏书》中一二论著亦刻。焚者不复焚，藏者不复藏矣。……夫欲焚者，谓其逆人之耳也；欲刻者，谓其入人之心也。逆耳者必杀，是可惧也。然余年六十四矣，倘一入人之心，则知我者或庶几乎！余幸其庶几也，故刻之。"⑤因《焚书》中包括与耿定向的往来书信，已乞休归的耿定向读后，十分恼火，写了《求儆书》，对李贽加以攻击："惟卫武年九十犹求儆于国人，余犬马齿几古稀矣，相知者忍耄余，弃予不为儆耶？昔夫子得子

---

① （明）耿定向著，傅秋涛点校：《耿定向集》，上海：华东师范大学出版社，2015年，第127~128页。
② 张建业主编：《李贽全集注》第1册，北京：社会科学文献出版社，2010年，第104~105页。
③ 林海权：《李贽年谱考略》，福州：福建人民出版社，2005年，第210~211页。
④ （清）黄宗羲：《明儒学案》，北京：中华书局，2008年，第815页。
⑤ 张建业主编：《李贽全集注》第1册，北京：社会科学文献出版社，2010年，第1页。

路,恶声不至于耳。非子路奋于勇,遏绝天下之恶声不至也,意必有以求夫子之失而补其缺,恶声无自至也。予兹不免恶声至,是亦同心耻也! 何以振我而刷浣我者? 余初省致诟之由,茫然不得其端,近检笥牍稿,始解所自云。惟伊学术已大发泄于此。顾念予年七十,尚不免集诟耻矣! 诸所诬诋,羞置一喙,谨以牍稿数草录寄相知者一览。后贤按此,谂余之缺而箴儆之是望。"①耿定向的门徒蔡毅中"为《求儆书》作序并刻印,又作《焚书辨》,直接攻击李贽"。② 李、耿两人由相辩到相评达到了白热化的程度。

万历十九年(1591),耿定向写了《求儆书后》,继续攻击李贽:"右求儆书。余实祖臂披膺,冀相知者针砭我也。顷,光山蔡弘甫著《焚书辨》并书来,过我依违隐忍,不能为斯道张主。余则何辞,顾其中情难言矣。念客之间关万里来也,原为余仲。仲逝矣,无能长其善而求其缺。即今恶声盈耳,宁忍闻哉? 且令后学乘风步影,毒流百世之下,谁执其咎? ……暴怒性也,予亦曰性也。顾谓怒以天下,如遏密徂,诛正卯,圣人所以尽性也。若王雱狂恣诟魏公,胡纮蓄愤诋元晦,不敢曰此亦率性无碍也。"③李贽在《答友人书》一信中予以反驳:"或曰:'李卓吾谓暴怒是学,不亦异乎!'有友答曰:'卓老断不说暴怒是学,当说暴怒是性也。'或曰:'发而皆中节方是性,岂有暴怒是性之理!'曰:'怒亦是未发中有的。'吁吁! 夫谓暴怒是性,是诬性也;谓暴怒是学,是诬学也。既不是学,又不是性,吾真不知从何处而来也,或待因缘而来乎? 每见世人欺天罔人之徒,便欲手刃直取其首,岂特暴哉! 纵遭反噬,亦所甘心,虽死不悔,暴何足云! 然使其复见光明正大之夫,言行相顾之士,怒又不知向何处去,喜又不知从何处来矣。则虽谓吾暴怒可也,谓吾不迁怒亦可也。"④双方言辞激烈,可谓针尖对麦芒。

导致李贽与耿定向从相辩到相评的主要原因是耿定向为官之后的变化以及李贽《焚书》的刊印。耿定向身份发生变化后,其卫道意识越来越强,对

---

① (明)耿定向著,傅秋涛点校:《耿定向集》,上海:华东师范大学出版社,2015年,第258~259页。
② 张建业主编:《李贽全集注》第26册,北京:社会科学文献出版社,2010年,第452页。
③ (明)耿定向著,傅秋涛点校:《耿定向集》,上海:华东师范大学出版社,2015年,第259~260页。
④ 张建业主编:《李贽全集注》第1册,北京:社会科学文献出版社,2010年,第142~143页。

于作为异端的李贽越来越不能容忍,而在实际的相辩之中又往往胜不过倔强善辩的李贽,因此只好采取相讦的方式,对李贽加以攻击。而李贽的《焚书》刊印之后,两人之间的相辩公诸于世,耿定向在相辩中的劣势显而易见。《明儒学案(恭简耿天台先生定向)》是这样表述这种劣势的:"先生因李卓吾鼓倡狂禅,学者靡然从风,故每每以实地为主,苦口匡救。然又拖泥带水,于佛学半信半不信,终无以压服卓吾。"①黄宗羲当然是不赞同李贽观点的,但耿定向在相辩中处于劣势,从此段表述中可以看出端倪。在这种情况下,耿定向就企图用一些道听途说的事、用求傲书等方式来对李贽进行攻击,以挽回自己和家族的声誉。李贽不服输的性格决定了他必然对耿定向的攻击进行猛烈的反击,于是相辩也就成了相讦。在这场相讦中,双方弟子纷纷选边站队。乾隆《泉州府志》载:"(李贽)顾持论与定向不合,两家门徒标榜角立。于是趣妻女归,自称流寓客子。"②即使到了武昌,李贽也遭到了耿定向弟子的驱逐:"不肖株守黄、麻一十二年矣,近日方得一览黄鹤之胜,尚未眺晴川、游九峰也,即蒙忧世者有左道惑众之逐。"③李贽认为是耿定向唆使门徒所为,"侗老原是长者,但未免偏听。故一切饮食耿氏之门者,不欲侗老与我如初,犹朝夕在武昌倡为无根言语。本欲甚我之过,而不知反以彰我之名"。④同时,由于耿定向任过户部尚书,又是当地名门望族,于是地方官员借这个机会开始驱逐和迫害李贽。沈鈇在《李卓吾传》一文中写道:"黄郡太守及兵宪王君,亟榜逐之。谓黄有左道,诬民惑世。捕曹吏持载贽急,载贽入衢州,过武昌。"⑤

从相讦到相谅

万历二十一年(1593),泰州学派罗汝芳的弟子杨起元托新任南京大理寺卿周友山带给李贽一封信,杨起元在信中劝李贽与耿定向和解。⑥杨起元

---

① (清)黄宗羲:《明儒学案》,北京:中华书局,2008 年,第 815 页。
② (清)怀荫布修:乾隆《泉州府志》卷五十四,泉州:泉州市地方志编纂委员会办公室,1984 年,第 44 页。
③ 张建业主编:《李贽全集注》第 1 册,北京:社会科学文献出版社,2010 年,第 133 页。
④ 张建业主编:《李贽全集注》第 1 册,北京:社会科学文献出版社,2010 年,第 157 页。
⑤ 张建业主编:《李贽全集注》第 26 册,北京:社会科学文献出版社,2010 年,第 77 页。
⑥ 林海权:《李贽年谱考略》,福州:福建人民出版社,2005 年,第 295 页。

写道:"湖山佳偶,足下又丧之,真造化之畸人矣。生想人寓形天地间,若与遇而俱适,则千态万状,何可胜纪?惟不求其同,而求其适,乃所以为百虑而一致也。苟不求其适而求其同,则跃冶之金也。是故达理者无是非,契真者无同异。人之见,于大同中而强见其异,于本异中强见其同。……子曰:'攻乎异端,斯害也已。'夫无故而见其异矣,又每从而攻之,则吾之见益坚,岂不为道之害哉?见去则无异,无异则道存,此殆孔子之意与?友山丈入京,适生负疴,不得细领教益。今南还,因托以就正于有道门下者如此,幸随便惠教之,感荷不浅矣。"①虽然没有李贽回信的记录,可以肯定的是,此信对李贽有一定的触动。是年九月,"在衡州同知沈鈇调解下,李贽到黄安,与耿定向重叙旧情"。②这是李、耿相辩之后的第一次见面,沈鈇在《李卓吾传》中描写了此次会面,"鈇招耿公曰:'李先生信禅,稍戾圣祖,顾天地间自有一种学问,逃墨归杨,归斯受焉。此圣贤作用也。'于是耿、李再晤黄安,相抱大哭,各叩首百拜,叙旧雅,欢洽数日而别"。③因为这次会面,李贽写了《宿天台顶》七律诗一首:"缥缈高台起暮秋,壮心无奈忽同游。水从霄汉分荆楚,山尽中原见豫州。明月三更谁共醉,朔风初动不堪留。朝来云雨千峰闭,恍惚仙人在上头。"④虽说是和解,但诗中可以看出,李贽"既想与耿定向和解,又想保持一定距离的矛盾心情"。⑤

李贽回龙湖后,著书讲学,听讲者众多,特别是"他的讲学既冲破儒教的堤防,又不守释宗的绳检,在社会上产生了很大的影响"。⑥沈鈇在《李卓吾传》中写道:"载贽抵麻城,卜室龙湖寺中,鸠率好义者,大修佛殿,饰如来诸祖像。日著书谈道,听说者日益夥。间有室门女流,持斋念佛,亦受业焉。虽不躬往,订于某日某时受戒,先致筐帛;甫反,候宦女在家合掌拜,载贽在寺亦答受之。坐是喧阗郡邑,符卿周公弘禴曰:'李先生学已入禅,行多诞,祸不旋踵矣。'"⑦

---

① 张建业主编:《李贽全集注》第26册,北京:社会科学文献出版社,2010年,第118页。
② 张建业主编:《李贽全集注》第26册,北京:社会科学文献出版社,2010年,第459页。
③ 张建业主编:《李贽全集注》第26册,北京:社会科学文献出版社,2010年,第77页。
④ 张建业主编:《李贽全集注》第3册,北京:社会科学文献出版社,2010年,第416页。
⑤ 张建业主编:《李贽全集注》第3册,北京:社会科学文献出版社,2010年,第417页。
⑥ 林海权:《李贽年谱考略》,福州:福建人民出版社,2005年,第306页。
⑦ 张建业主编:《李贽全集注》第26册,北京:社会科学文献出版社,2010年,第77页。

万历二十三年(1595年),耿定向卧病在床,写了《学彖》《冯道论》,又对李贽加以攻击。在《学彖》中,耿定向写道:"今高明贤俊自负为心性学者,吾尤惑焉。盖归宗于芦渡东来之教,沉酣于《楞》《檀》非圣之书,以觅之了不可得者为宗,夋为思及此方极玄微要妙……又谓彼法神通,有机有权,狠憸阴贼,以为妙用。盖不惟败化伤风,亦且伤人螫物,蔑不至矣。亡论此,即其品骘古昔也,誉冯道,伸秦桧,才章惇与吕惠卿、韩侂胄,而故掊击程、朱,訾议孔孟。其横议若此,岂世运至此,是非不在人心耶!"①在《冯道论》中,耿定向针对李贽褒扬冯道而提出:"若冯道更事四姓十主,亦称为有道。嗟夫!以冯道为有道,是可指孀妇而谓之曰'人尽夫也,何以为节'云尔。由此推之,故亦可曰'人尽君也'。惟荣利之要,朝委质而夕劝进焉,弗恤矣。将亦曰'人尽父也',惟势位之急,朝伏膝而夕操戈焉,弗恤矣。子焉而弗父其父,臣焉而弗君其君,妇焉而弗夫其夫,则是天柱蹶而地维裂也。……今世称冯道为有道者,其败化乱世,莫此为甚。"②

在耿定向的攻击之下,麻城有些人借机"勾结地方官员迫害李贽,扬言要拆毁芝佛寺"。③李贽在《答周友山》一信中写道:"我因人说要拆湖上芝佛院,故欲即刻盖阁于后,使其便于一时好拆毁也。芝佛院是柳塘分付无念盖的,芝佛院匾是柳塘亲手题的。今接盖上院,又是十方尊贵大人布施俸金,盖以供佛,为国祈福者。今贵县说喈者不见舍半文,而暗属上司令其拆毁,是何贤不肖之相去远乎!"④

万历二十三年(1595)冬,耿定向病情严重,李贽在友人陪同下,前往黄安天窝与耿定向见面,双方再次和解。李贽在《耿楚倥先生传》中记载了此次会面:"余是以不避老,不畏寒,直走黄安会天台于山中。天台闻余至,亦喜之若狂。志同道和,岂偶然耶!"⑤李贽将《耿楚倥先生传》手抄三份,一份送给耿定向,一份给耿定理的两个儿子,一份给耿定向的弟弟耿定力。李贽在黄安住了两个多月方回龙湖。

---

① (明)耿定向著,傅秋涛点校:《耿定向集》,上海:华东师范大学出版社,2015年,第350页。
② (明)耿定向著,傅秋涛点校:《耿定向集》,上海:华东师范大学出版社,2015年,第273页。
③ 林海权:《李贽年谱考略》,福州:福建人民出版社,2005年,第308页。
④ 张建业主编:《李贽全集注》第3册,北京:社会科学文献出版社,2010年,第80页。
⑤ 张建业主编:《李贽全集注》第2册,北京:社会科学文献出版社,2010年,第22页。

在黄安期间,"时僧若无想离开龙湖远游,其寡母张氏来信劝阻,语言真切中理"。① 李贽看完信后,写了《读若无母寄书》一文,表达对若无母的赞扬之情:"卓吾子读而感曰:'恭喜家有圣母,膝下有真佛。'夙夜有心师,所矢皆海潮音,所命皆心髓至言,颠扑不可破。回视我辈傍人隔靴搔痒之言,不中理也。又如说食示人,安能饱人,徒令傍人又笑傍人,而自不知耻也。反思向者与公数纸,皆是虚张声势,恐吓愚人,与真情实意何关乎!乞速投之水火,无令圣母看见,说我平生尽是说道理害人去也。"② 李贽在文中提出了孝行问题,"念佛者必修行,孝则百行之先。若念佛名而孝行先缺,岂阿弥陀亦少孝行之佛乎?"③ 耿定向读了李贽的《读若无母寄书》后,深有感触,写了《读李卓吾与王僧若无书》,对李贽的文章大加赞赏:"惟卓吾生平割恩爱,弃世纷,今年至七旬矣,乃能返本如是。若予今乃弥留待尽之日,所谓人穷反本者,以此闻卓吾赞叹张媪言,亦大欢喜如是也。盖即其欣赏张媪言如是,便知其持学已归宗本心矣。"④

在《耿楚倥先生传》一文中,李贽对于与耿定向从相讦到相谅做了这样的解释:"今幸天诱我衷,使余舍去'未发之中'一言,而天台亦遂顿忘'人伦之至'。乃知学问之道,两相舍则两相从,两相守则两相病,势固然也。两舍则两忘,两忘则浑然一体,无复事矣。"⑤ 罗福惠先生在《两舍则两从,两守则两病——耿定向于李贽"论道相左"新解》一文中指出:"耿定向直到死前,学术观点并未改变;同样,李贽生前的思想和人生态度也未大变,那么李贽为何主动与耿氏和解呢?……简单地说,此时李贽采纳了十年前耿定理的'大而化之'的态度。"⑥ 也就是说,采取了一种学术上的妥协,以达到在泰州学派思想观念上的"志同道合"。

此次和解之后,万历二十四年(1596)六月,耿定向去世。这场最终以相谅为结果的泰州学派左右之辩落下了帷幕。

---

① 林海权:《李贽年谱考略》,福州:福建人民出版社,2005年,第326页。
② 张建业主编:《李贽全集注》第2册,北京:社会科学文献出版社,2010年,第19页。
③ 张建业主编:《李贽全集注》第2册,北京:社会科学文献出版社,2010年,第19页。
④ (明)耿定向著,傅秋涛点校:《耿定向集》,上海:华东师范大学出版社,2015年,第480页。
⑤ 张建业主编:《李贽全集注》第2册,北京:社会科学文献出版社,2010年,第22页。
⑥ 罗福惠:《两舍则两从,两守则两病——耿定向与李贽"论道相左"新解》,《江汉论坛》2002年第10期,第70~75页。

结　　语

　　这场泰州学派的左右之辩成就了李贽。在论争中,李贽的思想逐步成熟,许多著述应运而生。在《答焦漪园》一信中,李贽写道:"承谕,《李氏藏书》谨抄录一通,专人呈览。年来有书三种,惟此一种系千百年是非,人更八百,简帙亦繁,计不止二千页矣。更有一种,专与朋辈往来谈佛乘者,名曰《李氏焚书》。大抵多因缘语、忿激语,不比寻常套语。恐览者或生怪憾,故名曰《焚书》,言其当焚而弃之也。……又一种则因学士等不明题中大旨,乘便写数句贻之,积久成帙,名曰《李氏说书》,中间亦甚可观。"①此信写于万历十六年(1588),论争开始四年了,李贽对自己著述的特点已逐渐明朗。左东岭先生在《耿、李之争与李贽晚年的人格心态巨变》一文中指出:"诚然,倘若未发生此次论争,李贽也许会一直在耿家长期居住下去,平静地度过他的晚年,后人也许压根不知道明代还存在过这么一位名叫李贽的思想家。正如其本人所言:'使我苟不值多事,安得声名满世间乎?'"②

　　这场论争也将李贽逼上了死亡之路,不管是在论争中,还是论争结束之后,甚至论辩对手耿定向去世之后,封建统治阶级把这场泰州学派的左右之辩演变成为一场政治迫害。当这场论争引起广泛关注之后,地方官员就与当地士绅勾结,开始了迫害驱逐李贽的活动。万历二十八年(1600),这种迫害达到了高潮。容肇祖的《李贽年谱》记载:"到了冬天,麻城反对他的人勾结地方官,雇了一些流氓打手,以'逐游僧,毁淫寺''维护风化'为名,去驱逐迫害李贽。……这次把他住的芝佛寺拆毁了,塔也烧毁了。"③李贽先是避居黄檗山,后到通州,抱病完成《九正易因》,写下了《遗言》《书遗言后》,选好了墓地,安心等死了。然而封建统治阶级没有放过这个"异端",万历三十年(1602),礼科都给事中张问达利用了这场论争,上特疏劾奏李贽。在奏疏中,张问达提出,《藏书》《焚书》《卓吾大德》等书"流行海内,惑乱人心。以吕不韦、李园为智谋,以李斯为才力,以冯道为吏隐,以卓文君为善择佳偶,以

---

① 张建业主编:《李贽全集注》第 1 册,北京:社会科学文献出版社,2010 年,第 17 页。
② 左东岭:《耿、李之争与李贽晚年的人格心态巨变》,《北方论丛》1994 年第 5 期,第 76～81 页。
③ 容肇祖:《李贽年谱》,北京:三联书店,1957 年,第 104 页。

司马光论桑弘羊欺武帝为可笑,以秦始皇为千古一帝,以孔子之是非为不足据,狂诞悖戾,未易枚举。大都刺谬不经,不可不毁者"。① 在劾疏中,张问达还给李贽罗织了这样的罪名:"尤可恨者,寄居麻城,肆行不简,与无良辈游于庵院,挟妓女,白昼同浴,勾引士人妻女入庵讲法……又作《观音问》一书,所谓观音者,皆士人妻女也……迩来缙绅士大夫亦捧咒念佛,奉僧膜拜,手持数珠,以为律戒;室悬妙像,以为皈依。不知遵孔子家法,而溺意于禅教沙门者,往往出矣。"②神宗收到特疏后,立即下旨:"李贽敢倡(倡)乱道,惑世诬民,便令厂卫五城严拿治罪。其书籍已刊未刊者,令所在官司尽搜烧毁,不许存留。如有徒党曲庇私藏,该科及各有司访参奏来并治罪。"③马经纶在《李温陵外纪》一文中描述了李贽被捕的经过:"日者门板抬来,四十里中昏迷数次,竟日至夜,粒米不入,此缇骑所共见也。"④最后,李贽在狱中得知将被"押解回籍",自刎而死。

当一场学派之内的左右之辩被封建统治阶级所利用,李贽被视为"异端",在晚明那个思想极其禁锢的年代,命运可想而知,李贽就是这样因这场泰州学派的左右之辩被逼上了死路。

(原载《闽学研究》2021 年第 4 期)

---

① 张建业主编:《李贽全集注》第 26 册,北京:社会科学文献出版社,2010 年,第 326 页。
② 张建业主编:《李贽全集注》第 26 册,北京:社会科学文献出版社,2010 年,第 326 页。
③ 张建业主编:《李贽全集注》第 26 册,北京:社会科学文献出版社,2010 年,第 326 页。
④ 张建业主编:《李贽全集注》第 26 册,北京:社会科学文献出版社,2010 年,第 108 页。

秉性端方、行谊笃实的三省提学陈桂洲

清代泉州的举业虽然也有一定的绩效,共有文进士 265 名、武进士 88 名①,但是此时的封建社会已进入了衰颓时期,科举的腐败日益显著,科举逐步进入了没落时期,直至消亡,是不可避免的。清代金门举业由于受迁界等因素的影响,颓势从进士人数上可以看出,远远不如明代。有清一代,户贯为金门的进士仅有 3 人,而乡贯为金门、户贯在外的进士有 10 人。其中户贯为南安、乡贯为金门的进士陈桂洲,官至通政司参议、顺天府府丞,主持过云南、广西、顺天科举,以其"秉性端方、行谊笃实"名满天下。

户贯南安　乡贯金门

陈桂洲(1705—1770),字文馥,号修堂,南安三都西坡(今属泉州市丰泽区北峰街道招丰社区)人。王树声先生在《学政鸿儒陈桂洲》一文中指出:"明初,西埔陈氏先祖陈郢,由同安县浯洲岛陡门村(今金门县金沙镇斗门村)迁入西埔,陈桂洲系斗门陈氏大育公(陈遇龙,御史大夫,祖籍永春小岵)派下,'文'字辈十五世孙。"②乾隆《永春州志》记载:(宋进士)"咸淳四年戊辰陈文龙榜,陈遇龙,永春人。"③民国《南安县志》记载:"高宗乾隆七年壬戌金甡榜,陈桂洲,翰林侍讲学士,广东、广西督学,顺天府丞。有传。"④民国《福建通志》记载:陈桂洲,"祖:郢,自同安迁南安"。⑤ 陈桂洲户贯为南安,乡贯

---

① 陈笃彬、苏黎明:《泉州古代科举》,济南:齐鲁书社,2004 年,第 191 页。
② 王树声:《学政鸿儒陈桂洲》,《泉州姓氏文化》第 8 期(2019 年 11 月),第 52~54 页。
③ 永春县地方志编纂办公室编修:乾隆《永春州志》,厦门:厦门大学出版社,1994 年,第 286 页。
④ 戴希朱总纂:民国《南安县志》,南安:南安县地方志编纂委员会,1989 年,第 603 页。
⑤ 沈瑜庆、陈衍等纂:民国《福建通志》,北京:方志出版社,2016 年,第 6583 页。

为金门可以认定。

颖敏向学　家贫志坚

陈桂洲从小家庭贫寒,七岁入私塾学习,他特别珍惜来之不易的学习机会,刻苦学习,努力钻研,虚心向塾师请教,"在南安县学求学时就饱负盛名"。[1] 民国《南安县志》载:(陈桂洲)"少颖敏,稍长向学,殚心经史,与弟兰洲昼夜攻苦,交相切劘,家赤贫而志不懈。"[2]功夫不负有心人,陈桂洲于乾隆六年(1741)中举人,其弟陈兰洲也于乾隆九年(1744)中举人。民国《南安县志》载:"高宗乾隆六年辛酉科解元邱鹏飞,陈桂洲,壬戌会魁""高宗乾隆九年甲子科解元朱仕琇,陈兰洲,桂洲弟。"[3]陈桂洲于乾隆七年(1742)上京赴考,联捷登进士第。《明清进士题名碑录索引》记载:陈桂洲,"福建南安,清乾隆 7/3/176"。[4] 陈桂洲会试时,文章出类拔萃,主考官鄂文端对其大加赞赏,"座师西林鄂相国见其文,击节叹赏,以为手笔绝类正希"。[5] 陈桂洲登进士第后,因成绩优秀,秉性端方,被选为庶吉士。雍正十三年(1735),清廷设庶常馆,新科进士成绩优异者入馆学习,称庶吉士。三年后,经考试,成绩优秀者授翰林院编修、检讨,次者授给事中、御史。[6] 乾隆九年(1744),陈桂洲经御试,成绩优秀授翰林院检讨。民国《南安县志》记载:陈桂洲,"甲子,授检讨"。[7]

三省提学　精心选才

乾隆十二年(1747),陈桂洲开始了他的学官生涯。民国《南安县志》记载:陈桂洲,"丁卯年,派顺天乡试武闱副总裁"。[8] 也就是担任顺天乡试武科

---

[1] 王树声:《学政鸿儒陈桂洲》,《泉州姓氏文化》第8期(2019年11月),第52~54页。
[2] 戴希朱总纂:民国《南安县志》,南安:南安县地方志编纂委员会,1989年,第850页。
[3] 戴希朱总纂:民国《南安县志》,南安:南安县地方志编纂委员会,1989年,第646页。
[4] 朱宝炯、谢沛霖编:《明清进士题名碑录索引》,上海:上海古籍出版社,1979年,第2147页。
[5] 戴希朱总纂:民国《南安县志》,南安:南安县地方志编纂委员会,1989年,第850页。
[6] 翟国璋主编:《中国科举辞典》,南昌:江西教育出版社,2006年,第158、162页。
[7] 戴希朱总纂:民国《南安县志》,南安:南安县地方志编纂委员会,1989年,第850页。
[8] 戴希朱总纂:民国《南安县志》,南安:南安县地方志编纂委员会,1989年,第850页。

的副主考,主要的工作是"考核直隶各府、奉天府及各军卫武生"。[①] 乾隆十三年(1748)会试时,陈桂洲担任"分校《诗经》房同考官"。[②]

乾隆十五年(1750),陈桂洲被派主持云南的乡试,民国《南安县志》载:陈桂洲,"庚午典云南乡试,所拔多名士,入词林、陟清要者比比"。[③] 因为精心选才,首次外派,陈桂洲就受到朝野的赞誉。

乾隆十八年(1753)九月,陈桂洲出任广东提督学政,"擢翰林院侍读"。[④] 在广东任职期间,陈桂洲兢兢业业,为营造良好学风而尽心尽责。他按期到各府县巡查生员学业情况,刊布各种条规,"导士子以敦本行,重名教为谆谆"。[⑤] 他工作认真负责,查阅试卷夜以继日,"检阅试艺丙夜不休"。[⑥]

乾隆二十一年(1756),陈桂洲出任广西提督学政,"授左庶子,升侍讲学士"。[⑦] 陈桂洲把在广东振兴文教、整顿学风的好经验、好做法带到广西,"凡振兴文教,整饬士风,一如在粤东"。[⑧] 在广西为官时间长,陈桂洲始终勤勤恳恳,毫不懈怠,留下了许多感人的事迹。桂林的考棚十分简陋,"旧以薄篷搭盖,坐用片板骑竹,应试者苦之"。[⑨] 陈桂洲得知此事后,带头捐出俸禄,以此发动捐款修建桂林考棚,"棚易以瓦,按号给桌凳"。修建后,桂林考棚条件得到了改善,陈桂洲借此机会推广桂林的经验,要求广西各地改善考棚的条件,得到热烈响应,"他郡考棚亦次第修葺",为广西考生提供了较好的应试条件。[⑩] 当时朝廷"奖励风雅",要求"各省学臣岁科两试,兼以诗取士",考虑到"边疆未谐声律",以诗取士困难比较大,陈桂洲就于"正试之余集多士会课",自己亲自上课,"佳者啧啧称奖,或文义未合,则拟作传示",以此提高广西生员的诗歌创作水平。陈桂洲奖罚分明,"遇违法之士,痛惩弗贷,而于

[①] 王树声:《学政鸿儒陈桂洲》,《泉州姓氏文化》第8期(2019年11月),第52～54页。
[②] 戴希朱总纂:民国《南安县志》,南安:南安县地方志编纂委员会,1989年,第850页。
[③] 戴希朱总纂:民国《南安县志》,南安:南安县地方志编纂委员会,1989年,第850～851页。
[④] 戴希朱总纂:民国《南安县志》,南安:南安县地方志编纂委员会,1989年,第851页。
[⑤] 戴希朱总纂:民国《南安县志》,南安:南安县地方志编纂委员会,1989年,第851页。
[⑥] 戴希朱总纂:民国《南安县志》,南安:南安县地方志编纂委员会,1989年,第851页。
[⑦] 戴希朱总纂:民国《南安县志》,南安:南安县地方志编纂委员会,1989年,第851页。
[⑧] 戴希朱总纂:民国《南安县志》,南安:南安县地方志编纂委员会,1989年,第851页。
[⑨] 戴希朱总纂:民国《南安县志》,南安:南安县地方志编纂委员会,1989年,第851页。
[⑩] 戴希朱总纂:民国《南安县志》,南安:南安县地方志编纂委员会,1989年,第851页。

善士单寒者尤委曲爱护"①,有位生员"家贫道远,岁试不到",按照规定必须给予除名,陈桂洲了解了实际情况后,派人送去了资助款项,请他回来补考。

值得一提的是,陈桂洲在广西还提携了杨廷理。杨廷理(1747—1813),字清和,号双梧,广西柳州马平人。杨廷理出身行伍世家,父亲对其管教甚严,从小志向远大,为人耿直,不为权贵赏识。②杨廷理十二岁应童子试,写下了"世人只谓高声价,哪识良工费苦心"的诗句,陈桂洲看后十分欣赏,称赞道:"小子后来必得以诗成名。"于是力排众议,破格录取为府学生员。杨廷理果然不负所望,乾隆四十三年(1778),以拔贡入京,参加朝考获得一等第一名,"初知侯官县,历升至台湾海防同知"。③"乾隆五十一年冬十一月,彰化林爽文起事,知府孙景燧遇害,泉台震动,(杨廷理)乃摄府篆"。杨廷理有勇有谋,在摄知府事期间,招募义勇,守城安民。乾隆五十三年(1788)擢升为台湾知府。嘉庆十二年(1807),杨廷理再任台湾知府,"当是时蔡牵俶扰海上,迭犯台湾。七月,南澳总兵王得禄败朱溃于鸡笼港内,溃窜苏澳。廷理率兵北上……遂与得禄会攻,溃大败去。"④在此次平定事变的过程中,杨廷理认识到开发噶玛兰的重要性。经杨廷理多次努力,朝廷允许设置噶玛兰厅,"廷理任通判"。杨廷理体察民情,关注民生,得到噶玛兰的汉人和少数民族的拥护,称其为"开兰名宦",建祠祭祀,"民思其政,为位于文昌坛之右"。⑤杨廷理文才横溢,著有《知还书屋诗钞》《东瀛纪事》《议开噶玛兰节略》等。

乾隆二十四年(1759),陈桂洲"得父凶耗,奔丧旋里"。时任广西巡抚鄂宝爱惜陈桂洲的才干,上奏疏呈乾隆皇帝,恳请为陈桂洲"丁忧简派"。⑥民国《南安县志》载:"服阕,授通政司参议。升顺天府府丞,例兼考试。"⑦作为负责京畿地区科举的顺天府府丞,陈桂洲与在广东、云南、广西一样尽心尽力,"悉心甄别,又加意寒士"。⑧当时京城有所金台书院,陈桂洲"延名宿主

---

① 戴希朱总纂:民国《南安县志》,南安:南安县地方志编纂委员会,1989年,第851~852页。
② 王树声:《学政鸿儒陈桂洲》,《泉州姓氏文化》第8期(2019年11月),第52~54页。
③ 连横:《台湾通史》,北京:商务印书馆,2017年,第625页。
④ 连横:《台湾通史》,北京:商务印书馆,2017年,第625~626页。
⑤ 连横:《台湾通史》,北京:商务印书馆,2017年,第626页。
⑥ 王树声:《学政鸿儒陈桂洲》,《泉州姓氏文化》第8期(2019年11月),第52~54页。
⑦ 戴希朱总纂:民国《南安县志》,南安:南安县地方志编纂委员会,1989年,第852页。
⑧ 戴希朱总纂:民国《南安县志》,南安:南安县地方志编纂委员会,1989年,第852页。

讲席",也经常亲自为学子"开示经义"。①

廉洁奉公,忧国忧民

陈桂洲与泉州大多数登第后为官的进士一样,以廉洁奉公,忧国忧民著称。在广东提督学政任上,他严格要求自己,"廉偶自饬,属员馈赠,峻却不纳。风采凛然,人莫敢干以私"。② 对于下属考官,陈桂洲要求严格,经常告诫他们:"试官屈人无异刑官,最宜慎重。"③意思是考官和法官没有两样,都应该认真负责,秉公办事,否则埋没人才,就相当于制造冤假错案。在云南任职期间,由于陈桂洲的带头作用,云南的考风得到了好转,选人取信于民。陈桂洲主持的每次考试,放榜时人们都称公正,"故每一榜出,翕然称公",即使那些落榜者也毫无抱怨,觉得应该更加发愤努力,"即黜者亦无怨,而益自奋励也"。④ 陆丰举人黄德星历任广西隆安、永福等地县令,全州知州、梧州知府,所到之处"洁己爱民""有德政",全州人建贤大夫祠祭祀他。陈桂洲很欣赏其高尚品格,黄德星因公殉职后,陈桂洲为其题写墓志铭并赠送"清惠可风"的匾额。⑤

作为学官,陈桂洲遵循儒家思想,以家国天下为己任,忧国忧民。乾隆十三年(1748)五月,清廷举行每十年一次的"大考翰林",陈桂洲认为这是为国家出谋献策的好机会,就针对时弊,大胆建言,"疏陈时务,请停止捐纳,慎重名器"。⑥ 清代的捐纳制度实际上就是卖官鬻爵,虽然能增加财政收入,但产生了很不良的影响,陈桂洲希望能废除这种制度,造就官场的清朗之风。由于此奏疏触动了许多人的利益,"词过急切,置末等,例应降黜"。后来乾隆皇帝看到了奏疏,召见了陈桂洲,并对大臣们说:"此人学问素优,仍留供职",陈桂洲才侥幸保住了职位。在广西任职期间,碰到灾荒,"会岁荒饥",陈桂洲利用"巡按之际",请巡抚开仓赈灾,"全活万计"。广西人对此感恩戴

---

① 戴希朱总纂:民国《南安县志》,南安:南安县地方志编纂委员会,1989年,第852页。
② 戴希朱总纂:民国《南安县志》,南安:南安县地方志编纂委员会,1989年,第851页。
③ 戴希朱总纂:民国《南安县志》,南安:南安县地方志编纂委员会,1989年,第851页。
④ 戴希朱总纂:民国《南安县志》,南安:南安县地方志编纂委员会,1989年,第851页。
⑤ 王树声:《学政鸿儒陈桂洲》,《泉州姓氏文化》第8期(2019年11月),第52~54页。
⑥ 戴希朱总纂:民国《南安县志》,南安:南安县地方志编纂委员会,1989年,第850页。

德,"去后勒碑竖匾,以志不忘"。①

性至孝悌　敦亲睦邻

陈桂洲从小受儒家思想的熏陶,形成了性至孝悌的优良品质。乾隆十八年(1753),其弟陈桂兰因病去世,陈桂洲悲痛不已,考虑到"双亲垂白",年事已高,决意辞职,回泉州照顾双亲。陈桂洲的老父亲得知此事后,赶紧写信阻止,"父志弼驰书以及时报国,方成大孝"。②在父亲的劝说下,陈桂洲只好放弃这种想法,但把母亲接到身边,精心照料,安享晚年。乾隆三十一年(1766),母亲去世,陈桂洲"扶梓归里,粤东门下士遮道祭奠不绝"。③

陈桂洲为人"秉性端方,行谊笃实",他曾经说过:"吾无以及人,惟事事求其无欺而已。与朋友交,淡然寡味。至义行于色,久要不忘,数十年如一日。"④因为具有这良好的品质,"都中大僚如蔡新、尹继善、刘统勋、朱筠、李中简、边继祖等皆器之"。⑤蔡新,字次明,福建漳浦人,乾隆元年(1736)进士,官至文华殿大学士兼吏部尚书,加授太子太师。⑥尹继善,字元长,满洲镶黄旗人,雍正元年(1723)进士,曾任两江、云贵、云南、川陕、陕甘总督,刑部、吏部尚书,乾隆二十八(1763)年升文华殿大学士。⑦刘统勋,字延清,山东诸城人,刘墉父,雍正二年(1724)进士,官至吏部尚书、东阁大学士、太子太保。⑧朱筠,字竹君,乾隆十九年(1754)进士,北京大兴人,官至侍读学士,清代著名藏书家,工金石。⑨李中简,字廉衣,河北任丘人,乾隆十三年(1748)进士,官至侍讲学士。⑩边继祖,字绍甫,河北任丘人,乾隆十三年(1748)进士,官至侍讲学士。⑪能让这些"都中大僚""皆器之",充分说明了

---

① 戴希朱总纂:民国《南安县志》,南安:南安县地方志编纂委员会,1989年,第852页。
② 戴希朱总纂:民国《南安县志》,南安:南安县地方志编纂委员会,1989年,第851页。
③ 戴希朱总纂:民国《南安县志》,南安:南安县地方志编纂委员会,1989年,第851页。
④ 戴希朱总纂:民国《南安县志》,南安:南安县地方志编纂委员会,1989年,第852页。
⑤ 戴希朱总纂:民国《南安县志》,南安:南安县地方志编纂委员会,1989年,第852页。
⑥ 尹海金、曹端祥编著:《清代进士辞典》,北京:中国文史出版社,2004年,第335页。
⑦ 尹海金、曹端祥编著:《清代进士辞典》,北京:中国文史出版社,2004年,第35页。
⑧ 尹海金、曹端祥编著:《清代进士辞典》,北京:中国文史出版社,2004年,第75页。
⑨ 尹海金、曹端祥编著:《清代进士辞典》,北京:中国文史出版社,2004年,第62页。
⑩ 尹海金、曹端祥编著:《清代进士辞典》,北京:中国文史出版社,2004年,第106页。
⑪ 尹海金、曹端祥编著:《清代进士辞典》,北京:中国文史出版社,2004年,第52页。

陈桂洲为人之诚,为政之德。对待生员、门生,陈桂洲也是尽心尽力。在广西任职时,有十八位生员受县令之事牵连,即将被开除。陈桂洲得知此事后,"察其非辜,驳斥更正,卒以保全"。① 其"滇西门人张照",进京参加会试,"殁于京",陈桂洲"倾囊为归其丧"。②

尽管陈桂洲在朝为官,官至通政司参议、顺天府府丞,但回乡时十分注意不打扰地方官员,"居家务以德行化乡间,非公事希见有司。若有关风教、利民生,当道下询,则披诚相告"。③ 陈桂洲所居西埔村,有陈、吴两姓,两姓之间纠纷不断,直至对簿公堂。陈桂洲回家省亲时,陈姓族人希望他能出面,疏通官府压服吴姓族人,为陈氏家族争取利益。陈桂洲对陈姓族人说:"有千年延陵吴,无千年陈桂洲。"族人不解其意,陈桂洲耐心地向族人讲述了明朝泉州府城义春林、唐两大家族修建房屋礼让三尺的故事。林、唐两家都有人为官,而且官职不小。林家有人在朝为御史,唐家有人在地方任指挥使。林、唐两家修花园、盖房屋时为一堵墙,争执不休,打起了官司,因双方势力大,泉州地方官员十分为难。林氏族人上书林御史,希望林御史能压服泉州官府。而林御史回信时,只有一首诗:"千里修书为一墙,让他三尺又何妨。长城万里今犹在,不见当年秦始皇。"林氏族人看完信,就主动让地三尺而后施工。唐氏族人一见林家让地三尺,了解了事情的原委之后,也主动退后三尺。林、唐两家和好如初,形成了一条六尺宽的礼让巷。陈桂洲借此故事告诫族人应以和为贵,敦睦乡邻,并亲自拜会吴姓族人,调解纠纷,从此陈吴两姓和睦相处,相安无事。"'有千年延陵吴,无千年陈桂洲'就成为泉州俗语,从清初一直在闽南的民间流传,至今仍传为佳话"。④

诗文皆佳,出类拔萃

陈桂洲终身刻苦学习,理学、史学、文学造诣较高,得到众人赞誉,"公余,与诸公讲艺吟诗,都下传诵"。⑤ 与陈桂洲一起"讲艺论诗"的有当时文豪

---

① 戴希朱总纂:民国《南安县志》,南安:南安县地方志编纂委员会,1989年,第852页。
② 戴希朱总纂:民国《南安县志》,南安:南安县地方志编纂委员会,1989年,第853页。
③ 戴希朱总纂:民国《南安县志》,南安:南安县地方志编纂委员会,1989年,第853页。
④ 傅孙义编:《泉州俗语故事》,福州:福建人民出版社,2004年,第136~138页。
⑤ 戴希朱总纂:民国《南安县志》,南安:南安县地方志编纂委员会,1989年,第853页。

学士刘墉、李宗文、庄存与、纪晓岚、叶观国、史贻谟等。① 刘墉,字崇如,山东诸城人,刘统勋子,乾隆十六年(1751)进士,官至吏部尚书、体仁阁大学士、太子太保,善书法,行书自成一家。② 李宗文,字延彬,福建安溪人,李光地曾孙,"少承家学,读书强记而能通其要",乾隆十三年(1748)进士,历官礼部侍郎,工部侍郎,提督河南、浙江、顺天学政等。③ 庄存与,字方耕,江苏武进人,乾隆十年(1745)进士第一甲第二名(榜眼),历官礼部右侍郎、吏部左侍郎,平生著作颇丰。④ 纪昀,字晓岚,河北献县人,乾隆十二年(1747)乡试解元,乾隆十九年(1754)进士,官至吏部尚书、协办大学士、太子太保。著述颇丰,其中《阅微草堂笔记》闻名于世,主纂《四库全书总目提要》200 卷等。⑤ 叶观国,字家光,福建闽侯人,乾隆十六年(1751)进士,官至少詹事,担任过湖北、湖南、云南、四川乡试主考。⑥ 史贻谟,字酉山,江苏溧阳人,乾隆十年(1745)进士,官至司经局洗马,曾任贵州、河南、陕西乡试主考。⑦ 陈桂洲与当时这些闻名朝野的文人墨客谈诗论文,其乐融融,诗文也大有长进。

陈桂洲热爱泉州的山山水水,"不少名胜至今留存着他的题刻、诗篇"。《泉州千家诗》载有其诗作三首,《赋得山川出云(得和字)》云:"清明开志气,云物吐祥和。岫合天铺翠,川飞水漾波。氤氲龙彩焕,舒卷鹤文过。结盖初回嶂,浮轮复映河。溟闲原合寸,缭绕似攒柯。影薄长空转,滋含四野多。阴阳精吸吻,山泽气摩挲。行见为霖雨,枫宸喜且歌。"⑧山川美景跃然诗中。古代金鸡桥是连接晋江南北两岸的重要桥梁,又在九日山附近,金鸡桥建成后,"使九日山成为'山、寺、溪、桥'景物俱全,风景如画的名区胜地",留下了许多动人的传说。⑨ 陈桂洲的家离金鸡桥不远,他对金鸡桥有着深厚的感

---

① 王树声:《学政鸿儒陈桂洲》,《泉州姓氏文化》第 8 期(2019 年 11 月),第 52~54 页。
② 尹海金、曹端祥编著:《清代进士辞典》,北京:中国文史出版社,2004 年,第 79 页。
③ 安溪县地方志编纂委员会:《安溪县志》,北京:新华出版社,1994 年,第 1202 页。
④ 尹海金、曹端祥编著:《清代进士辞典》,北京:中国文史出版社,2004 年,第 87 页。
⑤ 尹海金、曹端祥编著:《清代进士辞典》,北京:中国文史出版社,2004 年,第 93~94 页。
⑥ 尹海金、曹端祥编著:《清代进士辞典》,北京:中国文史出版社,2004 年,第 43 页。
⑦ 尹海金、曹端祥编著:《清代进士辞典》,北京:中国文史出版社,2004 年,第 46~47 页。
⑧ 泉州市诗词学会、泉州学研究所编:《泉州千家诗》,福州:海峡文艺出版社,2007 年,第 279 页。
⑨ 黄柏龄编著:《九日山志(修订本)》,上海:上海辞书出版社,2006 年,第 154 页。

情,写下了《题金鸡桥》这动人的诗篇。诗云:"九日山涵碧水流,虹桥横锁一溪秋。金鸡唱彻人间晓,惊起卧龙霄汉游。横梁百尺截溪流,水拍长天一色秋。忆昔通行人迹稳,而今坍塌寨裳游。"①金鸡桥几毁几修,陈桂洲写此诗时正值金鸡桥毁于火。此诗情景交融,诗人借金鸡桥既抒发了对故乡的眷念,也表达了对世事沧桑的感慨。翁山位处南安英都,因形状如驼背老人而得名。陈桂洲曾与友人游翁山,写下了《游翁山》一诗。诗云:"岂必桃源境是仙,翁山形胜更超然。峰峦叠抱疑无路,水势重环别有天。王谢衣冠辉洞壑,杜韦第宅护云烟。客游酩酊经旬日,胜昔骕征历九埏。"②与友人同游名胜,酩酊大醉,有一种欣喜若仙之感。

陈桂洲著作有《希绿窝诗稿》《四书虑得篇》《评史》等。在《希绿窝诗稿小序》中,陈桂洲写道:"余自维谫陋不工于诗,生平有所作辄任散佚,其存稿不及十之三四,搁之巾笥,未敢以问世也。今圣天子加意作人,奖励风雅,岁科两试及乡会闱,并以诗取士,则帖括家应举人不得不揣摩及此。余谬叨学使,凡所属多士,可不倡率而导之先路?诗虽不工,顾其责有所难辞。因检稿中应制及馆课并近作约四五十首,颇无诡声律,有宜于科场之程式者,授之梓人,以便初学步趋一助。至于古体洎五七律与绝句诸近体仍有待,而未敢问世也。不然骚坛艺苑著作如林,而余顾斤斤焉炫此数十,不几贻辽东豕之诮也哉?"③虽然自我评价比较谦虚,但后人评价较高。民国《南安县志》称:陈桂洲"为文力追先进,不徇时趋;作诗直抒性灵,弗尚纤巧。评骘史鉴,辨谬晰疑,足为千古定论"。④

难忘故里　情系金门

血浓于水,陈桂洲始终没有忘记故乡金门。登进士第之后,他曾数次前往金门斗门寻亲认祖。至今,斗门陈氏宗祠还悬挂着其"翰林"匾额和大门

---

① 泉州市诗词学会、泉州学研究所编:《泉州千家诗》,福州:海峡文艺出版社,2007年,第279页。

② 泉州市诗词学会、泉州学研究所编:《泉州千家诗》,福州:海峡文艺出版社,2007年,第279页。

③ 陈国仕编,杨清江点校:《丰州集稿》,北京:商务印书馆,2018年,第192~193页。

④ 戴希朱总纂:民国《南安县志》,南安:南安县地方志编纂委员会,1989年,第852~853页。

联:"祖功宗德流芳远,孝子贤孙世泽长。"①

陈桂洲还应金门人之邀撰写了《金门通判王忻去思碑》和《金门通判程煜德政碑》。乾隆三十一年(1766),原驻金门的同安县丞移驻灌口,而晋江安海通判移驻金门。王忻为第一位移驻金门的通判,虽然在任仅一年,但因"种种美绩"为金门人所称颂。离任时,金门人为其立碑,专门请时任顺天府府丞的陈桂洲写了碑文。《金门通判王忻去思碑》碑文如下:

> 官长者,民之父母,而荒僻之区,尤所仰赖以安。金门孤悬海外,居民质朴,素称易治。乾隆三十一年,安海通判移驻金门,我府尊王公于八月间新莅兹土。以廉居心,以德化民,案牍肃清,苞苴屏绝。盗贼闻风而向化,豪强惧罪而畏威,除口税而工商不烦,轻徭役而士农乐业。尊崇道学则书院祀紫阳,振起文风而生徒增月课。种种美绩,虽武城之歌咏,单父之弹琴,廉治成都曰无襦五裤,龚治渤海曰卖剑买牛,不是过也。今奉征召而去,此小民无力借寇,群思攀辕,而忍忘我公之深仁厚德乎!是宜立碑,以志其爱。比之岘山嘉绩,后人系思,使我公功德与金山浯水同垂以不朽云。
>
> 乾隆三十二年丁亥六月,顺天府丞提督学政陈桂洲撰。②

程煜,乾隆三十五年(1770)任金门通判,为金门第五任通判,任职期间,"实心实政,泽被浯民",金门人感其德政,为其立碑,也请陈桂洲撰写碑文。《金门通判程煜德政碑》碑文如下:

> 浯洲岛屿悬海,纵横三十里,地瘠产薄,居民苦之。父母司牧者,念切民隐,振兴教化,未有如郡侯程公也。公讳煜,字旭文,汉川宦裔。累世簪缨,特简闽县参军,摄篆于浯。浯固海滨名区,风土人物,志书足记。厥后风移俗易,士气浸微,豪富纷争,贫穷究窘。自公莅斯土,廉明方正,锄奸惩暴,教养咸周,恩威并著,民少讼狱之苦,士敦礼让之风,诚不易观也。迩以书院旧规狭隘,不足广培多士,复捐清俸,倡建堂庑,费縻千余金。置膏火,延名师,为多士式,海滨邹鲁,于焉不替。公之实心实政,泽被浯民,真上不负朝廷设官治民之意,下不负苍生叔度来暮之思矣。凡我浯士庶,沐膏戴德,铭刻难忘,相与欢欣鼓舞,纪绩署前,俾观风者有所采,而浯民永以颂明德于不朽。则海疆片石,即为南国甘棠

---

① 王树声:《学政鸿儒陈桂洲》,《泉州姓氏文化》第 8 期(2019 年 11 月),第 52~54 页。
② 金门县文献委员会编:《金门县志》上册,金门:金门县政府,1979 年,第 239 页。

可耳。

乾隆三十五年庚寅腊月,顺天府丞提督学政陈桂洲撰。[1]

这两篇碑文有几个特点:一是金门在明末清初战火不断,这两位金门通判任职期间"上不负朝廷设官治民之意,下不负苍生叔度来暮之思""盗贼闻风而向化,豪强惧罪而畏威,除口税而工商不烦,清徭役而士农乐业,尊崇道学则书院祀紫阳",为金门的发展创造了比较稳定的环境。因此陈桂洲对两位金门通判的颂扬主要集中在廉政勤政、以德化民、崇文重教、关注民生等方面;二是饱含着对故里的热爱。金门是陈桂洲的故里,要为王忻和程煜立碑,邀请陈桂洲撰写碑文,桂洲欣然答应。从碑文中可以看出陈桂洲心系金门,对金门的情况十分熟悉,对金门充满感情;三是体现了陈桂洲"为文力追先进,不徇时趋"的务实文风。每篇碑文用短短的二百多字就把金门的形势、两位通判各自的功绩以及金门人立碑之意,表达得清清楚楚。同时两篇碑文还各有特色,王忻为金门第一位通判,在《金门通判王忻去思碑文》中,陈桂洲对金门通判设置的重要性做了说明。程煜出身簪缨世家,在《金门通判程煜德政碑文》中,陈桂洲强调程煜到金门这个"地瘠产薄"的地方来任职委实不易。

乾隆三十五年(1770),陈桂洲担任顺天乡试的提调官,不顾身患疾病,仍然事事亲力亲为,"患胃逆症,力疾支持"。当年十月,他不顾天寒地冻,亲临武举骑射科目现场,"风雪侵肌,痰涎顿壅,舆归官廨卒,年六十有五"。[2] 这位颇有政声的乡贯为金门、户贯为南安的进士,就这样倒在了工作岗位上。陈桂洲去世后,"灵輀自京归",因其在任期间廉洁奉公,家境贫寒,竟然"阅二十七年,家贫不能葬"。直至嘉庆二年(1797),陈桂洲的门生汪志伊任福建布政使,"出资经理,始与原配合厝焉"。[3] 清廉至此,实为罕见。这不禁令人想起明朝万历年间乡贯为金门、户贯为南安的进士黄华秀,官至南京浙江道监察御史,年仅39岁,"卒于官","老母吴老太夫人及恭人许氏检其遗俸,不余一钱,不能殓,赖赙助,方得扶榇归家"。黄华秀历官八年,身上"不余一钱",丧事还得亲朋好友凑钱帮忙办理。其老母感叹道:"自吾为黄家

---

[1] 金门县文献委员会编:《金门县志》上册,金门:金门县政府,1979年,第239~240页。
[2] 戴希朱总纂:民国《南安县志》,南安:南安县地方志编纂委员会,1989年,第852页。
[3] 戴希朱总纂:民国《南安县志》,南安:南安县地方志编纂委员会,1989年,第853页。

妇,食贫劳瘁,抚儿成名,而勋业未完,竟以清白遗子孙手。"[1] 勤政廉政,这应该是泉州科第人物为官时的一种特质吧。

嘉庆二十一年(1816),泉州乡绅傅渊季、徐应升等人以陈桂洲"立朝廉正,造士仁勤,请祀乡贤"。[2] 陈桂洲入祀南安乡贤祠,而府城新门也修建了"三省提学牌坊",以示纪念。[3]

(原载《金门乡谊》2022年第2期)

---

[1] 刘安居编:《南安历史人物传略》,北京:作家出版社,2003年,第61页。
[2] 戴希朱总纂:民国《南安县志》,南安:南安县地方志编纂委员会,1989年,第853页。
[3] 王树声:《学政鸿儒陈桂洲》,《泉州姓氏文化》第8期(2019年11月),第52~54页。

宁折不弯的晚明进步思想家李贽论略

李贽(1527—1602),字宏甫,号卓吾,又号温陵居士,明晋江县府城聚宝境(今属泉州市鲤城区)人,祖籍泉州南安。嘉靖三十一年(1552)举人,历任共城教谕、国子监博士,姚安知府。后弃官,寄居黄安、湖北麻城龙湖芝佛院,专心治学。李贽是晚明进步思想家,"主张个性解放与自由,有人称他为反对封建专制主义的启蒙运动先驱"。[①] 作为对后世影响深刻的进步思想家,《明史》中却没有专门为其立传,"是很不公平的,恰恰暴露了作者竭力维护封建'正统'的顽固立场"。[②] 李贽的一生始终处于三大矛盾的重压之下,他宁折不弯,最后被明神宗以"敢倡乱道"的莫须有罪名,将其下狱。入狱后,听说朝廷要押解其回泉州,最终采取"自刎"的极端形式,走完了不满、挣扎、奋斗的一生,以表达对那个时代的不满。

唯心与唯物的矛盾

关于李贽的哲学思想,冯友兰先生认为李贽是中国哲学史中唯物主义和唯心主义互相转化的一个例证。[③] 白寿彝先生所主编的《中国通史》指出:李贽认为"吃饭穿衣即是人伦物理",从哲学思想来看,是一种粗俗的唯物论。[④] 黄仁宇先生在《万历十五年》最后一章《李贽——自相冲突的哲学家》中写道:"李贽的学说一半唯物,一半唯心,这在当时儒学的思想家中并非罕见。"[⑤]

[①] 白寿彝总主编:《中国通史》第 16 册,上海:上海人民出版社,1989 年,第 1692 页。
[②] 白寿彝总主编:《中国通史》第 16 册,上海:上海人民出版社,1989 年,第 1707 页。
[③] 冯友兰:《中国哲学史论文二集》,上海:上海人民出版社,1962 年,第 393 页。
[④] 白寿彝总主编:《中国通史》第 16 册,上海:上海人民出版社,1989 年,第 1697 页。
[⑤] 黄仁宇:《万历十五年》,北京:九州出版社,2014 年,第 223 页。

李贽在哲学思想上的矛盾,可以从其成长经历中看出端倪。李贽父亲讳某,字钟秀,号白斋,郡诸生,塾师。李贽共有弟妹七人。[1] 李贽出生时,家庭经济就比较困难了,"未仕前,其家常靠其二叔廷桂'馈膳服劳'"[2] "李贽从小就很有个性,六岁丧母,便能自立"。[3] 七岁就随其父白斋读书歌诗,习礼文。十二岁,"父白斋试以《老农老圃论》,为同学们所称赞"。[4] 在《卓吾论略》中,李贽写道:"年十二,试《老农老圃论》。居士曰:'吾时已知樊迟之问,在荷蒉丈人间。'然而上大人丘乙已不忍也,故曰'小人哉,樊须也',则可知矣。"[5]李贽"十四岁,读完《易》《礼》,改攻《尚书》"。二十岁结婚后,离开家乡,"'糊口四方,靡日不逐时事奔走。'……因之对明朝的腐败政治、社会矛盾、农民生活,以及工商业者的状况有较深刻的认识"。[6]

　　李贽的哲学思想受王阳明、王畿和王艮的影响很大。王守仁(1472—1529),字伯安,浙江余姚人,弘治十二年(1499)登进士第,历官南京兵部尚书、左都御史等。因平变有功,被封新建伯。因筑室会稽阳明洞中,又创办阳明书院,人称阳明先生。在与程朱理学论辩过程中,王守仁创立了心学。张立文先生主编的《中国学术通史(宋元明卷)》一书指出心学的要旨:一是"针对程朱理学'外吾心以求物理'和'析心与理而为二'的支离弊病,王阳明力求将'物理'与'吾心'和合起来。为此他提出了两大著名的'立言宗旨'——'心即理'与'知行合一',作为'对病的药',拯救每况愈下的学术文化"。[7] 二是"心之本体便是知"。"王阳明的心知本体论要解决的关键问题是,如何将仁义礼智等道德规范贯彻到智能系统,使其发挥'知恶知善'的监察作用和'为善去恶'的控制功能"。[8] 三是知行合一,致良知。"在诠释经书

---

[1] 张建业主编:《李贽全集注》第 26 册,北京:社会科学文献出版社,2010 年,第 419 页。
[2] 张建业主编:《李贽全集注》第 26 册,北京:社会科学文献出版社,2010 年,第 420 页。
[3] 白寿彝总主编:《中国通史》第 16 册,上海:上海人民出版社,1989 年,第 1693 页。
[4] [日]铃木虎雄:《李卓吾年谱》,《李贽研究参考资料》第一辑,福州:福建人民出版社,1975 年,第 94 页。
[5] 张建业主编:《李贽全集注》第 1 册,北京:社会科学文献出版社,2010 年,第 233 页。
[6] 白寿彝总主编:《中国通史》第 16 册,上海:上海人民出版社,1989 年,第 1693 页。
[7] 张立文主编:《中国学术通史(宋元明卷)》,北京:人民出版社,2004 年,第 461 页。
[8] 张立文主编:《中国学术通史(宋元明卷)》,北京:人民出版社,2004 年,第 466 页。

方面,阳明心学与朱子理学的学术冲突聚焦在对《大学》'格物致知'的解释上"。① 为此王阳明提出了"知行合一"与"致良知"两大功夫学说。李贽在《阳明先生年谱后语》中写道:"不幸年甫四十,为友人李逢阳、徐用检所诱,告我龙溪王先生语,示我阳明王先生书,乃知得道真人不死,实与真佛、真仙同。虽倔强,不得不信之矣。"②从此李贽开始了对王学的探索。在以后的很多著述中,李贽都提到了王学,并倾注心血完成了《阳明先生道学钞》与《阳明先生年谱》的编纂工作。

王畿(1498—1583),字汝中,别号龙溪,山阴人,嘉靖十一年(1532)登进士第,初授南京兵部主事,历升员外郎、郎中。王畿为王阳明的入室弟子,深受王阳明主观唯心主义的影响,进一步提出了:"人知神之神,不知不神之为神。无知之知,是为真知;罔觉之修,是为真修。"③而这实际已经接近"禅学唯心主义"。④ 王畿还引进禅宗之言,来说明他的主张:"夫何思虑,非不思不虑也。所思所虑一出于自然,而未尝有别思别虑,我何容心焉。……惠能曰:'不思善,不思恶,却又不断百思想。'此上乘之学,不二法门也。"⑤李贽入禅与深受王畿影响有关。在《复焦弱侯》一文中,李贽写道:"世间讲学诸书,明快透髓,自古至今未有如龙溪先生者。弟旧收得颇全,今俱为人取去,无一存者。诸朋友中读经既难,读大慧《法语》及中峰《广录》又难,惟读龙溪先生书,无不喜者。以此知先生之功在天下后世不浅矣。"⑥李贽皈依佛门,写了不少佛学著作。李玉昆先生在《李贽的佛学思想》一文中指出:"李贽的佛学著作包括对佛经、佛学著作的题解、释读、序跋、游览寺院、听讲经的诗等。"并列出了16篇题解、释读,10篇序跋,11首诗。⑦ 李先生认为李贽"与

---

① 张立文主编:《中国学术通史(宋元明卷)》,北京:人民出版社,2004年,第471页。
② (明)李贽:《阳明先生道学钞》,北京:首都师范大学出版社,2019年,第265页。
③ (明)王畿:《龙溪王先生全集》第4册,镇江:江苏大学出版社,2019年,第156页。
④ 侯外庐等主编:《宋明理学史》,西安:西北大学出版社,2018年,第975页。
⑤ (明)王畿:《龙溪王先生全集》第1册,镇江:江苏大学出版社,2019年,第259~261页。
⑥ 张建业主编:《李贽全集注》第1册,北京:社会科学文献出版社,2010年,第110~111页。
⑦ 泉州市李贽学术研究会:《李贽与东亚文化》,厦门:厦门大学出版社,2016年,第230页。

佛教发生关系应在30岁。……对佛教有深入研究在50岁入滇为云南太守时"。① 在20多年的佛学研究中,李贽"以禅为主,禅净双修"②"主张众生平等,认为人人皆具佛性,人人皆可成佛"。③ 万历十四年(1586),李贽在《答耿司寇》一文中清楚地表明了自己的佛学思想。李贽写道:"圣人不责人之必能,是以人人皆可以为圣。故阳明先生曰:'满街皆圣人。'佛氏亦曰:'即心即佛,人人是佛。夫惟人人之皆圣人也,是以圣人无别不容己道理可以示人也。'故曰:'予欲无言。'夫惟人人之皆佛也,是以佛未尝度众生也。无众生相,安有人相?无道理相,安有我相?无我相,故能舍己;无人相,故能从人。非强之也,以亲见人人之皆佛而善与人同故也。善既与人同,何独于我而有善乎?人与我既同此善,何有一人之善而不可取乎?"④当然李贽也为其落发为僧辩护过,在给学生曾继泉的一封信中,李贽写道:"其所以落发者,则因家中闲杂人等时时望我归去,又时时不远千里来迫我,以俗事强我。故我剃发以示不归,俗事亦决然不肯与理也。又此间无见识人多以异端目我,故我遂为异端以成竖子之名。兼此数者,陡然去发,非其心也。实则以年纪老大,不多时居人世故耳。"⑤同时"李贽虽入空门,却没有受戒,也不参加僧众的唪经祈祷"。⑥ 而李贽的辩护、没有受戒和不参加僧众唪经祈祷实际上也是其矛盾的哲学思想的另一种表现。

另外,当李贽提到"穿衣吃饭即是人伦物理",他又站到了王艮这一边。王艮(1483—1541),字汝止,号心斋,出身盐户,发愤自学,成为一代宗师。王艮是王阳明的信徒,也是泰州学派的创始人。《明史》云:"王氏弟子遍天下,率都爵位有气势。艮以布衣抗其间,声名反出诸弟子上。然艮本狂士,往往驾师说上之。"⑦《中国学术通史(宋元明卷)》一书指出,"王艮的重要学

---

① 泉州市李贽学术研究会:《李贽与东亚文化》,厦门:厦门大学出版社,2016年,第225页。
② 泉州市李贽学术研究会:《李贽与东亚文化》,厦门:厦门大学出版社,2016年,第228页。
③ 泉州市李贽学术研究会:《李贽与东亚文化》,厦门:厦门大学出版社,2016年,第227页。
④ 张建业主编:《李贽全集注》第1册,北京:社会科学文献出版社,2010年,第72页。
⑤ 张建业主编:《李贽全集注》第1册,北京:社会科学文献出版社,2010年,第129页。
⑥ 黄仁宇:《万历十五年》,北京:九州出版社,2014年,第213页。
⑦ (清)张廷玉等撰:《明史》,上海:上海古籍出版社、上海书店,1986年,第793页。

术思想有三：一是'淮南格物说'，二是'明哲保身论'，三是'百姓日用之学'。"①王艮认为格物的实质就是要校正规矩，以此解决"社会贫富与国家治乱问题"。而只有"立身保命"才能实现"明明德""亲民""止于至善"，因此，王艮把"尊身、爱身和保身看成是首要的人伦物理"。② 王艮在实践上进一步发挥了王学，"他所说的'百姓日用即道'，'百姓日用条理处，即是圣人条理处'，又正是对王学的发挥，因为王阳明的知行合一说，其宗旨在于知圣人之道，行圣人之志"。③李贽在《储瓘》一文中表明自己属泰州学派："心斋之子东崖公（王襞），贽之师。东崖之学，实出自庭训。然心斋先生在日，亲遣之事龙溪于越东，与龙溪之友月泉老衲矣，所得更深邃也。东崖幼时，亲见阳明。"④受王艮的主观唯物主义的影响，在《答邓石阳》一文中，李贽写道："穿衣吃饭，即是人伦物理；除却穿衣吃饭，无伦物矣。世间种种皆衣与饭类耳，故举衣与饭而世间种种自然在其中，非衣食之外更有所谓种种绝与百姓不相同者也。学者只宜于伦物上识真空，不当于伦物上辨伦物。"⑤

李贽也曾想通过中西文化碰撞来解决哲学思想的矛盾。利玛窦（1552—1610），旅居中国的意大利耶稣会传教士、学者。利玛窦自称"西儒"，是第一位"阅读中国文学并对中国典籍进行钻研的西方学者"。⑥ 李贽与利玛窦有过两次交游，一次是万历二十七年（1599）在南京，一次是万历二十八年（1600）在济宁。⑦ 在南京的交游中，第一次会面是李贽出席了在南京大理寺卿李汝珍府中举行的儒、释辩论会，辩论的主角是当时释坛名僧雪浪大师和利玛窦。双方就人性善恶、万物的创造等问题展开讨论。⑧ 在此次辩论中，只有李贽一个人"始终保持沉默"。⑨ 第二次会面是李贽拜访利玛窦。

---

① 张立文主编：《中国学术通史（宋元明卷）》，北京：人民出版社，2004年，第480页。
② 张立文主编：《中国学术通史（宋元明卷）》，北京：人民出版社，2004年，第480～481页。
③ 黄仁宇：《万历十五年》，北京：九州出版社，2014年，第225页。
④ 张建业主编：《李贽全集注》第3册，北京：社会科学文献出版社，2010年，第276页。
⑤ 张建业主编：《李贽全集注》第1册，北京：社会科学文献出版社，2010年，第8页。
⑥ 《中国大百科全书》总编委会：《中国大百科全书》，北京：中国大百科全书出版社，2009年，第14册，第58页。
⑦ 许建平：《李卓吾传》，北京：东方出版社，2004年，第349页。
⑧ 许建平：《李卓吾传》，北京：东方出版社，2004年，第352～354页。
⑨ [意大利]利玛窦、金尼阁著，何高济等译：《利玛窦中国札记》，北京：中华书局，2010年，第358～359页。

李贽是一位特立独行的学者,他去拜访利玛窦说明他对"东西方两种先进思想的碰撞与交流的强烈欲望"。① 第三次会面是利玛窦回访李贽,在此次回访中,"主宾二人久久谈论宗教问题,但李贽不愿争论或反驳,只是宣称我们的宗教不错"。② 李贽与利玛窦有过交游后,有友人提及了此事,李贽在《与友人书》中做了回复。李贽在《与友人书》中,对利玛窦这个人是赞赏有加的,对中西文化的碰撞是欢迎的。李贽写道:利玛窦"住南海肇庆几二十载,凡我国书籍无不读,请先辈与订音释,请明于四书性理者解其大义,又请明于六经疏义者通其解说。今尽能言我此间之言,作此间之文字,行此间之仪礼,是一极标致人也"。③ 然而李贽想通过这种碰撞,解决哲学思想矛盾的愿望破灭了。在《与友人书》的最后,李贽写道:"但不知到此何为,我已经三度相会,毕竟不知到此何干也。意其欲以所学易吾周孔之学,则又太愚,恐非是尔。"④这种"不知何为"论,是对利玛窦传教的否定,实际上也是对西学的全面否定,因为西学并不能帮助李贽解决哲学思想上的矛盾。

　　在矛盾的哲学思想冲击中,李贽进一步发挥了王守仁、王畿及王艮的思想,将自己的关注点集中在现实社会、现实生活,形成了反封建压迫、反传统思想的民主思想⑤,包括反对封建束缚,要求自由发展人们的"自然之性"。⑥ 反对封建等级制,提出"侯王与庶人同等"的平等思想⑦,提出不以孔子之是非为是非,对封建理学进行了批判等等⑧,形成了自己的独特政治观、历史观、文学观、教育观等等。然而作为一位进步思想家,由于关注社会、关注民生,在晚明的历史条件下,李贽"写来写去,还总是和官僚政治相关,加之名望越来越大,'祸逐名起',这就无怪乎招致杀身之祸了"。⑨

---

①　樊树志:《晚明史:1573—1644》,上海:复旦大学出版社,2015年,第166页。
②　[法]裴化行著,管震湖译:《利玛窦神父传》,北京:商务印书馆,1995年,第263页。
③　汤开建:《利玛窦明清中文文献资料汇释》,上海:上海古籍出版社,2017年,第394页。
④　汤开建:《利玛窦明清中文文献资料汇释》,上海:上海古籍出版社,2017年,第394～395页。
⑤　张建业主编:《李贽全集注》第1册,北京:社会科学文献出版社,2010年,第9页。
⑥　张建业主编:《李贽全集注》第1册,北京:社会科学文献出版社,2010年,第9页。
⑦　张建业主编:《李贽全集注》第1册,北京:社会科学文献出版社,2010年,第11页。
⑧　张建业主编:《李贽全集注》第1册,北京:社会科学文献出版社,2010年,第14页。
⑨　黄仁宇:《万历十五年》,北京:九州出版社,2014年,第215页。

理想与现实的矛盾

李贽对自己的评价比较高,他认为自己的著作为"万世治平之书,经筵当以进读,科场当以选士,非漫然也"。① 而他的这种理想却被现实碾压得粉碎。在理想与现实的碰撞中,李贽形成了宁折不弯的斗争精神。

首先,是宦途不顺。在嘉靖三十一年(1552)乡试中举后,两次会试不中,于是为了家庭及生计,嘉靖三十五年(1556),三十五岁的李贽走上了仕途。开始他被任命为河南卫辉府辉县教谕,这与他原来的愿望有很大的差距。在《卓吾论略》中,李贽写道:"初意乞一官,得江南便地,不意走共城万里。"② 这种不如意,再加上他从小养成的倔强性格,"于是他从跨入宦海的第一天开始就抱着为生活所迫,而'不容不与世相接'的态度,除了公事之外,就是闭门读书。③ 这样的态度与上司的冲突是难免的,在《感慨平生》中,李贽写道:"为县博士,即与县令、提学触。"④在这种环境中,李贽待了五年,"在百泉五载,落落不闻道,卒迁南雍以去"。⑤ 共城有百门泉,故称百泉。嘉靖三十九年(1560),李贽离开共城,到南雍,即南京国子监任博士。"数月,闻白斋公(李贽之父)没,守制东归"。⑥

守制三年后,李贽携带家眷"尽室入京""居京邸十阅月,不得缺,囊垂尽,乃假馆受徒。馆复十余月,乃得缺,称国子先生,如旧官"。⑦ 然而性格使然,"为太学博士,即与祭酒、司业触。如秦、如陈、如潘、如吕,不一而足矣"。⑧ 与其有抵触的包括国子监祭酒秦鸣雷、陈以勤以及司业潘晟、吕调阳等人。⑨ 不久,李贽家庭连遭不幸,"未及竹轩大夫(李贽祖父)讣至。是日

---

① 张建业主编:《李贽全集注》第3册,北京:社会科学文献出版社,2010年,第135页。
② 张建业主编:《李贽全集注》第1册,北京:社会科学文献出版社,2010年,第233~234页。
③ 白寿彝总主编:《中国通史》第16册,上海:上海人民出版社,1989年,第1694页。
④ 张建业主编:《李贽全集注》第2册,北京:社会科学文献出版社,2010年,第110页。
⑤ 张建业主编:《李贽全集注》第1册,北京:社会科学文献出版社,2010年,第234页。
⑥ 张建业主编:《李贽全集注》第1册,北京:社会科学文献出版社,2010年,第234页。
⑦ 张建业主编:《李贽全集注》第1册,北京:社会科学文献出版社,2010年,第234页。
⑧ 张建业主编:《李贽全集注》第2册,北京:社会科学文献出版社,2010年,第110页。
⑨ 白寿彝总主编:《中国通史》第16册,上海:上海人民出版社,1989年,第1695页。

也,居士次男亦以病卒于京邸"。①

在南北奔忙多年之后,李贽"补礼部司务,官秩从九品,是一个比国子监博士待遇更低的穷差事"。② 而就在这样一个位置上,李贽还是"即与高尚书、殷尚书、王侍郎、万侍郎尽触也"。③ 他只好离开北京到南京任刑部员外郎,是年他已四十七岁。④ 虽早过"不惑之年",李贽还是没有领悟为官之道,"最苦者,为员外郎不得尚书谢、大理卿董并汪意。谢无足言矣,汪与董皆正人,不宜与余抵……又最苦而遇尚书赵。赵于道学有名。孰知道学益有名而我之触益又甚也"。⑤

万历五年(1577),李贽五十一岁,出任云南姚安知府,官秩正四品。应该说李贽在姚安知府任上三年,以德化人,无为而治,在少数民族地区采取比较灵活的做法,得到了一些官员和民众的拥护。⑥ 道光《云南通志》记载:"李载贽,晋江人,举人,万历五年知姚安府事。性严洁,民间罹火灾,为建火神庙,祈而禳焉。在官三年,自劾免归,士民攀辕卧道,车不能发。"⑦然而李贽还是与上司不和,"最后为郡守,即与巡抚王触,与守道骆触。王本下流,不必道矣。骆最为相知,其人最号有能有守,有文学,有实行,而终不免与之触,何耶? 渠过于刻厉,故遂不免成触也"。⑧

对于自己的宦途不顺,李贽认为:"余唯以不受管束之故,受尽磨难,一生坎坷"。⑨ 黄仁宇先生也赞同这种看法:"李贽好强喜辩,不肯在言辞上为人所屈,在做官的时候也经常与上司对抗。"⑩然而从深层次上认识这种"触",绝不仅仅是性格上的问题,实际上是对封建统治阶级尔虞我诈、鱼肉百姓的一种不满,是李贽反封建思想与封建官僚维护封建统治阶级思想之

---

① 张建业主编:《李贽全集注》第1册,北京:社会科学文献出版社,2010年,第234页。
② 白寿彝总主编:《中国通史》第16册,上海:上海人民出版社,1989年,第1695页。
③ 张建业主编:《李贽全集注》第2册,北京:社会科学文献出版社,2010年,第110页。
④ [日]铃木虎雄:《李卓吾年谱》,《李贽研究参考资料》第一辑,福州:福建人民出版社,1975年,第104页。
⑤ 张建业主编:《李贽全集注》第2册,北京:社会科学文献出版社,2010年,第110页。
⑥ 白寿彝总主编:《中国通史》第16册,上海:上海人民出版社,1989年,第1698页。
⑦ 张建业主编:《李贽全集注》第26册,北京:社会科学文献出版社,2010年,第328页。
⑧ 张建业主编:《李贽全集注》第2册,北京:社会科学文献出版社,2010年,第110页。
⑨ 张建业主编:《李贽全集注》第2册,北京:社会科学文献出版社,2010年,第110页。
⑩ 黄仁宇:《万历十五年》,北京:九州出版社,2014年,第212页。

间的冲突,是李贽宁折不弯斗争精神的体现。

其次,是为学遭讦。为官到处与人触,李贽干脆就放弃了时人所认为的科考入仕的"正道",辞官一心向学。万历八年(1580)"三月,知府任职即将期满。按例,三年任满,有政绩者可以升官。但是李贽不等期满,即携家眷到楚雄见巡按刘维,请求辞官"。① 然而对李贽来说,一心向学的道路并不平坦。

耿定理(1534—1584),字子庸,号楚倥,人称八先生,湖北黄安人,是李贽隆庆六年(1572)在南京讲学时结识的朋友。耿定理一生不为官,潜心学问,与李贽交情甚笃。耿定理去世后,李贽专门写了《耿楚倥先生传》,以做纪念。万历五年(1577),李贽赴任姚安知府,途中专程到黄安拜访耿定理,"便有弃官留住之意"。经劝说之后,将女儿、女婿留在黄安,并与耿定理约定,"待吾三年满,收拾得正四品禄俸归来为居食计,即与先生同登斯岸矣"。② 万历九年(1581),李贽弃官后就直接到了黄安耿定理家,耿氏兄弟将其一家人安排在城外五云山中的天窝书院。李贽写道:"侗天为我筑室天窝,甚整……绝尘世,怡野逸,实无别样出游志念。盖年来精神衰甚,只宜隐也。"③耿定向(1524—1596),耿定理之兄,字在伦,号楚侗,又号天台。嘉靖三十五年(1556)登进士第,历任御史、侍郎、户部尚书等,是明代著名的思想家之一。耿定向推崇王阳明的心学,以"私淑"王艮自居,在《明儒学案》中,黄宗羲将耿定向归入泰州学案。在上书奏请祭祀王守仁等人的奏疏中,耿定向写道:"乃其讲学淑人,单揭要指曰'致良知'云者,即孔子之所谓仁,是人之所以生生者也。本诸身而能视能听,能言能动;显诸伦而为忠为孝,为弟为信。"④由于耿氏兄弟的照顾,李贽在天窝书院著书立说,教授耿家子弟,活得十分自在。

然而耿定理去世后,李贽与耿定向的冲突就开始白热化了。明代文学家袁中道在《李温陵传》中记载:"子庸死,子庸之兄天台公惜其(指李贽)超

---

① 张建业主编:《李贽全集注》第2册,北京:社会科学文献出版社,2010年,第441页。
② 张建业主编:《李贽全集注》第2册,北京:社会科学文献出版社,2010年,第22页。
③ 张建业主编:《李贽全集注》第3册,北京:社会科学文献出版社,2010年,第138页。
④ (明)耿定向著,傅秋涛点校:《耿定向集》,上海:华东师范大学出版社,2015年,第62页。

脱,恐子侄效之,有遗弃之病,数致箴切。"①这场晚明泰州学派的左右之辩拉开序幕后,李贽在《耿楚倥先生传》一文中指出了自己与耿定向在理论上的主要区别是:"天台先生亦终守'人伦之至'一语在心,时时恐余有遗弃之病。余亦守定'未发之中'一言,恐天台兄或未窥物始,未察伦物之原。故往来论辩,未有休时,遂称扞格,直至今日。"②"人伦之至"坚持的是儒学的道统,而"未发之中"追求的是人的自由、解放。开始两人之间只是相辩,在相辩之中,耿定向的劣势显而易见。黄宗羲当然是不赞同李贽观点的,但在《明儒学案(恭简耿天台先生定向)》一文中,黄宗羲描述了这种劣势:"先生因李卓吾鼓倡狂禅,学者靡然从风,故每每以实地为主,苦口匡救。然又拖泥带水,于佛学半信半不信,终无以压服卓吾。"③李贽的《焚书》刊印之后,两人之间的相辩公诸于世,这种劣势也就公诸于世了。耿定向为此给友人写了一封信对李贽进行攻击。李贽得知此信后,写了《答周柳塘》一信加以反驳。李贽写道:"耿老与周书云:'往见说卓吾狎妓事,其书尚存,而顷书来乃谓弟不能参会卓吾禅机。'……又谓:'鲁桥诸公之会宴邓令君也,卓吾将优旦调弄,此亦禅机也,打滚意也。'……又谓:'卓吾曾强其弟狎妓,此亦禅机也。'又谓:'卓吾曾率众僧入一嫠妇之室乞斋,卒令此妇冒帷簿之羞,士绅多憾之,此亦禅机也。'"④从信中的内容可以看出,这场辩论已经发展成为人身攻击,变为相评了。在相评中,双方弟子纷纷选边站队。乾隆《泉州府志》载:"(李贽)顾持论与定向不合,两家门徒标榜角立。于是趣妻女归,自称流寓客子。"⑤虽然这场晚明泰州学派的左右之辩,是以相谅为结局的,而且李贽在这场争辩中思想逐步成熟,许多著述,包括《童心说》等名篇应运而生。然而这场争辩也给李贽造成了巨大的伤害。由于耿定向任过户部尚书,又是当地名门望族,于是地方官员借这个机会开始驱逐和迫害李贽。沈鈇在《李卓吾传》一文中写道:"黄郡太守及兵宪王君,亟榜逐之。谓黄有左道,诬民惑

---

① 张建业主编:《李贽全集注》第26册,北京:社会科学文献出版社,2010年,第158页。
② 张建业主编:《李贽全集注》第2册,北京:社会科学文献出版社,2010年,第22页。
③ (清)黄宗羲:《明儒学案》,北京:中华书局,2008年,第815页。
④ 张建业主编:《李贽全集注》第1册,北京:社会科学文献出版社,2010年,第218~219页。
⑤ (清)怀荫布修:乾隆《泉州府志》卷五十四,泉州:泉州市地方志编纂委员会办公室,1984年,第44页。

世。捕曹吏持载贽急,载贽入衢州,过武昌。"①即使到了武昌,李贽也遭到了耿定向弟子的驱逐:"不肖株守黄、麻十二年矣,近日方得一览黄鹤之胜。尚未眺晴川、游九峰也,即蒙忧世者有左道惑众之逐。"②

李贽的为学遭讦最主要的还是来自朝廷。曾担任过吏部尚书的明代著名学者朱国祯在其著作《涌幢小品》中写道:"今日士风猖狂,实开于此,全不读《四书》本经,而李氏《藏书》《焚书》人挟一册,以为奇货。坏人心,伤风化,天下之祸,未知所终也。"③李贽的思想当然有其独特之处,否则怎么会"人挟一册,以为奇货"。在出任姚安知府之前,李贽"已经享有思想家的声望,受到不少文人学者的崇拜。这些崇拜者中有人后来飞黄腾达,或任尚书侍郎,或任总督巡抚"。④ 李贽也有其志同道合的朋友,比如曾任监察御史的马经纶,即使在芝佛寺被焚,李贽无家可归之时,"冒雪走三千里,访之黄檗山中,随携而北,以避楚难云耳"。⑤ 万历三十年(1602),是年李贽七十六岁。《九正易因》完成后,李贽"健康恶化,病情日重。二月五日,作遗言,付随从僧徒"。⑥ 遗言中写道:"春来多病,急欲辞世。幸于此辞,落在好朋友之手,此最难事。此余最幸事,尔等不可不知重也。"⑦马经纶也根据遗言,为其选了墓地。然而朝廷没有放过这位特立独行、重病缠身的异端。是年闰二月,礼科给事中张问达上特疏劾奏李贽。在奏疏中,张问达提出,《藏书》《焚书》《卓吾大德》等书"流行海内,惑乱人心。以吕不韦、李园为智谋,以李斯为才力,以冯道为吏隐,以卓文君为善择佳偶,以司马光论桑弘羊欺武帝为可笑,以秦始皇为千古一帝,以孔子之是非为不足据,狂诞悖戾,未易枚举。大都

---

① 张建业主编:《李贽全集注》第 26 册,北京:社会科学文献出版社,2010 年,第 77 页。
② 张建业主编:《李贽全集注》第 1 册,北京:社会科学文献出版社,2010 年,第 133 页。
③ 张建业主编:《李贽全集注》第 26 册,北京:社会科学文献出版社,2010 年,第 200 页。
④ 黄仁宇:《万历十五年》,北京:九州出版社,2014 年,第 209 页。
⑤ 张建业主编:《李贽全集注》第 26 册,北京:社会科学文献出版社,2010 年,第 105 页。
⑥ 张建业主编:《李贽全集注》第 26 册,北京:社会科学文献出版社,2010 年,第 482 页。
⑦ 张建业主编:《李贽全集注》第 26 册,北京:社会科学文献出版社,2010 年,第 482 页。

刺谬不经,不可不毁者"。① 神宗收到特疏后,立即下旨:"李贽敢倡(倡)乱道,惑世诬民,便令厂卫五城严拿治罪。其书籍已刊未刊者,令所在官司尽搜烧毁,不许存留。如有徒党曲庇私藏,该科及各有司访参奏来并治罪。"②

李贽至死也不明白,为什么他会因为"千百世后"必将流行的著作而获罪。被捕后,遭到审问时,李贽宁折不弯,他的回答是:"罪人著书甚多具在,于圣教有益无损。"③

再次是入禅受诬。与耿定向交恶之后,万历十三年(1585),李贽离开了黄安,徙居麻城城内维摩庵。他让女婿庄纯夫护送家眷回泉州老家,自己一人继续著书立说,与耿定向辩论。④ 在王畿的影响下,李贽有了入禅的愿望。送走家眷后,在孤身一人的情况下,李贽于万历十六年(1588)夏"剃去头发,仅留胡须,以异端自居"。⑤ 李贽在麻城的讲学活动以及收女弟子之事,引起了非议,有人指责他"宣淫败俗"。李贽干脆从城内"移居城东龙潭湖芝佛寺"。⑥ 芝佛寺又称芝佛院,该寺方丈是李贽的朋友。芝佛院建筑规模宏大,鼎盛时期有僧侣四十余人。李贽居住的地方"位处全院的最后山巅之处,极目四望,水光山色尽收眼底。……李贽是全院唯一的长老及信托者。其创建和维持的经费绝大部分都来自他一人向外界的募捐。……他过去没有经历过富裕的生活,但在创建佛院之后,却没有再出现过穷困的迹象"。⑦ 在此期间,李贽外出讲学,在南京刻印《藏书》,与利玛窦有过两次交游。因为对这阶段生活和为学比较满意,李贽还提出了"麻城是他的葬身之地"的想法。⑧ 然而令人愤慨的是地方官员和当地的卫道士没有放过他。万历二十

---

① 张建业主编:《李贽全集注》第 26 册,北京:社会科学文献出版社,2010 年,第 326 页。
② 张建业主编:《李贽全集注》第 26 册,北京:社会科学文献出版社,2010 年,第 326 页。
③ 张建业主编:《李贽全集注》第 26 册,北京:社会科学文献出版社,2010 年,第 326 页。
④ 张建业主编:《李贽全集注》第 26 册,北京:社会科学文献出版社,2010 年,第 447~448 页。
⑤ 张建业主编:《李贽全集注》第 26 册,北京:社会科学文献出版社,2010 年,第 449 页。
⑥ 张建业主编:《李贽全集注》第 26 册,北京:社会科学文献出版社,2010 年,第 448~449 页。
⑦ 黄仁宇:《万历十五年》,北京:九州出版社,2014 年,第 209 页。
⑧ 黄仁宇:《万历十五年》,北京:九州出版社,2014 年,第 236 页。

八年（1600）冬天，湖广按察司佥事冯应京到任，与当地的官员与士绅勾结，采取极端措施，雇佣打手，"以'维持风化'为幌子，在'逐游僧，毁淫寺'的口号下，气势汹汹地对李贽再次进行驱逐和迫害，拆毁了芝佛院，烧毁了他修的埋骨塔"。① 在其学生杨定见的帮助下，李贽逃到河南商城黄檗山中，后被学生马经纶接到通州。到通州后，李贽"病势不断恶化，经常卧床不起"。② 在此期间，李贽"致力于《易经》的研究。这部书历来被认为精微奥妙，在习惯上也是儒家学者一生最后的工作，其传统肇始于孔子"。③ 李贽的入禅也成为朝廷逮捕他的缘由之一。张问达在劾疏中给李贽罗织了这样的罪名："尤可恨者，寄居麻城，肆行不简，与无良辈游于庵院。挟妓女，白昼同浴，勾引士人妻女入庵讲法。……又作《观音问》一书，所谓观音者，皆士人妻女也。……迩来缙绅士大夫亦哄然念佛，奉僧膜拜，手持数珠，以为律戒；室悬妙像，以为皈依。不知遵孔子家法，而溺意于禅教沙门者，往往出矣。"④这些莫须有的罪名给了神宗皇帝逮捕李贽的更充分的理由。

李贽的入禅也与其宁折不弯的斗争精神有关。李贽入禅是有原因的，"人多以异端目我，故我遂为异端以成竖子之名"。⑤ 他不惜以落发入禅来与假道学决裂，以异端自居，也是为了追求"人人皆可成佛""满街皆圣人"的民主平等的社会理想。日本学者沟口雄三认为："李卓吾对异端的自觉意识，他的孤绝自觉意识，不是由于他脱离了世俗之后才获得的。相反，这是他最为真挚地生活于世俗世界的结果。他通过将世俗生活中的矛盾呈现于自身，在受到伤害的自身痛感中，磨砺了他自身的自觉意识。"⑥

个人与家族的矛盾

李贽入狱之后，没有受到折磨。明代文学家袁中道在《李温陵传》中写

---

① 白寿彝总主编：《中国通史》第 16 册，上海：上海人民出版社，1989 年，第 1705 页。
② 白寿彝总主编：《中国通史》第 16 册，上海：上海人民出版社，1989 年，第 1705 页。
③ 黄仁宇：《万历十五年》，北京：九州出版社，2014 年，第 236 页。
④ 张建业主编：《李贽全集注》第 26 册，北京：社会科学文献出版社，2010 年，第 326 页。
⑤ 张建业主编：《李贽全集注》第 1 册，北京：社会科学文献出版社，2010 年，第 129 页。
⑥ ［日本］沟口雄三著，龚颖译：《中国前近代思想的曲折与展开》，北京：三联书店，2011 年，第 164 页。

道:"大金吾笑其倔强,狱竟无所实词,大略止回籍耳。久之旨不下,公于狱舍中作诗自如。"①罪不至死,为什么李贽会用剃刀自刎呢?关键在于"押解回籍",这是压垮李贽的最后一根稻草。

　　李贽是有浓厚家国情怀的。在《藏书》中,他称秦始皇为"千古一帝",赞扬的是其统一中国的功绩;他称陆秀夫、文天祥为"直节名臣",赞扬的是他们的爱国主义精神。正如沟口雄三所言:"纵观《藏书》,我们不难看出,李卓吾理想中的中国是统一、安定、富强的中国,是政策得体、民生充实的中国。所以他根据这一理想对过去的历史做了新的编排。"②李贽也是热爱家乡泉州的,否则他不会"又号温陵居士"。李贽厌恶的是明代中后期笼罩着中国,尤其是泉州以程朱理学的名义用封建枷锁束缚人们的封建专制氛围。

　　分析李贽不愿被"押解回籍"的原因,必须先了解其所成长的明代中后期的泉州。泉州是朱子的过化之地,传说中的朱子题词:"此地古称佛国,满街都是圣人。"几乎每个泉州人都会背诵。自从朱子过化之后,特别是明代以程朱理学为主要内容的科举考试,使得朱子的思想在泉州家喻户晓,深入人心,"所以在泉州这个地方,至少宋代以来,人们都很传统、循规蹈矩地生活着,不仅不喜欢各种异端,甚至难以容忍,异口同声痛斥异端,视之为罪恶,使异端邪说在这里没有市场,甚至没有立足之地。"③《泉州历史上的人与事》的作者用泉州人对待两个人物的态度来说明这个问题:"明代中后期,泉州出了两位名人,即蔡清与李贽……这两个人都生于泉州,长于泉州,都是在泉州这个文化土壤中成长起来的……泉州人对这两位乡亲的态度是很耐人寻味的。蔡清之所以为统治者所肯定,也一直为泉州人所赞赏,理由很简单,他是正统思想的人物,而且是一位颇有代表性的人物。他是朱子的忠实信徒,笃信朱子理学,且为弘扬朱子学说不遗余力,做出了重大贡献。李贽呢,可就大不同了……他是不折不扣的异端,学说则是难以容忍的异端邪说……李贽甚至不顾同乡的情分,公然在著作中指名道姓地攻击朱子学代表人物,称蔡清、陈琛、张岳、林希元等老乡为迂狂不通。"④如果李贽回到泉

---

① 张建业主编:《李贽全集注》第 26 册,北京:社会科学文献出版社,2010 年,第 159 页。
② [日]沟口雄三著,孙军悦、李晓东译:《李卓吾·两种阳明学》,北京:三联书店,2014 年,第 130 页。
③ 陈笃彬、苏黎明:《泉州历史上的人与事》,济南:齐鲁书社,2010 年,第 122 页。
④ 陈笃彬、苏黎明:《泉州历史上的人与事》,济南:齐鲁书社,2010 年,第 123～124 页。

州,恐怕不仅官府,就是泉州遍地的朱子信徒,"许多人也不会原谅他对朱子的'非礼',必然要对他加以攻击"。① 这样的泉州,李贽能回去吗?

李贽不愿回泉州还有一个很重要的原因就是家族的问题。黄仁宇先生对古代中国的家族关系做了这样的描述:"我们的帝国不是一个纯粹的'关闭着的社会'——在那样的社会里,各种职业基本上出于世代相承。——然而它给予人们选择职业的自由仍然是不多的,一个农民的家庭如果企图生活稳定并且获得社会名望,唯一的道路是读书做官。"②要走这条路,需要几代人的努力,而"接受者只是一个人或至多几个人,但其基础则为全体家庭。因此,荣誉的获得者必须对家庭负有道义上的全部责任,保持休戚与共的集体观念……这种集体观念还不止限于一个小家庭的范围之内。一个人中举后成为官员,如果认识到他的成功和几代祖先息息相关,他就不能对他家族中其他成员的福利完全漠视"。③

李贽出生于一个什么样的家族呢?李贽本姓林,一世祖林闾,"藉前人蓄积之资,常扬帆航行于海外"。④ 二世祖林驽,"航吴泛越,为泉巨商。洪武丙辰九年(1376),奉命发舶西洋,娶色目女,遂习其俗,终身不革"。⑤ 后因明朝实施海禁,生意开始衰落,三世祖林允诚迁至南安榕桥由林改姓李,李贽为第八世。李贽家族的宗教信仰比较复杂,其一世祖林闾的妻子钱氏是一个虔诚的佛教徒,洪武十九年(1386),"始祖妣钱氏卒,年五十有六。葬与始祖同在北山老君岩殿右,时二子林驽,端衰事,墓式用回制"。⑥ 其家族老二房三世叔祖林广齐是道教徒,因修理岳庙立下马碑,闯下了杀身之祸。⑦ 李贽的父亲则是典型的儒生。李贽出生时,其家族已经完全成为一个典型的封建礼教家族了。

李贽与家族的关系,从他的《阳明先生年谱后语》所叙述可看出端倪:"余自幼倔强难化,不信学,不信道,不信仙释。故见道人则恶,见僧则恶,见

---

① 陈笃彬、苏黎明:《泉州历史上的人与事》,济南:齐鲁书社,2010年,第126页。
② 黄仁宇:《万历十五年》,北京:九州出版社,2014年,第207页。
③ 黄仁宇:《万历十五年》,北京:九州出版社,2014年,第207页。
④ 白寿彝总主编:《中国通史》第16册,上海:上海人民出版社,1989年,第1692页。
⑤ 张建业主编:《李贽全集注》第26册,北京:社会科学文献出版社,2010年,第340页。
⑥ 张建业主编:《李贽全集注》第26册,北京:社会科学文献出版社,2010年,第344页。
⑦ 张建业主编:《李贽全集注》第1册,北京:社会科学文献出版社,2010年,第19页。

道学先生则尤恶。"①从小离经叛道,与封建家族的关系就可想而知了。

　　李贽是爱家的,中举为官后到去世,李贽仅回过两次泉州,都是为了尽孝。一次是嘉靖三十九年(1560)父亲去世,归家守制。"时倭夷窃肆,海上所在兵燹。居士间关夜行昼伏,余六月方抵家。抵家又不暇试孝子事,墨衰率其弟若侄,昼夜登陴击柝为城守备。城下矢石交,米斗斛十千无籴处。居士家口零三十,几无以自活。三年服阕,尽室入京,盖庶几欲以免难云"。②大敌当前,李贽主动承担起抗击倭寇的重任,体现了浓厚的家国情怀、强烈的家国担当。然而这一次回泉州也使他明白了,"他一旦回到泉州,他所需要照顾的绝不能仅止于自己的家庭。他是族中有名望的人物,又做过知府,那就一定会陷入无数的邀劝纠缠之中不可自拔"。③ 第二次是嘉靖四十三年(1564)李贽祖父去世,回泉守制。此次回泉州之前,经反复劝说,妻子才同意李贽把收到的赙金一半在河南辉县购买地产,供其"耕作自食"。另一半带回泉州,安葬祖先三代的灵柩五具,"此归,必令三世依土"。④ 明代泉州风水之说盛行,如果不选择吉地安葬祖先,不仅是不孝,而且人们还相信"好的风水墓地能使一个家族人丁兴旺,飞黄腾达,而坏的风水墓地,则会导致一个家族平庸愚弱,式微不振"。⑤ 在这个问题上,李贽也不能免俗。虽然祖父刚刚去世,他的曾祖父灵柩却已经停放了五十年了,"环境逼迫他迁就现实,在可能的条件下一起埋葬,但求入土为安而不再做过高的奢望"。⑥ 当李贽服满,回到辉县时,妻子告诉他"两个女儿因为当地饥馑,营养不良而死"。这也是为了家族的利益而付出的代价,李贽"当晚与妻子'秉烛相对,真如梦寐'"。⑦

　　李贽与妻子相濡以沫,妻子伴他南北奔忙,直到万历十五年(1587)离开黄安后,在妻子的一再请求下,李贽遣女婿庄纯夫护送原住在黄安的家眷回泉州,自己一人留在麻城。万历十六年(1588),李贽妻黄氏病逝于泉州。闻

---

① 张建业主编:《李贽全集注》第18册,北京:社会科学文献出版社,2010年,第482页。
② 张建业主编:《李贽全集注》第1册,北京:社会科学文献出版社,2010年,第234页。
③ 黄仁宇:《万历十五年》,北京:九州出版社,2014年,第206~207页。
④ 张建业主编:《李贽全集注》第1册,北京:社会科学文献出版社,2010年,第234页。
⑤ 陈笃彬、苏黎明:《泉州历史上的人与事》,济南:齐鲁书社,2010年,第215页。
⑥ 黄仁宇:《万历十五年》,北京:九州出版社,2014年,第205页。
⑦ 黄仁宇:《万历十五年》,北京:九州出版社,2014年,第205页。

讯后,李贽作《哭黄宜人》六首。① 第一首为:"结发为夫妇,恩情两不牵。今朝闻汝死,不觉情凄然。"②悲痛之情令人感动。第六首为:"冀缺与梁鸿,何人可比踪?丈夫志四海,恨汝不能从!"③冀缺,春秋时晋国大夫,因其父企图谋害晋文公没有成功而被杀。冀缺被夺去官职,贬为庶人,终日田耕,妻子亲自送饭到田间,相敬如宾。梁鸿为东汉人,家贫博学,因写诗讽刺朝政,为朝廷所忌。逃难时给人当雇工舂米,妻子亲自为其备食,举案齐眉。④ 李贽对妻子黄氏是有感情的,在《与庄纯夫》一文中,李贽高度评价了黄氏:"若平日有如宾之敬,齐眉之诚,孝友忠信,损己利人,胜似今世称学道者,徒有名而无实。"⑤但感觉有点遗憾的是不能像冀缺、梁鸿之妻那样永远相随,"独有讲学一事不信人言,稍稍可憾"。⑥ 即使这样,李贽也再没回泉州。

李贽痛恨的是,要把严苛的封建礼教强加于他的封建家族。早在万历十八年(1590),李贽在《与曾继泉》一信中就提到:家族之人"时时不远千里来迫我,以俗事强我"。⑦ 这种"迫我""强我"给李贽造成了极大的压力。在写于万历二十四年(1596)的《豫约》中,李贽对其家族未经他同意,指定一个侄子作为他的继承人十分反感,再次表达了与家族断绝联系的决心。他写道,假如他死后,"李四官(家族指定的继承人)若来,叫人勿假哭作好看,汝等亦决不可遣人报我死,我死不在今日也。自我遣家眷回乡,独自在此落发为僧,即是死人了也,已欲他辈皆以死人待我了也。是以我至今再不曾遣一力到家者,以为已死无所用顾家也……不过以死自待,又欲他辈以死待我,则彼此两无牵挂:出家者安意出家,在家者安意做人家"。⑧ 即使是死,李贽也希望不与家族再有任何联系了。

在狱中得知将被"押解回籍",李贽十分清楚自己决不能回泉州,走投无路之下,宁折不弯,只能以死来表达对那个时代的不满。袁中道在《李温陵

---

① 张建业主编:《李贽全集注》第 26 册,北京:社会科学文献出版社,2010 年,第 447、450 页。
② 张建业主编:《李贽全集注》第 2 册,北京:社会科学文献出版社,2010 年,第 262 页。
③ 张建业主编:《李贽全集注》第 2 册,北京:社会科学文献出版社,2010 年,第 263 页。
④ 张建业主编:《李贽全集注》第 2 册,北京:社会科学文献出版社,2010 年,第 264 页。
⑤ 张建业主编:《李贽全集注》第 1 册,北京:社会科学文献出版社,2010 年,第 108 页。
⑥ 张建业主编:《李贽全集注》第 1 册,北京:社会科学文献出版社,2010 年,第 108 页。
⑦ 张建业主编:《李贽全集注》第 1 册,北京:社会科学文献出版社,2010 年,第 129 页。
⑧ 张建业主编:《李贽全集注》第 2 册,北京:社会科学文献出版社,2010 年,第 103~104 页。

传》中描述了李贽自尽的过程："一日,呼侍者剃发。侍者去,遂持刀自割其喉,气不绝者两日。侍者问:'和尚痛否?'以指书其手曰:'不痛。'又问曰:'和尚何自割?'书曰:'七十老翁何所求!'遂绝。"① 黄仁宇先生认为:"李贽生命中的最后两天,是在和创伤血污的挣扎中度过的。这也许可以看成是他十五年余生的一个缩影。"②

结　语

　　李贽的一生都在唯心与唯物、理想与现实以及个人与家族的矛盾中挣扎奋斗,但在那个时代,"他挣扎、奋斗,却并没有得到实际的成果。虽然他的《焚书》和《藏书》一印再印,然而作者意在把这些书作为经筵的讲章、取士的标准,则无疑是一种永远的幻梦"。③ 然而李贽在这些挣扎、奋斗中所形成的反封建、追求民主平等自由的启蒙思想,深厚的家国情怀,宁折不弯的斗争精神,在中国古代思想史上树立起一座丰碑。这座丰碑至今仍熠熠生辉,令人景仰。

（原载《闽台缘文史集刊》2022 年第 3 期）

---

① 张建业主编:《李贽全集注》第 26 册,北京:社会科学文献出版社,2010 年,第 159 页。
② 黄仁宇:《万历十五年》,北京:九州出版社,2014 年,第 239 页。
③ 黄仁宇:《万历十五年》,北京:九州出版社,2014 年,第 239 页。

念佛不忘救国　救国不忘念佛
——1938年初弘一大师泉州弘法护国活动纪略

1938年1月19日,丁丑12月18日,大师带着妙莲法师从厦门再度来泉州。这是大师第五次莅临泉州。大师这次重返泉州,倘与前几次相比,心境可谓有较大不同,胸中郁结忧愤,情绪显得沉重。大师出家,非为遁世,实为救世。他不能只顾自己念佛,不闻苍生疾苦。日寇大举侵略,中华民族处于生死存亡危急关头。国脉陆沉,山河破碎。长城内外,狼烟四起。大江南北,满目疮痍。亿万同胞在日寇铁蹄下流离失所,食不果腹,苦不堪言。大师曾生活和驻锡过的津沪杭等地,已相继沦落于日寇之手,就连刚驻锡过的厦门,亦岌岌可危。青年时代强烈的家国情怀,更被强烈地激发起来。他为国家民族前途忧虑,为黎民百姓遭遇感到痛苦。此次,弘一大师在泉州前后三个多月,辗转多个地方,频繁讲经说佛,宣扬护教护国思想。

一

大师并不主张僧侣直接参战。外侮当头,生灵涂炭,僧侣以何种形式体现爱国之心,作为佛门中人,他有自己的见解。在他看来,僧人参战乃杀生之事,有违佛门戒律。僧人抗敌救国,应以其他方式。在实际生活中,救国方式多种多样。对于僧人来说,首先要念好佛,好好护法,念佛即使不是唯一救国途径,也是最重要途径。在"救国"与"念佛"关系上,大师基本观念是:"念佛不忘救国,救国必须念佛。"站在佛门角度,这个口号并不片面。僧人不战,这是佛门固有观念和逻辑。这种观念和逻辑自然与世俗观念和世俗逻辑有异。然而也不能以世俗观念和世俗逻辑去要求僧人的行为方式,而且综合大师种种言行来看,所倡导的念佛救国,并非仅是简单的念念佛经,唱唱佛号,而是有着深刻的思想内涵,有着明确的价值取向,更有着具体的行为体现。在大师看来,身为佛门弟子,务必时时牢记自己是中国人,吃的是中华之粟,饮的是中华之水。国难当前,要有忧国忧民之心,共纾国难之情,通过念佛诵经方式祈求国家民族消灾弥难,同时以此化导民众,弃恶从善,增进善心,同心同德,齐心协力,有钱出钱,有力出力,为抗战多做贡献。如此既是以自己力所能及的贡献,为国家分忧,为同胞解难,亦是为佛门增光,为佛祖如来争气。

大师力倡念佛救国,这次再来泉州,到达草庵后,开始把讲经重点放在《华严经》,特别是当中的《普贤行愿品》就是一种颇为突出的体现。居草庵一个月,当中从1938年1月31日,戊寅元月1日,开始讲经,连讲十天后结束,只讲《华严经·普贤行愿品》。随后的两个多月,都在泉州其他各地讲经,《华严经》乃是重点。大师这期间重点选择《普贤行愿品》,并非无的放矢,率意而为,而是经过慎重考虑,有着明确指向的行为。因为普贤菩萨的最大特点,在于所弘扬的精神要义,即"扬善止恶,广行福德"。国难深重,生灵涂炭,大师热切希望佛门弟子以及俗世善众能够大彻大悟,弘扬普贤菩萨这种精神,为社会做出贡献,为国家分忧。忧国之情清晰可见,爱民之心昭然日月。

大师这期间在草庵留下的一些书题,也同样反映出忧国忧民救苦济世的高僧情怀。1933年底,他首次到草庵,曾为佛堂撰写两副柱联。当中一副是:"草蘸不除,便觉眼前生意满;庵门常掩,毋忘世上苦人多。"这次重返草庵,他又特地手书这副联,赠晋江安海俞啸川居士,并加题记,略作说明。大师写道:"草蘸不除,便觉眼前生意满;庵门常掩,毋忘世上苦人多。此数年前为草庵所撰寺门联句,下七字,疑似古人旧句,然亦未能定也。眼前生意满者,生意指草而言。此上联隐含慈悲博爱之意,宋儒周、程、朱诸子文中,常有此类之言,即是观天地生物气象,而兴起仁民爱物之怀也。啸川居士玄览。"大师于这时特加此跋,显然是有感而发,觉得这门联很有现实警示意义。本来题写此联就是告诫佛门弟子不要只是关起寺门念佛,还得时时想到现实世界中还有许许多多的同胞正在受苦受难,应多做点有益事情,争取让更多人能摆脱苦难。眼下,日寇扩大侵华战争,使更多无辜同胞陷入苦难之中,作为佛门弟子,当然更不能浑浑噩噩,更不能只是关门念佛,更得时时警示自己,有所担当,有所作为,为国家分忧,为大众纾难,"不为自己求安乐,但愿众生得离苦"。这次到草庵,大师还为草庵题了一联:"广大寂静三摩地,清净光明偏照尊。"这副对联无疑是寄托了对佛门的企盼,对清净光明世界的美好希望。

二

1938年2月19日,戊寅元月20日,大师离开草庵,进入泉州城内,继续进行弘法护国活动。

1938年2月25日,戊寅元月26日,大师刚入泉州城几天,即到开元寺演讲《念佛能免灾难》,又称《劝念佛菩萨求生西方》。这场演讲,既突出体现念佛救国思想理念,也是热情配合印光在佛教界共倡念佛救国。大师在演讲中要求僧侣和居士要更积极响应印光号召,更加奋起念佛,勤念佛菩萨名号,求得彻底消除困难。

大师这期间讲经,仍把《华严经》做重点,居承天寺二十天,连续讲经十天,只讲《普贤行愿品》。在清尘堂,连续演讲三天,亦是讲《华严经大意》。动机与在草庵相同,仍是借助此品,唤起僧侣俗众拒恶从善之心,"恒顺众生,普皆回向",共纾国难。正因如此,每次宣讲完毕,亦如在草庵那样,"切嘱缁素弟子读诵《行愿品》十万遍,以此功德回向国难消除,民众安乐。众感公诚,十万遍《行愿品》,文字非常多,卒于十二个月工夫完成。公又一面发愿书华严偈颂,共同回向。此其爱护国族作风,迥非常情所可测度已"。承天寺宣讲《普贤行愿品》后,为进一步扩大影响,唤起更多缁素善友护教护国的热情,大师又将讲稿于泉州先后印行一千几百册,普施大众读诵。

大师这期间在朵莲寺宣讲药师佛,题为《药师如来本愿功德经大意》,旨意亦在消灾弥难,普利众生。药师佛系东方之佛,亦是净土法门之一。大师在此时讲药师佛,自然有现实考虑。就在这场讲演后不久,大师避乱漳州瑞竹岩,曾为李芳远诵《药师琉璃光如来本愿功德经》十部,愿李芳远在战乱中"消除灾难,身心安宁,早成佛道,普利众生。再者,朽人既为仁者诵经,仁者自己亦应常常(行住坐卧)念诵'南无药师琉璃光如来'名号,乃有感应。至要,至要"。

3月13日,戊寅2月12日,大师到开元慈儿院,宣讲《释迦牟尼佛在因地时为法舍身事》。用意颇为清楚,勉励师生在国难当头要有佛祖献身精神,不畏艰难困苦,甚至为法忘躯,不惜抛头颅、洒热血。宣讲最后,大师恳切地对师生说:"以前我曾居住开元寺好几次,即住在贵院的后面,早晚闻诸生念佛念经很如法,音声亦甚好听,每站在房门外听得高兴。因各种课程固好,然其他学校也是有的,独此早晚二堂课诵,是其他学校所无,而贵院所独有的。此皆是贵院诸职教员善于教导,和你们诸位努力,才有这十分美满的成绩。我希望贵院今后能够继续精进努力,不断地进步,规模益扩大,为全国慈儿院模范,这是我最后殷勤的希望。"

3月18日至21日,戊寅2月17日至20日,大师在开元寺为僧众宣讲《心经》大意。《心经》即《般若波罗蜜多心经》,全文仅二百五十九字。大师讲解此经,意在开示僧众要有大无我精神,做利生大事业。这与讲《行愿品》可谓相辅相成,殊途同归。大师认为《心经》甚为重要。大师最后说,般若之妙义妙用,前已说竟。尚有难于言说思想者,故续说之。咒文依例不释,但当诵持,自获利益。

大师在开元寺所做另一场演讲是为养老院妇人做开示。开元妇人养老院,1929年由叶青眼、周文格、高和祥、周伯遒等居士创办,收养孤寡无依老妇人。大师此前多次驻锡开元寺,在妇人养老院演讲,尚属首次。宣讲《净土法门》,前已开讲过,斯时斯地再讲,乃是基于开示对象,有所考虑的选择。大师通过宣讲启导养老院妇人,坚定抱持发大菩提心、广修一切善行,自利利他观念,尽力而为,多做善事,为社会做力所能及的贡献。

3月15日,戊寅2月14日,弘一大师在温陵男养老院宣讲《劳动与念佛》,针对这些孤寡老人现状,表示真切关爱的同时,诚恳开示,一衣一食来之不易,应非常珍惜。日常生活琐事自己能做的尽量自己动手,不必事事依赖别人。这也是佛理,佛曾以自己的劳动行为启导弟子。惜福与习劳,乃是佛徒应注意要项,也是善信需要不断修持的行为。从日常生活入手,予以开示,切合实际,也切实可行,容易达到效果。这也是大师一贯见解。在这前后,大师在与孤寡老人接触言谈中,亦是以这种内容与方式谆谆开示。

大师既启导僧俗学佛境界,亦为开示修持之道。3月17日,戊寅2月16日,他在性常的陪同下,到泉州另一座名气同样很大的寺庙崇福寺,宣讲《三皈五戒浅义》。这也是首次挂锡崇福寺。大师在崇福寺尽管只演讲一天,场面却颇为壮观,听众近百人。演讲完毕,还证受三人皈依。可见效果亦是甚为不错。讲毕,复在救济院劝念观世音菩萨名号。为院众近百人授三皈依。

在这期间,3月27日,戊寅2月26日,大师又在城北昭昧国学讲习所为师生们做了一场演讲。昭昧国学讲习所的前身是一峰书院,始建于明代,乃为纪念名士罗伦而建,亦是明代泉州新建书院中最为著名的一所。昭昧国学这场讲演,陈祥耀先生《弘一法师在闽南》有较详细记载。陈祥耀先生时为昭昧国学学生,为之做记录,并经大师亲自修改。据陈祥耀先生记述,大师应邀莅校讲演,是"在一个黄梅细雨的星期天上午"。讲演的题目叫《佛教的源流及宗派》,为何选择这个题目,很大程度上亦是考虑听讲者大多并非佛教徒,而是普遍缺乏佛教知识的学生和教师。陈祥耀先生记载,那天大师演讲,师生们极为兴趣,他大概受到学生们情绪的感染,也显得比较兴奋,表情轻松。既不显得拘束,也不显得过于严肃,就像一位满腹经纶的老师,面带微笑,在为学生讲解某个历史题目。

三

大师这次到泉州弘法,邀请者众多,他亦想多为护教护国事业做点贡献,故府城讲经尚在进行中,已接受惠安念佛会邀请,决定再次前往弘法。4月5日,戊寅3月5日,府城讲经暂告结束,随即由高文显陪同,往惠安科山等处讲经。这已是大师第三次赴惠安,亦是这期间集中演讲的尾声。

4月8日,戊寅3月8日,弘一大师宣讲《修净土宗者应注意之数事》,强调修净土重要性的同时,开示应注意几个方面。据当时听讲者回忆,大师所讲主要集中于两点:一是要坚信佛能救世。社会纷争,人心不古,乃是佛理沦亡所致,佛教是劝善、戒杀,如信佛教则可弭战乱、息争端、正人心、避邪说。二是号召各方道俗协力弘法。因果报应,善有善报,恶有恶报,丝毫不爽,这是基本佛理。各方道俗应协力弘法,切实信佛念佛,持念阿弥陀佛,努力做有益于社会各种事业,共同为卫教护族做奉献。

4月9日,戊寅3月9日,弘一大师宣讲《十宗略义》,介绍佛教在中国的十个宗派。讲稿虽已不存,基本内容前不久在昭昧国学刚讲过。大师介绍了十个宗派基本情况后,仍旧嘱告听众,各个宗派虽阐发内容与程度深浅有种种不同,然都与佛法相契合,应当流传。所以学习某宗的人,不能轻视他宗,更不能诽谤他宗。学习某宗,便诽谤他宗,这是很错误的偏见。这是大师一贯的观点。他在《南闽十年之梦影》亦说:"我平时对于佛教是不愿意去分别哪一宗、哪一派的,因为我觉得各宗各派都各有各的长处。但是有一点,我以为无论哪一宗哪一派的学僧,却非深信不可,那就是佛教的基本原则!"

大师惠安讲经结束后,又与缁素合影,作为纪念,亦为这次泉州的讲经活动画上了圆满句号。4月11日,戊寅3月11日,从惠安回到泉州城,又住了十多天。4月21日,戊寅3月21日,应厦门方面邀请,前往厦门,结束了这次泉州之行。

结　　语

　　国难当头,民瘼深重,大师第五次莅临泉州,已经59岁了,体弱多病,但他并没有放慢弘法护国的步伐。在三个多月的时间内,大师频频出动,做了多次开示讲演,长者十天,短者半天。演讲对象不同,内容也有较大差异,然而所讲内容实际上都有相通之处。基本动机无疑在于唤起僧俗卫教护国热情,加强自身修持,自觉担负起社会责任,以大悲心为体,常发代众生受苦心,常抱救济众生宏愿,共同为苦难同胞多做些善事,使世人了解佛教。为拯救大众苦难,自己虽受苦受难,无怨无悔,心甘情愿,顺理成章。也正因此,讲演时往往触景生情,感时伤乱,谆谆勉励佛徒和居士,应对国家民族怀有爱护热忱。

　　大师每有开讲,讲堂座位后面墙壁上总是挂起一幅由其亲书的中堂:"念佛不忘救国,救国必须念佛。"后有跋语曰:"佛者,觉也。觉了真理,乃能誓舍身命,牺牲一切,勇猛精进,救护国家。是故救国必须念佛。"各方人士求字,往往亦书"念佛不忘救国,救国不忘念佛"之类赠予。大师尽管不主张僧侣参战,然而不遗余力要求僧侣积极救济众生。在他看来,佛教是积极地救世的,不是消极地厌世的。佛法以菩提心为主,所谓菩提心,就是觉悟心,发起成佛心,发起利益众生、救济众生心。佛徒应抱持积极态度,自觉奋起,担当职责,"以无我之伟大精神,而做种种之利生事业"。

　　尽管大师此前在泉州亦有多次讲经,可是这次连续时间如此之长,听众如此之多,反应又如此之好,实属难得。这固然与高深佛学造诣及演讲才能有关,亦与护教护国心态有关。浓烈的忧国忧民之心,使讲演不能不更加动情,从而更具感染力,引发听众强烈共鸣。

　　　　（根据《弘一大师在泉州》有关章节整理而成,原载《看松月到衣·弘一法师圆寂八十周年纪念集》,合作者苏黎明）

曾氏井泉千古冽,蒲侯心地一般清
——蒲寿晟任职梅州行迹考

蒲寿晟,亦作蒲寿宬、蒲寿宸,生卒年不详,字镜泉,号心泉,宋元时期阿拉伯诗人。随其父、其弟(蒲寿庚)徙居泉州,南宋咸淳七年(1271)知广东梅州,有惠政。后因宋朝将倾,弃官隐居于泉州东海法石乡。蒲寿晟为华化的阿拉伯人,通晓文史,擅长诗赋、书法。其《心泉学诗稿》收入《四库全书》。[①]与其弟蒲寿庚平定海寇有功,蒲寿晟被授领卫。刘克庄写于咸淳元年(1265)的《乙丑生日回启蒲领卫寿晟》和咸淳四年(1268)的《戊辰生日回启蒲领卫》可资证明。[②]《宋史》载:"诸卫上将军、大将军、将军并为环卫官,无定员,皆命宗室为之,亦为武臣之赠典"。[③]"领卫,即领某某卫将军之简称,非官名,无实职,只授给宗室或有战功之人。……蒲寿宬以非宗室之家被封为领卫,当因为战功"。[④]

咸淳七年(1271),蒲寿晟被推荐任梅州知州。《方舆胜览》载:梅州"古闽越地,秦、汉并属南海郡。晋属东官郡,晋末及宋并属义安郡。梁属东扬州,又改属瀛洲。隋置潮州,而程乡以县属焉,炀帝属义安郡。唐复属潮州。伪汉刘氏割潮之程乡县置敬州。皇朝(宋朝)以敬州犯翼祖讳,改名梅州,赐名义安郡"。[⑤]翼祖为赵敬,宋太祖赵匡胤的祖父。光绪《嘉应州志·官师表·知军州事》(梅州设置几经变化,清雍正十一年置嘉应州)记载:"蒲寿晟,咸淳七年(1271)任。"[⑥]蒲寿晟在梅州任职三年,为官清廉,心系民生,颇

---

① 中国伊斯兰百科全书编辑委员会编:《中国伊斯兰百科全书》,成都:四川辞书出版社,2011年,第442页。
② (宋)刘克庄撰:《后村先生大全集》,成都:四川大学出版社,2014年,第3225、3257页。
③ (元)脱脱等修:《宋史》,上海:上海古籍出版社,1986年,第506页。
④ 刘倩:《元西域人华化之先导蒲寿宬考论》,《安徽大学学报》2009年第4期,第88~92页。
⑤ (宋)祝穆撰:《方舆胜览》,北京:中华书局,2003年,第649页。
⑥ (清)温仲和纂:光绪《嘉应州志》,上海:上海书店出版社,2013年,第294页。

有善政,充分体现了西域人华化先导的优秀品质。

一、清正廉洁,严管官吏

蒲寿晟饱读诗书,深受儒学思想浸润,陈垣先生称其为"西域人华化先导"。①《论语·子路》载:"子路问政,子曰:'先之,劳之。'请益,曰:'无倦。'"意思是为政必须以身作则,吃苦耐劳,坚持不懈。②孔子亦云:"其身正,不令而行;其身不正,虽令不从。"③在梅州的从政实践中,蒲寿晟坚持了这些从政理念。光绪《嘉应州志·宦绩》载:蒲寿晟"知梅州,一毫无取于民,居处饮食俭约"。④作为泉州有名的富商子弟,蒲寿晟在从政时能做到"居处饮食俭约",确实是很不容易的,这与他深受儒家"修身、齐家、治国、平天下"思想影响有关。蒲寿晟在《寄胡苇航料院》一诗中表达了这种思想。诗云:"别来梅正谢,愁坐柳成荫。救世有何策?图名非本心。万言难复古,一语傥医今。已向山中老,因风怀所钦。"⑤诗中表明了他从政不是为了图名,而是为了救世,为了"一语傥医今",实现人生的抱负。

梅州有曾井古迹,为南汉时乡令曾芳所开凿,"泉清冷而甘"。相传当时地方上流行瘟疫,曾芳"以药济斯,民之求疗者摩肩接踵。公以大囊盛药置诸井,令民汲之,一饮疾愈"。⑥皇祐五年(1053),狄青率军讨伐另立"南天国"的少数民族首领侬智高时,"军士疾疠,祷于井,水溢,饮之而愈"。⑦为此,宋仁宗专门"赐飞白书'曾氏忠孝泉'五字"。飞白书即草篆,宋仁宗"飞白尤为精妙"。蒲寿庚到梅州任职后,"见曾井遗泽在民,遣人还籍,取家资建石亭其上,日汲井水二瓶置诸公堂,欲常目在之而踵其武也"。⑧连建亭之资也要"遣人还籍,取家资",廉洁奉公至此,实属罕见。其"日汲井水二瓶置诸公堂",更是为了时刻提醒自己要向曾芳学习,造福百姓。为此,"州进士

---

① 陈垣:《元西域人华化考》,北京:中华书局,2016年,第4页。
② 金良年撰:《论语译注》,上海:上海古籍出版社,2004年,145页。
③ 金良年撰:《论语译注》,上海:上海古籍出版社,2004年,148页。
④ (清)温仲和纂:光绪《嘉应州志》,上海:上海书店出版社,2013年,第318页。
⑤ (宋)蒲寿晟著,廖渊泉点校:《心泉学诗稿》,北京:商务印书馆,2019年,第129页。
⑥ (清)温仲和纂:光绪《嘉应州志》,上海:上海书店出版社,2013年,第181页。
⑦ (清)温仲和纂:光绪《嘉应州志》,上海:上海书店出版社,2013年,第181页。
⑧ (清)温仲和纂:光绪《嘉应州志》,上海:上海书店出版社,2013年,第318页。

杨圭题其梁曰:'曾氏井泉千古冽,蒲侯心地一般清。'"①

只有吏治清明,百姓才能安居乐业。在吏治上,儒家强调修己治人的重要性。《论语·宪问》云:"子路问君子,子曰:'修己以敬。'曰:'如斯而已乎?'曰:'修己以安人。'曰:'如斯而已乎?'曰:'修己以安百姓。修己以安百姓,尧、舜其犹病诸!'"②从这段对话中,可以看出孔子认为官吏的修养是治国理政的基础。蒲寿晟任职梅州期间不仅以身作则,而且对下属严加管束。他曾写过《七爱诗赠程乡令赵君》,该诗以西门豹、鲁恭、卓茂、钟离意、刘矩、傅琰、元德秀等七位贤令为例,要求属下官员要勤政廉政,造福百姓。

《魏邺令西门豹》云:"吾爱西门豹,其事深可效。波神岂荒淫?巫言亦机巧。大妪去不来,小妪足躐踥。豪长涕叩头,从此识政教。"③此诗赞颂的是西门豹以民为本,敢作敢为的精神。西门豹,战国时期魏国人,其任邺令时,百姓"苦为河伯娶妇,以故贫"。土豪劣绅同巫婆勾结,假借为河伯娶媳妇,大肆敛财,欺压百姓。西门豹以严厉的手段破除迷信,制服了土豪劣绅及巫婆,并"发民凿十二渠,引河水灌溉农田,田皆溉",百姓得以安居乐业。④

《汉中牟令鲁恭》云:"吾爱鲁仲康,致效多致详。害稼暝犬牙,中牟了无伤。掾惊雉驯扰,儿念离方将。河南有府尹,其美乃播扬。"⑤此诗赞颂了鲁恭重视道德教化的精神。鲁恭,东汉人,曾任中牟令,"专以德化为理,不任刑罚"。建初七年(392),"郡国螟伤稼,犬牙缘界,不入中牟"。河南尹袁安不相信有此事,派人前往查看。前来考察的官员与鲁恭一起在桑树下休息时,有只雉鸟停在边上,旁边还有个小孩。前来考察的官员就问小孩为什么不抓雉鸟呢?小孩回答说:"雉方将雏。"也就是说雉鸟将生小雏鸟,不能伤害它。官员很感动,对鲁恭说:"所以来者,欲察君之政迹耳。今虫不犯境,此一异也;化及鸟兽,此二异也;竖子有仁心,此三异也。久留,徒扰贤者也。"⑥

---

① (清)温仲和纂:光绪《嘉应州志》,上海:上海书店出版社,2013年,第318页。
② 金良年撰:《论语译注》,上海:上海古籍出版社,2004年,179页。
③ (宋)蒲寿晟著,廖渊泉点校:《心泉学诗稿》,北京:商务印书馆,2019年,第102~103页。
④ 韩兆琦编著:《史记笺证》,南昌:江西人民出版社,2004年,第6180~6182页。
⑤ (宋)蒲寿晟著,廖渊泉点校:《心泉学诗稿》,北京:商务印书馆,2019年,第102~103页。
⑥ (南朝)范晔撰:《后汉书》,上海:上海古籍出版社,1986年,第122页。

《汉密令卓茂》云:"吾爱卓子康,作邑非寻常。口不及人恶,抚子若弗遑。礼律乃并用,化噐以为良。解马以与人,不较人自偿。"①此诗赞颂了卓茂用善行教化百姓的精神。卓茂,东汉人,曾为丞相府吏。有次骑马出行时,有人说这匹马是自己的。卓茂就问:"你丢失马多长时间了?"对方回答:"一个多月了。"而卓茂的马已经跟随他数年了,但卓茂不争辩,就把马给了他,自己挽车回去。临走时对那人说:"若非公马,幸至丞相府归我。"后来,那人找到了丢失的马,"乃诣府送马,叩头谢之"。《后汉书》评价道:"茂性不好争如此。"卓茂任密县令时,"劳心谆谆,视人如子,举善而教,口无恶言,吏人亲爱而不忍欺之。……数年,教乃大行,道不拾遗"。②

《汉堂邑令钟离意》云:"吾爱钟离意,锦制与人异。荒县民无庐,茅竹毕缮事。亦有多怖人,憪憪感祸祟。祝土矢乃尽,神谴不敢避。"③此诗赞颂了钟离意体恤民情,心系民生的精神,"建武十四年,会稽大疫,死者万数,意独身自隐亲,经给医药,所部多蒙全济"。当他奉命押送囚徒到河内郡时,路上给他们做寒衣,解除刑具让他们访亲探友。这些囚徒都在规定期限回来。光武帝曾称赞他:"诚良吏也。"④

《汉雍丘令刘矩》云:"吾爱刘叔芳,礼逊以化强。谆谆耳提训,语味深且长。忿恚为可忍,莫入鸣弦堂。讼者各感去,从今无他肠。"⑤此诗赞颂了刘矩的仁德教化精神。刘矩为雍丘令时,"以礼让化之,其无孝义者,皆感悟自革。民有争讼,矩常引之于前,提耳训告,以为忿恚可忍,县官不可入,使归更寻思。讼者感之,辄各罢去"。⑥

《齐山阴令傅琰》云:"吾爱傅季珪,为事求端倪。群愚亦智诈,不辨祛厥迷。感深卖针媪,腼以食豆鸡。一县称神明,鼠辈榛其蹊。"⑦此诗赞颂了傅琰明察干练的品质。傅琰,南朝人,其任山阴令时,"卖针卖糖老姥争团丝,来诣琰。琰不辨核,缚团丝于柱,鞭之,密视有铁屑,乃罚卖糖者。二野父争

---

① (宋)蒲寿晟著,廖渊泉点校:《心泉学诗稿》,北京:商务印书馆,2019年,第102~103页。
② (南朝)范晔撰:《后汉书》,上海:上海古籍出版社,1986年,第122页。
③ (宋)蒲寿晟著,廖渊泉点校:《心泉学诗稿》,北京:商务印书馆,2019年,第103页。
④ (南朝)范晔撰:《后汉书》,上海:上海古籍出版社,1986年,第167页。
⑤ (宋)蒲寿晟著,廖渊泉点校:《心泉学诗稿》,北京:商务印书馆,2019年,第103页。
⑥ (南朝)范晔撰:《后汉书》,上海:上海古籍出版社,1986年,第259页。
⑦ (宋)蒲寿晟著,廖渊泉点校:《心泉学诗稿》,北京:商务印书馆,2019年,第103页。

鸡,琰各问'何以食鸡'？一人云'粟',一人云'豆,乃破鸡得粟',罪言豆者。县内称神明,无敢复为偷盗"。①

《唐鲁山令元德秀》云:"吾爱元紫芝,卓尔不可移。盗虎孰大小？许囚虎归尸。音乐第胜负,为于遭殊知。岁满何所为？柴车一缣随。"②此诗赞颂了元德秀善政于民,清正廉洁的品质。元德秀,唐代人,其任鲁山令时"有盗系狱,会虎为暴,盗请格虎自赎,许之。吏白:'彼诡计,且亡去,无乃为累乎？'德秀曰:'许之矣,不可负约。即有累,吾当坐,不及余人。'明日,盗尸虎还,举县嗟叹。"《南齐书》还载:唐玄宗在东都时,设宴于五凤楼下,命令三百里以内的县令、刺史都要带着声乐队来表演,"是时颇言帝且第胜负,加赏黜"。听到要分胜负并有赏罚,河内太守就用车载着几百个演员,"被锦绣,或作犀象,瑰谲光丽,"场面极其壮观。而德秀"惟乐工数十人,联袂歌《于蔿于》。《于蔿于》者,德秀所为歌也。帝闻,异之,叹曰:'贤人之言哉！'"在任期间,元德秀"所得俸禄,悉衣食人之孤遗者"。离任时,"笥余一缣,驾柴车去"。③

"汉唐多良吏",这些良吏是支撑汉唐盛世的重要力量。蒲寿晟用这些良吏的事迹来教育梅州的官员,就是希望他们能传承这些良吏廉政勤政、以民为本、明察善断、敢作敢为的精神,造福于民。这些诗歌的创作也体现出蒲寿晟对中国历史研究的深入和对儒学思想的领悟。

二、心系民生,劝农重农

民本思想是儒家思想的核心部分。《论语·尧曰》云:"子曰:'因民之所利而利之,斯不亦惠而不费乎？'"意思是孔子说:"就着老百姓有利的地方去给他们利益,不就施予恩惠而不费力了吗？"④《尚书》曰:"民惟邦本,本固邦宁。"⑤孟子曰:"民为贵,社稷轻之,君为轻。是故得乎丘民而为天子,得乎天子为诸侯,得乎诸侯为大夫。"⑥这些都是民本思想的重要体现。生活为官在

---

① (南朝)萧子显撰:《南齐书》,上海:上海古籍出版社,1986年,第97页。
② (宋)蒲寿晟著,廖渊泉点校:《心泉学诗稿》,北京:商务印书馆,2019年,第103页。
③ (宋)欧阳修等撰:《新唐书》,上海:上海古籍出版社,1986年,第592~593页。
④ 金良年撰:《论语译注》,上海:上海古籍出版社,2004年,第241~242页。
⑤ 李民、王健译注:《尚书》,上海:上海古籍出版社,2016年,第97页。
⑥ 杨伯峻:《孟子导读》,成都:巴蜀书社,1987年,第223页。

南宋末年这个动荡的年代,面对百姓的颠沛流离,困苦生活,蒲寿晟深感悲痛,为此以诗歌的形式表现出来。比如《送使君给事中常东轩先生》云:"锋车洛阳道,秋日旌旗光。松阴父老语,何计攀夕郎? 南泉昔乐土,画戟深凝香。今为雕瘵区,盐米忧仓皇。一食不遑暇,众哺安能忘? 时哉异真倪,心乎爱龚黄。报政未期年,丹诏飞十行。正阳初继离,化瑟方再张。岂无兰蕙丛? 所思在孤芳。屦声到星辰,泰阶列寒芒。眷怀赤子心,启齿玉帝旁。唐相有遗烈,至今留甘棠。"①此诗通过今昔对比,"南泉昔乐土""今为雕瘵区,盐米忧仓皇",原来的"乐土",现在变为民生疾苦之区,连盐米的供应都令人担忧,"深入描述了宋元时期粤东、闽南一带食盐走私所带来的一系列社会问题"。②再如《种麦》:"荒林僻左地,时已及来牟。颇学鸦种麦,可怜人代牛。莫言耒耜苦,且愿甲兵休。来岁如旋磨,机轮向瀑流。"③战乱带来的土地兼并问题迫使农民不得不"荒林僻左地",然而贫穷的农民买不起耕牛,只能"人代牛"了。在困苦生活的挣扎中,百姓的唯一希望就是战争早点结束,"莫言耒耜苦,且愿甲兵休",能过上安定的日子,即使再苦再累也心甘情愿。再如《梅阳寄委顺赵君》:"别来柳初苦,今见兰吐芳。怀哉佩兰人,欲制芙蓉裳。山空蕙帐冷,鹤怨秋夜长。群峰暮耸峭,蚁梦犹一场。乘传愧已添。刻意思所偿。蛊蛊瘴土氓,见此泪欲滂。针石一时投,苦为起羸尪。常恐二竖黠,神被膏与肓。欲尽弃其旧,安得师之良。夜梦每插羽,飞到琴册旁。非贪舐鼎事,欲窥枕中方。缄縢倪寄翼,宽比百回肠。"④在战乱中,"蛊蛊瘴土氓",百姓颠沛流离,蒲寿晟"见此泪欲滂"。他担心奸臣当道,"常恐二竖黠,神被膏与肓",贻害百姓。也想能够有所作为,"夜梦每插羽,飞到琴册旁",造福百姓。

古代中国是一个农耕社会,为此官员在春夏农忙时巡行乡间,鼓励农耕,名曰劝农。⑤《史记·孝文本纪》载:"农,天下之本,务莫大焉。今勤身从事而有租税之赋,是为本末者毋以异,其于劝农之道未备。"⑥宋周密《癸辛杂

---

① (宋)蒲寿晟著,廖渊泉点校:《心泉学诗稿》,北京:商务印书馆,2019 年,第 106 页。
② 广东省梅州市纪委监委主编:《忠廉大义:梅州节士史话》,广州:南方日报出版社,2019 年,第 73 页。
③ (宋)蒲寿晟著,廖渊泉点校:《心泉学诗稿》,北京:商务印书馆,2019 年,第 131 页。
④ (宋)蒲寿晟著,廖渊泉点校:《心泉学诗稿》,北京:商务印书馆,2019 年,第 108 页。
⑤ 罗竹风主编:《汉语大词典》,上海:汉语大词典出版社,1997 年,第 1089 页。
⑥ 韩兆琦编著:《史记笺证》,南昌:江西人民出版社,2004 年,第 826 页。

识》记载:"郡守每岁劝农还,必于此舣舟宴焉。"①这些都说明了古代皇帝和官员对农耕的高度重视。梅州多为山区,可耕地缺乏,俗称"八山一水一分田"。1999年出版的《梅州市志》记载:"梅州经济以农为主,农业又以粮食生产为主。历史上由于山多田少、耕作技术落后等原因,农业生产十分落后,农业经济极为薄弱,粮食一直不能自给,许多农民'放下禾镰无米煮',大部分人过着'半年糠菜半年粮'的生活。每逢灾年荒月便被逼携儿带女背井离乡去逃荒。"②光绪《嘉应州志·食货》对宋代梅州可耕地缺乏的状态有具体的记载:梅州"宋元丰间人户一万二千三百七十户"。③ 如一户以五人计,人口有六万一千八百五十人,而当时的可耕地和粮食产量为"官民田地六百七十七顷四十四亩二分,粮米七百二十五石五升一合二勺六撮五圭"。④ 人多地少,粮食缺乏,为此"劝农"成为当时梅州主官的重要工作。蒲寿晟"在梅州期间,作为一州之长,让人民安居乐业是其主要任务"。⑤ 到任后,蒲寿晟专心致志做好劝农工作,并发挥自己的特长,写下了《梅阳壬申劝农偶成书呈同官》这首诗。诗云:"举酒劝尔农,更为我侬劝。车笠虽不同,所谐此盂饭。或耕在菑畬,或耕在方寸。膏雨足一犁,田头怯呼唤。五百维莠骄,胥徒乃蟊患。与国充耘耔,勿使地蒿蔓。幻体饥渴同,世味甘苦半。盘中一粒飡,锄下几滴汗。光阴驶历块,彼此不可玩。岂为许行言,劝课在兹旦。老父倾耳听,童稚绕屏看。相顾持我语,取信如执券。安得慵耕人,从今不言倦。"⑥此诗写于咸淳八年(1272),也就是蒲寿晟任职梅州的第二年。从这首诗中,可以看出蒲寿晟十分了解梅州农民的艰辛,"或耕在菑畬,或耕在方寸",土地或是新开垦的,或面积小,耕作不易。"五百维莠骄,胥徒乃蟊患",辛勤劳作还要受到官吏的盘剥。"相顾持我语,取信如执券"表达了蒲寿晟要严管官吏,施行新政,取信于民的决心;"安得慵耕人,从今不言倦",他希望新政实施后,农民能够勤奋劳作,取得美好生活。此诗根据百姓的特点写得浅显易懂,朗朗上口,既阐明了农耕的重要性,也表达了蒲寿晟对官吏严

---

① (宋)周密撰:《癸辛杂识》,北京:中华书局,1988年,第9页。
② 梅州市地方志编纂委员会编:《梅州市志》,广州:广东人民出版社,1999年,第8页。
③ (清)温仲和纂:光绪《嘉应州志》,上海:上海书店出版社,2013年,第186页。
④ (清)温仲和纂:光绪《嘉应州志》,上海:上海书店出版社,2013年,第189页。
⑤ 广东省梅州市纪委监委主编:《忠廉大义:梅州节士史话》,广州:南方日报出版社,2019年,第72页。
⑥ (宋)蒲寿晟著,廖渊泉点校:《心泉学诗稿》,北京:商务印书馆,2019年,第106页。

加管束的决心和对农民的殷切希望。

三、诗以教化,咏梅言志

《礼记·经解》载:"孔子曰'入其国,其教可知也。其为人也,温柔敦厚,《诗》教也。……其为人也,温柔敦厚而不愚,则深于《诗》者也。'"[1]在《论语》中也有许多关于诗教的言论,比如"《诗》可以兴,可以观,可以群,可以怨。迩之事父,远之事君。多识于鸟兽草木之名"。[2] 深谙儒学之道的蒲寿晟在梅州期间发挥自己所长,十分重视诗歌创作的教化作用。

儒家强调见贤思齐,孔子云:"见贤思齐,见不贤而内自省焉。"[3]见贤思齐是蒲寿晟在梅州期间诗歌创作的重要内容。除了上述所提到的《七爱诗赠程乡令赵君》外,还有《梅阳郡斋铁庵梅花五首》,其中第四首、第五首,以梅花来赞颂与梅州有关的先贤杨万里、刘安世。

第四首为:"卓哉诚斋老,驱车陟崔嵬。清风欲洗瘴,驾言为花来。仰止冰玉人,念彼同根荄。思翁不可说,江边重徘徊。"[4]杨万里(1127—1206),字廷秀,号诚斋,自号诚斋野客,吉州吉水人,绍兴二十四年(1154)进士及第,官至江东转运副使,南宋知名诗人。杨万里为梅州的发展做出了四大贡献:"第一,在政治军事上,宋淳熙八年(1181),他率军平定梅州寇乱,战后重建粤东的治安体系;第二,在文学上,他以三十多首诗歌的规模深入地歌咏梅州山川和文化,成为歌咏梅州第一人;第三,在历史文化上,他'此行便是无官事,只为梅花也合来'之句,道出了梅州得名的真谛;第四,在梅州的教育文化上,他的门生刘焕在梅州任职十八年,刘焕以四大创举为梅州的教育和文化事业做出了前所未有的贡献。"[5]蒲寿晟的这首诗以"冰玉人"来比拟梅花,借以赞颂杨万里"清节足矣励万世"的高尚品质。睹物生情,诗人用"思翁不可说,江边重徘徊",表达了对杨万里的仰慕之心。

第五首为:"枯株类铁汉,瘴疟不敢侵。岁寒叶落尽,微见天地心。阳和

---

[1] 杨天宇译注:《礼记译注》,上海:上海古籍出版社,2016年,第800页。
[2] 金良年撰:《论语译注》,上海:上海古籍出版社,2004年,211页。
[3] 金良年撰:《论语译注》,上海:上海古籍出版社,2004年,36页。
[4] (宋)蒲寿晟著,廖渊泉点校:《心泉学诗稿》,北京:商务印书馆,2019年,第115页。
[5] 广东省梅州市纪委监委主编:《忠廉大义:梅州节士史话》,广州:南方日报出版社,2019年,第50~51页。

一点力,生意满故林。至仁雨露泽,不觉沦肌深。"①刘安世(1048—1125),字器之,号元城、读易老人,河北大名人,熙宁六年(1073)登进士第。他登进士第后不就选,拜司马光为师,一心向学。司马光为相后,始任秘书省正字,累官至左谏议大夫。因直言被贬,曾于元符元年(1098年)至元符二年(1099)安置于梅州,苏东坡称其为"真铁汉"。在梅州期间,他办起了梅州第一所书院——元城书院。其精神对梅城影响深远。② 该诗主要突出了梅花"枯株类铁汉,瘴疟不敢侵"的不畏艰难困苦的品质,借以赞颂刘安世在被贬之后,在困难的条件下,为梅州所做出的贡献。淳祐年间,时任梅州知州杨应已在州治内建铁庵,撰写《铁庵铭》以志纪念。蒲寿晟在铁庵写下的这五首咏梅诗,含义深刻,影响深远。

客家人自古崇文重教,梅州是世界客都,《舆地纪胜·梅州·官吏》载:宋代方渐知梅州时,云"梅人无产植,恃以为生者,读书一事耳"。③ 说明梅州崇文重教的风气由来已久。为了推动良好文风的形成,在梅期间,闲暇时,蒲寿晟经常邀约当地的文人雅士,饱览梅州风光,吟诗作赋,以诗言志。比如东岩是梅州的名胜之一,"山不高峻,岩旷而平,山僧依岩构屋,境况幽雅"。元祐三年(1088),进士蓝奎曾在此读书。④ 蒲寿晟特邀同僚到此游玩并写下《仲冬下浣会同僚游东岩(《图经》云:"此乃仙人蜕骨之地,中有石鼓,叩之震响")》一诗。诗云:"羽人脱屦去,古洞留嵌岩。白云亦世态,随风蜕其缄。石饴已何许,谁能味其甘。土偶寂不语,樵牧同此龛。坎坎击石鼓,归去夸彼谈。遂使蜡屐人,于此移其贪。猗桐植翠盖,翳翳当薰南。琤然激石流,燕坐心默参。朝暮岂异理,莫狌狙四三。暄凉得其适,所讶非瘴岚。梅花对白发,风前雪鬖鬖。挥觞属同僚,出语谐酸咸。犹拘铁汉语,饮之不至酣。托时纪曾游,谁将铁为庵。"⑤ 此诗既有对美好风光的描写,饱含着对梅州的热爱,也有对世态炎凉的感慨以及学习先贤做个好知州的决心。

西岩也是梅州名胜,"中有寺曰灵境,其西又有罗汉、观音、蛇山三岩。宋刘世安尝过此有题,又大慧禅师曾居此著语录"。⑥ 蒲寿晟曾游西岩并作了《游

---

① (宋)蒲寿晟著,廖渊泉点校:《心泉学诗稿》,北京:商务印书馆,2019年,第115页。
② (清)温仲和纂:光绪《嘉应州志》,上海:上海书店出版社,2013年,第326页。
③ (宋)王象之撰:《舆地纪胜》,北京:中华书局,1983年,第3142页。
④ (宋)温仲和纂:光绪《嘉应州志》,上海:上海书店出版社,2013年,第44页。
⑤ (宋)蒲寿晟著,廖渊泉点校:《心泉学诗稿》,北京:商务印书馆,2019年,第114页。
⑥ (清)温仲和纂:光绪《嘉应州志》,上海:上海书店出版社,2013年,第47页。

西岩(刘元城赴贬侨居之所)》。诗云:"谁扇洪炉欲煮铁?一寸如冰不曾热。岁寒心事梅花知,炭事如何与冰说?西岩结屋烟作罩,斑斑不露如隐豹。人生大欲刚断除,静处生涯乃仁乐。碧梧翠竹如琅玕,寒泉玉佩鸣珊珊。终焉为计亦不恶,岂知白日生羽翰?翻思一夜钟鸣时,先生高卧如希夷。何人更嗔瘴鬼疟?及锋而用皆惊疑。荐泉采菊想遗迹,奚其与侣昌黎伯?薰莸已定人所知,聊把曾游记岩石。"①无欲则刚,"岁寒心事梅花知",这是诗人在这山清水秀、先贤隐居之处所发出的感慨。诗人将刘元城与陶渊明、韩愈相提并论,"荐泉采菊想遗迹,奚其与侣昌黎伯",突出了刘元城的高尚人格。

百花洲为程江与梅江处的沙洲,也是梅州的名胜。"百花桥:南城之西百花洲,宋庆元州守刘焕造。舆梁十二间,因洲而名。"② 当地有诗云:"早符齐尾洲前谶,看取诸生作状元。"③蒲寿庚写了《百花洲梅》赞赏了梅花的精神,诗云:"孤根宁不在栽培,枝北枝南春一回。尽道游鱼是佳谶,不知洲上有花魁。"④诗人用朴质的语言描写了梅花的特质,"视梅花为'花魁'——花中的状元,使梅花具有了鲜明的文化品位"。⑤ 杨万里也是吟咏梅花的高手,他第一次到梅州创作的第一首诗为《发通衢驿见梅有感》,吟咏的就是梅花。诗云:"忙中掠眼雪中斜,落片纷纷点玉沙。虚过一冬妨底事,不曾款曲是梅花。"⑥杨万里在冬天进入梅州,看到大雪纷飞,梅花盛开的景象,心情十分激动,写下了这首诗。此后一发不可收,写下了《明发梅州》《明发房溪》《雨中梅花》等吟咏梅花的诗歌。⑦ 梅州人认为:"同为歌咏梅州梅花的诗歌,蒲寿宬的咏梅诗显然比杨万里的咏梅诗要更深一层。蒲寿宬不仅像杨万里一样,让人们知道梅州的梅花,他还进一步地体现了梅花的文化与精神。从杨万里到蒲寿宬,我们可以看到中国咏梅史的一种发展,即从歌咏梅花外在的形象美到歌咏梅花内在的文化和精神。"⑧

《四库全书总目》对蒲寿宬的诗歌评价还比较高:"今观其诗,颇有冲澹

---

① (宋)蒲寿宬著,廖渊泉点校:《心泉学诗稿》,北京:商务印书馆,2019年,第125页。
② (清)刘光聪纂:康熙《程乡县志》,北京:书目文献出版社,1992年,第377页。
③ (清)刘光聪纂:康熙《程乡县志》,北京:书目文献出版社,1992年,第472页。
④ (宋)蒲寿宬著,廖渊泉点校:《心泉学诗稿》,北京:商务印书馆,2019年,第144页。
⑤ 汤克勤:《蒲寿宬"不知洲上有花魁"》,《梅州日报》2021年1月18日第7版。
⑥ (宋)杨万里撰,辛更儒笺校:《杨万里集笺校》,北京:中华书局,2007年,第874页。
⑦ 广东省梅州市纪委监委主编:《忠廉大义:梅州节士史话》,广州:南方日报出版社,2019年,第57页。
⑧ 汤克勤:《蒲寿宬"不知洲上有花魁"》,《梅州日报》2021年1月18日第7版。

闲远之致,在宋元之际犹属雅音。……亦足以备一家。"①在梅州任上,蒲寿晟充分发挥诗歌的教化功能,在梅州的大地上传播着儒家思想。

结　语

"曾氏井泉千古洌,蒲侯心地一般清"。700多年过去了,广东人民,特别是梅州人民始终没有忘记这位"华化先导",一心为民的好知州。在明人郭棐所撰的《粤大记》中将蒲寿晟与寇准、包拯等宋代名臣一起收入《宦绩类·清白风流》人物列传中。② 明代一度废梅州复置程乡县,属潮州府。在嘉靖二十年(1541)程乡知县陈应奎等人纂修,后因五易其稿,直至清代康熙二十九年(1690)由知县刘广聪编修并付梓的《程乡县志》中专门记载了蒲寿晟的事迹。③ 自顺治年间开始,蒲寿晟就被列入名宦,并被潮州府奉祀名宦祠。④

2019年,梅州市纪委监委在所编写的《忠廉大义:梅州节士史话》一书中有一篇文章专门介绍蒲寿晟,题目为《心清志澄蒲寿晟》。文中写道:"《心泉学诗稿》展现给我们的正是一位崇尚气节和操守的士大夫形象。……可以说正是受到儒家文化的熏陶,他才能成为一个受人民爱戴的循吏。"⑤2021年1月18日《梅州日报》刊载了汤克勤先生所写的文章《蒲寿晟:"不知洲上有花魁"》。文中写道:"蒲寿晟'不臣二姓',是一位具有高尚节操的南宋遗民。他也是一位受儒家文化熏陶很深、汉化程度很高的文人,能诗而被时贤推重。"⑥这就是蒲寿晟留给梅州人民的美好印象,也表达了梅州人民对蒲寿晟的无尽思念。

(原载《闽南》2022年第5期)

---

① (清)永瑢等撰:《四库全书总目》,北京:中华书局,1965年,第1419页。
② (明)郭棐撰:《粤大记》,广州:广东人民出版社,2014年,第279页。
③ (清)刘光聪纂:康熙《程乡县志》,北京:书目文献出版社,1992年,第428页。
④ 广东省梅州市纪委监委主编:《忠廉大义:梅州节士史话》,广州:南方日报出版社,2019年,第73页。
⑤ 广东省梅州市纪委监委主编:《忠廉大义:梅州节士史话》,广州:南方日报出版社,2019年,第71页。
⑥ 汤克勤:《蒲寿晟"不知洲上有花魁"》,《梅州日报》2021年1月18日第7版。

"四库三书"李贽著述考论

《中国大百科全书》记述:《四库全书》,"中国官修大型手写本综合性丛书。乾隆四十六年(1781)十二月修成,按经、史、子、集分类,故名。共收书3503 种,79337 卷,约 9.97 亿字,装订成 3.6 万册,6700 余函"。[①]

由于《四库全书》的编纂带有很强的清代统治阶级意志,因此许多书籍仅留存目,为了保存这些重要的历史文献,经国务院古籍整理出版规划小组批准,1994 年 5 月组成了由季羡林担任总编纂的《四库全书存目丛书》编纂出版工作委员会,经过 5 年的辛勤工作,完成了编纂工作。该丛书后由齐鲁书社影印出版,共收入四库存目书 4508 部。[②]

《续修四库全书》是为补《四库全书》不足,既补辑清朝乾隆以前有价值而为《四库全书》所未收的著作,"更系统地选辑清代中期以后至 1911 年辛亥革命前各类代表性著作,共收书五千二百十三种,为《四库全书》所收量的一倍半"。[③] 这套丛书由上海古籍出版社影印出版。

此三套丛书(以下简称"四库三书")基本囊括了大部分中国现存重要古籍。《续修四库全书》出版后,引起了学术界的广泛关注,学者们普遍认为:"这套大型丛书与《四库全书》配套,中国古代的重要典籍大致齐备,构筑起了一座中华基本典籍的大型书库。"[④]

[①] 《中国大百科全书》总编委会:《中国大百科全书》第 21 册,北京:中国大百科全书出版社,2009 年,第 146~147 页。

[②] 《四库全书存目丛书》编纂委员会:《〈四库全书存目丛书〉编纂缘起》,《四库全书存目丛书目录索引》,济南:齐鲁书社,1997 年,第 11~13 页。

[③] 《续修四库全书总目提要》编纂委员会编:《续修四库全书总目提要·经部》,上海:上海古籍出版社,2015 年,第 1 页。

[④] 《续修四库全书总目提要》编纂委员会编:《续修四库全书总目提要·经部》,上海:上海古籍出版社,2015 年,第 1 页。

李贽（1527—1602），字宏甫，号卓吾，又号温陵居士，明晋江县府城聚宝境（今属泉州市鲤城区）人，祖籍泉州南安县。嘉靖三十一年（1552）举人，官至姚安知府。李贽是晚明进步思想家，"主张个性解放与自由，有人称他为反对封建专制主义的启蒙运动先驱"。① 李贽因有反封建思想的倾向，最后被明神宗以"敢倡乱道"的莫须有罪名，将其下狱。入狱后，听说朝廷要押解其回泉州，愤而自刎死于狱中。②

李贽一生著作颇丰，收入《四库全书》有《疑耀》一部，收入《四库全书存目丛书》有《九正易因》《藏书》《续藏书》《初潭集》《李温陵集》《读升庵集》《三异人集》等七部，收入《续修四库全书》有《九正易因》《四书评》《藏书》《续藏书》《卓吾先生批评龙溪王先生语录》《道古录》《初潭集》《阳明先生道学钞》《雅笑》《山中一夕话》《李温陵集》《续焚书》《三异人集》《评水浒》《评西游记》等十五部。其中既收入《四库全书存目丛书》，又收入《续修四库全书》的李贽著作有《九正易因》《藏书》《续藏书》《初潭集》《李温陵集》等五部。"四库三书"实际收入李贽的著作有十六部。

"四库三书"经部李贽著述考论

收入"四库三书"经部的李贽著述有《九正易因》《四书评》等二部，其中《九正易因》既收入《四库全书存目丛书》又收入《续修四库全书》。

《九正易因》无卷数，收入《四库全书总目·经部·易类存目》，编时所见为江苏周厚堉家藏本。《九正易因》同时收入《续修四库全书·经部·易类》，此本据辽宁省图书馆藏清初毛氏汲古阁刻本影印。《四库全书总目》云："贽所著述，大抵皆非圣无法，惟此书尚不敢诋訾孔子，较他书为谨守绳墨云。"③《续修四库全书总目提要》称："此书体例，每卦先列卦爻辞、《彖传》、《象传》之文，次以己意总论卦旨，又附录诸家之说于每卦之后。书止六十四卦，《系辞》以下诸传皆未之及……侍御曰：'乐必九奏而后备，丹必九转而后成，《易》必九正而后定。宜仍旧名易因，而加九正二字。'遂定其名曰《九正

---

① 白寿彝总主编：《中国通史》第16册，上海：上海人民出版社，1989年，第1692页。
② 福建省南安县地方志编纂委员会：《南安县志》，南昌：江西人民出版社，1993年，第866页。
③ （清）永瑢等撰：《四库全书总目》，北京：中华书局，1965年，第55页。

易因》云云。"[1]

综合两书的评价看,四库馆臣认为此书"较他书为谨守绳墨云",并不恰当。实际上,此书表达了强烈的反传统思想。张建业在《李贽与〈九正易因〉》一文中指出:李贽在《九正易因》中"剥掉圣者、侯王头上的神圣光圈,把他们拉到平民的脚前,这是他平等观念的民主思想的鲜明表现,是他著作和思想中最为精彩的部分,也是《九正易因》一书中最为宝贵的思想"。[2] 比如《九正易因》对《乾卦》的解释:"大哉乾元,万物资始。既资以始,必资以终。无非统天而何?夫天者,万物之一物,苟非疏以乾元,又安能行云施雨,使品物流通形著而若是亨乎?故曰大哉乾元。人唯不明乾道之终始,是以不知乾元之为大。苟能大明乎此,则知卦之六位,一时皆已成就,特乘时而后动矣。是故居初则乘潜龙,居二则乘见龙,居三乘惕龙,居四乘跃龙,居五乘飞龙,居上乘亢龙。盖皆乾道自然变化,圣人特时乘之以御天云耳。是故一物各具一乾元,是性命之各正也,不可得而同之也。万物统体一乾元,是太和之保合也,不可得而异也。故曰乃利贞。然则人人各正一乾之元也,各具有是首出庶物之资也,乃以统天者归之乾,时乘御天者归之圣,而自甘与庶物同腐焉,不亦伤乎?万国保合有是乾元之德也,何尝一日不咸宁也。乃以乾为天,以万为物,以圣人能宁万国,以万国必咸宁于圣人,不益伤乎?故曰乾,元、亨、利、贞。举四德以归乾,而独以大哉赞元,其旨深矣。"[3]这是李贽基于民主思想所强调个人价值的体现。张建业为此指出:"正因为'一物各具一乾元',李贽进一步提出'人人各正一乾之元也,各具有是首出庶物之资也',就是说人人都具有乾元这种大德,人人都具备首出万物的资格,没必要把一切都归于圣人。如若认为只有圣人才能'乘御天''宁万国',那是真正的悲哀可伤啊!李贽从《乾卦》引出的这一命题,强调人人平等,人人皆圣,具有强烈的反封建压迫、反封建传统的战斗意义。"[4]

---

[1] 《续修四库全书总目提要》编纂委员会编:《续修四库全书总目提要·经部》,上海:上海古籍出版社,2015年,第23~24页。

[2] 张建业:《李贽与〈九正易因〉》,《北京师范学院学报(社会科学版)》1988年第1期,第1~8页。

[3] (明)李贽撰:《九正易因》,《四库全书存目丛书·经部》第6册,济南:齐鲁书社,1997年,第696页。

[4] 张建业:《李贽与〈九正易因〉》,《北京师范学院学报(社会科学版)》1988年第1期,第1~8页。

据林海权《李贽年谱考略》载:"李贽于万历二十六年(1598)起即与焦竑一起在南京读《易》,至本年(1600)写成《易因》并刻行,前后正好'三年'。"①以上可以说明是书完成于万历二十八年(1600)。现存版本有《易因》二卷,明万历二十八年陈邦泰刻本,藏中国国家图书馆、北京大学图书馆等处。《九正易因》不分卷,明万历间刻本,藏苏州图书馆;清顺治五年(1648)毛氏汲古阁刻本,藏辽宁省图书馆、山西省图书馆。②《四库全书存目丛书》所收入《九正易因》为苏州图书馆藏明刻本。

《四书评》收入《续修四库全书·经部·四书类》,此本据华东师范大学图书馆藏明刻本影印。《续修四库全书总目提要》称:"是书据朱熹所定四书文字,不录朱熹之注解,依文评点于各章之末,亦有眉批,是则明人评点文字之风……是书大体尊经,故或有疑其与李氏思想不符者,如盛于斯即以是书乃叶文通所作。"③

《四书评》为何收入《续修四库全书》,提要的作者没有说明。而作者认为:"是书乃叶文通所作。"即此书为伪作,值得商榷。关于《四书评》的作者是否为李贽,历来争议较大,至今尚无定论。持伪书论的有明代盛于斯、周亮工,以及现代的张岱年、容肇祖等人。④ 侯外庐是认为《四书评》确为李贽所作的代表人物。在《中国思想通史》中,侯外庐写道:"我们所见《四书评》一书,并无所谓《第一评》《第二评》等称谓,而精神内容、文字风格,与李贽其他著作吻合,《提要》(指《四库全书总目》中《疑耀》一书的提要)仅指为'相传'系叶所伪撰,可能本周亮工之说并未确证。因此,乃定为李贽的著作。"⑤万历十六年(1588)李贽在《答焦漪园》一信中云:"如得数年未死,将《语》《孟》逐节发明,亦快人心也。"⑥可以说明李贽有写《四书评》的意愿。万历二十年(1592),李贽在《与焦弱侯》一信中云:"《焚书》五册、《说书》二册,共七册,附友山奉览。乃弟所自览者,故有批判,亦愿兄之同览之也。是以附去

---

① 林海权:《李贽年谱考略》,福州:福建人民出版社,2005年,第420页。
② 中国古籍总目编纂委员会编:《中国古籍总目·经部》,北京:中华书局,上海:上海古籍出版社,2012年,第104页。
③ 《续修四库全书总目提要》编纂委员会编:《续修四库全书总目提要·经部》,上海:上海古籍出版社,2015年,第329页。
④ 张建业主编:《李贽全集注》第21册,北京:社会科学文献出版社,2010年,第1页。
⑤ 侯外庐主编:《中国思想通史》第四卷下,北京:人民出版社,1960年,第1050页。
⑥ 张建业主编:《李贽全集注》第1册,北京:社会科学文献出版社,2010年,第17页。

耳。外《坡仙集》四册、批点《孟子》一册,并往请教。幸细披阅,仍附友山还我。"①这说明李贽有批点过《孟子》。按照传统的排序,《孟子》应为四书的最后一部。

从内容来看,《四书评》有体现出浓厚的反封建思想的部分。比如在评《大学》的最后评语中,李贽写道:"岂若后世儒者,高谈性命,清论玄微,把天下百姓痛痒置之不问,反以说及理财为浊耶!"②在评"百工居肆以成其事,君子学以致其道"时,李贽写道:"今之'百工居肆以成其事'者比比,今之'君子学以致其道'者几人哉?"③均表达了对当时所谓儒学家的不满。当然,《四书评》也有与李贽思想倾向不一致的内容。比如在评《论语》中就出现了"决是有为之言"④"'礼'是面貌,'和'是血脉,'节'是骨节,总而命之曰'道'"⑤"一车问答,万古经纶"⑥"千古至言"等等。⑦ 与李贽在《童心说》等文章中体现出来的旨趣相差甚远。因此,正如《〈四书评〉注》作者牛洪恩所言:"要作出《四书评》是否出于李贽之手的明确结论,应当慎重。一时做不出结论,不妨且存疑。焦竑在《续藏书·序》中说:'其实真赝相错,非尽出其手也。'我们在发现两方面证据同时存在时,也有《四书评》'真赝相错'的感觉,不同的是'赝'的证据更多,更充分,感觉更突出,不出于其手的可能性应当更大。张岱年、容肇祖先生的意见可能更可靠。当然,李贽明确说他有批点《孟子》,如果《四书评》全是赝品,那么他的《批点孟子》哪里去了?那些'真'的证据莫非都是出于作伪?有的问题还需要进一步研究。"⑧总而言之,对于《四书

---

① 张建业主编:《李贽全集注》第1册,北京:社会科学文献出版社,2010年,第106页。
② (明)李贽撰:《四书评》,《续修四库全书》第161册,上海:上海古籍出版社,2001年,第31页。
③ (明)李贽撰:《四书评》,《续修四库全书》第161册,上海:上海古籍出版社,2001年,第322页。
④ (明)李贽撰:《四书评》,《续修四库全书》第161册,上海:上海古籍出版社,2001年,第84页。
⑤ (明)李贽撰:《四书评》,《续修四库全书》第161册,上海:上海古籍出版社,2001年,第85页。
⑥ (明)李贽撰:《四书评》,《续修四库全书》第161册,上海:上海古籍出版社,2001年,第231页。
⑦ (明)李贽撰:《四书评》,《续修四库全书》第161册,上海:上海古籍出版社,2001年,第235页。
⑧ 张建业主编:《李贽全集注》第21册,北京:社会科学文献出版社,2010年,第7～8页。

评》的真伪问题不要急于下结论,尚需深入研究。

《四书评》现存版本有《四书评》十九卷,1975年北京中华书局影印明万历间刻本,藏北京大学图书馆;1974年上海师范大学图书馆油印本,藏北京大学图书馆。①

"四库三书"史部李贽著述考论

李贽的史学著述《藏书》《续藏书》既收入《四库全书存目丛书》,又收入《续修四库全书》。

《藏书》六十八卷,收入《四库全书总目·史部·别史类存目》,编时所见为浙江总督采进本。《藏书》六十卷,又收入《续修四库全书·史部·别史类》,此本据复旦大学图书馆藏明万历二十七年(1599)焦竑刻本影印。《四库全书总目》称:"贽书皆狂悖乖谬,非圣无法。惟此书排击孔子,别立褒贬,凡千古相传之善恶,无不颠倒易位,尤为罪不容诛。其书可毁,其名亦不足以污简牍。特以贽大言欺世,同时若焦竑诸人,几推之以为圣人。至今乡曲陋儒,震其虚名,犹有尊信不疑者。如置之不论,恐好异者转矜创获,贻害人心。故特存其目,以深暴其罪焉。"②《续修四库全书总目提要》云:"主要取材于历代纪传体史著与《资治通鉴》,资料本无特殊之处,然人物之剪裁位置,颇见新意……凡此种种,具有李氏独到之历史观,而其不'以孔子是非为是非'之论,发人所不敢发,其遭受非议打击可以想见。"③

比较两篇提要,《续修四库全书总目提要》的评价是客观的。《藏书》刊刻后,李贽写了《与焦弱侯》一信,表明了写作的主旨:"自古至今多少冤屈,谁与辨雪!故读史时真如与百千人作对敌,一经对垒,自然献俘授首,殊有绝致,未易告语。"④在义例上,《藏书》把《本纪》与《世家》合为《世纪》。自从司马迁在《史记》中创立了《本纪》与《世家》后,历代史书均沿用。《本纪》用来记载帝王的言行,而《世家》用来记载子孙承袭王侯,以及重要人物的事

---

① 中国古籍总目编纂委员会编:《中国古籍总目·经部》,北京:中华书局,上海:上海古籍出版社,2012年,第867页。
② (清)永瑢等撰:《四库全书总目》,北京:中华书局,1965年,第455页。
③ 《续修四库全书总目提要》编纂委员会编:《续修四库全书总目提要·史部》,上海:上海古籍出版社,2015年,第32页。
④ 张建业主编:《李贽全集注》第3册,北京:社会科学文献出版社,2010年,第124页。

迹。而李贽通过《本纪》与《世家》的合并,将历史产生巨大影响的人物列入了《世纪》,以彰显其贡献。比如《世纪·匹夫首倡》专门用于记载秦末农民起义领袖"陈王胜",并注:"古所未有,故特揭而书其名。"①《世纪·乘时复业》专门用来记载出身贵族的秦末起义首领"齐王田横",并注:"贤矣哉,田氏三君!安可泯也。"②这些事例都表明了李贽对"成王败寇"封建史观的批判。在历史人物评价上,李贽运用了《童心说》的观点。在《童心说》中,李贽写道:"夫童心者,绝假纯真,最初一念之本心也。若失却童心,便失却真心;失却真心,便失却真人。人而非真,全不复有初矣。"③为此,他认为史学判断必须出以童心,不以古人之是非为是非。在《儒臣传·史学儒臣·汉司马谈、司马迁》中,李贽指出:"夫按圣人以为是非,则其所言者,乃圣人之言也,非吾心之言也。言不出吾心,词非由于不可遏,则无味矣。有言者不必有德,又何贵于言也?此迁之史所以为继《麟经》而作,后有作者终不可追也已。"④《麟经》即《春秋》。司马迁发愤而作,是出于真心,是真人真言,故"终不可追也已"。于是出于真心,李贽直率地表达了对历史人物的评价。比如在《世纪·混一诸侯·秦始皇帝·二世胡亥附》中记载了统一中国的秦始皇帝,并注:"始皇帝,自是千古一帝也。胡亥书名'附'者何?若胡亥不附,始皇帝所见耶?"⑤在《富国名臣总论》中,李贽对攻击王安石"欲以夺民之财",是持批判态度的,他认为王安石变法的失败在于"不知所以生财之罪也"⑥,是改革方法的问题。

据《李贽年谱考略》记载,万历二十七年(1599),《藏书》首次在南京刻

---

① (明)李贽撰:《藏书》,《四库全书存目丛书·史部》第 23 册,济南:齐鲁书社,1996 年,第 276 页。
② (明)李贽撰:《藏书》,《四库全书存目丛书·史部》第 23 册,济南:齐鲁书社,1996 年,第 277 页。
③ (明)李贽撰:《李温陵集》,《四库全书存目丛书·集部》第 126 册,济南:齐鲁书社,1997 年,第 271 页。
④ (明)李贽撰:《藏书》,《四库全书存目丛书·史部》第 24 册,济南:齐鲁书社,1996 年,第 67 页。
⑤ (明)李贽撰:《藏书》,《四库全书存目丛书·史部》第 23 册,济南:齐鲁书社,1996 年,第 276 页。
⑥ (明)李贽撰:《藏书》,《四库全书存目丛书·史部》第 23 册,济南:齐鲁书社,1996 年,第 536 页。

行。① 现存版本有《藏书》六十八卷明万历二十七年(1599)焦竑刻本,藏中国国家图书馆、北京大学图书馆等处;明刻稽古斋重修本藏首都图书馆;明汪修能刻本藏上海图书馆、天津图书馆;明天启元年(1621)刻本,藏中国国家图书馆、北京大学图书馆等处。②《四库全书存目丛书》所收入《藏书》为北京大学图书馆所藏明万历焦竑刻本。

《续藏书》二十七卷,收入《四库全书总目·史部·别史类存目》,编时所见为两江总督采进本。《续藏书》二十七卷,又收入《续修四库全书·史部·别史类》,此本据上海图书馆藏明万历三十九年(1611)汪惟俨刻本影印。《四库全书总目》称:"因自记其本朝之事,故议论背诞之处比《藏书》为略少。然冗杂颠倒,不可胜举……种种踳驳,毫无义例,总无一长之可取也。"③《续修四库全书总目提要》称:"《续藏书》为《藏书》的续编……其人物去取及品评标准与《藏书》一致。惟其为当代史著,不得不有所顾忌,既不为皇帝立纪,且评论亦较《藏书》温和,时人李维桢以为'多扬善不刺恶',如篇首赞扬太祖朱元璋为'千古之一帝'。然其批判精神,于行文间仍能窥得端倪。"④

关于是书的真伪问题,明代就有之。焦竑(1540—1620),字弱侯,祖籍山东日照人,后迁南京,万历十七年(1589)进士第一人(状元),授翰林院修撰。焦竑是李贽好友,明代著名学者。万历三十七年(1609),焦竑在《续藏书序》中写道:"李宏甫《藏书》一编,余序而传之久矣。而于国朝事未备,因取余家藏名公事迹绪正之,未就而之通州。久之,宏甫殁,遗书四出,学者争传诵之。其事真赝相错,非尽出其手。岁己酉,眉源苏公吊宏甫之墓,而访其遗编于马氏,于是《续藏书》始出。余乡王君维俨梓行之,而嘱余引其简端。"⑤从焦竑的序中,可得知李贽有过撰写《续藏书》的想法,但李贽殁后流传的版本"真赝相错,非尽出其手"。

与《藏书》相比较,《续藏书》有以下不同:一是义例不同。《藏书》用《世

---

① 林海权:《李贽年谱考略》,福州:福建人民出版社,1992年,第402页。
② 中国古籍总目编纂委员会编:《中国古籍总目·史部》,北京:中华书局,上海:上海古籍出版社,2012年,第33页。
③ (清)永瑢等撰:《四库全书总目》,北京:中华书局,1965年,第455页。
④ 《续修四库全书总目提要》编纂委员会编:《续修四库全书总目提要·史部》,上海:上海古籍出版社,2015年,第32页。
⑤ (明)李贽撰:《续藏书》,《四库全书存目丛书·史部》第24册,济南:齐鲁书社,1996年,第424页。

纪》来代替《本纪》与《世家》，来表达其反封建的历史观，而这种体例《续藏书》没有沿用。同时《藏书》列大臣、名臣、儒臣、武臣、贼臣、亲臣、近臣、外臣等八类，下面还有更详细的分类。而《续藏书》却分开国名臣、开国功臣、逊国名臣、靖难功臣、内阁辅臣、勋封名臣、经济名臣、理学名臣、忠节名臣、孝义名臣、文学名臣、郡县名臣等十二类，下面不再分类。在义例上两书的差别还是比较大的。二是在历史人物评价上，《藏书》提倡"真人真言"，而《续藏书》却没有表现出这种风格。为此，《四库全书总目》认为《续藏书》："议论背诞之处比《藏书》为略少。"实际上，明代李维桢在《续藏书序》中就提出《续藏书》与《藏书》相比，"唯一于扬善不刺恶为异耳"。① 比如《小引》中有如下文字："臣李贽曰：我太祖高皇帝，盖千万古之一帝也。古唯汤、武庶几近之。然武未受命，非周公，则无以安殷之忠臣。汤之受命也晚，非伊尹，则决不能免于太甲之颠覆。唯我圣祖，起自濠城，以及即位，前后几五十年。无一日而不念小民之依，无一时而不思得贤之辅。"②自称臣，为帝王歌功颂德都不是《藏书》的风格。

当然《续藏书》有些内容可断定为李贽所作。比如所记载的李贤、席书、岳正、花云、王畿等人的事迹，都有一段与《焚书》《续焚书》所记载的内容完全一致。任冠文在《〈续藏书〉考辨》一文中指出："如此看来，李贽确实未完成《续藏书》的编撰，今本《续藏书》是经后人编定，其篇目编排未必合李贽之意，其内容未必尽属李贽所作。因此，需要对《续藏书》内容加以考辨。"③焦竑是李贽的至交，了解李贽的思想，其"真赝相错"的判断是正确的。

据《李贽年谱考略》，李贽撰写是书始于万历二十七年（1599）④，而焦竑的序言明确指出此书首刻于万历三十七年（1609）。现存版本有《续藏书》二十七卷，明万历三十九年（1611）王若屏刻本，藏北京大学图书馆、上海图书馆等处；明刻稽古斋重修本，藏华东师范大学图书馆；明汪修能刻本，藏北京

---

① （明）李贽撰：《续藏书》，《四库全书存目丛书·史部》第 24 册，济南：齐鲁书社，1996年，第 426 页。
② （明）李贽撰：《续藏书》，《四库全书存目丛书·史部》第 24 册，济南：齐鲁书社，1996年，第 442 页。
③ 任冠文：《〈续藏书〉考辨》，《史学史研究》1998 年第 1 期，第 56～63 页。
④ 林海权：《李贽年谱考略》，福州：福建人民出版社，1992 年，第 396 页。

大学、天津图书馆。① 《四库全书存目丛书》所收入《续藏书》为北京大学图书馆所藏明汪修能刻本。

"四库三书"子部李贽著述考论

"四库三书"子部共收入李贽著述八部,其中《初潭集》既收入《四库全书存目丛书》,又收入《续修四库全书》。

《疑耀》七卷,收入《四库全书·子部·杂家类》,编时所见为浙江巡抚采进本。《四库全书总目》称:"是编前有张萱序,称'负笈数千里,修谒其门,乃裒一编见示,属以订正。戊申岁,以地官郎分务吴会,登梓以传'云云。案贽恃才妄诞,敢以邪说诬民,所作《藏书》,至谓'毋以孔夫子之是非是非我'。其他著作,无一非狂悖之词。而是编考证故实,循循有法……断乎不出其手。"②

对于《疑耀》的真伪,历代考证比较多。永瑢等在编纂《四库全书简明目录》时干脆写明《疑耀》七卷,"明张萱撰,旧题李贽者伪托"。③《四库全书总目提要补正》记载了清人李慈铭《荀学斋日记》所言:"博罗张孟奇萱,明万历中,官内阁诰敕房中书舍人,出榷浒墅关税,以养母归。是书向题李贽作,《提要》已改正之。此本为近人南海吴崇曜所刻,取其所著《西园存稿》。是书新序冠之于首。其序言是书本二十七卷。岁戊申,分司吴关,时焦太史竑、黄观察汝梓为之序以付梓,仅得七卷,今其余盖不可考矣。书亦杂识之属,其中如论明代黄册、宋世扈从、女童露面诸事,亦颇资采摭。然所引书多不可据。"④李慈铭是同意《四库全书总目》所言《疑耀》伪作论的。张建业在《〈疑耀〉伪书考》一文中专门对这个问题进行考证,他认为:"是书内容尊孔崇儒,宗经征圣之意一以贯之,对宋、明理学全无批判""重于考证,行文谨饬平正,与李贽的学风、文风也完全不同。"同时,"书中所述著者乡贯、家庭情

---

① 中国古籍总目编纂委员会编:《中国古籍总目·史部》,北京:中华书局,上海:上海古籍出版社,2012年,第33页。
② (清)永瑢等撰:《四库全书总目》,北京:中华书局,1965年,第1026页。
③ (清)永瑢等著:《四库全书简明目录》,上海:华东师范大学出版社,2012年,第480页。
④ 胡玉缙撰,王欣夫辑:《四库全书总目提要补正》,上海:上海书店出版社,2020年,第946页。

况、生平士履,与李贽皆全无关系"。经过考证,张先生确认此书的作者为张萱。①

据书中张萱序,是书首刻于万历三十六年(1608)。② 除《四库全书》本外,现存还有《疑耀》七卷,明万历三十六年刻本,藏中国科学院图书馆、台湾图书馆等处;影抄万历三十六年(1608)岭南张萱刻本,藏台湾图书馆。③

《初潭集》十二卷,收入《四库全书总目·子部·杂家类存目》,编时所见为内府藏本。《初潭集》三十卷,又收入《续修四库全书·子部·杂家类》,是本据北京大学图书馆藏明万历刻本影印。《四库全书总目》称:此书"大抵主儒、释合一之说。狂诞谬戾,虽粗识字义者皆识其妄,而明季乃盛行其书,当时人心风俗之败坏,亦大概可睹矣"。④《续修四库全书总目提要》称:"其内容则采自《世说新语》《焦氏类林》,而重加编排,加以评语,短则数字,长则百十言。简短精炼,无长篇大论……倡夫妇为五伦之始,万物皆生于两之说,反对程朱道学以'天理'为根源之论。书中多诋道学……李氏只知伪道学,不知真道学。"⑤

《初潭集》是李贽比较重要的一部著作。该书以夫妇、父子、兄弟、君臣、朋友为纲,采用大量古代人物的事迹,以反传统的观点加以评说,体现出李贽对理学思想的严厉批判,书刊行后,影响很大。⑥ 比如在《夫妇篇总论》中,李贽指出:"夫妇,人之始也。有夫妇然后有父子,有父子然后有兄弟,有兄弟然后有上下。夫妇正,然后万事万物无不出于正矣。夫妇之为物始也如此。极而言之,天地,一夫妇也,是故有天地然后有万物。然则天下万物皆生于两,不生于一明矣。而又谓'一能生二,理能生气,太极能生两仪',不亦惑欤!"⑦王忠阁指出:"李贽把夫妇称为万物之始,他不单单是要打破中国几

---

① (明)李贽编著:《疑耀》,北京:首都师范大学出版社,2020年,第191~194页。
② (明)张萱撰:《疑耀》,《影印文渊阁四库全书》第856册,台北:台湾商务印书馆,1983年,第174页。
③ 中国古籍总目编纂委员会编:《中国古籍总目·子部》,北京:中华书局,上海:上海古籍出版社,2012年,第1806页。
④ (清)永瑢等撰:《四库全书总目》,北京:中华书局,1965年,第1120页。
⑤ 《续修四库全书总目提要》编纂委员会编:《续修四库全书总目提要·子部》,上海:上海古籍出版社,2014年,第596页。
⑥ 陈笃彬、苏黎明:《泉州古代著述》,济南:齐鲁书社,2008年,第192页。
⑦ (明)李贽撰:《初潭集》,《续修四库全书》第1188册,上海:上海古籍出版社,2001年,第526页。

千年一直尊奉的君君、臣臣、父父、子子这一以君臣关系为五伦之归的传统,更重要的是他对中国传统思想理论基石的批判……他的夫妇为人之始的思想与封建专制赖以支撑的理本论针锋相对,从理论上动摇着封建专制的基础。"①

据李贽《初潭集序》所言,是书完成于万历十六年(1588)。现存版本有《初潭集》三十卷,明万历间刻本,藏中国科学院图书馆、山东省图书馆等处。《初潭集》二十六卷,明刻本,藏美国国会图书馆。②《四库全书存目丛书》所收入《初潭集》为山东省图书馆所藏明万历间刻本。

《读升庵集》二十卷,收入《四库全书总目·子部·杂家类存目》,编时所见为副都御史黄登贤家藏本。《四库全书总目》云:"贽为狂纵之禅徒,慎则博洽之文士。道不相同,亦未必为之编辑。序文浅陋,尤不类贽笔。殆万历间贽名正盛之时,坊人假以射利者耳。"③

李贽在《与方讱庵》一信中提到这本著作,李贽云:"夏来读《杨升庵集》,有《读升庵集》五百叶。升庵先生固是才学卓越,人品俊伟。然得弟读之,益光彩焕发,流光于百世也。"④为此可以说明四库馆臣所言其为伪书,是没有根据的。杨慎(1488—1559),字用修,初号月溪、升庵,四川新都人,正德六年(1511)进士第一人(状元),明代著名官员、文学家。杨慎宦途坎坷,曾被谪云南三十多年。此书为辑录杨慎诗文并加以评论,李贽在《读升庵集》中云:"吁!先生人品如此,道德如此,才望如此,而终身不得一试。故发于文,无一体不备,亦无备不造,虽游其门者尚不能赞一辞,况后人哉!"⑤这说明了李贽对杨慎的崇敬,以及读《杨升庵集》后对杨慎与自己一样宦途不顺的感受。

据李贽在《与方讱庵》所言,是书完成于万历二十四年(1596)。现存版

---

① 王忠阁:《论李贽〈初潭集〉对理学思想的批判》,《江汉论坛》2003年第3期,第78~80页。
② 中国古籍总目编纂委员会编:《中国古籍总目·子部》,北京:中华书局,上海:上海古籍出版社,2012年,第1925页。
③ (清)永瑢等撰:《四库全书总目》,北京:中华书局,1965年,第1120页。
④ 张建业主编:《李贽全集注》第3册,北京:社会科学文献出版社,2010年,第23页。
⑤ (明)李贽撰:《李温陵集》,《四库全书存目丛书·集部》第126册,济南:齐鲁书社,1997年,第382页。

本有《李卓吾先生读升庵集》二十卷,明刻本,藏中国国家图书馆[1]、北京大学图书馆、浙江省图书馆等处。[2]《四库全书存目丛书》所收入《读升庵集》为浙江省图书馆所藏明刻本。

《阳明先生道学钞》八卷,收入《续修四库全书·子部·儒家类》,此本据北京大学图书馆藏明万历三十七年(1609)武林继锦堂刻本影印。《续修四库全书总目提要》云:"此书似为李贽所辑阳明著作选本……此钞篇卷少而其用弘……而年谱则颇有评语,则此书亦可视为研究李氏之资料。"[3]

《阳明先生道学钞》因"篇卷少而其用弘""亦可视为研究李氏之资料",故入《续修四库全书》。关于是书的编纂目的,李贽在《阳明先生道学钞序》中云:"余旧录有先生《年谱》,以先生书多,不便携持,故取谱之繁者删之,而录其节要,庶可挟之行游也。虽知其未妥,要以见先生之书而已。"[4]

是书以年谱与文集合印的方式表达了李贽对王阳明的崇敬之心。在《阳明先生年谱后语》中,李贽云:"余自幼倔强难化,不信学、不信道、不信仙释,故见道人则恶,见僧则恶,见道学先生则尤恶。惟不得不假升斗之禄以为养,不容不与世俗相接而已。然拜揖公堂之外,故闭户自若也。不幸年甫四十,为友人李逢阳、徐用检所诱,告我龙溪王先生语,示我阳明王先生书,乃知得道真人不死,实与真佛、真仙同。虽倔强,不得不信之矣。"[5]用"得道真人不死,实与真佛、真仙同"来表达对王阳明的崇敬。为了更好地传播王学,于是李贽采用了年谱与文集合印的方式,李贽认为《阳明先生道学钞》与《年谱》合印:"士大夫携之以入扶手,朝夕在目自然不忍释去。事上使下,获民动众,安有不中窾者乎?"[6]也就是说,这种方式有利于携带,便于传播。

---

[1] 中国古籍总目编纂委员会编:《中国古籍总目·子部》,北京:中华书局,上海:上海古籍出版社,2012年,第1804页。

[2] 中国古籍总目编纂委员会编:《中国古籍总目·集部》,北京:中华书局,上海:上海古籍出版社,2012年,第681页。

[3] 《续修四库全书总目提要》编纂委员会编:《续修四库全书总目提要·子部》,上海:上海古籍出版社,2014年,第18页。

[4] (明)王守仁撰,李贽编:《阳明先生道学钞》,《续修四库全书》第937册,上海:上海古籍出版社,2001年,第411页。

[5] (明)王守仁撰,李贽编:《阳明先生道学钞》,《续修四库全书》第937册,上海:上海古籍出版社,2001年,第699页。

[6] (明)李贽:《续焚书》,《续修四库全书》第1352册,上海:上海古籍出版社,2001年,第316页。

为了便于传播，李贽在文集体例编排上也下了功夫。在《与方伯雨》一文中，李贽写道："此书之妙，千古不容言。《抄选》一依《年谱》例，分类选集在京者，在龙场者，在南赣者，在江西者，在庐陵者，在思田者，或书答，或行移，或奏、请、谢，或榜文，或告示，各随处附入，与《年谱》并观，真可喜。"①将讲学部分分为《论学》与《杂著》各一卷，而将事功部分分为《龙场》《庐陵》《南赣》《平濠》《思田》各一卷。《李贽和他的〈阳明先生道学钞〉》一文作者张山梁认为这种体例"无论是在文章取舍，还是编排体例上，都不循旧体，将讲学与事功分开，按事功地域分卷的编辑方式，新颖别致，让人耳目一新，也方便了后人了解王明阳在不同地方的活动情况，有利于研究阳明学地域文化。如此分卷设章的科学编辑，放在当下，仍值得学习和借鉴"。② 在文章的选取上，李贽十分注重事功，"从李贽在文章选取的数量上来看，事功类的文章占三分之二，体现了明后期朝廷对王阳明的态度是'重事功轻学说'，更加看重其在事功方面的成就。这与明崇祯年间施邦曜辑编的《阳明先生集要》如出一辙。施邦曜在辑编《阳明先生集要》时，分为理学、经济、文章三篇 15 卷，其中理学 4 卷、经济 7 卷、文章 4 卷、经济类的符目近半，同样也看重其经世济用"。③

　　当然，在阅读《阳明先生道学钞》时，必须注意李贽思想与阳明思想的差别之处。张建业指出："不难看出，王阳明虽提出了有着非常积极意义的反对等级制度的理论命题，但他最终目的还是要维护那种等级制。他说'满街都是圣人'，也是想让人们都能去'致良知'，而达到'圣人'的'存天理，灭人欲'的境界。李贽则不然，他否定了圣贤与愚者、尧舜与凡人的区别，并由此出发，对禁锢人们自由发展的统治理论'德礼政刑'进行了猛烈批判，而大力张扬任人性自由发展的理论旗帜。因此，如若说王阳明是中国传统文化思想制度的启蒙思想先导的话，李贽就是这一启蒙思想的代表和旗帜。这是我们在阅读《阳明先生道学钞》及《年谱》时应该注意的地方。"④

---

① （明）李贽：《续焚书》，《续修四库全书》第 1352 册，上海：上海古籍出版社，2001 年，第 316 页。

② 张山梁：《李贽和他的〈阳明先生道学钞〉》，《福建史志》2019 年第 4 期，第 53～56 页。

③ 张山梁：《李贽和他的〈阳明先生道学钞〉》，《福建史志》2019 年第 4 期，第 53～56 页。

④ （明）李贽：《阳明先生道学钞》，北京：首都师范大学出版社，2019 年，第 8 页。

据《阳明先生道学钞序》所记载,是书完成于万历二十八年(1600)。现存版本有《阳明先生道学钞》七卷(《庐陵书》一卷、《论学书》一卷、《南赣书》一卷、《杂著》一卷、《平濠书》一卷、《龙场书》一卷、《思田书》一卷),《年谱》二卷,明王守仁撰、明李腾芳辑、明李贽编,明万历三十七年(1609)年刻本,藏中国国家图书馆;明万历三十七年(1609)继锦堂刻本,藏北京大学图书馆、故宫博物院、中国国家博物馆、四川省图书馆、美国哈佛大学燕京图书馆。[①]

《卓吾先生批评龙溪王先生语录》八卷,收入《续修四库全书·子部·儒家类》,此本据湖北省图书馆藏明万历刻本影印。《续修四库全书总目提要》云:"此书虽题为卓吾先生批评,然其分量实不大。……总而言之,李氏评语颇为口语化,赞同居多,鲜有详论。"[②]

李贽的哲学思想深受王畿影响。在《复焦弱侯》一文中,李贽写道:"世间讲学诸书,明快透髓,自古至今未有如龙溪先生者(王畿号龙溪)。弟旧收得颇全,今俱为人取去,无一存者。诸朋友中读经既难,读大慧《法语》及中峰《广录》又难,惟读龙溪先生书,无不喜者。以此知先生之功在天下后世不浅矣。"[③]在《龙溪王先生集抄序》中,李贽充分表达了对王畿的敬仰及其思想的肯定,"盖先生学问融贯,温故知新,若沧洲瀛海,根于心,发于言,自时出而不可穷,自然不厌而文且理也。而其谁能赘之欤!故余尝谓先生此书,前无往古,今无将来,后有学者可以无复著书矣。盖逆料其决不能条达明显一过于斯也。"[④]

据李贽序所言,是书完成于万历二十六年(1598)。现存版本有《卓吾先生批评龙溪王先生语录》八卷,明万历间刻本,藏中国国家图书馆、湖北省图书馆等处;明万历间吴可期、吴可善刻本,藏上海图书馆;明万历间尚论刻本,藏中央党校图书馆。[⑤]

[①] 中国古籍总目编纂委员会编:《中国古籍总目·集部》,北京:中华书局,上海:上海古籍出版社,2012年,第638页。

[②] 《续修四库全书总目提要》编纂委员会编:《续修四库全书总目提要·子部》,上海:上海古籍出版社,2014年,第32页。

[③] 张建业主编:《李贽全集注》第1册,北京:社会科学文献出版社,2010年,第110~111页。

[④] (明)李贽撰:《卓吾先生批评龙溪王先生语录》,《续修四库全书》第943册,上海:上海古籍出版社,2001年,第429页。

[⑤] 中国古籍总目编纂委员会编:《中国古籍总目·子部》,北京:中华书局,上海:上海古籍出版社,2012年,第113页。

《道古录》二卷,收入《续修四库全书·子部·杂家类》,此本据上海图书馆藏明万历刻本影印。《续修四库全书总目提要》称:"全书分为二十四章,可谓《大学》《中庸》之'拷问录'。书中公开非孔非儒,反对神圣偶像,反对中庸之道,称'予实不知中庸之可以免死'。书中又重新诠释'道',称'人即道也,道即人也,人外无道,而道外亦无人'。此书具有鲜明之启蒙特色。"①

《道古录》是对《大学》《中庸》的批判。比如在讨论孔子及一般人对富贵的态度时,李贽指出"圣人虽曰视富贵'如浮云',然得之亦若固有;虽曰'不以其道得之,则不处',然亦曰'富与贵是人之所欲'。今观其相鲁也,仅仅三月,能几何时,而素衣麑裘、黄衣狐裘、缁衣羔裘等,至富贵享也。御寒之裘,不一而足;裼裘之饰,不一而袭。凡在"乡党"者,此类多矣。谓圣人不欲富贵,未之有也。而谓不当求,不亦过乎!"②张建业指出:"这里李贽不但剥去了封建统治者罩在孔子头上的神圣光环,而且暗寓了孔子言行不一的面目。"③

据李贽《道古录引》所言,是书完成于万历二十五年(1597)。现存版本有《道古录》二卷,明万历间刻本,藏故宫博物院、上海图书馆。④

《雅笑》三卷,收入《续修四库全书·子部·小说家类》,此本据中国国家图书馆藏明刻本影印。《续修四库全书总目提要》称:"此书分'侠''谐''核'三卷,凡一百九十二条,杂取《艾子》《归田赋》等六十余部前代之书,成此一编。卷三所谓'或订其所久讹,或核其所自始',与前二卷文风不协。书中对古人迂腐、贪婪、尚气、形体、谬误等事,多有讥讽。"⑤

《山中一夕话》上集七卷,下集七卷,收入《续修四库全书·子部·小说家类》,此本据明万历梅墅石渠阁本影印。《续修四库全书总目提要》云:"此书上集所辑多为词、赋、传、歌等所谓'长篇琬琰',对人身缺陷、赌博、嗜酒、

---

① 《续修四库全书总目提要》编纂委员会编:《续修四库全书总目提要·子部》,上海:上海古籍出版社,2014 年,第 481 页。
② (明)李贽撰:《道古录》,《续修四库全书》第 1127 册,上海:上海古籍出版社,2001 年,第 404 页。
③ 张建业:《李贽〈明灯道古录〉的产生及其影响》,《首都师范大学学报(哲学社会科学版)》2000 年第 4 期,第 11~18 页。
④ 中国古籍总目编纂委员会编:《中国古籍总目·子部》,北京:中华书局,上海:上海古籍出版社,2012 年,第 1693 页。
⑤ 《续修四库全书总目提要》编纂委员会编:《续修四库全书总目提要·子部》,上海:上海古籍出版社,2014 年,第 659 页。

好色等多有讽刺。下集所录多文人妙言趣谈及贪鄙、奢靡诸事。"①

《雅笑》《山中一夕话》都是笑话集。关于《雅笑》是否为李贽所作,有争议。实际上,明人姜肇昌在序言中就表明了作者为李贽。他写道:"余弱冠游温陵,得晤李卓吾先生。青山胜览,白日谈奇,诸所著述,克盈邺架。独是编也,先生以为不足传,予固韬之箧中久矣。迩因落帆金陵,浏览百氏,靡所得当。而鸡林裒藻,求索愈纷。余无以应,探箧中三札,为之标其'快',畅其'谐',综其'核'。机锋滑捷,迅溢缥缃。畸而匪蔓也,谑而非嬲也,征参而匪孟浪也。"②来龙去脉一清二楚。李贽在《与袁石浦》一文中写道:"《坡仙集》我有批削旁注在内,每开看便自欢喜,是我一件快心却疾之书。大凡我书,皆是求以快乐自己,非为人也。"③这种创作风格,写出《雅笑》这样的书是可能的,况且还有《山中一夕话》一书可以作为佐证。"嬉笑怒骂皆成文章"是这两本书的主要特点。李贽在嬉笑怒骂中,表达了非圣非儒的反封建思想,以及对晚明社会的嘲讽。

据姜肇昌的序言,《雅笑》当初刻于万历间。现存版本有《雅笑》三卷,明刻本,藏中国国家图书馆。④《山中一夕话》现存版本有《山中一夕话》七卷,明刻本,藏北京大学图书馆、清华大学图书馆等处;明末清初刻本,藏北京大学图书馆;清初坊刻本,藏北京大学图书馆。《山中一夕话》上集六卷,下集六卷,明刻本,藏中央民族大学图书馆;清光绪四年(1878)上海申报馆铅印本,藏南京图书馆。⑤

"四库三书"集部李贽著述考论

"四库三书"集部收入李贽著作五部,其中《李温陵集》既收入《四库全书

---

① 《续修四库全书总目提要》编纂委员会编:《续修四库全书总目提要·子部》,上海:上海古籍出版社,2014年,第660页。
② (明)李贽撰:《雅笑》,《续修四库全书》第1272册,上海:上海古籍出版社,2001年,第393页。
③ 张建业主编:《李贽全集注》第3册,北京:社会科学文献出版社,2010年,第142页。
④ 中国古籍总目编纂委员会编:《中国古籍总目·子部》,北京:中华书局,上海:上海古籍出版社,2012年,第1925页。
⑤ 中国古籍总目编纂委员会编:《中国古籍总目·子部》,北京:中华书局,上海:上海古籍出版社,2012年,第2197页。

存目丛书》，又收入《续修四库全书》。

《李温陵集》二十卷，收入《四库全书总目·集部·别集类存目》，编时所见为江苏周厚堉家藏本。《李温陵集》二十卷又收入《续修四库全书·集部·别集类》，此本据北京大学图书馆所藏明刻本影印。《四库全书总目》云："是集一卷至十三卷……即《焚书》是也。……贽非圣无法，敢为异论。……故其人可诛，其书可毁。而仍存其目，以明正其为名教之罪人，诬民之邪说。庶无识之士不至怵于虚名，而受其簧鼓，是亦彰瘅之义也。"①《续修四库全书总目提要》称："此《李温陵集》二十卷，卷一至卷十三为书答、杂述，即《焚书》。卷之十四至卷十七为读史，乃摘录《藏书》之史论。卷十八、十九为《道古录》，即《说书》。书前有《李温陵自序》，谓其因刻《说书》而并摘《焚书》《藏书》合为此集。"②

《李氏续焚书》五卷，收入《续修四库全书·集部·别集类》，此本据南京图书馆藏明刻本影印。《续修四库全书总目提要》云："此书共五卷，卷一为书汇，共八十六条；卷二有序汇二十七篇，论汇三篇；卷三为续史汇，附阅古事，共三十一条；卷四为杂著汇，共十四篇；卷五为诗汇，各体诗共一百四十三首。其中《题孔子像于芝佛院》最为出名。"③

《李温陵集》包含了《焚书》《藏书》及《道古录》的部分内容，都表达了李贽深刻的反封建思想。《焚书》《续焚书》为李贽最重要的著作，充分体现了李贽的思想。首先，是深刻的反道统思想。在与耿定向的辩论中，李贽提出人人平等的观念："夫天生一人，自有一人之用，不待取给于孔子而后足也。若必待取足于孔子，则千古以前无孔子，终不得为人乎？"④李贽对耿定向"乃所愿，则学孔子也"的"慎术""择术"理论进行反驳："故为愿学孔子之说者，乃孟子之所以止于孟子。仆方痛憾其非夫，而公谓我愿之欤？……孔子未尝教人之学孔子，而学孔子者务舍己而必以孔子为学，虽公亦必以为真可笑

---

① （清）永瑢等撰：《四库全书总目》，北京：中华书局，1965年，第1599页。
② 《续修四库全书总目提要》编纂委员会编：《续修四库全书总目提要·集部》，上海：上海古籍出版社，2014年，第91页。
③ 《续修四库全书总目提要》编纂委员会编：《续修四库全书总目提要·集部》，上海：上海古籍出版社，2014年，91页。
④ （明）李贽撰：《李温陵集》，《续修四库全书》第1352册，上海：上海古籍出版社，2001年，第24页。

矣。"①把孔子拉下了神坛。李贽对儒教的核心"仁"进行了批判:"夫天下之人得所也久矣,所以不得所者,贪暴者扰之,而'仁者'害之也。'仁者'以天下之失所也而忧之,而汲汲焉欲贻之以所得之域。于是有德礼以格其心,有政刑以縶其四体,而人始大失所矣。"②同时,李贽还提出了"各从所好,各骋所长"的自由发展的理念,"富贵利达所以厚吾天生之五官,其势然也。是故圣人顺之,顺之则安之矣。是故贪财者与之以禄,趋势者与之以爵,强有力者与之以权,能者称事而官,懦者夹持而使。有德者隆之虚位,但取其瞻;高才者处以重任,不问出入。各从所好,各骋所长,无一人之不中用,何其事之易也。"③这些都体现了李贽反道统上的基本立场。其次,是追求自由平等的思想。李贽写道:"夫童心者,真心也。若以童心为不可,是以真心为不可也。夫童心者,绝假纯真,最初一念之本心也。若失却童心,便失却真心,便失却真人。人而非真,全不复有初矣。"④在阐明"童心"的概念之后,李贽对当时"障其童心"的弊端进行了批判:"夫学者既以多读书、识义理障其童心矣,圣人又何用多著书立言以障学人为耶?童心既障,于是发而为言语,则言语不由衷;见而为政事,则政事无根柢;著而为文辞,则文辞不能达。……所以者何?以童心既障,而以从外入者闻见道理为之心也。……盖其人既假,则无所不假矣。由是而以假言与假人言,则假人喜;以假事与假人道,则假人喜;以假文与假人谈,则假人喜。无所不假,则无所不喜。"⑤李贽批判了《六经》《论语》《孟子》等著作,认为其非出于"童心":"夫《六经》《语》《孟》,非其史官过为褒崇之词,则其臣子极为赞美之语。又不然,则其迂阔门徒,懵懂弟子,记忆师说,有头无尾,得后遗前,随其所见,笔之于书。……乃道学

---

① (明)李贽撰:《李温陵集》,《续修四库全书》第1352册,上海:上海古籍出版社,2001年,第24~25页。
② (明)李贽撰:《李温陵集》,《续修四库全书》第1352册,上海:上海古籍出版社,2001年,第25页。
③ (明)李贽撰:《李温陵集》,《续修四库全书》第1352册,上海:上海古籍出版社,2001年,第25页。
④ (明)李贽撰:《李温陵集》,《续修四库全书》第1352册,上海:上海古籍出版社,2001年,第121页。
⑤ (明)李贽撰:《李温陵集》,《续修四库全书》第1352册,上海:上海古籍出版社,2001年,第121页。

之口实假人之渊薮也,断断乎其不可以语于童心之言明矣。"[1]为此,李贽提出了"童心者之自文"的文学思想:"天下之至文,未有不出于童心焉者也。苟童心常存,则道理不行,闻见不立,无时不文,无人不文,无一样创制体格文字而非文者。诗何必古选,文何必先秦。……故吾因是而有感于童心者之自文也,更说甚么《六经》,更说甚么《语》《孟》乎?"[2]

据《李贽年谱考略》,《李温陵集》首刻于万历年间。现存版本有《李温陵集》二十卷,明顾大韶刻本,藏中国国家图书馆、北京大学图书馆等处。[3] 据汪本钶《续刻李氏书序》所言,《李贽续焚书》首刻于万历四十六年(1618)。现存版本有《李氏续焚书》五卷,明万历四十六年(1618)刻本,藏日本京都大学图书馆;明末刻本,藏南京图书馆。《李氏续焚书》五卷,《李温陵外纪》五卷,明万历间刻本,藏日本蓬左文库、日本尊经阁。[4]

《三异人集》二十二卷,收入《四库全书总目·集部·别集类存目》,编时所见为浙江巡抚采进本。《四库全书总目》称:"贽狂悖自恣,而是集所评乃皆在情理中,与所作他书不类。……况以贽之得罪名教,流毒后学,而选录三人之文,不足以为三人荣,反足以为三人辱矣。"[5]

《三异人集》因"托之于贽欤",疑属"难以考信"的伪作,故入存目。《三异人集》收入方孝孺、于谦、杨继盛三人的诗文并加以评论。从评论的内容来看,有褒有贬,与李贽的反封建思想是一致的,《四库全书总目》伪书的推测是不客观的。比如李贽在《童心说》中强调"真",在评方孝孺的《祭宋仲珩》"田恒、孔悝盗国欺世,一时卿相,千古狗彘"时[6],李贽用了一个"真"字,表达了对人物评论,历史将还原真相的思想。评论方孝孺的《朋友箴》"朋友敬而远,益友宜相亲,所交在贤德,岂论富与贫。君子淡如水,岁久情愈真。

---

[1] (明)李贽撰:《李温陵集》,《续修四库全书》第1352册,上海:上海古籍出版社,2001年,第122页。

[2] (明)李贽撰:《李温陵集》,《续修四库全书》第1352册,上海:上海古籍出版社,2001年,第121~122页。

[3] 中国古籍总目编纂委员会编:《中国古籍总目·集部》,北京:中华书局,上海:上海古籍出版社,2012年,第785页。

[4] 中国古籍总目编纂委员会编:《中国古籍总目·集部》,北京:中华书局,上海:上海古籍出版社,2012年,第785页。

[5] (清)永瑢等撰:《四库全书总目》,北京:中华书局,1965年,第1750页。

[6] (明)李贽辑:《三异人集》,《四库全书存目丛书补编》第13册,济南:齐鲁书社,2002年,第296页。

小人口如蜜,转眼如仇人"时①,李贽连用了三个"真"字,表示这是"真人真言"。

《三异人集》现存版本有:《三异人集》明俞氏求古堂刻本,藏中国国家图书馆、北京大学图书馆、浙江省图书馆等处。②《四库全书存目丛书》所收入的为浙江省图书馆所藏明吴山俞氏文房刻本。

《评水浒传》一百卷,收入《续修四库全书·集部·小说类》,此本据明容与堂刻本影印。《续修四库全书总目提要》称:"万历三十八年杭州容与堂刻《李卓吾先生批评忠义水浒传》,一百卷一百回。此书所用底本当为天都外臣本。卷首有小沙弥怀林《批评水浒传述语》《梁山泊一百单八人优劣》《水浒传一百回文字优劣》《又论水浒传文字》。评本又有《钟伯敬评忠义水浒传》,亦一百回一百卷。首钟伯敬序有云:'噫!世无李逵、吴用,令哈赤猖獗辽东。'则书刊于明末可知。"③

《评西游记》一百回,收入《续修四库全书·集部·小说类》,此本据明刻本影印。《续修四库全书总目提要》云:"是书评点将全书宗旨归结为'心'之解脱:'读《西游记》者,不知作者宗旨,定做戏论。余为一一拈出,庶几不埋没了作者之意。即如第一回有无限妙处,若得其意,胜如罄翻一大藏了也。篇中云释厄传。'见此书,读之可释厄也。若读了《西游》,厄仍不释,却不可辜负了《西游记》么?何以言释厄,只是能解脱便是。"④

李贽的《评水浒》《评西游记》,是其比较重要的文学评论之作,其特点为:一是通过评论表达对现实的不满。在《评水浒传》中,小沙弥怀林《述语》云:"和尚自入龙湖以来,口不停颂、手不停批者三十年,而《水浒传》《西厢曲》尤其所不释手也。盖和尚一肚皮不合时宜,而独《水浒传》是以发抒其愤懑,故评之尤详。"⑤正是对晚明统治阶级思想的不满,才"不合时宜""发抒其

---

① (明)李贽辑:《三异人集》,《四库全书存目丛书补编》第13册,济南:齐鲁书社,2002年,第219页。

② 中国古籍总目编纂委员会编:《中国古籍总目·集部》,北京:中华书局,上海:上海古籍出版社,2012年,第2885页。

③ 《续修四库全书总目提要》编纂委员会编:《续修四库全书总目提要·集部》,上海:上海古籍出版社,2014年,第500页。

④ 《续修四库全书总目提要》编纂委员会编:《续修四库全书总目提要·集部》,上海:上海古籍出版社,2014年,第501页。

⑤ (明)李贽撰:《李卓吾先生评忠义水浒传》,《续修四库全书》第1791册(3),上海:上海古籍出版社,2001年,第4~5页。

愤懑"。在《评西游记》第一回的总批中,李贽写道:"样样不学,只学长生,猴且如此,何况人乎?世人岂惟不学长生,且学短生矣。何也?酒、色、财、气,俱短生之术也。世人有能离此四者谁乎?"①对于在晚明那个危机四伏社会里醉生梦死的士人给予严厉的斥责。二是表达了李贽追求"童心"的文学批评思想。比如在《评西游记》第二十七回的总批中,李贽写道:"谁家没有个白骨夫人,安得行者一棒打杀?世上以功为罪,以德为仇,比比而是,不但行者一个受屈,三藏一人糊涂也。可为三叹。"②对率真勇敢的孙悟空给予充分肯定。在《评水浒传》第六回中,李贽写道:"李和尚曰:如今世上都是瞎子,再无一个有眼的,看人只是皮相。如鲁和尚却是个活佛,倒叫他不似出家人模样。请问似出家人模样的,毕竟济得恁事?模样要他做恁!假道学之所以可恶、可恨、可杀、可剐,正未忒似圣人模样耳。"③李贽认为鲁智深表现出的"真",也就是"童心",因此大加称赞。而对那些假道学,李贽认为"可恶、可恨、可杀、可剐"。

　　《李卓吾先生批评忠义水浒传》现存版本有《李卓吾先生批评忠义水浒传》一百卷,引语一卷,明容与堂刻本,藏中国国家图书馆、上海图书馆等处;《李卓吾先生批评忠义水浒传》一百卷,明刻本,藏中国国家图书馆(存卷一至十、三十一至一百)。④《李卓吾先生批评西游记》现存版本有《李卓吾先生批评西游记》一百回,明刻本,藏河南省图书馆、中国国家博物馆;明刻本(西游记),藏中国国家图书馆(存卷一至十七、二十三至三十五、四十三至五十、七十至七十四)。《唐僧西游记》二十卷,一百回,明吴承恩撰,李贽批评,明刻本,藏日本国会图书馆。⑤

---

① (明)李贽撰:《李卓吾先生批评西游记》(第一回),《续修四库全书》第1792册,上海:上海古籍出版社,2001年,第15页。
② (明)李贽撰:《李卓吾先生批评西游记》(第二十七回),《续修四库全书》第1792册,上海:上海古籍出版社,2001年,第15页。
③ (明)李贽撰:《李卓吾先生评忠义水浒传》(第六回),《续修四库全书》第1791册(2),上海:上海古籍出版社,2001年,第14～15页。
④ 中国古籍总目编纂委员会编:《中国古籍总目·子部》,北京:中华书局,上海:上海古籍出版社,2012年,第2301页。
⑤ 中国古籍总目编纂委员会编:《中国古籍总目·子部》,北京:中华书局,上海:上海古籍出版社,2012年,第2312页。

结　语

作为晚明进步思想家,李贽的著作在明末很受欢迎。曾为吏部尚书的明代学者朱国祯在其著作《涌幢小品》中写道:"今日士风猖狂,实开于此,全不读《四书》本经,而李氏《藏书》《焚书》人挟一册,以为奇货。坏人心,伤风化,天下之祸,未知所终也。"[1]李贽的思想当然有其独特之处,否则怎么会"人挟一册,以为奇货"。然而由于深受欢迎,于是乎许多书商为了"射利",伪书(比如《疑耀》等)、"真赝相错"之书(比如《四书评》等),层出不穷。为此,深入考论收入"四库三书"署名李贽的著述,辨别这些著述的真伪,对于研究李贽的思想是十分有意义的。

(原载《泉南文化》2023年第2期)

---

[1] 张建业主编:《李贽全集注》第26册,北京:社会科学文献出版社,2010年,第200页。

阳明后学刘鳞长与《浙学宗传》论略

刘鳞长(1598—1661),字孟龙,号乾所,明泉州晋江县桥南(今属泉州市洛江区)人,万历四十七年(1619)登进士第,官至兵部尚书兼东阁大学士。刘鳞长登进士第后,初授工部都水司主事,后遭魏珰陷害,削职为民。崇祯初,刘鳞长复官,因"为尚书张凤翔劝止事发,被累同逮诏狱,谪常州通判"。[1]"署昆山令四阅月",因政绩突出,转南户部主事,升为郎中,任两浙学政。任职浙江时期,刘鳞长接受了阳明心学。后转任四川建昌参议、川东参议。隆武二年(1646),南明朝廷擢刘鳞长为"太仆寺少卿、兵部右侍郎,加太子太保、兵部尚书兼东阁大学士"。[2] 南明政权失败后,归家,后卒于家。刘鳞长有著述《浙学宗传》行于世。

不畏权贵、勤廉爱民的晚明名臣

刘鳞长登进士第后,初授工部都水司主事,"接管皇极门灰石作。差务,白玉石料鸾凤柱等工"。[3] 当时负责此项工程的内监马诚"揭开工数浮至三十万金"。刘鳞长认为虚报比较多,就"躬亲督造,极力争执,以六千金竣事。计节省数十万金"。[4] 从三十万金降到六千金,直接断了马诚的贪财之路,

---

[1] (清)怀荫布修:乾隆《泉州府志》卷四十四,泉州:泉州市地方志编纂委员会办公室,1984年,第81页。

[2] (清)怀荫布修:乾隆《泉州府志》卷四十四,泉州:泉州市地方志编纂委员会办公室,1984年,第81页。

[3] (清)怀荫布修:乾隆《泉州府志》卷四十四,泉州:泉州市地方志编纂委员会办公室,1984年,第79页。

[4] (清)怀荫布修:乾隆《泉州府志》卷四十四,泉州:泉州市地方志编纂委员会办公室,1984年,第79页。

"触总理工程内监马诚之怒"。马诚是魏忠贤的人,依仗着背后的靠山,"屡欲中伤"刘鳞长。时任工部尚书王佐是个正直之人,尽力保护刘鳞长,对刘鳞长说:"谤语即汝荐章也。"并极力向左都御史邹元标推荐刘鳞长。吏部尚书张问达对刘鳞长的评价也比较高,认为刘鳞长"精详缜密,天部之选也"。这样,刘鳞长总算躲过了一劫。

是时"辽事急",为了加强防范,"都城有浚隍之役",也就是浚修城墙外的壕沟。刘鳞长"躬亲催督,分方计夫,限深阔,以定工价"。① 刘鳞长此举引起了一些想借此事中饱私囊的同事的不满,"以工倍价啬,令增价三千两",刘鳞长置之不理。为此,"巡视掌科"魏大中对刘鳞长的同事说:"贵部干实事,惟刘君耳。"② 从此,刘鳞长"稽核精严""干实事"的名声在外。当工科给事中霍守典"参宣武门东南积土与墙平,碍道路。系李养德挑河时所堆,催令搬运"时③,工部主事李养德无法推脱,但"乞委主政刘某协理,不至冒费"。刘鳞长没有推辞,与李养德"共竣厥事"。

刘鳞长因"稽核精严",得罪了不少权贵,但从不畏惧。有一次,"司设监题造细车一百二十辆",而时任通政司左参议的冯时行也来凑热闹,提出要造"五式奇车五十辆"。这些官员都提出造车的目的很明显,就是"意在多领帑币"。④ 后来"奉旨复议"时,"俱委刘鳞长勘估,裁减将半"。这些官员感到无利可图,此事也就不了了之了。

与魏党的第二次冲突发生在刘鳞长丁外艰之后,服除归来,"值魏珰煽焰,委管街道厅属南都采铜事"。明代工部设街道厅,主要管理都城道路的修筑平治以及沟渠河道的疏浚。刘鳞长到任第二天,"即拆卸提督乾清宫王体乾之侵街房屋,又清追五城官房戚畹及大珰所占据者,变价近万金"。⑤ 南都采铜矿之事,魏党也想谋及,刘鳞长义正词严地说:"太祖定鼎,岂不念此

---

① (清)怀荫布修:乾隆《泉州府志》卷四十四,泉州:泉州市地方志编纂委员会办公室,1984年,第79页。
② (清)怀荫布修:乾隆《泉州府志》卷四十四,泉州:泉州市地方志编纂委员会办公室,1984年,第80页。
③ (清)怀荫布修:乾隆《泉州府志》卷四十四,泉州:泉州市地方志编纂委员会办公室,1984年,第80页。
④ (清)怀荫布修:乾隆《泉州府志》卷四十四,泉州:泉州市地方志编纂委员会办公室,1984年,第80页。
⑤ (清)怀荫布修:乾隆《泉州府志》卷四十四,泉州:泉州市地方志编纂委员会办公室,1984年,第80页。

些少铜料,宁听其敝坏,而为盗有？"① 这些行为当然引起了魏忠贤及其同党的不满。此时总理工程的还是内监马诚,"与魏珰依倚为奸",到处"称晚生私谒厚赠",拉帮结派,唯独刘鳞长不吃其这一套,魏党也无计可施。

天启五年(1625)十二月,朝廷"以宫殿急需子街大石",而运送这些巨石入城,沿途损坏的桥梁必须加以修缮,这又是一项大工程,内监"揭至四十万"。② 刘鳞长认为:"乘冬间水涸冰坚,从桥下填柳木,夹以灰土,夯筑结实,以便拽运,其费不及保桥之一"。③ 用这种方法,费用不到原来预算的十分之一。时任工部尚书的黄克缵,为泉州人,他根据刘鳞长的意见,起草了《入街石五便疏》呈报,"奉旨如议"。此事"大忤魏珰意"。④ 当刘鳞长到卢沟桥督办此事时,"矫旨降三级,调外。嗣复矫旨削职为民"。⑤

直到崇祯初年,此时魏忠贤已自杀,魏党遭到清算,在"朝中科道部郎交荐"下,刘鳞长得以起用。后升员外郎,"司节慎库"。节慎库是明代工部的办事机构,主要职能是贮藏矿银,以给工价,后专备内府取用。⑥ 刘鳞长一上任就发现"一时台省侵权,擅行支放",问题比较严重,"力折具疏",可是被时任工部尚书的张凤翔所劝止。此事暴露后,刘鳞长"被累",与张凤翔"同逮诏狱",后"谪常州通判"。虽然受了冤屈,刘鳞长勤廉的本性未改,署昆山令时,刘鳞长"除隶役之虐民,禁酗肆之恶习,清漕粮之积弊,父老为塑像于候潮旧址,祀之"。⑦ 短短四个月,关注民生,为民办实事,深得百姓拥戴。

因政绩突出,刘鳞长"转任南户曹。旋视两浙学政,所拔皆知名士,至今人颂公明"。⑧ 后刘鳞长任四川建昌参议,川东参政。张献忠占据全蜀时,只

---

① (清)怀荫布修:乾隆《泉州府志》卷四十四,泉州:泉州市地方志编纂委员会办公室,1984年,第80页。
② (清)金鋐、郑开极纂修:康熙《福建通志》卷四十六,北京:书目文献出版社,1988年,第53页。
③ (清)怀荫布修:乾隆《泉州府志》卷四十四,泉州:泉州市地方志编纂委员会办公室,1984年,第80页。
④ (清)金鋐、郑开极纂修:康熙《福建通志》卷四十六,北京:书目文献出版社,1988年,第53页。
⑤ (清)周学曾等纂修:道光《晋江县志》,福州:福建人民出版社,1990年,第1139页。
⑥ 吕宗力总编:《中国历代官制大辞典》,北京:商务印书馆,2019年,第213页。
⑦ (清)怀荫布修:乾隆《泉州府志》卷四十四,泉州:泉州市地方志编纂委员会办公室,1984年,第81页。
⑧ (清)金鋐、郑开极纂修:康熙《福建通志》卷四十六,北京:书目文献出版社,1988年,第53页。

有遵义未被占领。总督川陕军务的樊一蘅,以及南明弘光政权任命的兵部尚书兼文渊阁大学士王应熊皆避居遵义。"巡抚马乾复重庆,献忠命养子刘文秀攻之。鳞长与副将曾英自遵义至,与诸将于大海等夹击,破贼兵数万"①失利后,刘鳞长"走綦江,仍与应熊往来计议,加太仆寺少卿"。②绍宗即位后,刘鳞长升任兵部右侍郎。隆武元年(1645)十一月,刘鳞长出綦江,"收刁化神兵,督(曾)英复重庆,已大败献忠多功城"。③取得胜利后,刘鳞长随即上疏云:"复重、夔二府三州二十三县,以川饷赡川兵,不敢虚縻破冒。"④绍宗因刘鳞长"不避危难",于隆武二年(1646)晋升刘鳞长为兵部尚书、东阁大学士,加太子太保,"督川师"。⑤南明政权失败后,刘鳞长归家,后卒于家。

在政治日趋腐败的晚明时期,刘鳞长不仅能够洁身自好,而且不畏权贵,勤廉从政,为国为民,成为一代名臣。刘鳞长为官为人得到时人的充分肯定,何乔远与刘家有三世之交,称赞刘鳞长"守在冬官,毖恤祗慎,有乃祖之风""鞠躬束脩,同当世之务"。⑥明代工部尚书王佐亦云:刘鳞长"膻处能恬,冷处能耐,大受器也"。⑦

勤奋好学、思变求变的阳明后学

在刘鳞长成长过程中有四个人对他的影响比较大:一是祖父刘宏宝,二是父亲刘廷焜,三是何乔远,四是孙慎行。

刘宏宝(1559—1609),字公可,万历十三年(1585)举人,万历十四年(1586)联捷进士,官至浙江参议。刘宏宝登进士第后,选翰林院庶吉士,授户科给事中,"疏言中贵某恣横状,不宜置左右。其抗章忤旨得罪诸臣,宜亟叙录,以振士大夫敢言之气"。⑧后刘宏宝进工科都给事中,出为浙江参政

---

① 沈瑜庆、陈衍等纂:民国《福建通志》,北京:方志出版社,2016年,第6304页。
② 钱海岳撰:《南明史》,北京:中华书局,2016年,第2603页。
③ 钱海岳撰:《南明史》,北京:中华书局,2016年,第2603页。
④ 钱海岳撰:《南明史》,北京:中华书局,2016年,第2603页。
⑤ 钱海岳撰:《南明史》,北京:中华书局,2016年,第2603页。
⑥ (明)何乔远撰:《镜山全集》,福州:福建人民出版社,2015年,第1870页。
⑦ (清)怀荫布修:乾隆《泉州府志》卷四十四,泉州:泉州市地方志编纂委员会办公室,1984年,第79页。
⑧ (清)金鋐、郑开极纂修:康熙《福建通志》,北京:书目文献出版社,1988年,卷四十六第43页。

时,"会河水被淮泗祖陵,上切责治河大臣。部覆波及议河者,坐谪潮阳典史。未几卒。赠太常少卿"。①《闽中理学渊源考》载:刘宏宝,"清介仁厚,疏粝终身,所居不蔽风雨。其端矩正范,虽夜分盛暑必衣冠。与人交毋问少长,恻怛至到,望之知为有德君子也"。②刘宏宝著有《尚书说》《谏垣遗稿》诸书,与何乔远为同榜进士,交往甚密。

刘廷煋,生卒年不详,字子曦,号赓台,"有名诸生间,饩于庠"。刘宏宝曾将刘廷煋的文章交给何乔远点评,何乔远读完后,对刘宏宝说:"异日有成者,兄儿也。"③虽然后来刘廷煋没有中举,但"奉父母至孝,友恭于兄弟""方严勤俭,出于天性"。④ 道光《晋江县志》云:"(刘廷煋)酷嗜书史及圣贤学问经济,可以裨身心救世务者,组纂无虚日,以之训子。"⑤刘廷煋对刘鳞长的教诲十分严格。刘鳞长登进士第后,入京为官,刘廷煋"犹虑其弱且拙,不能其职守,从京邸省视之,所以教之当官事"。⑥《闽中理学渊源考》载有其告诫刘鳞长的语录,比如:"圣人处事每从忠厚,戒刻薄。儿综核甚善,吾虑儿之为怨府也。"再如"侪辈之交,宜谦和静定,敛藏锋锷。吾虑儿处同事,自恃直道,未能降心相从也",等等。⑦ 这些教诲对刘鳞长的成长有很大的帮助。刘廷煋著有《闽学宗传》,阐述了闽学的发展脉络,体现了深厚的学养。

良好的家教是刘鳞长成功的重要因素。李清馥在《闽中理学渊源考》中专门列有"洛阳刘氏家世学派"。在按语中,李清馥写道:"刘公可先生三世朴学古行,其仕者皆清德恬节,有名于时。而赓台先生尤惓惓家庭训诫,其秉心砥行,欲与古人相上下,于时会颓靡之日,独世笃谨厚风规,以为一时坊表,故特录之。"⑧以上文字充分表达了李清馥对刘氏家风家教的赞赏。这种

---

① (清)周学曾等纂修:道光《晋江县志》,福州:福建人民出版社,1990年,第1133页。
② (清)李清馥撰:《闽中理学渊源考》,《影印文渊阁四库全书》第460册,台北:台湾商务印书馆,1983年,第756~757页。
③ (明)何乔远撰:《镜山全集》,福州:福建人民出版社,2015年,第1871页。
④ (清)李清馥撰:《闽中理学渊源考》,《影印文渊阁四库全书》第460册,台北:台湾商务印书馆,1983年,第757页。
⑤ (清)周学曾等纂修:道光《晋江县志》,福州:福建人民出版社,1990年,第1304页。
⑥ (明)何乔远撰:《镜山全集》,福州:福建人民出版社,2015年,第1870页。
⑦ (清)李清馥撰:《闽中理学渊源考》,《影印文渊阁四库全书》第460册,台北:台湾商务印书馆,1983年,第757页。
⑧ (清)李清馥撰:《闽中理学渊源考》,《影印文渊阁四库全书》第460册,台北:台湾商务印书馆,1983年,第756页。

良好的家风家教,是刘鳞长勤奋好学的基础。

何乔远(1557—1630),字稚孝,号匪莪,又号镜山,明晋江县府城衮绣铺(今属泉州市鲤城区)人,万历十四年(1586)进士,官至南京工部右侍郎。何乔远登第后,"选授刑部云南司主事,擢礼部精膳司员外、仪制司郎中。倭攻朝鲜,上言兵部失策。再上王锡爵书,谓不当徇私人,请封贡。其后东事数年始解,人愈服其胆识"。① 《明史》载:"神宗欲封皇长子为王,乔远力争不可。同官陈泰来等言事被谪,抗疏救之。"② 后何乔远"以宗室册封本尾误遗衔名事,谪广西布政司经历"。③ 何乔远"以事假归","里居二十余年,中外交荐,不起",④"光宗登极,起光禄少卿,晋光禄卿。以疾归。怀宗即位,以南户部右侍郎召,忌者侧目,即沥辞"。⑤ 何乔远辞官后,专心著书立说,并创建镜山书院,教书授徒,"假归几三十年。日与缙绅、游士倡酬论学,讲德考业,求书问字,益屡满。魏珰煽焰,屡欲起之以收人心,不赴。名德硕望,与邹南皋、冯仲好、赵侪鹤,海内并称为四君子"。⑥ 何乔远著述颇丰,道光《晋江县志》载有《闽书》《名山藏》等十二部著述行于世。⑦ 何乔远的思想受叶适等人事功学派的影响比较大。叶适(1150—1223),字正则,号水心居士,永嘉人,淳熙五年(1178)进士第二人(榜眼),官至宝谟阁学士,通议大夫。叶适曾于嘉泰元年(1201)知泉州。叶适是南宋事功学派的集大成者。事功学派的主要特点是:"主张学术与事功的统一,学术的目的在于经世致用,强调实事实功。"⑧《宋元学案》云:"永嘉之学,教人就事上理会,步步着实,言之必使可行,足以开物成务。"⑨ 受事功学派的影响,在《闽书》中,何乔远关注中外海上贸易:"宋置市舶于泉州,以通诸蕃,旧志所载有占城、宾达侬、三佛齐、勃泥、真腊、登流眉、大食、日本……元三山吴鉴为泉守偰玉立修《清源续志》,余于

---

① (清)周学曾等纂修:道光《晋江县志》,福州:福建人民出版社,1990年,第1132页。
② (清)张廷玉等撰:《明史》,上海:上海古籍出版社,1986年,第677页。
③ (清)周学曾等纂修:道光《晋江县志》,福州:福建人民出版社,1990年,第1132页。
④ (清)张廷玉等撰:《明史》,上海:上海古籍出版社,1986年,第677页。
⑤ (清)周学曾等纂修:道光《晋江县志》,福州:福建人民出版社,1990年,第1132页。
⑥ (清)周学曾等纂修:道光《晋江县志》,福州:福建人民出版社,1990年,第1132页。
⑦ (清)周学曾等纂修:道光《晋江县志》,福州:福建人民出版社,1990年,第1696页。
⑧ 万斌主编,吴光、滕复副主编:《浙学研究集萃》,上海:上海古籍出版社,2005年,第83页。
⑨ (清)黄宗羲著,全祖望补修:《宋元学案》,北京:中华书局,1986年,第1696页。

友人家仅得其一本,曰《岛夷志》。志所载凡百国,皆通闽中者。"①宋元时期,泉州海上贸易的繁盛,历历在目。在《名山藏》之《货殖记》中,何乔远记载了瞿嗣兴、李森、汤阴(郑氏)、丁广、姚让、史际、马一龙等商人的事迹,②对重农抑商的封建统治阶级思想采取批判的态度,体现了何乔远农商并重的思想。谢国祯先生在《中国善本书提要》序言中指出:"明末闽中学者乔远,是个受资本主义萌芽影响,思想比较进步的人士。"③董杰先生在《明代中后期的三股实学之风》中亦云:何乔远的《名山藏》等著作"摆脱朱熹《资治通鉴纲目》所强化的'为尊者讳''为亲者讳'的褒贬义例,都是细致考订、严谨征实的史书"。④ 刘鳞长在垂髫之年即受教于何乔远,受其影响是必然的。何乔远十分器重刘鳞长,而刘鳞长也"年二十三举进士",不负所望。

孙慎行对刘鳞长的影响也很大。孙慎行(1566—1636),字闻斯,号淇澳,武进(今江苏常州)人,万历二十三年(1595)进士第三人(探花)。孙慎行登进士第后,初授翰林院编修,"四明挟妖书起大狱,先生以国体争之。累迁至吏部侍郎"。⑤ 其间孙慎行曾数度请假归里,专心学问。《明史》载:"韩敬科场之议,慎行拟黜敬。"⑥遭到韩敬党人的攻击,孙慎行"四疏乞归,出城候命"。后熹宗召孙慎行任礼部尚书。天启元年(1621)四月起,孙慎行上疏要求惩办涉及"红丸案"的李可灼、方从哲,"时朝野方恶从哲,慎行论虽过刻,然争韪其言"。然而由于皇帝袒护,"惟可灼下吏戍边,从哲置不问"。孙慎行后"谢病去"。崇祯八年(1635),朝廷推孙慎行入阁,"帝即召之。慎行已得疾,甫入都,卒。赠太子太保,谥文介"。⑦ 孙慎行有著述《困思录》《慎独义》《文钞》等。吴震先生在《心学与气学的思想异动》一文中指出:孙慎行"对晚明心学末流亦持批判的立场,对于心学末流以'超善不善乃为善'的奇妙逻辑来解释告子'无善无不善'的观点进行了严肃批评,但是其对阳明心

---

① (明)何乔远撰:《闽书》,《四库全书存目丛书·史部》第207册,济南:齐鲁书社,1996年,第642页。
② (明)何乔远编纂:《名山藏》,《续修四库全书》第427册,上海:上海古籍出版社,2001年,第557页。
③ 王重民撰:《中国善本书提要》,上海:上海古籍出版社,1983年,第10页。
④ 董杰:《明代中后期的三股实学之风》,《光明日报》2019年12月7日第11版。
⑤ (清)黄宗羲著,沈芝盈点校:《明儒学案》,北京:中华书局,1985年,第1447页。
⑥ (清)张廷玉等撰:《明史》,上海:上海古籍出版社,1986年,第680页。
⑦ (清)张廷玉等撰:《明史》,上海:上海古籍出版社,1986年,第680页。

学却有一定的认同"。① 刘鳞长任职常州通判期间,"适孙慎行倡道东南,鳞长师事焉"②,以孙慎行为师,接受了孙慎行的思想。

  从接受祖父、父亲所传授的理学思想到接受何乔远讲实际、重事功、农商并重的思想以及接受孙慎行"对气学思想或心学观点的汲取与批评"的观点,到接受阳明心学,这就是刘鳞长思想发展的脉络。实际上,事功学派与阳明心学有着千丝万缕的联系。滕复先生在《论宋明浙东事功学与心学及其合流——兼论王学的思想来源及实质》中指出:"王学的主要来源正是事功学与心学……王学的产生正是南宋以来出现的事功学与心学这两种反传统思想发展、融合的最终结果。"③而孙慎行的思想也有阳明心学的因素存在,吴震先生认为:"尽管孙慎行的思想旨趣既不属于'心学家',也不属于'气学家',其在'性善'以及"生生"等问题上的基本立场更接近道学传统,但可以确定的是,他的上述观点的提出应当是晚明心学与气学的思想异动所致的一种现象,其中既有对气学思想或心学观点的汲取与批评,甚至也有对道学思潮的肯定与反思,展现出晚明社会的思想异动正朝着更为复杂多元的方向发生转变。"④拜何乔远、孙慎行为师,受他们两人思想的熏陶,为刘鳞长接受阳明心学奠定了基础。

  明代中后期,由于理学成为封建统治阶级的统治思想,逐步僵化,特别是以程朱理学为科举考试的主要内容,进一步禁锢了人们的思想,与社会发展背道而驰,阳明心学应运而生,并得到广泛传播。浙江是王守仁的故乡,也是阳明心学的发源地。任职两浙期间,刘鳞长在对理学的反思中,思变求变,思想发生了变化,最终接受了阳明心学。在《浙学宗传序》中,刘鳞长描写了其思想发生变化的心路历程。刘鳞长写道:"余既携《闽学宗传》,菑灾武林之梨,教越士,间沂胥涛,泛湖光。想见子韶业受敝闽龟山,宗皈未发,横浦风致,犹有存者。寻驱十一国,览慈湖水明碧练,波心月落,徜徉遇杨敬

---

  ① 吴震:《心学与气学的思想异动》,《复旦大学学报(哲学社会科学版)》2020年第1期,第113~125页。

  ② (清)怀荫布修:乾隆《泉州府志》卷四十四,泉州:泉州市地方志编纂委员会办公室,1984年,第81页。

  ③ 万斌主编,吴光、滕复副主编:《浙学研究集萃》,上海:上海古籍出版社,2005年,第91页。

  ④ 吴震:《心学与气学的思想异动》,《复旦大学学报(哲学社会科学版)》2020年第1期,第113~125页。

仲与陆象山,订悟本心真景。吊宝婺旧墟,怃然叹曰:于越东莱先生与吾里考亭夫子问道质疑,卒揆于正。教泽所渐,金华四贤,称朱学世嫡焉。往事非邈也。击楫姚江,溯源良知,觉我明道学于斯为盛。"①从序言中可看出,刘鳞长在浙江任职期间,游历了许多儒学遗址,感受到了浙江特有的儒学底蕴。张九成受业于杨时,建立横浦学派;杨简承继陆九渊的心学伦理思想;吕祖谦承继朱熹的理学思想,创建婺学。刘伯温、宋濂、叶琛、张溢等金华四贤作为"朱学世嫡",特别是"击楫姚江,溯源良知,觉我明道学于斯为盛",最终刘鳞长将浙学的主流归结于阳明心学。在序言中,刘鳞长抒发了对阳明心学的感悟:"圣为学宗,心为圣宗。苟得其传,毋论子韶、慈湖而下,堪称慈父,行且尧、舜、周、孔,同我正觉。盖维皇降衷,实有灵性,关棙一通,总会个中。如求心无诀,则一晌之间,一念之内,移星易宿,龙蛇走陆,形虽未变,其机已具。更无婆娑乐土,蓬莱瑶宫,足为匪类躲逃之地。唯真学者,了心入圣,为宗门中大觉,至孝而无难。不明心学,即堕落于罔觉不孝而不可药救。所贵还返个中,认正宗传。学恒于斯,教恒于斯,则若闽若浙,同属家亲,而大宗小宗,共登上岸矣。以俟有心诸君子证焉。"②刘鳞长认为张九成、杨简都是心学的创建人,心学与理学同宗,然而"了心入圣,为宗门中之大觉",否则"不明心学,堕落于罔觉不可药救"。此时,刘鳞长的思想已从理学、事功之学、"心学与气学的思想异动",最后蜕变而为阳明心学了。

撰写《浙学宗传》、梳理浙学流派、阳明心学的传播者

在《浙学宗传》的序言中,刘鳞长说明自己之所以撰写此书,其中一个重要的原因是对周海门撰写的《圣学宗传》不满意。周汝登(1547—1628),字继元,号海门,浙江嵊县人,万历五年(1577)进士,官至南京尚宝卿司。周汝登为王守仁的再传弟子,受业于王畿。周汝登还与"鹿山八士"创办鹿山书院,传播阳明心学。其著述《圣学宗传》共收入84人,其中有汉之前伏羲、神农、黄帝、孔子、孟子等30人,汉代2人,隋朝1人,唐代1人,宋代29人,明

---

① (明)刘鳞长撰:《浙学宗传》,《四库全书存目丛书·史部》第111册,济南:齐鲁书社,1996年,第1~2页。
② (明)刘鳞长撰:《浙学宗传》,《四库全书存目丛书·史部》第111册,济南:齐鲁书社,1996年,第1~2页。

代 20 人。① 刘鳞长在《浙学宗传》序言中写道:"缘念以浙之先正,呼浙之后人,即浙学又安可无传？周海门《圣学宗传》尚矣,然颇详古哲,略于今儒。乃不揣固陋,稍稍编汇成书,梓且行。"② 刘鳞长认为《圣学宗传》厚古薄今,不够全面,为此在"浙学又安可无传"的感慨之下,刘鳞长收集了自宋至明浙江的儒学名士,辑录其言行,编纂《浙学宗传》并刊刻行于世。《圣学宗传》收入《四库全书·史部·传记类存目》,《四库全书总目》云:《圣学宗传》"尽采先儒语类禅者以入。盖万历以后,士大夫讲学者多类此云云。即此书也,首载《黄卷正系图》,其序自伏羲传至伊川程子。下分二支,一支朱子以下,不系一人。一支则陆九渊之下,系以王守仁。并称卷是图信阳明笃,叙统系明,与《圣学宗传》足相发明云"。③ 四库馆臣与刘鳞长的意见基本一致。

《浙学宗传》亦收入《四库全书总目·史部·传记类存目》。《四库全书总目》称:"明刘鳞长撰。鳞长字孟龙,号乾所,晋江人。万历己未进士,官至南京户部郎中。是编乃其为浙江提学副使时所编。以周汝登所辑《圣学宗传》颇详古哲,略于今儒,遂采自宋讫明两浙诸儒,录其言行,排纂成帙。大旨以姚江为主,而援新安以入之。故首列杨时,次以朱子、陆九渊并列。陈亮则附载于末,题曰《推豪别录》。又以蔡懋德《论学》诸条及鳞长所自撰《扫背图》诸篇缀于卷后。懋德、鳞长非浙人,入之浙学已不类,而自撰是书自称刘乾所先生,与古人一例,尤于理未安也。"④

《浙学宗传》的主要特点如下:一是所收录浙学门派比较齐全。书中共收录儒学名士 44 人,其中宋代 10 人,明代 34 人。此书既记载杨时、朱熹等的理学,又有张九成等的横浦学派,吕祖谦、何基等的金华学派(又称婺学),以及陆九渊、王阳明的心学等等。《明清时期两浙儒学的演变与定位》一文指出:刘鳞长等人"第一次将在学术上一直受冷遇的'浙西'之学也纳入进他们的考察范围。事实上,浙西之学虽然与浙东之学存在着明显差异,然而亦

---

① (明)周汝登撰:《圣学宗传》,《四库全书存目丛书·史部》第 98 册,济南:齐鲁书社,1996 年,第 791～793 页。
② (明)刘鳞长撰:《浙学宗传》,《四库全书存目丛书·史部》第 111 册,济南:齐鲁书社,1996 年,第 2 页。
③ (清)永瑢等撰:《四库全书总目》,北京:中华书局,1965 年,第 558 页。
④ (清)永瑢等撰:《四库全书总目》,北京:中华书局,1965 年,第 561 页。

不无相当密切的同源性和互动性"。① 浙西指的是下三府,即古代浙江之金华、衢州、严州三府。钱茂伟在《论浙学·浙东学术·浙东史学·浙东学派的概念嬗变》一文中指出:"明末,福建人刘廷焜编了《闽学宗传》,其子刘鳞长编《浙学宗传》(1638),应是一部宋明浙江心学学脉史。此处所用'浙学',应是地域意义上的,与'闽学'相对应的概念。"②

二是刘鳞长虽入阳明心门,但编纂时,注意不抱门户之见,对于其他学派之人也给予中肯的评价。比如杨时(1053—1135),字中立,号龟山,南剑州将乐(今三明将乐县)人,熙宁九年(1076)进士,辞官专注于理学,以程颢、程颐为师,"程门立雪"的成语就出自杨时与游酢拜师的故事。杨时精研理学,人称"闽学鼻祖"。《宋元学案》云:"明道喜龟山,伊川喜上蔡,盖其气象相似也。龟山独邀耆寿,遂为南渡洛学大宗,晦翁、南轩、东莱皆其所自出。"③刘鳞长认为:"龟山先生自道南著称,四方士多从之学,推为程氏正宗,素不求闻达。时宰以人望召之,颇有异议,然竟无能用其言者。遂告老归,一以著书讲学为事。与胡安国往来论辩尤多,先达陈瓘、邹浩皆师事之。考亭南轩之学得其正,皆出于龟山云。"④杨时在二程与朱熹之间的承前启后作用自明。

三是在诸儒中,刘鳞长在书中以介绍心学为最详。书中共收录儒学名士44人,其中心学儒者有19位,约占比43%。这十九人为:"象山先生陆九渊""慈湖先生杨简""医闾先生贺钦""阳明先生王守仁""龙溪先生王畿""绪山先生钱德洪""粟斋先生范瓘""二峰先生周积""日仁先生徐爱""川莆先生胡瀚""弘斋先生邵经邦""阳和先生张元忭""敬庵先生许孚远""海门先生周汝登""石篑先生陶奭龄""云怡先生蔡懋德"以及"乾所先生刘鳞长"。《浙学宗传》所收入的这些心学儒者都十分有代表性。比如此书收入的"医闾先生贺钦"。贺钦为陈献章入室弟子。陈献章(1428—1500),字公甫,号石斋,人称白沙先生。其上承陆九渊之学,所创立的岭南心学为明代心学的发端。《明儒学案》云:"有明之学,至白沙始入精微。其吃紧工夫,全在涵养,喜怒

---

① 诸凤娟、钱明、宣绍龙:《明清时期两浙儒学的演变与定位》,《浙江社会科学》2022年第7期,第106~111页。
② 尚永琪主编:《"浙学"纵论》,哈尔滨:黑龙江人民出版社,2020年,第4页。
③ (清)黄宗羲著,全祖望补修:《宋元学案》,北京:中华书局,1986年,第944页。
④ (明)刘鳞长撰:《浙学宗传》,《四库全书存目丛书·史部》第111册,济南:齐鲁书社,1996年,第13页。

未发而非空,万感交集而不动。至阳明而后大。两先生之学,最为相近,不知阳明后来从不说起,其故何也。"①陈献章弟子贺钦(1437—1510),字克恭,自号医闾山人,浙江定海人,成化二年(1466)进士。贺钦"为户科给事中,见献章《论学》,叹曰:'至性不显,宝藏犹霾,世即用我,而我奚以为用。'即日上疏,解官去。执弟子礼事献章"。②贺钦后归家授徒,为岭南心学在浙江的传播发挥了重要作用。收录贺钦,说明了刘鳞长对心学流派的深入了解。

作为阳明后学,刘鳞长对心学儒者的评价往往一语中的。陆九渊(1139—1193),字子静,抚州金溪人,乾道八年(1172)登进士第。因讲学于象山书院,人又称象山先生。陆九渊主"心即理"说,当时与朱熹齐名。陆九渊与朱熹的"鹅湖之会"学术辩论,成为中国学术史上的一件盛事。《宋元学案》云:"象山之学,先立乎其大者,本乎孟子,足以砭末俗口耳支离之学。但象山天分高,出语惊人,或失偏而不自知,是则其病也。程门自谢上蔡以后,王信伯、林竹轩、张无垢至于林艾轩,皆其前茅,及象山而大成,而其宗传亦最广。"③对于陆九渊,刘鳞长评价道:"象山先生自少即悟宇宙即吾心二语,所谓先立其大,此可概见。后来学问,亦不曾有加于此。谆谆诲人,亦只在自求本心。识得本心,即凡即圣,即人即天,昧却时连凡人亦不是了。此最吃紧提醒处。世有诋为禅学者,将无失其本心。"④"悟宇宙即吾心",道出了象山之学的真谛。

在该书《圣功格》一文中,刘鳞长表达了自己对王阳明的崇敬:"视古克己省身之功,岂多让也。尔乡王阳明先生亦今代圣人也,日以良知二字惓惓诲人,无非此意。诸生生其乡,读其书,岂无景行其为人者乎。本道不敏,愿与诸生共勉之。"⑤值得一提的是《浙学宗传》收录的《拔本塞源论》。此文是王阳明答顾东桥书的一部分,是阳明心学的代表作。《拔本塞源论》一开始即云:"夫拔本塞源之论,不明于天下,则天下之学圣人者将日繁日难。斯人

---

① (清)黄宗羲著,沈芝盈点校:《明儒学案》,北京:中华书局,1985年,第79页。

② (明)刘鳞长撰:《浙学宗传》,《四库全书存目丛书·史部》第111册,济南:齐鲁书社,1996年,第69页。

③ (清)黄宗羲著,全祖望补修:《宋元学案》,北京:中华书局,1986年,第1884页。

④ (明)刘鳞长撰:《浙学宗传》,《四库全书存目丛书·史部》第111册,济南:齐鲁书社,1996年,第20页。

⑤ (明)刘鳞长撰:《浙学宗传》,《四库全书存目丛书·史部》第111册,济南:齐鲁书社,1996年,第152页。

沦于禽兽夷狄而犹自以为圣人之学。吾之说虽或暂明于一时,终将冻解于西,而冰坚于东,露释于前而云滃于后,呶呶焉危困以死,而卒无救于天下之分毫。"①陈来先生在《王阳明的拔本塞源论》一文中指出:"就王阳明来说,他所说的拔本塞源,主要是就'私己之欲''功利之毒'而发的,而正确的拔本塞源的方法在他看来就是真正的、没有受到曲解的圣人之学。在他看来,如果不懂得圣人之学以拔本塞源为宗旨,这样的学术就会烦琐而艰难,天下追求圣人之学的人就会陷于这种假的圣人之学,离开道德义理越来越远,最终沦于禽兽、夷狄而不自知,还以为自己在从事圣人之学。"②对于这篇文章,时人评价比较高。耿定向(1524—1596),字在伦,又字子衡,号楚侗,湖北黄安人,嘉靖三十五年(1556)进士,官至户部尚书。耿定向入心门,为泰州学派弟子,是晚明著名思想家。在《应明诏乞褒殊勋以光圣治疏》中,耿定向指出:《拔本塞源论》"开示人心,尤为明切。如使中外大小臣工实事体究,则所以翊我皇上太平无疆之治者,尤非浅小! 此其功,则百千世可颂者也。"③在上呈皇帝的奏疏中引用此文,足以说明此文在当时有广泛的影响。而在《浙学宗传》中录入此文,可见刘鳞长对阳明心学的研究是比较深入的。

  刘鳞长携其父刘廷焜所作《闽学宗传》入浙,他认为:"认证宗传,学恒于斯,教恒于斯。则若闽若浙,同属家亲,而大宗小宗,其登上岸矣,以俟有心诸君子证焉。"④闽学和浙学同宗,故撰此书。《明清时期两浙儒学的演变与定位》一文的作者认为:刘鳞长撰写此书的目的"就是要将'浙学'与'闽学'的传统贯通在一起,使'心学'与'理学'不仅在源头上'同属家亲',而且在传承过程中亦彼此互相照应"。⑤《浙学宗传》中列有杨时、朱熹、刘鳞长等三位闽人,以及江西人陆九渊。这四位儒学名士,均在浙江任过职,并收浙人弟子,入浙学门派合情合理。四库馆臣认为:"懋德、鳞长非浙人,入之浙学已不类。"所言差矣。

---

  ① (明)刘鳞长撰:《浙学宗传》,《四库全书存目丛书·史部》第111册,济南:齐鲁书社,1996年,第82页。
  ② 陈来:《王阳明的拔本塞源论》,《学术界》2012年第11期,第54~64页。
  ③ (明)耿定向著,傅秋涛点校:《耿定向集》,上海:华东师范大学出版社,2015年,第39~40页。
  ④ (明)刘鳞长撰:《浙学宗传》,《四库全书存目丛书·史部》第111册,济南:齐鲁书社,1996年,第4页。
  ⑤ 诸凤娟、钱明、宣绍龙:《明清时期两浙儒学的演变与定位》,《浙江社会科学》2022年第7期,第106~111页。

据刘鳞长序中所言,此书完成于崇祯十一年(1638)。现存版本有《浙学宗传》不分卷,明崇祯十一年(1638)刘鳞长刻本,藏浙江省图书馆。① 1996年,齐鲁书社出版的《四库全书存目丛书·史部》收入此书,底本为浙江省图书馆所藏崇祯十一年(1638)刘鳞长刻本。②

结　语

刘鳞长,这位从洛阳桥桥南儒学世家走出去的晚明名臣、阳明后学以及阳明心学传播者,历史始终没有忘记他。道光《晋江县志》将其载入《人物志·名臣之二》,康熙《福建通志》、民国《福建通志》、乾隆《泉州府志》、《闽中理学渊源考》均有其行迹的记载。钱海岳先生撰写《南明史》时专门为其立传,使人们能够更深入地了解刘鳞长在南明时期的活动轨迹。进入新世纪,随着人们对传统文化、闽学与浙学研究的不断深入,刘鳞长及其《浙学宗传》的研究方兴未艾。正如《明清时期两浙儒学的演变与定位》一文作者所言:"需要强调的是,黄宗羲以阳明心学为主线编撰《明儒学案》的理念和方法,其实并非其首创,明人刘鳞长在任浙江提学副使时所编撰的《浙学宗传》可谓先河。"③发扬刘鳞长为人为官的优秀品质,汲取其思想的精华,这就是今天研究阳明后学刘鳞长与《浙学宗传》的意义所在。

(原载《泉南文化》2023 年第 3 期)

---

① 中国古籍总目编纂委员会编:《中国古籍总目·史部》,北京:中华书局,上海:上海古籍出版社,2012 年,第 656 页。
② (明)刘鳞长撰:《浙学宗传》,《四库全书存目丛书·史部》第 111 册,济南:齐鲁书社,1996 年,第 1 页。
③ 诸凤娟、钱明、宣绍龙:《明清时期两浙儒学的演变与定位》,《浙江社会科学》2022 年第 7 期,第 106~111 页。

晚明社会问题的折射
——黄华秀奏疏考论

晚明是中国社会大变局时期,樊树志先生在其《晚明大变局》一书中指出:"提出晚明大变局,并不是故意耸人听闻,而是希望人们放宽历史视野,回过头去看一看16世纪至17世纪的中国曾经发生的巨变,不仅对于重新评估晚明史,而且对于看清近代史以及当代史,都有莫大的好处。"[①]

黄华秀,字居约,号同春,万历十六年(1588)举人,万历十七年(1589)联捷进士。乾隆《泉州府志》载:"万历十七年己丑焦竑榜,黄华秀,南安籍,同安人。"[②]黄振良先生在《金门历代进士祖籍之探讨解析》一文中指出:黄华秀祖籍为金门西黄,并进行了分析。[③] 黄华秀户籍为泉州南安,祖籍为泉州金门,可以认定。万历十八年(1590),黄华秀出任广东韶州府推官。同治《韶州府志》记载:"黄华秀,南安人,进士,万历十八年司理韶州。精明果断,雪杀姑之冤,释代兄之囚,辩伐冢之诡。"[④]万历二十三年(1595),因考绩吏治第一,被"荐召为南京浙江道御史"。[⑤]

万历二十三年(1595),黄华秀就任南京浙江道监察御史。此时,朝廷正处于内忧外患之时。神宗皇帝即位后以张居正为首辅,有过十年的励精图治,"精核吏治",实行奏章"考成法",清丈全国田亩,推行"一条鞭法",这些

---

① 樊树志:《晚明大变局》,上海:复旦大学出版社,2015年,第7页。
② (清)怀荫布修:乾隆《泉州府志》卷三十四,泉州:泉州市地方志编纂委员会办公室,1984年,第15页。
③ 陈益源主编:《科举制度在金门》,金门:金门县文化局、成功大学人文社科中心,2016年,第56页。
④ (清)林述训等修:《韶州府志》,台北:成文出版社,1966年,第598页。
⑤ (清)怀荫布修:乾隆《泉州府志》卷四十九,泉州:泉州市地方志编纂委员会办公室,1984年,第57页。

新政"换来了经济发展和社会安定的局面"。① 万历十年(1582)六月,张居正去世后,明神宗开始自毁改革成果,一方面搞臭张居正,一方面以"病"为借口,"日夜纵饮作乐",疏于朝政。② 黄华秀就任南京浙江道监察御史后,刚果洞达,敢于直言,曾就定国体、阻矿税、雪楚藩、罢枢辅、录谏臣、防倭寇之事六次上疏,人称其为"贤御史"。③ 分析黄华秀的奏疏对了解晚明的社会问题是有一定帮助的。

《畏天变恤人言疏》所折射的朝政混乱

张居正去世后,明神宗为了树立自己的威权,就开始了有计划、有步骤地清算张居正的行动。经过权衡得失,神宗决定首先从与自己从小相伴的大太监冯保下手。万历十年(1582)十二月,神宗以"冯保欺君蠹国,罪恶深重"为名,免除其东厂提督,没收其家产,并押至南京软禁。④ 冯保倒台后,张居正当然是在劫难逃。神宗开始对张居正进行清算,万历十二年(1584)八月"榜张居正罪于天下,家属戍边"。⑤ 有皇帝做榜样,继任张居正的首辅张四维尽反张之所为,"所裁冗官秕政,一切复之"。申时行主阁后,情况并没有好转,"亦踵其故智,使纪纲陵迟,侵渔日恣,吏贪而民玩,将惰而兵骄,国储动荡"。压抑太久,没人约束后,明神宗开始了以病为借口,"日夜纵饮作乐",不亲郊庙,不见廷臣的日子。万历十六年(1588),明神宗不顾各地饥荒,修建"寿宫",章奏留中不发;万历十八年(1590),罢日讲,"自后讲筵遂永绝";万历十九年(1591),京营武官闹事,冲入长安门;万历二十年(1592),开始"万历三大征(宁夏哱拜叛乱、播州杨应龙叛乱、抗倭援朝)",历时十年;万

---

① 白寿彝总主编:《中国通史》第 16 册,上海:上海人民出版社,1989 年,第 1623~1628 页。

② 白寿彝总主编:《中国通史》第 16 册,上海:上海人民出版社,1989 年,第 1629~1632 页。

③ 戴朱希总纂:民国《南安县志》,南安:南安县地方志编纂委员会,1989 年,第 826~827 页。

④ 白寿彝总主编:《中国通史》第 16 册,上海:上海人民出版社,1989 年,第 1629~1630 页。

⑤ (清)张廷玉等撰:《明史》,上海:上海古籍出版社,1986 年,第 40 页。

历二十四年(1596),"开矿榷税",长达二十年的矿税之灾就此开启。① 作为南京浙江道监察御史,针对当前的局势,黄华秀在认真调查研究的基础上,上呈了《畏天变恤人言疏》。

在《畏天变恤人言疏》中,黄华秀对当前朝廷的局势表示担忧,并说明了自己进行调查研究的情况:"臣谨仰察天心,俯稽舆论,听民庶之谣吟,问路叟之隐忧。"②对于朝廷存在的问题,黄华秀认为:"今日修省当速举行者三:视朝也、郊庙也、纳谏也;当速议行者一:大婚也;当共举而通行者二:泰交也、省刑也;当议处而酌行者亦二:举逸也、采办也。"③

1.当速举行者三:视朝也,郊庙也,纳谏也。对于皇帝临朝听政,黄华秀认为:"夫临朝听政,岂仅故事。臣主于是乎亲,理法于是乎维。承式者肃,望风者怀,盖其效至神也。前代无论,即祖宗视朝之制,亦无敢怠荒。"④临朝听政意义重大,是祖宗之法,对明神宗不临朝听政,黄华秀提出了严肃的批评:"今殿庭希御,堂陛旷疏,百官庶府思欲睹圣天子之威仪而不可得矣。二宫火焚,得非天不欲皇上以幽闭辇跸之所,而忘青阳总章之居耶?"⑤"二宫火焚"指的是万历二十四年(1596)乾清宫、坤宁宫被火烧尽之事。⑥ 黄华秀认为此事是上天对皇帝不临朝听政的警告,现在是多事之秋,"且陛下以今日之日何时也?东倭猖獗,西虏跳梁,水旱荐臻,流移骚绎"。⑦ 万历二十三年(1595),东有倭寇之患,"夏五月丁酉京师地震""九月戊寅,青海部长永邵卜犯甘肃""冬十一月辛未,湖广灾蠲振有差""是年江北大水,淮溢浸泗州祖陵"。⑧ 黄华秀指出:神宗如"不以此时御朝视事,召诸臣而图得失,求长绥远

---

① 白寿彝总主编:《中国通史》第16册,上海:上海人民出版社,1989年,第1630~1633页。
② (明)朱吾弼、李云鹄等辑:《皇明留台奏议》,《续修四库全书》第467册,上海:上海古籍出版社,2001年,第344页。
③ (明)朱吾弼、李云鹄等辑:《皇明留台奏议》,《续修四库全书》第467册,上海:上海古籍出版社,2001年,第344页。
④ (明)朱吾弼、李云鹄等辑:《皇明留台奏议》,《续修四库全书》第467册,上海:上海古籍出版社,2001年,第344页。
⑤ (明)朱吾弼、李云鹄等辑:《皇明留台奏议》,《续修四库全书》第467册,上海:上海古籍出版社,2001年,第344页。
⑥ 白寿彝总主编:《中国通史》第16册,上海:上海人民出版社,1989年,第1633页。
⑦ (明)朱吾弼、李云鹄等辑:《皇明留台奏议》,《续修四库全书》第467册,上海:上海古籍出版社,2001年,第344页。
⑧ (清)张廷玉等撰:《明史》,上海:上海古籍出版社,1986年,第40页。

驭之略,而欲身居高拱,以希无为之风,臣恐天下脊脊多事也!"①为此黄华秀希望神宗尽快临朝听政:"臣见古者谨灾,有召群臣便殿者,有御殿门亲受章奏者,是知诸臣之请,视朝是也。所当亟行也。"②

对于郊庙之事,黄华秀指出:"国之大祀惟郊与庙。天地神明森然越对,祖宗灵冥俨若降临。"③历朝历代对于这件事都十分重视,皇帝无不亲力亲为,"圣代以前未有不亲者,乃今数年来尽遣代矣"。④对于这种情况,黄华秀提出了质疑:"以为无益耶,则胡以祭也;以为有益耶,则胡以代也。"⑤黄华秀认为"二宫火焚"也是上天对皇帝不行郊庙之事的警告:"二宫火燔,适值祭扫之日,得非天不欲皇上以内禁斋居而为明禋报本之地乎?且此事何事也,而告庙之礼仍复不亲,天方降灾,而君犹未悔祸。陛下以灾如是已也,窃恐天意有未可知也。"⑥黄华秀劝告神宗:"臣见古者谨灾,有郊祀甘泉者,有入告寝庙者,是知诸臣之请,郊庙是也。所当亟行也。"⑦

对于纳谏之事,黄华秀举了秦朝与隋朝的例子:"苦言利行,苦药利病。秦以恶闻过而失,隋以不受言而亡。察往镜来,可为龟鉴。"⑧黄华秀严肃批评了神宗的一些做法:"陛下督过言官,厌薄谠论,各臣动至数十,章奏百无一发,使喑哑而归。朝阳寡和,则焚炀赫焰之虞,得非天不欲皇上以龙楼鸡幛之严,为文书架阁之府乎?"⑨神宗对待谏臣尚气使性,稍不合意,即下旨廷

---

① (明)朱吾弼、李云鹄等辑:《皇明留台奏议》,《续修四库全书》第467册,上海:上海古籍出版社,2001年,第344页。
② (明)朱吾弼、李云鹄等辑:《皇明留台奏议》,《续修四库全书》第467册,上海:上海古籍出版社,2001年,第344页。
③ (明)朱吾弼、李云鹄等辑:《皇明留台奏议》,《续修四库全书》第467册,上海:上海古籍出版社,2001年,第344页。
④ (明)朱吾弼、李云鹄等辑:《皇明留台奏议》,《续修四库全书》第467册,上海:上海古籍出版社,2001年,第344页。
⑤ (明)朱吾弼、李云鹄等辑:《皇明留台奏议》,《续修四库全书》第467册,上海:上海古籍出版社,2001年,第344~345页。
⑥ (明)朱吾弼、李云鹄等辑:《皇明留台奏议》,《续修四库全书》第467册,上海:上海古籍出版社,2001年,第345页。
⑦ (明)朱吾弼、李云鹄等辑:《皇明留台奏议》,《续修四库全书》第467册,上海:上海古籍出版社,2001年,第345页。
⑧ (明)朱吾弼、李云鹄等辑:《皇明留台奏议》,《续修四库全书》第467册,上海:上海古籍出版社,2001年,第345页。
⑨ (明)朱吾弼、李云鹄等辑:《皇明留台奏议》,《续修四库全书》第467册,上海:上海古籍出版社,2001年,第345页。

杖,曾出现"阁臣们请假的请假,辞职的辞职,章奏堆积盈几"的现象。① 黄华秀希望神宗注意这些问题:"云胡言者踵至,而犹未显然施行也,将天变为适然耶?将令中外之人以灾为讳也?将凤宸回天,自有独断而无容于言耶?不则谏官之设,岂欲禄縻之耶?且使权奸根据而莫除,皇路蓁芜而莫开,臣以为此非国家之福也。"② 为此,黄华秀建议:"臣见古者谨灾,有诏求直言者,有令群臣极陈得失者,以知诸臣之请,开言路是也。所当亟行也。"③

2.当速议行者一:大婚也。神宗因宠爱郑贵妃,欲立其所生皇三子为太子,遭到皇太后及廷臣的反对,因而产生了"国本"之争。④ 此事影响深刻,导致了廷臣与皇帝的对立以及内阁大换班。⑤ 对于"国本之争",黄华秀知道直接向神宗提出册立太子之事,肯定无效,于是就换了一个角度,从"大婚当速行"谈起。黄华秀在奏疏中指出:"臣闻男女之好,婚姻以时,则阳不愆,阴不伏。故礼谨纳采,诗咏摽梅,诚重之矣。"⑥ 有明一代,皇子的婚礼都是在十五岁时就举行的,因此黄华秀提出:"我太子诸王婚礼虽殊,然皆举以十五岁,未有愆期者,历历可考也。"⑦ 黄华秀认为皇长子已经十五岁了,如果不尽快成婚,恐怕皇后也会担心的:"皇长子十五岁于兹矣,欲请以册立并举,则陛下为中宫故,谦谅未遑也。……窃恐中宫之心,亦有所不安矣。"⑧ 黄华秀认为皇后没有儿子,应该以皇长子为太子,此为"天地之常经,古今之定制也"。⑨ 黄华秀认为神宗在皇长子出讲时,已经给予了不同于诸皇子的待遇,这次的婚礼顺理成章,"亦乞敕礼官按故事,暂以皇长子妃命名,而以太子妃

---

① 樊树志:《晚明史:1573—1644》,上海:复旦大学出版社,2015年,第432页。
② (明)朱吾弼、李云鹄等辑:《皇明留台奏议》,《续修四库全书》第467册,上海:上海古籍出版社,2001年,第345页。
③ (明)朱吾弼、李云鹄等辑:《皇明留台奏议》,《续修四库全书》第467册,上海:上海古籍出版社,2001年,第345页。
④ 樊树志:《晚明史:1573—1644》,上海:复旦大学出版社,2015年,第435~436页。
⑤ 樊树志:《晚明史:1573—1644》,上海:复旦大学出版社,2015年,第443页。
⑥ (明)朱吾弼、李云鹄等辑:《皇明留台奏议》,《续修四库全书》第467册,上海:上海古籍出版社,2001年,第345页。
⑦ (明)朱吾弼、李云鹄等辑:《皇明留台奏议》,《续修四库全书》第467册,上海:上海古籍出版社,2001年,第345页。
⑧ (明)朱吾弼、李云鹄等辑:《皇明留台奏议》,《续修四库全书》第467册,上海:上海古籍出版社,2001年,第345页。
⑨ (明)朱吾弼、李云鹄等辑:《皇明留台奏议》,《续修四库全书》第467册,上海:上海古籍出版社,2001年,第345页。

之礼举之"。① 为此,黄华秀认为这样做天经地义,"夫谁曰不宜。此朝野仰望之诚心,宗社根本之大计"。② 黄华秀还对神宗对待皇长子与皇女的态度进行了对比,"陛下已选皇女姻矣,岂故爱女贤于爱子乎?"③为此黄华秀建议:"臣见古者谨灾,有司有请豫建太子者,以知诸臣之请,大婚是也,当速议而行者也。"④

3.当共举而通行者二,泰交也、省刑也。"泰交"说的是"君臣道和,相得益彰"。黄华秀指出:"古者君臣上下,手足腹心,协气熏蒸,太和翔洽,故天表之应,应之以祥。"⑤而现在的君臣关系就不一样了:"今也宫禁端居,堂帘万里。上既远隔,下亦阔疏。大臣少格心之论,小臣乏造膝之规。人各有心,心各一意,譬之同舟而胡越。然乖气致异,天固欲使内壁之深严,易为幄筵之亲接也。"⑥黄华秀建议:"谓宜日赐燕见,使元老得时奉徽音。月数御门,使群僚得时望颜色。而为大臣者,又当正笏垂绅而从容讽议;为小臣者,亦宜随职效忠而展采错事。要使君臣道和,相得益彰。"⑦黄华秀认为:"臣见古者谨灾,有谓君臣当交敬者,有谓为君难,为臣亦不易者,以知泰交之说是也。"⑧

神宗权力欲极强,张居正在世时神宗受到钳制,亲政之后为了保证牢牢地掌控朝政,加大了刑罚的力度,甚至派锦衣卫校尉去侦听法司的审讯,造

---

① (明)朱吾弼、李云鹄等辑:《皇明留台奏议》,《续修四库全书》第467册,上海:上海古籍出版社,2001年,第345页。

② (明)朱吾弼、李云鹄等辑:《皇明留台奏议》,《续修四库全书》第467册,上海:上海古籍出版社,2001年,第345页。

③ (明)朱吾弼、李云鹄等辑:《皇明留台奏议》,《续修四库全书》第467册,上海:上海古籍出版社,2001年,第345页。

④ (明)朱吾弼、李云鹄等辑:《皇明留台奏议》,《续修四库全书》第467册,上海:上海古籍出版社,2001年,第345页。

⑤ (明)朱吾弼、李云鹄等辑:《皇明留台奏议》,《续修四库全书》第467册,上海:上海古籍出版社,2001年,第345页。

⑥ (明)朱吾弼、李云鹄等辑:《皇明留台奏议》,《续修四库全书》第467册,上海:上海古籍出版社,2001年,第345~346页。

⑦ (明)朱吾弼、李云鹄等辑:《皇明留台奏议》,《续修四库全书》第467册,上海:上海古籍出版社,2001年,第346页。

⑧ (明)朱吾弼、李云鹄等辑:《皇明留台奏议》,《续修四库全书》第467册,上海:上海古籍出版社,2001年,第346页。

成了刑罚泛滥。① 为此,黄华秀提出了"省刑"这个问题。黄华秀认为:"古者罪止其辜,罚不及众,故刑措之朝,百端辐辏。今也告讦门开,抄没习渐,上既督责,下亦阿承。籍良右以抵赃,骈无辜而受虐。"② 为此,黄华秀建议:"谓宜解烦苛之纲,追赃者恕之;蠲连坐之诛,被逮者原之。而理官刑曹,亦宜体好生之心,不难平反以逆主。奉钦恤之诏,毋轻枉陷以毒民,要使生者不死,死者不冤……臣见古者谨灾,有请肆赦者,有议五覆者,以知诸臣之请,缓刑是也。"③

4.当议处而速行者亦二:举逸也、采办也。万历期间由于神宗滥用刑罚和怠政,造成了各级官员的大量缺额,朝政难以维持。针对这个问题,黄华秀提出了自己的看法:"臣见草莽之伏多矣,遗佚日久,无论朝野倾心,即陛下前旨亦谓罪废诸臣且当录用者,乃迩时请而未蒙温旨,何也?得非恐沽名干进之徒,滥与输忠摅赤者同科乎?"④ 黄华秀认为不应该因噎废食,可以采取多种办法选贤用能:"陛下试令吏部、都察院从公查核,分别以请。其于百折不回、抗节抵梧者,不次超迁,以慰人望;次则循资推转;又次则稍宽谪禁,以收人心。将见举不至滥,野无遗贤,中外欣欣,弹冠相庆,民心悦而天意得矣。"⑤

万历期间由于战事不断、灾祸接连,朝廷财政短缺而民众又穷困潦倒。在这种情况下,宫内照常挥霍无度,"湟中之绒,西川之扇,楚之鱼鲊,南之回青、苏松之缎匹,递年逾额,供亿不支"。⑥ 为此,黄华秀指出:"陛下不以此时蠲额外之供,停不急之役,广大之以市民心计,于今营缮方兴,物料等项,其

---

① 樊树志:《晚明史:1573—1644》,上海:复旦大学出版社,2015年,第377~378页。
② (明)朱吾弼、李云鹄等辑:《皇明留台奏议》,《续修四库全书》第467册,上海:上海古籍出版社,2001年,第346页。
③ (明)朱吾弼、李云鹄等辑:《皇明留台奏议》,《续修四库全书》第467册,上海:上海古籍出版社,2001年,第346页。
④ (明)朱吾弼、李云鹄等辑:《皇明留台奏议》,《续修四库全书》第467册,上海:上海古籍出版社,2001年,第346页。
⑤ (明)朱吾弼、李云鹄等辑:《皇明留台奏议》,《续修四库全书》第467册,上海:上海古籍出版社,2001年,第346页。
⑥ (明)朱吾弼、李云鹄等辑:《皇明留台奏议》,《续修四库全书》第467册,上海:上海古籍出版社,2001年,第346页。

势又不得不取之于民。加以东事告急,兵饷日增,转输盈途,诛求四出。"①这种情况必然会导致,"有如居者不堪出办之繁,行者不耐登途之苦,东匮西竭,新嗟旧怨,忏然并作。窃恐秦人戍泽之变,可谓寒心矣。"②秦人因苛政引起的大泽乡起义要谨记在心。为此,黄华秀建议:"臣见古者谨灾,有议宽无名之征者,有议省内供之费者,以知诸臣之请,酌采办是也。"③

明神宗在位四十八年,有十年的励精图治,十年的由勤变懒,而后完全是"万事不理""贪酒、贪色、贪财而又贪权"。④ 朝政混乱,也就成为晚明社会的核心问题。

《乞察馋诬亲藩疏》所折射的谣言四起

万历年间由于朝政混乱,因此谣言四起在所难免,而神宗选择性地听信谣言更是助长了这种风气的流行。比如张居正去世后遭到清算,就与神宗选择性听信谣言有关。当时"有一种说法是张居正生前竟有谋反篡位的野心,总兵戚继光的精锐部队是政变的后盾"。⑤ 神宗皇帝选择性地听信了谣言,并采取了严厉的清算行动,公布张居正的罪名为"污蔑亲藩,侵夺王坟府第,钳制言官,闭塞朕聪,专权乱政",不仅抄没其家产,逼其大儿子自杀,还将他的弟弟和两个儿子充军。在张居正问题上,神宗选择性听信谣言,无非是为了显示自己的威权。⑥ 黄华秀就任南京浙江道监察御史后,神宗皇帝又一次选择性地听信了谣言,此次是为了钱。万历二十四年(1596),留守后卫百户王守仁,提出将其先祖定远侯王弼留在楚王府的巨额财产捐出来。一听有巨额财产,神宗马上行动。得知此事后,黄华秀呈上了《乞察馋诬亲藩疏》。

在奏疏中,黄华秀开门见山,对此事表示怀疑。黄华秀云:"臣等阅邸

---

① (明)朱吾弼、李云鹄等辑:《皇明留台奏议》,《续修四库全书》第467册,上海:上海古籍出版社,2001年,第347页。
② (明)朱吾弼、李云鹄等辑:《皇明留台奏议》,《续修四库全书》第467册,上海:上海古籍出版社,2001年,第347页。
③ (明)朱吾弼、李云鹄等辑:《皇明留台奏议》,《续修四库全书》第467册,上海:上海古籍出版社,2001年,第347页。
④ 白寿彝总主编:《中国通史》第16册,上海:上海人民出版社,1989年,第1636页。
⑤ 黄仁宇:《万历十五年》,北京:九州出版社,2014年,第39页。
⑥ 黄仁宇:《万历十五年》,北京:九州出版社,2014年,第39~41页。

报,见留守后卫百户王守仁献其先祖定远侯王弼所遗御赐金宝财物,乃二百年前寄顿楚府者。臣等窃心尤其诞,以为捐资应取诸己,进献必其见存,岂有借财于宗藩,输助于远代者。"①黄华秀指出:为什么没有等皇帝查个水落石出就上此奏疏,是希望神宗不要听取谣言,慎重考虑此事:"陛下行查,或者欲俟其诈欺情穷,始坐之罪耳。其何事臣等呶呶?乃中外愚民见台省交章,未蒙明察,真以陛下为若有利于楚府者。"②黄华秀还引用了《诗经》,举了周朝和汉朝的例子,希望神宗不要受人挑拨离间:"《诗》曰:'大邦惟屏,大宗惟翰。怀德惟宁,宗子惟城。'言亲亲也。说者为周家有道之长,实基于此。汉文治几三代,至淮南粟布之谣,称盛德累矣。"③分封制是明朝为巩固政权的制度设计:"我祖宗分封同姓,比隆成周,而陛下敦厚宗谊,尤有加无替,诸凡天潢之派,无不被分外之荣,享域中之乐者。即近日韩王孝行卓异,陛下特为表章,岂顾独于楚府寡恩哉?"④

黄华秀在奏疏中提出怀疑的理由:"陛下以楚府果有珍藏乎?臣等查先臣郑晓《吾学编》载:'楚宫于宣德五年被火,谱系符敕并从更给。'"⑤火灾之后许多东西都焚毁了:"今无论守仁之先原无寄顿,即其有诸,而回禄之后,符敕已不能保,矧财宝煨尽,其存尚能十一乎?"⑥而且楚府多灾多难,"又其国多难,胤续多孤,闻先朝时曾被通山王挟私诬讦,行抚按官会同查勘,该府积贮仅可十余万。后为武冈王权摄侵盗干没,又日销耗矣"。⑦楚府的这些

---

① (明)朱吾弼、李云鹄等辑:《皇明留台奏议》,《续修四库全书》第467册,上海:上海古籍出版社,2001年,第378页。
② (明)朱吾弼、李云鹄等辑:《皇明留台奏议》,《续修四库全书》第467册,上海:上海古籍出版社,2001年,第378页。
③ (明)朱吾弼、李云鹄等辑:《皇明留台奏议》,《续修四库全书》第467册,上海:上海古籍出版社,2001年,第378页。
④ (明)朱吾弼、李云鹄等辑:《皇明留台奏议》,《续修四库全书》第467册,上海:上海古籍出版社,2001年,第378页。
⑤ (明)朱吾弼、李云鹄等辑:《皇明留台奏议》,《续修四库全书》第467册,上海:上海古籍出版社,2001年,第378页。
⑥ (明)朱吾弼、李云鹄等辑:《皇明留台奏议》,《续修四库全书》第467册,上海:上海古籍出版社,2001年,第378页。
⑦ (明)朱吾弼、李云鹄等辑:《皇明留台奏议》,《续修四库全书》第467册,上海:上海古籍出版社,2001年,第378页。

事都有相关文献记载:"此皆往牒所载,卷案具征,楚今日盖无以为宝者。"①黄华秀认为:"又无论楚府空虚无用诘问,即使府中遗藏或有一二余蓄,而以楚王世守之物入小人奸欺之语,无故而轻籍之,亦恐与尚德亲亲之意不类,非所以示天下公而垂训后世也。"②楚府肯定是没有大量的金银财宝,即使有一点积蓄,也是楚王世守之物,希望神宗不要受小人的蒙骗。因此,黄华秀希望神宗认真考虑后果:"况其无之而徒徇憸夫之口,贻楚国之忧,重失诸藩之望。臣等愿陛下之熟计也。"③黄华秀还引经据典,指出了王守仁先祖留下巨额财产是十分荒唐的:"臣等谨按《高庙实录》,凡功臣之卒,无不备书者,独王弼不书卒,意必有别故。及查国朝人物考,载王定远以洪武二十七年坐奸党,不食死,国除。始知守仁所称王弼暴卒廷宴,停柩谨身殿者,俱属迷惘,而其余欺诞不辨可知。"④连其先祖死亡原因都骗,还有什么可以相信的。黄华秀还指出:"且如陕西牧地的系皇祖钦赐楚业,先是抚臣萧禀题请收租充军饷,犹蒙陛下念皇祖之赐,不忍无故追夺。明旨炳然,为年易考。"⑤事实清楚,而王守仁"亦敢以巧饰捏诬,谓其先世遗产。则其欺上罔下真不容于圣明之世者"。⑥这种欺上瞒下,世所不容。

黄华秀对当下的情况进行了分析:"臣等闻,楚王孱弱,差官将至,抚按奉旨持王宫甚急,王之妃眷合宫人等忧惧不知所出。"⑦楚王府情况如此,而朝廷大臣"虞异日差官查府中无有,恐无以塞责,其势不得不尔。第恐楚王万一不谅,圣慈无他而或以忧疾,甚至有不忍言者,陛下得无悔之晚乎?又

---

① (明)朱吾弼、李云鹄等辑:《皇明留台奏议》,《续修四库全书》第467册,上海:上海古籍出版社,2001年,第378页。

② (明)朱吾弼、李云鹄等辑:《皇明留台奏议》,《续修四库全书》第467册,上海:上海古籍出版社,2001年,第378页。

③ (明)朱吾弼、李云鹄等辑:《皇明留台奏议》,《续修四库全书》第467册,上海:上海古籍出版社,2001年,第378页。

④ (明)朱吾弼、李云鹄等辑:《皇明留台奏议》,《续修四库全书》第467册,上海:上海古籍出版社,2001年,第378页。

⑤ (明)朱吾弼、李云鹄等辑:《皇明留台奏议》,《续修四库全书》第467册,上海:上海古籍出版社,2001年,第378页。

⑥ (明)朱吾弼、李云鹄等辑:《皇明留台奏议》,《续修四库全书》第467册,上海:上海古籍出版社,2001年,第379页。

⑦ (明)朱吾弼、李云鹄等辑:《皇明留台奏议》,《续修四库全书》第467册,上海:上海古籍出版社,2001年,第379页。

将何以谢诸藩也"。① 诸藩不满,后果是比较严重的。黄华秀以晁错进言削藩引发七国举兵叛乱为例,来说明这个问题。黄华秀指出:"臣等读史,见七国之变始于晁错,后虽伏诛,无救祸乱。夫七国负重罪错,犹愿忠者计划稍失尚为难端。"②七国有重罪错,尚且如此,而现在"楚府无辜,守仁自适己便,故行离间,有如诸藩抱愤流言,为不必然之图。窃意磔守仁不足以谢天下,而于陛下圣德亏损多矣"。③

为此,黄华秀希望神宗皇帝要"俯念宗盟,垂情亲睦",并向神宗皇帝提出三条建议。第一条建议是:"敕该部并行抚按,会同差官,从公查勘。"④如果是王守仁造谣,"差官不妨据实回报,仍正守仁之罪,以为奸欺之戒,是臣等狗马之忠也"。⑤第二条建议是:"其或追回成命,姑免差查。"⑥第三条建议是:"又或只委彼中抚按,免遣内臣。"⑦黄华秀认为神宗皇帝如能选择其中一条建议,"则恩降自天,谊出独断,宗藩之福,楚王之幸,天下之望。又臣等之所大愿而不敢过徼者"。⑧

神宗的选择性听信谣言,使谣言四起成为晚明社会的典型问题,对晚明政权造成了威胁。比如万历三十一年(1603)的"妖书案",此时皇太子已立,而"妖书"却指责郑贵妃想废掉皇太子,立其儿子为太子。而且讲得头头是道,一夜之间,"上自宫门,下至街巷,到处传遍""几天之内,把朝廷上下闹得

---

① (明)朱吾弼、李云鹄等辑:《皇明留台奏议》,《续修四库全书》第467册,上海:上海古籍出版社,2001年,第379页。
② (明)朱吾弼、李云鹄等辑:《皇明留台奏议》,《续修四库全书》第467册,上海:上海古籍出版社,2001年,第379页。
③ (明)朱吾弼、李云鹄等辑:《皇明留台奏议》,《续修四库全书》第467册,上海:上海古籍出版社,2001年,第379页。
④ (明)朱吾弼、李云鹄等辑:《皇明留台奏议》,《续修四库全书》第467册,上海:上海古籍出版社,2001年,第379页。
⑤ (明)朱吾弼、李云鹄等辑:《皇明留台奏议》,《续修四库全书》第467册,上海:上海古籍出版社,2001年,第379页。
⑥ (明)朱吾弼、李云鹄等辑:《皇明留台奏议》,《续修四库全书》第467册,上海:上海古籍出版社,2001年,第379页。
⑦ (明)朱吾弼、李云鹄等辑:《皇明留台奏议》,《续修四库全书》第467册,上海:上海古籍出版社,2001年,第379页。
⑧ (明)朱吾弼、李云鹄等辑:《皇明留台奏议》,《续修四库全书》第467册,上海:上海古籍出版社,2001年,第379页。

一团糟"。①

《乞查矿议异同并重责成疏》所折射的矿税敛财

在"三大征"还没有结束时,贪财的神宗就以修建被焚的乾清宫、坤宁宫为由,派出太监为矿监税使,到处"开矿榷税",搜刮民脂民膏,成为晚明的社会问题之一。② 黄华秀得知此事后,在万历二十四年(1596)九月上呈《乞查矿议异同并重责成疏》。

在奏疏中,黄华秀开门见山地指出要认真斟酌开矿的利弊:"臣伏阅邸报,见陆松、曾长庆等条陈开矿事宜,既称其利如彼矣,乃科臣程绍等又力言其害如此。利与害,臣愚耿固未敢定其指归。然言利者证之世庙,言害者亦证之世庙。"③黄华秀认为都是以嘉靖皇帝为证,"不应舛错若此","窃意世庙去今日未远,文卷簿册应有可查"。④ 既然档案都在,只要查"先朝当日胡然而开,胡然而止"的原因,这样"其所得之利孰与所得之害,一据案可明也"。⑤ 如果陆、曾等人言之有据,"则必然之利,佐国家之急,官帑不倾,民力不殚,此所谓不竭之府也。祖宗故事,谁敢故违? 后有言者,罪以阻扰,百啄奚辞"?⑥ 如果科臣程绍言之有据,"则无论其别有不必然之害,而即其无利,先朝已中止矣,今日奈何蹈无益之举纷纷错出,以招万一有之害乎? 岂松等能以天地为炉,万物为炭,阴阳为冶,别有神输鬼运之术乎? 不然其欺罔既明,臣以为可正之以法,以进言者不敢以常事漫试于陛下之前,陛下亦因是而可以知忠邪之辨,又参伍之说也"。⑦ 在这些常识性的问题上,黄华秀希望神宗

---

① 樊树志:《晚明史:1573—1644》,上海:复旦大学出版社,2015年,第465~467页。
② 白寿彝总主编:《中国通史》第16册,上海:上海人民出版社,1989年,第1633页。
③ (明)朱吾弼、李云鹄等辑:《皇明留台奏议》,《续修四库全书》第467册,上海:上海古籍出版社,2001年,第418页。
④ (明)朱吾弼、李云鹄等辑:《皇明留台奏议》,《续修四库全书》第467册,上海:上海古籍出版社,2001年,第418页。
⑤ (明)朱吾弼、李云鹄等辑:《皇明留台奏议》,《续修四库全书》第467册,上海:上海古籍出版社,2001年,第418页。
⑥ (明)朱吾弼、李云鹄等辑:《皇明留台奏议》,《续修四库全书》第467册,上海:上海古籍出版社,2001年,第418页。
⑦ (明)朱吾弼、李云鹄等辑:《皇明留台奏议》,《续修四库全书》第467册,上海:上海古籍出版社,2001年,第418页。

皇帝能够明辨是非："若谓今日不用官开,与民收利,视曩者不同乎?则又不应援世庙之事为证,假饰说以欺陛下。"①在利益面前会产生纷争,扰乱民心,"且利在则争,人众则乱。苟非尽统于官,势固不能息争止乱也"。②明辨是非后,黄华秀倾向于不开采,但因担心贪财的神宗在利益面前不肯让步,非开采不可。为此,黄华秀建议:"倘陛下欲姑试之乎,则亦请就近暂开一路,俟其长便,然后将产矿诸处逐一开采。此不过外府寄之,未为晚也。不必遽以未睹之利,遣使旁午,轻传呼召,以摇人心也。"③

由于神宗皇帝的滥用刑罚和怠政,万历时期官员缺额不补成了常态,在此奏疏中,黄华秀借机提出这个问题,希望神宗尽快解决工部尚书缺额的问题:"抑臣又有献焉,今日开采,为大工计也,倾大工所需直财乎哉?人亦有言:'得任事之臣,胜得百千万镒。'今工部尚书非所称将作大匠者耶?乃列名推补,十未一用,此臣之所未解也。将谓左右侍郎亦足办乎?臣以为此犹二也。"④用左右侍郎来代替工部尚书的工作是不可取的,"天下有分理,有总理,其任不可涸也。任事之权,分则轻,专则重,其柄不可移也"。⑤黄华秀建议神宗皇帝尽快决断:"臣愿陛下敕吏部于十人之中会推其尤者二员进呈,而录用其一。彼责任既专,总成攸寄,将群职兢劝,百堵皆兴,木屑竹头,综理周密,所为国家无涯之费者,不知其几十倍矣。"⑥

在奏疏中,黄华秀还提出了官员捐俸的问题。黄华秀认为:"至于诸臣捐俸,在大臣固为体国之忠,在小臣未必非迎合之意。且为禄已薄,所济纤涓,而迁转不常,又成画饼,杂沓陈请,体统更乖。徒使远迩讹惑,真以为府

---

① (明)朱吾弼、李云鹄等辑:《皇明留台奏议》,《续修四库全书》第467册,上海:上海古籍出版社,2001年,第418页。
② (明)朱吾弼、李云鹄等辑:《皇明留台奏议》,《续修四库全书》第467册,上海:上海古籍出版社,2001年,第418页。
③ (明)朱吾弼、李云鹄等辑:《皇明留台奏议》,《续修四库全书》第467册,上海:上海古籍出版社,2001年,第418页。
④ (明)朱吾弼、李云鹄等辑:《皇明留台奏议》,《续修四库全书》第467册,上海:上海古籍出版社,2001年,第418页。
⑤ (明)朱吾弼、李云鹄等辑:《皇明留台奏议》,《续修四库全书》第467册,上海:上海古籍出版社,2001年,第418页。
⑥ (明)朱吾弼、李云鹄等辑:《皇明留台奏议》,《续修四库全书》第467册,上海:上海古籍出版社,2001年,第419页。

库空虚,而即二宫之建,亦待括诸臣之俸。甚非所以夸远夷,隆中国盛大气象也。"①这样做不仅于事无补,而且让"远夷"笑话。为此,黄华秀建议:"文臣自阁、部、卿、寺而下,武臣自公、侯、锦衣卫、堂官而下,如兵马司、经历、千户等员,量行议免。"②而且这样的事越早做越好,"或自今日为始,已捐者姑俯从所愿,以后有请者,尽行停止,以示养廉劝士至意,惟利使天下明知朝家一体之谊,人人仰荷体恤之恩,将恪供靖职,争思图报"。③ 此事一停,就不会让那些"猥琐杂流"有机可乘。④

神宗皇帝的"开矿榷税"最后成了一场荒唐的闹剧。樊树志先生在《晚明史:1573—1644》中列出了万历二十五年(1597)到三十四年(1606),矿税太监一共向朝廷上交500余万两白银,而这笔收入仅是每年农业税及盐税收入的零头。⑤ 而这个零头的背后,是层层的盘剥:"大约以十分为率,人于内帑者一,克于中使者二,瓜分于参随者三,指骗于土棍者四。"而且这些银两还不是开矿征税所得,是公开掠夺得来的。⑥ 为了这个零头,明神宗把国家搞得民穷财尽,经济萧条。⑦ 开矿敛财、搜刮民脂民膏,官逼民反,成了晚明社会的关键问题,促进了明朝走向灭亡。

《预防倭患疏》所折射的倭患猖獗

中国的倭患始于元代,明初也是海疆面临的问题,但还没有形成较大的威胁。嘉靖年间倭寇与海盗合流,倭患爆发,对中国东南千里海疆造成了极大的威

---

① (明)朱吾弼、李云鹄等辑:《皇明留台奏议》,《续修四库全书》第467册,上海:上海古籍出版社,2001年,第419页。
② (明)朱吾弼、李云鹄等辑:《皇明留台奏议》,《续修四库全书》第467册,上海:上海古籍出版社,2001年,第419页。
③ (明)朱吾弼、李云鹄等辑:《皇明留台奏议》,《续修四库全书》第467册,上海:上海古籍出版社,2001年,第419页。
④ (明)朱吾弼、李云鹄等辑:《皇明留台奏议》,《续修四库全书》第467册,上海:上海古籍出版社,2001年,第419页。
⑤ 樊树志:《晚明史:1573—1644》,上海:复旦大学出版社,2015年,第494页。
⑥ 白寿彝总主编:《中国通史》第16册,上海:上海人民出版社,1989年,第1633页。
⑦ 樊树志:《晚明史:1573—1644》,上海:复旦大学出版社,2015年,第496页。

胁。① 万历年间面对严峻的形势,明廷和与不和争论不下。万历二十四年(1596),明廷正式派出册封使节团,《明史·神宗纪》记载:万历二十四年(1596)"四月己亥,李宗城自倭营奔还王京",五月"庚午复议封倭,命都督佥事杨方亨、游击沈惟敬往"。② 作为堂堂的天朝特使李宗城,竟然弃职仓皇出逃,这引起了朝廷的混乱。黄华秀由邸报得知此事后,上呈了《预防倭患疏》。

在奏疏中,黄华秀指出:"臣惟倭夷反复自古然矣。日阅邸报,见本兵凭杨方亨揭帖议,欲将调兵转饷遣将事宜,尽行暂罢。此非万全之算也。"③并以汉文帝既和亲又加强边关防守的做法为例,提出:"今关白情况未见虚实,乃欲一概议封,而辍战守于不讲,亦过矣。"④日本古代的关白即现在的首相。黄华秀认为:"因封而设备是也,废备而持封非也。何者？必有备而后封可成也。"⑤黄华秀对兵部尚书石星等几位议和放弃边关防守的大臣提出了疑问:"夫石星果以关白请封为真输,诚效顺乎？其以为力不能逞,不得已而请乎？果以为沈惟敬之议为止于议封乎？其有出于封之外乎？果以杨方亨之揭为真乎？李宗城之遁为无故乎？"⑥黄华秀认为:"关白请和者,平壤既败之后,盖不遗余力矣。又白当夷心未附,虞有内难,和亦退,不和亦退。"⑦当时日本关白丰臣秀吉内外交困,而明廷派出的和谈使"市井"无赖沈惟敬,回朝廷复命时隐瞒了许多事实:"而轻信沈惟敬市井之口,为必和之计,是始事之舛,而教之侮慢也。关白要求和亲,狂狡逆天。沈惟敬讳亲而饰和,闻其受命之日,多购美妇人,欲两地模棱侥幸了事,为关吏堵,不得渡。宗城辈知事

---

① 上海中国航海博物馆编著:《新编中国海盗史》,北京:中国大百科全书出版社,2014年,第149页。

② (清)张廷玉等撰:《明史》,上海:上海古籍出版社、上海书店,1986年,第41页。

③ (明)朱吾弼、李云鹄等辑:《皇明留台奏议》,《续修四库全书》第467册,上海:上海古籍出版社,2001年,第657页。

④ (明)朱吾弼、李云鹄等辑:《皇明留台奏议》,《续修四库全书》第467册,上海:上海古籍出版社,2001年,第657页。

⑤ (明)朱吾弼、李云鹄等辑:《皇明留台奏议》,《续修四库全书》第467册,上海:上海古籍出版社,2001年,第657页。

⑥ (明)朱吾弼、李云鹄等辑:《皇明留台奏议》,《续修四库全书》第467册,上海:上海古籍出版社,2001年,第657页。

⑦ (明)朱吾弼、李云鹄等辑:《皇明留台奏议》,《续修四库全书》第467册,上海:上海古籍出版社,2001年,第657页。

不谐,故尔迟迟其行。"①今日李宗城的仓皇出逃是有问题的:"今日之事,果如人言,载观抚按五事七事之疏,祸萌难端,关白似非今日始发者,安保关白之无他?"②如若石星所言,丰臣秀吉渴望被封,那丰臣秀吉为什么不善待李宗城,而李宗城为什么要逃跑呢?丰臣秀吉又为什么要"屯田架屋",作为常住之计呢?为此,黄华秀认为:"臣始犹以石星为误,不意其蒙蔽至此。"③根据上述的判断,黄华秀向神宗皇帝禀报了了解到的一些情况:"据臣所闻,有谓沈惟敬与关白语不合,关白欲质李宗城以要前盟,故宗城惧而宵遁。又有谓册使自渡釜山后,已为倭人所抑,中间报揭尽出倭奴之手,殊无足信。此言涉真,不则宗城前揭,石星曾倚为固矣,云胡中变也?宗城前揭既不足凭,又欲凭方亨之揭而以抚按之说为流言,此真所谓以和自愚者矣。"④虽然石星想承担此事,但这样的国家大事不是石星能承担得起的:"虽星欲担当以了此局,恐金印非可为锁钥,惟敬未足为腹心。万一倭酋寒盟,伺隙长驱,窃恐碎星之首不足以谢天下,而亡羊茸牢,中流苴漏,悔之晚矣。"⑤黄华秀认为应当尽快免掉石星的兵部尚书职务:"职以石星可罢也。即星前疏已自知误国,又自谓其明不足以知人,尚可当枢管重任,妨贤者路乎。"⑥

黄华秀认为:"善为国者,无事常若有事,况今有事而可无事耶!"⑦为此,黄华秀提出了三条计策。一是"议战于疆场之外,谓一或用兵则救朝鲜事在不疑也。"⑧ 黄华秀认为:"无论朝鲜效顺最谨,而肩背藩篱休戚相关。闻其

---

① (明)朱吾弼、李云鹄等辑:《皇明留台奏议》,《续修四库全书》第 467 册,上海:上海古籍出版社,2001 年,第 657 页。

② (明)朱吾弼、李云鹄等辑:《皇明留台奏议》,《续修四库全书》第 467 册,上海:上海古籍出版社,2001 年,第 657 页。

③ (明)朱吾弼、李云鹄等辑:《皇明留台奏议》,《续修四库全书》第 467 册,上海:上海古籍出版社,2001 年,第 657 页。

④ (明)朱吾弼、李云鹄等辑:《皇明留台奏议》,《续修四库全书》第 467 册,上海:上海古籍出版社,2001 年,第 657 页。

⑤ (明)朱吾弼、李云鹄等辑:《皇明留台奏议》,《续修四库全书》第 467 册,上海:上海古籍出版社,2001 年,第 657 页。

⑥ (明)朱吾弼、李云鹄等辑:《皇明留台奏议》,《续修四库全书》第 467 册,上海:上海古籍出版社,2001 年,第 657 页。

⑦ (明)朱吾弼、李云鹄等辑:《皇明留台奏议》,《续修四库全书》第 467 册,上海:上海古籍出版社,2001 年,第 657 页。

⑧ (明)朱吾弼、李云鹄等辑:《皇明留台奏议》,《续修四库全书》第 467 册,上海:上海古籍出版社,2001 年,第 657 页。

国被关白之毒,人怀必报,诚以善兵助之攻守,则我因其力,彼感我德,相应援如左右手。关白势必不能逾朝鲜而入内地。"[1] "又谓朝鲜嗣子位且危疑,请以此时令其以功自见,能定倭乱者封之。彼原望策立,将争自奋勇以与敌抗。"[2] 这项计策的核心就是用朝鲜来钳制日本。二是"议守于疆场之内,谓调兵守险,宜预图也"。[3] 黄华秀看到了当时我国国内对战争的准备不足,十分担心:"职见通州重镇、卢沟要地所在守备单弱,俱当从科臣之请,预饬堤防。又倭去闽浙独近,安知扬言北犯,不转而之南乎?"[4] 所以南兵北调是行不通的:"日见本兵议,欲调浙兵赴援,此非策也。无论浙中要害不宜单虚,而客兵费多,又迁延难遣,万里奔驰,委顿尤甚。且进无克敌,退有啸呼,往年骈戮之惨,至今令人寒心。"[5] 为此,黄华秀建议:"调兵只宜从督臣孙矿之请,就宣大沿边去处招募征发,有事易集,无事易散。而南兵卫南又更无偏枯之患,亦一计也。"[6] 三是"决胜于庙堂之上,谓选将临朝,不可缓也"。[7] 在奏疏中,黄华秀指出:"职闻曩者南兵之变,盖帅臣统驭失宜所致。又闻朝鲜苦我兵骚扰特甚,皆缘诸将不能禁戢。"[8] 选将之事是当务之急:"今宜亟反故辙,抚臣孙矿虽当移镇总督,尤宜慎择一大将往领各处募兵,或选台省臣一员监军,如梅国桢灵州故事。又或令提重兵守鸭绿江,为朝鲜声援,而使李如松辈率轻兵应接助战,仍严戢侵掠。"[9] 这样就能够激发朝鲜人民抗倭的勇

---

[1] (明)朱吾弼、李云鹄等辑:《皇明留台奏议》,《续修四库全书》第467册,上海:上海古籍出版社,2001年,第657~658页。

[2] (明)朱吾弼、李云鹄等辑:《皇明留台奏议》,《续修四库全书》第467册,上海:上海古籍出版社,2001年,第658页。

[3] (明)朱吾弼、李云鹄等辑:《皇明留台奏议》,《续修四库全书》第467册,上海:上海古籍出版社,2001年,第658页。

[4] (明)朱吾弼、李云鹄等辑:《皇明留台奏议》,《续修四库全书》第467册,上海:上海古籍出版社,2001年,第658页。

[5] (明)朱吾弼、李云鹄等辑:《皇明留台奏议》,《续修四库全书》第467册,上海:上海古籍出版社,2001年,第658页。

[6] (明)朱吾弼、李云鹄等辑:《皇明留台奏议》,《续修四库全书》第467册,上海:上海古籍出版社,2001年,第658页。

[7] (明)朱吾弼、李云鹄等辑:《皇明留台奏议》,《续修四库全书》第467册,上海:上海古籍出版社,2001年,第658页。

[8] (明)朱吾弼、李云鹄等辑:《皇明留台奏议》,《续修四库全书》第467册,上海:上海古籍出版社,2001年,第658页。

[9] (明)朱吾弼、李云鹄等辑:《皇明留台奏议》,《续修四库全书》第467册,上海:上海古籍出版社,2001年,第658页。

气,"使朝鲜之民一意御倭"。

黄华秀在奏疏中还以自己为闽人,以嘉靖朝闽广抗倭为例,阐述了自己对铲除倭患的看法:"臣闽人也,生发未燥,便经倭患,倭之情状亦颇习知。彼虽贪残异类,然趋利畏死亦犹夫人。嘉靖末年曾祸闽广,被官军所在截杀,无一生还。闻其种类亦以为悔。"①黄华秀指出:"汉臣有言,匈奴之众不过汉一大郡。况关白篡夺残酷,诸夷离心。闻其驱众内侵,尽挚各夷家属,一有逃亡,戮无燋类,各夷思叛,待隙而起。"②丰臣秀吉一出动,必然担心后院起火:"彼一离巢穴,则恐余种之乘其后,孤兵深入则有我兵之遏其前,狼顾胁息,岂能无惧。"③

黄华秀希望神宗尽快下定决心:"堂堂天朝,威德翔洽,谋臣猛士,桓桓用命。陛下诚一旦赫怒,选将练兵,为战御计,中国之威自伸,小丑之胆自落,关白将纳封迎使唯恐不及。"④黄华秀在奏疏中还对有备无患加以说明:"且封而成也,则居安思危,边陲不惊,故非私忧而过计;封而不成也,则据关守险,饷足兵强,不至于有患而无备。若专狃于一封,谓倭情之必不吾叛,高拱深居视为外宁长箄,使叩阍忠悫俱无所施,虽高贤大良,何由效其尺寸,窃恐不测之萌,或再出于倭奴之外。"⑤

《明史·神宗纪》记载:万历二十五年(1597)"春正月丙辰,朝鲜使来请援。二月丙寅复议征倭,丙子前都督同知麻贵为备倭总兵官,统南北诸军"。⑥黄华秀阅知倭寇再次侵犯朝鲜的邸报后,又连续上呈"罢枢辅、录谏臣疏"和"斥石星、为海瑞昭雪疏"。在奏疏中,黄华秀认为"元辅赵志皋与本兵石星庸懦无识,偏言议封,撤兵娟寇,致关白复敢率众内犯。此欺君误国之罪,诚有如前后诸臣所论者"。⑦ 在为海瑞昭雪的问题上,黄华秀敢于直

---

① (明)朱吾弼、李云鹄等辑:《皇明留台奏议》,《续修四库全书》第 467 册,上海:上海古籍出版社,2001 年,第 658 页。
② (明)朱吾弼、李云鹄等辑:《皇明留台奏议》,《续修四库全书》第 467 册,上海:上海古籍出版社,2001 年,第 658 页。
③ (明)朱吾弼、李云鹄等辑:《皇明留台奏议》,《续修四库全书》第 467 册,上海:上海古籍出版社,2001 年,第 658 页。
④ (明)朱吾弼、李云鹄等辑:《皇明留台奏议》,《续修四库全书》第 467 册,上海:上海古籍出版社,2001 年,第 658 页。
⑤ (明)朱吾弼、李云鹄等辑:《皇明留台奏议》,《续修四库全书》第 467 册,上海:上海古籍出版社,2001 年,第 658~659 页。
⑥ (清)张廷玉等撰:《明史》,上海:上海古籍出版社、上海书店,1986 年,第 41 页。
⑦ 陈长庆汇编:《道范颜馨 五桂联芳》,金门:金门县文化局,2018 年,第 196 页。

谏:"今死者不能复生,而生者犹可继死,臣愿以一身蚁命,冒死陈哀,显海瑞前表之忠,悔陛下前车之失。"①黄华秀期望神宗:"将海瑞名书竹帛,而功存山河,石星诛诸国门,而威振华夏,国家幸甚,人民幸甚。"②

长达七年的朝鲜战争,最后以丰臣秀吉死亡而告终。《明史·外国传》记载:"秀吉死,诸倭扬帆尽归,朝鲜患亦平。然自关白侵东国前后七载,丧师数十万,糜饷数百万,中朝与朝鲜讫无胜算。至关白死,兵祸始休,诸倭亦皆退守岛巢,东南稍有安枕之日矣。秀吉凡再传而亡,终明之世,通倭之禁甚严。闾巷小民至指倭相詈骂,甚以噤其小儿女云。"③因朝廷不力,倭患猖獗成为晚明社会的重大问题。

结　　语

从上述奏疏中,可以看出黄华秀对当时社会问题的洞察力及其耿耿忠心。可惜的是,一位昏君,一位忠臣。明神宗面对整个世界的大变局未能审时度势,正视社会问题,跟上世界发展的潮流,一味"沉溺酒色、财货","把明朝推向绝境,加快了其终结的历史进程"④,《明史》云:"故论者谓明之亡,实亡于神宗。"⑤

万历二十五年(1597)六月七日,黄华秀"卒于官",年仅39岁,"老母吴老太夫人及恭人许氏检其遗俸,不余一钱。不能殓,赖赙助,方得扶榇归家"。⑥ 黄华秀历官八年,身上"不余一钱",丧事还得亲朋好友凑钱帮忙办理。其老母感叹道:"自吾为黄家妇,食贫老瘁,抚儿成名,而勋业未完,竟以清白遗子孙手。"⑦如果天假以时日,也许黄华秀就是一位泉州籍的海瑞,令人遗憾的是历史是没有"如果"的。

---

① 陈长庆汇编:《道范颜馨　五桂联芳》,金门:金门县文化局,2018年,第198页。
② 陈长庆汇编:《道范颜馨　五桂联芳》,金门:金门县文化局,2018年,第199页。
③ (清)张廷玉等撰:《明史》,上海:上海古籍出版社、上海书店,1986年,第918页。
④ 白寿彝总主编:《中国通史》第16册,上海:上海人民出版社,1989年,第1637页。
⑤ (清)张廷玉等撰:《明史》,上海:上海古籍出版社、上海书店,1986年,第42页。
⑥ 刘安居编:《南安历史人物传略》,北京:作家出版社,2003年,第61页。
⑦ 刘安居编:《南安历史人物传略》,北京:作家出版社,2003年,第61页。

清代泉州进士龚显曾乡试会试朱卷考释

清代科举考试的朱卷是防止舞弊的产物,"参加科举乡会试的考生在答卷时用墨笔,称墨卷"[①]"考生原卷(墨卷)弥封后由誊录生以朱笔誊写一份,编号与墨卷相同,此誊本即称朱卷"。[②] 由于誊录时用朱笔,故称朱卷。朱卷的使用原是为防止考官在阅卷中,辨别字迹以舞弊。

乡试和会试发榜后,朱卷一般会发给考生,顾廷龙先生在《清代朱卷集成》序言中指出:"清代有一种风气,新中式的举人、进士都将自己的试卷刻印以分送亲友……这种刊刻的试卷虽系墨印,亦称为朱卷。"[③]

龚显曾(1841—1885),字毓沂,号咏樵,清晋江县府城三朝铺(今属泉州市鲤城区)人,咸丰九年(1859)举人,同治二年(1863)登进士第。龚显曾登第后,选翰林院庶吉士。散馆后,授翰林院编修。祖父龚维琳,字承研,号春溪,道光六年(1826)进士,官至湖南提督学政。龚显曾任翰林院编修时,"院中供奉文字多出其手"。未几,以病乞假归里。光绪十年(1884),"法越战事起。显曾适在籍,团练大臣林寿图奏请为襄办,以积劳殁"。龚显曾为陈庆镛弟子,擅长古今体诗骈文,精研经学,旁及金石考据。龚显曾十分注重泉州文献的搜集与整理,与陈棨仁合编《温陵诗记》,辑录丁炜等一百一十七名乡贤的诗,与许祖涝等人结桐阴吟社,刊《桐阴吟社甲乙编诗集》。其自著有《薇花馆诗文钞》《金史艺文志补录》《温陵丛话》《亦园胜牍》等行于世。[④]

顾廷龙先生主编的《清代朱卷集成》载有龚显曾的乡试会试朱卷,这两份朱卷值得认真研究。

---

① 翟国璋主编:《中国科举辞典》,南昌:江西教育出版社,2006年,第182页。
② 翟国璋主编:《中国科举辞典》,南昌:江西教育出版社,2006年,第60页。
③ 顾廷龙主编:《清代朱卷集成》第1册,台北:成文出版社,1992年,第1~2页。
④ 沈瑜庆、陈衍等撰:民国《福建通志》,北京:方志出版社,2016年,第7722页。

一、关于龚显曾乡试会试朱卷的履历页部分

顾廷龙先生写道：履历页"先登本人姓名、字号、排行、出生年月、籍贯等。因各人情况不同，也有列其撰述与其他行谊者。次载本族谱系，最简也须明列祖妣三代，此乃应考规定。而其详者，上自始祖，下至子女，旁及同族尊长、兄弟侄辈以及母系、妻系，无不载入。凡有科名、官阶、封典、著作等，一一注于名下，以显扬门庭之昌盛。再录师承传授，如受业师、问业师、受知师的姓名、字号及科名官阶，以示学问渊源有自"。①

履历页的第一部分是有关龚显曾的个人信息。按两份朱卷记载：龚显曾，字毓沂，号咏樵，又号薇农，兄弟排行老大，道光辛丑年（1841）五月初五出生，福建泉州府晋江县人。②

龚显曾参加乡试、会试所填写的身份为"县学优廪膳生"。③廪膳生是明清时期府、县学的正式学员，这些学员"由府、州、县学提供一定粮米补助并可免本人徭役征捐"。④明代初期生员有定额，只要入学即为廪生，"其后须在岁、科两试中取得高资格才能食廪……清仍明制，继续选取生员，免其丁粮，给以廪膳"。⑤

在参加乡试之前，龚显曾已结婚，所娶为泉州进士陈棨仁之胞妹。⑥陈棨仁（1836—1903），字铁香，又字戟门，同治十三年（1874）进士，初授翰林院庶吉士，改任刑部主事，"以父年高假归，遂不出。先后主书院讲席，若泉州之清源，晋江之石井、鹏南，同安之双溪，厦门之玉屏、紫阳，漳州之丹霞，龙溪之霞文，凡三十余年。门下著籍累千人。"⑦陈棨仁著述颇丰，有《闽中金石录》《温陵诗纪》《珺绰堂类稿》《滕华吟馆诗录》等行世。龚、陈联姻可谓门当户对。在龚显曾的《微花吟馆诗存》和陈棨仁《藤花吟馆诗录》中有许多两人的唱和之作，说明两人意气相投，情谊深厚。

---

① 顾廷龙主编：《清代朱卷集成》第1册，台北：成文出版社，1992年，第1~2页。
② 顾廷龙主编：《清代朱卷集成》第25册，台北：成文出版社，1992年，第239页。
③ 顾廷龙主编：《清代朱卷集成》第25册，台北：成文出版社，1992年，第239页。
④ 翟国璋主编：《中国科举辞典》，南昌：江西教育出版社，2006年，第187页。
⑤ 翟国璋主编：《中国科举辞典》，南昌：江西教育出版社，2006年，第187页。
⑥ 顾廷龙主编：《清代朱卷集成》第337册，台北：成文出版社，1992年，第56页。
⑦ 沈瑜庆、陈衍等撰：民国《福建通志》，北京：方志出版社，2016年，第7722页。

龚显曾参加乡试时尚无子女①，参加会试时已有两个女儿。② 据陈棨仁撰写的龚显曾墓志铭表明，龚显曾育有五子、四女。③ 其第三女龚云环成人后嫁给台湾富商板桥林家的林尔嘉。龚云环（1874—1926），字蕙香，"在良好家风的熏陶下，龚云环知书达理，出嫁后成为林尔嘉的好帮手"。④ 泉州文史专家陈允敦先生对林、龚联姻有过如此评价：林尔嘉"很早就进学，中了秀才。因为既富且贵，飞黄腾达，乃进而与泉州缙绅之家缔结婚姻，林菽庄攀上著名翰林龚显曾，成为龚家乘龙快婿。菽庄一堂侄也娶翰林张端的孙女为妻，于是'台湾林'这富室和泉州的大家亲戚往来，关系密切，富与贵互相提携照应，相得益彰"。⑤

履历页的第二部分是本族谱系。两份朱卷记载了从始祖到二十二世的基本情况，涉及家族成员135人。对于这些成员，有的在履历页中做了比较详细的描述，比如始祖龚茂良；有的仅记载了名字，比如堂兄弟显赐、显椿、显钦等；有的甚至只提及人数，比如"女二"。⑥ 履历页主要是为了自证家世清白，因此有科名、功名的就比较详细，否则就仅载名字，对于两位幼小的女儿就用"女二"来表示。履历页还注明了"族繁只载本支"⑦，意思为家族昌盛，记载的仅仅是宗族本支的嫡系和庶出子孙。履历页最后注明："住泉城万厚里，移居三朝新巷。"⑧说明龚氏家族迁居郡城之后的迁徙情况。万厚里又称万厚铺，包括现在古榕巷、旧馆驿、井亭巷等。三朝巷旧属三朝铺，在万厚里西边。⑨

从履历页可以看出，龚显曾家族是泉州典型的科举世家。履历页中共

---

① 顾廷龙主编：《清代朱卷集成》第337册，台北：成文出版社，1992年，第56页。
② 顾廷龙主编：《清代朱卷集成》第25册，台北：成文出版社，1992年，第56页。
③ （清）陈棨仁著，叶恩典点校：《陈棨仁诗文集》，北京：商务印书馆，2018年，第101页。
④ 陈笃彬：《菽庄吟社核心人物十八子之泉州吟侣考略》，《闽台缘文史集刊》2023年第1期，第1~10页。
⑤ 陈允敦：《泉州翰林龚显曾的女婿林菽庄建造半个颐和园》，《泉州文史资料》第15辑，1983年，第147~148页。
⑥ 顾廷龙主编：《清代朱卷集成》第25册，台北：成文出版社，1992年，第239~243页。
⑦ 顾廷龙主编：《清代朱卷集成》第25册，台北：成文出版社，1992年，第248页。
⑧ 顾廷龙主编：《清代朱卷集成》第25册，台北：成文出版社，1992年，第248页。
⑨ 陈垂成、林胜利等：《泉州旧城铺境稽略》，泉州：泉州市鲤城区地方志编纂委员会，1990年，第7页。

载有科第人物二十五人,其中进士十一人。根据《清代朱卷集成》、道光《晋江县志》、民国《福建通志》等整理的龚显曾家族科第人物名录,详见表1。

表1 龚显曾家族科第人物一览表

世系	姓名	科名	登科时间	备注
始祖	龚茂良	进士	绍兴八年(1138)	《宋史》《闽书》《通志》有载
十一世	龚时应	举人	嘉靖三十一年(1552)	民国《福建通志》有载
十二世	龚廷宾	进士	万历十一年(1583)	云致兄,《闽书》、府县志有载
十二世	龚云致	进士	万历十一年(1583)	《闽书》、府县志有载
十二世	龚廷录	武举人	万历四十年(1612)	道光《晋江县志》载:用焕子,万历间袭。其武举人身份,道光《晋江县志》、乾隆《泉州府志》、民国《福建通志》均无载,有待考证
十三世	龚天池	进士	崇祯十年(1637)	民国《福建通志》有载
十三世	龚 贞	举人	崇祯十二年(1639)	民国《福建通志》有载
十三世	龚九震	进士	顺治十二年(1655)	民国《福建通志》有载
十四世	龚寿祖	举人	隆武二年(1646)	钱海岳《南明史》:隆武二年六月"福京举天兴乡试"
十四世	龚昌祖	举人	顺治五年(1648)	民国《福建通志》有载
十四世	龚锡瑗	进士	顺治十八年(1661)	廷宾孙,民国《福建通志》有载
十五世	龚龙见	进士	顺治十五年(1658)	民国《福建通志》有载
十五世	龚必弟	进士	顺治九年(1652)	昌祖侄,民国《福建通志》有载
十五世	龚必飑	举人	乾隆九年(1744)	民国《福建通志》有载
十六世	龚卿座	举人	顺治十一年(1654)	民国《福建通志》有载

续表

世系	姓名	科名	登科时间	备注
十六世	龚之辅	举人	康熙五十三年(1714)	道光《晋江县志》、乾隆《泉州府志》、民国《福建通志》均无载,待考证
十七世	龚廷耀	举人	乾隆三十年(1765)	民国《福建通志》有载
十八世	龚纯琪	举人	乾隆三十九年(1774)	民国《福建通志》有载
十九世	龚元	举人	乾隆六十年(1795)	民国《福建通志》有载
十九世	龚作揖	进士	嘉庆二十五年(1820)	民国《福建通志》有载
二十世	龚维琳	进士	道光六年(1826)	显曾祖父,民国《福建通志》有载
二十世	龚维琨	举人	咸丰二年(1852)	民国《福建通志》有载
二十一世	龚丕江	举人	咸丰元年(1851)	民国《福建通志》有载
二十二世	龚显曾	进士	同治二年(1863)	

在田野调查与参与族谱修订的龚氏族人交谈以及查阅有关文献的过程中,发现龚显曾所列家族的科第人物有几个问题值得注意。一是始祖龚茂良。龚显曾写道:"始祖茂良,绍兴戊午进士,历官吏部侍郎,资政殿大学士。荐朱子于朝。赐谥庄敏。绩载《闽书》《通志》,崇祀名宦乡贤。自莆田分派泉州。"①龚茂良(1121—1178),字实之,宋兴化(今莆田)人,绍兴八年(1138)进士。初授南安县主簿,累官礼部侍郎,拜参知政事,以首参行宰相事。② 龚茂良从政以民为本,比如《宋史》载:"上以江西连岁大旱,知茂良精忠,以一路荒政付之。茂良戒郡县免积税,上户止索逋,发廪振赡。以右文殿修撰再任。疫疠大作,命医治疗,全活数百万。进待制敷文阁,赏其救荒之功。"③ 据参与族谱修订的龚氏族人所言,龚显曾家族的始祖为龚茂良的提法始于陈庆镛为龚维琳所撰写的墓志铭。查陈庆镛《籀经堂类稿》,其中所载《故翰林

---

① 顾廷龙主编:《清代朱卷集成》第 25 册,台北:成文出版社,1992 年,第 239 页。
② 龚延明、祖慧编著:《宋代登科录》第 5 册,桂林:广西师范大学出版社,第 2644 页。
③ (元)脱脱等修:《宋史》,上海:上海古籍出版社,1986 年,第 1338 页。

院编修湖南提督学政龚君墓志铭》云:"君龚氏,讳维琳,字承研,号春溪,晋江人。先世宋资政殿大学士,祀名宦、乡贤,曰茂良。"①陈棨仁为龚显曾之父龚丕谟所作的墓志铭也沿用了这种提法:"龚之先,出宋参政资政殿学士茂良,居莆田。"②而参与族谱修订的龚氏族人又言,明代及清代前期的族谱均无此提法。为此,龚茂良为龚显曾家族始祖的提法,有待进一步考证。

二是龚廷宾与龚云致。龚显曾在履历页上写道:龚廷宾"与弟云致同榜"。③ 龚廷宾(1551—?),字可贤,号节海,万历十一年(1583)进士(第三甲第128名)。初授缙云县知县,历升肇庆、庐州二府知府。④ 道光《晋江县志》载:龚廷宾"心切抚摩,才优振刷,经画荒政,疏通水利,尤为民赖……出守肇庆,有惠泽。丁艰归,送者塞途。起补庐州,时方议开矿,上记太府,陈其利害,事遂寝。后家居卒"。⑤ 龚云致(1550—?),字迪润,一字润寰,号闰寰,万历十一年(1583)进士(第三甲第二名)。初授中书舍人,选湖广道监察御史,降应天府检校,累升兵部郎中,左迁汝州知州,历云南按察司佥事,官至湖广副使。⑥ 乾隆《晋江县志》载:龚云致"视鹾长芦。时潞府请以彰、卫二盐归藩府,云致力争,乃止。故事,各官朝潞府,拜门外。云致言,拜门乃天子之仪,非所宜行。王嘉纳之……致政归。捐重资修复田塘,设陡门,有成效,乡民勒碑纪之。祀乡贤"。⑦ 查《天一阁藏明代科举录选刊·登科录》所载《万历十一年登科录》云:龚廷宾,"曾祖于琅,祖文澄,父宗业"。⑧ 龚云致,"曾祖永,祖裕。父时应,贡士"。⑨ 为此,龚廷宾、龚云致不是亲兄弟可以认定。

---

① (清)陈庆镛撰:《籀经堂类稿》,《续修四库全书》第1523册,上海:上海古籍出版社,2001年,第65页。

② (清)陈棨仁著,叶恩典点校:《陈棨仁诗文集》,北京:商务印书馆,2018年,第40页。

③ 顾廷龙主编:《清代朱卷集成》第25册,台北:成文出版社,1992年,第240页。

④ 龚延明、邱进春编著:《明代登科录》第20册,桂林:广西师范大学出版社,2021年,第10629页。

⑤ (清)周学曾等纂修:道光《晋江县志》,福州:福建人民出版社,1990年,第1192页。

⑥ 龚延明、邱进春编著:《明代登科录》第20册,桂林:广西师范大学出版社,2021年,第10628页。

⑦ (清)方鼎等修,朱升元等纂:乾隆《晋江县志》,上海:上海辞书出版社,2006年,第331页。

⑧ 龚延明主编,毛晓阳点校:《天一阁藏明代科举选刊·登科录》下册,宁波:宁波出版社,2016年,第615页。

⑨ 龚延明主编,毛晓阳点校:《天一阁藏明代科举选刊·登科录》下册,宁波:宁波出版社,2016年,第599页。

三是龚作揖。《安海志·选举·进士·清进士》载:"嘉庆二十五年(1820)庚辰科,龚作揖,铨选知县。"[1]参与族谱修订的龚氏族人认为安海龚氏家族不属于龚显曾宗族本支,为此龚作揖列入其本支谱系是有问题的。

综上所述,关于朱卷履历页上龚显曾所填写的有关宗族本支的嫡系和庶出子孙,还有个别问题需要进一步考证。为此,使用这些资料必须慎重。

在履历页上,龚显曾家族的龚名安值得一提。龚显曾称其为:"开基沙堤房祖十三分派塘市西偏四世祖名安。"并写道:龚名安,"元以才能荐辟任晋江县丞,平寇乱,保泉州,迁江西上犹县。崇祀泉州府名宦祠,绩载《闽书》、府县志"。[2] 龚名安(1306—1383),幼名德祚,字俊卿,号西斋。[3] 乾隆《泉州府志》载:龚名安任晋江县丞时"西域那兀纳等窃据泉州,杀戮甚惨,分兵掠兴化,将侵福州。福建行中书省兴师讨之,用陈馼计,遣人由间道密檄龚名安募义兵于海滨。那兀纳逼民为兵,以拒官军。名安谋州民佯许之,而令子及婿率舟师次东山渡,以俟官军。及至势合,遂执那兀纳,槛送行省"。[4] 有勇有谋,在平定那兀纳之乱中功不可没,是龚氏家族兴旺发达的关键性人物。

履历页的第三部分是师承传授的记载。清代士人乡试、会试填写履历页时一般都会填写受业师、问业师以及受知师。所谓受业师,又称业师,是指生员追随其身边,朝夕相处,接受其教诲的老师;所谓问业师,是指生员偶然拜访或书信请教的老师;所谓受知师,是指生员参加会试、乡试、府试、县试等各级考试时的主考官和阅卷负责人等。龚显曾在乡试、会试朱卷履历页上填写了十三位业师,九位受知师(乡试朱卷受知师仅载六位)的姓名及科名官阶(参见表2、表3)。

---

[1] 俞少川、洪谷主编:《安海志》,晋江:《安海志》修编小组,1983年,第262页。
[2] 顾廷龙主编:《清代朱卷集成》第337册,台北:成文出版社,1992年,第51页。
[3] 重修南塘龚氏家庙理事会编:《南塘龚氏家庙复建落成纪念特刊》,泉州:重修南塘龚氏家庙理事会,2019年,第62页。
[4] (清)怀荫布修:乾隆《泉州府志》卷五十六,泉州:泉州市地方志编纂委员会办公室,1984年,第25页。

表 2　龚显曾受业师一览表

姓名	科名	官职	备注
许祖淳	咸丰元年(1851)举人	刑部司七品京官	亚元
施应辰			晋江廪生
黄金华			
吴世清			晋江廪生
庄树本	道光五年(1825)副举人		
陈钟琦	道光十九年(1839)举人	儒学教谕	五品衔
陈庆镛	道光十二年(1832)进士	陕西道监察御史	掌教清源、梅石书院
庄俊元	道光十六年(1836)进士	甘肃即用道	掌教清源书院
郭柏荫	道光十二年(1832)进士	苏松常镇太仓储道	掌教清源书院
陈毓书	道光五年(1825)举人	署教广东潮州府分府	掌教清源、梅石书院
郑守孟	道光二十九年(1849)举人		掌教梅石书院
吴炳麟	道光十四年(1834)举人		掌教梅石书院
黄福潮	道光二十六年(1846)举人		掌教梅石书院

表 3　龚显曾受知师一览表

姓名	官职	备注
来锡蕃	泉州知府	府试取龚显曾第十名
韩　湛	晋江知县	县试取龚显曾第五名
孙长煦	晋江知县	咸丰六年(1856)岁试,取龚显曾第二名
陶庆章	泉州知府	咸丰六年(1856)岁试,取龚显曾第六名

续表

姓名	官职	备注
吴保泰	提督学政	咸丰六年(1856)岁试,取龚显曾晋江县学第一名;咸丰七年(1857)科试,取龚显曾一等第四名
徐树铭	提督学政	咸丰九年(1859)岁试,取龚显曾一等第一名
章觐文	宁德知县	咸丰九年(1859)福建乡试同考官
袁希祖	内阁学士、礼部侍郎	咸丰九年(1859)福建乡试正考官
杨泗孙	翰林院侍读、南书房行走	咸丰九年(1859)福建乡试正考官

  表2中所列受业师陈庆镛、庄俊元值得一提。陈庆镛(1795—1858),字乾翔,号颂南,清泉州晋江县塔后村(今属泉州市丰泽区北峰街道)人,道光十二年(1832)进士。陈庆镛登第后,"选庶吉士,散馆授户部主事,迁员外郎,授御史"。① 道光二十五年(1845),转工科给事中,巡视中城,"任内因案,降三级,以光禄寺署正用"。② 咸丰元年(1851),经大学士朱凤标推荐,陈庆镛官复原职。咸丰三年(1853),陈庆镛奉旨回籍办理团练。陈庆镛为官政绩突出,在抗英斗争、政治以及军事强国上有许多真知灼见,与朱琦、苏廷魁有"三御史"之称。其反对起用在鸦片战争中丧权辱国的琦善、奕山、牛鉴等人的《申明刑罚疏》,直声震朝野。陈庆镛文章、学问尤佳,民国《福建通志》记载:"庆镛品望既高,文章学问又震动一时。有阮元、孙经世为之师,何绍基、魏源、张穆、苗夔、赵振祚、朱琦、梅曾亮为之友,何秋涛为之徒。……生平覃心考据,于声音、文字之学,尤采正郅确。归里后,尝自题楹联云:'六经宗孔郑,百行学程朱。'用顾亭林语也。"③陈庆镛著述颇丰,有《三家诗考》《穀梁通释》《说文释文校本》《古籀考》《齐侯罍铭通释》二卷、《籀经堂类稿》二十四卷行于世。④

---

① 赵尔巽主编:《清史稿》,上海:上海古籍出版社,1986年,第1310页。
② 沈瑜庆、陈衍等纂:民国《福建通志》,北京:方志出版社,2006年,第7510页。
③ 沈瑜庆、陈衍等纂:民国《福建通志》,北京:方志出版社,2006年,第7512页。
④ 沈瑜庆、陈衍等纂:民国《福建通志》,北京:方志出版社,2006年,第7512页。

庄俊元（1808—1879），清晋江县府城文锦铺甲等境（今属泉州市鲤城区）人，字克明，号印潭，道光十六年（1836）登进士第。授翰林院编修，历任甘肃西宁府尹、道台。咸丰三年（1853），庄俊元回泉州办团练，兼书院山长。庄俊元是晚清泉州的书法大家，也是闽台文化交流的先驱。庄俊元善撰对联，现在泉州与台湾许多地方还可以见到他的楹联手迹。《泉州书法史略》称其书法："潇洒遒劲，法古辟新，很受民间喜慕。"①

这几位受业师对龚显曾的影响很大，在其成长成才中起了重要作用。龚显曾对恩师心存感激，师恩难忘，在其《薇花吟诗稿》《亦园賸胠》中有《陈颂南师所著文集，未之见也。偶见于厂肆购得〈籀经堂集〉底稿，喜题卷末》《寿庄印潭前辈（俊元）七十》《陈颂南师》《许瀓甫师》等诗文，表达了对恩师的敬仰之情。

清代科举制度，通过县试、府试、院试的生员即获得参加乡试的资格，"但并非所有的生员都有资格参加正式的科举考试，还必须通过岁试与科试才能取得参加乡试的资格"。② 一般来说，在清代科举考试中，县试由本县知县主考，府试由各府知府主考，院试、科试由本省提督学政主考。③

龚显曾履历页受知师中吴保泰、徐树铭两位提督学政值得一提。吴保泰，生卒年不详，字南池，号和庵，河南潢川人，道光二十年（1840）进士，历翰林院编修、詹事府詹事、广东学政、福建学政、浙江学政。④ 吴保泰于咸丰五年（1855）任福建提督学政，咸丰八年（1858）离任。徐树铭（1824—1900），字寿蘅，湖南长沙人，道光二十七年（1847）进士。初选庶吉士，授编修，历任兵部右侍郎、礼部左侍郎、工部右侍郎、工部尚书等。《清史稿》载："树铭，幼颖异，问学于何桂珍、曾国藩、倭仁、唐鉴诸人。生平无私蓄，惟嗜钟鼎书画，藏书数十万卷，虽耄犹勤学不倦云。"⑤ 徐树铭于咸丰八年（1858）任福建提督学政。

咸丰八年（1858）原为福建乡试年，而提督学政吴保泰也完成了乡试前的科试，龚显曾取得一等四名的好成绩。然而因太平天国运动等原因，此次

---

① 林英明：《泉州书法史略》，北京：九州出版社，2018年，第159页。
② 刘海峰、李兵：《中国科举史》，上海：东方出版中心，2004年，第360页。
③ 刘海峰、李兵：《中国科举史》，上海：东方出版中心，2004年，第355～357页。
④ 尹海金、曹端祥编著：《清代进士辞典》，北京：中国文史出版社，2004年，第133页。
⑤ 赵尔巽主编：《清史稿》，上海：上海古籍出版社，1986年，第1413页。

乡试停科①，直到咸丰九年(1859)才举行。新上任的提督学政徐树铭在咸丰九年(1859)乡试前按例举行了岁考，龚显曾取得了一等第一名的好成绩，此时龚显曾只有十八岁。

二、关于龚显曾乡试会试朱卷的科份页

科份页"一般有本科科份，考生中式名次，主考官或总裁、同考官的姓氏官阶与批语，以及该房原荐批语"。②

第一部分是本科科份，考生中式名次。所谓科份，是指科考中式的年份，龚显曾的乡试朱卷中注明"咸丰己未恩科并补戊午科"。③ 清代的乡试一般在"子、午、卯、酉"年秋天举行。④ 恩科原指国家大典、皇帝登基或寿辰加开的科举考试⑤，后来就成了经皇帝批准在非科考年份举行科考的专用名词。如前所述咸丰八年(1858)，福建乡试停科，为此咸丰九年(1859)举行的福建乡试就称为"咸丰己未恩科并补戊午科"。

两科并为一科所取举人数就必然是两科相加了。从道光八年(1828)开始，福建乡试的中额一直保持在 90 名。⑥ "咸丰三年(1853)起，由于太平天国运动的爆发，清政府为了鼓励地方政府及民众捐输，共同镇压太平天国运动，议准各省捐银至十万两，加乡试中额 1 名，且所捐输递增，额数也随之递加"。⑦ 当然，朝廷也设置了最高限额，那就是"大省 30 名，中省 20 名，小省 10 名"。⑧ 由于捐输银两达到四百五十七万两，加上戊午科的额数，所以咸

---

① 刘一兵：《闽台交融的考试纽带：清代福建乡试研究》，厦门：厦门大学出版社，2016年，第 50～51 页。
② 顾廷龙主编：《清代朱卷集成》第 1 册，台北：成文出版社，1992 年，第 1 页。
③ 顾廷龙主编：《清代朱卷集成》第 337 册，台北：成文出版社，1992 年，第 59 页。
④ 刘一兵：《闽台交融的考试纽带：清代福建乡试研究》，厦门：厦门大学出版社，2016年，第 13 页。
⑤ 翟国璋主编：《中国科举辞典》，南昌：江西教育出版社，2006 年，第 144 页。
⑥ 刘一兵：《闽台交融的考试纽带：清代福建乡试研究》，厦门：厦门大学出版社，2016年，第 50 页。
⑦ 刘一兵：《闽台交融的考试纽带：清代福建乡试研究》，厦门：厦门大学出版社，2016年，第 50 页。
⑧ 刘一兵：《闽台交融的考试纽带：清代福建乡试研究》，厦门：厦门大学出版社，2016年，第 50 页。

丰九年(1859),福建"正榜中额应为 196 名"。① 而此科实际取额 206 名。② 科份页上显示,龚显曾"中式第六十九名举人"。③

清制在"丑、未、辰、戌"年举行会试,会试由礼部主持,在春季举行,故又称礼闱或春闱。举人会试中式后,就取得了参加殿试的资格,又称贡士。因同治元年(1862)为壬戌年,是科举年,循例举行会试,为此在同治二年(1863)特开恩科,以庆贺同治皇帝登基,故龚显曾的科份页上显示"同治癸亥恩科"。④ 此科会试共取贡士 186 人,其中福建 8 名,⑤龚显曾"中式第一百二十七名"。⑥

第二部分是考官介绍、录取意见及简短评语。清代乡试会试考官有外帘官、内帘官之分。外帘官负责监场、装卷等事务。乡试外帘官由地方官员、监察御史担任。⑦ 内帘官指主考官和同考官等负责阅卷的官员。乡试的主考官由朝廷指定,同考官由总督、巡抚指派,人数是大省十八名,小省八名。⑧ 在龚显曾的乡试朱卷科份页上首先介绍时任宁德知县的同考官章觐文的批语。章觐文的批语只有两个字:"阅、荐。"⑨其次介绍大主考翰林院编修、南书房行走杨泗孙的批语。杨泗孙(1823—1889),字钟鲁,号滨石,江苏常熟人,咸丰二年(1852)进士第二名(探花)。⑩ 他的批语为"取。负声有力,振采欲飞"。⑪ 最后介绍大主考礼部学士兼礼部侍郎衔袁希祖的批语。袁希祖(?—1860),字笋陔,号寄生,湖北汉阳人,嘉庆十六年(1811)进士。⑫ 他的批语为"取。文有内心,语无泛设"。⑬

---

① 刘一兵:《闽台交融的考试纽带:清代福建乡试研究》,厦门:厦门大学出版社,2016 年,第 51 页。
② 刘一兵:《闽台交融的考试纽带:清代福建乡试研究》,厦门:厦门大学出版社,2016 年,第 283 页。
③ 顾廷龙主编:《清代朱卷集成》第 337 册,台北:成文出版社,1992 年,第 59 页。
④ 顾廷龙主编:《清代朱卷集成》第 25 册,台北:成文出版社,1992 年,第 249 页。
⑤ 王玮编校:《〈清实录〉科举史料汇编》,武汉:武汉大学出版社,2009 年,第 888 页。
⑥ 顾廷龙主编:《清代朱卷集成》第 25 册,台北:成文出版社,1992 年,第 249 页。
⑦ 翟国璋主编:《中国科举辞典》,南昌:江西教育出版社,2006 年,第 46 页。
⑧ [日本]宫崎市定:《科举》,杭州:浙江大学出版社,2018 年,第 42 页。
⑨ 顾廷龙主编:《清代朱卷集成》第 337 册,台北:成文出版社,1992 年,第 59 页。
⑩ 尹海金、曹端祥编著:《清代进士辞典》,北京:中国文史出版社,2004 年,第 100 页。
⑪ 顾廷龙主编:《清代朱卷集成》第 337 册,台北:成文出版社,1992 年,第 59 页。
⑫ 尹海金、曹端祥编著:《清代进士辞典》,北京:中国文史出版社,2004 年,第 249 页。
⑬ 顾廷龙主编:《清代朱卷集成》第 337 册,台北:成文出版社,1992 年,第 59 页。

清代会试设正考官一名、副考官三名、同考官十八名，都由朝廷任命。①龚显曾会试朱卷的科份页首载同考试官"宗人府副理事官、黄档房及宗人司掌印兼银库行走加三级"麟书的批语。爱新觉罗·麟书（1829—1896），字芝庵，满洲正蓝旗，咸丰三年（1853）进士。②他的批语为："阅、荐。"③其次载副主考"户部左侍郎兼管三库事务、实录馆副总裁，加三级"沈桂芬的批语。沈桂芬（1818—1881），字经笙，顺天府宛平县（今属北京市）人，道光二十七年（1847）进士。④他的批语为"取。切理餍心"。⑤再次载副主考"都察院左都御史、实录馆副总裁加三级"单懋谦的批语。单懋谦（1802—1879），字仲亨，号地山，湖北襄阳人，道光十二年（1832）进士。⑥他的评语为"取。禀经酌雅"。⑦第四载副主考"经筵讲官、左都御史，署正红旗汉军都统、管理光禄寺健锐营事务、稽察京通十七仓内七仓官三仓事务，加三级"载龄的批语。爱新觉罗·载龄（1812—1883），字鹤峰，满洲镶蓝旗，道光二十一年（1841）进士。⑧他的评语为："取。轩豁呈露。"⑨最后载正主考"工部尚书、实录馆总裁、军机处大臣，加三级"李棠阶的批语。李棠阶（1798—1865），字树南，号文园，又号强斋，河南沁阳人，道光二年（1822）进士。⑩《清史稿》载：（李棠阶）"会通程、朱、陆、王学说，无所偏主，要以克己复礼、身体实行为归。日记自省，毕生不懈。家故贫，既贵，俭约无改。"⑪他的批语为："中。朗润清华。"⑫

　　科份页的第三部分是乡试、会试阅卷的同考官的详细批语。由于分房阅卷，于是同考官又称房考官。在乡试朱卷中记载了章觐文的详细批语："披一品衣，抱九仙骨。制局则法轮在手，相题则慧镜悬胸。笔袅蕾云功，候

---

① ［日］宫崎市定著：《科举》，杭州：浙江大学出版社，2018年，第75页。
② 尹海金、曹端祥编著：《清代进士辞典》，北京：中国文史出版社，2004年，第352页。
③ 顾廷龙主编：《清代朱卷集成》第25册，台北：成文出版社，1992年，第249页。
④ 尹海金、曹端祥编著：《清代进士辞典》，北京：中国文史出版社，2004年，第152页。
⑤ 顾廷龙主编：《清代朱卷集成》第25册，台北：成文出版社，1992年，第249页。
⑥ 尹海金、曹端祥编著：《清代进士辞典》，北京：中国文史出版社，2004年，第215页。
⑦ 顾廷龙主编：《清代朱卷集成》第25册，台北：成文出版社，1992年，第249页。
⑧ 尹海金、曹端祥编著：《清代进士辞典》，北京：中国文史出版社，2004年，第251页。
⑨ 顾廷龙主编：《清代朱卷集成》第25册，台北：成文出版社，1992年，第249页。
⑩ 尹海金、曹端祥编著：《清代进士辞典》，北京：中国文史出版社，2004年，第119页。
⑪ 赵尔巽主编：《清史稿》，上海：上海古籍出版社，1986年，第1328~1329页。
⑫ 顾廷龙主编：《清代朱卷集成》第25册，台北：成文出版社，1992年，第59~60页。

纯征炉火……来年雁塔题名,步花砖而绳其祖武。"①而会试朱卷中载有麟书的详细批语:"第一场:风度端凝思,笔坚卓次三。畅茂条达,足征学力。诗雅饬。第二场:兴会飙举,藻采纷披。非经术掩通者不办。第三场:准今酌古,导委穷源。"②这些批语既有对考生的赞扬,也有对考生的期许。

三、关于龚显曾乡试、会试朱卷的文章部分

在朱卷的文章部分,中式者"有三场全刊者,也有选刊自认为得意之作者。而乾隆中叶后,第一场之试帖诗习惯上都予刊刻,附在文后"。③

清代乡试、会试的题目从乾隆五十八年(1793)就基本固定下来,即第一场为《四书》文三篇,五言八韵诗一首;第二场为《五经》文各一篇;第三场为策问五道。④ 由于乡试会试的第一场对于录取与否十分重要,为此龚显曾的乡试会试朱卷就刊刻了乡试、会试第一场的文章与五言八韵诗。

咸丰九年(1859)福建乡试第一场文章题目为:《大学之道》《动之不以礼》《地之相去也,千有余里;世之先后也,千有余岁。得志行乎中国,若合符节。先圣后圣,其揆一也》。第一篇题目出自《大学》,第二篇题目出自《论语·卫灵公》,第三篇题目出自《孟子·离娄下》。三篇文章都有眉批,文章后面还有"本房加批",以此来评判文章的水平。如第三道题,龚显曾写道:

地与世不足限圣人,可知先后之同揆矣。

夫舜、文之志同,地与世不足以限之也。由舜、文而推之,不可验先后圣之揆一乎?

且古圣人往矣,而后之人考古流连,犹且援居不同地、生不同时之陈迹,以为古人憾。不知论古人之迹,不若窥古人之心。

彼其山陬海澨,天各一方;岳降嵩生,事非一代。而本心理以敷施,实如出一辙焉。夫而后天之生圣人虽不同,而圣人之为圣人,则无不同,是可合古人圣人之心迹行事,而悉统于大同。

昔者舜与文王所居之地,东西相距若此,是二圣将各行其志而心不

---

① 顾廷龙主编:《清代朱卷集成》第337册,台北:成文出版社,1992年,第60页。
② 顾廷龙主编:《清代朱卷集成》第25册,台北:成文出版社,1992年,第250页。
③ 顾廷龙主编:《清代朱卷集成》第1册,台北:成文出版社,1992年,第1页。
④ 刘海峰、李兵:《中国科举史》,上海:东方出版中心,2004年,第367页。

一,各用其施而事不一乎?然而心源所接,畛域不得而分之也;揆度所同,风气不得而易之也。以地而论,相去固千有余里矣。载稽其世,由有虞以迄成周,其间丕若有夏历年,式勿替有殷历年,遥遥相望,盖又千有余岁焉。地之相去也,如彼世之相后也。又如此而何以精一之传辑熙之学、斋夔之孝、服事之忠?

舜也文也得志行乎中国,无不一一其相同也,盖已若合符节矣。造物之钟灵初无成局,岂必萃往?古来今之神圣,以并立于两间,盱衡之,深念弗设,殊情不禁。挟千里一堂之芳徽,以旷观于万古,先圣后圣其揆一也。吾因之有感矣,五百年闻知之统,彼苍恒迟俟焉。而不使类聚而落落寰区,犹有方隅不能限、运会不能拘者,以饷遗乎礼乐诗书之座。由今思之,纵迹不尽一方,钟毓非必一时,而惟此揆之者因时制宜,无所损亦无所益前哲之声灵。如咋读书论世,恍闻晤对之音,道统未湮,而仔肩谁续,逡巡将奚让哉!

吾愿守先待后者默默体之。亿万世名山之业,圣贤亦姑听焉,而无可如何。而茫茫世宙犹有渊源,所付托矩蠖,所留贻者以流播于馨香俎豆之旁。由今观之,里居有辽阔之行,气运有升降之数,惟此揆之者,因心作则无可轾,自无可轩。斯文之统绪攸归,代远年湮,如亲謦欬之气,后之视今,犹今之视昔,精神隐相契哉。

吾愿承前启后者心心相印之。是为帝为王经权常变,各有权衡;作君作师得失穷通,无非经济。此吾所为援舜、文而低徊不置也。①

此文的"本房加批"为:"情文相生,华实并茂。中后恬吟密咏,不染尘器,如听广寒仙子奏《霓裳羽衣曲》。"②

同治二年(1863)会试所出文章题目为:《大畏民志,此谓知本》《其养民也惠,其使民也义》《于是始兴发补不足。召太师曰:"与我作君臣相说之乐"》。第一篇题目出自《大学》,第二篇题目出自《论语·公冶长》,第三篇题目出自《孟子·梁惠王下》。三篇文章后都有"本房加批",第一篇文章之后还有"聚奎堂原批"(会试阅卷官住聚奎堂,故称),都是对文章的批语。如第二篇文章,龚显曾写道:

惠与义兼尽,道见于养民使民矣。

---

① 顾廷龙主编:《清代朱卷集成》第337册,台北:成文出版社,1992年,第69~72页。
② 顾廷龙主编:《清代朱卷集成》第337册,台北:成文出版社,1992年,第72页。

清代泉州进士龚显曾乡试会试朱卷考释

夫惠与义,道之相为用者也。子产之养民使民如是,不诚合于君子哉?

且大臣当国,有恤民之责,有驭民之权,而或不能全育民正民之功,识者谓其蹈道犹未也。惟和其道以妙,济猛之施,而闾阎知感;顺其道以神,济宽之用,而驱策皆宜。夫而后民隐周焉,民风肃焉。斯相业于以大光矣。

试由子产之行己事,上而观其养民使民。今夫养民使民难,而施诸郑,而合乎道则尤难。抚字者容保之量,然安全而直将,其爱与恺恻,而曲推其恩,其用心则必有办矣。恤众省刑,一言可薄仁人之利者,平仲行之于齐,而子产不能也。鼓舞者善俗之机,然整齐而顺达,其法与通变,而曲济其宜,其用意则必有间矣。除恶去贪,径直可戢争田之事者,叔向行之于晋,而子产不能也。

若是,子产之养民使民诚难致其功矣。然观其惠与义,则又有合乎道者何欤?狼渊设而驾矜其三,牛首盟而广分以二。不为起倒悬而衽席之噢咻之谓,何其以悉索困也?子产则以惠养之,且惠非姑息之谓也。残民非惠,纵民亦非惠,惟本道以默为保护。宽政而戒行,火作献捷而怨,雪井堙靖,数十世兵刑之气而谁嗣?兴民之诵,流爱思古之遗要,于道无弗惬也。

东里之休风未艾,其将咏邦基而乐只怀之哉!风之淫而蕑秉于洧,族多悍而荩生于门,不为扫骄靡而更张之,教诲之谓,何其以敝俗安也。子产则以义使之,且义非操切之谓也。废法非义,任法亦非义,惟本道以隐谓维持。封洫作而农无越畔,赭衣用而众少犯科。挽数百年浇漓之习,而刑书却晋之箴,乡校畏川之警,要于道总无憾也。

七穆之怙侈,难终其尚,思国栋而旦暮遇之哉?若此者,惠以联情,而生我之恩,父母戴之;义以定分,而成我之功,师保奉之,措施协于孱弱之邦而道在。而众母之誉,不为加,亦孰杀之歌,不足损。且惠以广其义,而春温之和不废秋肃;义以济其惠,而雷霆之施益显雨露。

经济行于衰敝之余,而道在柔克,不为水濡之患,亦刚克不为火烈之伤,君子之道是全矣。[①]

"本房加批"为:"刻挚中有轩豁之致,锐利中寓动宕之机。实义虚神两

---

① 顾廷龙主编:《清代朱卷集成》第 25 册,台北:成文出版社,1992 年,第 255~258 页。

无遗憾。"①

  这两篇文章可谓中规中矩的八股文。从破题、承题、起讲、入题、起股、中股、后股、束股到收结,都井井有条,为此两位房官都给予较高评价。特别应该注意的是,乡试房官"如听广寒仙子奏《霓裳羽衣曲》"的批语。龚显曾长于诗,当他将这种特色运用于八股文创作时,也给这种沉闷的文体带来了一丝清新之意。比如"山陬海澨,天各一方;岳降嵩生,事非一代""惠以广其义,而春温之和不废秋肃;义以济其惠,而雷霆之施益显雨露",都给人留下深刻的印象。

  龚显曾乡试、会试的两首诗也值得一提。乡试的题目为《赋得诗似冰壶见底清》(得韵诗字,五言八韵)。龚显曾写道:"笔底冰裁就,壶中玉盼时。气清能照俗,律细好论诗。净极全无滓,吟成欲沁脾。聪明真特绝,空色不相离。冷逼银毫艳,光浮雪椀滋。凭教秋水照,难语夏虫知。澄澈冲融态,玲珑透剔思。幸逢仁寿世,心镜至人持。""本房加批"为:"清新开府,俊逸参军。"②

  会试的题目为《赋得瞽海出名珠》(得材字五言八韵)。龚显曾写道:"至宝真无价,明珠万里来。出原从大海,用以譬良才。日月光华聚,云霞曙色开。奇珍罗渤澥,异彩烛蓬莱。风静鲸消浪,渊含蚌孕胎。藏应求贝阙,筑不羡金台。炳象琛同献,探骊句共裁。席珍逢盛世,多士荷恩培。""本房加批"为:"秀韵天成,藻思绮合。"③

  对于龚显曾的诗歌,陈棨仁在《龚咏樵太史薇华吟馆诗序》中,给予较高评价,比如"文章旧价,压元、白以何妨;供奉新词,拟庾、鲍而不愧""骈坒妃豨,茂倩倾其腹笥;掞张香艳,薇之避其笔端""人叹其才之雄,吾服其学之敏"等等④,这与乡试、会试房官的批语基本一致,称赞其诗歌有飘逸清新之感。然而由于是应试之作,这两首诗与《薇花吟馆诗存》的诗歌相比略显拘谨。

---

① 顾廷龙主编:《清代朱卷集成》第25册,台北:成文出版社,1992年,第258页。
② 顾廷龙主编:《清代朱卷集成》第337册,台北:成文出版社,1992年,第73页。
③ 顾廷龙主编:《清代朱卷集成》第25册,台北:成文出版社,1992年,第263页。
④ (清)陈棨仁著,叶恩典点校:《陈棨仁诗文集》,北京:商务印书馆,2018年,第111~112页。

结　语

正如顾廷龙先生所言:朱卷作为应考者的档案,具有多方面文献价值,"其履历……不啻一部家谱的缩影……在一定程度上较之家谱更为真实确切"。如今人们已经认识到家谱是研究人口学、社会学、民俗学及宗族制度等方面不能或缺的文献,殊不知朱卷对这些研究具有与家谱同样不可忽视的作用"。同时朱卷的履历部分"又是不可多得的传记资料"。[①] 对朱卷的科份页和文章部分,顾廷龙先生认为能让人们了解"当时的考试形式方法……窥视清代教育情况之一斑"。[②] 凡此种种,就是我们今天研究龚显曾的乡试会试朱卷的意义之所在。这两份朱卷不仅使人们对清代科举考试制度,而且对清代泉州科举氛围、泉州龚氏家族,以及龚显曾的学术水平有了比较直观的了解,是十分珍贵的历史资料。

（原载《闽南》2024 年第 1 期）

[①] 顾廷龙主编:《清代朱卷集成》第 1 册,台北:成文出版社,1992 年,第 2 页。
[②] 顾廷龙主编:《清代朱卷集成》第 1 册,台北:成文出版社,1992 年,第 3 页。

略论苏颂的藏书、读书和著书

苏颂(1020—1101),字子容,北宋泉州同安县(今属厦门市同安区)人,徙居镇江,庆历二年(1042)登进士第,累官至右相(右仆射兼中书侍郎)。苏颂登第后,初授宿州观察推官,知江宁县,任职期间"建业承李氏后,税赋无艺,每发敛,高下出吏手",苏颂"遂剔蠹成赋,简而易行,诸令视以为法,至领其民拜庭下以谢"。① 后调任南京留守推官,深受南京留守欧阳修的器重。皇祐五年(1053),苏颂诏试馆阁校勘,同知太常礼院,迁集贤校理。嘉祐六年(1061),苏颂出知颍州;嘉祐八年(1063),任"开封府界提点诸县镇公事";治平二年(1065),为三司度支判官。治平四年(1067)升任尚书工部郎中,出任淮南转运使,才五月召回,兼同判礼部祠部,又判三司都磨勘司,改同判太常寺兼礼仪事。② 熙宁元年(1068),苏颂升任知制诰,"判审刑院……进银台司,知审判院"。③ 因不阿王安石意,于熙宁四年(1071)出知婺州,历知应天府、开封府、濠州、河阳、沧州等地。元祐初,"拜刑部尚书,迁吏部兼侍读……每进读至弭兵息民,必援引古今,以动人主之意……迁翰林学士承旨。五年,擢尚书左丞。尝行枢密事……七年,拜右仆射兼中书门下侍郎……绍圣四年,拜太子少师致仕"。④

苏颂爱好藏书,勤于学习,善于学习,学以致用,在藏书、读书、著书中度过了一生。这是苏颂成为北宋著名的政治家、科学家、文学家,尤以北宋"天下第一通才"闻名于世的重要原因。

---

① 吴锡璜:民国《同安县志》,北京:方志出版社,2007年,第807页。
② 颜中期、苏克福编撰:《苏颂年谱》,长春:北方妇女儿童出版社,1993年,第154页。
③ 吴锡璜:民国《同安县志》,北京:方志出版社,2007年,第807页。
④ (元)脱脱等修:《宋史》,上海:上海古籍出版社、上海书店,1986年,第1226页。

苏颂的藏书

《宋史·苏颂传》载:"颂器局闳远,不与人校短长,以礼法自持。虽贵,奉养如寒士。自书契以来,经史、九流、百家之说,至于图纬、律吕、星官、算法、山经、本草,无所不通。尤明典故,喜为人言,亹亹不绝。朝廷有所制作,必就而正焉。"①这么博洽古今,苏颂是怎么做到的呢?

这个问题不仅现代的人们感到疑惑,实际上,当时的皇帝宋神宗也感到疑惑不解。苏颂的孙子苏象先在《丞相魏公谭训》中写道:"神宗问祖父:'卿家必有异书,何故父子皆以博学知名?'祖父对曰:'臣家传朴学,唯知记诵而已。'上曰:'此尤难也。'祖父云:'吾收书已数万卷,自小官时得之甚艰。又皆亲校手题,使门阀不坠。则此文当益广,不然,耗散可待。可不戒哉。'"②

宋神宗与苏颂的这段对话,说明了苏颂的博洽古今首先来自其丰富的藏书。周少川先生在《藏书与文化——古代私家藏书文化研究》一书中指出:"宋人藏书来源不外三途:一曰购书……二曰抄书……三曰馈赠……"③

宋代购书需要充裕的财力支撑,而苏颂家族几代为官,清正廉洁,到苏颂这一代可谓清贫了。《丞相魏公谭训》记载,苏颂之父苏绅去世前嘱托苏颂:"吾归葬失计,汝辈慎勿效,既不能免仕官,随处葬我,乃延陵季子之志也。"④最后综合考虑各方面的因素,苏颂将父亲安葬于润州(今镇江),这与其经济匮乏也是有很大关系的。苏颂晚年在《家训诗》中对其家境清贫有过如此描述:"予久参近著,奉赐甚厚。然族大家虚,赡给常苦不足,故每饭不过一肉,非宾客未尝饮宴。"⑤为此,拿出大量的资金来购书,苏颂是做不到的。

苏颂的藏书有部分来自馈赠,而且主要是朝廷的馈赠。苏颂生活于一

---

① (元)脱脱等修:《宋史》,上海:上海古籍出版社、上海书店,1986年,第1226页。
② (宋)苏颂著,王同策、颜其中等点校:《苏魏公文集》,北京:中华书局,1998年,第1135页。
③ 周少川:《藏书与文化——古代私家藏书文化研究》,北京:北京师范大学出版社,1999年,第47~50页。
④ (宋)苏颂著,王同策、颜其中等点校:《苏魏公文集》,北京:中华书局,1998年,第1134~1135页。
⑤ (宋)苏颂著,王同策、颜其中等点校:《苏魏公文集》,北京:中华书局,1998年,第55页。

个政治相对清明,皇帝奉行与士大夫共治天下的理念、崇尚文治的年代。《宋史·艺文志》载:"其时君汲汲于道艺,辅治之臣莫不以经术为先务,学士缙绅先生谈道德性命之学不绝于口,岂不彬彬乎进于周之文哉!"①在皇帝尚文的年代,"赵氏皇朝对臣下的封赏,有金银丝帛,偶尔也有图籍,因而士大夫藏书者有时可得益于朝廷所赐"。②苏颂历仕仁宗、英宗、神宗、哲宗、徽宗五朝,也得到了一些馈赠。宋代藏书家张邦基在《墨庄漫录》一书中记载:"润州苏氏家书画甚多,书之绝异者有太宗《赐易简御书》、宋玉《大言赋》《并名真戒酒批答》、钟繇《贺吴灭关公上文帝表》、王右军《答会稽内史王述书》《雪晴寄山阴张侯帖》、献之《秋风词》、梁萧子云《节班固汉史》、唐褚遂良摹本《兰亭》、李太白《天马歌》、贺知章《醉中吟》、张长史《书逸人壁》、颜鲁公《进文殊碑赞》、李阳冰篆《新泉铭》、永禅师《真草千文》,齐己题赠,并皆真迹。名画则顾凯之《雪霁图》《望五老峰图》、北齐《舞鹤图》、阎立本《醉道士图》、吴道子《六甲神》、薛稷《戏鹤》、陈闳《蕃马》、韩幹《御马》、戴嵩《牛图》、王维《卧雪图》、边鸾雀竹、李将军晓景屏风、李成山水、徐熙草虫、黄筌墨竹、居宁翎毛、董羽龙水、刘道士鬼神、刁处士竹石、钟隐乳兔。物之尤异者,有明皇赐苏小许公四代相玉印、赞皇父子石研、石兔、竹拂、连理拄杖、陈后主宫娃七宝束带、雷公斧、珊瑚笔架、玉连环,皆希世之宝。后皆散逸,或有归御府者,今不知流落何处。"③根据张邦基的记载,周生杰先生在《论苏颂藏书成就及文化意义》一文中指出:"苏颂为官克谨奉公,深得圣上垂青,而宋代帝王皆好文研艺,故苏颂不断获得朝廷的赏赐,在诸多赏赐中,以书画作品为最多。"④

苏颂的藏书有一部分来自家传。《丞相魏公谭训》中载:"高祖至孝,母代国夫人张氏乃泉南之甲族。家富于财,归吾宗时衣帐奴十人、婢十人、书十橱,他物称是。"⑤以书为嫁妆,即使是现代也比较少见。这说明了苏颂家

---

① (元)脱脱等修:《宋史》,上海:上海古籍出版社、上海书店,1986年,第636页。
② 周少川:《藏书与文化——古代私家藏书文化研究》,北京:北京师范大学出版社,1999年,第50页。
③ (宋)张邦基撰:《墨庄漫录》,上海古籍出版社,2012年,第74~75页。
④ 周生杰:《论苏颂藏书成就及文化意义》,《徐州工程学院学报(社会科学版)》2021年第5期,第41~48页。
⑤ (宋)苏颂著,王同策、颜其中等点校:《苏魏公文集》,北京:中华书局,1998年,第1130页。

族爱好藏书历史悠久，闻名于世，才可能出现张氏以书为嫁妆的情况。苏颂在《家训诗》中曾言："先公举贤良，暇日试笔，手写《中庸》一篇，付予令熟读诵之。可以见性命之理，其书至今秘藏箧笥中。"① 可见苏颂家族有收藏典籍的传统。周生杰先生认为："苏绅对于子弟进行传统经典教育涵盖面广，典籍量大，这需要建立在丰富家藏的基础上，或者至少要收藏传统的基本典籍，而这部分典籍也就成为苏家几代的传家宝。此外，诗作（按：指《家训诗》）提到父亲手抄《中庸》一书，令苏颂认真诵读，揆诸情理。他的父亲应该不仅抄录这样一本书，苏颂背诵的《孝经》《诗经》《尚书》《礼》《易经》《春秋》等古代基本典籍也在他父亲的抄录之列，而这些基本典籍自然属于苏颂所有，成为其藏书的基本部分。"② 当然由于任职原因，苏颂的祖父苏仲昌、父亲苏绅的居所几度搬迁，苏颂的藏书中到底有多少是家传的，因没有文献记载，无法判定。

苏颂的藏书大部分来自抄写。皇祐五年（1053），苏颂应试馆阁校勘。《家训诗》记载："先友少师赵康靖公、少傅孙文简公，洎诸翰林连章荐文继先世。蒙取索先公遗稿，及予投贽，乞召试职名。先是言事者奏，近岁文馆太冗，乞加慎选。时预试者如梅尧臣、宋敏修、宋充国、杨忱并弟恺，文词皆入等，止迁秩，或赐科名及升差遣。逮予被荐，执政进呈云：'近臣荐父子文学优长。'仁宗问：'谁人子？'执政以先公名对。上曰：'特与试。'乃试两题，俱书高等。时翰林曾、胡、杨、田四公，皆云：近预试者，惟冯京、苏颂皆入高等。因此遂得职。此并梁丞相所喻云。"③ 从这段记载中可以看出馆阁校勘这个职位的竞争还比较激烈的，而苏颂脱颖而出，成功入职。从此，苏颂开始了九年的馆阁校勘生涯。

在尚文风气的影响下，北宋朝廷对宫廷藏书十分重视。《宋史·艺文志》载："尝历考之，始太祖、太宗、真宗三朝，三千三百二十七部，三万九千一百四十二卷。次仁、英两朝，一千四百七十二部，八千四百四十六卷。次神、哲、徽、钦四朝，一千九百六部，二万六千二百八十九卷。三朝所录，则两朝

---

① （宋）苏颂著，王同策、颜其中等点校：《苏魏公文集》，北京：中华书局，1998年，第52页。

② 周生杰：《论苏颂藏书成就及文化意义》，《徐州工程学院学报（社会科学版）》2021年第5期，第41~48页。

③ （宋）苏颂著，王同策、颜其中等点校：《苏魏公文集》，北京：中华书局，1998年，第53页。

不复登载，而录其所未有者。四朝于两朝亦然。最其当时之目，为部六千七百有五，为卷七万三百七十有七焉。"①这足见当时馆阁藏书之丰富。苏颂紧紧抓住这个机会，以抄书来丰富自己的藏书。《丞相魏公谭训》云："祖父在馆阁九年，家贫俸薄，不暇募佣书传写秘阁籍。每日记二千言，归即书于方册。家中藏书数万卷，秘阁所传者居多。"②因"家贫俸薄"，没钱雇佣书（抄书人），苏颂每天"记二千言"，回家后凭记忆抄写于"方册"，日积月累，所抄书籍竟成了苏颂藏书中的主要组成部分。

求精和开放是苏颂藏书的两大特点。北宋秘阁藏书不仅量多面广，而且质量精良。《中国藏书通史》一书指出：北宋时"秘阁藏书大致包括三个方面：一是原藏三馆中的真本书籍。所谓真本，是经过校订的'定本'图书……二是书画真迹……三是有关天文、占候、谶纬方术之书"。③苏颂任职馆阁校勘时，从秘阁所抄之书是有所选择的，应该是精品中的精品。苏颂家族"宦学以儒"，家族藏书经几代人的积累，也是精品居多。而朝廷的馈赠，根据张邦基《墨庄漫录》一书记载，质量上乘。所以说求精是苏颂藏书的主要特色。

中国古代藏书家"对于藏书的管理有两种倾向，一种是封闭式的，一种是流通式的。封闭式的藏书家，在古代私藏中属于多数，因为藏书家深知聚书之苦，也知散书容易，所以谨守其业这种心情是可以理解的"。④而苏颂家族从苏绅开始就对藏书采取开放的态度。苏颂青少年时期，苏绅经常在任职之处设立学舍，聘请名师，开放藏书，招收勤奋好学的青少年与苏颂一起学习。苏绅去世后，苏颂承继了这种藏以致用的理念。

嘉定《镇江志》载："苏丞相颂，家藏书万卷，秘阁所传者居多。颂自维扬拜中太一宫使归乡里，是时叶梦得为丹徒尉，颇许其假借传写，梦得每对士大夫言炙之幸。其所传遂为叶氏藏书之祖。"⑤叶梦得（1077—1148），字少蕴，号石林，苏州人，绍圣四年（1097）进士，历官翰林学士、尚书左丞、观文殿

---

① （元）脱脱等修：《宋史》，上海：上海古籍出版社、上海书店，1986年，第637页。
② （宋）苏颂著，王同策、颜其中等点校：《苏魏公文集》，北京：中华书局，1998年，第1139页。
③ 傅璇琮、谢灼华主编：《中国藏书通史》，宁波：宁波出版社，2001年，第304～305页。
④ 周少川：《藏书与文化——古代私家藏书文化研究》，北京：北京师范大学出版社，1999年，第232页。
⑤ 镇江市史志办公室编：嘉定《镇江志》，镇江：江苏师范大学出版社，2014年，第257页。

学士、知福州兼福建路安抚使。拜崇信军节度使致仕。[1] 叶梦得是宋代著名词人,也是著名藏书家。清人叶昌炽在《藏书纪事诗》一书中云:"马端临《经籍考》引叶氏《过庭录》曰:'吾家旧所藏……自六经诸史与诸子之善者,通有三千余卷。'"[2] 南宋著名藏书家尤袤在整理三馆之书时,"得南唐徐楚金(徐锴)《说文系传》,爱其博洽有根据",但"一半断烂不可读",最后经过多人的介绍才从叶梦得处借到"得于苏魏公家"的本子。[3] 据叶梦得所言,其藏书质量精良,而抄自苏颂的藏书是其"藏书之祖",可以佐证苏颂藏书求精和开放的特点。南宋理学家、文学家吕祖谦曾专程拜访过苏颂的孙子苏仁仲,此时苏仁仲已年近八十,但秉承苏颂藏书开放的理念,"出旧书数种,《管子》后子容手书纸尾铭款云:'惟苏氏世,宜学以儒。何以遗后,其在此书。非学何立,非书何习?终以不倦,圣贤可及'"。[4] 这也是苏颂对藏书持开放态度的佐证。

苏颂的读书

苏颂的博洽古今主要来自利用藏书,勤于学习,善于学习,特别是重视科技知识的学习。一是勤于学习。在良好家风的影响下,苏颂利用家庭藏书,从小养成了勤奋好学的习惯。五岁时,苏绅口授《孝经》,"古今诗赋,皆成诵"。[5] 八岁时,"髫童齿未龀。严亲念痴狂,小艺诱愚钝。始时授章句,次第教篇韵"。[6] 十二岁时,"初为举业,与华直温、直清游,接砚席,习文史,早暮不得息"。[7] 十五岁时,"子容沉酣六经,蹂躏百氏。父手书《中庸》一篇,令

---

[1] 龚延明、祖慧编著:《宋代登科总录》,桂林:广西师范大学出版社,2014年,第1512页。
[2] (清)叶昌炽撰:《藏书纪事诗》,桂林:广西师范大学出版社,2021年,第111页。
[3] (南唐)徐锴撰:《说文解字系传·附录》第7册,上海:商务印书馆,1926年,第939页。
[4] (宋)吕祖谦撰:《入越记》,(明)陶宗仪编:《说郛》,《影印文渊阁四库全书》第879册,台北:台湾商务印书馆,1983年,第443页。
[5] (宋)苏颂著,王同策、颜其中等点校:《苏魏公文集》,北京:中华书局,1998年,第51页。
[6] (宋)苏颂著,王同策、颜其中等点校:《苏魏公文集》,北京:中华书局,1998年,第51页。
[7] 颜中其、蔡克福编撰:《苏颂年谱》,长春:北方妇女儿童出版社,1993年,第22页。

熟读,可以见性命之理"。① 这种利用藏书勤于学习的良好习惯,影响了苏颂的一生。《丞相魏公谭训》记载:"象先自少不离祖父之侧。元祐丙寅祖父为天官尚书,居西冈杨崇训之故第。祖父以南轩为书室,设大案,列书史于前,又置小案于椅间,俾象先侍坐。每日至夜分,退而记平日教诲之言,作《谭训》百余事。"②又载:"祖父喜谈《易》,晚年尤嗜《庄子》。尝云:'大衍之数五十,其用四十有九,虚一不用,所谓妙用。'又尝观步屈曲中,指之曰:'此其行之者一也。'"③以上记载足以说明晚年时,苏颂还坚持利用藏书,孜孜不倦地刻苦学习。苏颂还告诫子孙,学习要有紧迫感,要勤奋。《丞相魏公谭训》载:"祖父尝云:'人生在勤,勤则不匮。户枢不蠹,流水不腐。此其理也。'"④又载:"祖父云:'趋时如鸷鸟猛兽之搏,务学亦须如此。所以云:'时哉,不可失也。'"⑤可以说善于利用藏书,勤奋学习是苏颂得以成功的关键。

二是善于学习。《丞相魏公谭训》载:"祖父言:'幼时在无锡与华直温、闵从先、山甫二叔相处,在洪州则李泰伯、万君特先生、二蔡贤良。及居京师,又得黄聱隅、王深父、子直、刘原父、贡父、吕缙叔、曾公孚先生相与切磋琢磨,日有所资,至于学成,乃知取友之益不可忽也。'"⑥文中所提之人都是当时品学兼优之士。苏颂把他们当成益友,利用家藏图书与他们"切磋琢磨",向他们学习,取长补短。比如刘敞(1019—1068),字原父,一作原甫,号公是,江西临江新喻县(今江西樟树市)人,庆历六年(1046)进士第二人(榜眼),历官至集贤院学士、判南京留司御史。⑦刘敞为北宋著名文学家、史学家、经学家。《丞相魏公谭训》载:苏颂少年时与其聚学时,"原父颇熟《庄

---

① 颜中其、蔡克福编撰:《苏颂年谱》,长春:北方妇女儿童出版社,1993年,第28页。
② (宋)苏颂著,王同策、颜其中等点校:《苏魏公文集》,北京:中华书局,1998年,第1119页。
③ (宋)苏颂著,王同策、颜其中等点校:《苏魏公文集》,北京:中华书局,1998年,第1137页。
④ (宋)苏颂著,王同策、颜其中等点校:《苏魏公文集》,北京:中华书局,1998年,第1162页。
⑤ (宋)苏颂著,王同策、颜其中等点校:《苏魏公文集》,北京:中华书局,1998年,第1133页。
⑥ (宋)苏颂著,王同策、颜其中等点校:《苏魏公文集》,北京:中华书局,1998年,第1136页。
⑦ 龚延明、祖慧编著:《宋代登科总录》,桂林:广西师范大学出版社,2014年,第627页。

子》,祖父初未之读也。每以三鼓众散后阅之,十余日已能通达辨析矣"。① 通过与刘敞的聚学,发现自己的短处,利用家藏图书,奋力赶上。这就是善于学习的体现。《中国科学技术史》的作者英国学者李约瑟很欣赏苏颂这种善于学习的品质,他写道:在研制水运仪象台过程中,"苏颂和韩公廉及其助手的合作,说明了他是一位非常谦逊的人,他总是随时随地向别人学习"。②

三是重视科技知识的学习。《丞相魏公谭训》云:"祖父言,年十六岁侍曾祖为扬州通判,命作《夏正建寅赋》。赋成,曾祖曰:'夏正建寅,无遗事矣,汝异时当以博学知名也。'"③苏颂十六岁时,父亲苏绅就命其作《夏正建寅赋》。这是一道古代历法研究的题目,《尚书大传·略说》云:"夏以孟春(寅)为正,殷以季冬(丑)为正,周以仲冬(子)为正。夏以十三月为正,色尚黑,以平旦为朔。殷以十二月为正,色尚白,以鸡鸣为朔。周以十一月为正,色尚赤,以夜半为朔。"④刘建国先生在《试析苏颂家族的教育与宋代科举考试》一文中指出:"苏绅的试题用《夏正建寅赋》来测试苏缄、苏绎、苏颂的历法知识,请他们用赋体来回答。用从夏代到宋代的历法知识,来说明夏正建寅为什么比殷正建丑、周正建子更优越,更实用。"⑤可见苏颂从少年时期就接受了科技教育。

宝元元年(1038),19岁的苏颂第一次参加省试,是年省试的题目为《斗为天之喉舌赋》。典故出处为《后汉书·李固传》。阳嘉二年(133),李固向皇帝进言:"今陛下之有尚书,犹天之有北斗也。斗为天喉舌,尚书亦为陛下喉舌。斗斟酌元气,运平四时。尚书出纳王命,赋政四海,权尊执重,责之所归。"⑥这是一道儒学知识与天文知识相融合的题目。刘建国先生认为:"《斗为天之喉舌赋》要求从斗宿开始叙述二十八宿和三垣等全天的星官分布。二十八宿,又称二十八星或二十八舍。最初是古人为比较日、月和金、木、

---

① (宋)苏颂著,王同策、颜其中等点校:《苏魏公文集》,北京:中华书局,1998年,第1134~1135页。
② 管成学主编:《苏颂精神长存》,镇江:江苏大学出版社,2020年,第1页。
③ (宋)苏颂著,王同策、颜其中等点校:《苏魏公文集》,北京:中华书局,1998年,第1135~1136页。
④ (清)皮锡瑞撰:《尚书大传疏证》,北京:中华书局,第332~333页。
⑤ 刘建国:《试析苏颂家族的教育与宋代科举考试》,《自然辩证法通讯》2019年第4期,第52~56页。
⑥ (南朝)范晔编撰:《后汉书》,上海:上海古籍出版社、上海书店,1986年,第224页。

水、火、土五星的运动而选择的二十八个星官,作为观测时的标记。'宿'的意思和黄道十二宫的'宫'类似,表示日月五星所在的位置。到了唐代,二十八宿成为二十八个天区的主体,这些天区仍以二十八宿的名称为名,和三垣的情况不同,作为天区,二十八宿主要是为了区划星官的归属。"[1]关于苏颂此篇试文的水平,当时的考官盛度曾对苏绅言:苏颂"试文当在高等,以点检官指摘诗中押声'闻'字,退落,诚可惜也"。[2] 也就是说,天文知识、儒学知识都没有问题,主要是音韵学方面出了问题。

以上两个例子可以说明青少年时代,苏颂就对科学知识产生浓厚的兴趣,并且利用家藏的科技图书,较好地掌握相关的基础知识,为日后从事科学技术工作奠定了良好的基础。

善于利用藏书,勤于学习、善于学习、重视科技知识的学习,造就了博古通今的苏颂。叶梦得在《石林燕语》中有这样一段记载:"元丰五年(1082),黄冕仲榜唱名,有暨陶者,主司初以'洎'音呼之,三呼不应。苏子容时为试官,神宗顾苏,苏曰:'当以入声呼之。'果出应。上曰:'卿何以知为入音?'苏言:'《三国志》吴有暨艳,陶恐其后。'遂问陶乡贯,曰:'崇安人。'上喜曰:'果吴人也。'时暨自阙下一画,苏复言字下当从旦。此唐避睿宗讳,流俗遂误,弗改耳。"[3]可以说,此时的苏颂,音韵学、历史学、民俗学样样精通。

苏颂的著书

苏颂强调学以致用,曾肇在《赠司空苏公墓志铭》中写道:"学士大夫有僻书疑事,多从公质问;朝廷有所制作,公必与焉。每燕见从容,多所咨访,公必据经引古,参酌时宜以对,上未尝不嘉叹焉。至于因事建明,著在台阁。如论郭皇后当祔后庙,侍讲非师,臣不当坐讲之类,其言甚众,盖不可一二举也。修官制时,议者欲分文武选于吏兵部。上谓三代、两汉,初无文武之别。公奏:'唐制,吏部有三铨。今欲文武一归吏部,宜分左右曹,以主两选,每选

---

[1] 刘建国:《试析苏颂家族的教育与宋代科举考试》,《自然辩证法通讯》2019年第4期,第52~56页。

[2] (宋)苏颂著,王同策、颜其中等点校:《苏魏公文集》,北京:中华书局,1998年,第52页。

[3] (宋)叶梦得著,李欣校注:《石林燕语》,西安:三秦出版社,2004年,第159~160页。

又以品秩分治之。'于是四选之法定焉。它所订正,类如此。"①这说明了苏颂将其所学用于治国理政上,得到了朝廷的认可。苏颂将其所学的科学知识运用到科技实践当中,发明了具有当时世界先进水平的集天文观测、天文演示与报时系统为一体的水运仪象台。

苏颂的学以致用突出体现在著书立说上。苏颂一生著述颇丰,这些著述都是博洽古今的苏颂留给后人的宝贵遗产。现根据有关文献,将苏颂著述分为苏颂主持编纂的著述、苏颂参与编纂的著述、苏颂主持或参与校注的著述,以及古人收集整理的苏颂著述,分别列如表1至表4②,从中可以看出苏颂的著作具有以下几个特点。

表1　苏颂主持编纂的著述

书名	有关文献记载	备注
《本草图经》	《本草图经序》云:"今复广药谱之未备,图地产之所宜。物色万殊,指掌斯见。将使合和者得十全之效,饮饵者无未达之疑。纳斯民于寿康,诏和气于穹壤。太平之致,兹有助焉。"	《本草图经》问世后,在两宋、元明时期流传,清代时可能已经亡佚。幸而其内容被北宋医家唐慎微的《经史证类备急本草》(简称《证类本草》)所载而得以保存、流传。
《华戎鲁卫信录》	《家训诗》云:"予到沧才数月,上喻执政云:'要苏某来修一书,令速召归。'遂有判吏部修官制之命……不逾期成书二百五十卷。奏稿日,上大喜,仍御笔题名《华戎鲁卫信录》。"	已佚

---

① (宋)苏颂著,王同策、颜其中等点校:《苏魏公文集》,北京:中华书局,1998年,第1196页。

② 参见(宋)苏颂著,王同策、颜其中等点校:《苏魏公文集》,北京:中华书局,1998年;孟永亮:《北宋校正医书局研究》,呼和浩特:内蒙古大学出版社,2017年;(宋)李焘:《续资治通鉴长编》,《影印文渊阁四库全书》第321册,台北:台湾商务印书馆,1983年;(清)永瑢等撰:《四库全书总目提要》,北京:中华书局,1965年;刘琳、刁忠民、舒大刚、尹波等点校:《宋会要辑稿》,上海:上海古籍出版社,2014年;(宋)陈思编,(元)陈世隆补:《两宋名贤小集·苏侍郎集》,《影印文渊阁四库全书》第1362册,台北:台湾商务印书馆,1983年;(宋)苏颂撰:《魏公题跋》,上海:商务印书馆,1926年。

续表

书名	有关文献记载	备注
《迩英要览》	《续资治通鉴长编》云：元祐四年（1089）三月甲戌，诏"吏部尚书兼侍读苏颂等奏臣撰进汉唐故事。得旨分门编修成册进呈，诏以《迩英要览》为名"。	已佚
《浑天仪象铭》	《宋会要辑稿》云：元祐七年（1092）四月二日，"诏尚书左丞相苏颂撰《浑天仪象铭》"。	已佚
《新仪象法要》	《四库全书总目》云："是书为重修浑仪而作，事在元祐间。而尤袤《遂初堂书目》称为《绍圣仪象法要》，宋《艺文志》有《仪象法要》一卷，亦注云绍圣中编。盖其书成于绍圣初也。"	有版本留存

表 2　苏颂参与编纂的著述

书名	有关文献记载	备注
《起居注》	《家训诗》云："故到淮南才五月，召还修起居注。迁西掖掌诰。"	已佚
《两朝国史》	《谢修史毕赐银绢对衣金带》云："伏蒙圣慈以臣尝预同修仁宗皇帝、英宗皇帝正史，特赐银绢各五十两匹，对衣金带者。纪事两朝，庆就编于大典。第勤众史，均庶锡于常僚。宠优器币之颁，增贲服章之美。恩荣叠委，捧对兢惶。臣某中谢。"《宋史》载：苏颂"及修两朝正史，转右谏议大夫"。	已佚
《元祐详定敕令》	《进元祐编敕》云："臣等奉承诏旨，翻阅旧章，于是以《元丰敕令格式》并元祐二年十二月终以前海行续降条贯共六千八百七十六道，兼取嘉祐、熙宁《编敕附令敕》等，讲求本末，详究源流。合二纪之所行，约三书之大要。弥年捃摭，极虑研穷，稍就编膡，粗成纲领。"	已佚

440

表3　苏颂主持或参与校注的著述

书名	有关文献记载	备注
《嘉祐补注神农本草》	《补注神农本草总序》云:"旧药九百八十三种,续添八十二种,附于注者不预焉。新定一十七种,总新旧一千八十二条,皆随类初释,推以十五凡例,补注之意可见矣。" 《本草后序》云:"嘉祐二年八月三日诏旨,朝廷颁方书,委诸郡收掌,以备军民医疾访闻。"	该书在宋以后散佚,但其内容被北宋医家唐慎微《证类本草》所载录而得以保存。
《备急千金要方》	《备急千金要方后序》云:"臣等既因被诏,得以详求。观其书中引据,可以概见者多出《素问》《九墟》《灵枢》《甲乙》等经,《黄素录帙》《太素巢源》《古今本草》《诸家脉法》、张苗《药对》、陶弘景《论广》、刘涓子《鬼遗》等集,《金匮玉函》《肘后》《百一》、葛洪《必效》、姚僧垣《集验》、陈延之《小品》、谢士泰《删繁》、胡洽、郭玉范、汪阮炳等方。今并参检本书,以正得失。其书不传者,则又兼用后人所著出于孙氏者以为证比。若《五鉴经》《独行方》《崔氏纂要》《延年秘录》《外台秘要》《贞元广利》、李深之手集刘得《传信》诸方之类,亦旁取其所引用以相考质,然后遗文疑义,莹然可明。又观前代名流所著医方,往往杂以古人方论,不显所出,殆难寻究。惟陶隐居《广百一方》、王焘纂《外台秘要》多标题其书名,最为明白,可以参求。今以二书验之,则诸家之精华,悉为孙氏采择矣。"	北宋治平三年(1066)由校正医书局校订刊印的《备急千金要方》,简称"宋校本"。1955年,人民卫生出版社影印日本江户医学馆所藏的影宋刻本。
《风俗通义》	《校风俗通义题序》云:"然传不记其篇卷,惟《梁录》载《风俗通义》三十卷,《隋书·经籍志》云三十二卷、录一卷,《唐志》亦云三十卷。而臣某所传才十卷,初疑阙其下篇。历代诸儒著书引据最多,而无若庾仲容《子抄》、马总《意林》,载之略备。今以其书校之,乃篇次不伦。然《子抄》但著卷第,凡三十一,而不记篇名,《意林》则存篇名而无卷第……以此又知庾、马所载篇第未必当然。故不复更改,谨以黄纸缮写,藏之馆阁。"	今存者十篇,则北宋时崇文先阙本,苏颂以私本因官书校订,而次第录之者也。
《淮南子》	《校淮南子题序》云:"是书有后汉时太尉祭酒许慎、东郡濮阳令高诱二家之注,隋、唐目录皆别传行。今校崇文阁旧书与蜀川印本,暨臣某家书凡七部,并题曰《淮南子》。"	已佚

续表

书名	有关文献记载	备注
《元和姓纂》《水经》	《丞相魏公谭训》云:"祖父与吕缙叔、王深甫、子直诸公改正《元和姓纂》,以朱勾细字签头,证定甚奇。又改《水经》,尤得其全,比世本增多。皆藏于象先,可以为宝。"	已佚
《列女传》	《元丰类稿·列女传目录序》云:"刘向所叙《列女传》凡八篇,事具《汉书·向列传》。而《隋书》及《崇文总目》皆称向《列女传》十五篇,曹大家注。以《颂义》考之,盖大家所注,离其七篇为十四,与《颂义》凡十五篇,而益以陈婴母及东汉以来凡十六事,非向书本然也。盖向旧书之亡久矣。嘉祐中,集贤校理苏颂始以《颂义》为篇次,复定其书为八篇,与十五篇者并藏于馆阁。"	已佚
《说文解字系传》	《说文解字系传·附录七》云:"嘉祐中,予编定集贤书籍暇日,因往见枢相宋郑公……因校此书毕,追思公言,聊志诸卷末。己酉(熙宁二年,1069年)十二月十五日子容题。"	已佚

表4 古人收集整理的苏颂著述

书名	收集整理者	有关文献记载	备注
《丞相魏公谭训》	苏颂之孙苏象先	《丞相魏公谭训·序一》云:"《丞相魏公谭训》一卷,宋朝请大夫苏象先录其祖魏公颂之遗训也。"	有版本留存
《苏魏公文集》	苏颂之子苏携	《四库全书总目》云:"集为其子携所编。《宋史·艺文志》、陈振孙《书录解题》皆作七十二卷。今本与之相合,盖犹原帙。惟《艺文志》尚载有《外集》一卷,而今本无之,则其书已佚也。"	有版本留存
《苏侍郎集》	宋代陈思编,元代陈世隆补	《两宋名贤小集·苏侍郎集》云:"苏颂,字子容,南安人,绅之子,徙居丹阳,庆历二年进士。神宗朝历集贤院学士、知开封府。哲宗即位,累迁翰林学士,拜右仆射兼中书门下侍郎。罢为集禧观使。徽宗立,进太子大保,累爵赵郡公。卒赠司空魏国公。有集。"	有版本留存

续表

书名	收集整理者	有关文献记载	备注
《魏公题跋》	明代毛晋	《魏公题跋目录》载:"《题邲侯家传后》《题枯树赋》《题维摩像》《题右军帖》《题御前历子》《题胡考甫书华严经》《题青溪图》《题送晋光序》《题滩院记》《题应之诗》《题张籍墨迹》《题名茶记》《题巨然山水》《题君漠草书》,又《题授经图》。"	有版本留存

一是量多面广。据有关文献记载,苏颂主持编纂的著述有 5 部,参与编纂的著述有 3 部,主持或参与校注的著述有 8 部,而古人收集整理的苏颂著述有 4 部。这些著述涉及面十分广泛,有涉及天文学、机械学的《新仪象法要》《浑天仪象铭》,涉及医药学的《本草图经》《嘉祐补注神农本草》《备急千金要方》,涉及地理学的《水经》,涉及政治学、历史学的《元祐详定敕令》《迩英要览》《两朝国史》《神宗起居注》《列女传》,涉及民俗学、人口学的《风俗通义》《元和姓纂》,涉及宗教学的《淮南子》,涉及文字学的《说文解字系传》,涉及教育学的《丞相魏公谭训》,涉及文学的《苏侍郎集》《魏公题跋》以及综合性的《苏魏公文集》。

二是质量精良。苏颂对于著述的编纂和校注要求十分严格。比如编纂《本草图经》时所用的参考文献包括:"医经有《素问》《甲乙经》,医方有张仲景《治杂病方》《伤寒论》、《华佗方》、葛洪《肘后方》、孙思邈《千金方》……本草有《本草经》《名医别录》《吴普本草》《李当之本草》、雷敦《炮炙论》《药对》《唐本草》、陈藏器《本草拾遗》、孟诜《蜀经本章》《开宝本草》、李翱《何首乌传》、丁谓《天香传》、周君巢《威灵仙传》、唐毋景《茶饮序》、陆机《草木疏》、《韩诗》《尚书》《周礼》《字林》《字书》《说文》《尔雅》《广雅》,以及史书、地志、杂记等二百余种。比嘉祐本草所引书目多三倍。"[1]这些参考文献的运用,提高了该书的质量。再比如许慎和高诱所注的《淮南子》,"直至唐代依然各自传行。至宋初,已两注相参,不可考辨"。[2] 在校《淮南子》时,苏颂发现了这个问题,并认真加以解决。在《校淮南子题序》中,苏颂云:"臣某据文推次,颇见端绪。高注篇名皆有'故曰''因以题篇'之语,其间奇字,并载音读。许

---

[1] 朱人求、和溪主编:《苏颂全集》,北京:国家图书馆出版社,2020 年,第 1050 页。
[2] 管成学、王兴文:《苏颂评传》,长春:吉林文史出版社,2006 年,第 211 页。

于篇下粗论大意,卷内或有假借用字:以'周'为'舟',以'楯'为'循',以'而'为'如',以'恬'为'惔',如此非一。又其详异不同,诚如《总目》之说。互相考正,去其重复。共得高注十三篇,许注十八篇。"①逐字逐句推敲,理出高注十三篇,许注十八篇,保证了校注的质量。

三是影响深远。苏颂是北宋著名的政治家、科学家、文学家,他的著述推动了北宋社会的发展,产生了深远的影响。比如《本草图经》。明代药物学家李时珍对此书评价很高,他认为:"宋仁宗既命掌禹锡等编绎《本草》,累年成书。又诏天下郡县,图上所产药物,用唐永徽故事,专命太常博士苏颂撰述成此书。凡二十一卷,考证详明,颇有发挥。"②同时李时珍在《本草纲目》中采用了苏颂《本草图经》的药物七十四种,包括:"草部五十四种,壳部二种,菜部四种,果部五种,木部一种,金石部三种,虫部一种,介部一种,禽部一种,兽部一种。"③李约瑟先生对此书评价也很高,他认为:《本草图经》"是附有木刻标本说明图的药学史上的杰作之一。在欧洲,把野外可能采集到的动、植物加以如此精确的木刻并印刷出来,这是直到15世纪才出现的大事"。④

再如《新仪象法要》。此书收入《四库全书·子部·天文算法类》,《四库全书总目》云:"为台三层,上设浑仪,中设浑象,下设司辰,贯以一机。激水转轮,不假人力,时至刻临,则司辰出告星辰躔度所次。占候测验,不差晷刻。昼夜晦明,尽可推见。前此未有也……而一时讲求制作之意,颇有足备参考者。且流传秘册,阅数百年而摹绘如新,是固宜为宝贵矣。"⑤管成学先生在《苏颂和他的〈新仪象法要〉》一文中认为:《新仪象法要》是获取世界三项第一的科技古籍(现代天文台跟踪机械——转仪钟的雏形、世界上最早设计和使用的天文台观测室自由启闭屋顶、现代钟表的先驱),是我国保存至今最早最完整的机械图纸。其星图绘制技术方面有新贡献,书中有中国历

---

① (宋)苏颂著,王同策、颜其中等点校:《苏魏公文集》,北京:中华书局,1998年,第1008页。

② (明)李时珍撰:《本草纲目(附图)》,《影印文渊阁四库全书》第772册,台北:台湾商务印书馆,1983年,第313页。

③ (明)李时珍撰:《本草纲目(附图)》,《影印文渊阁四库全书》第772册,台北:台湾商务印书馆,1983年,第332页。

④ 管成学、王兴文:《苏颂评传》,长春:吉林文史出版社,2006年,第96页。

⑤ (清)永瑢等撰:《四库全书总目》,北京:中华书局,1965年,第892页。

史上记载明确的第一台假天仪。① 而《新仪象法要》中附有依据实测绘制的两套星图,绘星一千四百六十颗,是我国留存至今最早最完整的星图之一,比西欧在十四世纪文艺复兴之前观测到的星数多四百三十八颗,早四百年。②

值得一提的是,《苏魏公文集》收入《四库全书·集部·别集类》。《四库全书总目》云:"史称颂天性仁厚,宇量恢廓,在哲宗时称为贤相。平生嗜学,自书契以来,经史九流百家之说,至于图纬阴阳五行律吕星宫等法,山经本草,无所不通……而颂文翰之美,单词只句,脍炙人口,即此亦可见其概矣。"③

苏颂历仕五朝,官至宰相,《苏魏公文集》体现出很强的民本思想和改革精神。比如在《请别定县令考课及立乡官》中,苏颂认为:"国家恃以为治者,民也。使民敦本而趋善者,县令也。"为此,他提出令长的考核制:"以令长能用善道谕民,勉末游而归本业,致狱讼稀简而盗贼衰息者为优等;其能钩校簿书,均移税赋,发奸捕盗,兴利除害者为次等。二者咸无为下等。优等望赐超擢,次等再加激励,末等自当降擢。"苏颂认为令长考核制的实施:"则廉平之吏,思尽所长;礼义之风,庶几可致。"④苏颂是支持变革的。比如在《议学校法》中,苏颂表达了对当时学校教育的不满:"臣窃谓本朝学制大抵仿唐之旧,然而设官有未备,而教导有未至,故积日虽久,而成效无闻也。"他认为:"今学官八人,谓宜各令分掌职事……其教导有方,成效显著,为诸生禀服者,候及三年,委判监闻于朝廷,望赐召试馆阁职事。"⑤对于诸生,他认为可以通过考试分三等,"试入优等者,上于朝廷。望加旌拔,或直送省试"。⑥关于科举改革,苏颂在《议贡举法》中提出:"考试关防太密"、"士子不事所

---

① 管成学:《苏颂和他的〈新仪象法要〉》,《文献》1988年第4期,第165~173页。
② 陈笃彬、苏黎明:《泉州古代著述》,济南:齐鲁书社,2008年,第49页。
③ (清)永瑢等撰:《四库全书总目》,北京:中华书局,1965年,第1314页。
④ (宋)苏颂撰:《苏魏公文集》,《影印文渊阁四库全书》第1092册,台北:台湾商务印书馆,1983年,第259页。
⑤ (宋)苏颂撰:《苏魏公文集》,《影印文渊阁四库全书》第1092册,台北:台湾商务印书馆,1983年,第236页。
⑥ (宋)苏颂撰:《苏魏公文集》,《影印文渊阁四库全书》第1092册,台北:台湾商务印书馆,1983年,第236页。

业"和"诈冒户取应"以及"取人多少不均"等四大问题,并给出了改革的建议。①

对于苏颂的文学成就,《苏魏公文集·原序》作者汪藻评价道:"宋兴百余年,文章之变屡矣。杨文公倡之于前,欧阳文忠继之于后,至元丰、元祐间,斯文几于古而无遗恨矣。盖吾宋极盛之时也。于是大丞相魏国苏公出焉,以博学洽闻名重天下者五十余年。卒用儒宗,位宰相,一时高文大册,悉出其手。故自熙宁以来,国家大号令、朝廷大议论,莫不于公文见之。然公事四帝,以名节始终,其见于文者,岂空言哉?论政之得失,则开陈反复而极于忠;论民之利病,则援据该详而本于恕。有所不言则已,既言于上矣,举天下荣辱是非,莫能移其所守,可谓大臣以道事君者也。若其讲明经术之要,练达朝廷之仪,下至百家、九流、律历、方技之书,无不探其源,综其妙者,在公特余事耳。此所以一话言,一章句,皆足以垂世立教,革浇浮而偷薄。与轲、雄之书,百世相望,而非当时翰墨名家者所能仿佛也。"②汪藻所言极是,这就是人们称苏颂为文学家的理由。

《苏魏公集》的学术价值,管成学先生主编的《苏颂精神长青》一书指出:此书"涉及苏颂的生平、里籍家世、道德观、教育思想、法律思想、科学思想等诸多领域。《苏魏公文集》是研究苏颂的资料宝库,但目前还没有得到充分的发掘和利用"。③

结　　语

在《苏魏公文集》中载有苏颂的《书帙铭》及《诫》,云:"惟苏氏世,宦学以儒。何以遗后,其在此书。""非学何立?非书何习?终以不倦,圣贤可及。"④苏颂认为以儒学思想为基本遵循,把藏书、读书与著书有机地结合起来,做到极致,就可以达到"圣贤可及"的境界。这就是九百多年前北宋宰相苏颂留给后人的启示。苏颂用其一生来实践这种理念,成为北宋著名的政治家、

---

① (宋)苏颂撰:《苏魏公文集》,《影印文渊阁四库全书》第1092册,台北:台湾商务印书馆,1983年,第237页。
② (清)陆心源:《皕宋楼藏书志》,杭州:浙江古籍出版社,2016年,第1313页。
③ 管学成主编:《苏颂精神常青》,镇江:江苏大学出版社,2020年,第243页。
④ (宋)苏颂著,王同策、颜其中等点校:《苏魏公文集》,北京:中华书局,1998年,第1104页。

科学家、文学家，为推动北宋政治改革、社会发展、科技进步做出了不可磨灭的贡献。朱熹为苏颂建祠时专门写了碑文称："士患不学耳，而世之学者，或有所怵于外，则眩而失其守。如公学至矣，又能守之，终其一身不变，此士君子所难，而学者所宜师也！"[①] 这是对苏颂藏书、读书、著书的一生最好的总结。

（原载《闽学研究》2023年第4期）

[①] （宋）朱熹著，郭齐、尹波编注：《朱熹文集编年评注》，福州：福建人民出版社，第3731页。

泉台关系

北京泉州会馆的泉台缘

会馆是一种独特的历史文化遗存。《中国大百科全书》对会馆是这样定义的:"中国明清时期都市中由同乡或同业组成的社会团体……明清时期的会馆大体可分为三种:①同乡官僚、缙绅和科举之士居停聚会之处,又称'试馆'。②以工商业者、行帮为主体的同乡会馆。③迁居客民建立的同乡移民会馆。"[1]北京泉州会馆共有 6 所,分别是泉郡会馆、永春会馆、晋江邑馆、同安会馆、安溪会馆和惠安会馆。这 6 所北京泉州会馆,主要是为了方便家乡举子赴京赶考提供方便而设立的。《闽中会馆志》记载:泉郡会馆,"此馆为棘闱士子驻足之所,并为旅京同乡醵饮之场"。[2]《同安会馆记》载:泉郡会馆因"世际盛明,人文蔚起,每会试常多至不能容"。因此,前来京师谒补的陈胪声及从弟陈奇烈将购买的宅第捐献出来作为同安会馆。[3]《北京会馆资料集成》中将北京 6 所泉州会馆都列入"同乡试馆"。[4] 由于泉州与台湾地缘相近、血缘相亲、文缘相承、商缘相连、法缘相循,许多台湾人士到京时都选择居住在泉州会馆,进一步密切了泉台情缘。有关资料表明,在不同的历史时期,台湾名人叶题雁、李清琦、连雅堂、吴子瑜、林子瑾、谢廉清、洪炎秋、张我军、张钟铃、林焕文、林海音等都在北京泉州会馆居住过。

---

[1] 《中国大百科全书》总编委会:《中国大百科全书》,北京:中国大百科全书出版社,2009 年,第 10 册 355 页。

[2] 李景铭:《闽中会馆志·泉郡会馆》,王日根、薛鹏志编纂:《中国会馆志资料集成》第一辑第四册,厦门:厦门大学出版社,2013 年,第 397 页。

[3] 李景铭:《闽中会馆志·同安会馆》,王日根、薛鹏志编纂:《中国会馆志资料集成》第一辑第四册,厦门:厦门大学出版社,2013 年,第 566 页。

[4] 李金龙、孙兴亚主编:《北京会馆资料集成》,北京:学苑出版社,2007 年,第 199、217、223、241、253、265 页。

一

　　光绪二十一年（1895）四月，清政府即将与日本签订《马关条约》，割让台湾的消息传出来后，朝野上下一片哗然，官民纷纷上书反对割台议和。此年为科举会试之年，全国各地的举子会聚京城。大家群情激愤，但因按当时清廷规定举子不能直接上书，举子们上书无门。后在各方努力下，促成了都察院代为上书，为举人上书提供了渠道。4月28日，在京参加会试的台湾举子汪春源、罗秀惠和黄宗鼎联合在京台籍官员叶题雁和李清琦联名上书，反对卖国求和。① 此事被称为"五人上书"，影响深远。奏疏言之有据，慷慨激昂："夫以全台之地使之战而陷、全台之民使之战而亡，为皇上赤子，虽肝脑涂地而无所悔。今一旦委而弃之，是驱忠义之士以事寇仇；台民终不免一死，然而死有隐痛矣！或谓朝廷不忍台民罹于锋镝，为此万不得已之举。然倭人仇视吾民，此后必遭荼毒，与其生为降虏，不如死为义民。或又谓徙民内地，尚可生全。然祖宗坟墓，岂忍舍之而去！田园庐舍，谁能挈之而奔！纵使子民身内渡，而数千里户口又将何地以处之？此台民所以万死不愿一生者也。"② 这一段文字充分体现了台湾的民意，令人潸然泪下。

　　叶题雁，字映都，台湾县人，祖籍泉州。光绪六年（1880）进士，初授户部主事，"由主事而员外郎，而郎中。光绪二十六年庚子（1900），八国联军占北京，叶题雁时正供职户部郎中，侨寓京城南柳巷晋江会馆"。③ "五人上书"时，叶题雁寓居晋江邑馆。《闽中会馆志》记载：（晋江邑馆）"建自何年，今不可考。遍查该馆，又无碑志可寻，唯有神龛中供奉宫保提督建馆中庵万老先生禄位，可知为清初万中庵提督创建者。"④《城南旧事》作者林海音的女儿夏祖丽在《一院槐花南柳巷》一文中写道："晋江会馆建于清康熙年间，由泉州

---

①　北京市台湾同胞联谊会编著：《台湾会馆与同乡会》，北京：北京大学出版社，2012年，第172页。

②　北京市台湾同胞联谊会编著：《台湾会馆与同乡会》，北京：北京大学出版社，2012年，第173～174页。

③　陈盛明：《清末泉州叶题雁、吴鲁记八国联军暴行》，《泉州鲤城文史资料》第2辑，1987年，第2页。

④　李景铭：《闽中会馆志·晋江邑馆》，王日根、薛鹏志编纂：《中国会馆志资料集成》第一辑第四册，厦门：厦门大学出版社，2013年，第544页。

人、水师提督万正色捐宅。全院有北房五间,南房、东西房各三间,有两道门和影壁及月亮门。"[1]据《北京会馆基础信息研究》记载:晋江邑馆占地 2.75 亩,老四合院有房 18 间。[2]

李清琦,字璧生,号石鹤。台湾彰化人,祖籍泉州。光绪二十年(1894)进士,选庶吉士。[3] 割台后,李清琦继续留京任职,授刑部主事。后改任知县,因故未到任报到,回泉州担任清源书院山长。[4] "五人上书"时,李清琦寓居泉郡会馆。泉郡会馆坐落于后孙公园胡同。泉郡会馆为"中翰陈鸿亭、从父淑斋、兄耻园,于乾隆九年(1744)捐三百金为倡,与乡先生共同建置也。"[5] 根据《北京会馆基础信息研究》记载:泉郡会馆位处西城区后孙公园胡同 31 号,有房 42 间[6],泉州举人黄贻楫上京赴试时,住在泉郡会馆,获第三名(探花)后,应会馆同仁之邀,题写了一副脍炙人口的对联:"清紫葵罗钟间气,蒙存浅达有遗书。"[7]此楹联是泉郡会馆的镇馆之宝。上联夸泉州山川钟灵,有清源山、紫帽山、葵山、罗裳山诸名山;下联矜泉州人物荟萃,重要著述有《四书蒙引》《四书存疑》《四书浅说》《四书达解》。这四部著作有的钦命刊行,有的收入《四库全书》,令泉州人引为骄傲。[8]

在各省举人上书反对割台议和初期,"台湾同胞的'五人上书'最为感人,其情之切、意之决、心之痛、恨之深,为各省举人所不及"。[9] 康有为在《康南海自编年谱》中指出:"台湾举人垂涕而请命,莫不哀之。"康有为深受鼓舞,"时以士气可用,乃合十八省举人于松筠庵会议,与名者千二百余人,以

---

[1] 夏祖丽:《一院槐花南柳巷》,http://bj.wenming.cn,访问日期:2020 年 4 月 2 日。

[2] 白继增、白杰著:《北京会馆基础信息研究》,北京:中国商业出版社,2014 年,第 270~271 页。

[3] 尹海金、曹端详编著:《清代进士辞典》,北京:中国文史出版社,2004 年,第 118 页。

[4] 北京市台湾同胞联谊会编著:《台湾会馆与同乡会》,北京:北京大学出版社,2012 年,第 176 页。

[5] 李景铭:《闽中会馆志·泉郡会馆》,王日根、薛鹏志编纂:《中国会馆志资料集成》第一辑第四册,厦门:厦门大学出版社,2013 年,第 391 页。

[6] 白继增、白杰著:《北京会馆基础信息研究》,北京:中国商业出版社,2014 年,第 264~265 页。

[7] 李景铭:《闽中会馆志·泉郡会馆》,王日根、薛鹏志编纂:《中国会馆志资料集成》第一辑第四册,厦门:厦门大学出版社,2013 年,第 398 页。

[8] 陈笃彬、苏黎明:《泉州古代著述》,济南:齐鲁书社,2008 年,第 253 页。

[9] 北京市台湾同胞联谊会编著:《台湾会馆与同乡会》,北京:北京大学出版社,2012 年,第 177 页。

一昼二夜草万言书,请拒和、变法、迁都三者"。① 这就是历史上著名的"公车上书"。两位祖籍晋江的台湾进士,一位寓居晋江邑馆、一位寓居泉郡会馆,一起参加了"五人上书",在历史上留下了浓墨重彩的一笔。

光绪二十六年(1900),八国联军侵占北京,叶题雁与泉州最后一名状元吴鲁同时寓居晋江邑馆,目睹了八国联军的滔天罪行。吴鲁,字肃堂,号且园,清泉州晋江县人。光绪十六年(1890)殿试一甲第一名(状元),授翰林修撰,历任陕西副主考、安徽学政。庚子事变时任军务处总办。② 亲历庚子之变,吴鲁"因在军务处见闻较广,感愤之余,陆续为诗百余首以志事寄愤,后编为《百哀诗》上下两卷"。③ 现摘录《秋感八首》之一如下:"九门虎旅萃如林,兵卫连营启戟森。毒焰红催銮御出,阵云黑压帝京阴。空闻降贼哥舒策,谁抱渡江祖逖心。入夜秋声更萧瑟,空庭落叶杂寒砧。"诗中用了两个历史典故来抨击清朝将领的软弱无能。哥舒翰是唐代名将,安禄山造反时,因战败投降,被安禄山所杀。这里用哥舒策来指投降敌人是下策。东晋名将祖逖建议收复中原,晋元帝任命其为豫州刺史,率部渡江时,中流击楫发誓,以示决心。"祖逖心"用来表示抗敌的决心。④ 吴鲁的诗可见杜甫风骨。叶题雁也写下了《外侮痛史》一文,文章仅500多字,但揭露了"洋兵破都城,焚毁劫掠,惨无天日"的滔天罪行。现摘录如下:

庚子七月廿一日,洋兵破都城,焚毁抢掠,惨无天日。至廿五日,各国会议分段管辖,出示安民。御史某被洋兵捉去,勒令扫地;内阁某被洋兵捉去,勒令由彰仪门外拉炮车赴琉璃厂。西兵每日巳刻到处捉人,勒令作苦工,或挑水,或洗衣,或擦炮,或拉车,至申刻释放。镖车厂王五,以义侠闻,甘军攻使馆,匝月不破,王五请开地道以火药轰开。都城破后,西兵闻知,将王五捉去,闭诸幽室,勒令赎金三千,王五怒斥之,竟被枪杀。闰八月十五日,保定藩司廷雍出郊迎接洋酋,酋取雍冠掷之于地,拿入保府,钼诸耶苏教堂。九月初八日,驱至南城外扑杀之。德国带兵官驻安徽会馆,有人从后面掷石破其窗棂,西兵逞愤,焚毁兴胜寺

---

① 康有为著,楼宇烈整理:《康南海自编年谱(外二种)》,北京:中华书局,1992年,第26页。
② 粘良图、李灿煌编:《晋江历代人名辞典》,厦门:厦门大学出版社,2013年,第94页。
③ 陈盛明:《清末泉州叶题雁、吴鲁记八国联军暴行》,《泉州鲤城文史资料》第2辑,1987年,第4页。
④ (清)吴鲁:《百哀诗》,厦门:鹭江出版社,2015年,第87页。

及东南园东北园民房,有二人在沙土园见火光陡起,意欲逃避,德人疑为掷石之人,遂捉而投入火坑中焚毙。至若内府御书被洋兵搬出,在街头售卖;洋兵开銮仪库将仪仗搬出,沿街游戏。德兵在崇文门外演巨炮,法兵在宣武门内演气球,日兵在午门内演军乐队。护国寺铜佛为前明内监所监造,日兵爱其铜质极佳,锯成三段,运往东洋;西苑御用汽车,雕镂精致,都人谓之花车,法兵以铁轨驱入西华门等处,乘坐出入,来去自由。大内重器均被日兵攫去,美兵在天坛设停车场。以上各节,当时各国视之,直为纤微小事耳,有何国际公法之在目!①

一位晋江状元、一位祖籍为泉州的台湾进士,庚子之年在晋江邑馆相互鼓励,相互切磋,作诗著文,给后人留下了关于庚子事变的第一手资料。

二

连横(1878—1936),字雅堂,号武公、剑花,别署慕陶、慕真。台湾知名诗人、史学家,其著作有《台湾通史》《台湾语典》《台湾诗乘》。人称台湾文化第一人。② 林子瑾的儿子林原先生回忆道:"1912年1月民国成立后,3月下旬,林子瑾便急于与大病初愈的连雅堂结伴启程返回祖国。足见他们盼望祖国即刻复兴的爱国热情。他们于1912年4月到达上海,在上海获悉民国政府迁往北京。连雅堂因事暂留上海,林子瑾便先赴北京了。"③1913年春,连横赴京参加华侨选举国会议员,当选为"国会议员华侨代表"。④ 连横曾在晋江邑馆居住过,后又转赴奉天吉林,入新吉林报社服务。林海音的女儿夏祖丽写道:"据说连战的祖父连雅堂先生1913年、1914年也在此(晋江邑馆)住过。"⑤

林子瑾(1878—1954),字少英,台湾台中人。在日留学期间,积极参加进步组织,1921年参与组织台湾文化协会,被推为议长。认识孙中山和黄兴

---

① 陈盛明:《清末泉州叶题雁、吴鲁记八国联军暴行》,《泉州鲤城文史资料》第2辑,1987年,第2~3页。
② 《连雅堂》,https://baike.baidu.com,访问日期:2020年4月8日。
③ 林原:《连横、吴子瑜、林子瑾民国初年复籍的故事》,http://tw.people.com.cn,访问日期:2020年4月11日。
④ 郑喜夫编撰:《民国连雅堂先生横年谱》,台北:台湾商务印书馆,1980年,第89页。
⑤ 夏祖丽:《一院槐花南柳巷》,http://bj.wenming.cn,访问日期:2020年4月2日。

后,全力支持中国革命。响应孙中山先生"实业救国"的号召,在北京投资兴建京(北京)古(古北口)公路,办起北方长途汽车行,是北京历史上第一家正规、成规模的台胞企业。[1] 林子瑾还是台湾栎社诗人。林子瑾1912年到达北京后,"正值国籍法公布,便毫无犹豫,即刻果断恢复了国籍"。[2] 当时,他受聘于天津女子高等师范学堂,从事教育事业。[3]

1914年1月,在经大陆多地游历之后,连雅堂、林子瑾、吴子瑜三人按事先约定,齐聚北京,寓居晋江邑馆,共同筹办复籍手续。[4] 林原先生回忆道:"1914年,他(指林子瑾)又做了连雅堂先生和来京经商的表亲吴子瑜复籍的保证人。前辈重视彼此的友谊。连、林曾是好友,两人同龄,都很崇尚民族气节。故而先父林子瑾很信任和了解雅堂先生,他们牢固的友谊是建立在高度认同祖国的共同基础上,所以甘愿出面为连先生担保。"[5]

吴子瑜(1885—1951),字少侯,号小鲁,台中东势人。其出身豪门,为人豪爽阔绰,人称"东碧舍",即台中阔少之意。其父吴鸾,光绪年间监生,是当时东大墩(今台中市)的首富,人称"吴部爷"。民国初年,吴子瑜赴北京、上海等地经商,曾与孙中山有过往来,多次捐资襄助革命。吴子瑜还参加了在京台湾同胞组织的"北京台湾青年会",支持台湾岛内民族主义活动。吴子瑜加入栎社后,经常以吴家花园做踏青之地,召集东山诗会以文会友,"遂成年例"。[6]

1914年1月31日,由林子瑾引路,连雅堂、吴子瑜二人去内务部办理了复籍手续。连雅堂申请恢复中国国籍并更名连横,吴子瑜申请恢复中国国

---

[1] 北京市台湾同胞联谊会编著:《台湾会馆与同乡会》,北京:北京大学出版社,2012年,第192~193页。
[2] 林原:《连横、吴子瑜、林子瑾民国初年复籍的故事》,http://tw.people.com.cn,访问日期:2020年4月11日。
[3] 北京市台湾同胞联谊会编著:《台湾会馆与同乡会》,北京:北京大学出版社,2012年,第186页。
[4] 北京市台湾同胞联谊会编著:《台湾会馆与同乡会》,北京:北京大学出版社,2012年,第186页。
[5] 林原:《连横、吴子瑜、林子瑾民国初年复籍的故事》,http://tw.people.com.cn,访问日期:2020年4月11日。
[6] 蒋梅:《台湾爱国诗人吴子瑜》,http://www.shac.net.cn,访问日期:2020年4月11日。

籍并仍用原名吴世勋。而林子瑾是连雅堂、吴子瑜复籍更名的具保人。[1]

2005年,中共中央总书记胡锦涛将南京第二历史档案馆馆藏连战祖父连雅堂先生于1914年恢复中国国籍和更名连横的档案材料复制件赠送给了应邀访问大陆的连战先生。连先生非常惊喜,因为他本人也不知此事。2007年,北京的海峡两岸出版交流中心和九州出版社出版了由国台办陈云林先生主编的《馆藏民国台湾档案汇编》一书,该书内容中就有连雅堂、吴子瑜、林子瑾等人申请复籍档案。[2]

辛亥革命之后,连雅堂等人的复籍行为充分反映了日据时期绝大多数台湾同胞对祖国的认同感,也反映了他们期盼祖国早日统一的强烈愿望以及建设一个强大中国的决心。当连雅堂、林子瑾、吴子瑜复籍成功兴高采烈地从内务府回来时,晋江邑馆与他们一起分享了复籍的喜悦和自豪。

三

五四运动是1919年5月4日在中国北京爆发的反对帝国主义列强和北洋军阀统治的全国规模的爱国民主运动,也是新文化运动的继续和发展,是中国革命史上具有划时代意义的事件,中国革命从此进入新民主主义革命时期。[3] 受五四运动的鼓舞,许多台湾爱国青年纷纷来到北京,追求民主科学,参与新文化运动。北京泉州会馆接纳了这些有志的台湾青年。

谢廉清(1903—1961),字子夷,台湾彰化人。谢廉清1922年进入北京朝阳大学预科学习,曾寓居晋江邑馆,1926年自朝阳大学政治经济科毕业。[4] 1925年春夏,尚在朝阳大学读书的谢廉清,曾秘密前往莫斯科"东方共产主义劳动大学",接受共产主义的洗礼四个月:"这也是已知的第二位前

---

[1] 北京市台湾同胞联谊会编著:《台湾会馆与同乡会》,北京:北京大学出版社,2012年,186页。

[2] 林原:《连横、吴子瑜、林子瑾民国初年复籍的故事》,http://tw.people.com.cn,访问日期:2020年4月11日。

[3] 《中国大百科全书》总编委员会:《中国大百科全书》第23册,2009年,第534~535页。

[4] 北京市台湾同胞联谊会编著:《台湾会馆与同乡会》,北京:北京大学出版社,2012年,第191页。

往苏联留学的台湾学生,第一位是早他半年的许乃昌(沐云)。"[1]谢廉清早期曾积极参加各种抗日民族运动,是"台湾文化协会"成立初期的重要成员;曾参加"上海台湾青年会",被推为干部,并组织声援台湾议会设置的请愿活动;参加"上海台湾人大会"并在大会上致开幕词,严厉谴责日本总督府的暴行,与张我军等人一起被选为执委。[2] 谢廉清朝阳大学毕业后,曾任天津地方法院书记官、北京郁文大学教授、中国陆军大学教官、台湾新民报记者。北平沦陷之后,曾任日伪北京临时政府商工科长、畜产司长。[3] 1945年抗战胜利后,被国民党政府以"汉奸"罪逮捕:"当时友人告诉他,只要申明台湾人身份就可免于起诉,但他执意不肯,宁可用祖籍福建龙溪人身份,入狱至1948年底被释放。"谢廉清于1949年加入台湾民主自治同盟,后又进入华北人民革命大学学习,毕业后到北京市人民政府工作。[4]

洪炎秋(1902—1980),原名槱,初字棪楸,后改名炎秋,笔名芸苏,台湾彰化鹿港人。1923年1月由台湾来北京,与张我军同住泉郡会馆。经过半年补习,与宋斐如一起考入北大预科,"这是台湾学生经过考试正式进入北大就读的第一次"。[5]洪炎秋预科后进入北大教育系学习,积极参加各种反日活动和社会团体,是孙中山先生的忠实追随者。1924年底孙中山应邀第三次北上,洪炎秋作为北大学生军成员担任孙先生的卫士。孙中山先生去世后,洪炎秋与苏芗雨等人代表北大台湾学生前往吊唁,并以"北大台湾学生会"的名义敬献挽联。挽联为:"三百万台湾刚醒同胞微先生何人领导?四十年祖国未竟事业舍我辈其谁分担?"1929年6月,洪炎秋从北大教育系毕业,其毕业论文题目为《日本帝国主义下的台湾教育》。论文揭穿了所谓日据时代台湾教育蒸蒸日上的假象,经北大校长蒋梦麟先生推荐,发表在上海《教育杂志》上。[6]洪炎秋北大毕业后,申请恢复中国国籍,定居北平。[7] 此

---

[1] 何标主编:《老北京台湾人的故事》,北京:台海出版社,2009年,第39页。
[2] 北京市台湾同胞联谊会编著:《台湾会馆与同乡会》,北京:北京大学出版社,2012年,第191页。
[3] 何标主编:《老北京台湾人的故事》,北京:台海出版社,2009年,第33页。
[4] 北京市台湾同胞联谊会编著:《台湾会馆与同乡会》,北京:北京大学出版社,2012年,第192页。
[5] 何标主编:《老北京台湾人的故事》,北京:台海出版社,2009年,第30页。
[6] 北京市台湾同胞联谊会编著:《台湾会馆与同乡会》,北京:北京大学出版社,2012年,第208~209页。
[7] 何标主编:《老北京台湾人的故事》,北京:台海出版社,2009年,第70页。

后就在北平各大学任职,并开了一家人人书店,专门出版语言教育类书籍。台湾光复之后,洪炎秋回到台湾,曾任台中师范校长、台湾省国语推行委员会副主任、台湾大学教授等职。①

张我军(1902—1955),原名清荣,台北县板桥市人。1916年3月,自板桥公学毕业后,曾担任过鞋店学徒、新高银行工友、雇员,1921年前往新高银行厦门支店任职。在厦期间,张我军"开始接触到祖国文化,也感受到五四新文学运动的冲击"。他考进当地同文书院接受新式教育,当时张钟铃(1950年为台湾第一所私立大学——私立淡江英语专科学校首任校长)也在鼓浪屿英华书院就读,并与张我军相识。1924年初,张我军来到上海,参加"上海台湾青年会"在务本英文专校召开的"上海台湾人大会",大会严厉谴责总督的暴行。张我军在会上发表演说,并与谢廉清等人一起被推举为执委。大会之后,张我军来到北京,投奔先前到来的好友张钟铃。张钟铃与洪炎秋当时都寓居泉郡会馆,张我军也就住进了泉郡会馆。此时,张钟铃在北京世界语专科学校学习,洪炎秋在北京大学就读。晚间,三人经常一起到会馆附近由北京高等师范学院所办的补习班补习。1924年9月,张我军报考北京大学普通旁听生,因测试没有通过,未能进入北大学习。1926年,张我军再次由台湾到北京,考入私立中国大学国学系,1927年转入国立北京师范大学国文系。1929年6月,张我军从北京师范大学国文系毕业,"这也是台湾学生第一位在大陆的大学自国文系毕业者"。② 第一次北京之行,对张我军影响很大,他写了《致台湾青年的一封信》《糟糕的台湾文学界》,投稿《台湾民报》,介绍北京新文学,"引发台湾文坛关于新旧文学的争论"。1926年8月,张我军还登门向鲁迅先生求教。大学毕业后,张我军继续从事写作并在北大、北师大等学校任职。北平沦陷时期,张我军顶住压力,拒绝出任伪职。抗战胜利后,张我军被选为台湾省旅平同乡会执委。张我军是"台湾新文学奠基人"。③

泉郡会馆不仅见证了张我军的求学热情,也见证了他的恋爱过程。当年张我军所上补习班夜班部有两朵班花,其中一位是名叫罗淑文的17岁少

---

① 何标主编:《老北京台湾人的故事》,北京:台海出版社,2009年,第30页。
② 何标主编:《老北京台湾人的故事》,北京:台海出版社,2009年,第17~19页。
③ 北京市台湾同胞联谊会编著:《台湾会馆与同乡会》,北京:北京大学出版社,2012年,第207~208页。

女,被张我军一追就追上了。后来张我军因经济的原因,回到台北,在《台湾民报》当编辑。张我军给罗淑文写了好几封信,但因女方家长阻拦,罗淑文未能看到。后来有人向罗家求婚,罗家答应了。在当时社会条件下,罗淑文不敢公开表示反对。洪炎秋得知此事后,给张我军发了电报。张我军急忙赶赴北平,与罗淑文见面后,决定共奔台湾,来争取自己的幸福。罗淑文为张我军改名为罗心乡。① 1986年,在美国纽约寓所,已是耄耋老人的罗心乡写下了《忆乱都之恋》的文章,回忆这段令人难忘的恋情:"一天我开箱找衣服,突然从箱子上掉下一封信和一张照片,信上只是写了一首莫名其妙的白话诗……有一天,这个写诗的青年主动来找我攀谈,才知道他叫张我军。他说自己不是来这里补习功课,而是来学北京话的。就这样,我们彼此相识了。我在魏姐姐的陪同下,每星期到他住的泉郡会馆去一次,说些话,借几本杂志回来看。……这样来往了大半年,他忽然不辞而别,接到信后才知道他回到台湾在《台湾民报》工作。就在这时……会馆里一个福建人通过他的朋友,对我一个叔叔说了张我军许多坏话,还自称是大富商的弟弟,要求同我结婚,等等。我那个叔叔……听信了他的谗言……就决定要包办这样的婚事……正当愁云密布之时,有人把这消息电告我军,他立即从台湾赶来北京,约我见面说,事至如此,只有一起去台湾避难,否则前途将遭厄运……就在这种情况下,我只穿了一身学生服,没有携带任何证件,同我军一同坐火车到上海,再乘船到厦门鼓浪屿,然后写信给母亲和三叔。他们接到信后,立即寄钱和衣物给我,并要我们尽快正式结婚。得到这个消息,我们非常高兴,遂一同乘船去台湾……在台北江山楼摆了两桌酒席,举行了婚礼。"② 1925年,张我军把自己这段曲折的自由恋爱经历写成新诗集《乱都之恋》,成为台湾岛的第一部白话新诗集。

四

《城南旧事》作者林海音一家与北京泉州会馆渊源最深。林海音(1918—2001),原名林含英。著名作家、出版人,在大陆文学史与现代台湾文学史中,都有相当重要的地位,被称为衔接大陆五四文学和台湾当代文学

---

① 《张我军》,https://baike.baidu.com,访问日期:2020年4月11日。
② 张光正编:《张我军全集》,北京:台海出版社,2000年,第258~259页。

的桥梁。① 林海音的父亲为林焕文。林焕文(1888—1930),台湾苗栗头份人。幼年接受过良好的国学教育,日据时期毕业于"台湾总督府国语(日语)学校师范部"。曾任教于台湾新埔公学,1917年前往日本经商。1920年赴北京,开始在日本人的报纸《京津新闻》工作,后任北京邮电总局日本课课长。② 1922年,林海音随母亲到京与父亲团聚。林海音一家在北京先后设寓七处,其中包括永春会馆和晋江邑馆。

关于永春会馆,林海音写道:"在谦安客栈暂住不久,就搬到椿树上二条了。这是我在北京生长、生活起步的第一个居家。其实这是永春会馆的后进,正门在椿树上头条。这里另开一个后门出进,中间隔着一个大院子,院子里有一棵槐树,到了夏天槐树开花,唧鸟(蝉)叫,树上挂吊下来许多像蚕一样的槐树虫,俗称吊死鬼,淡淡绿像槐树花一样的颜色。"③确实有诗一样的意境。《闽中会馆志》中永春会馆记载比较简略,因为作者认为"永春属泉州府,是不过邑馆而已"。实际上,雍正十二年(1734)永春升为州,直隶福建布政司,"永春会馆坐落在宣武门外椿树上三条三号"。④ 据《〈城南旧事〉与新颜》的作者记述:椿树胡同地区形成于金代,因种植椿树而有此名。其范围包括东、西椿树胡同以及椿树上头条、上二条、上三条等。清代有许多名人住在这里。比如嘉庆六年(1801)进士陈用光。这里会馆也多,至少有15家。清末民初,许多著名的文人、艺人也都住在这里,如京剧四大名旦之一的荀慧生曾住椿树上三条11号,四大须生之首余叔岩曾住椿树上二条。⑤《闽中会馆志》记载:"相传此永春会馆创于乾隆初年,原在梁家园。嗣因失慎,由同乡京官林陈两姓捐俸四百两,别购此馆。契久已遗失,至光宣间,曾补一契……大门前有永春会馆四字,用阴文堆泥于墙上。款为陈宝琛书,前清邮传部主事,但无年月。……因永春本县无人住京,馆为长班侵占。后经诉诸警察局,于民国二十二年(1933)胜诉,方将长班驱逐,收回本馆。因虑

---

① 林海音:《城南旧事》,北京:商务印书馆,2019年,第532页。
② 北京市台湾同胞联谊会编著:《台湾会馆与同乡会》,北京:北京大学出版社,2012年,第189~190页。
③ 何标主编:《老北京台湾人的故事》,北京:台海出版社,2009年,第108页。
④ 李景铭:《闽中会馆志·永春会馆》,王日根、薛鹏志编纂:《中国会馆志资料集成》第一辑第四册,厦门:厦门大学出版社,2013年,第532页。
⑤ 秋陌离:《〈城南旧事〉与新颜》,https://www.douban.com,访问日期:2020年4月1日。

匾额易于藏匿弃置,易为堆泥,或可耐久……前院尚有空地,可以盖房……该馆现住四户,共三十一人。"①根据《北京会馆基础信息研究》记载:永春会馆占地1.09亩,有房10多间。②后林海音一家因"家中由三口变成六口了,椿树上二条一溜三间的房似乎不够住了",就搬离了永春会馆。③

1930年,林焕文不幸去世。夏祖丽写道:"1931年5月,外公林焕文先生以44岁英年病逝于北京。外公去世后,外婆带着7个孩子搬进不用付房租和电费的晋江会馆,母亲是老大,那时只有13岁。从1931年到1948年底回到台湾,晋江会馆是林家在北京住得最久的居所。"④林海音自己回忆道:父亲去世后,"为了生活的节省,就搬到了南柳巷五十五号的晋江会馆,不必付租金的房子。我们虽非晋江人,但是母亲的祖先却是福建同安移民到台湾的"。⑤ 对于南柳巷晋江邑馆,林海音印象深刻,她写道:"南柳巷也是在我一生居住中占有重要的地方,时间又长,从我在无父后的十年成长过程中,经过读书、就业、结婚,都是从这里出发。我的努力,我的艰苦,我的快乐,我的忧伤……包含了种种情绪,有一点,我们有一个和谐、相依为命的家庭,那是因为我们有一个贤良从不诉苦的母亲。"⑥

林海音在《城南旧事》中还描写了惠安会馆:"惠安馆在我们这条胡同的最前一家,三层石台阶上去,就是两扇大黑门凹进去,门上横着一块匾,路过的时候爸爸教我念过:'飞安会馆。'爸爸说里面住的都是从'飞安'那个地方来的学生,像叔叔一样,在大学里念书。"⑦《闽中会馆志》没有惠安会馆的记载。《北京会馆基础信息研究》记述:惠安会馆建于清代,位处西城区耀武胡同9号(旧为羊肉胡同路北五号),占地0.59亩,有房7间。⑧《北京会馆资料集成》记载:"羊肉胡同,西有回人礼拜寺,有惠安会馆(载于光绪《顺天府

---

① 李景铭:《闽中会馆志·永春会馆》,王日根、薛鹏志编纂:《中国会馆志资料集成》第一辑第四册,厦门:厦门大学出版社,2013年,第532页。
② 白继增、白杰著:《北京会馆基础信息研究》,北京:中国商业出版社,2014年,第273页。
③ 何标主编:《老北京台湾人的故事》,北京:台海出版社,2009年,第109~110页。
④ 夏祖丽:《一院槐花南柳巷》,http://bj.wenming.cn,访问日期:2020年4月2日。
⑤ 何标主编:《老北京台湾人的故事》,北京:台海出版社,2009年,第115~116页。
⑥ 何标主编:《老北京台湾人的故事》,北京:台海出版社,2009年,第119页。
⑦ 林海音:《城南旧事》,北京:商务印书馆,2019年,第7页。
⑧ 白继增、白杰著:《北京会馆基础信息研究》,北京:中国商业出版社,2014年,第275~276页。

志》)。"同时还记载了1949年1月25日制定的《惠安会馆章程》。[①]

林海音是从北京泉州会馆成长起来的作家,北京泉州会馆既带有京味儿,又有浓厚闽南风味的文化熏陶了她。细细地品味林海音的作品,可以同时感受到这两种风味,这也是林海音的作品在北京、在台湾同样深受欢迎的原因。

矗立于泉州西湖畔的中国闽台缘博物馆,见证着两岸骨肉同胞根脉相连。在台湾,有44.8%的汉族同胞(约900万人)祖籍泉州。[②] 不管是甲午战争、庚子之乱、辛亥革命、五四运动,还是抗日战争时期,北京泉州会馆始终敞开着大门,以海纳百川的精神庇护了来自台湾的同胞,因为这里有浓得化不开的泉台情。

(原载《闽台缘文史集刊》2020年第2期)

[①] 李金龙,孙兴亚主编:《北京会馆资料集成》,北京:学苑出版社,2007年,第217页。
[②] 《泉州》,https://www.sohu.com,访问日期:2020年4月18日。

清代泉人涉台著述述评

泉州与台湾关系向来密切。随着郑成功复台,施琅平台,这两个泉州人在台湾发展中发挥了重要作用,同时也促使大量的泉籍子弟兵和移民入台。据统计,在郑氏政权末期,台湾汉族人口已超过 10 万人。施琅平台之后,外来移民迅速增加,至嘉庆十六年(1811),台湾人口已达 200 万。[①] 在这些移民中,泉州人数量不少。比如从康熙二十二年(1683)到嘉庆年间(1683—1820),泉州有张、蔡、谢、洪、廖等 50 多个姓移民台湾。晋江县永湖村,当时村民仅数百人,而移居台湾的就有 120 多人。[②] 据 1926 年的"台湾在籍汉民族乡贯别调查",当时台湾汉民族居民为 375.16 万,其中祖籍为泉州的占 44.8%,永春直隶州籍的占 0.6%。[③] 对台湾的高度关注,使涉台著述成为有清一代泉人著述的鲜明特点。

郑成功复台的相关著述

郑成功(1624—1662),本名森,字大木,南安人,郑芝龙子,明末监生。顺治三年(1646),郑成功毅然起兵,以金门、厦门为根据地,从事抗清活动,南明永历皇帝封其为延平郡王。顺治十八年(1661),郑成功率军收复台湾。民国《南安县志》载:"成功遣攻台湾,至澎湖,适遇水涨,竟以海舶渡之,直抵城内。城中红夷不过千余人,其余皆郑氏所迁之民也。以火炮攻城,城坚不受炮。台民导之曰:'城外高山有水,自下而上,统于城濠,贯城而过,城中无

[①] 汪征鲁主编:《福建史纲》,福州:福建人民出版社,2003 年,第 479~480 页。
[②] 《清朝不少泉州人迁往台湾》,https://www.sohu.com,访问日期:2020 年 7 月 24 日。
[③] 《泉州与台湾有何联系》,https://wenku.baidu.com,访问日期:2020 年 9 月 26 日。

井泉,所饮唯此一水。若塞其水源,三日而告变矣。'从之。红夷乞降。"①康熙元年(1662),郑成功病逝后,其子郑经(1642—1681)嗣其位,据守台湾。民国《南安县志》载:"郑经承父基业,仍图恢复。赖参军陈永华、刘国轩等为之谋,主垦田园、立学校、建圣庙、设科举、兵息民和,岁屡丰稔,俨成金汤之固矣。"②郑经曾乘三藩之乱,进兵闽、广,康熙十九年(1680)退回台湾,次年卒。郑成功、郑经所著的诗、谕、书信及有关资料,后结集为《延平二王遗集》。正如《延平二王遗集》点校者在《校点后记》中所言:"郑成功及其家族成员很多都是具备文韬武略的人物,他们在明末清初这一历史时期的活动牵涉到社会鼎革的诸多方面,是治史者的重要研究内容。"③有鉴于此,《延平二王遗集》的历史价值弥足珍贵。

卢若腾,字闲之,号牧洲,金门人。光绪《金门志》载:卢若腾"崇祯丙子举人,庚辰进士。御试,诏对称旨。时中外多警,上雅意边才,授兵部主事,誉望大起。黄道周、沈佺期、范方引为同志,以气节相符"。④清初,他和明遗臣王忠孝、沈佺期、郭贞一、辜朝荐等都成为郑军顾问。康熙三年(1664),卢若腾欲东渡台湾,至澎湖时病逝。卢学识渊博,著述甚多。光绪《金门志》记载:"所著有《方舆互考》《浯州节烈传》《留庵诗文集》《学字与耕堂值笔》《岛噫集》《岛居随录》《岛上闲偶居寄》各若干卷。"⑤其著作中有不少关于台湾的诗文。

沈佺期,字云祐(一作"云又"),号复斋(一作"鹤斋"),南安人,明末进士。《台湾通史》载:沈佺期,"崇祯十六年登进士,授吏部郎中。隆武立福京,擢右副都御史。及帝陷汀州,佺期南下,随延平郡王起兵于泉州桃花山,为幕府上客。后入台湾,以医药济人"。⑥沈佺期在台湾行医二十多年,努力推动台湾中医药事业发展,被台湾同胞尊为"医祖"。沈佺期"为古文词,安

---

① 戴朱希总纂:民国《南安县志》,南安:南安县地方志编纂委员会,1989年,第882页。
② 戴朱希总纂:民国《南安县志》,南安:南安县地方志编纂委员会,1989年,第932页。
③ (明)郑成功等著:《延平二王遗集》,上海:上海辞书出版社,2012年,第239页。
④ (清)林焜熿、林豪修纂:光绪《金门志》卷十,台北:台湾银行经济研究室,1960年,第264页。
⑤ (清)林焜熿、林豪修纂:光绪《金门志》卷十,台北:台湾银行经济研究室,1960年,第262页。
⑥ 连横:《台湾通史》,北京:商务印书馆,2010年,第560页。

详融练,卓然名家。诗歌清婉绝伦"。① 在其著作诗文集中,有不少台湾资料。

王忠孝(1593—1667),字长儒,号愧两,惠安人。崇祯元年(1628)进士,授户部主事,隆武帝时擢光禄寺少卿。"郑成功起兵后,即投奔郑氏,对军政大事多所赞划,备受推重,在抗清复台中,出力甚多。"王忠孝入台后,"得到郑经厚待,身近郑经四年,始终不图宦达,日与流寓诸人肆意诗酒,作方外客,默默无闻地度过晚年"。② 王忠孝一生著述颇丰,后人收集整理为《惠安王忠孝全集》,留下了不少关于二郑复台、治台的宝贵资料。

杨英,南安人。《台湾通史》载:"户官杨英。"③杨英著有《延平王户官杨英从征实录》,记载从"永历三年(1649)己丑九月陈策从王,十月初一日蒙录用叙起,至十六年壬寅先王宾天(止),凡所随从战征事实,挨年逐月采备造报,以凭校正施行"。④ 此书收入《续修四库全书·史部·杂史类》。《续修四库全书总目提要》载:"杨氏深受郑成功信任,随从征战达十三年之久。……又多录郑氏对外来往文书,全文抄录,篇幅几占全书十之六七,始末悉备,不乏出自成功亲笔者,弥足珍贵。"⑤

江日升,字敬夫,惠安人。康熙三十二年(1693)恩科解元。乾隆《泉州府志》载:江日升"有夙慧,甫弱冠,学使汪公薇即取入同安庠。父兆麟送至郡,从游于陈之缇,学遂大进"。⑥ 江日升中举后未为官即去世。其主要著作是《台湾外志》,又称《台湾外记》,撰于康熙四十三年(1704)。《台湾外志》从明天启元年(1621)郑芝龙离家,至清康熙二十二年(1683)郑克塽归清,按编年体写成。因其养父为郑成功部将,加上江日升对历史的刻苦钻研,注意调查研究和史料搜集,此书"记述了郑成功收复台湾和郑氏集团对台湾的开发,说明台湾自古以来就是中国领土神圣不可分割的一部分",有很高的史

---

① 戴朱希总纂:民国《南安县志》,南安:南安县地方志编纂委员会,1989年,第869页。
② 惠安县地方志编纂委员会编:《惠安县志》,北京:方志出版社,1998年,第1104~1105页。
③ 连横:《台湾通史》,北京:商务印书馆,2010年,第553页。
④ (清)杨英著,郑焕章点校:《从征实录》,北京:商务印书馆,2019年,第5页。
⑤ 《续修四库全书总目提要》编纂委员会编:《续修四库全书总目提要·史部》,上海:上海古籍出版社,2014年,第138页。
⑥ (清)怀荫布修:乾隆《泉州府志》卷七十六,泉州:泉州市地方志编纂委员会办公室,1984年,第18页。

料价值。①

阮旻锡,字畴生,号鹭岛道人,同安人。明朝灭亡时,阮旻锡刚20岁,"感于时变,慨然放弃了科举之途,拜父亲的老朋友曾樱为老师,以学习性理之学为主,旁及道藏、释典、诸子百家、兵法战阵、医卜方技等各方面的学问……晚年脱尘出世,遁入空门,取号超全,隐居于武夷山,以教授学生自给"。②阮旻锡著作甚丰,《海上见闻录定本》,收入《续修四库全书·史部·杂史类》。《续修四库全书总目提要》云:阮旻锡"就所见闻,据事直书,又曾参考《海上实录》《海记》诸书,文字极为质朴,研究郑氏事迹,足资参考"。③

夏琳,字元斌,南安人,与郑成功同时代人,事迹未详,著有《闽海纪要》《海纪辑要》,为研究郑氏三代留下丰富而珍贵的资料。④《闽海纪要》点校者在《点校前言》中写道:"主要记载明末清初之际郑氏三代在台海两岸的政治、军事活动。其内容主要涉及以下几个方面:郑成功在今福建(核心区在今厦门、漳州等地)、广东一带反清复明的活动、郑成功率部收复台湾的经过、郑经及郑克塽父子经营台湾及最终降清之始末等。若加上书首所记郑芝龙立隆武事,则应称为郑氏四世始末了。"⑤

施琅平台的相关著述

清初,围绕着平台和台湾弃留等问题,施琅、李光地、万正色三位泉州人意见不一,各自留下了有关的著述。这些著述都是研究这时期台湾问题的重要史料。

施琅(1621—1696),字尊侯,号琢公,晋江人,官至福建水师提督。康熙六年(1667)、七年(1668)施琅连续呈《边患宜靖疏》《尽陈所见疏》,分析了郑氏政权的状况,提出"为今之计,顺则抚之,逆则剿之"的方针,以及"盖澎湖

---

① 陈笃彬、苏黎明:《泉州古代著述》,济南:齐鲁书社,2008年,第291页。
② 同安县地方志编纂委员会:《同安县志》,北京:中华书局,2000年,第1437页。
③ 《续修四库全书总目提要》编纂委员会编:《续修四库全书总目提要·史部》,上海:上海古籍出版社,2014年,第139页。
④ 陈笃彬、苏黎明:《泉州古代著述》,济南:齐鲁书社,2008年,第297页。
⑤ (清)夏琳撰,林大志校注:《闽海纪要》,福州:福建人民出版社,2008年,第5页。

为台湾四达之咽喉,外卫之藩屏,先取澎湖,胜势已居其半"的战略。① 在奏疏中,施琅指出:"如台湾一平,防兵亦可裁减,地方益广,税赋可增,民生得宁,边疆永安,诚一时之劳,万世之逸也。"② 虽然康熙皇帝此时没下决心平台,但施琅坚持研究有关平台问题。康熙二十一年(1682),在李光地等大臣的力荐下,施琅奉命攻台,并于次年统一了台湾。平台后,朝廷产生了弃留问题,包括李光地在内的朝中重臣,都赞成"弃",康熙帝也赞成"弃"。施琅据理力争,呈上《恭陈台湾弃留疏》。在奏疏中,施琅阐明了台湾的重要地位,从祖国统一的高度提出了留守的重要性。最后,康熙帝采纳了施琅的建议,派兵留守台湾,台湾纳入版图。施琅身为武将,然而对经史诗文很有造诣,坐镇台湾时,经常与文士、诗人宴游酬酢。③ 施琅去世后,其后人将其奏折文章辑成《靖海纪事》《平南实录》。《靖海纪事》收入《续修四库全书·史部·纪事本末类》。《续修四库全书总目提要》称:"是书汇集施氏关于平定台湾诸多奏疏文章,均记有年月时日,最早者为康熙六年(1667)《边患宜靖疏》,各篇之后多附有'八闽绅士公刊原评'。据此类疏文,可详知施氏出兵台湾之经过及其谋划部署细节。"④

李光地(1642—1718),字晋卿,号厚庵,安溪人,康熙九年(1670)登进士第,官至吏部尚书、文渊阁大学士。在三藩之乱平定后,李光地适时提出平台的建议,《榕村全集》载:(康熙)二十年(1681)辛酉,"时郑氏尚稽天讨,公念欲卒平之。……至是,公因召对,复言:'郑氏为寇三世,垂六十年,此天道数穷之秋也。而伪留守陈永华又死。永华颇得士民情,今死,腹心溃矣。若命良将率闽兵讨之,必克。'"李光地力荐施琅承担此任,"施公遂蒙任用"。⑤ 台湾收复后,在弃留的问题上,李光地则认为"应弃","重洋之险,守则必设重戍,设重戍而因业其子孙。一旦濒海有警,隐然夜郎自大之势。窃计台湾故红毛地,若乘国威遐播,丐其地与红毛,而令世守输贡,似尤永逸长安之道"。⑥ 正如邓孔昭先生在《李光地、施琅、姚启圣与清初统一台湾》一文中所

---

① (清)施琅著,郑焕章点校:《靖海纪事》,北京:商务印书馆,2019年,第203页。
② (清)施琅著,郑焕章点校:《靖海纪事》,北京:商务印书馆,2019年,第201~202页。
③ 陈笃彬、苏黎明:《泉州古代著述》,济南:齐鲁书社,2008年,第289页。
④ 《续修四库全书总目提要》编纂委员会编:《续修四库全书总目提要·史部》,上海:上海古籍出版社,2014年,第77页。
⑤ (清)李光地撰:《榕村全集》第10册,福州:福建人民出版社,2013年,第28页。
⑥ (清)李光地撰:《榕村全集》第10册,福州:福建人民出版社,2013年,第34页。

指出的:"李光地放弃台湾的主张无疑是错误的,他对于放弃台湾危害性的认识远不如姚启圣、施琅等人深刻。"[①]

万正色(1637—1691),字惟高,号中庵,清泉州晋江县浔尾(今属泉州市丰泽区)人。民国《福建通志》载:"康熙三年(1664),以招抚海贼陈灿授职。擢陕西兴安州游击。"[②]康熙初年,万正色参与平定吴三桂的叛乱,擢授岳州水师总兵。康熙十八年(1679),万正色针对郑锦(经)"犹据金门、厦门,陷海澄"[③],以"闽人素习海上情形",上《水陆战守机宜》疏。疏议中言:"闽地负山枕海,贼出没无常。今宜择官兵习于陆路者,分布要害,使贼不得登岸。水军自万安镇顺流直抵金门,塞海澄,以断其归路。贼自厦门来援者,则从金门掩击。"[④]此疏议得到康熙帝认可,万正色被任命为福建水师提督,收复被郑军占据的南日、湄洲、崇武、金门、厦门等地。当时清政府为加强对郑军的封锁,准备在福建沿海重行"迁界",万正色上疏反对:"复沿海边界,以苏残黎;严边防,以杜寇萌。自海坛、厦门、金门、海澄以至铜山、南澳,留水师三万,分镇之。"[⑤]此疏议得到批准,沿海百姓得以复业。"三藩之乱"平定后,康熙帝又提出了收复台湾的问题,而万正色认为需要"养兵息民""台湾难攻且不必攻"。于是被改为陆路提督,后被调任云南提督。民国《福建通志》载:万正色"幼习举子业,辍而学剑,及为大将,不废吟诵"。[⑥] 著有《平岳疏议》《平海疏议》附《平海咨文》《师中小札》,均收入《四库全书存目丛书·史部·杂史类》。《四库全书总目》云:"康熙十三年,正色以岳州水师总兵官征吴三桂,累立战功。《平岳疏议》作于是时。寻提督福建水师,同总督姚启圣平海坛及金、厦两岛,《平海疏议》及《咨文》作于是时,《小札》亦是时师中作也。"[⑦]万正色在平定三藩,收复郑军占领的南日、湄洲、崇武、金门、厦门等地上功不可没,然而其在平台问题上的认识是错误的,没有深刻认识到统一台湾的重要意义和影响。

---

① 邓孔昭:《李光地、施琅、姚启圣与清初统一台湾》,《台湾研究集刊》1993年第1期,第68~76页。
② 沈瑜庆、陈衍等纂:民国《福建通志》,北京:方志出版社,2016年,第6502页。
③ 沈瑜庆、陈衍等纂:民国《福建通志》,北京:方志出版社,2016年,第6502页。
④ 沈瑜庆、陈衍等纂:民国《福建通志》,北京:方志出版社,2016年,第6502~6503页。
⑤ 沈瑜庆、陈衍等纂:民国《福建通志》,北京:方志出版社,2016年,第6503页。
⑥ 沈瑜庆、陈衍等纂:民国《福建通志》,北京:方志出版社,2016年,第6504页。
⑦ (清)永瑢等撰:《四库全书总目》,北京:中华书局,1965年,第511页。

在平台、台湾弃留问题的争论中,还有一些泉州人发表了自己的看法。李日煜,字省甫,号白轩,安溪人,李光地的胞叔。《安溪县志》载:"(康熙)十八年,日煜进京,圣祖召见,询问沿海情形。日煜奏《平海五策》:'一曰严海禁。郑氏踞海岛,其衣食兵器都取给内地,宜添设绿旗官兵,严守沿海旧堡,并严惩暗中接济的内地奸民。一曰杜招抚。招抚之事,绝不能成,既怠我军心,又助长奸民附贼之志。一曰选水师。海贼恃海为险,当今满汉大帅,多系北人,不习水战,要选用熟悉泉、漳水道者为统帅。一曰商缓急。直取厦门,击其腹心,攻占澎湖,断其归路,此所宜急。海澄三面临海,彼方易守,我方难攻,此所宜缓。一曰急抚绥。闽海久遭战祸,民苦供应,政府不得任意征派,或奉一派十,买籴要让民沾实惠。对那些啸聚山林,与海贼相呼应的要剿杀无赦。'建议多被采纳。"①其所著《平海机宜》《海防私议》《策台旧汇》中关于台海形势的许多论述,有相当高的史料价值。②

　　吴英(1637—1712),字为高,号愧能,晋江人,官至福建水师提督。"随施琅平台,留镇台地。寻调舟山……调任福建陆路提督旋改水师提督,凡十余年。御书'作万人敌'四字以赐,加号'威略将军'"。③ 吴英曾入京,向朝廷陈述有关治理台、澎的问题。有关见解体现在其著作《行间纪遇》中。

　　施世骠,字文秉,号怡园,晋江人,施琅第六子,官至福建水师提督。施世骠曾跟随父亲征台,"康熙六十年(1721),台湾朱一贵反,世骠率水师进征,遂平台地"。④ 所著《南窗燕草》,有不少关于台湾的吟咏。

　　王得一,字种龙,惠安人,万正色幕僚。著有《师中纪绩》一卷,起于康熙十二年(1673)万正色由兴安调守宁羌,迄于康熙二十(1681)年议征台湾,记述二十三件事,体现万正色近十年的战功,比较具体而较为翔实。此书收入《四库全书存目丛书·史部·杂史类》。然而正如《四库全书总目》所云:"正色与姚启圣异议,坚不欲攻台湾,为启圣所奏,得旨调陆路提督,而以施琅提督水师。……得一以议罢远征为纪绩之一,未免曲笔矣。"⑤

---

① 安溪县地方志编纂委员会编:《安溪县志》,北京:新华出版社,1994年,第1188~1189页。
② 陈笃彬、苏黎明:《泉州古代著述》,济南:齐鲁书社,2008年,第293页。
③ 粘良图、李灿煌编:《晋江历代人名辞典》,厦门:厦门大学出版社,2013年,第93页。
④ 粘良图、李灿煌编:《晋江历代人名辞典》,厦门:厦门大学出版社,2013年,第184页。
⑤ (清)永瑢等撰:《四库全书总目》,北京:中华书局,1965年,第490页。

台湾历史文化的相关著述

除了以上两个方面的著述外,清代泉州人关于台湾历史文化的著述也不少。陈伦炯(约 1685—1748),字次安,号资斋,同安人,荫生,官至江南水师总兵。陈伦炯的父亲陈昂"青年时就从事海上贸易,对海岛港门的风潮险易很熟悉。少年的陈伦炯,跟着父亲在海上穿涛踩浪,对海上情况有一定的了解"。① 民国《福建通志》载:陈伦炯,"博通群书,尤熟外夷情形。少习水师,由荫生赏蓝翎侍卫。康熙六十年(1721)四月,擢三等侍卫。七月,发往福建,以参将用。十月,署台湾南路参将。雍正元年(1723)七月,命署台湾协副将。十一月,升澎湖协副将。二年,调台湾水师协副将"。② 雍正四年(1726),任台湾总兵,后历任广东高、雷、廉镇总兵。乾隆七年(1742),升任浙江宁波水师提督。陈伦炯根据自己的经历,写成《海国闻见录》。《海国闻见录》收入《四库全书·史部·地理类》。《四库全书总目》云:此书所涉之地,"凡山川之扼塞,道里之远近,沙礁岛屿之夷险,风云气候之测验,以及外蕃民风、物产,一一备书。虽卷帙无多,然积父子两世之阅历,参稽考验,言必有证。视剿传闻而述新奇,据故籍而谈形势者,其事固区以别矣"。③

孙襄,字思哉,安溪人。"由诸生,入国雍。授福安教谕。兴文劝学,倡修学宫,建朱子祠;课督士子,循循引掖,选刻课文以为模楷。改任泰宁,旋调诸罗,皆能称其职。相国李光地尝称之曰:'思哉已衷然学者,认道理及觑文字,见识俱觉日进。'"④《诸罗县志》载:儒学教谕孙襄"岁贡,泰宁县教谕调补。康熙四十五年任,卒于官"。⑤ 著有《手记榕村语录》及《诗文集》。

李光型,字仪卿,号龙见,日煜次子。雍正十一年(1733)进士,官至刑部主事。乾隆《安溪县志》载:"天性孝友,事父母由少而壮⋯⋯升刑部主事。

---

① 同安县地方志编纂委员会:《同安县志》,北京:中华书局,2000 年,第 1438 页。
② 沈瑜庆、陈衍等纂:民国《福建通志》,北京:方志出版社,2016 年,第 6537~6538 页。
③ (清)永瑢等撰:《四库全书总目》,北京:中华书局,1965 年,第 635 页。
④ (清)怀荫布修:乾隆《泉州府志》卷五十三,泉州:泉州市地方志编纂委员会办公室,1984 年,第 50~51 页。
⑤ (清)周钟瑄主修:《诸罗县志》,台北:远流出版事业股份有限公司,2005 年,第 126 页。

任事两年,因积瘁成疾,遂请假就养归里。清鞋布袜,时共故人游宴,不营物累。"①其著作《台湾私议》,有不少有关台湾问题的见解。

潘鼎珪,字子登,晋江人,诸生。乾隆《泉州府志》载:潘鼎珪"康熙间寓台湾,游府庠,归籍泉州。天才明敏,下笔千言"。② 潘鼎珪在台湾时,"值诸罗文庙落成,献《圣庙赋》,郡守孙鲁大击节,镌石宫墙"。③ 著有诗文二十余卷,其中有不少涉台之作。

李钟德,字世淳,号宣三,安溪人,康熙四十七年(1708)举人。乾隆《安溪县志》载:"年二十入郡泮,戊子举于乡,计偕北上。未第留京,与诸先达讲贯,学益进。尤覃精于诗赋,凡格律声病,力探奥窔,追昔人俊逸清新之作。著有诗集数卷。……调台湾学,逾年竟以疾终于官,年五十九。"④著有《李宣三诗集》。

曾源昌,同安县人。康熙六十年(1721)岁贡,官训导。民国《厦门市志》载:"少年作《百花诗》,释超全、林鹿原佶为之序。后游台、澎,有《澎游草》一卷、《台湾杂咏》三十首。提督施世骠聘请主讲鹭津书院,课其弟子。有《逢斋诗集》八卷。"⑤

王必昌(1704—1788),字乔岳,号后山,德化人。乾隆十年(1745)进士,官至湖北郧县知县,后因病辞官回乡。乾隆十七年(1752),"应台湾知县鲁鼎梅之聘,赴台编修《台湾县志》"。⑥ 该志由巡抚台湾御史钱琦作序,共有十五卷,记载疆域、山川、建置、赋役、学校、祠宇、礼仪、武卫、秩官、选举、人物、风土、艺文、杂记,并绘有《台湾县境图》《城池图》《澎湖舆图》及《台湾八胜境图》等,是研究台湾历史的珍贵资料。⑦

---

① (清)庄成主修,沈钟、李畴同纂:乾隆《安溪县志》,厦门:厦门大学出版社,1988年,第323页。

② (清)怀荫布修:乾隆《泉州府志》卷五十五,泉州:泉州市地方志编纂委员会办公室,1984年,第32页。

③ (清)怀荫布修:乾隆《泉州府志》卷五十五,泉州:泉州市地方志编纂委员会办公室,1984年,第32页。

④ (清)庄成修,沈钟、李畴纂:乾隆《安溪县志》,厦门:厦门大学出版社,1988年,第328页。

⑤ 厦门市地方志编纂委员会办公室整理:民国《厦门市志》,北京:方志出版社,1999年,第545页。

⑥ 德化县地方志编纂委员会:《德化县志》,北京:新华出版社,1992年,第778页。

⑦ 陈笃彬、苏黎明:《泉州古代著述》,济南:齐鲁书社,2008年,第295页。

李长庚(1750—1807),字西岩,同安人。乾隆三十六年(1771)辛卯恩科武进士,曾任福建水师提督、浙江水师提督。李长庚在闽、浙、粤沿海与海盗交战多年,并奉命率军进击攻占台湾郡城、嘉义的海盗蔡牵。① 其主要著作有《水战经略》等。

　　郑兼才(1758—1822),字文化,号六亭,德化人。嘉庆三年(1798)解元,官至县学教谕。中举后,曾任闽清、安溪、建宁、台湾县教谕。郑兼才任台湾教谕期间,"蔡牵率武装进攻台湾鹿耳门,郑兼才协力防守,以军功擢江西长宁县令,固辞未就"。② 在台湾任职期间,郑兼才以崇文重教为己任,"撰有《募修台湾县学宫序》《代郡台请广乡试中式额及岁科试入学额初呈》《鹿耳门天后庙额跋》等文稿"。③ 郑兼才十分重视地方志的修纂,"与侯官谢金銮合修《台湾县志》"。他曾说:"邑事之当举,独学宫哉! 征文考献,志乘其要也。"④郑兼才著有《六亭文集》《粕余诗集》等。其《六亭文集》有文一百四十六篇,收录包括在台湾时所写的大量文章,如《覆署台湾守》《台邑观风告示》《台湾守城私记序》等,都是研究台湾历史的重要资料。⑤

　　林树梅(1808—1851),字瘦云,同安金门人。民国《金门县志》载:林树海为副将廷福的养子,"每从廷福巡洋,所至港汊夷险,辄随笔记录。既长,学诗古文词,从巡道周凯及玉屏掌教高树然游,得其指授,故为文具有矩矱"。⑥ 林树梅曾游台湾凤山,所著《啸云山人文钞》《诗钞》《说剑轩余事》《静选斋文钞》等,多关台湾掌故、政事及金门古迹。⑦

　　杨浚(1830—1890),字雪沧,号健公,晋江人,咸丰二年(1852)举人。民国《福建通志》载:杨浚中举之后,"援例为内阁中书。寻告归。……历主漳州丹霞、紫阳、浯江书院……设书肆于省城,借收善本,聚七万卷"。⑧其著作甚丰,著有《岛居随录》《岛居续录》《岛居三录》《岛居四录》《淡水厅志》诸书。

---

① 同安县地方志编纂委员会:《同安县志》,北京:中华书局,2000年,第1440～1441页。
② 德化县地方志编纂委员会:《德化县志》,北京:新华出版社,1992年,第778页。
③ 德化县地方志编纂委员会:《德化县志》,北京:新华出版社,1992年,第778页。
④ 德化县地方志编纂委员会:《德化县志》,北京:新华出版社,1992年,第778页。
⑤ 陈笃彬、苏黎明:《泉州古代著述》,济南:齐鲁书社,2008年,第331页。
⑥ 左树燮修,刘敬纂:民国《金门县志》卷二十,金门:金门县文献委员会,1958年,第97页。
⑦ 陈笃彬、苏黎明:《泉州古代著述》,济南:齐鲁书社,2008年,第348页。
⑧ 沈瑜庆、陈衍等纂:民国《福建通志》,北京:方志出版社,2016年,第7718～7719页。

陈棨仁（1836—1903），字铁香，又字戟门，清晋江县府城三朝铺（今属泉州市鲤城区）人，同治十三年（1874）进士，初选庶吉士，后任刑部主事，"以父年高，假归"。民国《福建通志》载："棨仁，闳览强识，游陈御史庆镛之门。治经，通《说文》，旁及金石之学。"①陈棨仁回乡后，在泉州、漳州、厦门等地主持书院，讲学授徒三十余年，门生遍及闽南和台湾。"棨仁诗作丰富。……晚年因经历甲午中日海战、戊戌变法、义和团运动及八国联军入侵等重大历史事件，诗作感愤世变，苍凉沉雄。……晚年手订《藤花吟馆诗录》六卷，收录平生重要诗作"。②

施士洁（1856—1922），字应嘉，号沄舫，晚号耐公，台湾人，祖籍泉州，光绪二年（1876）进士，官至内阁中书。不久辞官归家，应聘到台湾海东书院任山长，丘逢甲、郑鹏、汪春源等人都曾入院学习。又先后主讲于彰化白沙书院和崇文书院。教学之余，"又参与崇正诗社、斐学吟社、牡丹诗社，为著名诗家"。③林尔嘉创立爱国诗社——菽庄吟社，施士洁积极响应，不仅成为成为其核心成员十八子之一，还被尊为三老之首。施士洁著述丰富，有《后苏龛诗抄》《后苏龛词草》《后苏龛文稿》以及与丘逢甲、唐景崧、罗大佑酬唱的《四进士同咏集》传世。④

林豪（1831—1918），字卓人，号次逋，同安金门人，清咸丰九年（1859）举人。其父林焜熿为《厦门志》和《金门志》编者。林豪"夙承家学，少有文名"。⑤同治元年（1862），他应台湾淡水族人之邀，赴台访亲探友时，正值台湾群众武装反抗封建统治。他耳闻目睹了这一事件，深受触动，撰写了《东瀛纪事》二卷，以自己的见解将这一事件进行了较为详细的记录。林豪有《诵经堂古文选》《诵经堂诗选》《澎湖厅志》《淡水厅志定缪》等著作行世。⑥

林鹤年（1846—1901），号铁林，安溪人。光绪八年（1882）举人，官至台湾道员。林鹤年曾在台湾垦田若干顷，又承包了台湾茶税，并将所得用于筹

---

① 沈瑜庆、陈衍等纂：民国《民国福建通志》，北京：方志出版社，2016年，第7722页。
② 泉州地方志编纂委员会：《泉州市志》，北京：中国社会科学出版社，2000年，第3829页。
③ 粘良图、李灿煌编：《晋江历代人名辞典》，厦门：厦门大学出版社，2013年，第182页。
④ 陈笃彬、苏黎明：《泉州古代著述》，济南：齐鲁书社，2008年，第339~340页。
⑤ 左树燮修，刘敬纂：民国《金门县志》卷二十，金门：金门县文献委员会，1958年，第98页。
⑥ 陈笃彬、苏黎明：《泉州古代著述》，济南：齐鲁书社，2008年，第333页。

办台湾的各种垦务商务。台湾被日本占据后,移居厦门鼓浪屿。林鹤年所写的诗有两千余首,结集为《福雅堂诗钞》。①

苏镜潭(1883—1939),字菱槎,清晋江县府城中华铺妙华境(今属泉州市鲤城区)人,光绪二十八年(1902)举人,清末泉州著名才子。"诗文、史学、书法俱佳"。② 曾应林菽庄邀请到台湾旅游,著有《东宁百咏》诗集,以台湾的文物古迹,风情人物,加以诗咏。每首诗之前都系以一段史料,所以又是史诗,后人评价较高。自序则云:"日课十诗,几十日而得百咏。"③

吴增(1868—1945),字桂生,号养和居士,南安人,光绪三十年(1904)会试中贡士(未参加殿试)。少时家贫,坚持自学,得到进士傅国英的赏识,自荐为师,授以经书。考中清代最后一科贡士后,虽授内阁中书,但目睹朝政腐败,国事日非,辞官还乡。林尔嘉创立爱国诗社——菽庄吟社,吴增积极参加活动,成为其核心成员十八子之一。吴增学问广博,著述不少,付梓者仅《泉俗激刺篇》《番薯杂咏》。抗日战争爆发后,民族危机更为严重,他以最为擅长的诗歌,写了不少诗,宣传抗日救国人人有责。④

苏大山(1869—1957),字君藻,又字荪浦,清晋江县府城涂门街(今属泉州市鲤城区)人。清末贡生,温陵弢社成员。⑤ 著有《红兰馆诗钞》,其中《婆娑洋集》为其游台、澎所作。苏大山的诗作:"产生于乱世,或怀旧,或忆友,或纪游,或抒情,无不蕴含着忧国忧民、一腔悲愤的浩然正气,诚如1947年新加坡著名诗人潘受先生评价《红兰馆诗钞》所赞:'绝爱红兰馆,神光似洛川。命宫叹磨蝎,吟笔动哀鹃,合以三色露,书之五色笺。兴酣题及我,盥诵益熏然。'"⑥

清代泉人涉台著述的特点

清代泉人涉台著述有以下几个明显特点:一是维护祖国统一,主权完

---

① 陈笃彬、苏黎明:《泉州古代著述》,济南:齐鲁书社,2008年,第347页。
② 粘良图、李灿煌编:《晋江历代人名辞典》,厦门:厦门大学出版社,2013年,第69页。
③ 陈笃彬、苏黎明:《泉州古代著述》,济南:齐鲁书社,2008年,第332页。
④ 泉州地方志编纂委员会:《泉州市志》,北京:中国社会科学出版社,2000年,第3846页。
⑤ 粘良图、李灿煌编:《晋江历代人名辞典》,厦门:厦门大学出版社,2013年,第66页。
⑥ 苏大山:《红兰馆丛书》,北京:商务印书馆,2017年,第300页。

整。在清初平台、弃留的问题上,施琅态度十分坚决,康熙帝对台方略的制定,受其影响很深。施琅坚决维护祖国统一、主权完整的思想直到现在还为人们所称道。其《恭陈台湾奏留疏》,第一次在我国历史上,深刻阐述了台湾的重要地位,至今读来,荡气回肠,令人为施琅的远见卓识而深感钦佩:"盖筹天下之形势,必求万全。台湾一地,虽属外岛,实关四省之要害。勿谓彼中耕种,尤能少资兵食,固当议留。即为不毛荒壤,必藉内地挽运,亦断断乎其不可弃。……盖臣今日知而不言,至于后来,万或滋蔓难图,窃恐皇上责臣以缄默之罪,臣又焉所自逭?故当此地削平,定计去留,莫敢担承。臣思弃之必酿成大祸,留之诚永固边圉。"①江日升的《台湾外志》,正如该书《校点后记》所言:"主要记述郑成功对台湾的收复和开发,到郑克塽归清为止。重点在于说明台湾自古以来即为中国神圣领土不可分割的一部分。它充分肯定收复和开发台湾的历史功绩,对郑成功给予极高评价。同时,对台湾归清,江山一统,洋溢欣喜之情。这是一部不可多得的好书。"②吴英随施琅平台,功勋卓著。平台之后,吴英还留守台湾至康熙二十三年(1684)末。经治理,吴英离开时,"台湾地方尽已安宁"。康熙二十四年(1685)三月,吴英奉旨入京,向康熙帝禀报平台及治台之事。《行间纪遇》载:"即传旨到景山,赐御筵食物,询问台湾情形。天颜温霁,英遂面奏条陈台湾官兵屯田减少船只之事。圣心大悦,命英题本。"③随后,吴英即上《为钦奉上谕敬陈管见以佐采择事》。在奏疏中,吴英阐明了台湾统一的重要影响,"台湾之地势,南北延袤三千余里,与内地之浙江、闽、粤三省遥为对照。惟固守台湾,则沿海数省生灵得安衽席"。在奏疏中,吴英还详细地陈述了有关台湾治理的见解。康熙帝对此奏疏十分重视,御批:"着九卿詹事会议,照英所议具奏。奉旨准行。"④

二是饱含爱国情怀,共御外侮。爱国主义始终是清代泉人涉台著述的主基调。郑成功将荷兰侵略者赶出台湾,成为中国历史上一位杰出的民族

---

① (清)施琅:《靖海纪事》,北京:商务印书馆,2019年,第245页。
② (清)江日升著,刘文泰等点校:《台湾外志》,上海:上海辞书出版社,2011年,第334页。
③ (清)吴英撰,李祖基点校:《行间纪遇·清威略将军吴英事略》,厦门:厦门大学出版社,2016年,第72页。
④ (清)吴英撰,李祖基点校:《行间纪遇·清威略将军吴英事略》,厦门:厦门大学出版社,2016年,第73、75页。

英雄。他是亚、非、拉地区第一个把殖民者赶出本国大门的伟大人物。郑成功在复台后,赋诗《复台》一首,表达复台的艰辛,抒发爱国情怀。诗曰:"开辟荆榛逐荷夷,十年始克复先基。田横尚有三千客,茹苦间关不忍离。"①施琅在《恭陈台湾弃留疏》一文中从统一祖国、抵御外侮的高度,阐述了留守台湾的重要性:"此地原为红毛住处,无时不在涎食,亦必乘隙以图。一为红毛所有,则彼性狡黠,所到之处,善能鼓惑人心。重以夹板船只,精壮坚大,从来乃海外所不敌。未有土地可以托足,尚无伎俩。若以此既得数千里之膏腴复付依泊,必合党伙窃窥边场,迫近门庭。此乃种祸后来,沿海诸省断难晏然无虞。至时复勤师远征,两涉大洋,波涛不测,恐未易再建成效。"②甲午战争爆发,割让台湾,许多泉州人通过各种形式表达了对腐败的清政府的不满。吴增的《番薯杂咏》表面上咏番薯,实际上是以物寄意,把它同收复台湾联系起来。"台澎之沦丧,志存恢复。忧民生之维艰,力主备荒。于抗倭必固海防,强兵先足民食",而番薯"最有关民食"。于是"兴叹咏歌,反复致意,咏物抒怀"。③ 甲午战争爆发后,施士洁积极参加抗日运动,招募义勇抗日,并写了《同许蕴白兵部募军感迭前韵》等诗篇,激励台湾人民保家卫国。《马关条约》签订后,施士洁誓死不做亡国奴,写了《别台作》三首,毅然携家眷回到晋江。现摘录其中一首如下:"百雉高城赤堞西,鹧鸪啼罢子规啼。楼前人去如黄鹤,夜半军来尽水犀。鬼已无头怨罗刹,僧犹有发愧阇黎。逐臣不死悬双眼,再见英雄缚草鸡!"④此诗充满悲愤之情,但并不悲观,饱含着对收复台湾的深切期待。⑤

三是推动台湾发展,骨肉天亲。平台之后,在推动台湾发展的问题上,施琅提出一系列卓有成效的建议。例如对于如何妥善安置郑军的投降人员,在《移动不如安静疏》中,施琅认为:"今天下大定,人心已安,海外沾化,革面倾诚。率土之滨,莫非王臣,不若广开仁恩,将此项伪官俾就福建本省安插,尤见皇上推心置腹,使各遂其生。省人夫之搬运,口粮之应给,民房田

---

① (明)郑成功等著:《延平二王遗集》,上海:上海辞书出版社,2012年,第11页。
② (清)施琅:《靖海纪事》,北京:商务印书馆,2019年,第244页。
③ 陈笃彬、苏黎明:《泉州古代著述》,济南:齐鲁书社,2008年,第338页。
④ (清)施士洁著,孟建煌点校:《后苏龛合集》,陈庆元主编:《台湾古籍丛编》第10辑,福州:福建教育出版社,2017年,第103页。
⑤ (清)施士洁著,孟建煌点校:《后苏龛合集》,陈庆元主编:《台湾古籍丛编》第10辑,福州:福建教育出版社,2017年,第393页。

舍之动扰,牛、种、农具之冒破,且无长途逃匿之患,所谓移动不如安静之为得也。"①关于如何录用郑氏政权中的有用之人,如何安定台湾民心以及迅速使台湾经济复苏等,施琅都提出了很好的建议。这些措施的实施对于推动台湾与祖国迅速融为一体,推动台湾经济社会快速发展,发挥了很重要的作用。② 光绪十八年(1892),林鹤年到台承办茶税及船捐等事宜。他在台拓地百里,通过指导少数民族耕种农业,兴办水利,开发金矿,设立樟脑厂等助力台湾经济发展。③ 同时,林鹤年还是台湾巡抚唐景崧创立的牡丹诗社的重要成员,他积极参加诗社活动,为台湾文化事业发展做出贡献。他在台湾创作的《东海集》,收集与台湾相关的诗歌八十八首,现摘录《东渡感事呈唐维卿方伯、家时甫星使,兼怀幕府诸公》其中一首如下:"赤崁营连壮河山,红毛城畔唱刀环。晋公节钺平淮蔡,汉相旌旗扫洞蛮。鲲岛浪淘朝雨过,鹿门波撼夜潮还。平原子弟怀风义,卜式忧时鬓已斑。"④林树梅十七岁时就随父入台,对台湾充满感情。道光十六年(1836),他应凤山知县曹瑾的邀约,第二次入台,为曹瑾治理凤山县出谋献策。林树梅对曹瑾兴修水利,造福台湾人民感到欣喜,写下了《曹侯既兴水利乃巡田劝农赋此以颂》。摘录如下:"山郭新晴野草香,熏风吹动葛衣凉。劝农遍种三杯粟,引水新开九曲塘。事事便民真父母,心心报国大文章。昨朝应有村儿女,争看先生笠屐忙。"⑤郑兼才任台湾教谕时,以振兴台湾教育为己任,曾两次呈文请求增加乡试中式额及岁科入学额。在呈文中,郑兼才写道:"窃以抡才盛典,准古要在宜今;造士大权,随时尤须因地。台湾偏居东土,实隶南天,自入版图,另编台号,后乃渐广初额,取中二名。今又世阅三朝,年历七十,文明之洽,海外同风。……况台湾地势隔绝大海,人文远胜初年,尤不可不予以恩施,宽夫解额。"⑥"因思各邑义首既多读书之人,而全郡人文又值蔚起之日,与其计功论

---

① (清)施琅:《靖海纪事》,北京:商务印书馆,2019年,第246~247页。
② 陈笃彬、苏黎明:《泉州古代著述》,济南:齐鲁书社,2008年,第354页。
③ 《林鹤年》,http://ren.bytravel.cn,访问日期:2020年9月28日。
④ (清)林鹤年:《福雅堂诗钞》,陈庆元主编:《台湾古籍丛编》第八辑,福州:福建教育出版社,2017年,第555页。
⑤ (清)林树梅著,陈茗点校:《林树梅集》,北京:商务印书馆,2018年,第32~33页。
⑥ (清)郑兼才著,粘良图点校:《六亭文集》,上海:上海辞书出版社,2014年,第11~12页。

赏奖励一时,莫如广额加恩,垂休万世。"①对台湾之爱,对台湾士子的关心,表明了两岸骨肉天亲,同支相连之情,令人感动。

四是内容涉及面广,史料翔实。清代泉州涉台著作内容涉及面广。《延平二王遗集》《延平王户官杨英从征实录》《台湾外志》《闽海纪略》《海上见闻录》《闽海纪要》《海纪辑要》等著述为研究郑氏收复台湾和开发台湾提供了宝贵资料。施琅、李光地、万正色、李日呈、吴英、王得一等人的著述中都有关于平台、台湾弃留问题的见解。认真研究这些著作,对于统一台湾的意义和影响会有更加深刻的认识。《海国闻见录》《台湾县志》《六亭文集》《岛居随录》《淡水厅志》《东瀛纪事》《啸云山人文钞》《红兰馆诗钞》《福雅堂诗钞》等也都是研究台湾历史文化的重要资料。清代泉人涉台著述中史料比较翔实,比如连横先生对夏琳所著《闽海纪要》做了以下评价:"今乃复得《闽海纪要》,读之狂喜,以为汉族不湮,此书其必显矣。书为泉南夏元斌撰,而陈铁香太史所藏者。起隆武元年(1645),讫永历三十七年(1683),凡郑氏三世之事,编年系月,巨细靡遗。而尊崇延平,义如纲目,是正史也。且足补吾通史之缺。"②李祖基先生高度评价了吴英所著《行间纪遇》的史料价值:"《行间纪遇》,顾名思义,为吴英军旅生涯的回忆录。记载吴英自康熙二年(1663)以将才领兵,随大师克平金、厦,功授都司起,至四十七年接奉谕旨命照旧供职水师提督止,共约四十五年间经历之事。……书中所载的诸多史实都可以从《清实录》《康熙起居》、相关官员的奏折(如李之芳的《李文襄公奏疏》)、文集(如杨捷的《平闽记》)以及史书(如江日升的《台湾外记》)中得到印证。李光地《威略将军福建水师提督吴公英墓志铭》称:'《行间纪遇》一编所录皆实,余尝序而行之。'就是对《行间纪遇》一书的最好评价。"③邓孔昭先生《从卢若腾诗文看有关郑成功史事》一文,以卢若腾的诗歌对郑军的史事进行考证。比如《石尤风》:"石尤风,吹卷海云如转蓬。连艘载米一万石,巨浪打头不得东。东征将士饥欲死,西望粮船来不驶。再遭石尤阻几程,索我枯鱼之肆矣。噫!吁嚱!人生惨毒莫如饥,沿海生灵惨毒遍,今日也教将士知。"④

---

① (清)郑兼才著,粘良图点校:《六亭文集》,上海:上海辞书出版社,2014年,第12页。
② (清)夏琳撰,林大志校注:《闽海纪要》,福州:福建人民出版社,2008年,第3页。
③ (清)吴英撰,李祖基点校:《行间纪遇·清威略将军吴英事略》前言,厦门:厦门大学出版社,2016年,第6~7页。
④ (明)卢若腾著,吴岛校释:《岛噫集校释》,台北:台湾古籍出版社,2003年,第119页。

《辞海》载：石尤，亦作'石邮'。即石尤风，打头逆风。伊世珍《琅嬛记》引《江湖纪闻》："石尤风者，传闻为石氏女嫁为尤郎妇，情好甚笃。为商远行，妻阻之，不从。尤出不归，妻忆之，病亡。临亡长叹曰：'吾恨不能阻其行，以至于此。今凡有商旅远行，吾当作大风，为天下妇人阻之。'自后商旅发船，值打头逆风，则曰：'此石尤风也。'遂止不行。"[1]清顺治十八年（1661），郑成功军队围困热兰遮城时因台风而军粮接济不上，严重影响了郑军的战斗力。邓先生认为："卢若腾的'石尤风'诗是目前所能见到的唯一可以直接说明金、厦运粮船为什么没有及时接济台湾的史料。"[2]

清代泉人的涉台著述以"维护祖国统一，主权完整"，"饱含爱国情怀，共御外侮"，"推动台湾发展，骨肉天亲"和"内容涉及面广，史料翔实"等主要特点成为研究台湾历史、研究两岸关系史不可或缺的重要资料。

（原载《闽台缘文史集刊》2020年第4期）

---

[1] 夏征农、陈至立主编：《辞海》（第六版彩图本），上海：上海辞书出版社，2009年，第2056页。

[2] 邓孔昭：《从卢若腾诗文看有关郑成功史事》，《台湾研究集刊》1996年第1期，第93～96页。

清代泉人与台湾志书的编纂

康熙二十二年(1683)施琅平台之后,台湾纳入清廷版图。康熙二十三年(1684),清廷修一统志,要求各地上呈"郡县之志",台湾开始了志书的编纂。从康熙二十三年(1684)台湾第一任知府蒋毓英编纂第一部《台湾府志》,到日本割据台湾之前,200多年间,台湾共编有各类志书四十余种。[①]在此期间,德化县进士王必昌承担了《重修台湾县志》的总辑工作;德化县举人郑兼才承担了《续修台湾县志》的总纂工作,晋江县举人陈淑均承担了《噶玛兰厅志》的总纂工作,同安县举人林豪承担了《澎湖厅志》的总修工作。

王必昌与《重修台湾县志》的编纂

王必昌(1704—1788),字乔岳,号后山,德化人。《德化县志》载:王必昌"幼时因家贫无力买书,常向友人借阅或抄读,刻苦学习,寒暑不辍"。乾隆十年(1745),王必昌登进士第,授吏部观政,后因病辞官回乡。乾隆十一年(1746),应德化知县鲁鼎梅之聘,纂修《德化县志》。乾隆十七年(1752),王必昌应台湾县知县鲁鼎梅之聘,赴台编修《台湾县志》。王必昌文风峭刻沉雄,长于吟咏,著有《甲园内外篇》文集若干卷。[②]

《重修台湾县志》编纂的缘起与过程可以在鲁鼎梅的序言中找到线索。《重修台湾县志·鲁序》云:"邑乘,自前摄令虞山王公礼创于康熙五十九年。其时草昧初开,民淳事简,志亦略而不详。"[③]王礼,号虞山,宛平人,监生,康

---

① 刘苏:《抗战胜利后台湾学者对清代台湾方志的研究》,成都:西南民族大学硕士学位论文,2016年。
② 德化县地方志编纂委员会:《德化县志》,北京:新华出版社,1992年,第778页。
③ (清)王必昌总辑:《重修台湾县志》,台北:台湾银行经济研究室,1961年,第13页。

熙五十八年(1679)任海防同知兼掌台湾县事,①康熙五十九年(1720)主修第一部《台湾县志》。②　鲁鼎梅认为乾隆年间台湾发生了很大变化,重修台湾县志很有必要,因此在乾隆十六年(1751)冬,"爰集二三寅好暨邑之绅士耆硕,聚而商之。佥曰:是邑之先务也"。③决定重修县志之后,鲁鼎梅开始组建编纂班子,"乃鸠剞劂之资,举博士弟子洁士侯生世辉司其出纳,孝廉明之陈君辉、博士弟子幼达卢生九围、博士弟子醇夫方生达圣专司编纂,明经子远郭君朝宗、明经修仲蔡君开春、明经岐伯金君鸣凤、博士弟子尔简龚生帝臣分司采辑。诸君子既集众腋,又远征进士后山王君必昌于德化,以总辑之"。④王必昌曾应鲁鼎梅之聘修过《德化县志》,知根知底,于是再次应鲁鼎梅之聘,远渡台湾,进入了《续修台湾县志》的写作班子。《清代台湾方志研究》的作者陈捷先先生认为:"这部方志的主要纂修人都是当时在台的修志高手。"⑤鲁、王两人合作修过《德化县志》,而编辑陈辉也曾参与乾隆六年(1741)《重修福建台湾府志》的修纂工作。⑥　乾隆七年(1742)十月,巡台御史钱琦在该书《钱序》中说明了《重修台湾县志》的编纂时间:"书开局于学之明伦堂,始于二月,成于十月。"⑦

对于此志书的编纂体例,王必昌是比较满意的。他说:"参稽群志,义例各著。今惟衷于事无缺漏,又不繁复,非敢故为异同。"⑧陈捷先先生认为:(《重修台湾县志》)"其方法义例,似同于陈梦林的《诸罗县志》与范咸的《重修台湾府志》,也是毋庸置疑的。"⑨实际上《重修台湾县志》与乾隆《德化县志》的编纂体例比较接近。《重修台湾县志》《诸罗县志》《重修台湾府志》与乾隆《德化县志》等四部志书编纂体例的比较列如表1。

---

① (清)王必昌总辑:《重修台湾县志》,台北:台湾银行经济研究室,1961年,第276页。
② 陈捷先:《清代台湾方志研究》,台北:学生书局,1996年,第85页。
③ (清)王必昌总辑:《重修台湾县志》,台北:台湾银行经济研究室,1961年,第13页。
④ (清)王必昌总辑:《重修台湾县志》,台北:台湾银行经济研究室,1961年,第13~14页。
⑤ 陈捷先:《清代台湾方志研究》,台北:学生书局,1996年,第112页。
⑥ 陈捷先:《清代台湾方志研究》,台北:学生书局,1996年,第112页。
⑦ (清)王必昌总辑:《重修台湾县志》,台北:台湾银行经济研究室,1961年,第3页。
⑧ 陈捷先:《清代台湾方志研究》,台北:学生书局,1996年,第112页。
⑨ 陈捷先:《清代台湾方志研究》,台北:学生书局,1996年,第113页。

表 1　四部志书体例比较表

目录	《重修台湾县志》	《诸罗县志》	《重修台湾府志》	《乾隆德化县志》
卷一	疆域志	封域志	封域	旧序
卷二	山水志	规制志	规制	沿革志
卷三	建置志	秩官志	职官	疆域志
卷四	赋役志	祀典志	赋役（一）	山川志
卷五	学校志	学校志	赋役（二）	建置志
卷六	祠宇志	赋役志	赋役（三）	民赋志
卷七	礼仪志	兵防志	典礼	学校志
卷八	武卫志	风俗志	学校	祠宇志
卷九	职官志	人物志	武备（一）	礼仪志
卷十	选举志	物产志	武备（二）	武卫志
卷十一	人物志	艺文志	武备（三）	秩官志
卷十二	风土志	杂记志	人物	科目志
卷十三	艺文志（一）		风俗（一）	人物志（上）
卷十四	艺文志（二）		风俗（二）	人物志（下）
卷十五	杂记		风俗（三）	艺文志（上）
卷十六			风俗（四）	艺文志（下）
卷十七			物产（一）	古迹志
卷十八			物产（二）	五行志
卷十九			杂记	摭佚志
卷二十			艺文（一）	
卷二十一			艺文（二）	
卷二十二			艺文（三）	
卷二十三			艺文（四）	
卷二十四			艺文（五）	
卷二十五			艺文（六）	

从表1可以看出，《重修台湾县志》十五卷的名称，与乾隆《德化县志》的十九卷相同的有十三卷。《重修台湾县志》中的《杂记》包括乾隆《德化县志》中的古迹志、五行志（祥异）以及摭佚志，疆域志包括沿革志，不设《旧序》一

门。可以说,《重修台湾县志》的编纂体例是在乾隆《德化县志》的基础上,吸收《诸罗县志》《重修台湾府志》的优点而形成的。从体例上可以看出王必昌在《重修台湾县志》编纂中发挥了主导作用。

《重修台湾县志》的主要特点如下:一是博采众家之长。《台湾文献书目解题·方志类》的作者认为:"本志之纂辑体例,除正文外,有小序、后论、附录、附考、按语,间亦有附注,颇能得诸志之长。"①比如《疆域志》前面的小序:"县,限也,限百里而治者也。又悬也,悬法象观之,俾民不惑也。故虽要荒万里,疆域定而民无逸志焉。台湾远处海天,近通浙粤;枢辰在望,分野攸同;版图甫登,沿革易考。而蕞尔一隅,屡烦庙算。盖奠一邑之井疆,资半壁之保障。则申划郊圻、慎固封守,使农安于里、商藏于市,圣朝无外之规,于是乎在。志疆域。"②小序从县的释义开始,强调了统一台湾的重大意义以及县域划分的重要性。再如《疆域志》在"二十二年,水师提督施琅统师专征"后,附上了《水师提督施琅陈海上情形剿抚机宜疏》《又决计进剿疏》《水师提督施琅报捷疏》以及郑克塽的《降表》《又上降表》等,增强了该志的史料价值:"其征引之富虽不逮'范志'(指范咸等所修《重修台湾府志》),然亦重要文献系于有关志文后,复于有需附按说明处间附按语,亦能得'范志'详列附考之旨趣。"③二是重视民间信仰的记载,专列《祠宇志》。在修《德化县志》时,王必昌就十分重视宗教及民间信仰的问题,专列《祠宇志》。《重修台湾县志·祠宇志》小序云:"秩祀有典,以报功也。我朝河岳怀柔,遍于岛屿,明禋昭假,皇乎备矣。夫通祀既行,义祀爰举。御灾捍患,固民命之攸依;樽俎荔蕉,亦人间之美报。第无文咸秩元祀,宗功不揭其旨,则馨香之奉,岂必夫妇与知耶?谨胪郡邑祀族,详考所由,择其言之雅驯者,系于编中。若梵宫禅刹,亦附见焉。虽果报之言儒者弗道,而神道设教,或亦未可尽废也。志祠宇。"④该书的《凡例》对此也有说明:"孔子,万世师表,崇德报功,独隆于学校矣。其诸通祀、义祀,别为秩祀志。附以梵宫、社庙而弗削者,邑俗尚鬼,

---

① 吴文星、高志彬主编:《台湾文献书目解题·方志类》第3册,台北:"中央图书馆"台湾分馆,1988年,第23页。

② (清)王必昌总辑:《重修台湾县志》,台北:台湾银行经济研究室,1961年,第1页。

③ 吴文星、高志彬主编:《台湾文献书目解题·方志类》第3册,台北:"中央图书馆"台湾分馆,1988年,第23页。

④ (清)王必昌总辑:《重修台湾县志》,台北:台湾银行经济研究室,1961年,第163页。

欲悉数其来历，俾民听不惑耳。"①陈捷先先生认为："当时台湾处于边区，居民只知敬神，不知诸神身世背景，确实不好。王氏在县志中加一些介绍倒也需要，这是王氏见地独到的地方。"②《祠宇志》为研究两岸民间信仰的关系保存了许多翔实的资料。比如吴真人庙志中记载："在西定坊新街（神名本，同安县白礁人，母梦吞白龟而娠。生于宋太平兴国四年（979），不茹荤，不受室，精岐黄术，以药方济人，廉恕不苟取。景祐二年（1035）卒，里人祠之，有祷辄应。部使者请庙额，敕赐'慈济'。庆元间复敕为'忠显'。开禧二年（1206），封英惠侯。"③该文后有按语云："真人庙宇，漳泉间所在多有。荷兰踞台，与漳泉人贸易时，已建庙广储东里矣。嗣是郑氏及诸将士皆漳泉人，故庙祀真人甚盛。或称保生大帝庙，或称大道公庙，或称真君庙，或称开山宫，通志作慈济宫，皆是也。"④记载不可谓不详。三是引诗入志，以诗言史。王必昌"长于吟咏"，因此，大量引用诗作成为此志书的一个显著特征。比如《山水志》就引用了三十二篇诗作，其中《山水志·海道》就引用了十六首。参与编纂该志的举人陈辉，在《山水志》中被引诗五首，试举其中一首如下："海中青屿里，一片带春烟。水上浮奇石，天涯泛小船。波回苍霭外，村在白沙边。客棹经过处，怀人意惘然。"⑤此诗在《山水志·海道》中被引用，描写海洋景色十分形象，令人浮想联翩。但由于引诗过多、过滥，也引起了争议。陈捷先先生认为："《风信》一项，也引诗至数百言，真是引得过滥，与他自订的凡例'文不繁复'的立意是大相违背的。"⑥

从总体上看，《重修台湾县志》应该是一部："条理清晰，叙事简明的上乘方志。"⑦

---

① （清）王必昌总辑：《重修台湾县志》，台北：台湾银行经济研究室，1961年，第17～18页。
② 陈捷先：《清代台湾方志研究》，台北：学生书局，1996年，第113页。
③ （清）王必昌总辑：《重修台湾县志》，台北：台湾银行经济研究室，1961年，第179页。
④ （清）王必昌总辑：《重修台湾县志》，台北：台湾银行经济研究室，1961年，第179页。
⑤ （清）王必昌总辑：《重修台湾县志》，台北：台湾银行经济研究室，1961年，第58～59页。
⑥ 陈捷先：《清代台湾方志研究》，台北：学生书局，1996年，第113～114页。
⑦ 陈捷先：《清代台湾方志研究》，台北：学生书局，1996年，第114页。

郑兼才与《续修台湾县志》的编纂

郑兼才(1758—1822),字文化,一字六亭,德化人,乾隆五十四年(1789)考选拔贡,入国子监。嘉庆三年(1798)选任闽清县教谕,归举乡试第一(解元)。中举后,曾任安溪、建宁县教谕。嘉庆九年(1804),郑兼才调任台湾教谕,"蔡牵率武装进攻台湾鹿耳门,郑兼才协力防守,以军功擢江西长宁县令,固辞未就"。① 嘉庆二十三年(1818),郑兼才再次调任台湾县儒学教谕。《六亭文集·校点后记》称:"郑兼才身为学官,所到之处,振兴文事,宣扬教化,特别是他两度在台湾任职,对于台湾的文化教育以及地方的开发、治理做出重大贡献,是闽、台关系史上著名的人物。"② 道光二年(1822)七月,"兼才督工昭忠祠,'赤暑不避,遂成疾卒',诸生经理其丧归"。③《台湾通史》作者连横先生评价道:"兼才虽为学官,而吏治民生,靡不悉意讲求";"以冷署闲曹之官,而为拓土开疆之计,可谓能立其言者矣。"④ 郑兼才著有《六亭文集》,载文一百四十六篇,收录包括在台湾时所写的大量文章,如《复署台湾守》《台邑观风告示》《台湾守城私记序》等,都是研究台湾历史的重要资料。⑤

郑兼才十分重视地方志的修纂工作。嘉庆十一年(1806)在《申请续修台湾县志文》中,郑兼才写道:"窃以征今述古,文献兼资;补缺订讹,纂修为重。台湾古属荒服,自入版图,文物渐开,郡县志书记载昭然,足资考信。第查台湾县志,重修于乾隆壬申岁,迄今五十余年。"⑥ 郑兼才认为五十年间台湾发生了很大变化,而"台邑为附郭首邑,历任各宪建节重地,凡兴除善政,举废宏规,例当备书"。⑦ 台湾县地位重要,续修志书势在必行。

《续修台湾县志》的编纂过程比较复杂。郑兼才上呈《申请续修台湾县志文》后,因蔡牵案作,"时大帅留郡,重兵未撤,百姓戎马之余,绥抚为急;县

---

① 德化县地方志编纂委员会:《德化县志》,北京:新华出版社,1992年,第778页。
② (清)郑兼才著,粘良图点校:《六亭文集》,上海:上海辞书出版社,2014年,第157页。
③ (清)郑兼才著,粘良图点校:《六亭文集》,上海:上海辞书出版社,2014年,第157页。
④ 连横:《台湾通史》,北京:商务印书馆,2017年,第639页。
⑤ 陈笃彬、苏黎明:《泉州古代著述》,济南:齐鲁书社,2008年,第331页。
⑥ (清)郑兼才著,粘良图点校:《六亭文集》,上海:上海辞书出版社,2014年,第10页。
⑦ (清)郑兼才著,粘良图点校:《六亭文集》,上海:上海辞书出版社,2014年,第11页。

令责有专属,未遑兼顾"。① 兼才乃先事筹划,详请嘉义县学谢教谕总纂修,并慎选分纂、采访十五人,牒县具闻,各报可"。② 在《申请续修台湾县志文》中,郑兼才说明了聘用谢金銮的理由:"窃见嘉义县学谢教谕金銮,醇实端方,学有本原,令掌斯役,非惟继事修明足补未备,而于前志所载其异同得失之故,必能有所折中以传来许。"③虽然没有得到批准,但郑兼才未雨绸缪,做好准备工作,这是第一阶段。嘉庆十二年(1807),台湾县知县薛志亮开始设局修志,在县志《后跋》中,郑兼才写道:"台邑志若干卷,嘉庆十二年(丁卯)会县详请嘉义学教谕谢金銮(退谷)续修者。三月开局,兼才以铨授江西长宁令,四月即奉檄卸学事。而志局既兴,不能中止。礼闱素志,又未忍遽乖,乃决意辞去。十一甫竣工,自携副稿,先退谷内渡请咨去。"④郑兼才决意辞去了江西长宁县令的官职,完成了县志初稿的编纂,此为第二阶段。嘉庆十二年(1807),郑兼才、谢金銮先后离台,台湾县知县薛志亮在谢、郑两人的初稿基础上修改后,邮寄至苏州付梓(薛刻本)。郑兼才、谢金銮两人在大陆又分别就初稿征求了一些学者的意见,看到薛刻本后,郑兼才综合众人意见(包括薛刻本)对初稿进行修改,于道光元年(1821)刊印此书(道光郑补本)。此为第三阶段。"道光三十年(1850),台湾县学教谕薛锡熊据道光元年(1821)郑氏增订本略作改补重刊之(道光薛补本)"⑤,此为第四阶段。总的来看,不管修改付梓过程多么复杂,郑兼才与谢金銮的主导作用是毋庸置疑的。

《续修台湾县志》的特点如下:一是编例以高简见称。此志的目录如下:卷一地志,卷二政志,卷三学志,卷四军志,卷五外编,卷六艺文(一),卷七艺文(二),卷八艺文(三)。⑥《台湾文献书目解题·方志类》的作者认为:"本志

---

① 吴文星、高志彬主编:《台湾文献书目解题·方志类》第3册,台北:"中央图书馆"台湾分馆,1988年,第38页。
② 吴文星、高志彬主编:《台湾文献书目解题·方志类》第3册,台北:"中央图书馆"台湾分馆,1988年,第38~39页。
③ (清)郑兼才著,粘良图点校:《六亭文集》,上海:上海辞书出版社,2014年,第10页。
④ (清)谢金銮、郑兼才著:《续修台湾县志》,台北:台湾银行经济研究室,1962年,第637页。
⑤ 吴文星、高志彬主编:《台湾文献书目解题·方志类第三册》,台北:"中央图书馆"台湾分馆,1988年,第44页。
⑥ (清)谢金銮、郑兼才著:《续修台湾县志》,台北:台湾银行经济研究室,1962年,第1~6页。

既有凡例、目录,每门前有小序,后有总论,子目下有分论,间有考辨,其体例实仿《诸罗县志》也。"①该书《凡例》亦云:"台郡之有邑志,创始于诸罗令周宣子。其时主纂者,则漳浦陈少林也。二公学问、经济冠绝一时,其所作志书,朴实老当。以诸罗为初辟夐陋之地,故每事必示以原本。至其议论,则长才远识,情见乎辞。分十二门,明备之中,仍称高简。本郡志书,必以此为第一也。故是编胚胎出于《朝邑》,而规模则取诸少林。"②二是去取持择,必严必慎;采访查复,必信必确。关于本志编纂之义法,该书《凡例》中指出:"志书之作,记事修词,两者并重。文词顺而记载乖谬,是非失真,则不为实录;事实具而文不足以达之,抑或义例不明、详略失当,则事反以文而晦:二者并讥。是编于去取持择,必严必慎;采访查复,必信必确。实惟兼才总其事;至于命意抒论,起例发凡,编为章段,笔墨之劳,金銮有不得辞者。至其参稽实迹,赖于群士,非能臆为也。"③这种严肃的修志义法,体现在编纂过程中。比如《海道》一目,引言云:"海道集旧闻,信所可信,而疑者亦并存之。风涛茫渺中,吾安知信者非疑,疑者非信也?偶得一解,惴惴然奉为据依。凡有言者,皆几孤竹之老马也。"④结尾处又注明:"右所编录,多出郡县旧志、《赤嵌集》《裨海纪游》《使槎录》诸书中。有本出诸书,而前志加以润色、增减致变易原文者,不能确指为某书所有。故各条之下,概不标录,览者可推而得焉。"⑤来龙去脉交代得清清楚楚,可信度较高。然而正如《台湾文献书目解题·方志类》的作者所言:"《续修台湾县志》自嘉庆十二年(1807)始纂,至道光元年(1821)郑兼才增订补科,其间历时十五年,前后历经多人审阅……然二人所往复讨论者多为体例、义法,于资料与内容并无增益。"⑥

---

① 吴文星、高志彬主编:《台湾文献书目解题·方志类》第3册,台北:"中央图书馆"台湾分馆,1988年,第50页。
② (清)谢金銮、郑兼才著:《续修台湾县志》,台北:台湾银行经济研究室,1962年,第11页。
③ (清)谢金銮、郑兼才著:《续修台湾县志》,台北:台湾银行经济研究室,1962年,第15~16页。
④ (清)谢金銮、郑兼才著:《续修台湾县志》,台北:台湾银行经济研究室,1962年,第27页。
⑤ (清)谢金銮、郑兼才著:《续修台湾县志》,台北:台湾银行经济研究室,1962年,第38页。
⑥ 吴文星、高志彬主编:《台湾文献书目解题·方志类》第3册,台北:"中央图书馆"台湾分馆,1988年,第57页。

对于《续修台湾县志》的工作,郑兼才、谢金銮可谓尽心尽力。《台湾文献书目解题·方志类》的作者认为:"《续修台湾县志》自创稿至道光元年(1821)增刻本出,其间十五年,郑兼才、谢金銮始终其事,善尽总纂之责。其费时之久,用心之勤,盖清代台湾方志史上所仅见。"①陈捷先先生亦称:"《续修台湾县志》在编纂过程中仍相当谨慎,后世推崇亦在此。"②

陈淑均与《噶玛兰厅志》的编纂

陈淑均,生卒年不详,字友松,晋江人,嘉庆二十一年(1816)举人。道光《晋江县志》载:"嘉庆二十一年丙子科解元沈捷锋榜,陈淑均,府学。"③陈淑均:"道光十年来兰之前,曾居艋舺,所书《仰山斋壁》云:'道光壬午(二年)夏,淑均视叔父疾,挟医渡淡水。……及丁亥(七年)冬,应聘再入淡。其明春戊子(八年),舌耕于艋,乃稍稍于兰士有文字之交。……居无何,入兰,谬赴仰山席。'在兰期间,主纂厅志。道光十四年,内渡。十八年应鹿港文开书院聘,主讲席。"④陈友松在主讲仰山书院时,将书院周围的八处风景命名为龟山朝日、隆岭夕烟、西峰爽气、北关海潮、石港春帆、沙喃秋水、苏澳蜃市、汤园温泉,并写下"兰阳八景"之诗作,深受台湾士子喜爱。⑤

陈淑均在《噶玛兰厅志·前序》中介绍了《噶玛兰厅志》的修纂过程:"庚寅(道光十年,即1830年)夏,叨聘入兰。适通志、台志以次启局,征事于兰。兰故荒僻,而建官垂二十载,不能以博古之间缺并谢及征今。于是厅人士搜访,因浼淑均为纂辑。既告蒇,复以其故实请于当道,仿台郡志并采撷其一二,集为兰厅志稿八门十卷,以备厅尊铺扬鸿藻订正成书。凡采辑自辛卯之九夏,备复以壬辰之夏五。自六月至九月,乃汇集是编,敬俟厅尊之鸿裁,借酬厅人之雅意。"⑥该志初稿完成于道光十二年(1832),这是编纂的第一阶

---

① 吴文星、高志彬主编:《台湾文献书目解题·方志类》第3册,台北:"中央图书馆"台湾分馆,1988年,第45页。
② 陈捷先:《清代台湾方志研究》,台北:学生书局,1996年,第135页。
③ (清)周学曾等纂修:道光《晋江县志》,福州:福建人民出版社,1990年,第842页。
④ 吴文星、高志彬主编:《台湾文献书目解题·方志类》第2册,台北:"中央图书馆"台湾分馆,1988年,第74~75页。
⑤ 黄新宪:《闽台教育的交融与发展》,北京:人民出版社,2013年,第61页。
⑥ (清)陈淑均纂:《噶玛兰厅志》,《中国地方志集成·台湾府县志辑》第2册,上海:上海书店出版社,1999年,第11页。

段。道光二十年(1840)，陈淑均在鹿港文开书院，写了第二篇序言，对编纂的第二阶段做了介绍："兰厅志一编，粗就于壬辰之秋。及内渡后，查检新修《大清通礼》并吴抚军《吾学录》，知所据府志典礼一门已非时式。兹更就姚廉访石甫先生请出所著《东槎纪略》，并仗其钩稽尘牍，得开兰前诸稿，仍由鹿溪一带访出谢退谷《蛤仔难纪略》、萧竹友《别景诗图说》，乃删其繁，补其缺，为八卷十二门一百二十余子目，视前志卷缩其二，而门增共四，附之者又三。"[1]修改后，还是没有刊印，此为第二阶段。道光二十九年(1849)，云南太和进士董正官任噶玛兰厅通判，对志书的编纂十分重视，此志终于付梓刊印。在《新刊噶玛兰厅志序》中，董正官写道："噶玛兰，即蛤仔难，古无闻，僻无征也，志纂难矣。晋江陈友松孝廉淑均教读兰士，纂有志稿，移教鹿港，再订而成之，时道光二十年庚子也。其书深识治体，惓惓民生。义例详明，征引典赡，可谓能人所难。己酉冬，余承乏兹土，考开兰四十年事宜，文案半多沿误残缺，一时稽核为艰。然乐与都人士搜罗检校，孜孜不敢倦。……都人士以志稿延今十余年未经镂版，佥议增补刊存，昭兹来许。余惟宇内郡邑志林立，世多称《朝邑》《武功》。兹志前无师，旁无倚，而征实若是，前贤当亦心许。爰嘱曩所襄事者续成之，复详加校正，俾付剞劂氏焉。"[2]在第二稿基础上，董正官进行增补校正后，付梓刊印，此为第三阶段。从此志的编纂过程可以看出陈淑均的主导作用。陈捷先先生认为："《噶玛兰厅志》是福建晋江人陈淑均担任总纂而修成的，而且几乎都是出于他一人之手的著作。"[3]

此志书有两个特点。一是独树一型的体例。该志八卷十二门，即封域、规制、赋役、礼制、祀典、风教（附政术）、学校（附选举）、武备（附戎政）、风俗、物产、杂识，有考有注。陈淑均对有考有注的编例比较满意，在《初稿例言》中，他写道："每门之下，各有附考，府志夸为创奇，实则前明张氏《桂胜》之例，继之者有程篁墩《新安文献》、董遐周《吴兴备志》。近若朱竹坨《日下旧闻》已多沿用是体，今仍仿之者，亦以海外初辟之区不妨互存以资参考

---

[1] （清）陈淑均纂：《噶玛兰厅志》，《中国地方志集成·台湾府县志辑》第2册，上海：上海书店出版社，1999年，第12页。

[2] （清）陈淑均纂：《噶玛兰厅志》，《中国地方志集成·台湾府县志辑》第2册，上海：上海书店出版社，1999年，第1页。

[3] 陈捷先：《清代台湾方志研究》，台北：学生书局，1996年，第141页。

耳。……是篇门类虽仿府志而分系亦自有别府志。"①《台湾文献书目解题·方志类》的作者认为：(《噶玛兰厅志》)"有考有注,此例于清修台湾志书中独树一型,较'范志'又更进一步矣。"②二是"空空妙手,无米能炊"。噶玛兰为蛤仔难之音译,为"台湾特后山番社中一荒落耳",明朝谓之北港,也称为东番,"荷兰弗及窥、郑氏未暇据"。③康熙二十二年(1683)秋属诸罗县,雍正二年(1724)划归彰化县,雍正九年(1731)又归入淡水厅,嘉庆十七年(1812)始设官建置,到道光十一年(1831)修志,离设官建置仅二十年,而汉人入垦开辟也只有四十年。初稿的主修人,时任噶玛兰厅通判的同卜年在《序言》中描述了当时修志面临的困难："天荒甫破,人事未兴。考献征文,羌无故实。"④因此,《台湾文献书目解题·方志类》的作者称："今《噶玛兰厅志》都三十余万言,真'空空妙手,无米能炊'。"⑤陈淑均等编纂者采取广征文献,广为采访,来解决这些困难。该志卷首列有《引用书目》156种,其中包括《大清会典》《大清通礼》、台湾各种府县志、《广东通志》《宁波府志》《兴化府志》《漳州府志》《泉州府志》以及《东溟文集》《闽中校士录》《六亭文集》等等,无所不包。⑥《台湾文献书目解题·方志类》的作者云："内文引书较此数为多"。⑦该志的采访队伍也是比较有质量的,包括例贡卢永昌、林逢春,监生潘廷勋、杨德昭、蔡长春等等。⑧ 如何做到"空空妙手,无米之炊"呢？试举《封域》《规制》二部分为例："(《封域》)'星野'录'余志'之文,仅二十字,附考则广引诸

---

① （清)陈淑均纂：《噶玛兰厅志》，《中国地方志集成·台湾府县志辑》第2册，上海：上海书店出版社，1999年，第14页。
② 吴文星、高志彬主编：《台湾文献书目解题·方志类》第2册，台北："中央图书馆"台湾分馆，1988年，第78页。
③ （清)陈淑均纂：《噶玛兰厅志》，《中国地方志集成·台湾府县志辑》第2册，上海：上海书店出版社，1999年，第9页。
④ （清)陈淑均纂：《噶玛兰厅志》，《中国地方志集成·台湾府县志辑》第2册，上海：上海书店出版社，1999年，第9页。
⑤ 吴文星、高志彬主编：《台湾文献书目解题·方志类》第2册，台北："中央图书馆"台湾分馆，1988年，第78页。
⑥ （清)陈淑均纂：《噶玛兰厅志》，《中国地方志集成·台湾府县志辑》第2册，上海：上海书店出版社，1999年，第16～18页。
⑦ 吴文星、高志彬主编：《台湾文献书目解题·方志类》第2册，台北："中央图书馆"台湾分馆，1988年，第80页。
⑧ （清)陈淑均纂：《噶玛兰厅志》，《中国地方志集成·台湾府县志辑》第2册，上海：上海书店出版社，1999年，第15页。

家之说,并予辩正。'建置'引诸家记载为附考。'疆域'之附考,则录有关开辟之案牍。'山川'记十八山、二岭、十五溪、八坤,系采访所得,所载颇详。其自然景观,以旧志述兰厅山川不多,故录之较少,后附一段记其形胜。"①"(《规制》)以'番社'、'水利'、'关隘'所述较详,此门皆得自采访。'海防'附考可补志之简略。其余各目之附考,或引诸家有关之记载,或略作考述"。②此志也存在一些瑕疵,比如"番俗、物产等二类,仅录诸书以成篇,盖采访所未及。又此志引注书名,称法不一,有失严谨。此皆大瑜中之小疵,读此志者于此应注意焉"。③

  时人对此志评价较高,曾任噶玛兰厅通判的进士陈盛韶在《序言》中写道:"今春,文开书院席适延陈友松先生来鹿主讲。课士之暇,接谈文酒,因览其所纂《兰厅志》一书,逾得以悉其原委。先生经明行修,言必中理。此书之作,尤综核名实,纲举目张,可谓精矣。而先生尤铅椠纵横,朱墨涂乙,更欲搜罗放轶,以完此篇,抑何勤也。昔周宣子得陈少林以志诸罗,台中推为善本。今兰开创未久,文献无征,而先生灵蛇独握,既以支手总其成,复以余力穷其绪,视少林一编更详而核。盖少林犹行以论体,事在推原,先生则长于考稽,事在核实。故其所引书不下二百余种,无一不衷于典制而出以如写家书之笔,所言皆雅俗能通,以是为文之行远也。"④志书能做到"雅俗能通",委实不易。

林豪与《澎湖厅志》的编纂

  林豪(1831—1918),字卓人,号次逋,金门人,清咸丰九年(1859)举人。其父林焜熿参与道光《厦门志》和《金门志》修纂。林豪"夙承家学,少有文

---

① 吴文星、高志彬主编:《台湾文献书目解题·方志类》第2册,台北:"中央图书馆"台湾分馆,1988年,第78页。
② 吴文星、高志彬主编:《台湾文献书目解题·方志类》第2册,台北:"中央图书馆"台湾分馆,1988年,第78页。
③ 吴文星、高志彬主编:《台湾文献书目解题·方志类》第2册,台北:"中央图书馆"台湾分馆,1988年,第83页。
④ (清)陈淑均纂:《噶玛兰厅志》,《中国地方志集成·台湾府县志辑》第2册,上海:上海书店出版社,1999年,第8页。

名。咸丰九年(1859)举于乡,屡困公车,然数奇而文益工"。① 同治元年(1862),林豪应台湾淡水族人之邀,赴台访亲探友时,正值台湾群众武装反抗封建统治。他耳闻目睹了这一事件,深受触动,撰写了《东瀛纪事》,以自己的见解对这一事件做了较为详细的记录。同治六年(1867),林豪受淡水同知严金清之聘,修《淡水厅志》:"淡水自设厅以来,尚无志,前郑用锡曾辑志稿二卷,多疏略。豪乃与占梅商订体例,开局采访,九月成书十五卷,未刊。"②后应澎湖人士聘请,主讲文石书院并编撰《澎湖厅志》。民国《金门县志》称:"有清末季,金门以文学传者,推林氏父子云。"③《金门古典文献探索》的作者对林豪做如下评价:"林焜熿、林豪父子既是修志专家,更是史学家。金门第一部区位概念的志书《金门志》,即是其父子接力的作品。……林豪在父亲的基础上更上一层楼,《东瀛纪事》记录了'戴潮春事件'为其后各志修纂之张本,《淡水厅志》《淡水厅志订谬》《澎湖厅志》更是清代末期台湾重要的地方史志。另外《星洲见闻录》《闽南俚语俪句》二书,则是留心到侨乡社会与乡土语言之作,在当时有这般存史的意识可谓相当先进,可惜今书未见,无法一睹林豪真正想法,不能不说是一种遗憾。"④

《金门县志》称:"豪以金门人,久游台湾,凡国计盈虚,民生利弊皆有所论,而于澎事尤关切。"⑤林豪编纂《澎湖厅志》分为两个阶段,第一阶段是光绪四年(1878)⑥,林豪"就澎湖人士聘,主讲文石书院,又辑《澎湖厅志》,稿存台南"。⑦ 当时任澎湖通判的是蔡麟祥,"蔡麟祥,字瑞堂,广东澄海人。……光绪四年,代理澎湖,清勤自矢,与绅士之公正者交厚……尤留心文献,与绅士蔡君玉成议修厅乘。乃以厚礼罗致林孝廉主讲席,代为属草,就胡氏《纪

---

① 左树夔修,刘敬纂:民国《金门县志》卷二十,金门:金门县文献委员会,1958年,第98页。
② 金门县文献委员会编:《金门县志》下册,金门:金门县政府,1979年,第685页。
③ 左树夔修,刘敬纂:民国《金门县志》卷二十,金门:金门县文献委员会,1958年,第98页。
④ 金门县宗族文化研究协会编:《金门古典文献探索》,金门:金门县文化局,2011年,第348页。
⑤ 金门县文献委员会编:《金门县志》下册,金门:金门县政府,1979年,第685页。
⑥ 金门县宗族文化研究协会编:《金门古典文献探索》,金门:金门县文化局,2011年,第297页。
⑦ 金门县文献委员会编:《金门县志》下册,金门:金门县文献委员会编印,1979年,第685页。

略》、蒋氏《续编》二书,删繁举要,网罗散失,成《厅志》十有六卷。惜履任未久,调署恒春县"。① 林豪受蔡麟祥之聘,"以胡建伟《澎湖纪略》、蒋镛《澎湖续编》二册删繁举要,复据'厅案',采'营册',广搜公私著述。又由澎湖士绅与生员采访志料,为之纂组成稿"。② 可惜的是,此稿没有刊印。第二阶段是光绪十八年(1892),其经过,时任澎湖通判潘文凤在光绪十九年(1893)于该志《序言》中有说明:"皇上御极之十有八年,台湾既开'通志'之局,大宪以澎湖故有厅乘稿本,命文凤访而致之,以之考献征文,甚盛典也。是秋八月,甫下车,闻是稿存于台南海东书院,爰禀请臬道宪顾公将原稿发下,并于蔡汝璧广文处检出副本参阅之,皆志甲申以前事。至乙酉遭兵后设镇、建城诸大端阙焉未备。余维是书为金门林卓人孝廉所属草,若得孝廉始终其事,则驾轻就熟,应无枘凿之虑矣。于是以礼为罗,招致林君主此讲席,而属黄卿云广文暨蔡广文辈,相与采获见闻、搜罗案卷,与林君相互参订,阙者补之,冗者删之。计自仲冬倡办,至年终告竣,成《厅志》十有六卷。"③ 第二稿完成后,上交台湾志局,时任台湾布政使唐景崧"复属江苏举人薛嘉生(绍元)删补之"。④ 光绪十九年(1893),该志付梓刊印。

林豪的《澎湖厅志》体例,承继于其父林焜熿参与编纂的道光《厦门志》和《金门志》。对于唐景崧、薛嘉生对林稿的修订,历来争议比较大。唐景崧在该志《序言》中对修订的内容加以说明:"删'凡例'者,明代《武功志》例也;补'晷度'者,钦定《热河志》《西域图志》例也;改'赋役'为'经政'者,嘉庆《广东通志》例也;删'方外'者,陆清献《灵寿县志》之例。而移林孝入'列传'者,'梁、陈书'传刘勰、何允例也。并子目九十有九为四十有八,而文不改者,存其真,不没其撰述劳也。"⑤ 陈捷先先生认为:"从唐景崧的这篇序文中,看出唐氏在删饰林豪厅志稿文的种种理由,乍看起来,似乎都是有道理而且是有所本的。不过,依我个人的想法,除了'晷度'一项他作'补删'是使用新学尚有其可取之处外,其余各节,都有商榷的地方。"⑥ 虽然刊印的是唐、薛的修订

---

① (清)林豪:《澎湖厅志》,台北:台湾银行经济研究室,1963年,第227页。
② 吴文星、高志彬主编:《台湾文献书目解题·方志类》第2册,台北:"中央图书馆"台湾分馆,1988年,第328页。
③ (清)林豪:《澎湖厅志》,台北:台湾银行经济研究室,1963年,第3页。
④ (清)林豪:《澎湖厅志》,台北:台湾银行经济研究室,1963年,第2页。
⑤ (清)林豪:《澎湖厅志》,台北:台湾银行经济研究室,1963年,第2页。
⑥ 陈捷先:《清代台湾方志研究》,台北:学生书局,1996年,第166页。

稿,但林豪在每一纲目的小序,唐氏没有修改,从中还可以看到原体例的实际情况。① 下面将其与《厦门志》《金门志》及唐氏修订后的《澎湖厅志》做一比较。

表2　林豪原稿与三部志书体例比较表

目录	道光《厦门志》	道光《金门志》	林豪原稿	唐、薛修订稿
卷一	绘图	皇言录	皇言录	封域
卷二	分域略	分域略	封域志	规制
卷三	兵志略	赋税考	规制考	经政
卷四	防海略	规制志	经政书	文事
卷五	船政略	兵防志	文事略	武备
卷六	台运略	职官表	武备略	职官
卷七	关赋略	名宦列传	职官志	人物上
卷八	番市略	选举表	人物传	人物下
卷九	艺文略	人物列传(一)	列女传	风俗
卷十	职官表	人物列传(二)	风俗记	物产
卷十一	选举表	人物列传(三)	物产记	旧事
卷十二	列传上	人物列传(四)	旧事录	艺文上
卷十三	列传下	列女传	艺文录	艺文中
卷十四	列女传	艺文志		艺文下
卷十五	风俗记	风俗记		
卷十六	旧事记	旧事志		

从表2可以看出,林豪承继了道光《厦门志》《金门志》的编例,并有所创新。比如将学校、书院、选举归入《文事略》,根据澎湖的实际设立《物产记》等。林豪的这种体例"是源于史例而来的"。② 而唐、薛二氏修订稿基本沿用林豪原稿的体例,陈捷先先生认为唐、薛氏的修订,"实在仅是换汤不换药,

---

① 陈捷先:《清代台湾方志研究》,台北:学生书局,1996年,第167页。
② 陈捷先:《清代台湾方志研究》,台北:学生书局,1996年,第168页。

493

根本无新义可言"。① 从体例上,可以看出林豪在编纂中的主导作用。

《澎湖厅志》有以下比较明显的特点:一是旁征博引,采访深入。卢美松先生在《历代澎湖志书的编纂》一文中写道:(《澎湖厅志》)"注重原始资料,大量采纳此前所编修的台湾地区史志或前人所撰有关台澎地区的资料(诗文、杂记)。据他自己所列'征引目录'即达 81 种之多,这在当时甚属不易。"②以其中的《武备略》为例,该书《武备略》"'营制'节录《纪略》《厦门志》《天下郡国利病书》、施琅奏疏、《东征集》、刘铭传《请移海坛镇总兵改设澎湖》有关澎湖之营制之记载"。③ 从《纂修姓氏》中,可以看出采访人员不仅数量多而且质量高。采访的总校有四人,分别是台湾府学教授郭鹗鹏(澎湖举人)、增广生陈维新、廪膳生薛元英、生员徐癸山。采访分校有二十二人,包括候选训导许占魁、廪膳生三人以及生员十八人。卢美松先生认为该志编纂者"深入调查采访,如对澎湖城垣建筑、城内衙署、海口炮围之新修建者,'皆查案续载,其无卷可查者,亦采访其梗概,分类补入'"。④ 二是"因时因地以立说"的修志理念。《澎湖厅志》完成后,林豪写有一篇凡例,洋洋洒洒四千多字,虽然刊印时被删除,但原稿尚存,从中可以了解林豪"因时因地以立说"的修志理念。林豪写道:"台属志书,如续修府志,颇为详赡。惟文或滥收,事未尽赅,诚如《海东札记》所讥。然按部就班,志之正格也。向推《诸罗志》为作手,其时初辟之地,羌无故实,故谢退谷称其高简。又谓以论体作志,盖志之变格也。然志者所记事之书,因时因地以立说,而体裁因之。是集部居体例,非必仿府志,而大致差近,惟去取分合之间,自有权衡,岂必徒慕高简之名?如《台湾县志》自谓胚胎《朝邑》,规抚《诸罗》,而置位转有难惬。陈氏重辑《淡水志》,自称勇于创始,又谓规仿章学诚,而前后尚多错杂哉! 盖海外掌故,有必不容略者,要在持论洞中利弊,征引皆有限断亦无庸矫为异,故为同,沾沾于规抚名手也。光泽高雨农曰:'文章一道,当字字识职。'前编体裁从众,而择古惟谨,犹此志也。"⑤林豪对台湾有关的志书进行研究,强调了"因时因地以立说"的重要性,并体现在其编纂《澎湖厅志》的过

---

① 陈捷先:《清代台湾方志研究》,台北:学生书局,1996 年,第 168 页。
② 卢美松:《历代澎湖志书的编纂》,《中国地方志》2003 年第 2 期,第 64~67 页。
③ 吴文星、高志彬主编:《台湾文献书目解题·方志类》第 3 册,台北:"中央图书馆"台湾分馆,1988 年,第 335 页。
④ 卢美松:《历代澎湖志书的编纂》,《中国地方志》2003 年第 2 期,第 64~67 页。
⑤ 陈捷先:《清代台湾方志研究》,台北:学生书局,1996 年,第 169 页。

程中。当然,林豪所修《澎湖厅志》也有其瑕疵。比如在《凡例》中,林豪写道:"施侯澎湖之战,实得天妃神助。""而且'信而有征'。其'征'何以知其为'信'?林氏本人也承认'虽鬼神幽渺,与保邦治制之道,原不相涉,但既行于奏折,则事本有征。''鬼神幽渺'既与治道不'相涉',又说'有征',岂非自相矛盾?"①

林豪所编的台湾志书还有《淡水厅志》。同治六年(1867),林豪受淡水同知严金清的邀请,编写了《淡水厅志》,但没有刊印发行。严金清离任后,陈培桂任淡水同知,聘人重修《淡水厅志》。林豪看到陈培桂所修的《淡水厅志》后,十分不满,写下了《淡水厅志订谬》。在《淡水厅志订谬》序言中,林豪写道:"岁癸酉,友人以陈司马刻本见贻,略阅一过,则是非颠倒,部据错乱,迥失本来面目。其最可骇者,莫如《兵燹》一门,纪施侯之攻鸡笼,则满纸皆谬;纪戴逆之乱,则脱误太多。盖他处仅词义未当,识者能察其非。此则时事所系,恐后人或沿其妄而末由辨也。尤可慨者,莫如《海防》《田赋》等论,以地方切要之言而十不存一,何由资后人考镜,俾造一方之福也?……敢乘一夕之暇,摘其甚者为《订谬》一卷,以俟后之君子有所折中云。"②平心而论,林豪在修《淡水厅志》时,花了不少心血,掌握了不少第一手的资料。比如戴潮春之变,林豪亲身经历过,并写了《东瀛纪事》。可惜的是林豪所编的《淡水厅志》今已佚,无法对两书进行比较。陈捷先先生曾为林豪在台湾修志中遭受不公平待遇而打抱不平,"唐、薛二人修改了林豪的《澎湖厅志》,可以说仅给林书变了变外形的装饰,内容并未真正更动到本体。这与陈培桂修改《淡水厅志》大有不同。总之,林豪在台湾的修志生涯是极为不顺适的,两部厅志都遭到删改,甚至被人剽窃,可为不幸"。③

对于林豪的修志,《台湾文献书目解题·方志类》的作者有段评价是比较中肯的:"林豪修志讲求体例、精于义法……既师法各志之长,又能不落旧志之窠臼。而林豪修志又勇于评骘、善于考证,凡旧志有误者,能考其非;凡前志有遗漏者,能补其缺。而凡有引据必注出处,凡为参与修志者之采访资料,必注以采访人名氏;据多种资料纂组而成者,又详列书名。此《澎湖厅

---

① 陈捷先:《清代台湾方志研究》,台北:学生书局,1996年,第176~177页。
② (清)陈培桂修:《淡水厅志》,台中:台湾省文献委员会,1976年,第455~456页。
③ 陈捷先:《清代台湾方志研究》,台北:学生书局,1996年,第178页。

志》体例、义法之精善者。"①

结　　语

　　国有史,方有志,家有谱,这是中华传统文化的重要组成部分。方志"以自身特有的方式传承文明,服务社会。长期积累的方志文化是地域文化的宝库,凝聚着各地区各民族奋发向上、自强不息的民族精神"。② 在清代台湾编纂志书的热潮中,王必昌、郑兼才、陈淑均、林豪等泉州士人积极参与,并以其才识成为《重修台湾县志》《续修台湾县志》《噶玛兰厅志》《澎湖厅志》编纂的主要负责人。他们所编纂的这几本志书,讲求体例,精于义法,内容翔实,为推进台湾志书的编纂,提高台湾志书的质量做出了贡献,在台湾方志史上留下了浓墨重彩的一笔。

(原载《闽台缘文史集刊》2021 年第 2 期)

---

　　① 吴文星、高志彬主编:《台湾文献书目解题·方志类》第 3 册,台北:"中央图书馆"台湾分馆,1988 年,第 340 页。
　　② 刘纬毅等著:《中国方志史》,太原:三晋出版社,2010 年,第 2 页。

清代泉州与台湾儒学教育的发展

泉州与祖国宝岛台湾仅一水之隔,是台湾汉族同胞最主要的祖籍地。台湾历史上曾属泉州行政管辖范围,宋代澎湖隶属泉州晋江县管辖。陈孔立先生主编的《台湾历史纲要》指出:"宋朝政府已经在澎湖戍兵防守,澎湖在建制上已经归福建晋江县管辖了。"[①]元朝初期,政府在澎湖设巡检司,管辖台澎诸岛屿,隶属泉州路同安县。《澎湖厅志》载:"元末置巡司,属同安县兼辖。"[②]南宋时,泉州就有移民台湾的记载。在《德化使星坊南市族谱》中,其七世孙苏钦于南宋绍兴三十年(1160)写的《序》中称,苏氏一族已有人迁居台湾。[③]郑成功复台、施琅平台之后,众多的泉州士子来到台湾,为台湾儒学教育的发展发挥了重要作用。即使在日据时期,台湾儒学教育走向衰落,泉州士子也采取各种办法,支持台湾的儒学教育,延续中华文脉。

郑成功复台后泉州与台湾儒学教育的初兴

台湾的儒学教育初兴于明郑时期。郑成功复台之后,高度重视台湾儒学教育,推动台湾儒学教育的发展。郑成功对台湾儒学教育的主要贡献,体现在深入骨髓的儒家思想和艰苦条件下的储才育才。郑成功七岁从日本回国之后,受业于院前村的李孟卿。李孟卿"出生于塾师世家,精于儒学,教书育人经验丰富"。[④]民国《福建通志》载:郑成功"每夜必翘首东向,望其母。有相士见之曰:'郎君英物,非止科甲中人。'喜《春秋》、孙吴兵法,舞剑驰射。年十一,学制艺,题为《洒扫应对进退》。后幅云:'汤武之征诛,一洒扫也;尧

[①] 陈孔立主编:《台湾历史纲要》,北京:九洲图书出版社,1996年,第25页。
[②] (清)林豪总修:《澎湖厅志》,台北:台湾银行经济研究室,1963年,第51页。
[③] 徐本章:《台湾唐山是一家》,《泉州文史》第1期,1979年,第60~61页。
[④] 陈名实:《闽台儒学源流》,福州:福建人民出版社,2008年,第113页。

舜之揖让，一应对进退也。'师大惊"。① 乡试不中之后，郑成功以贡生入南京太学，曾拜名儒钱谦益为师。钱谦益"曾与之论为政道，郑成功答以知人善任，招携怀远。练武备，足粮贮，决壅蔽，扫门户。钱谦益对他十分欣赏，为他取字'大木'，意为栋梁之材"。② 郑成功将其儒家思想贯穿于反清复明、收复台湾、治理台湾的实践之中，为台湾儒学教育的发展奠定了良好的基础。在反清复明、驱逐荷夷的斗争中，虽然条件十分艰苦，但郑成功始终不忘储才育才的工作，设立了育胄馆和储贤馆。育胄馆是为培养阵亡将士后代而设的，储贤馆是为反清复明事业储备人才而设的，"入储贤馆多是明室遗臣、闽浙缙绅及社会名流"。③《台湾外志》载："功以事繁而无专责，遂设六官董理。……又设储贤、育材二馆，令思明州知州邓会劝学取士，得黄带臣、洪初辟等四十人充入。次第转六官之内办事，或外为监纪，或为推官、通判不等。"④《从征实录》记载：永历九年（1655）五月，"拔育胄、储贤二馆诸生，授监纪职俸。配监各提督、统镇，从军出征，记录功罪。"⑤ 郑成功收复台湾时，有800多名士大夫随其入台，其中有许多来自泉州。比如同安人陈永华、惠安人王忠孝、南安人沈佺期等。这些士子都是当时的博学鸿儒之人，他们"怀挟图书，奔走幕府，横经讲学，诵法先王"，入台后成为台湾儒学教育的中坚力量，"于是台地学风乃渐兴盛矣"。⑥

连横先生在《台湾通史》中写道："延平克台，制度初建，休兵息民，学校之设，犹未遑也。"⑦ 由于复台后过早去世，郑成功奠定基础的儒学教育事业只能由郑经和随之入台的博学鸿儒来完成。郑经作为嗣王，在台湾的儒学教育初兴上发挥了重要作用。郑经对陈永华等老臣十分信任。《台湾通史》中有郑经和陈永华的一段对话："永历十九年八月，嗣王经以陈永华为勇卫。永华既治国，岁又大熟，请建圣庙，立学校。经曰：'荒服新创，地狭民寡，公

---

① 沈瑜庆、陈衍等纂：民国《福建通志》，北京：方志出版社，2016年，第6400页。
② 陈名实：《闽台儒学源流》，福州：福建人民出版社，2008年，第114页。
③ 陈名实：《闽台儒学源流》，福州：福建人民出版社，2008年，第126页。
④ （清）江日昇著，刘文泰等点校：《台湾外志》，上海：上海辞书出版社，2011年，第92页。
⑤ （清）杨英著，郑焕章点校：《从征实录》，北京：商务印书馆，2019年，第57页。
⑥ 林熊祥主修：《台湾省通志稿·教育志（制度沿革篇）》，台北：台湾省文献委员会，1954年，第16页。
⑦ 连横：《台湾通史》，北京：商务印书馆，2010年，第202页。

且待之。'永华曰：'昔成汤以百里而王，文王以七十里而兴。国家之治，岂必广土众民，唯在国君之用人求贤，以相佐理尔。……今幸民食稍足，寓兵待时，自当速行教化，以造人才，庶国有贤士，邦以永宁，而世运日昌矣。'"[1]在陈永华的劝说之下，郑经对儒学教育十分重视，支持陈永华等人努力开创台湾儒学教育的新局面。

陈永华（1634—1681），字复甫，同安人。《同安县志》载："父陈鼎，明天启举人，任同安教谕。清兵攻陷同安时，自缢于明伦堂。陈永华从小'好读书，有奇谋'，19岁进秀才。父亲死后，他立下'弃儒生业，究天下事'之志，20岁投奔郑成功。"[2]陈永华深得郑成功、郑经父子信任。郑成功曾"与谈时事，终日不倦"。

在郑经的支持下，陈永华采取以下五项措施，推进台湾儒学教育。一是设礼科。郑经嗣位后，在明郑政府中设立礼科，"领导和管理全台的教育行政工作"。[3] 礼科的礼官开始由户官杨英（南安人）兼任，南安人郑斌任协理礼官。"以后郑斌继杨英为礼官，任协理礼官的有福建金门人蔡政及国子监助教叶亨"。[4]

二是建圣庙。《台湾外志》载：康熙四年（1665）八月，郑经"允陈永华所请，令择地兴建圣庙，设学校。于承天府鬼仔埔上鸠工筑竖基丘，大兴土木起盖。康熙五年丙午（附称永历二十年）正月，建立先师圣庙成，旁置明伦堂"。[5] 文庙建成后，郑经率领百官前往祭祀，"圣庙成，经率文武行释菜之礼，环泮宫而观者数千人。雍雍穆穆，皆有礼让之风焉"。[6] 同年，建立类似于明朝国子监的学院，"三月，经以陈永华为学院，叶亨为国子监助教，教之养之，自此台人始知学"。[7] 学院可谓明郑政权的最高学府，主要负责台湾高层次教育及考选人才之任。

三是设府学。经郑经批准，陈永华在承天府设立府儒学。由于条件有

---

[1] 连横：《台湾通史》，北京：商务印书馆，2010年，第202页。
[2] 同安县地方志编纂委员会编：《同安县志》，北京：中华书局，2000年，第1436页。
[3] 庄明水等著：《台湾教育简史》，福州：福建教育出版社，1994年，第40页。
[4] 庄明水等著：《台湾教育简史》，福州：福建教育出版社，1994年，第40页。
[5] （清）江日升著，刘文泰等点校：《台湾外志》，上海：上海辞书出版社，2011年，第157页。
[6] 连横：《台湾通史》，北京：商务印书馆，2010年，第202页。
[7] （清）江日升著，刘文泰等点校：《台湾外志》，上海：上海辞书出版社，2011年，第157页。

限,当时府学的环境比较简陋。《福建通志·台湾府》记载:"台湾府学,在宁南坊。康熙二十四年,巡道周昌、知府蒋毓英建。因郑氏旧址,中为大成殿,东南两庑,前为戟门、为棂星门、为泮池,后为启圣祠。"①这段文字说明在明郑府学旧址上修建的新府学还是比较简陋的,而明郑时期府学的简陋程度就不言而喻了。然而虽然简陋,陈永华建立的承天府学是台湾有史以来首座按中华规制建成的"学宫",人们称其为"台湾首学"。②

四是办社学。康熙五年(永历二十年,1666年),郑经"又各社令设学校,延师令弟子读书"③"凡人民之子弟年届八岁者,须入小学,课以经史文章"。因此,"由社学而州而府而太学,各级学校之体系立,而汉学之基奠,台人自是始知奋学"。④ 社学是基础教育,泉州从宋代开始就有社学的存在,明代在官方的倡导下,社学得到进一步的发展。陈永华在台湾推行社学,使汉族子弟和高山族子弟都能接受教育,促进了台湾儒学教育的推广。陈永华实行"令其子弟能就乡入塾读书者,蠲其徭,欲以渐化之"⑤,以此来提高高山族子弟入学率,鼓励高山族子弟接受儒学教育。

五是创考选。在郑经的支持下,陈永华设计了明郑政权的考选制度。康熙五年(1666),陈永华与郑经"议两州三年两试,照科岁例,开试儒童。州试有名送府,府试有名送院,院试取中,准充入太学,仍按月月课。三年取中式者,补六官内都事,擢用升转"。⑥ 已经设置的万年和天兴两州,每三年举行两次岁科试,"依照岁科之例,考选学生。经州试合格移府,府试合格者送院,院试又合格者,准其入学院"。⑦ 院试合格者进入学院学习三年,学院"按

---

① 台湾银行经济研究室编辑:《福建通志·台湾府》,台北:台湾文献委员会,1993年,第239页。
② 陈笃彬、苏黎明:《论闽南与台湾教育的历史交融》,《教育科学》2007年第3期,第64~68页。
③ (清)江日升著,刘文泰等点校:《台湾外志》,上海:上海辞书出版社,2011年,第157页。
④ 陈笃彬、苏黎明:《论闽南与台湾教育的历史交融》,《教育科学》2007年第3期,第64~68页。
⑤ (清)郁永河著,于莉莉点校:《裨海纪游》,陈庆元主编:《台湾古籍丛编》第3辑,福州:福建教育出版社,2017年,第362页。
⑥ (清)江日升著,刘文泰等点校:《台湾外志》,上海:上海辞书出版社,2011年,第157页。
⑦ 陈笃彬、苏黎明:《论闽南与台湾教育的历史交融》,《教育科学》2007年第3期,第64~68页。

月考核,谓之月课"。三年学业完成后,经过大考,合格者给予毕业,按成绩优劣分派到明郑政权的各科任职,"由此可擢用迁升,飞黄腾达"。① 考选制度基本沿袭明制,但也有变通。"因为明朝在大陆已为清朝所取代,台湾谈不上乡试、会试之举,考生经学院三年学习考试合格即可分派官职,实际上是对明朝科举制度的一种合理变通"。②

明郑时期台湾的儒学教育取得了一定的成效。康熙二十五年(1686)第一任台厦道周昌在《详情开科考试文》中写道:"本道自履任后,窃见伪进生员犹勤藜火,俊秀子弟亦乐弦诵。"③这段文字可以说明明郑政权开辟了台湾教育新纪元。施琅平台之后,台湾纳入版图,明郑庙学诸生中举不少。比如陈永华的儿子陈梦球于康熙三十三年(1694)登进士第。民国《同安县志》载:"陈梦球,号二受,鼎孙,永华子,入白旗。康熙癸卯,以旗籍中式顺天举人,甲戌进士。召问台湾遗事,嘉其父忠义,擢编修。每对大臣曰:'此忠义永华子也。'……己卯,典试湖广,所拔士多捷南宫。"④施琅平台之后,中举的明郑庙学诸生还有王忠孝之侄孙王璋以及苏峨、王锡祺、许宗岱、杨阿捷、王茂立、陈圣彪、邑星灿等。这足以说明明郑时期台湾的儒学教育进入了初兴时期。

明郑时期台湾儒学教育的发展与许多泉州人的努力是分不开的,史书记载的有郑成功、郑经、陈永华、杨英、郑斌、蔡政、叶亨等。还有许多随郑氏入台的泉州士子,他们默默地耕耘在明郑时期台湾儒学教育的第一线,为台湾儒学教育的初兴做出了贡献。

施琅平台后泉州与台湾儒学教育的鼎盛

清康熙二十二年(1683),施琅率军统一台湾。清廷决定留守台湾,台湾归入清廷版图之后,发展儒学教育就提上了重要议事日程。从施琅平台至

---

① 陈笃彬、苏黎明:《论闽南与台湾教育的历史交融》,《教育科学》2007年第3期,第64~68页。
② 陈笃彬、苏黎明:《论闽南与台湾教育的历史交融》,《教育科学》2007年第3期,第64~68页。
③ (清)高拱乾等修:康熙《台湾府志》,蒋毓英等修:《台湾府志三种》上册,北京:中华书局,1985年,第1001~1002页。
④ 吴锡璜:民国《同安县志》,北京:方志出版社,2007年,第857页。

日本割据台湾之前的 200 多年间,泉州人在台湾儒学教育中继续发挥着重要的作用。主要体现在以下几个方面:一是泉籍儒学学官众多。台湾府儒学从康熙二十六年(1687)至光绪十九年(1893),共有教授 69 人,其中泉州籍的有 23 人,达到三分之一;训导 50 人,其中泉州籍的有 16 人,接近三分之一。参见表1、表2。[①]

表 1 台湾府泉籍儒学教授一览表

姓名	籍贯	出身	任职情况
蔡登龙	同安	举人	康熙三十九年(1700)由建宁儒学教授调任
林华昌	晋江	举人	康熙四十三年(1704)由漳州儒学教授调任
施德馨	晋江	举人	康熙四十八年(1709)由福州儒学教授调任
张应聘	晋江	举人	康熙五十年(1711)由汀州儒学教授调任
蔡时升	晋江	举人	康熙五十年(1711)由福州儒学教授调任
丁 莲	晋江	进士	由兴化儒学教授调任
吴启进	晋江	举人	雍正四年(1726)由福州儒学教授调任
郑拔进	南安	进士	雍正七年(1729)由漳州儒学教授调任
孙 陉	惠安	进士	约乾隆七年(1742)由漳平儒学教谕升任,但未到任即以老告归
朱升元	晋江	明通	以台湾县儒学教谕署
张有沁	晋江	明通	以凤山儒学教谕署
林清元	安溪	举人	乾隆二十二年(1757)七月以台湾儒学教谕署
郑克容	永春	不详	乾隆二十二年(1757)十二月以台湾府儒学训导署
王士鳌	惠安	进士	乾隆二十三年(1758)由福州儒学教授调任
尤垂青	晋江	进士	乾隆三十三年(1768)由兴化儒学教授调任
陈从龙	安溪	廪贡	嘉庆二年(1797)由邵武儒学教授调任
黄耀彰	晋江	举人	嘉庆六年(1801)由邵武儒学教授调任

---

① 林国平主编:《文化台湾》,北京:九州出版社,2007 年,第 150～157 页。

续表

姓名	籍贯	出身	任职情况
傅渊季	南安	恩科会魁	嘉庆十年(1805)由汀州儒学教授调任
骆钟球	惠安	拔贡	嘉庆十四年(1809)由漳州儒学教授调任
黄大龄	晋江	进士	嘉庆十七年(1812)在任
郑 重	安溪	举人	嘉庆二十五年(1820)以台湾府儒学训导兼署
杨滨海	晋江	进士	道光五年(1825)由漳州儒学教授调任
王佐才	晋江	廪贡	约道光二十一年(1841)由建宁调任

表2 台湾府泉籍儒学训导一览表

姓名	籍贯	出身	任职情况
萧国琦	惠安	举人	乾隆十二年(1747)由德化儒学调任
曾应选	惠安	岁贡	乾隆十九年(1754)由宁洋儒学训导调任
郑克容	永春	廪贡	乾隆二十二年(1757)由平和儒学训导调任
王士鳌	惠安	进士	乾隆二十五年(1760)由台湾儒学教授兼摄
张 锦	晋江	举人	乾隆四十三年(1778)由漳浦儒学训导调任
杨 梅	同安	附生	乾隆六十年(1795)在任
李惟清	同安	廪贡	嘉庆三年(1798)在任
林占梅	晋江	举人	嘉庆七年(1802)由归化儒学训导调任
陈开运	惠安	廪贡	嘉庆十一年(1806)由兴化儒学训导调任
骆钟球	惠安	拔贡	嘉庆十五年(1810)以台湾儒学教授兼摄
郑 重	安溪	举人	嘉庆二十三年(1818)由龙溪儒学训导调任
杨 忠	同安	举人	道光十年(1830)署
陈国栋	晋江	举人	道光十四年(1834)由闽清儒学训导调任
黄初泰	同安	举人	道光十七年(1837)由侯官儒学训导调任

续表

姓名	籍贯	出身	任职情况
黄逢龙	南安	岁贡	道光二十一年(1841)在任
曾绍芳	同安	举人	道光年间在任

同样,台湾各厅县儒学的教谕与训导,泉州籍所占比例也比较大。比如《淡水厅志》载:从嘉庆二十二年(1817)至同治九年(1870)淡水厅共有儒学训导28人,其中泉州籍8人,约占30%。[①]《续修台湾县志》载:从康熙二十六年至嘉庆九年(1687—1804),台湾县共有儒学教谕36人,其中9人为泉州籍,占比25%。[②] 泉州籍教官不仅人数众多,而且在任职期间政绩突出,受人尊重,得到好评。晋江籍的台湾府学教授丁莲,"倡明经术,海外化之"。[③] 同安籍台湾彰化县儒学教谕刘瀚曾任建安、龙溪等县教谕,入台任教谕时,由于"为人端重,执教有方",彰化县学的学子尊其为楷模。[④] 德化籍郑兼才,嘉庆三年(1798),福建乡试第一名,出任台湾县学教谕,兢兢业业,兴学重教,百姓感恩戴德。他离开台湾时,"当地百姓争相送之北郊,香案旌鼓,堵塞街市,数里不绝"。[⑤] 在台湾儒学的建设中,泉州人还发扬优良传统,慷慨解囊,捐资助学。比如晋江籍台湾凤山县儒学教谕黄赐英,不仅专注于教书育人,而且还捐资购买学田40甲,"以租谷作为文庙的香火费及诸生月课的费用"。[⑥] 惠安籍的杨志申,献出其父墓地,修建台南府学宫并捐田地做邑学费用;晋江籍施世榜,捐金二百两做维修凤山县学宫费用等等。[⑦]

在台湾府县儒学的建设中,泉州籍士子出谋献策,提倡闽南儒学、庙学合一的规制。嘉义县儒学教谕谢金銮曾指出,儒学、庙学合一的优点为:"圣

[①] (清)陈培桂修:《淡水厅志》,台中:台湾省文献委员会,1977年,第215~216页。
[②] (清)谢金銮,郑兼才总纂:《续修台湾县志》,南投:台湾省文献委员会,1993年,第182~184页。
[③] 陈笃彬、苏黎明:《论闽南与台湾教育的历史交融》,《教育科学》2007年第3期,第64~68页。
[④] 林国平主编:《文化台湾》,北京:九州出版社,2007年,第242页。
[⑤] 黄新宪:《闽台教育的交融与发展》,北京:人民出版社,2013年,第34页。
[⑥] 林国平主编:《文化台湾》,北京:九州出版社,2007年,第149页。
[⑦] 陈捷先、阎崇年主编:《清代台湾》,北京:九州出版社,2009年,第42页。

人可学而至者。"也就是可以就近学习圣人的言与行。① 林从华先生在《闽台文庙建筑形制研究》一文中将泉州文庙与台南文庙建筑进行了比较,参见表3。②

表3　泉州市与台南市文庙建筑布局比较

名称	泉州府文庙	台南府文庙
庙宇选址	庙宇坐北朝南,泮池、学池与内河相连,沟通百源川地,伐石为桥,以纳潮汐	庙宇坐北朝南,泮池与内河相连
布局形制	左学右庙,形成以大成殿、明伦堂为主的两条轴线	左学右庙,形成以大成殿、明伦堂、文昌阁为主的两条轴线
空间构成（以大成殿轴线）	由泮宫前导空间（南向）,露埕（露庭）大众祭祀空间,泮池官员拜庭空间,露台（月台）舞乐空间组成	由泮宫坊、泮池前导空间（东向）,露庭大众祭祀空间,"回"字形官员拜庭空间,月台舞乐空间组成
园林特征	空间突出大成殿"居中为尊"思想,拜庭院落古榕苍天,泮水波光相映,象征源远流长。植物有榕树、木棉、芒果、刺桐等	拜庭空间不种植树木,而以露庭院落组织游憩活动。植物有榕树、凤凰木、槟榔树、芒果、三角梅等

林从华先生认为:"在文庙的建设中,也反映出闽台两地既严格遵循孔庙的基本建制,又能够在特定的历史背景、地理环境和社会经济条件下,体现出不同的民族性与地域性的文化特征。"③台湾学者林明德先生认为台北的孔庙"堪称近代台湾最典型的泉州'木结构'风格"。④

二是推进书院建设发展。"书院是中国封建社会特有的一种教育组织

---

① 陈笃彬、苏黎明:《论闽南与台湾教育的历史交融》,《教育科学》2007年第3期,第64~68页。
② 林从华:《闽台文庙建筑形制研究》,《西安建筑科技大学学报（自然科学版）》2003年第1期,第20~27页。
③ 林从华:《闽台文庙建筑形制研究》,《西安建筑科技大学学报（自然科学版）》2003年第1期,第20~27页。
④ 陈笃彬、苏黎明:《论闽南与台湾教育的历史交融》,《教育科学》2007年第3期,第64~68页。

形式。它是介乎私学和官学之间的一种教学与学术研究相结合的特殊教育机构。"① 从宋至清，泉州建有书院七十三所，在儒学教育中发挥了重要作用。施琅平台之前，台湾没有书院。施琅平台之后，即在台南创建了西定坊书院，尽管这所书院的规模不大，规制尚不完备，但其首开了台湾兴办书院之先河。② 此后，泉州籍的台湾官员和士子在施琅重教兴学精神的鼓舞下，以各种方式推动台湾书院的发展。比如施琼芳（1815—1868），字见田，晋江人，早年徙居台湾，道光二十五年（1845）登进士第，授江苏知县。擢六部主事，乞养归籍。③ 施琼芳在道光年间任海东书院山长。他锐意改革，其著作《瀛洲校士录》记录了改革成果，在台湾产生很大影响。④ 在《瀛洲校士录》中"既有《乌烟鬼》等诗体现对于抗英禁烟斗争的热切关注，又有《盂兰竹枝词》《保生帝》《草地人》《伽蓝头》《罗汉脚》《地瓜行》等贴近下层劳动人民生活的作品，显示出海东书院师生对台湾民俗民风的兴趣"。⑤ 光绪年间，其子施士洁亦任海东书院山长。在任期间，施士洁"倡为诗古文词之学"，对学子提出在熟读经史的同时，要关注台湾的民情民风。⑥ 施士洁任海东书院期间，丘逢甲、郑鹏、汪春源等人都曾入院学习。施士洁还先后主讲于彰化白沙书院和崇文书院，教学之余，"又参与崇正诗社、斐学吟社、牡丹诗社，为著名诗家"。⑦

林豪（1831—1918），字卓人，号次逋，同安金门人，清咸丰九年（1859）举人，其父林焜熿为道光《厦门志》《金门志》作者。林豪"夙承家学，少有文名"。⑧ 林豪两次主讲于文石书院，第一次是同治六年（1867）受聘，历时两

---

① 陈笃彬、苏黎明：《泉州古代书院》，济南：齐鲁书社，2003年，第1页。
② 林国平主编：《文化台湾》，北京：九州出版社，2007年，第242页。
③ 粘良图、李灿煌编：《晋江历代人名辞典》，厦门：厦门大学出版社，2013年，第186页。
④ 陈笃彬、苏黎明：《论闽南与台湾教育的历史交融》，《教育科学》2007年第3期，第64~68页。
⑤ 林国平主编：《文化台湾》，北京：九州出版社，2007年，第291页。
⑥ 林国平主编：《文化台湾》，北京：九州出版社，2007年，第268页。
⑦ 粘良图、李灿煌编：《晋江历代人名辞典》，厦门：厦门大学出版社，2013年，第182页。
⑧ 左树燮修，刘敬纂：民国《金门县志》卷二十，金门：金门县文献委员会，1958年，第98页。

年;第二次为光绪四年(1878)受聘,历时四年。① 林豪任教期间十分重视对学生的指导,曾写了《与诸生蔡汝璧、黄卿云论文十首》指导学生写作。在日常生活中,林豪十分注意自身创作的示范作用。以其诗《秋声》为例:"萧槭长空爽籁喧,秋生树底渺无痕。中天月出孤鸿唳,大海潮回万马奔。几杵疏砧寒到枕,满山落叶夜敲门。此时客梦惊回后,风雨更深几断魂。"②此诗用词、用韵十分讲究,可供学生模仿。其诗《斋头不戒于火作此示诸生,步黄子珍赟府元韵》云:"昆冈火烈客休惊,应有陈言付丙丁。未到纯青炉际彻,何来虚白室中生。灰收余炉光犹射,力扫浮烟学始成。炎上由来称作苦,好将攻苦焕才名。"③此诗告诫诸生作诗要不戒于火,才有可能去陈言,直至炉火纯青。林豪十分重视实践教学,曾带诸生到金门太武山,瞻仰卢若腾陵墓。④

晋江人陈友松在道光年间主讲仰山书院,他将书院周围的八处风景命名为龟山朝日、隆岭夕烟、西峰爽气、北关海潮、石港春帆、沙喃秋水,苏澳蜃市、汤园温泉,并写下"兰阳八景"之诗作,深受台湾士子喜爱。⑤

晋江人吴洛,定居彰化之后,发扬泉州人捐资兴学的优良传统:"购置良田作为当地书院的办学经费,同时还分别向海东书院和白沙书院捐赠数百石稻米供师生食用。"⑥

除以上几人外,在黄新宪先生所著《闽台教育的交融与发展》一书中,还列有清代在台湾相关书院任职的泉籍士人:晋江人施昭澄,优贡,施琼芳之弟,曾在江南的建平、溧阳等地任教谕,咸丰年间任职海东书院;南安举人郭成金,嘉庆年间曾主讲明志书院;郑用锡,原籍同安,后迁居淡水,进士,道光年间多次主讲明志书院;郑用鑑,原籍南安,后迁居淡水,郑用锡从弟,主讲明志书院达三十余年;同安举人陈维英,同治年间任明志书院山长;同安进士林鄂腾,曾主讲文石书院两年;晋江进士王式文,曾任翰林院编修、兵部给

---

① 林国平主编:《文化台湾》,北京:九州出版社,2007年,第291页。
② (清)林豪著,翟勇点校:《诵清堂诗集》,陈庆元主编:《台湾古籍丛编》第8辑,福州:福建教育出版社,2017年,第127页。
③ (清)林豪著,翟勇点校:《诵清堂诗集》,陈庆元主编:《台湾古籍丛编》第8辑,福州:福建教育出版社,2017年,第136页。
④ 林国平主编:《文化台湾》,北京:九州出版社,2007年,第291~292页。
⑤ 黄新宪:《闽台教育的交融与发展》,北京:人民出版社,2013年,第61页。
⑥ 黄新宪:《闽台教育的交融与发展》,北京:人民出版社,2013年,第61页。

事中、户部给事中等职,离职后主讲蓬壶书院等等。①

三是助力义学、私塾的发展。康熙三十三年(1694),台湾知府蒋毓英在府治东安坊建社学两所,在凤山县建社学一所,由此推动台湾社学的设置。后因"朱一贵事变",社学走向衰落。康熙末年,闽南漳浦人蓝鼎元在《复制军台疆经理书》中,提出"台湾之患,又不在富而在教",建议"兴学校,重师儒,自郡邑以至乡村,多设义学,延有品行者为师……以'孝弟忠信礼义廉耻'八字转移士习民风,斯又今日之急务也"。② 分巡台厦道吴昌祚接受了蓝鼎元的建议,并大力提倡,使义学在台湾迅速发展。清代台湾有两所最好的义学,为淡水厅的芝山文昌祠义学和摆接堡的大观义学。芝山文昌祠义学是漳州士绅潘定民创设于道光年间,礼聘泉州人傅人伟主持教务;摆接堡大观义学是漳州富绅林维让兄弟创立于同治初年,聘泉州名士庄正主讲。有清一代,还有不少泉州塾师赴台办私塾。同安人彭培桂,字逊兰,少随父赴台,"居于淡水槺榔庄。咸丰六年(1856),以覃恩贡成均,设教于乡。及门多俊士,竹墅巨室争聘之"。③ 晋江举人张家驹,咸丰年间"台镇曾蓝田延聘设帐东瀛,课其子弟";安溪举人卢春选,亦设教淡水。④

有清一代,泉州与台湾儒学教育的关系还有泉籍生员参加台湾科举一事,值得研究。平台之后,台湾各级官员呼吁朝廷采取措施,对台湾士子参加科举给予照顾,鼓励台湾士子求学上进,泉州籍官员也积极参与此事。比如德化籍台湾县教谕郑兼才曾两次呈文请求增加乡试中式额及岁科入学额。郑兼才认为:"窃以抡才盛典,准古要在宜今;造士大权,随时尤须因地。台湾偏居东土,实隶南天,自入版图,另编台号,后乃渐广初额,取中二名。今又世阅三朝,年历七十,文明之洽,海外同风。……况台湾地势隔绝大海,人文远胜初年,尤不可不予以恩施,宽夫解额。"⑤清廷对此事高度重视,《清代台湾》一书记载,台湾的举人名额,从康熙二十六年(1687)"另编字号,额外录取举人一名""道光三年(1823),赴京会试的举人已达十一名,道光皇帝

---

① 黄新宪:《闽台教育的交融与发展》,北京:人民出版社,2013 年,第 63～64 页。
② (清)蓝鼎元著,杨艳华点校:《东征集/平台纪略》,陈庆元主编:《台湾古籍丛编》第 3 辑,福州:福建教育出版社,2017 年,第 463 页。
③ 连横:《台湾通史》,北京:商务印书馆,2010 年,第 738 页。
④ 陈笃彬、苏黎明:《论闽南与台湾教育的历史交融》,《教育科学》2007 年第 3 期,第 64～68 页。
⑤ (清)郑兼才著,粘良图点校:《六亭文集》,上海:上海辞书出版社,2014 年,第 12 页。

于是根据礼部的建议,下旨从台湾士子中取中一名"。① 对台湾生员的录取,台湾官员也十分关心,康熙二十五年(1686),台厦道周昌在《详情开科考试文》中提出:"岁科两考文武生员照依各府大县事例,府学取二十名,县学各进十五名,以鼓士气。大比之年,一体赴本省应试。"②此请得到批准,因此,虽然参试童生不多,但取额却与大陆府县一样。于是泉州的不少童生就冒充台籍参加童试。《晋江县志》载:乾隆前期三十年,该县童生冒籍赴试考中秀才后又考中举人的就有11人。《南安县志》载:康熙至乾隆年间,该县童生冒籍台湾考取秀才后被荐为贡生的有8人,乡试中举的6人。③《诸罗县志》载:"诸罗建学三十年,掇科多内地寄籍者,庠序之士,泉、漳居半,兴、福次之,土著寥寥矣。"④为此,清廷也采取一些措施,颁布禁止冒籍令,冒籍人数大为减少,但由于泉州与台湾一水相隔,血缘相亲,因此没有办法禁绝。而这些冒籍者中也不乏佼佼者,比如晋江人王克捷,后以台籍身份,于乾隆二十二年(1757)赴京参加会试,成为"开台进士"。周昌在《详情开科考试文》中认为:"盖在台湾户口尽属闽南之人,天姿多有聪慧,机智多有明敏,一经学问,化同时雨。"⑤可见冒籍现象对当时台湾儒学教育的发展也未尝没有促进作用。

有清一代,台湾儒学教育走向了鼎盛时期。据《清代台湾》一书统计,清代台湾共有府县儒学十三处、书院六十二处。⑥ 而义学和私塾等也是数量很多,《台湾教育简史》载:同治八年(1869),巡道黎兆棠在府城内设义学14所,加上原有4所,共18所,被称为"道宪18义学"。同治六年(1867),淡水同知严金清在淡水创设义学18所,人称"淡水18义塾"。⑦ 鼎盛时期的儒学教育为台湾各项事业的发展奠定了良好的基础,仅以科举为例,《文化台湾》

---

① 陈捷先、闫崇年主编:《清代台湾》,北京:九州出版社,2009年,第117～118页。
② (清)高拱乾等修:康熙《台湾府志》,蒋毓英修:《台湾府志三种》中册,北京:中华书局,1985年,第1002～1003页。
③ 陈笃彬、苏黎明:《论闽南与台湾教育的历史交融》,《教育科学》2007年第3期,第64～68页。
④ (清)周钟瑄修:康熙《诸罗县志》,《中国地方志集成·台湾府县志辑(1)》,上海:上海书店出版社,1999年,第376页。
⑤ (清)高拱乾等修:康熙《台湾府志》,蒋毓英修:《台湾府志三种》中册,北京:中华书局,1985年,第1012页。
⑥ 陈捷先、闫崇年主编:《清代台湾》,北京:九州出版社,2009年,第103页。
⑦ 庄明水等著:《台湾教育简史》,福州:福建教育出版社,1994年,第79页。

载:清代台湾共有文武进士 45 人,其中文进士 35 人;共有文武举人 350 人,其中文举人 261 人,武举人 89 人。[①] 清代台湾儒学教育的发展与众多泉州人的共同努力是分不开的。

日据时期泉州与台湾儒学教育的联系

甲午战争后,割让台湾,泉州人群情激愤,对清廷弃台表示强烈的不满。日据时期,泉州人以各种方式继续保持与台湾儒学教育的联系:一是传承儒学精神,反对割让台湾。鸦片战争之后,同治十三年(1874),因日本人入侵台湾事件,沈葆桢受清廷委派到台湾巡视,办理各国通商事务。[②] 在台期间,经清廷批准,沈葆桢建立了延平郡王祠,鼓励台湾人民发扬明郑时期的儒学精神,并亲自撰联曰:"开万古得未曾有之奇,洪荒留此山川,作遗民世界;极一生无可如何之遇,缺憾还诸天地,是创格完人。"[③]在沈葆桢的倡导下,台湾儒风发生变化,经世致用、自强御侮的儒学思想深入人心。光绪二十一年(1895),清政府将与日本签订《马关条约》,割让台湾的消息传出之后,深受经世致用、自强御侮儒学思想熏陶的祖籍泉州的台湾进士叶题雁和李清琦与在京参加会试的台湾举子汪春源、罗秀惠和黄宗鼎联合上书反对卖国求和。[④] 此事被称为"五人上书",影响深远。《户部主事叶题雁等呈文》写道:"具呈户部主事叶题雁、翰林院庶吉士李清琦、台湾安平县举人汪春源、嘉义县举人罗秀惠、淡水县举人黄宗鼎等,为弃地畀仇、人心瓦解,泣吁效死,以图大局,沥请据情代奏事。……今者闻朝廷割弃台地以与倭人,数千百万生灵皆北向恸哭,闾巷妇孺莫不欲食倭人之肉,各怀一不共戴天之仇,谁甘心降敌!纵使倭人胁以兵力,而全台赤子誓不与倭人俱生,势必勉强支持,至矢亡援绝,数千百万生灵尽归糜烂而后已。……夫以全台之地使之战而陷、全台之民使之战而亡,为皇上赤子,虽肝脑涂地而无所悔。今一旦委而弃之,是驱忠义之士以事寇仇;台民终不免一死,然而死有隐痛矣!或谓朝廷不忍台民罹于锋镝,为此万不得已之举。然倭人仇视吾民,此后必遭荼毒,

---

[①] 林国平主编:《文化台湾》,北京:九州出版社,2007 年,第 181～206 页。
[②] 陈名实:《闽台儒学源流》,福州:福建人民出版社,2008 年,第 288 页。
[③] 陈名实:《闽台儒学源流》,福州:福建人民出版社,2008 年,第 293 页。
[④] 北京市台湾同胞联谊会:《台湾会馆与同乡会》,北京:北京大学出版社,2012 年,第 172 页。

与其生为降虏,不如死为义民。或又谓徙民内地尚可生全,然祖宗坟墓,岂忍舍之而去!田园庐舍,谁能挈之而奔!纵使孑身内渡,而数千里户口又将何地以处之?此台民所以万死不愿一生者也。"[1]此文是自强御侮儒学思想的生动教材,充分体现了台湾民众的心声。康有为看完此文后深受鼓舞,发动了历史上著名的"公车上书","时以士气可用,乃合十八省举人于松筠庵会议,与名者千二百余人,以一昼二夜草万言书,请拒和、迁都、变法三者"。[2]祖籍晋江的台湾进士施士洁在台湾长期从事儒学教育,为台湾儒学教育发展做出了贡献。甲午战争爆发后,他以身作则践行自强御侮的儒学思想,积极投身抗日运动,招募义勇抗日,并写了《同许蕴白兵部募军感迭前韵》等诗篇,激励台湾人民保家卫国。现录《同许蕴白兵部募军感迭前韵》之一如下:"牛耳争盟自倒戈,几番醋海莽腾波。儒冠动色温而厉,贾肆签名唯与阿。阵列前茅时彦出,歌传下里众声和。颛臾未伐萧墙急,一篑安能障九河?"[3]清廷割台之后,施士洁不愿做亡国奴,写了《别台作》三首,携带家眷回到泉州。

二是接纳台湾士子来泉就学。割台之后,不少台湾士子不甘为亡国奴,抛家舍业,寄籍于泉州,继续接受儒学教育。台湾《日日新报》曾报道过,1897年5月8日是日本在台湾编定所谓"国籍"的日子,而不少台湾秀才有志于功名,早在次日之前就内渡回大陆了,其中"寄留泉州者,实繁有徒"。[4]这说明了当时来到泉州待考的台湾士子不少。他们附读于泉州府县儒学,其中有一些人表现不凡。以泉州府所属的晋江县为例,光绪二十六年(1900)之后的岁科三试,获得第一名的都是来自台湾的士子。光绪二十七年(1901)的第一名是来自台湾的施静山,光绪二十八年(1902)来自台湾鹿港的施务及其弟名列前茅。光绪二十九年(1903),泉州府学的22名优等生中有来自台北的庄庆云,而在县学的25名优等生中,来自台中的丁宝光和

---

[1] 北京市台湾同胞联谊会编著:《台湾会馆与同乡会》,北京:北京大学出版社,2012年,第173~174页。
[2] 康有为著,楼宇烈整理:《康南海自编年谱(外二种)》,北京:中华书局,1992年,第26页。
[3] (清)施士洁著,孟建煌点校:《后苏龛合集》,陈庆元主编:《台湾古籍丛编》第10辑,福州:福建教育出版社,2017年,第102页。
[4] 黄新宪:《闽台教育的交融与发展》,北京:人民出版社,2013年,第142页。

施天源榜上有名。① 台湾秀才高选锋,"拒绝台湾总督的利禄引诱"②,毅然于光绪二十三年(1897)回到大陆,为了生计到安溪县设塾授徒,后又到厦门创办紫阳书院,光绪二十八年(1902)参加乡试考中举人。台湾举人陈浚芝寄籍安溪,光绪二十四年(1898)登进士第等等。③

三是以诗言志,宣传儒学思想。儒家十分重视诗歌的教化功能,诗歌创作是儒学教育的重要组成部分。甲午战争之后,许多泉州士子以诗抒怀,传播儒学思想。陈棨仁的《藤花吟馆诗录》、施士洁的《后苏龛合集》、林豪的《诵清堂诗集》、林鹤年的《福雅堂诗钞》、苏镜潭的《东宁百咏》、吴增的《番薯杂咏》、苏大山的《红兰馆诗钞》等都有忧国忧民、盼望早日收复台湾的诗作。比如林鹤年的《丁酉四月七日厦口东望台澎泣而有赋》云："海上燕云涕泪多,擎天无力奈天何。仓皇赤壁谁诸葛,还我珠崖望伏波。祖逊临江空击楫,鲁阳挥日竟沉戈。鲲身鹿耳屠龙会,匹马中原志未磨。"④此诗作于光绪二十三年(1897)四月七日,作者自注："乙未四月八日订和约,准两年后改隶日本。"⑤作者选定这个日子,眺望台澎,以诗咏怀,以此来表达对收复台湾的强烈愿望。

值得注意的是,在祖国多难之际,台湾富商林尔嘉不愿做日本的"顺民",放弃在台庞大产业,定居厦门,成立爱国诗社菽庄吟社时,许多泉州诗人纷纷加入,有的还成为其核心成员。据《东南坛坫第一家——菽庄吟社研究》一书记载,参加菽庄吟社的泉州诗人有124人。⑥ 而菽庄吟社核心成员十八子中就有十一位是泉州人,他们为施士洁、龚显灿、龚显鹏、吴增、庄善望、苏大山、龚植、龚显鹤、龚显禧、施乾以及庄棣荫。⑦ 其中施士洁还与许

---

① 黄新宪:《闽台教育的交融与发展》,北京:人民出版社,2013年,第142～143页。
② 黄新宪:《闽台教育的交融与发展》,北京:人民出版社,2013年,第143页。
③ 陈笃彬、苏黎明:《论闽南与台湾教育的历史交融》,《教育科学》2007年第3期,第64～68页。
④ (清)林鹤年著,李诠林点校:《福雅堂诗钞》,陈庆元主编:《台湾古籍丛编》第8辑,福州:福建教育出版社,2017年,第569页。
⑤ (清)林鹤年著,李诠林点校:《福雅堂诗钞》,陈庆元主编:《台湾古籍丛编》第8辑,福州:福建教育出版社,2017年,第569页。
⑥ 黄乃江:《东南坛坫第一家——菽庄吟社研究》,武汉:武汉出版社,2010年,第81～82页。
⑦ 黄乃江:《东南坛坫第一家——菽庄吟社研究》,武汉:武汉出版社,2010年,第160～161页。

南英、汪春源两位进士并称菽庄"三老"。① 菽庄吟社有来自台湾的吟友76人,其中包括:连横,台南南社发起人之一、台中栎社与台北瀛社社员,《台湾诗荟》主编;张我军,台湾新文学运动的开拓者与奠基人,《台湾民报》编辑;赵云石,台南浪吟社社员、台南南社第二任社长等。② 根据《东南坛坫第一家——菽庄吟社研究》一书的统计,"菽庄吟侣至少有1978位。其中能够确定籍里或寄居地的有1290人,分别来自全国26个省市区及日本、新加坡、印尼等地"。③ 日据前后,许多台湾文人被迫离开自己的家园,他们成为菽庄吟侣,"'驱除日房''还我河山',光复故园自然就成了菽庄吟侣们为之奋斗的共同志业。正是在'抗日复台'这一宗旨的召唤下,菽庄吟社才将海峡两岸以千计的仁人志士凝聚其中"。④ 这就是菽庄吟社对于儒学教育的意义所在,也是124位泉州籍吟侣积极参与菽庄吟社活动的主要目的。1932年,此时正值九一八事变之后,苏大山回到泉州倡建温陵弢社,温陵弢社秉承菽庄吟社的优良传统,经常以采风的形式,借助泉州九日山等历史遗迹,来激励诗人们团结一致,共御外侮。

最后必须要说明的是,泉州与台湾的儒学教育是交融发展的关系。泉州人在台湾儒学教育发展中发挥了重要作用,促进儒学教育在台湾生根发芽,枝繁叶茂。而许多在台湾接受儒学教育的士子学有所成之后,来到泉州,为泉州儒学教育贡献力量。比如凤山县籍的进士庄文进,曾担任过泉州府学教授;台湾县籍的举人李维梓,曾担任泉州安溪县学教谕;彰化县籍的富商吴洛,曾捐资修建泉州府学等等。⑤ 这种交融发展的关系,是泉台密切情缘的重要组成部分。

(原载《闽台缘文史集刊》2021年第4期)

---

① 黄乃江:《东南坛坫第一家——菽庄吟社研究》,武汉:武汉出版社,2010年,第294~295页。
② 黄乃江:《东南坛坫第一家——菽庄吟社研究》,武汉:武汉出版社,2010年,第89页。
③ 黄乃江:《东南坛坫第一家——菽庄吟社研究》,武汉:武汉出版社,2010年,第74页。
④ 黄乃江:《东南坛坫第一家——菽庄吟社研究》,武汉:武汉出版社,2010年,第7页。
⑤ 陈笃彬、苏黎明:《论闽南与台湾教育的历史交融》,《教育科学》2007年第3期,第64~68页。

清代金门涉台著述述评

泉州与台湾关系向来密切。随着郑成功复台,施琅平台,这两个泉州人在台湾发展中发挥了重要作用,同时也促成大量的泉籍子弟兵和移民入台。对台湾的高度关注,使涉台著述成为有清一代泉人著述的鲜明特点。金门的卢若腾、林树梅、林豪也加入涉台著述的创作队伍。清初,金门人卢若腾成为郑成功的顾问。卢若腾学识渊博,著述甚丰,其诗文中有不少涉及台湾。林树梅,作为安平镇副将林廷福的养子,少年时就随养父到过台湾。后又受台湾凤山令曹瑾的邀请,二次入台,为台湾的发展出谋献策。林树梅师从高澍然,文学功底深,其著述中多关台湾掌故、政事。林豪,清咸丰九年(1859)举人,曾应淡水族人邀约赴台。林豪少有文名,其撰写的《东瀛纪事》《澎湖厅志》《淡水厅志订谬》都是有关台湾的著述。

爱国诗人卢若腾的涉台著述

卢若腾,字闲之,号牧洲,金门人。光绪《金门志》载:"卢若腾,崇祯丙子举人,庚辰进士。御试,诏对称旨。时中外多警,上雅意边才,授兵部主事,誉望大起。黄道周、沈佺期、范方引为同志,以气节相符。"[①]卢若腾疾恶如仇,参劾阁臣杨嗣昌"不能讨贼,只图佞佛",三次上疏参劾西侯蒋惟禄,参劾权珰田国兴以权谋私。卢若腾"居官洁己惠民,剔奸弊,抑势豪。峻绝馈遗,轻省赎锾,风裁凛凛。值山贼胡乘龙窃发,平之。士民建祠以奉,有'卢菩萨'之称"。福王在南京继位为帝之后,任命卢若腾为金都御史,他"督理江北屯田,巡抚卢凤,提督操江"。后又被授予都察院右副都御史,"巡抚温、

---

① (清)林焜熿、林豪修纂:光绪《金门志》卷十,台北:台湾银行经济研究室,1960年,第262页。

处、宁、台"。因权臣间内斗请辞,没有得到批准。"是年,温州大饥,若腾设法赈恤。加兵部尚书,手书'无不敬'三字赐之"。清军攻温州时,卢若腾七请援兵不至,与贺君尧力守。"城破,驱家人巷战,腰臂各中一矢,遇水师救出,偕贺君尧脱入江"。[①] 面对明朝的灭亡,卢若腾只能以死相对:"闻闽事坏,痛愤赴水,同官拯起,裂眦曰'是不欲成我也!'"[②]后几次举事均不得成。清初,他和明遗臣王忠孝、沈佺期、郭贞一、辜朝荐等都成为郑军顾问。《台湾通史》载:"方是时,召讨大将军郑成功开府思明,招徕遗老。若腾依之,礼为上客,军国大事,时咨问焉。"[③]卢若腾"偕王忠孝、沈宸荃、曾樱、许吉燝、辜朝荐、徐孚远、郭曾一、纪许国辈居浯岛上,自号留庵"[④]"永历十八年春三月,与沈佺期、许吉燝等同舟入台。至澎湖,疾作,遂寓太武山下。临终,命题其墓曰:'有明自许先生卢公之墓。'年六十有六"。[⑤]

卢若腾阅历甚丰,学识渊博,著述颇多。光绪《金门志》记载:"若腾风情豪迈,当时士夫幸博一第,则近地山海之绕,率拥为世业;或以为言,夷然不屑。晚一意著述,自天文地理,下逮虫鱼花草,宏通博雅;品藻古人成败得失,反复淋漓,断制严谨。至于身世感遇,忧愁愤懑之什,皆根于血性注洒。人比之蔡忠毅道宪。所著有《方舆互考》《浯州节烈传》《留庵诗文集》《学字与耕堂值笔》《岛噫集》《岛居随录》《岛上闲偶居寄》各若干卷。"[⑥]《金门古典文献探索》称:其中《留庵诗文集》"乃陈怡来(金门人)哀聚卢若腾的遗文而成"。[⑦] 陈怡来先生在该书《弁言》中写道:"惟闻《留庵文集》十八卷、《留庵诗集》二卷、《岛噫集》一卷等,迄1957年尚存其聚贤后裔处。后为编纂《新金门志》者携去,今不知流落何处。1965年编修县志时,获旅菲乡侨林策勋先

---

① (清)林焜熿、林豪修纂:光绪《金门志》卷十,台北:台湾银行经济研究室,1960年,第263页。
② (清)林焜熿、林豪修纂:光绪《金门志》卷十,台北:台湾银行经济研究室,1960年,第262~263页。
③ 连横:《台湾通史》,北京:商务印书馆,2010年,第561页。
④ (清)林焜熿、林豪修纂:光绪《金门志》卷十,台北:台湾银行经济研究室,1960年,第263~264页。
⑤ 连横:《台湾通史》,北京:商务印书馆,2010年,第561页。
⑥ (清)林焜熿、林豪修纂:光绪《金门志》卷十,台北:台湾银行经济研究室,1960年,第264页。
⑦ 金门县宗族文化研究协会编:《金门古典文献探索》,金门:金门县文化局,2011年,第37页。

生抄寄留庵诗二十余首,已予编载。编印《金门文献丛书》,爰摭录散见于县志及他书之若腾诗文,计诗一百四十七首,文四十六篇,裒为一集,付梓刊行。第此仅得其大海之一勺耳。"①"是其内容与《台湾文献丛刊》本之《岛噫集》几近雷同,列《金门丛书》之三。"②

在《岛噫集小引》中,卢若腾对自己的著作做出了如下评价:"诗之多,莫今岛上之若也。忧愁之诗、痛悼之诗、愤怨激烈之诗,无所不有,无所不工。试问其所以工此之故,虽当极愁、极痛、极愤激之时,有不自禁其哑然失笑者,余窃耻之。余岛居以来,虽屡有感触吟咏,未尝作诗观,为尝作诗想。如病者之呻、哀者之哭,噫气而已。录之赫蹏,寄之同志,异日有所能谅余者曰:'此当岛上之病人,哀人也! 余其慰已。'"③

卢若腾岛居二十年,心系国家安危,其诗文有感而发,满怀家国情怀。顺治十八年(1661),郑成功领兵复台,卢若腾十分欣慰,专门写了《送人之台湾》,表达对收复台湾的渴望。诗云:"台湾万里外,此际事纷纭。物力耕渔裕,兵威战伐勤。水低多见日,涯远欲无云。指顾华夷合,归来动听闻。""指顾"是非常迅速之意,虽然征途艰险,卢若腾希望郑成功能早日复台。④ 康熙元年(1662),郑成功成功复台,卢若腾兴奋之余,得知台湾粮食紧张,郑成功以军屯来解粮荒,便写了《海东屯卒歌》,以表达对郑氏军卒的关心:"故乡无粥馆,来垦海东田。海东野牛未驯习,三人驱之两人牵。驱之不前牵不直,偾辕破犁跳如织。使我一锄翻一土,一尺两尺已乏力。那知草根数尺深,挥锄终日不得息。除草一年草不荒,教牛一年牛不狂。今年成田明年种,明年自不费官粮。如今官粮不充腹,严令刻期食新谷。新谷何曾种一茎,饥死海东无人哭。"⑤此诗出神入化地描写了垦荒士兵的艰辛。陈名实先生在《闽台儒学源流》一书中写道:"由于这首诗的影响,台湾后来就有了海东的

---

① (明)卢若腾著,吴岛校释:《留庵诗文集》,陈庆元主编:《台湾古籍丛编》第 2 辑,福州:福建教育出版社,2017 年,第 574~575 页。
② (明)卢若腾著,吴岛校释:《留庵诗文集》,陈庆元主编:《台湾古籍丛编》第 2 辑,福州:福建教育出版社,2017 年,第 574 页。
③ (明)卢若腾著,吴岛校释:《岛噫集校释》,台北:台湾古籍出版社,2003 年,第 1 页。
④ (明)卢若腾著,吴岛校释:《岛噫集校释》,台北:台湾古籍出版社,2003 年,第 180 页。
⑤ (明)卢若腾著,吴岛校释:《岛噫集校释》,台北:台湾古籍出版社,2003 年,第 117 页。

别称。"①

对郑成功军队的关注是卢若腾诗歌创作的一个主题。陈庆元先生在《南明金门诗人卢若腾》一文中指出:"《岛噫诗》很值得注意的另外方面内容是诗人对郑成功部队军纪不严,对百姓时有骚扰的反映。"②比如《借屋》:"借屋复借屋,屋借恶客主人哭。本言借半暂居停,转瞬主人被驱逐。亦有不逐主人者,日爨主薪食主谷。主人应役如奴婢,少不如意遭鞭扑。或嫌湫隘再迁去,便将主屋向人鬻。间呈豪兴构新居,在在隙地人卜筑。东邻取土西邻瓦,南邻移石北邻木。旬月之间庆落成,四邻旧巢皆倾覆。加之警息朝夕传,土著尽编入册牍。昼不得耕夜不眠。执殳荷戈走仆仆。此地聚庐数百年,贫富相安无觳觫。自从恶客逼此处,丁壮老稚泪盈目。人言胡虏如长蛇,岂知恶客是短蝮。"③此诗再现了部分郑军巧取豪夺的行径,并用"人言胡虏如长蛇,岂知恶客是短蝮"来说明郑军如果知过不改,就和侵略者没有两样了。类似这样的诗作还有《甘蔗谣》《番薯谣》《抱儿行》《老乞翁》等。《抱儿行》云:"健卒径入民家住,鸡犬不存谁敢怒。三岁幼儿夜啼饥,天明随翁采薯芋。采未盈框翁未归,儿先归来与卒遇。抱儿将鬻远乡去,手持饼饵诱儿哺。儿掷饼饵呼爹娘,大声哭泣泪如雨。邻人见之摧肝肠,劝卒抱归还其妪。妪具酒食为卒谢,食罢咆哮更索贿。倘惜数金赎儿身,儿身难将铜铁锢。此语传闻遍诸村,家家相戒谨晨昏。骨肉难甘生别离,莫遣幼儿乱出门。"④蛮横无理至此,老百姓还有活路?正如陈庆元先生所言:"平心而论,诗人的措辞虽然严厉,但还是从恢复大明江山着想的。"⑤卢若腾的《骄兵》一诗深刻地表达了这种思想:"骄兵如娇子,虽养不可用。古之名将善用兵,甘苦皆与士卒共。假令识甘不识苦,将恩虽厚兵心纵。兵心屡纵不复收,肺肠蛇蝎貌貔貅。嚼我膏血堪醉饱,焉用舍死敌是求。"⑥

卢若腾的诗作里有着丰富的历史资料。邓孔昭先生在《从卢若腾诗文

---

① 陈名实:《闽台儒学源流》,福州:福建人民出版社,2009年,第103页。
② 陈庆元:《南明金门诗人卢若腾》,《中国典籍与文化》1996年第4期,第37~41页。
③ (明)卢若腾著,吴岛校释:《岛噫集校释》,台北:台湾古籍出版社,2003年,第90页。
④ (明)卢若腾著,吴岛校释:《岛噫集校释》,台北:台湾古籍出版社,2003年,第109页。
⑤ 陈庆元:《南明金门诗人卢若腾》,《中国典籍与文化》1996年第4期,第37~41页。
⑥ (明)卢若腾著,吴岛校释:《岛噫集校释》,台北:台湾古籍出版社,2003年,第104页。

看有关郑成功史事》一文中,认为卢若腾的诗作《南洋贼》表达了郑氏集团与盘踞在海上的许龙武装集团的矛盾:"可恨南洋贼,尔在南,我在北。何事年年相侵逼,戕我商渔不休息。天厌尔虐今为俘,骈首叠躯受诛殛。贼亦哗不愧,尔在北,我在南。屡捣我巢饱尔贪,掳我妻女杀我男。我呼尔贼尔不应,尔骂我贼我何堪。噫噫晚矣乎,南洋之水衣带迩,防微杜渐疏于始。为虺为蛇势既成,互相屠戮何时已。我愿仁人大发好生心,招彼飞鹗食桑椹。"[①]"防微杜渐疏于始",对待当时盘踞在南洋的许龙武装集团一定要严加防范,否则后患无穷。邓先生认为:"卢若腾诗中的'南洋',既不是我们现在所指的南洋群岛,也不是近代以长江口为界中国南部海洋的概念(如南北洋、北洋、南洋水师),而是指广东澄海县一个名叫'南洋'的具体地名。《潮州府志》记载:'南洋寨城,在澄海县东北四十里南洋下社。西自鸥汀城三十里,东至樟林城三十里……环城皆水,直通外海,可泊战船,四乡米谷云集,居民富庶,乃可战可守之地。'"[②]邓先生认为:"诗的前半部分分别叙说了郑氏集团和许龙集团的立场,诗的后半部分则表达了作者不愿看到这种矛盾激化和一种事实既成而无可奈何的心情。"[③]

啸云铁笔林树梅的涉台著述

林树梅(1808—1851),字瘦云,同安金门人。林树梅本姓陈,生父陈春圃,金门左营百总。两岁时,过继给金门千总副将林廷福。《林树梅集》的《点校后记》记述:"林廷福起于行伍,三十年间,出没风涛,北至天津、辽阳,南及琼崖、交趾,东至澎湖、台湾。在闽、粤沿海,驻守过金门、南澳、海坛、闽安。大小百余海战,以功累至署闽安镇副将。"[④]民国《金门县志》载:林树梅"每从廷福巡洋,所至港汊夷险,辄随笔记录"。[⑤] 曾游台湾凤山,"尝赞曹谨

[①] (明)卢若腾著,吴岛校释:《岛噫集校释》,台北:台湾古籍出版社,2003年,第113页。

[②] 邓令昭:《从卢若腾诗文看有关郑成功史事》,《台湾研究集刊》1996年第1期,第93~96页。

[③] 邓令昭:《从卢若腾诗文看有关郑成功史事》,《台湾研究集刊》1996年第1期,第93~96页。

[④] (清)林树梅著,陈茗点校:《林树梅集》,北京:商务印书馆,2018年,第310页。

[⑤] 左树夔修,刘敬篆:民国《金门县志》卷二十,金门:金门县文献委员会,1958年,第97页。

令凤山,兴埤头水利"。① 道光年间,"海氛告警,总督颜伯焘以币聘之,上战守诸策,议于刺屿尾置戍。地无水,乃登山相度地脉,掘之得泉,因名曰林泉井,刻石井上"。② 形势稳定之后,"当道奏授布政司经历,欲改授武职,力辞"。③ 林则徐"于告归,适筹议防海"时,林树梅"密参帷幄"。林则徐"赴粤辨贼,中途卒,树梅感其知爱,为诗招魂,遂郁郁以殁,年未五十也"。④

林树梅自小与养父南征北战,见多识广,又勤于笔记,"既长,学为诗古文词,从巡道周凯及玉屏掌教高澍然游,得其指授,故为文具有矩矱"。⑤ 其著作颇丰。民国《金门县志》载:"著有《沿海图说》、《战船占测》及《啸云山人文钞》十二卷,《诗钞》八卷,《啸云铁笔》一卷、《文章宝筏》一卷,《云影集》《诗文续钞》《日记》若干卷。"⑥其著作中多关台湾掌故、政事及金门古迹。⑦《金门古典文献探索》称:"林树梅将门之后,对防海议题颇有心得,又绝意科举,处处留心经济之学,兼擅绘画、篆刻等艺术。又酷爱印章,是以其存世的作品,也有很强的个人特色。如《游太姥山图咏》《说剑轩余事》《啸云铁笔》《镂蟫存参》《闽安记略》《闽海握要图说》《沿海图说》《战船占测》《营制事宜海防图说》《团练乡勇图记》《备海要策》《兵农要政》《啸云丛记》等都是有关防海国防、刻书梓行、篆刻绘画艺术之作品。"⑧

林树梅的诗文中有关于其渡台艰辛历程的描述。《渡台纪事》云:"道光四年(1824),家君署台湾副总兵,树梅侍行。越二年归,作《渡台记》。意有

---

① 左树夔修,刘敬纂:民国《金门县志》卷二十,金门:金门县文献委员会,1958年,第97页。
② 左树夔修,刘敬纂:民国《金门县志》卷二十,金门:金门县文献委员会,1958年,第97页。
③ 左树夔修,刘敬纂:民国《金门县志》卷二十,金门:金门县文献委员会,1958年,第97页。
④ 左树夔修,刘敬纂:民国《金门县志》卷二十,金门:金门县文献委员会,1958年,第97页。
⑤ 左树夔修,刘敬纂:民国《金门县志》卷二十,金门:金门县文献委员会,1958年,第97~98页。
⑥ 左树夔修,刘敬纂:民国《金门县志》卷二十,金门:金门县文献委员会,1958年,第97页。
⑦ 陈笃彬、苏黎明:《泉州古代著述》,济南:齐鲁书社,2008年,第348页。
⑧ 金门县宗族文化研究协会编:《金门古典文献探索》,金门:金门县文化局,2011年,第348页。

未尽,复成此篇。"①全诗如下:"我家居金门,当门挹溟渤。对峙有台湾,鲸鲵竞出没。家君册战勋,驾海功犹烈。奉檄乘长风,纪候秋八月。偏师经里间,疾驰舟不歇。一叶跨洪涛,随波为凹凸。横渡黑水洋,鬼哭阴云结。海立龙涎垂,千里势一撇。鸦班登桅颠,整帆虑拗折。骤闻众语哗,彻夜补仓裂。曦明见远峰,鹿耳险天设。将吏纷来迎,慰劳相咋舌。不然昨夜风,落漈命当绝。出险如再生,惊定转愉悦。吁嗟复何常,踪迹鸿泥雪。寒暑今再更,使我壮心切。"②在《啸云文钞》的《渡台湾记》一文中,林树梅对首次渡台遇到的险境也有记述:"八月四日,厦门登舟,出大担屿,过金门料罗山。晚,见水色如靛,乃海中深处。回视内地,诸山皆无可望,夜行遂不辨所经。……少焉,至黑水沟,舟触浪,作隤屋折柱声。遥望巨鱼喷水,如雪花飘空。……语次飓风骤至,舟颠播欲眩,顾同时解缆诸船,皆不识所之。黑云垂海,海壁立。……从者窃语:天明不见山,恐落溜溜弱水也。水趋下而不回,生还难卜矣。"③文中还提到:"乃抵安平镇登岸。镇为水师驻扎之区,去郡四十余里,与水中七鲲身屿相联如贯珠,自昔称要隘。明季荷兰筑城于此,郑氏逐而据之。国朝康熙二十二年(1683),全台入版图,置郡邑。"④综合全文来看,人们可以了解郑成功驱逐荷兰入侵者和施琅平台之不易。

  关心台湾的建设发展,是林树梅诗文创作的主题。比如《再渡台湾呈曹怀朴明府》:"海客生长居海陬,风涛险恶能操舟。昔曾侍父驰边邮,一战败贼擒其酋。于今事往星亦周,久无梦想膺封侯。昨来剑气腾牛斗,又闻小丑横戈矛。台地关切桑梓忧,谁其平者心悠悠。曹侯御侮足智谋,奉檄邀我仍来游。张帆猎猎风飕飕,如箭离弦不可留。南有落漈东琉球,西界黑水红水沟。神鱼拍浪高舵楼,轰雷喷雪排山丘。水仙挟船船转头,眼前鹿港台咽喉。可怜一路都骷髅,良田万顷无人穮。吾皇仁圣汤武牟,解网不杀毋穷搜。安集之策须讲求,愿君莫遣流民流。"⑤诗中所描写的场景,"台地关切桑梓忧,谁其平者心悠悠""安集之策须讲求,愿君莫遣流民流"等诗句,都表明了林树梅对台湾建设发展的关心。林树梅有《与曹怀朴明府论凤山县事宜书》一文,对凤山县的治理提出了十分中肯的意见。林树梅在文中写道:"伏

---

① (清)林树梅著,陈茗点校:《林树梅集》,北京:商务印书馆,2018年,第15~16页。
② (清)林树梅著,陈茗点校:《林树梅集》,北京:商务印书馆,2018年,第16页。
③ (清)林树梅著,陈茗点校:《林树梅集》,北京:商务印书馆,2018年,第136页。
④ (清)林树梅著,陈茗点校:《林树梅集》,北京:商务印书馆,2018年,第136页。
⑤ (清)林树梅著,陈茗点校:《林树梅集》,北京:商务印书馆,2018年,第32页。

承执事以经世之长才,作勤民之切务,汲汲体究。先为小试于百里之区,所以为凤民来苏之望,立凤邑久安之规,欲宏远模,必有胜算。树梅猥蒙知待,敢谓学识谫陋,不自贡其见闻,就势陈言,亦欲借报知己于万一云尔。"①为此林树梅提出了"筹赈粜""编保甲""驭胥役""急捕务""省无辜""禁图赖""广教化""崇祀典""清港澳""和闽粤"等务实的建议,为凤山县的发展奠定基础。林树梅特别关心台湾的水利问题。在《啸云文钞》中可以看到这样的篇目:《上周芸皋夫子论台湾水利书》《与曹怀朴明府论凤山水利书》《与曹明府补论水利书》《贺曹明府水利告成并陈善后事宜书》《与曹怀朴司马论竹堑水利书》等等。林树梅对曹瑾兴修水利,造福台湾人民感到高兴,在《贺曹明府水利告成并陈善后事宜书》中写道:"伏承赐书,示以凤山水利已成,岁可增收早稻十五万六千余石。向非执事定见不摇,安能成功之速且巨如是邪!自兹凤民无贵粟之患,而一郡三邑亦将利赖于无穷。树梅观听下风,既诵而贺。"②林树梅对善后工作提出了如下意见:一是兴文教以培士风,二是修津梁以通道路,三是广栽植以尽地利,四是辑志乘以资考镜。林树梅还写下了《曹侯既兴水利乃巡田劝农赋此以颂》:"山郭新晴野草香,熏风吹动葛衣凉。劝农遍种三杯粟,引水新开九曲塘。事事便民真父母,心心报国大文章。昨朝应有村儿女,争看先生笠屐忙。"③欣喜之情跃然诗中。

林树梅对台湾防御事宜十分重视。在《上闽浙总督邓公全闽备海策》中,林树梅写道:"防台、澎以安沿海。台湾一郡孤悬海表,为沿海七省之门户,港汊纷歧,为危礁险汕,夷船若无导引,岂敢冢突直前?今鹿耳门已淤浅,而四草湖、国姓港及南路之打鼓、东港亦可扬帆直入。而淡水之鸡笼、沪尾、港道尤为深宽。前者蔡、朱二逆从此滋扰,盖淡、沪居台上游,水程四通八达,有事固宜戒严,无事亦不可忽顾。"④在《凤山县新旧二城论》中,林树梅写道:"树梅相度形势,咨访民情,谓宜仍居埤头,亟补竹围之缺,修建望楼,开浚壕沟。而于旧治石城,亦添兵犄角,就半屏、打鼓之巅,各立烟墩、望楼,使贼不得登眺。他如埤城,去旧治之中途,有硫磺溪,发源内山,绕半屏、打鼓而达于海。雍正间,蓝提督于此进兵,庄逆先已窃据,筑坝蓄水以待我军。

---

① (清)林树梅著,陈茗点校:《林树梅集》,北京:商务印书馆,2018年,第113页。
② (清)林树梅著,陈茗点校:《林树梅集》,北京:商务印书馆,2018年,第108页。
③ (清)林树梅著,陈茗点校:《林树梅集》,北京:商务印书馆,2018年,第32~33页。
④ (清)林树梅著,陈茗点校:《林树梅集》,北京:商务印书馆,2018年,第228页。

甫渡坝决,溺死数百人,城遂复陷。更宜于此增设讯塘,联络守望。无事,保甲维严,奸回无潜匿;有事,呼应綦速,盗贼无所遁逃。郡南半壁巩于磐石矣。"①情况熟悉,又深入调研,提出的对策很有针对性。林树梅还写了《团练乡勇图说》,就如何加强乡勇的训练,寓兵于农,提高战斗力,提出了选精、励志、练法、审敌、放置等建议。林树梅写道:"如法,聚则为兵,散则为民,放之无象,置之无形,岂非寓兵于农之美意哉?凡此者,皆练士所当知,至此而后练,而收其效。至若城乡要厄,守之之法,具有成书,仿而行之,枯木朽株,尽为我利。惟乡勇一节,法不仅见,不揣愚陋,谨就所读之书与先君子庭训参互会通,缕布执事焉。"②

修志世家林豪的涉台著述

林豪(1831—1918),字卓人,号次逋,金门人,清咸丰九年(1859)举人。其父林焜熿为道光《厦门志》《金门志》修纂者。林豪"夙承家学,少有文名。咸丰九年(1859)举于乡,屡困公车,然数奇而文益工"。③ 同治元年(1862),他应台湾淡水族人之邀,赴台访亲探友时,正值台湾群众武装反抗封建统治。他耳闻目睹了这一事件,深受触动,撰写了《东瀛纪事》二卷,以自己的见解对这一事件做了较为详细的记录。《金门县志》载:林豪"同治元年秋(公元 1862),至台湾,居艋舺。时彰化戴潮春起事,林占梅奉檄办团练,见而礼之,延主潜园,相与讨论文史。及平,豪游府治,因就见闻,撰《东瀛纪事》二卷"。④ 同治六年(1867),林豪还受淡水同知严金清之聘,修《淡水厅志》:"淡自设厅以来,尚无志,前郑用锡曾辑志稿二卷,多疏略。豪乃与占梅商订体例,开局采访,九月成书十五卷,未刊。"⑤林豪后应澎湖人士聘请,主讲文石书院并编撰《澎湖厅志》。光绪十八年(1892),台湾议修通志,"通判潘文

---

① (清)林树梅著,陈茗点校:《林树梅集》,北京:商务印书馆,2018年,第129页。
② (清)林树梅著,陈茗点校:《林树梅集》,北京:商务印书馆,2018年,第204页。
③ 左树夔修,刘敬纂:民国《金门县志》卷二十,金门:金门县文献委员会,1958年,第98页。
④ 金门县文献委员会编:《金门县志》下册,金门:金门县政府,1979年,第685页。
⑤ 金门县文献委员会编:《金门县志》下册,金门:金门县政府,1979年,第685页。

凤乃再聘豪成之,凡十四卷"。① "宣统元年(1909),重游泮水,选授连城县学教谕。"②民国《金门县志》称:"有清末季,金门以文学传者,推林氏父子云。"③

民国《金门县志》载:林豪"著有《诵清堂诗文集》《东瀛纪事》《海东随笔》《可炬录》诸书,纂澎湖、淡水两厅志,续修《金门志》"。④《金门古典文献探索》对林豪做如下评价:"林焜熿、林豪父子既是修志专家,更是史学家。金门第一部区位概念的志书《金门志》,即是其父子接力的作品。……林豪在父亲的基础上更上一层楼,《东瀛纪事》记录了'戴潮春事件'为其后各志修纂之张本,《淡水厅志》《淡水厅志订谬》《澎湖厅志》更是清代末期台湾重要的地方史志。另外《星洲见闻录》《闽南俚语俪句》二书,则是留心到侨乡社会与乡土语言之作,在当时有这般存史的意识可谓相当先进。可惜今书未见,无法一睹林豪真正想法,不能不说是一种遗憾。"⑤

林豪的《东瀛纪事》,正如《点校后记》作者所言:"从林豪此书来看,作者是站在清官方立场,对此事件持贬斥态度,全书称戴潮春为'戴逆',对其部下称'逆'或'盗'、'贼'。"⑥当然此书的史料比较翔实,其对民变发生原因等的分析还是有一些切合实际的见解。比如对民变原因的分析,林豪指出:"且夫入宝山者,谁肯空回;过屠门者,咸思大嚼。是以硕鼠既肆,其贪婪奸蠹必因而为利。乃至豪猾武断,以噬民之膏;搢绅舞文,以绝民之命。至于民膏既竭,民怨方深,一旦乘势揭竿,闻风响应,始嚣然曰:'吾今而后得反之也,而时事可知矣。'"⑦对民变原因的分析入木三分。对官员应变之无能,林豪写道:"彰邑之乱,虽曰天意,要亦人谋之不臧也。……以内寇为心腹,变遂起于萧墙;强秦越使同舟,解乃同于瓦片。由是言之,以未尝经事之书痴,而猝应地方之变故,其偾事也宜哉!世有庸劣之流,胸无一策,贻误苍生。

---

① 金门县文献委员会编:《金门县志》下册,金门:金门县政府,1979年,第685页。
② 左树燮修,刘敬纂:民国《金门县志》卷二十,金门:金门县文献委员会,1958年,第98页。
③ 左树燮修,刘敬纂:民国《金门县志》卷二十,金门:金门县文献委员会,1958年,第98页。
④ 左树燮修,刘敬纂:民国《金门县志》卷二十,金门:金门县文献委员会,1958年,第98页。
⑤ 金门县宗族文化研究协会编:《金门古典文献探索》,金门:金门县文化局,2011年,第348页。
⑥ (清)林豪著,陈琼芳点校:《东瀛纪事》,北京:商务印书馆,2020年,第113页。
⑦ (清)林豪著,陈琼芳点校:《东瀛纪事》,北京:商务印书馆,2020年,第68页。

至于身攖世祸,求生不能,乃以一死塞责者,正未可因其死事微,而宽其误事之罪也。"①

《金门县志》称:"豪以金门人久游台湾,凡国计盈虚,民生利弊皆有所论,而于澎事尤关切。"②林豪编纂《澎湖厅志》分为两个阶段。第一阶段是同治八九年间(1869—1870),③林豪"就澎湖人士聘,主讲文石书院,又辑《澎湖厅志》,稿存台南"。④ 第二阶段是光绪十八年(1892)⑤,"台湾议修通志,各厅县皆有采访……通判潘文凤,乃再聘豪成之,凡十四卷"。⑥ 第二稿完成后,上交台湾志局,时任台湾布政使唐景崧"复属江苏举人薛嘉生(绍元)删补之"。⑦ 光绪十九年(1893),该志付梓刊印。

《澎湖厅志》有以下几个比较明显的特点:一是旁征博引,采访深入。卢美松先生在《历代澎湖志书的编纂》一文中写道:(《澎湖厅志》)"注重原始资料,大量采纳此前所编修的台湾地区史志或前人所撰有关台澎地区的资料(诗文、杂记)。据他自己所列'征引目录'即达81种之多,这在当时甚属不易。"⑧以其中的《武备略》为例,该书《武备略》"'营制'节录《纪略》《厦门志》《天下郡国利病书》、施琅奏疏、《东征集》、刘铭传《请移海坛镇总兵改设澎湖》有关澎湖之营制之记载"。⑨ 从《纂修姓氏》中,可以看出采访人员不仅数量多而且质量高。采访的总校有四人,分别是台湾府学教授郭鹗鹏(澎湖举人)、增广生陈维新、廪膳生薛元英、生员徐癸山。采访分校有二十二人,包括候选训导许占魁、廪膳生三人以及生员十八人。卢美松先生认为该志的编纂者"深入调查采访,如对澎湖城垣建筑、城内衙署、海口炮围之新修建

---

① (清)林豪著,陈琼芳点校:《东瀛纪事》,北京:商务印书馆,2020年,第72页。
② 金门县文献委员会编:《金门县志》下册,金门:金门县政府,1979年,第685页。
③ 金门县宗族文化研究协会编:《金门古典文献探索》,金门:金门县文化局,2011年,第297页。
④ 金门县文献委员会编:《金门县志》下册,金门:金门县政府,1979年,第685页。
⑤ 金门县宗族文化研究协会编:《金门古典文献探索》,金门:金门县文化局,2011年,第297页。
⑥ 金门县文献委员会编:《金门县志》下册,金门:金门县政府,1979年,第685页。
⑦ (清)林豪著:《澎湖厅志》,台北:台湾银行经济研究室,1993年,第2页。
⑧ 卢美松:《历代澎湖志书的编纂》,《中国地方志》2003年第2期,第64~67页。
⑨ 吴文星、高志彬主编:《台湾文献书目解题·方志类》第3册,"中央图书馆"台湾分馆,1988年,第335页。

者,'皆查案续载,其无卷可查者,亦采访其梗概,分类补入'"。① 二是"因时因地以立说"的修志理念。《澎湖厅志》完成后,林豪写有一篇凡例,洋洋洒洒四千多字,虽然刊印时被删除,但原稿尚存,从中可以了解林豪"因时因地以立说"的修志理念。林豪写道:"台属志书,如续修府志,颇为详赡。惟文或滥收,事未尽赅,诚如《海东札记》所讥。然按部就班,志之正格也。向推《诸罗志》为作手,其时初辟之地,羌无故实,故谢退谷称其高简。又谓以论体作志,盖志之变格也。然志者所记事之书,因时因地以立说,而体裁因之。是集部居体例,非必仿府志,而大致差近,惟去取分合之间,自有权衡,岂必徒慕高简之名?如《台湾县志》自谓胚胎《朝邑》,规抚《诸罗》,而置位转有难惬。陈氏重辑《淡水志》,自称勇于创始,又谓规仿章学诚,而前后尚多错杂哉!盖海外掌故,有必不容略者,要在持论洞中利弊,征引皆有限断亦无庸矫为异,故为同,沾沾于规抚名手也。"②林豪对台湾有关的志书进行研究,强调了"因时因地以立说"的重要性。这两个特点说明了林豪子承父志,在修志方面俨然已成大家。

  林豪所编的有关台湾志书还有《淡水厅志》。同治六年(1867),林豪受淡水同知严金清的邀请,编写了《淡水厅志》,但没有刊印发行。严金清离任后,陈培桂任淡水同知,聘人重修《淡水厅志》。林豪看完陈培桂所修的《淡水厅志》后十分不满,写下了《淡水厅志订谬》。在《淡水厅志订谬》序言中,林豪写道:"岁癸酉,友人以陈司马刻本见贻,略阅一过,则是非颠倒,部据错乱,迥失本来面目。其最可骇者,莫如《兵燹》一门,纪施侯之攻鸡笼,则满纸皆谬;纪戴逆之乱,则脱误太多。盖他处仅词义未当,识者能察其非。此则时事所系,恐后人或沿其妄而末由辨也。尤可慨者,莫如《海防》《田赋》等论,以地方切要之言而十不存一,何由资后人考镜,俾造一方之福也?……敢乘一夕之暇,摘其甚者为《订谬》一卷,以俟后之君子有所折中云。"③平心而论,林豪在修《淡水厅志》时,掌握了不少第一手的资料。比如戴潮春之变,林豪亲身经历过,写过《东瀛纪事》。可惜的是林豪所编《淡水厅志》今已佚,无法对两书进行比较。《清代台湾方志研究》的作者陈捷先先生曾为林豪在台湾修志中遭受不公平待遇而打抱不平,"唐、薛二人修改了林豪的《澎

---

① 卢美松:《历代澎湖志书的编纂》,《中国地方志》2003年第2期,第64~67页。
② 陈捷先:《清代台湾方志研究》,台北:学生书局,1996年,第169页。
③ (清)陈培桂修:《淡水厅志》,台中:台湾省文献委员会,1976年,第455~456页。

湖厅志》,可以说仅给林书变了变外形的装饰,内容并未真正更动到本体。这与陈培桂修改《淡水厅志》大有不同。总之,林豪在台湾的修志生涯是极为不顺适的,两部厅志都遭到删改,甚至被人剽窃,可为不幸"。①

  林豪在台澎工作生活多年,其《诵清堂诗集》多有涉台诗作。林豪的涉台诗作有两个主要特点:一是亦史亦诗。林豪很崇敬卢若腾,作过《卢牧州中丞》一诗,诗云:"中丞生不辰,孑然一遗老。窜身草泽中,颜色日枯槁。正气作河山,噫声留海岛。自许采薇翁,黄农入怀抱。"②他任文石书院山长时,曾带诸生到金门太武山,瞻仰卢若腾陵墓。③ 林豪的诗风深受卢若腾的影响,又加上林豪擅长修志,因此其怀古之作往往有独到之处。比如《赤嵌楼怀古》之二:"五花战阵下楼船,八罩潮回涌碧泉。海国莺花开世界,荒陬岛屿靖烽烟。祭文慷慨称穷士,降表凄凉识戴天。不是将军绕侠概,入都能免子胥鞭。"④施琅长于古代兵法中的五花阵,平时训练时注重此法,得以平台。入台之后,亲拟祭文,祭拜郑成功,在祭文中表达了自己绝不会像伍子胥一样泄私愤报前怨,为清廷治理台湾奠定了良好基础。鸦片战争之后,列强侵略中国,国难当头,此诗表达了林豪希望人们能像施琅那样,不计前嫌,团结一致,为国为民的美好愿望。与卢若腾的诗一样,林豪的诗也往往有一些珍贵的历史资料,可称之为以诗记史。比如《逐疫行》描写了同治五年(1866)台湾淡水瘟疫横行的情况;《途次哭义首罗冠英三十四韵》及序详细记述了戴潮春事变时,罗冠英起兵迎战戴潮春之事,不仅有文学价值,而且史料价值也高。二是寓教于诗。林豪任教期间十分重视对学生的指导,曾写了《与诸生蔡汝璧、黄卿云论文十首》指导学生写作。在日常生活中,林豪十分注意自身创作的示范作用。以其诗《秋声》为例:"萧槭长空爽籁喧,秋生树底渺无痕。中天月出孤鸿唳,大海潮回万马奔。几杵疏砧寒到枕,满山落叶夜敲门。此时客梦惊回后,风雨更深几断魂。"⑤此诗用词、用韵十分讲究,可供

---

  ① 陈捷先:《清代台湾方志研究》,台北:学生书局,1996年,第178页。
  ② (清)林豪著,翟勇点校:《诵清堂诗集》,陈庆元主编:《台湾古籍丛编》第8辑,福州:福建教育出版社,2017年,第57页。
  ③ 林国平主编:《文化台湾》,北京:九州出版社,2007年,第268页。
  ④ (清)林豪著,翟勇点校:《诵清堂诗集》,陈庆元主编:《台湾古籍丛编》第8辑,福州:福建教育出版社,2017年,第90页。
  ⑤ (清)林豪著,翟勇点校:《诵清堂诗集》,陈庆元主编:《台湾古籍丛编》第8辑,福州:福建教育出版社,2017年,第127页。

学生模仿。其诗《斋头不戒于火作此示诸生步黄子珍赞府元韵》："昆冈火烈客休惊,应有陈言付丙丁。未到纯青炉际彻,何来虚白室中生。灰收余炉光尤射,力扫浮烟学始成。炎上由来称作苦,好将攻苦焕才名。"[1]此诗告诫诸生,作诗要不戒于火,才有可能去陈言,直至炉火纯青。

清代金门涉台著述的特点

清代金门涉台著述有以下几个主要特点。一是饱含爱国情怀,维护祖国统一。爱国主义始终是清代金门涉台著述的主基调。卢若腾岛居二十年,始终不忘报国。其《腐儒吟》云:"藏舟于壑夜半走,藏珠于腹珠在否?大凡有藏必有亡,幸我身外毫无有。我本海滨一腐儒,平生志与温饱殊。寒遭百六害气集,荏苒廿年国恩辜。未忘报国栖荒岛,恧慎嫌疑不草奏。逢人休恨眼无青,览镜自怜发已皓。发短心长欲问天,祖德宗功合绵延。二十四郡有义士,普天率土岂寂然。天定胜人良可必,孤臣梦夹虞渊日。西山薇蕨采未空,夷齐安忍驱命毕。"[2]即使"荏苒廿年""发已皓",但作为"海滨一腐儒",还是"未忘报国"。林树梅认为加强沿海防御十分重要,《啸云文钞》卷十二中所列《上闽浙总督邓公全闽备海策》《上兴泉永道刘公厦金二岛防御策》《上总督颜公补陈战守八策》《上泉漳二巡道海澄刺屿尾置戍策》《上汀漳龙道徐公论金厦沿海事宜状》等,都是林树梅为沿海防御出谋献策。比如在《上兴泉永道刘公厦金二岛防御策》中,林树梅指出:"厦金为闽海咽喉、台湾门户,泉、漳倚为障。二岛不守,则台、澎正复可虑。泉、漳虽声援可及,而海口散漫,亦岌岌累卵。"[3]要保障台湾的安宁必须加强金厦的防守。在《上闽浙总督邓公全闽备海策》中,林树梅指出了澎湖对台湾防卫的重要性:"澎湖厅治亦孤立海中,为台湾门户。岛屿蜿蜒,港澳参错,惟妈宫内港可泊巨艘。"[4]林树梅分析了澎湖的形势,提出了防御建议:"港口两山对峙,左曰风柜,右曰西安,水面相距五百余丈,又有案山鼎立,其中三处最为要害,宜筑

---

[1] (清)林豪著,翟勇点校:《诵清堂诗集》,陈庆元主编:《台湾古籍丛编》第8辑,福州:福建教育出版社,2017年,第136页。

[2] (明)卢若腾,吴岛校释:《岛噫集校释》,台北:台湾古籍出版社,2003年,第106页。

[3] (清)林树梅著,陈茗点校:《林树梅集》,北京:商务印书馆,2018年,第229页。

[4] (清)林树梅著,陈茗点校:《林树梅集》,北京:商务印书馆,2018年,第228页。

炮台相犄角。而西屿头尤台、厦之冲,更须严备。"①在《东瀛纪事》中,林豪叙述了施琅平台的重要性:"康熙二十二年(1683),大学士安溪李文贞特荐内大臣、一等伯施琅为福建水师提督,挂靖海将军印,统舟师克澎湖。守将刘国轩乘小舟由吼门,遁归台湾,劝克塽纳土降。于是设台湾一府,辖澎湖一厅,台湾、凤山、诸罗三县。……遂为海外重镇。论者以台澎为沿海七省藩篱,洵不诬也。"②

　　二是关注民生,热爱宝岛台湾。关心台湾民生是清代金门涉台著述的共同点。卢若腾视郑军为义师,又是郑成功的顾问,但郑军扰民,卢若腾批评起来一点情面都不讲。比如《老乞翁》云:"老翁号乞喧。问渠来何许,哽咽不能言。久之拭泪诉,世居濒海村。义师与狂虏,抄掠每更番。一掠无衣谷,再掠无鸡猪。甚至焚室宇,岂但毁篱藩。时俘男女去,索贿赎惊魂。倍息贷富户,减价鬻田园。幸得完骨肉,何暇计饔飧。彼此赋役重,各色并杂繁。苦为两姑妇,莫肯念疲奔。朝方脱系囹,夕已呼在门。株守供敲朴,残喘岂能存。举家远逃徙,秋蓬不恋根。渡海事行乞,冀可活晨昏。我听老翁语,五内痛烦冤。人乃禽兽等,弱肉而强吞。出师律不肃,牧民法不尊。纵无恻隐心,因果亦宜论。年来生杀报,皎皎如朝暾。胡为自作孽,空负天地恩。"③"义师"与"狂虏"的行为一样,可谓自作孽,得民心才能保一方平安,郑军的此种行为是"空负天地恩"。林树梅二次东渡台湾是受邀为凤山县百姓的民生提建议的,为使提出的建议符合百姓需要,林树梅十分重视调查研究。其《从曹侯巡山即事》云:"巡山不惮历崎岖,亦有壶浆在道途。孝弟从风征雅化,田园指日辟荒芜。秋声作雨千林合,峦势如波万派趋。要使边军知号令,深宵露立尚弯弧。"④当曹谨移官淡水之后,林树梅又写了《与曹怀朴司马论竹堑水利书》,希望曹谨延续凤山的做法,兴修水利,造福淡水百姓。林树梅写道:"执事前任凤山,树梅尝以菲才佐兴水利。于是县北远乡皆效法,修塘凿井,通邑长无水旱之虞。树梅虽违侍左右,犹时闻凤民之称颂功德,谓大吏夺我贤父母,今且移官淡水矣。夫凤民之欲得执事久官其地,故爱戴之私诚,树梅则以台属五厅四县,惜弗获执事遍莅而治之,皆为兴利除

---

① (清)林树梅著,陈茗点校:《林树梅集》,北京:商务印书馆,2018年,第228页。
② (清)林豪著,陈琼芳点校:《东瀛纪事》,北京:商务印书馆,2020年,第108页。
③ (明)卢若腾著,吴岛校释:《岛噫集校释》,台北:台湾古籍出版社,2003年,第43页。
④ (清)林树梅著,陈茗点校:《林树梅集》,北京:商务印书馆,2018年,第33页。

弊,使得共沐生成也。"① 林树梅就淡水的浚修水利提出了建议,最后指出:"斯诚为台民造无涯之福,长与凤山德泽流衍千春矣。"② 林豪对当时台湾官员执政不作为,盘剥百姓十分不满,认为这是造成民乱的原因,必须弘扬正气,树立典型。在《东瀛纪事》中,林豪写道:"台湾膏腴之地,故凡渡海宦游者,率视为金穴。其他弊病,概未暇讲求,所谓洁己爱民者,若台湾知县历台厦道陈公瑸,复乎尚已。他如兵备道周公凯之栽培士类,廉惠并著;淡水同知曹公士桂之勤民慎狱;澎湖通判胡公建之教养兼尽;凤山知县曹公谨之为民兴利,民至今犹歌思之。倘以数公入祀郡治名宦祠,俾守土者知所感发,台民其有豸乎!"③

三是求真求实,史料翔实可靠。史料翔实可靠是清代金门涉台著述的重要特点。卢若腾亲身经历了明末清初的动荡时期,他的诗歌作品亦史亦诗,既是其真实情感的表露,同时保存了许多宝贵的历史资料。邓孔昭先生所作《从卢若腾诗文看有关郑成功史事》一文,从史料的角度出发,以卢若腾的作品对郑军的史事进行考证。比如邓先生认为:《石尤风》一诗解答了1661年七八月间厦金运粮船为什么没有及时接济台湾的问题。④ 原诗如下:"石尤风,吹卷海云如转蓬。连艘载米一万石,巨浪打头不得东。东征将士饥欲死,西望粮船来不驶。再遭石尤阻几程,索我枯鱼之肆矣。噫!吁嚱!人生惨毒莫如饥,沿海生灵惨毒遍,今日也教将士知。"⑤《辞海》载:石尤,亦作'石邮',即石尤风,打头逆风。伊世珍《琅嬛记》引《江湖纪闻》:"石尤风者,传闻为石氏女嫁为尤郎妇,情好甚笃。为商远行,妻阻之,不从。尤出不归,妻忆之,病亡。临亡长叹曰:'吾恨不能阻其行,以至于此。今凡有商旅远行,吾当作大风,为天下妇人阻之。'自后商旅发船,值打头逆风,则曰:'此石尤风也。'遂止不行。"⑥ 清顺治十八年(1661),郑成功军队围困热兰

---

① (清)林树梅著,陈茗点校:《林树梅集》,北京:商务印书馆,2018年,第125页。
② (清)林树梅著,陈茗点校:《林树梅集》,北京:商务印书馆,2018年,第125页。
③ (清)林豪著,陈琼芳点校:《东瀛纪事》,北京:商务印书馆,2020年,第112页。
④ 邓令昭:《从卢若腾诗文看有关郑成功史事》,《台湾研究集刊》1996年第1期,第93～96页。
⑤ (明)卢若腾著,吴岛校释:《岛噫集校释》,台北:台湾古籍出版社,2003年,第119页。
⑥ 夏征农、陈至立主编:《辞海:第六版彩图本》,上海:上海辞书出版社,2009年,第2056页。

遮城时,因台风而军粮接济不上,严重削弱了郑军的战斗力。邓先生认为:"卢若腾的'石尤风'诗是目前所能见到的唯一可以直接说明金厦运粮船为什么没有及时接济台湾的史料。"① 林树梅的作品中也保存了丰富的历史资料,汪毅夫先生在《林树梅作品里的闽台地方史料》一文中指出,林树梅作品里有关明监国鲁王与郑成功关系的史实值得注意。鲁王的死因,《明史》和一些野史都采用"成功使人沉之海中"之说。② 道光十二年(1832),林树梅在金门发现鲁王书摩崖石刻"汉影云根"和墓葬后,作"明监国鲁王墓图"和《明监国鲁王墓图记》给予澄清。在《前明鲁王墓图记》中,林树梅写道:"辛卯,舟山陷。癸巳冬,偕泸溪王、宁靖王及益王孙航海至金门,依郑成功。时芝龙已降,谕成功献鲁王,成功弗从,徙王南澳。居三年,己亥,复至金门。壬寅十一月薨,故兵部侍郎王忠孝葬王于金门城东。历年既久,无有知者。或谓沉之海,殂于台湾,皆传闻讹词也。"③ 在《修前明鲁王墓即事》一诗序文中,林树梅写道:"王讳以海,字太川,明太祖十世孙。丙戌浙师溃至金门,依郑成功。以哮疾薨,葬金门城东。或谓沉之海,殂于台,皆传闻误也。"④ 诗云:"苍茫云海忆王孙,遗骨犹存乱石根。岛屿十年依故老,东南半壁望中原。地经兵燹无留碣,字蚀莓苔有旧痕。从此青山妥抔土,春来杜宇莫啼冤。"⑤ 汪先生认为:"林树梅力排成说和众议,说明鲁王卒年、死因和死地,为郑成功辩诬。林树梅之说后来得到证实。1959年2月12日在金门发现的《皇明监国鲁王圹志》(碑刻)记述:'王素有哮疾,壬寅十一月十三日中痰而薨。'当然,林树梅当年发现的墓葬并非鲁王墓葬,'明监国鲁王真冢'于1959年2月12日在金门城东青山前发现。"⑥ 林豪是修志专家,所采用的史料都比较真实可靠。比如《东瀛纪事》,正如其书《校点后记》中所言:"《东瀛纪事》为上下两册,按时间顺序记述。作者处馆的林占梅,时以盐运使衔补用道总办台北团练,为剿戴的主要官员之一。作者在台身经此事全过程,故记叙比较

---

① 邓令昭:《从卢若腾诗文看有关郑成功史事》,《台湾研究集刊》1996年第1期,第93~96页。
② 汪毅夫:《林树梅作品里的闽台地方史料》,《台湾研究集刊》2004年第1期,第67~72页。
③ (清)林树梅著,陈茗点校:《林树梅集》,北京:商务印书馆,2018年,第158页。
④ (清)林树梅著,陈茗点校:《林树梅集》,北京:商务印书馆,2018年,第22页。
⑤ (清)林树梅著,陈茗点校:《林树梅集》,北京:商务印书馆,2018年,第22页。
⑥ 汪毅夫:《林树梅作品里的闽台地方史料》,《台湾研究集刊》2004年第1期,第67~72页。

具体,应属纪实文学。每章最后仿'太史公曰'加以评论,作者的观点直接体现在这些评论中,其于民变之发生缘由,官员应变之无能,官军及地方民团配合之疏密,以及台湾设官、垦地、税收、民生等各方面,均有翔实记叙,不乏真知灼见。"[1]这种特点在其所编纂的几本志书也都有体现。

卢若腾、林树梅、林豪等金门人的涉台著述以"饱含爱国情怀,维护祖国统一;关注民生,热爱宝岛台湾。求真务实,史料翔实可靠"等主要特点,成为研究台湾历史不可或缺的重要资料。

(原载《金门乡谊》2022年第4期)

---

[1] (清)林豪著,陈琼芳点校:《东瀛纪事》,北京:商务印书馆,2020年,第113页。

兴教修志,闽台文教交流的先驱郑兼才考略

郑兼才(1758—1822),字文化,一字六亭,泉州德化人。郑兼才出身于书香门第,在良好家风的熏陶下,少而好学,接受系统的儒学教育。嘉庆三年(1798),郑兼才参加福建乡试名列第一。郑兼才一生曾担任过闽清县、安溪县、建宁县和台湾县教谕,尤其是两次担任台湾县学教谕,兴教修志,为两岸儒学文化的传播做出了卓越贡献。正如《六亭文集·校点后记》所言:"郑兼才身为学官,所到之处,振兴文事,宣扬教化,特别是他两度在台湾任职,对于台湾的文化教育以及地方的开发、治理做出重大贡献,是闽、台关系史上著名的人物。"[①]

少而好学,乡试夺魁

郑兼才的祖父郑惠琇,字星望,虽然"三岁而孤""体素弱",然其"卧起无事则翻书,熟绎文义"。因病"迟就试","比试,书旨贯通,府县试及入学皆第一"。郑惠琇学术声望高,曾掌教德化县图南书院,"前后凡十有六年","士皆裹粮来学","从游之盛,为邑从来所未睹"。[②]"年七十三,授龙岩州训导。州士方相庆得师"。[③] 祖父给郑兼才留下的印象是:"生平行为无越规,言不苟发,谨动作,慎威仪,遇事镇重老成。在县邑,智愚贤否贡其忱;处里党,老

[①] (清)郑兼才著,粘良图点校:《六亭文集》,上海:上海辞书出版社,2014年,第157页。

[②] (清)郑兼才著,粘良图点校:《六亭文集》,上海:上海辞书出版社,2014年,第109页。

[③] (清)郑兼才著,粘良图点校:《六亭文集》,上海:上海辞书出版社,2014年,第110页。

幼少长服其教。"①对子孙言传身教,可谓楷模。郑惠琇有著作《学庸袖珍》《耻书》留世。

郑兼才的父亲郑秉铉,字维金,郑惠琇次子。虽"就傅数年,以家务不得终业"。郑秉铉"性特耽书,通医理及堪舆家言"。郑秉铉持家有方,"于族中修举废坠、阻抑凶邪、息难解纷、立孤存祀,俱足以绍继前美而垂休于后"。其过世时,"无论亲疏皆悲伤,如失所托,有言之坠泪者"。②这些都给郑兼才留下了深刻印象。

少年时,郑兼才从学于其五叔父郑秉鉎。郑秉鉎,字维臣,"以多病令习岐黄术"。郑秉鉎大器晚成,"年四十八,始籍于庠",因此对子侄的教育十分严厉,"性严厉,子侄稍乖于法,即遭督责。从学弟子,虽隔十数年,见犹惮之"。③

郑兼才对台湾的初步印象来自伯父郑秉钧。郑秉钧,字维周,号斗山。乾隆十五年(1750)登贤书,曾主讲图南书院八年。乾隆三十六年(1771),"游台阳,以甲午(1774)归家"。④郑秉钧在家待了四年,"课似锦、兼才、南丰等于家之塔美堂"。郑秉钧"居家以严,儿曹辈未尝少假辞色。有好弄者,绐以先生来,辄不敢动。其教人工于比喻,听者忘倦。谈古今事,必切于身心者,俾之膺服。过旬日,或以事触,必令复述所谈。以此受者退多私记其语于册。读书务穷根柢,三礼、三传尤所究心。著有《槐青内外编》"。⑤浓厚儒学氛围的家风家教,为郑兼才的成长、成才奠定了良好的基础。

乾隆四十七年(1782),郑兼才"年二十五,补诸生"。⑥入县学学习五年后,乾隆五十二年(1787),而立之年的郑兼才,"入福州鳌峰书院,受业于闽

---

① (清)郑兼才著,粘良图点校:《六亭文集》,上海:上海辞书出版社,2014年,第110页。

② (清)郑兼才著,粘良图点校:《六亭文集》,上海:上海辞书出版社,2014年,第113页。

③ (清)郑兼才著,粘良图点校:《六亭文集》,上海:上海辞书出版社,2014年,第113页。

④ (清)郑兼才著,粘良图点校:《六亭文集》,上海:上海辞书出版社,2014年,第110页。

⑤ (清)郑兼才著,粘良图点校:《六亭文集》,上海:上海辞书出版社,2014年,第114页。

⑥ (清)郑兼才著,粘良图点校:《六亭文集》,上海:上海辞书出版社,2014年,第155页。

县孟超然"。[1] 孟超然(1731—1797),福建硕儒,字朝举,号瓶庵,闽县人,乾隆二十四年(1759)解元,乾隆二十五年(1760)联捷进士。孟超然曾执掌鳌峰书院,陈寿祺、梁章钜等都出自其门下。[2] 郑兼才在鳌峰书院期间,学习认真刻苦,成绩优秀。乾隆五十四年(1789),"学使陆耳山院副拔君贡太学"[3],郑兼才遂受业于国子监祭酒汪廷珍尚书。汪廷珍(1757—1827),字玉粲,号瑟庵,江苏淮安人,乾隆五十四年(1789)进士第一甲第二名(榜眼)[4]。初为祭酒,即选《成均课士录》。汪廷珍大力提倡"教学者立言以义法,力戒模拟剽窃之习"。[5] 郑兼才在汪廷珍的指导下,受益匪浅。郑兼才后"考充正蓝旗教习,游京师九年"。[6] 嘉庆三年(1798),"诠选闽清县教谕"。同年,"举乡试第一"。[7] 此科主考官为莫晋、辛从益。莫晋(1761—1826),字锡三,号宝斋,浙江绍兴人,乾隆六十年(1795)第一甲第二名(榜眼),官至都察院副都御史。[8] 辛从益(1760—1828),字谦受,号筠谷,江西万载人,乾隆五十五年(1790)登进士第,官至江苏学政。[9] 莫和辛均为当时的饱学之士,为官有政声。郑兼才乡试夺魁的消息传到京城,一片赞扬之声,"辇下闻之,啧啧颂得人"。[10] 郑兼才的成就与这些硕学鸿儒的谆谆教诲有密切的关系,在《六亭文集》中有不少郑兼才写给这些恩师的书信,从中可以看出郑兼才对恩师的崇敬之情。

---

[1] (清)郑兼才著,粘良图点校:《六亭文集》,上海:上海辞书出版社,2014年,第157页。
[2] 福州市地方志编纂委员会:《福州市志》第8册,北京:方志出版社,2002年,第551页。
[3] (清)郑兼才著,粘良图点校:《六亭文集》,上海:上海辞书出版社,2014年,第155页。
[4] 尹海金、曹端祥编著:《清代进士辞典》,北京:中国文史出版社,2004年,第145页。
[5] 郑喜夫编撰:《清郑六亭先生兼才年谱》,台北:台湾商务印书馆,1982年,第27页。
[6] (清)郑兼才著,粘良图点校:《六亭文集》,上海:上海辞书出版社,2014年,第155页。
[7] (清)郑兼才著,粘良图点校:《六亭文集》,上海:上海辞书出版社,2014年,第155页。
[8] 尹海金、曹端祥编著:《清代进士辞典》,北京:中国文史出版社,2004年,第251页。
[9] 尹海金、曹端祥编著:《清代进士辞典》,北京:中国文史出版社,2004年,第149页。
[10] (清)郑兼才著,粘良图点校:《六亭文集》,上海:上海辞书出版社,2014年,第155页。

就任教谕　兴教于闽

嘉庆七年(1802),郑兼才就任泉州安溪县学教谕。到任后,郑兼才发现安溪的学宫破败不堪:"安溪县学宫,修自邑绅傅君其英等。惟文庙壮丽乔皇,甲泉郡五邑……崇圣殿旧在大成殿东,墙宇既塌,人畜践踏,不可言状。名宦、乡贤、忠孝、节烈四祠,改建未就,近亦坏于风雨。"①郑兼才得知,"前任某,谋修学署,捐近百金。调台檄至,饱囊而去,为众所哗,使此邦尽以某目予也"。② 郑兼才对此感到忧心忡忡,学宫该修,而前任之所为又使官民不信任。为了消除安溪县官民的疑虑,郑兼才写了《续建安溪县崇圣殿名宦、乡贤诸祠劝捐序》一文,在文中郑兼才向全县官民公开承诺愿意承担起修建的重任,并且保证绝对不谋私利:"予当避谢不敏,否则,事以众谋,财由公贮,不昧一笔,不私一钱。予虽暗而拙,尚能从君子后总其成,以告无怼焉。"③郑兼才恳请全县官民不究往事,出钱出力,修好学宫,"惟望尽乃心力,毋归咎前人,毋追求往事,功期速就"。④

郑兼才的号召得到了安溪县官民的热烈响应。比如"邑太学生王君树功为前次董事名有文君之子,志卒父业,知兼才有意斯举,每见必以为言,兼才亦乐与之言",再如"爰询于众,首延贡士谢君一鸣、生员陈君跨鳌、童生吴君衍称,与王君在局董其役,凡选材命匠诸任悉付之。于是谋益详,力益协"。⑤ 为了保证有足够的资金,郑兼才带领各里乡绅四处劝捐,走遍安溪大地:"兼才始率各里绅士首先劝捐。计安溪散处为里者一十有八,兼才所未亲历仅光德还壹二里耳。"⑥准备工作就绪后,续建崇圣殿及名宦、乡贤、忠义孝悌、节孝四祠在嘉庆八年(1803)五月二十二日"卜吉兴工"。

工程进行了一个月,郑兼才收到了调任台湾县县学教谕的通知。考虑到续建工作刚开始,郑兼才上呈了《申报续建安溪县崇圣殿名宦、乡贤诸祠文》。在文中郑兼才写明了续建的缘由、劝捐之不易,工程的进展情况,最

---

① (清)郑兼才著,粘良图点校:《六亭文集》,上海:上海辞书出版社,2014年,第4页。
② (清)郑兼才著,粘良图点校:《六亭文集》,上海:上海辞书出版社,2014年,第4页。
③ (清)郑兼才著,粘良图点校:《六亭文集》,上海:上海辞书出版社,2014年,第4页。
④ (清)郑兼才著,粘良图点校:《六亭文集》,上海:上海辞书出版社,2014年,第4页。
⑤ (清)郑兼才著,粘良图点校:《六亭文集》,上海:上海辞书出版社,2014年,第7页。
⑥ (清)郑兼才著,粘良图点校:《六亭文集》,上海:上海辞书出版社,2014年,第7页。

后表明了自己的态度:"某已调缺海外,当即卸事,但银项出入,四乡捐交,未便遽易生手。卸事后,某当自备斧资,在局督率,俟崇圣殿恭行进主,一切工役稍就,即速赴新任。"①言之凿凿,情之切切,令人感动。

卸事之后,郑兼才全力以赴投入续建工作,亲力亲为,保证工程质量。名宦、乡贤、忠义孝悌、节孝四祠进主时,郑兼才专门上呈了《厘正安溪县诸祠祀典并请补祀申文》一文对各祠所祀名宦、乡贤逐人进行考证,保证了"表扬之典,名实贵符;禋祀之修,后先宜一"。②

在安溪期间,郑兼才十分关心书院的建设。安溪是朱子过化之地,绍兴二十三年(1153),任职同安主簿的朱熹,曾因公事到安溪并写下了《安溪道中》《留安溪三日按事未尽》《安溪书事》等诗以及在西凤庵题词。明正德十六年(1521),安溪知县龚颖改庵为"凤山书院",后经迁移。康熙五十四年(1715),在李光地的倡议下,安溪县令曾之传"捐俸卖地",扩建文昌祠为书院,名曰"考亭书院"。③郑兼才到安溪任职后,书院"房舍空虚,书声断绝……书院屋舍,惟馆师寓中、左、右三间稍完善易葺,外为敬业堂及两廊皆破损,后为魁星楼已圮于风雨"。县令陈张元"阅志乘,方幸前令之为书院计者深且远",于是前往查看,了解情况后,"首倡捐五十金",并嘱郑兼才代拟了《代安溪陈令劝修考亭书院序》:"愿我有志君子,毋吝于财,毋惜于力,庶几追美于乡先哲。"④考亭书院得以修葺,琅琅书声再次不绝于耳。

嘉庆九年(1804),在"所有未竣工程,已责成各董事认真督理"的情况下,郑兼才依依不舍地离开了安溪,东渡台湾,赴任台湾县学教谕。嘉庆十年(1805)六月,郑兼才参加会试后从北京回台湾,特地到安溪旧地重游,在当地官民的诚恳邀约下,撰写了《安溪县续建名宦乡贤忠义孝悌节孝四祠暨新建文昌宫碑记》。文中描述了安溪官民万众一心续修学宫的感人事迹,"是役也,自始功迄今,费番银若干,皆邑人急公好义,并力一心,用观厥成"。⑤

嘉庆十四年(1809),郑兼才由台湾县学教谕转任建宁县学教谕。自嘉

---

① (清)郑兼才著,粘良图点校:《六亭文集》,上海:上海辞书出版社,2014年,第4~5页。
② (清)郑兼才著,粘良图点校:《六亭文集》,上海:上海辞书出版社,2014年,第5页。
③ 陈笃彬、苏黎明:《泉州古代书院》,济南:齐鲁书社,2003年,第174页。
④ (清)郑兼才著,粘良图点校:《六亭文集》,上海:上海辞书出版社,2014年,第8页。
⑤ (清)郑兼才著,粘良图点校:《六亭文集》,上海:上海辞书出版社,2014年,第7页。

庆五年(1800)建宁县城遭大水淹之后,文昌宫及忠孝、节烈二祠"圮于水已十年"。于是郑兼才写了《募建文昌宫及忠孝、节烈二祠文》,发出了修建文昌宫及忠孝、节烈二祠的倡议,得到了建宁县官民的热烈响应。"附贡生丁君人彦慨然肩其事";[①]"同年徐君显璋及文学赵君宗桂,节妇贤孙也,知予急于募建,跃然入言曰:'此吾辈为子孙事,不敢以累众。'于是赵君首以钱五十千倡,徐君继之,二祠入祀者之子孙咸闻风乐应";[②]"太学生徐君显恕督其役,凡五阅月成"。[③] 为了保证入祀人物名副其实,郑兼才撰写了《重订风教祠祀牒本县文》《建宁祠庙官祭驳议二条》等文对入祀对象进行甄别。重建工程完工后,郑兼才专门撰写了《重建忠义孝悌节孝祠碑记》《建宁县新建文昌庙碑记》《重建建宁学署碑记》《重建奎光阁碑记》等文,强调了重建工作的重要性、募建的过程等等,"既纪其事,因以质邑之贤者"。[④]

作为教谕,郑兼才对建宁的士风十分关注,为此专门写了《谕建宁士子文六首》《再谕建宁士子》,倡导"治世之本在正人心,厚风俗。人心之正,在息邪说,敦实行"。在《谕建宁士子文六首》中,郑兼才对建宁士子提出了"文庙朔望宜肃""祀典公私宜辨""称名失当宜正""用情过厚宜酌"等六项要求,对建宁士子树立良好的风气产生了很大影响,民国《福建通志》称,郑兼才所倡,致建宁"风俗一变"。[⑤]

两渡台湾　重教兴学

施琅平台之后,为了加强对台湾的治理,清政府高度重视台湾官员的选拔,要求派往台湾任职的官员要有一定的任职经历和较高的素质。比如首任台湾知府蒋毓英是由泉州知府调任的,首任台湾府学教授官伟是由建宁府学教授调任的。嘉庆九年(1804),郑兼才因在安溪任职期间,政绩突出,被调任台湾县学教谕,至嘉庆十三年(1808)离任。嘉庆二十五年(1820),郑兼才从建宁县学教谕再次调任台湾县学教谕,直至道光二年(1822)卒于任

[①] (清)郑兼才著,粘良图点校:《六亭文集》,上海:上海辞书出版社,2014年,第22页。
[②] (清)郑兼才著,粘良图点校:《六亭文集》,上海:上海辞书出版社,2014年,第15~16页。
[③] (清)郑兼才著,粘良图点校:《六亭文集》,上海:上海辞书出版社,2014年,第16页。
[④] (清)郑兼才著,粘良图点校:《六亭文集》,上海:上海辞书出版社,2014年,第16页。
[⑤] 沈瑜庆、陈衍等纂:民国《福建通志》,北京:方志出版社,2006年,第7854页。

上。在台湾八年的教谕任上,郑兼才忠于职守,兢兢业业,推动台湾县儒学教育事业的发展。

郑兼才到任之后,发现台湾县学宫"其东西两门楼一已圮,一势在不可支。殿瓦前后悉渗漏,榱桷门槛间多朽折,两庑亦渐至剥落。失今不图,势将历久而全即倾颓",就开始筹划修建工作。郑兼才与时任县学训导黄对杨商讨募修事宜,在征得台湾知县薛志亮的同意,得到乡绅的支持后,写了《募修台湾县学宫序》。在文中,郑兼才根据众人意见,提出了"按户劝捐,计入多寡,酌工役繁简,然后设立章程,择命匠之期,以上闻于当道,庶事易成而功可举业"。① 此事后因郑兼才赴京参加会试,暂时耽搁。嘉庆十年(1805),郑兼才参加春闱后回台湾,上呈了《申报续修台湾县学宫文》,续修之事再次提上议事日程。后因蔡牵事发,续修工程又暂时停顿,直到嘉庆十二年(1807)续建工程终于竣工。修葺后的台湾县学,"正殿增高二尺有奇,广露台左右各四尺,护以石栏。以崇圣祠左为忠义、孝悌祠,以庙门左右为名宦、乡贤祠。制正殿神龛长案,工致有加。殿庑周围改用石柱,凡四十二枝。立节孝祠于文昌祠之右(旧在诸罗崎顶,今颓废),旧奉知府蒋元枢牌位,在文昌之左。新明伦堂及署大门、土地祠,买民屋拓庙前地,广泮宫前墙丈有六尺。置宰牲亭,修祭器"。② 台湾县学成为台湾儒学教育的重要基地。

台湾县学宫续建工程完成后,时任嘉义县学教谕谢金銮专门撰写了《台湾县学夫子庙碑记》,赞颂知县薛志亮和教谕郑兼才的功绩:"嘉庆九年,江阴薛志亮宰台湾,其时德化郑兼才为教谕。二人者,道相与也。教谕以夫子庙久未修,白诸宰。宰与共商于邑绅士,劝捐改葺焉。役兴,频年遭寇乱,罢而复作。工费虑弗赡,教谕躬擘画以为忧,绅士林朝英乃力肩其成,事卒治。诸制惟谨。是役也,诸绅衿劝捐,董工作者炎曦暑雨,不辞劳勚;一茶饮之费,不侵公钱。而朝英以耆耄之年,夙兴晏罢,一杙一甓,必亲省较。资不足,倾己囊以继者,累千金不吝,论者以邑宰能以德礼孚于人,教谕躬劳苦以率而众劝也。"③

郑兼才任台湾教谕时,以振兴台湾儒学教育为己任,曾两次呈文请求增

---

① (清)郑兼才著,粘良图点校:《六亭文集》,上海:上海辞书出版社,2014年,第9页。
② (清)谢金銮、郑兼才著:《续修台湾县志》,台北:台湾银行经济研究室,1962年,第150页。
③ (清)谢金銮、郑兼才著:《续修台湾县志》,台北:台湾银行经济研究室,1962年,第522页。

加乡试中式额及岁科入学额。在《代台郡请广乡试中式额及岁科试入学额初呈》中,郑兼才写道:"窃以抡才盛典,准古要在宜今;造士大权,随时尤须因地。台湾偏居东土,实隶南天,自入版图,另编台号,后乃渐广初额,取中二名。今又世阅三朝,年历七十,文明之洽,海外同风。……况台湾地势隔绝大海,人文远胜初年,尤不可不予以恩施,宽夫解额。"①在《代台郡请广解额及学额第二呈》中,郑兼才写道:"因思各邑义首既多读书之人,而全郡人文又值蔚起之日,与其计功论赏奖励一时,莫如广额恩垂休万世。某等家尚儒业,世为良民,稔知文风隆盛之由,与夫慷慨仗义之故。用敢吁恳格外加恩,据情详准于闽省解额之外,奏广台郡中额二名。至五学学额廪增倘得一并邀恩,俾环海儒流益加鼓励。诗书之化既溥,干戈之气自消。薄海讴歌,千秋颂德!"②对台湾之爱,对台湾士子的关心,表明了两岸骨肉天亲,同支相连之情,令人感动。

嘉庆十三年(1808),郑兼才离台时,"当地士民在北郊为之送别,'香案旗鼓,填塞街市,数里不绝'"。③ 嘉庆二十五年(1820),朝廷三年一次的考核,郑兼才被举为最优等的"卓异"。这些都充分表明了郑兼才对台湾儒学教育做出了重大贡献。

热心修志　教化后世

从小受儒家思想的熏陶,郑兼才对志书的修撰十分关心,他曾写道:"吾师大宗伯汪瑟庵先生,叙晋江张鞠园《庐州府志》说:'国史、县志、家谱三者,惟修志为难。朝廷设官掌史,又有起居注,有时政记,有会要,有六曹文案及百家记述,其纂辑即更姓易代不难成。谱者,一家之事,世系行业、婚宦生卒,其子孙非甚不肖,皆能识之。志则所载止于一方,所据者有司之簿籍,出

---

① (清)郑兼才著,粘良图点校:《六亭文集》,上海:上海辞书出版社,2014年,第11~12页。

② (清)郑兼才著,粘良图点校:《六亭文集》,上海:上海辞书出版社,2014年,第12~13页。

③ (清)郑兼才著,粘良图点校:《六亭文集》,上海:上海辞书出版社,2014年,第157页。

于胥吏之手。其长老所记忆,则言人人殊,非及时编述,隔越年所,则缺失必多。"①

到台湾任职后,郑兼才十分关心台湾方志的修纂工作。嘉庆十一年(1806),郑兼才任台湾教谕两年后,就上呈了《申请续修台湾县志文》。在呈文中,郑兼才写道:"窃以征今述古,文献兼资;补缺订讹,纂修为重。台湾古属荒服,自入版图,文物渐开,郡县志书记载昭然,足资考信。第查台湾县志,重修于乾隆壬申岁,迄今五十余年。"②五十年间台湾发生了很大变化,郑兼才特别指出:"中经林爽文之变,沿革损益,规制异前。"③郑兼才认为"台邑为附郭首邑,历任各宪建节重地,凡兴除善政,举废宏规,例当备书"。④ 台湾县地位重要,续修志书势在必行。在文中,郑兼才还举荐了时任嘉义县学教谕的谢金銮:"窃见嘉义县学谢教谕金銮,醇实端方,学有本原,令掌斯役,非惟继事修明足补未备,而于前志所载,其异同得失之故,必能有所折中以传来许。"⑤

郑兼才呈文后,因蔡牵案作,"时大帅留郡,重兵未撤,百姓戎马之余,绥抚为急;县令责有专属,未遑兼顾。"⑥,没有得到批准。但郑兼才并没放弃,认真做好筹备工作:"兼才乃先事筹划,详请嘉义县学谢教谕总纂修,并慎选分纂、采访十五人,牒县具闻,各报可。"⑦直到嘉庆十二年(1807),台湾县知县薛志亮开始设局修志。在编修过程中,郑兼才"铨授江西长宁令",因"志局既兴,不能中止;礼闱素志,又未忍遽乖"⑧,决意辞去江西长宁县令,完成县志初稿的编纂。嘉庆十三年(1808),郑兼才离开台湾,后转任建宁教谕。在大陆期间,郑兼才念念不忘《续修台湾县志》的编纂工作,与先期回大陆的

---

① (清)郑兼才著,粘良图点校:《六亭文集》,上海:上海辞书出版社,2014年,第126页。
② (清)郑兼才著,粘良图点校:《六亭文集》,上海:上海辞书出版社,2014年,第10页。
③ (清)郑兼才著,粘良图点校:《六亭文集》,上海:上海辞书出版社,2014年,第10页。
④ (清)郑兼才著,粘良图点校:《六亭文集》,上海:上海辞书出版社,2014年,第11页。
⑤ (清)郑兼才著,粘良图点校:《六亭文集》,上海:上海辞书出版社,2014年,第11页。
⑥ 吴文星、高志彬主编:《台湾文献书目解题·方志类》第3册,台北:"中央图书馆"台湾分馆,1988年,第38页。
⑦ 吴文星、高志彬主编:《台湾文献书目解题·方志类》第3册,台北:"中央图书馆"台湾分馆,1988年,第38~39页。
⑧ (清)谢金銮、郑兼才著:《续修台湾县志》,台北:台湾银行经济研究室,1962年,第637页。

谢金銮保持联系,就初稿征求了一些学者的意见。道光元年(1821),再次到台湾任职的郑兼才与台湾县学训导王聚奎,捐俸重刊了在综合薛刻本(薛志亮修改刻印)和学者意见基础上修改而成的《续修台湾县志》(道光郑补本)。① 道光三十年(1850),台湾县学教谕薛锡熊据道光郑刻本略作修改重新刊印(道光薛补本)。②

对于修志工作,郑兼才可谓尽心尽力。"《续修台湾县志》自创稿至道光元年(1821)增刻本出,其间十五年,郑兼才、谢金銮始终其事,善尽总纂之责。其费时之久,用心之勤,盖清代台湾方志史上所仅见"。③

《续修台湾县志》的主要特点如下:首先是编例高简。其编例以高简见称。其目录如下:卷一地志,卷二政志,卷三学志,卷四军志,卷五外编,卷六艺文(一),卷七艺文(二),卷八艺文(三)。④ "本志既有'凡例'、目录,每门前有小序,后有总论,子目下有分论,间有考辨,其体例实仿《诸罗县志》也"。⑤ 该书《凡例》对此特点做了说明:"台郡之有邑志,创始于诸罗令周宣子。其时主纂者,则漳浦陈少林也。二公学问经济冠绝一时,其所作志书,朴实老当。以诸罗为初辟窎陋之地,故每事必示以原本。至其议论,则长才远识,情见乎辞。分十二门,明备之中,仍称高简。本郡志书,必以此为第一也。故是编胚胎出于《朝邑》,而规模则取诸少林。"⑥ 其次是编纂谨慎。《清代台湾方志研究》的作者陈捷先先生认为:"《续修台湾县志》在编纂过程中仍相当谨慎,后世推崇亦在此。"⑦ 该书《凡例》指出:"志书之作,记事修词,两者并重。文词顺而记载乖谬、是非失真,则不为实录;事实具而文不足以达之,抑或义例不明、详略失当,则事反以文而晦:二者并讥。是编于去取持择,必严

---

① 郑喜夫编撰:《清郑六亭先生兼才年谱》,台北:台湾商务印书馆,1982年,第121页。
② 吴文星、高志彬主编:《台湾文献书目解题·方志类》第3册,台北:"中央图书馆"台湾分馆,1988年,第44页。
③ 吴文星、高志彬主编:《台湾文献书目解题·方志类》第3册,台北:"中央图书馆"台湾分馆,1988年,第45页。
④ (清)谢金銮、郑兼才著:《续修台湾县志》,台北:台湾银行经济研究室,1962年,第637页。
⑤ 吴文星、高志彬主编:《台湾文献书目解题·方志类》第3册,台北:"中央图书馆"台湾分馆,1988年,第50页。
⑥ (清)谢金銮、郑兼才著:《续修台湾县志》,台北:台湾银行经济研究室,1962年,第11页。
⑦ 陈捷先:《清代台湾方志研究》,台北:学生书局,1996年,第135页。

必慎;采访查复,必信必确,实惟兼才总其事;至于命意抒论,起例发凡,编为章段,笔墨之劳,金銮有不得辞者。至其参稽实迹,赖于群士,非能臆为也。"①这种严肃的修志义法,体现在编纂过程中。比如《海道》一目,引言曰:"海道集旧闻,信所可信,而疑者亦并存之。风涛茫渺中,吾安知信者非疑,疑者非信也?偶得一解,惴惴然奉为据依。凡有言者,皆几孤竹之老马也。"②结尾处又注明:"右所编录,多出'郡、县旧志'、《赤嵌集》《裨海纪游》《使槎录》诸书中。有本出诸书,而前志加以润色、增减致变易原文者,不能确指为某书所有。故各条之下,概不标录,览者可推而得焉。"③来龙去脉交代得清清楚楚,可信度较高。

鞠躬尽瘁　卒于任上

郑兼才在台湾任职期间,对台湾的治理开发和社会的发展可谓鞠躬尽瘁,死而后已。曾任台湾知县的姚莹在《郑六亭文集序》一文中写道:"六亭一学官,世所谓末秩冷宦也,而观其生平所至,发擿若此,以视高牙大纛无所称于世者,故何如哉!"④连横先生亦在《台湾通史》中写道:(郑兼才)"以冷署闲曹之官,而为拓土开疆之计,可谓能立其言者矣。"⑤

嘉庆九年(1804),郑兼才首赴台湾任职。此时恰逢蔡牵事发,攻击府城,"以兼才驻南大门,诘出入,昼夜巡防,不遑饮食"。⑥ 在《巡城纪事》一文中,郑兼才写道:"是晚四鼓,兼才等奉召至西大门。翼日辰刻,檄下兼才分守大南门。城门左义民首捐中书科中书衔林朝英、生员张正位,右为廪生徐朝选。城上下营兵分布,以抚标把总王兆麟暂统之。每夜交二鼓,府县丞卒按段巡城,随以乡勇,往来梭织,络绎不绝。"⑦由于指挥得当,守城有功,"事

---

① (清)谢金銮、郑兼才著:《续修台湾县志》,台北:台湾银行经济研究室,1962年,第15~16页。
② (清)谢金銮、郑兼才著:《续修台湾县志》,台北:台湾银行经济研究室,1962年,第27页。
③ (清)谢金銮、郑兼才著:《续修台湾县志》,台北:台湾银行经济研究室,1962年,第38页。
④ (清)郑兼才著,粘良图点校:《六亭文集》,上海:上海辞书出版社,2014年,第3页。
⑤ 连横:《台湾通史》,北京:商务印书馆,2010年,第639页。
⑥ 连横:《台湾通史》,北京:商务印书馆,2010年,第639页。
⑦ (清)郑兼才著,粘良图点校:《六亭文集》,上海:上海辞书出版社,2014年,第59页。

平,以功授江西长宁知县。辞,请改教谕会试,乃任建宁,复调台湾"。① 事后,郑兼才写下了《巡城纪事》《台湾守城私记序》《纪御海寇蔡牵事》等文,留下宝贵的历史资料。

噶玛兰为蛤仔难之音译,为"台湾特后山番社中一荒落耳",明朝谓之北港,也称为东番,"荷兰弗及窥,郑氏未暇据"。② 康熙二十二年(1683)秋属诸罗县,雍正二年(1724)划归彰化县,雍正九年(1731)又归入淡水厅,嘉庆十七年(1812)始设官建置。在噶玛兰设官问题上,郑兼才具有远见卓识,"时议开蛤仔难,众论未决。兼才以地处上游,漳、泉杂处,其衅易启,万一有失,台湾之患从是多矣。力主设官,后从其言"。③ 噶玛兰厅得以设置,郑兼才功不可没。

嘉庆十年(1805),台湾府疏浚城壕之事提上议事日程,"台郡环城开沟,议兴已久,实始于老生戴大章,近闻欲行其说"。郑兼才得知此事,认真考察后认为不妥,专门向时任台湾道观察庆保上呈《上庆观察论疏浚城壕及应行事宜书》。在文中,郑兼才认为有六不宜:"城西临海,本自有水,环以木栅,捍卫有资。迤南而北,其地沙土相杂,气脉浮动,挖深通水,非砌以石,易坏城基。其不宜一。风沙不时,泥土淤积,疏凿不继,数年之后,仍为旱地。其不宜二。城南一带,新旧坟累累,既毁于贼,又为开沟之故,析骸抛骨,是未庇先民,先摧枯朽,遭贼之外,复多一劫。其不宜三。西北引水浅,则人马可涉,深则竹筏易于乘虚直入,其患甚于水洞,是防城之外,复多一备。其不宜四。此时防御之后,民心为靖,工役一兴,人众冗杂,迫近城隅,良匪难辨。其不宜五。蔡牵来往无常,城壕工作需费时日。若复窜入,势难兼及,虚费废役。其不宜六。"④ 为此郑兼才建议:"今为郡城计,欲捍外侮,在弭内讧。先是筹防,莫如编造街甲,鼓励郡民。"⑤ 在郑兼才的劝导之下,疏浚城壕之事得到制止。

施琅平台之后,"台湾二百年来,文武弁兵死事者无虑千人",郑兼才认

---

① 连横:《台湾通史》,北京:商务印书馆,2010 年,第 639 页。
② (清)陈淑均纂:《噶玛兰厅志》,《中国地方志集成·台湾府县志辑》第 2 册,上海:上海书店出版社,1999 年,第 9 页。
③ 连横:《台湾通史》,北京:商务印书馆,2010 年,第 639 页。
④ (清)郑兼才著,粘良图点校:《六亭文集》,上海:上海辞书出版社,2014 年,第 56~57 页。
⑤ (清)郑兼才著,粘良图点校:《六亭文集》,上海:上海辞书出版社,2014 年,第 57 页。

为应兴建昭忠祠以纪念。此事动议于嘉庆十二年(1807)郑兼才编纂《续修台湾县志》之时,后因郑兼才在嘉庆十三年(1808)离台,而事未果。郑兼才二次莅台后竭尽全力完成此事,在《昭忠祠告竣文》中,郑兼才写道:"(嘉庆)二十五年(1820)十二月,兼才奉调再抵台学任,于道光元年(1821)正月,以前详原案请祀于升任叶道宪,三月再请于宪台,均蒙鉴许。即向绅衿议捐公项银三百元,于六月十三日会县兴工。"此次修建工程包括"添盖祠夫住屋""文昌祠添设两头界墙""增置窗户、修理砖庭""并俾学忠义孝悌及节孝两祠修理开用"等。① 为了使祭祀达到应有的效果,"郑兼才以励名节、崇实学为己任,一一考究,厘清事实,以定合于崇祀者,补祀二千四百八十余人"②,并先后10次呈文台湾道观察胡承珙,请其审定。

道光二年(1822)六月,由于郑兼才在台湾县教谕任上政绩突出,朝廷任命郑兼才为泉州府学教授。是年七月,为了做好昭忠祠修建的扫尾工作和祀典的准备工作,郑兼才"神牌名氏,皆亲手书"③。晚上忙着甄别誊写拟祀人员名单,白天督工昭忠祠"赤暑不避,遂成疾卒"。④

难忘故土 归葬故里

从乾隆五十二年(1787)离开德化,到道光二年(1822)卒于台湾,郑兼才奔波在海峡两岸文教事业的第一线。然而秉承爱国爱乡的闽南精神,郑兼才始终不忘故乡。

嘉庆十四年(1809),郑兼才就任建宁县教谕前,自北京回德化,前往拜谒德化文庙时,发现"今教谕、训导二廨并居城内,文庙无官守护,近庙居民易滋亵渎,泮池木栅易致折毁。庙左明伦堂,至冬为学佃屯积稻草,常时人畜践踏而已"。⑤郑兼才就此事上呈了《请移建德化教谕训导廨申文》。在文

---

① (清)郑兼才著,粘良图点校:《六亭文集》,上海:上海辞书出版社,2014年,第39~40页。
② (清)郑兼才著,粘良图点校:《六亭文集》,上海:上海辞书出版社,2014年,第157页。
③ 沈瑜庆、陈衍等纂:民国《福建通志》,北京:方志出版社,2006年,第7854页。
④ (清)郑兼才著,粘良图点校:《六亭文集》,上海:上海辞书出版社,2014年,第157页。
⑤ (清)郑兼才著,粘良图点校:《六亭文集》,上海:上海辞书出版社,2014年,第29页。

中,郑兼才写道:"闽省中如延平府之南平,泉州府之南安,台湾府之凤山,其文庙皆在县城外,而教谕、训导廨因焉。独德化县与学不相属,而教谕廨与训导廨不相连,以统一之区分而为三。"①为此郑兼才建议:"于文庙左右相地兴建教谕、训导两廨,俾早移入,以资守望。"②此建议开始没有得到重视,郑兼才又专门就此事给时任永春知州宋沼写了一封信。在《致本州宋》中,郑兼才写道:"悉本县主欲先修文庙,以余力移建学署等。因本年方向未利,尚未兴工。窃以德邑此时紧要在移建学署于文庙旁,以符体制;改正斋署为图南书院,以变文风;修明伦堂,禁佃夫不许堆积稻草,以维教化。"③清道光元年(1821),此建议得到采纳,德化的儒学教育环境得到改善。

郑兼才对泉州的民风吏治十分关心,曾专门写信与恩师汪瑟庵先生讨论此事。这些信包括《上汪稼门制军书论永春械斗事》《上汪制军辩诬书》《上汪制军辩诬第二书》《上汪制军论下游民风吏治书》。汪瑟庵收到这些信后十分高兴,曰:"此(《上汪制军论下游民风吏治书》)与论械斗、辩诬三书,切实恳至,具见志在天下,非徒护桑梓也。"④

郑兼才对家族修谱的事情十分关心,道光二年(1822)二月,郑兼才参考各旧谱以及嘉庆二十五年(1820)各支派新续的谱牒材料,撰写《龟宅郑氏续修族谱》。在序言中,郑兼才写道:"来台湾,再订邑志成,其二年始克从事斯谱。深惧上无以绍先人,下不足取信后嗣。幸三谱具在,得以参酌成书。"⑤

郑兼才卒后,"前台湾县知县姚莹与诸生经理其丧归"。⑥ 道光八年(1828),其子郑光篆、郑光笋归葬其于德化。目前此墓尚存,坐落于现德化三班镇桥内村,俗称"解元墓"。此墓依山而筑,墓碑题刻为:"清崇祀乡贤,由教习,历任教谕,军功升长宁县,己酉拔贡、戊午解元、孝廉方正显考六亭郑府君墓。"墓碑两侧题刻分别为:"道光戊子阳月""孝男光篆、笋立。"碑前有条石作为供桌,周围有用水泥砌成的拱手。此墓在1985年被定为德化县

---

① (清)郑兼才著,粘良图点校:《六亭文集》,上海:上海辞书出版社,2014年,第29页。
② (清)郑兼才著,粘良图点校:《六亭文集》,上海:上海辞书出版社,2014年,第30页。
③ (清)郑兼才著,粘良图点校:《六亭文集》,上海:上海辞书出版社,2014年,第51页。
④ (清)郑兼才著,粘良图点校:《六亭文集》,上海:上海辞书出版社,2014年,第73页。
⑤ 郑喜夫编撰:《清郑六亭先生兼才年谱》,台北:台湾商务印书馆,1982年,第121页。
⑥ 郑喜夫编撰:《清郑六亭先生兼才年谱》,台北:台湾商务印书馆,1982年,第122页。

第四批县级重点文物保护单位。[1]

陈寿祺(1771—1834),字恭甫、介祥等,号左海、梅修等,嘉庆四年(1799)进士。陈寿祺是清代硕儒,经学名家,"品行、课文并重",造就不少人才。陈寿祺与郑兼才都是孟超然的高足。[2]郑兼才逝世后,陈寿祺应郑兼才儿子之请,为郑兼才撰写墓志铭,给予了很高评价:"君身虽归,君志不死。吁嗟九原,谁为知己!"[3]郭尚先,字元开,号兰石,福建莆田人,嘉庆十二年(1807)解元,嘉庆十四年(1809)进士,清代著名书画家。工书法,长于画兰。[4]郭尚先应邀为其书墓志铭并镌刻之。两位大师的文、书、刻,使"先生(郑兼才)之名益显于天下"。[5]

道光三年(1823),闽浙总督赵慎珍奏请:"侯官谢金銮、德化郑兼才皆以学行著,素所敬礼,殁而举祀乡贤,又旌表义烈,以振风俗。"[6]道光五年(1825),"有旨从福建巡抚孙尔准请,以先生(郑兼才)、谢金銮入祀乡贤祠"。[7]

道光二十年(1840),郑兼才遗著《六亭文选》即将刊印之时,时任台湾道姚莹为之作序。姚莹(1785—1853),字石甫,号展如,安徽桐城人,嘉庆十三年(1808)进士,官至广西按察使,为清代著名史学家、文学家。[8]姚莹在序中对郑兼才的为官、为人、为文给予高度评价:"其识君也,在道光元年(1821),莹方罢台湾令,六亭以教谕至,年已六十四矣。莹初至台,闻人言嘉庆中蔡牵之扰,君守城及上书论时事有功于台。故知君干济,非仅工为文而已。君乃出所著《宜君》《愈喑》二集,与《杂著》文,属为阅定。益知君所至以励名节、崇实学为己任,文亦朴重如其为人。"[9]是年十二月,姚莹"请举杨廷理及

---

[1] 德化县地方志编纂委员会办公室编著:《德化姓氏志》,北京:方志出版社,2008年,第127页。
[2] 福州市地方志编辑委员会:《福州市志》第8册,北京:方志出版社,2000年,第554页。
[3] (清)郑兼才著,粘良图点校:《六亭文集》,上海:上海辞书出版社,2014年,第156页。
[4] 尹海金、曹端祥编著:《清代进士辞典》,北京:中国文史出版社,2004年,第274页。
[5] 郑喜夫编撰:《清郑六亭先生兼才年谱》,台北:台湾商务印书馆,1982年,第123页。
[6] 赵尔巽等纂:《清史稿》,上海:上海古籍出版社、上海书店,1986年,第1311页。
[7] 郑喜夫编撰:《清郑六亭先生兼才年谱》,台北:台湾商务印馆,1982年,第124页。
[8] 尹海金、曹端祥编著:《清代进士词典》,北京:中国文史出版社,2004年,第245页。
[9] (清)郑兼才著,粘良图点校:《六亭文集》,上海:上海辞书出版社,2014年,第3页。

先生(郑兼才)二人名宦于闽浙总督颜伯焘,伯焘可之"。①

民国《福建通志》称:"兼才学有本原,敦厚而廉直,自以职在教学,毅然以洁修庠序、阐扬幽隐、扶植人伦、整齐风俗为己任。"②

"云山苍苍,江水泱泱,先生之风,山高水长!"郑兼才"尝十一赴会试,屡踬,无愠色"③,"所到之处,振兴教育,移风易俗""举凡乡国利病,须言于当事者,必大声疾呼"。④ 这位献身闽台文教事业的儒学传播者身上的这些优秀品质,让人们世代传诵,铭记于心。

(原载《闽南》2023 年第 1 期)

---

① 郑喜夫编撰:《清郑六亭先生兼才年谱》,台北:台湾商务印书馆,第 126 页
② 沈瑜庆、陈衍等纂:民国《福建通志》,北京:方志出版社,2006 年,第 7853 页。
③ (清)郑兼才著,粘良图点校:《六亭文集》,上海:上海辞书出版社,2014 年,第 156 页。
④ 德化县地方志编纂委员会编:《德化县志》,北京:新华出版社,1992 年,第 778 页。

菽庄吟社核心人物
十八子之泉州吟侣考略

林尔嘉(1875—1951),字菽庄,又字叔臧,祖籍龙溪。其父林维源为台湾著名绅商。马关条约签订之后,在祖国多难之际,林尔嘉不堪忍受日寇践踏国土,放弃在台庞大产业,随父内渡,定居厦门鼓浪屿。① 林尔嘉自幼刻苦好学,精通经史诗赋,定居鼓浪屿之后,在1913年,以"抗日复台"为宗旨,成立了菽庄吟社,"驱除日虏,还我河山"成了菽庄吟侣的共同志向。根据《东南坛坫第一家——菽庄吟社研究》一书的统计,"菽庄吟侣至少有1978位。其中能够确定籍里或寄居地的有1290人,分别来自全国26个省市区及日本、新加坡、印尼等地"。② 其中台湾的吟侣76人,包括连横,台南南社发起人之一、台中栎社与台北瀛社社员,《台湾诗荟》主编;张我军,台湾新文学运动的"开拓者"与"奠基人",《台湾民报》编辑;赵云石,台南浪吟社社员、台南南社第二任社长等。③ 在"抗日复台"志向的吸引下,许多泉州诗人纷纷加入了这个爱国诗社。据《东南坛坫第一家——菽庄吟社研究》一书记载,参加菽庄吟社的泉州诗人有124人。④

随着菽庄吟社活动的不断开展,逐渐形成了近300人的核心成员以及"一个以林尔嘉和菽庄十八子为核心的内部吟侣圈子"。⑤ 菽庄吟社核心成

---

① 厦门市地方地编纂委员会编:《厦门市志》,北京:方志出版社,2004年,第3821~3822页。

② 黄乃江:《东南坛坫第一家——菽庄吟社研究》,武汉:武汉出版社,2011年,第74页。

③ 黄乃江:《东南坛坫第一家——菽庄吟社研究》,武汉:武汉出版社,2011年,第88~90页。

④ 黄乃江:《东南坛坫第一家——菽庄吟社研究》,武汉:武汉出版社,2011年,第81~82页。

⑤ 黄乃江:《东南坛坫第一家——菽庄吟社研究》,武汉:武汉出版社,2011年,第142页。

员十八子之中就有 11 位泉州人,他们是施士洁、龚显灿、龚显鹏、吴增、庄善望、苏大山、龚植、龚显鹤、龚显禧、施乾以及庄棪荫。其中施士洁还成为菽庄吟社三老之首。这 11 位泉州吟侣都有较高的文学水平,都是林尔嘉的同里,有的还是林尔嘉的姻亲,深得林尔嘉信任,也得到菽庄吟侣们的拥护,在菽庄吟社的活动中发挥了重要作用。

三老之首:施士洁

施士洁(1856—1922),字应嘉,号沄舫,晚号耐公,祖籍晋江。其父施琼芳,早年徙居台湾,道光二十五年(1845)进士,官至六部主事。乞养回台湾,在海东书院授徒。[①] 施士洁出生于台南赤嵌楼畔石兰山馆,从小接受良好教育,《台湾省通志》载:"幼颖慧,六岁能属对,有触类旁通之才。未冠补弟子员。"[②]施士洁于光绪二年(1876)中举人,光绪三年(1877)联捷进士,成就了台湾父子两代进士的佳话。登进士第后,施士洁官至内阁中书。与其父一样,因不愿为官,不久就辞官归家,先后担任白沙书院、崇文书院、海东书院山长。担任书院山长期间,施士洁因材施教,奖掖后进,丘逢甲、许南英、汪春源等人均为其学生。教学之余,施士洁积极参与许南英组织的崇正诗社、唐景崧组织的斐学吟社以及牡丹诗社的活动,为当时台湾诗坛著名诗家,与丘逢甲、许南英并称"台湾诗坛三巨擘"。[③]

甲午战争爆发后,施士洁积极投身抗日运动,招募义勇抗日,并写了《同许蕴白兵部募军感叠前韵》等诗篇,激励台湾人民保家卫国。现录《同许蕴白兵部募军感叠前韵》之一如下:"牛耳争盟自倒戈,几番醋海莽腾波。儒冠动色温而厉,贾肆签名唯与阿。阵列前茅时彦出,歌传下里众声和。颛臾未伐萧墙急,一篑安能障九河?"[④]在《窥园留草集·施序》中,施士洁写道:"寻值甲午中东之役,乙未廷旨割让台湾,仓葛大呼,王人不服,允白与吾党诸子

[①] 粘良图、李灿煌编:《晋江历代人名辞典》,厦门:厦门大学出版社,2013 年,第 186 页。

[②] 李汝和主修:《台湾省通志》第 43 册,台北:台湾省文献委员会,1970 年,第 317 页。

[③] (清)施士洁著,孟建煌点校:《后苏龛合集》,陈庆元主编:《台湾古籍丛编》第 10 辑,福州:福建教育出版社,2017 年,第 3 页。

[④] (清)施士洁著,孟建煌点校:《后苏龛合集》,陈庆元主编:《台湾古籍丛编》第 10 辑,福州:福建教育出版社,2017 年,第 102 页。

枕戈泣血,连接豪帅,敌忾同仇,而终于无效。"①

清廷割台之后,施士洁不愿做亡国奴,写了《别台作》三首,携带家眷回到泉州,后定居于厦门。《别台作》其一如下:"往劫空谈纸上兵,庸庸厄厄一书生。化身甘作辽东鸟,遗恨难屠海外鲸。岛屿陆沈毗舍国,欃枪氛起萨摩城。潮声十万军声苦,长为安平咽不平。"②愤懑之情溢于言表。《别台作》其三云:"百雉高城赤墈西,鹧鸪啼罢子规啼。楼前人去如黄鹤,夜半军来尽水犀。鬼已无头怨罗刹,僧犹有发愧阇黎。逐臣不死悬双眼,再见英雄缚草鸡。"③饱含了对复台的期望。

林尔嘉创立菽庄吟社,施士洁积极响应,不仅是十八子之一,还成了三老之首。在菽庄吟社中,施士洁、许南英、汪春源因都是进士,而且年龄较大、文学造诣高等原因被尊为"三老"。汪毅夫先生在《台湾近代文学丛稿》中云:"菽庄吟社社友有施士洁、许南英、汪春源为社中三老。此三人者,台南乡贤也。"④《厦门轶事》云:"为诗社(菽庄吟社),耐公与许允白、汪杏泉骖靳其间,称三进士。而耐公诗独绝,社中称祭酒焉。"⑤施士洁在菽庄吟社拥有较高的声望,有以下几个原因:一是与林尔嘉关系密切。1914年,施士洁在《菽庄序言》中写道:"仆于叔臧,两世纪、群,十年秕、阮。鹭门市隐,同作宾萌。鲲鸟爇余,犹留幸草。"⑥说明了两人关系不一般。施士洁内渡之后,回到晋江西岑故里,"面对泉州沿海一带流行的鼠疫却束手无策"⑦,只好携家徙居厦门。在其困难之时,时任厦门保商局总办兼厦门商务总会总理林尔嘉伸出了援助之手,聘其任"襄理厦商政局"⑧,并教授林尔嘉的子弟,使其

---

① (清)许南英著,张宁点校:《窥园留草》,陈庆元主编:《台湾古籍丛编》第9辑,福州:福建教育出版社,2017年,第539页。

② (清)施士洁著,孟建煌点校:《后苏龛合集》,陈庆元主编:《台湾古籍丛编》第10辑,福州:福建教育出版社,2017年,第102~103页。

③ (清)施士洁著,孟建煌点校:《后苏龛合集》,陈庆元主编:《台湾古籍丛编》第10辑,福州:福建教育出版社,2017年,第103页。

④ 汪毅夫:《台湾近代文学丛稿》,福州:海峡文艺出版社,1990年,第4页。

⑤ 厦门市图书馆编:《厦门轶事》,厦门:厦门大学出版社,2004年,第22页。

⑥ (清)施士洁著,孟建煌点校:《后苏龛合集》,陈庆元主编:《台湾古籍丛编》第10辑,福州:福建教育出版社,2017年,第361页。

⑦ (清)施士洁著,孟建煌点校:《后苏龛合集》,陈庆元主编:《台湾古籍丛编》第10辑,福州:福建教育出版社,2017年,第5页。

⑧ 黄乃江:《东南坛坫第一家——菽庄吟社研究》,武汉:武汉出版社,2011年,第297页。

有比较稳定的生活来源。为此,施士洁对林尔嘉心存感激。而林尔嘉早就仰慕施士洁的诗名。当林鹤年内渡后,组织"怡园聚咏"活动时"出入怡园最频繁的自然要数林维源、施士洁与陈棨仁三人"。① 林维源与施士洁亲密的诗友关系,林尔嘉是十分清楚的。为此,林尔嘉对施士洁是十分信任的,在筹办"菽庄吟社"的几次活动中,都邀请施士洁参加,"光绪三十三年(1907)暮春,林尔嘉招邀其妻弟龚煦及幕客施士洁、陈威季、汪艾民、邓舜民等人,游览厦门南普陀岩寺。在这次活动中,林尔嘉萌生出主盟'骚坛'的念头,随后创立了'浪屿诗坛',从而开启了菽庄吟社的序幕"。② 1912年10月,"林尔嘉招邀施士洁等'同里诸诗人'在其林氏府别墅宴集,成为'浪屿诗坛'的一个重要转折"③"正是由于施士洁的积极鼓动与鼎力襄助,才有了'浪屿诗坛'的形成、菽庄花园的创建以及菽庄吟社的正式创立"。④

二是与许南英、汪春源亦师亦友,深得拥戴。施氏两代人主持海东书院,对海东书院的发展做出了重大贡献。得益于海东书院的良好学术氛围,许南英、汪春源先后登进士第,对此许、汪二人是心存感激的。当施士洁为了办好诗社,特地将许南英从广东招邀到厦门时,许南英没有犹豫就赶赴厦门。1913年11月,施士洁为了壮大诗社的中坚力量,与许南英特地赶到漳州,邀请汪春源正式加入诗社。当三人在漳州团聚,共叙师生情谊之时,施士洁写下了《许允白、汪杏泉两君,劳燕分飞,倏逾十稔。今日芗江瓶水,天假之缘。读允白〈寿杏泉诗〉,感慨系之,走笔次韵,用质吟坛》,诗云:"汝南许邵存乡粹,潭水汪伦识友心。不分辞官效彭泽,依然寄食类淮阴。此生薇蕨仍周土,吾道荆榛遍孔林。安得芗江都化酒,三人邀月影同斟。"⑤"以示师

---

① 黄乃江:《东南坛坫第一家——菽庄吟社研究》,武汉:武汉出版社,2011年,第40页。
② 黄乃江:《东南坛坫第一家——菽庄吟社研究》,武汉:武汉出版社,2011年,第62页。
③ 黄乃江:《东南坛坫第一家——菽庄吟社研究》,武汉:武汉出版社,2011年,第62页。
④ 黄乃江:《东南坛坫第一家——菽庄吟社研究》,武汉:武汉出版社,2011年,第63页。
⑤ (清)施士洁著,孟建煌点校:《后苏龛合集》,陈庆元主编:《台湾古籍丛编》第10辑,福州:福建教育出版社,2017年,第226页。

生重得聚首之乐,其情其谊可谓深矣"。① 1914 年,汪春源正式加入菽庄吟社,成为核心成员十八子之一,也成为三老之一。

三是浓厚的家国情怀。施士洁是有浓厚家国情怀的诗人,这可以从其南渡之后所作的诗歌看出端倪。比如在《厦门晤蕴白》中,施士洁写道:"伏波横海登坛处,惨淡风云气不扬。今日已无干净土,九原愁杀六安汪。诸君勠力复神州,可奈新亭满目愁。杜老早知严节度,脱身不必仗帘钩。"②对许南英在艰苦条件下坚持抗日表示钦佩,为斗争的失败表示痛心。易顺鼎(1858—1920),字实甫、实父,晚号哭庵,龙阳(湖南汉寿)人,光绪元年(1875)举人,清末官员,著名诗人。光绪二十一年(1895)奉命赴台,其《寓台咏怀六首》语多悲壮,如"玉门何路望生还,恍忽长辞天地间";"田横岛上此臣民,不负天家二百春"等。③ 施士洁读易顺鼎诗后,深有感触,作《和同年易哭庵观察〈寓台咏怀〉韵》,其六云:"黑子弹丸海尽头,漂摇谁与念同舟?风声鹤唳千村驿,火色鸢肩万户侯。戍妇刀头难梦到,居人釜底且魂游。扶余尚有虬髯客,况我堂堂赤县州。"④

对林尔嘉创立以"抗日复台"为宗旨的菽庄吟社,施士洁是十分赞许的,并抱有很大希望。在《和许允伯直刺〈三水寄怀〉韵》中,施士洁写了"我欲寓书姜伯约,商量远志或当归"的诗句。⑤ "远志"就是驱逐倭寇,"当归"就是收复台湾。施士洁将许南英比作三国时期蜀汉的姜维,希望能与其商量"远志""当归",以此表达对复台事业的期望。当菽庄吟社吸引众多吟侣,事业蒸蒸日上时,施士洁欣喜若狂,感觉到复台事业有希望,号召诗人们团结一致,为复台事业努力奋斗,"愿公为国塞漏卮,愿公为民苏瘵痛";⑥"千秋孤愤

---

① 《公车上书第一人——汪春源传略》,《漳州文史资料》第 33 辑,漳州:漳州市芗城区政协文化文史和学习委员会,2019 年,第 94 页。
② (清)施士洁著,孟建煌点校:《后苏龛合集》,陈庆元主编:《台湾古籍丛编》第 10 辑,福州:福建教育出版社,2017 年,第 103 页。
③ 廖雪兰(一瑾):《台湾诗史》,台北:武陵出版社,1989 年,第 201 页。
④ (清)施士洁著,孟建煌点校:《后苏龛合集》,陈庆元主编:《台湾古籍丛编》第 10 辑,福州:福建教育出版社,2017 年,第 104 页。
⑤ (清)施士洁著,孟建煌点校:《后苏龛合集》,陈庆元主编:《台湾古籍丛编》第 10 辑,福州:福建教育出版社,2017 年,第 186 页。
⑥ (清)施士洁著,孟建煌点校:《后苏龛合集》,陈庆元主编:《台湾古籍丛编》第 10 辑,福州:福建教育出版社,2017 年,第 196 页。

梅花知,馨香俎豆君所司"。①

四是高超的创作水平。对于施士洁的诗歌创作水平,连横有过如此评价:"光绪以来,台湾诗界群推沄舫、邱仙根二公,各成家数。"②评价不可谓不高。黄乃江先生认为施士洁的创作风格以乙未内渡可以分前后两个时期:"前期施士洁科途通达,春风得意,加上他生性放诞,才气纵横,体现在创作风格上就是豪放恣肆,确实很像苏东坡。"③"施士洁内渡大陆以后,一直过着王粲依刘、困厄窘迫的生活,而且眼看白发益雪,但华表尚非,国恨家仇,交相侵袭,所有这些反映在创作中就呈现出沉郁凄怆的特点,因此施士洁后期的创作风格看起来更像杜甫。"④这种评价是比较贴切的,即使在菽庄吟社唱和诗作中,也可以看到这种风格。比如《菽庄吟社自癸丑至庚申八年矣,花事惟菊特盛,主人履同社十八子各以八律咏之》第八云:"安得秋江化菊醪,年年佳节醉题糕。苔花篆壁留鸿爪,竹叶擎杯对蟹螯。夔府两开天宝社,浔阳三径义熙陶。老狂惭附登瀛客,低首花前不敢豪。"⑤沉郁之风可见。

作为三老之首,作为吟社"祭酒",施士洁在菽庄吟社的创建和发展中发挥了不可替代的作用。

姻亲吟侣:龚显灿、龚显鹏、龚植、龚显鹤、龚显禧

光绪十八年(1892),林尔嘉娶龚云环为妻。龚云环出身泉州名门望族,其家族有"一门八文魁,三代两翰林"之誉。龚云环的曾祖父龚维琳(1792—1837),字承研,号春溪,清晋江县府城万厚铺(今属泉州市鲤城区)人,道光六年(1826)登进士第,官至清秘堂办事、湖南提督学政。因"清除流弊",遭人毁谤。虽朝廷派人查办时,"廉得其状,所罗织皆虚",然"惟刷刻诗赋不

---

① (清)施士洁著,孟建煌点校:《后苏龛合集》,陈庆元主编:《台湾古籍丛编》第10辑,福州:福建教育出版社,2017年,第198页。
② 连横:《台湾诗乘》,台中:台湾省文献委员会,1975年,第217页。
③ 黄乃江:《东南坛坫第一家——菽庄吟社研究》,武汉:武汉出版社,2011年,第298页。
④ 黄乃江:《东南坛坫第一家——菽庄吟社研究》,武汉:武汉出版社,2011年,第299页。
⑤ (清)施士洁著,孟建煌点校:《后苏龛合集》,陈庆元主编:《台湾古籍丛编》第10辑,福州:福建教育出版社,2017年,第298页。

合",落职归家,主讲清源书院。① 父亲龚显曾(1841—1885),字浴沂,号咏樵,同治二年(1863)进士,官至翰林院编修。"光绪十年(1884),因中法战事,沿海兴办团练,当局推荐会办漳泉团练。竭神瘁虑,布置数月,触暑遘厉,抵省数日而病,竟不起"。② 龚云环(1874—1926),字蕙香。③ 在良好家风的熏陶下,龚云环知书达理,出嫁后成为林尔嘉的好帮手。因家学渊源,龚云环喜好诗词,"所作诗词惜多不存"。《琴岛潮音》载其《题四十四桥》云:"四十四桥纪落成,梁空支海渡人行。扶栏百丈水千尺,乐事年年长月明。"(左题款云:"集万安桥字,云环。")④ 陈允敦先生在《泉州翰林龚显曾的女婿林菽庄建造半个颐和园》一文中对林龚联姻有一段很精辟的论述:林尔嘉"很早就进学,中了秀才。为既富且贵,飞黄腾达,乃进而与泉州缙绅之家缔结婚姻,林菽庄攀上著名翰林龚显曾,成为龚家乘龙快婿。菽庄一堂侄也娶翰林张端的孙女为妻,于是'台湾林'这富室,和泉州的大家亲戚往来,关系密切,富与贵互相提携照应,相得益彰"。⑤

林尔嘉内渡徙居厦门之后,许多龚氏家族成员也随之寓居厦门。林尔嘉成立菽庄吟社时,得到龚氏家族成员的积极响应。菽庄吟侣共有龚氏家族成员八人,其中龚显灿、龚显鹏、龚植、龚显鹤、龚显禧名列核心成员十八子之中。黄乃江先生云:"菽庄吟社的创立及兴盛,还得益于林尔嘉妻族的鼎力相助。"⑥

龚显灿(1861—1931),字仲谦,龚云环堂叔。光绪七年(1881)科试入泮,后以襄办团练奏奖六品衔,授承德郎。光绪三十四年(1908),农商部委任为荷属爪哇梭罗商务总商会坐办兼中华学堂教习。宣统元年(1909)当选

---

① 南塘龚氏家庙复建落成纪念特刊编委会:《南塘龚氏家庙复建落成纪念特刊》,泉州:南塘龚氏家庙复建落成纪念特刊编委会,2019年,第68页。
② 南塘龚氏家庙复建落成纪念特刊编委会:《南塘龚氏家庙复建落成纪念特刊》,泉州:南塘龚氏家庙复建落成纪念特刊编委会,2019年,第69页。
③ 南塘龚氏家庙复建落成纪念特刊编委会:《南塘龚氏家庙复建落成纪念特刊》,泉州:南塘龚氏家庙复建落成纪念特刊编委会,2019年,第71页。
④ 何丙仲主编:《琴岛潮音——林尔嘉菽庄吟社及其家族诗选》,厦门:鹭江出版社,2016年,第69页。
⑤ 陈允敦:《泉州翰林龚显曾的女婿林菽庄建造半个颐和园》,《泉州文史资料》第15辑,1983年,第147~150页。
⑥ 黄乃江:《东南坛坫第一家——菽庄吟社研究》,武汉:武汉出版社,2011年,第164页。

福建谘议局爪哇梭罗参议员,同年被农工商部聘为顾问。宣统三年(1911),因创办爪哇梭罗商学,历经驻荷公使陆征祥奏奖花翎、道衔,授中宪大夫。民国元年(1912),当选福建临时省议会议员。同年举办福建暨南局,历充协理、总理,后改局长。民国十一年(1922),福建省省长萨镇冰聘为省长公署谘议。[①] 其族谱载:"能诗,是菽庄十八子之一。"其诗大部分散佚,《琴岛潮音》载有《贺菽庄先生云环夫人结婚三十年》《和菽庄先生梦中得句诗元韵(四首)》。其诗风格比较清新明快。比如《和菽庄先生梦中得句诗元韵(四首)》之一:"雨后风轻入望凉,微云散尽露清光。科头坐觅闲中趣,无数飞鸦影夕阳。"[②]俨然一幅山水小品。

龚显鹏(1865—1935),字伯搏,号一愚,龚云环堂叔。龚显鹏自幼聪慧,家教严格,十三岁就能"通九经,旁及诗古文辞"。二十岁受教于冯仲梓学使,补博士弟子员,学习认真刻苦,"凡书院及岁科两试俱名列前茅,诸长辈均翕然称之"。因父亲去世,诸弟都未成人,年幼者仅三岁,辍学授徒以养活一家老小。龚显鹤中举之后,对其家多有帮助,而且诸弟都已成人,"或儒或商",龚显鹏的家庭负担减轻了,但"精神自此耗矣"。光绪二十五年(1899)岁试,得补廪膳生,后到福州致用书院学习。宣统二年(1910),以恩贡例授州判。辛亥革命后,福建省议会成立,受聘为华侨议员总干事。后任厦门暨南局职员,因事引退,成为林尔嘉幕僚。菽庄吟社成立之后,成为核心成员十八子之一。1930年因年事已高,辞职回归泉州,为生计所迫,在家设馆授徒,"从学者日众"。后病逝于泉州。(根据其族人提供的龚显禧所撰《清授修职郎恩贡生从兄一愚龚公墓志》整理)其诗作大部分散佚,《鹭岛潮音》载有《和菽庄梦中得句四绝》《戊辰三月三日小兰亭修禊,寄怀菽庄主人(得曲字)》《戊辰九月九日洪济山登高,读菽庄主人瑞士来诗,次韵寄怀(两首)》《菽庄主人四十有八寿诗》《己巳十月观菊》等。因成长经历所致,其诗风多抑郁忧愁。比如《己巳十月菽庄观菊》之一:"老我看花十一年,闲从篱畔话因缘。千秋陶令几知己,独对西风意惘然。"[③]忧伤之情可见。

[①] 南塘龚氏家庙复建落成纪念特刊编委会:《南塘龚氏家庙复建落成纪念特刊》,泉州:南塘龚氏家庙复建落成纪念特刊编委会,2019年,第70页。

[②] 何丙仲主编:《琴岛潮音——林尔嘉菽庄吟社及其家族诗选》,厦门:鹭江出版社,2016年,第59页。

[③] 何丙仲主编:《琴岛潮音——林尔嘉菽庄吟社及其家族诗选》,厦门:鹭江出版社,2016年,第48页。

龚植（1869—1943），字樵生，号亦楼，龚云环胞兄。从小爱好书法和绘画，形成了"工笔兼写意"的独特风格，绘画以菊、梅、紫藤等花卉为主。其书法包括隶书、魏碑、大篆，刚劲有力，耐人寻味。日光岩"嵌石亭"三个石刻大字，即出自其手笔。① 龚植"诗才敏赡"②，写过不少爱国诗词。1895年，龚植迁居厦门鼓浪屿，后成为菽庄吟社十八子之一。其著作有《藏斋诗话稿》《亦楼题画诗》《亦楼随笔》《如愚别馆诗存》《亦楼印存》等。抗战期间，由于"以老且贫"，只能蛰居鼓浪屿，以治印卖画为生，"卒于鼓岛"。③ 龚植诗作存世不少，其《如愚别馆诗存》现藏于泉州市图书馆。④ 其诗作"闲情逸致，潇洒出尘"。比如《闲居》云："侵窗密雨湿轻纱，无数寒梅尽着花。一掬茗香闲领略，小炉活火试春芽。"⑤有超然出世之感。

龚显鹤（1871—1920），字仲翎，又字筠史，号蛰存，龚云环堂叔，光绪十七年（1891）举人，"累试春宫不荐"。⑥ 科举改制后，复试一等，钦点法部主事，诰授中宪大夫，泉州人称其为"龚部爷"。龚显鹤"曾于光绪年间渡台，课授洪以南诗文。洪后来成为日据时期北台诗坛领袖，并且成为菽庄吟侣之一"。⑦ 宣统元年（1909），曾随同军舰抚视英荷各属华侨，考察其政治生计及民俗、物产。⑧ 归国后，丁忧在家，在泉州人拥戴下，任泉州商会兼教育会会长。后徙居鼓浪屿，积极参加菽庄吟社活动，为菽庄十八子之一。⑨ 龚显鹤

---

① 南塘龚氏家庙复建落成纪念特刊编委会：《南塘龚氏家庙复建落成纪念特刊》，泉州：南塘龚氏家庙复建落成纪念特刊编委会，2019年，第70页。
② 厦门地方志编纂委员会办公室整理：民国《厦门市志》，北京：方志出版社，1999年，第664页。
③ 厦门地方志编纂委员会办公室整理：民国《厦门市志》，北京：方志出版社，1999年，第664页。
④ 何丙仲主编：《琴岛潮音——林尔嘉菽庄吟社及其家族诗选》，厦门：鹭江出版社，2016年，第15页。
⑤ 厦门地方志编纂委员会办公室整理：民国《厦门市志》，北京：方志出版社，1999年，第664页。
⑥ 南塘龚氏家庙复建落成纪念特刊编委会：《南塘龚氏家庙复建落成纪念特刊》，泉州：南塘龚氏家庙复建落成纪念特刊编委会，2019年，第70页。
⑦ 黄乃江：《东南坛坫第一家——菽庄吟社研究》，武汉：武汉出版社，2011年，第345~346页。
⑧ 南塘龚氏家庙复建落成纪念特刊编委会：《南塘龚氏家庙复建落成纪念特刊》，泉州：南塘龚氏家庙复建落成纪念特刊编委会，2019年，第70页。
⑨ 南塘龚氏家庙复建落成纪念特刊编委会：《南塘龚氏家庙复建落成纪念特刊》，泉州：南塘龚氏家庙复建落成纪念特刊编委会，2019年，第70页。

诗文收入龚诗模选编的《南塘龚氏诗存》。① 其诗风格沉雄大气，比如《九日登大仓山寄怀菽庄社侣》云："他乡作客又重阳，辜负随园旧小仓。幸获神山方外胜，远怀故国冷边香。插萸岂少杜陵感，采药休嗤梅福狂。自是蓬壶仙不老，上池饮好证长桑。"②"远怀故国""岂少杜陵感""蓬壶仙不老"，用词用典十分大气。

龚显禧（1876—1944），字绍庭，号颂眉，龚云环堂叔，光绪二十三年（1897）举人，"试礼部备而未售"。光绪二十五年（1899），因小吕宋的侨胞子弟缺乏师资教授国学，经菲律宾领事陈纲推荐，清廷任龚显禧为菲律宾中西学堂监督，兼教习。菲律宾中西学堂是世界上第一所新式华侨学校，龚显禧执掌这所学校六年，兢兢业业，为海外华文教育启开先声。③ 1905年，龚显禧"以教习期满，叙劳绩。伍廷芳、梁诚两星使先后保举知县，升用直隶知州。需次粤东，年少英发，处事谙练，大府之才"。④ 后"丁艰归里"，在泉州设馆授徒。林尔嘉在两湖创办樟脑公司时，"以显禧经纪其事"，"武汉首义，公司付之一炬"。回归厦门后，龚显禧执教于省立十三中学，为菽庄十八子之一。卢沟桥事变之后，厦将沦陷，龚显禧再次前往菲律宾任教，后卒于菲律宾。⑤《琴岛潮音》载有其诗《戊辰三月三日小兰亭修禊，寄怀菽庄主人（得清字）》《戊辰九月九日洪济山登高，读菽庄主人瑞士来诗，次韵寄怀》《己巳十月菽庄观菊》《贺叔臧先生银婚》《癸酉秋月题秋澄先生〈赋秋草堂图〉（四首）》《代谢宝三寿吴瑞甫先生（二首）》。龚显禧诗歌风格悲慨沉着，比如《癸酉秋月题秋澄先生〈赋秋草堂图〉（四首）》之四云："白杨衰草情无奈，老破寒毡强自支。虚影萧疏宵课续，青灯有味恍儿时。"⑥悲怆之情在"老破寒毡"

---

① 黄乃江：《东南坛坫第一家——菽庄吟社研究》，武汉：武汉出版社，2011年，第346页。
② 何丙仲主编：《琴岛潮音——林尔嘉菽庄吟社及其家族诗选》，厦门：鹭江出版社，2016年，第15页。
③ 南塘龚氏家庙复建落成纪念特刊编委会：《南塘龚氏家庙复建落成纪念特刊》，泉州：南塘龚氏家庙复建落成纪念特刊编委会，2019年，第70页。
④ 厦门地方志编纂委员会办公室整理：民国《厦门市志》，北京：方志出版社，1999年，第691页。
⑤ 厦门地方志编纂委员会办公室整理：民国《厦门市志》，北京：方志出版社，1999年，第691页。
⑥ 何丙仲主编：《琴岛潮音——林尔嘉菽庄吟社及其家族诗选》，厦门：鹭江出版社，2016年，第55页。

"虚影萧疏"中自见。

同里吟侣:吴增、庄善望、苏大山、施乾、庄棣荫

黄乃江先生在《菽庄十八子考论》一文中指出:"考察菽庄吟社的发展历史,该社是以林尔嘉的'同里诸诗人'为基础发展起来的。早在民国元年重阳(1912 年 10 月 18 日),林尔嘉就曾招邀施士洁、施乾等'同里诗人'在鼓浪屿林氏府别墅宴集,为其长子林景仁赴印尼提亲饯行。"[1]林尔嘉出生于厦门(出生时厦门属泉州同安县管辖,1933 年设思明县属泉州府管辖),祖籍龙溪,内渡前又定居台湾,"所以林尔嘉之所谓'同里',不单指其故土台湾,而且还包括其祖籍地漳州和寄居地厦门及其所属府郡泉州"。[2] 在"抗日复台"宗旨的感召下,许多泉州诗人加入了菽庄吟社,其中包括泉州著名诗人吴增、庄善望、苏大山、施乾以及庄棣荫。他们与施士洁、龚显灿、龚显鹏、龚植、龚显鹤、龚显禧一样都名列核心成员十八子之中。

吴增(1868—1945),字桂生,泉州南安丰州人,自号养和居士,又号古丰州人,光绪二十八年(1902)举人。光绪三十年(1904)恩科贡士(吴增参加会试后,认为不可能中式即归家,未参加殿试,故未登进士第)。次年清廷废科举,吴增永远失去了进士及第的机会。归家后,吴增出任清源书院山长。宣统元年(1909)"点内阁中书",因目睹清廷腐败,辞官归家。宣统二年(1910),吴增南渡菲律宾游览考察,"因写楹联和演说,文辞激烈,为清驻菲领事勒令回国"。[3] 辛亥革命初期,泉州治安秩序混乱,地方人士推选吴增为会长,组建保安会,维护泉州治安。吴增一生热爱教育事业,1911 年创办泉中中学,1915 年任丰州南安中学校长。1921 年受华侨吴记霍之聘,在泉州创办嘉福职业学校。1929 年任泉州昭昧国学校长等等,为泉州新式教育的发展做出了重要贡献。[4] 吴增学问广博,擅诗歌,是位著名的爱国诗人。光绪三十四年(1908),吴增创作了《泉俗激刺篇》46 首,"无情揭露和鞭挞清末社会的黑暗,风俗败坏"。1937 年,吴增创作了《番薯杂咏》197 首,"以诗歌

---

[1] 黄乃江:《青岩集》,上海:复旦大学出版社,2018 年,第 261 页。
[2] 黄乃江:《青岩集》,上海:复旦大学出版社,2018 年,第 262 页。
[3] 刘安居:《南安历史人物传略》,北京:作家出版社,2003 年,第 199 页。
[4] 刘安居:《南安历史人物传略》,北京:作家出版社,2003 年,第 199 页。

形式记述番薯传入及发展的历史,反映作者爱国忧民、安贫乐道的情操"。①在《养和精舍剩稿》中,有不少他的忧国忧民之作。日本无条件投降时,他已病危,临终留言:"我能活着看到抗日战争胜利,也就心满意足了。"言毕而逝。②

"早在清宣统年间,吴增就曾受菽庄主人林尔嘉之聘,入林氏府教授林尔嘉三子林鼎礼诗古文辞,暇则参加'浪屿诗坛'的宴饮雅集活动"。③ 菽庄吟社成立之后,吴增积极参加活动,现存参加活动的诗作有《读菽庄主人东归观菊诗有感,赋成二律,并次其韵》《庚申菽庄咏菊(八首)》《七夕四咏》《润七夕乞巧(回文二首)》④以及《菽庄林先生暨德配云环龚夫人结婚三十年诗》《菽庄先生、云环夫人五十寿诗》《菽庄主人六十寿诗》等。⑤ 吴增的诗词以爱国爱乡、关心民生著称,风格多变,但以"质而实绮,癯而实腴"为主。比如《读菽庄主人东归观菊诗有感,赋成二律,并次其韵》之一:"大江东去浪淘尽,别筑谈瀛第一家。故国关心归棹急,疏篱对影卷帘斜。书画辋水追摩诘,诗话沧浪悟法华。留得满园秋色好,厌看海外斗樱花。"⑥颇得东坡之神韵。

庄善望,生卒年不详,字畹耕,清晋江县府城文锦铺甲第境(今属泉州市鲤城区)人,清末秀才,进士庄俊元之孙⑦,善诗。厦门鼓浪屿日光岩北麓岩壁上刻有其和黄仲训诗作《题日光岩远而亭和瞰青主人韵》,诗云:"筑垒乌衣学意而(自注:厦为古乌衣国),江山风月画中诗。菊花三径浮樽酒,春草高轩富鼎碑。谈笑鸿儒座常满,狎游鸥侣水之湄。吟成好句惊神助,欹枕西

---

① 泉州地方志编纂委员会:《泉州市志》,北京:中国社会科学出版社,2000年,第3846页。
② 刘安居:《南安历史人物传略》,北京:作家出版社,2003年,第200页。
③ 黄乃江:《东南坛坫第一家——菽庄吟社研究》,武汉:武汉出版社,2011年,第331~332页。
④ 吴增著,陈盛明等点校:《养和精舍诗存》,北京:商务印书馆,2020年,第51页。
⑤ 黄乃江:《东南坛坫第一家——菽庄吟社研究》,武汉:武汉出版社,2011年,第332页。
⑥ 吴增著,陈盛明等点校:《养和精舍诗存》,北京:商务印书馆,2020年,第62页。
⑦ 《泉州桃源庄氏族谱汇编》编纂委员会编:《泉州桃源庄氏族谱汇编》,厦门:厦门大学出版社,1999年,第544页。

堂怅别离。"①庄善望为菽庄吟社核心成员十八子之一,《鹭岛潮音》载有其《贺菽庄主人银婚》《白字令·贺菽庄先生云环夫人结婚三十年》等诗词。庄善望诗词风格比较豪放,比如《白字令·和菽庄先生云环夫人结婚三十年》:"神仙眷属,数偕老,年华恰逢五六。管领湖山,问谁似,高人艳福? 缘缔三辛,庭趋七子,盛事传闺阁。画眉笔在,镜前匀上蛾绿。难得卅载并肩,桑田阅后,还逐于飞乐。占却欢场花甲,半伫看,重宴花烛。眉寿堂深,蕙香室暖,海燕双双宿。逋仙知否? 有人妒杀梅鹤。"②即使是贺结婚三十年之词,也气度不凡。

苏大山(1869—1957),字荪浦,号君藻,清晋江县府城涂门街(今属泉州市鲤城区)人,清末贡生,早年参加同盟会。宣统二年(1910)徙居鹭岛,创办崇实小学。客居厦门期间,苏大山担任同盟会机关报《闽声日报》《闽南日报》主笔,出任厦门教育会会长。1927年,苏大山与沈琇莹受林景仁、林履信昆仲之邀,游历台湾。③ 其《红兰馆诗钞·婆娑洋集》专门记载了此行的有关诗作。1932年,苏大山回泉创办温陵弢社,积极开展活动,宣传抗日救国。中华人民共和国成立后,积极参加新政府各项活动,出席晋江县首届第一次各界人民代表会议,当选政协泉州第一届委员会委员、福建省文史馆员。1957年,苏大山逝世于泉州。其后人遵照其遗嘱向国家捐献了所有藏书。苏大山著述颇丰,有《红兰馆诗钞》《温陵碎事》《鹿礁随笔》等。④

苏大山"寓居厦门后,即经常出入林氏府及菽庄花园,并与施士洁、李禧、黄培松等菽庄吟侣酬唱应和"。⑤ 1919年,正式入聘菽庄吟社,成为其核心成员十八子之一。《红兰馆诗钞》中《鹭门集》《甲子诗卷》《鹿礁集》有大量关于菽庄吟社活动的诗篇。新加坡著名书法家、诗人潘受先生曾云:"绝爱红兰馆,神光似洛川。命宫叹磨蝎,吟笔动哀鹃,合以三色露,书之五色笺。

---

① 何丙仲主编:《琴岛潮音——林尔嘉菽庄吟社及其家族诗选》,厦门:鹭江出版社,2016年,第111页。

② 何丙仲主编:《琴岛潮音——林尔嘉菽庄吟社及其家族诗选》,厦门:鹭江出版社,2016年,第111页。

③ 黄乃江:《东南坛坫第一家——菽庄吟社研究》,武汉:武汉出版社,2011年,第334页。

④ 苏大山著,苏彦铭、谢如俊点校:《红兰馆丛书》,北京:商务印书馆,2017年,第299页。

⑤ 黄乃江:《东南坛坫第一家——菽庄吟社研究》,武汉:武汉出版社,2011年,第334页。

兴酬题及我,盥诵益薰然。"①苏大山的诗风,正如沈瑬莹所云:"为诗也,古无落调,今无失律。兀而突,漂而忽,窈而曲,往而复。或雅如竹,或淡如菊;或润如苍玉,或朴如枯木;或清如雏凤,或哀如寡鹄;或矫矫如秋隼,或呦呦如野鹿;或如云之诡,或如波之谲;或诙谐如滑稽,或循环或转毂。使读之者欲起欲伏,欲伸欲缩,欲绝欲续,欲角欲逐,欲雍欲肃,欲笑欲哭。辟诸成连之琴,使人情移;雍门之瑟,使人心悲。"②总之,其诗风"豪放勃发,才思纵横,词藻绮丽,韵调往复"。③ 比如《重阳日菽庄即事(四首)》之一:"天风直送海涛回,驱使奇情到酒杯。何必登高作重九,笑呼枚乘看潮来。"④豪放勃发之情可见。

施乾(1874—1956),原名至华,字健庵,泉州晋江县人,光绪二十八年(1902)举人。长期侨居菲律宾,从事华文教育,归国后徙居厦门。辛亥革命后,民国政府在厦门成立侨务机构福建暨南局,龚显灿任局长期间,施乾曾任协理。施乾工诗擅书,《闽三家诗》录其诗作。⑤ 中华人民共和国成立后,曾任政协委员等职务。在厦期间,积极参加菽庄吟社活动,为菽庄吟社十八子之一。《琴岛潮音》载有其《戊辰三月三小兰亭修禊,寄怀菽庄主人(得集字)》《戊辰九月九日洪济山登高,读菽庄主人瑞士来诗,次韵寄怀》《菽庄主人四十有八寿言(二首)》《和菽庄先生梦中得句诗原韵》等诗。其诗风格工整典雅,比如《和菽庄先生梦中得句诗原韵》之六:"楼台罨画海山苍,雨后风轻入望凉。觅句桥阑闲徙倚,千波亭外浪花香。"⑥"雨后风轻""浪花香",可谓诗中有画。

庄棣荫(1882—1931),字贻华(一作怡华),号瘿民,泉州惠安人,进士庄志谦之孙,林维源之外甥,林柏寿之表兄,光绪二十七年(1901)秀才。"初客

---

① 苏大山著,苏彦铭、谢如俊点校:《红兰馆丛书》,北京:商务印书馆,2017年,第300页。
② 苏大山著,苏彦铭、谢如俊点校:《红兰馆丛书》,北京:商务印书馆,2017年,第19页。
③ 黄乃江:《东南坛坫第一家——菽庄吟社研究》,武汉:武汉出版社,2011年,第335页。
④ 何丙仲主编:《琴岛潮音——林尔嘉菽庄吟社及其家族诗选》,厦门:鹭江出版社,2016年,第98页。
⑤ 黄乃江:《青岩集》,上海:复旦大学出版社,2018年,第263页。
⑥ 何丙仲主编:《琴岛潮音——林尔嘉菽庄吟社及其家族诗选》,厦门:鹭江出版社,2016年,第117页。

厦门鼓浪屿林菽庄氏,与施云舫(士洁)、许南英、汪杏泉(春源)结社吟咏。继受聘于本源彭记,为家庭教师。羁寓台北数十年,功课余暇,即耽诗学,尝与连雅堂、谢雪渔、魏清德等分笺斗巧,相互唱和。其诗有悱恻之情,旷逸之抱,被推为南国骚坛巨擘。1931年殁于台北,年五十余。著有《耕余吟草》(或作《耕余漫草》)。"①

庄棪荫于1912年被聘为鼓浪屿林氏府教席,即参加了浪屿诗坛的活动,"是菽庄吟社的创社元老之一"。②菽庄吟社成立后,庄棪荫积极参加菽庄吟社的活动,成为菽庄吟社十八子之一,在《耕余吟草》中有许多参与活动时的诗作。在《闰七夕乞巧诗》征诗活动中,庄棪荫所作《闰七夕乞巧》(回文体二首),"海内外近四千卷应征作品中脱颖而出,分列为第十六,第五十四名;所作《七夕四咏》列第二十六名,并获得丰厚的奖金。由此可见庄棪荫诗词创作之功力"。③黄乃江先生认为庄棪荫的作品经历了:"由原来的抒'悱恻之情',转而写'旷逸之抱'。"④比如庄棪荫"一方面痛恨清廷无能、日人凶顽,另一方面也愤慨台湾一些走狗之徒狡狯自私,为虎作伥,以出卖同胞来牟取私利"。⑤其所作《新历除夕(二首)》:"冬至才过十日天,六街箫鼓送残年。当门遍插松枝蒨,别岁送看菊蕊鲜。伏蜡不随夷俗变,官仪无复汉家传。人间果有驱穷策,祭鬼奚妨结柳先""婆娑洋外海东头,犹是朝宗水倒流。建丑重逢殷甲子,尊王费读鲁春秋。归心笑指梁间燕,劳债羞怜阁道牛。强说忘年忘不得,客边冀荚又重周。"⑥抒发了悲愤之情。而庄棪荫写于1923年的《菽庄先生四十八岁寿诗(六首)》风格就不一样了,其六云:"耽吟侬亦可怜虫,鹭屿重来笔作佣。感旧难禁三弄笛,攒眉又听一声钟。重阳我

---

① 惠安县政协文史委编:《惠安文史资料》第27辑,2013年,第255页。
② 黄乃江:《羁旅·苦吟·至性——庄棪荫及其〈耕余吟草〉》,《台湾研究集刊》2021年第4期,第80~92页。
③ 黄乃江:《羁旅·苦吟·至性——庄棪荫及其〈耕余吟草〉》,《台湾研究集刊》2021年第4期,第80~92页。
④ 黄乃江:《羁旅·苦吟·至性——庄棪荫及其〈耕余吟草〉》,《台湾研究集刊》2021年第4期,第80~92页。
⑤ 黄乃江:《羁旅·苦吟·至性——庄棪荫及其〈耕余吟草〉》,《台湾研究集刊》2021年第4期,第80~92页。
⑥ 张国琳主编:《庄贻华与〈耕余漫草〉》,北京:台海出版社,2022年,第107页。

屡辜赏菊,驻世君疑伴赤松。今日寿公还自寿,敢辞泥饮醉千钟?"①旷逸洒脱,有出世之感。

结　　语

从菽庄吟社早期的初创阶段到鼎盛阶段,三老之首施士洁,姻亲吟侣龚显灿、龚显鹏、龚植、龚显鹤、龚显禧,同里诗人吴增、庄善望、苏大山、施乾、庄棪荫都发挥了重要作用。他们都是泉州著名诗人,代表着清末民初泉州诗歌创作的最高水平。他们在"抗日复台"创社宗旨的感召下,以自己的爱国热情、诗歌创作,成为菽庄吟社最重要的骨干力量,得到林尔嘉的信任、菽庄吟社吟侣的爱戴。1931年九一八事变之后,苏大山回到泉州与菽庄吟社的泉州吟侣吴增、林骚、曾遒、苏镜潭、汪煌辉、洪锡畴等人倡建温陵弢社,把菽庄吟社的优良传统带到泉州。温陵弢社经常借助泉州的一些历史遗迹,以采风的形式进行诗歌创作,来激励诗人们团结一致,共御外侮。

(原载《闽台缘文史集刊》2023年第1期)

---

① 何丙仲主编:《琴岛潮音——林尔嘉菽庄吟社及其家族诗选》,厦门:鹭江出版社,2016年,第108页。

鹿港之泉郊与泉郊会馆考论

郑成功收复台湾，施琅平定台湾，两人都是泉州人，因此清初泉州向台湾大量移民，而且移居鹿港的泉州人比较多，故鹿港又称"小泉州"。乾隆四十九年(1784)，清廷开放泉州蚶江与台湾鹿港的对渡，鹿港的对外贸易地位迅速提高，日益发达。泉州闽台缘博物馆的镇馆之宝——清代"鹿港郊"铁钟，上面铸有46家商号的名称，这就是当时泉州与鹿港海上贸易发达的见证。有关统计数字表明，清代繁盛时期鹿港从事与泉州贸易的泉郊共有200多家商号。为了便于加强泉郊之间的联系，合作共赢，鹿港泉郊会馆应运而生。深入考论鹿港之泉郊与泉郊会馆，对于了解两岸关系史有着重要意义。

郊(郊商)、行郊(郊行)的概念

关于"郊"(郊商)、"行郊"(郊行)的概念，有许多不同的看法。一是位置说。清人唐赞衮认为："聚货而分售各店曰'郊'。往福州、浙江者曰'北郊'，泉州者曰'泉郊'，厦门者曰'厦郊'，统称'三郊'。郊者言在郊野，兼取交往意。"[①]

二是多因素说。卓克华先生认为："同一港埠之商贾，有其共同宗教信仰、共同宗教活动，兼之同为漳泉之民，或同一祖籍，或同一宗族，言语、风俗习惯亦复相同，在同职业、同宗教、同宗族、同籍贯下，从而养成共同思想，进行共同事业，解决共同问题，遂有'郊'之成立。"[②]卓先生还认为"郊"即"交"，有交易、交往的意思。他认为："清沿明制，于各关口设卡验收，按梁头大小赋课。而台湾郊商经营货物之输出入，全恃商船载货往来至各关口的纳税

---

① (清)唐赞衮:《台阳见闻录》，《台湾文献史料丛刊》第七辑第122册，第146页。
② 卓克华:《清代台湾行郊研究》，福州:福建人民出版社，2006年，第10页。

发卖,'郊'名之起,或因此。"①

三是商会或商会同业公会说。林再复先生认为："所谓'行',与内地商业组织中的'行'意义相同,大多为批发商。所谓'郊',是某一种'行'商为谋共同利益的组织,其目的在于同业互相扶持,解决困难,排除纷议,保持商人间的联络,以现代的名词来说,就是等于现在的商会,或商会同业公会,以及如西方的 GILD。但'郊'与商业同业公会间的异同是：一、两者都是为了谋求共同利益而协力团结的。二、商业同业公会在组织的性质上是以经售相同货物为团结的中心,但'郊'则有点不同,他们除了经售同种类的货物之外,还以交易港口为团结中心。三、郊在组织形态上较之商会或商业同业公会强固而密切。"②《台湾省通志》亦云："所谓'行郊',行即商行。'郊'之意义比较复杂,'郊'系由作同一地区贸易之商贾,或同一行业,设帮会、订规约,籍以维系互相情谊共同利益及谋划该项商业之发展,并对某种公共事业尽力扶持,或俾仲裁商人间之纠纷,对于商情之困苦,则禀请官衙,使能沟通。并且办理有关酬神祭典等或施地方公益事。所以郊之组织实为商会之雏形,总商会则为会馆。"③

要明确"郊"(郊商)、"行郊"(郊行)的概念,必须注意时代性、地域性以及民间性。从时代性来看,主要指清代。卓克华先生认为："'郊'字之用,以现存文献言,最早见于乾隆二十八年。"④而《台湾商业史》的作者认为："至同治、光绪年间,郊行由盛转衰。一些郊行已摇摇欲坠,或名存实亡,另一些尚存在的郊行也今非昔比,明显呈现出衰弱之势。"⑤《割台后海峡两岸贸易的新关系——以金顺益案为中心》一文的作者认为："关于台湾郊行衰落的原因,林满红、黄福才、卓克华等两岸学者均有所探讨,他们一致认为：'乙未割台是台湾行郊没落并终告消灭之一大关键',同时进一步分析其中起主导作用的因素,大致有以下几方面：第一,台湾割让,众多实力郊商内渡,以致百业萧条。如台南三郊'以前各郊商业务各自停止,或收回清国,或贸易暂停'。第二,为了消除郊行在台湾民间的影响力,日本殖民者对其进行改组,或改为'组合',或变为纯宗教团体(如神明会),以致各郊行名存实亡。第三

---

① 卓克华：《清代台湾行郊研究》,福州：福建人民出版社,2006年,第19页。
② 林再复：《闽南人》,台北：三民书局,1987年,第184～185页。
③ 李汝和主修：《台湾省通志》第34册,台北：台湾文献委员会,1970年,第15页。
④ 卓克华：《清代台湾行郊研究》,福州：福建人民出版社,2006年,第14页。
⑤ 黄福才、黄旻敏：《台湾商业史》,南昌：江西人民出版社,2017年,第108页。

限制台湾商船赴大陆贸易,大陆船只来台只准由三大口出入,'而自昔郊商营业区域几全在大陆沿海口岸,经此限制,贸易线一断,无口吞吐,焉能生存'。①也就是说,乙未割台,是行郊从繁盛到衰落,直至消亡的明显分界线,虽然直到民国时期也还有少量的郊行存在,但基本是名存实亡。所以研究郊行应以清代为主。

从地域性来看,主要指闽台之间。虽然北郊也有至"上海、宁波、天津、烟台、牛庄等处"②,南郊也有至"香港、汕头、南澳等处"③,但行郊的贸易主要在闽台之间进行。《鹿港郊商许志湖家与大陆的贸易文书》的编者在对书中所收的贸易文件进行研究后,认为:"这种两地商行'对交'的配运贸易形态,或许即是闽台地区进出口商行称为郊商和郊户,其组成团体称作'郊'的理由。"④这也是研究行郊必须注意的。

研究行郊还必须注意其称呼的民间性。《台湾商业史》的作者认为:"这里还应注意,当时台湾所通称的'郊'字,从未被清政府官方文件所采用,台湾的'郊商'及'郊船'在官方文字中,均以'行商'、'商船'代替。如道光四年(1824)九月,福建巡抚在上奏中载明台湾郊商运米至天津等地的情况,记载为'台湾行商苏万利、金水顺、李胜兴等买米二万石,鹿港厅行商金昌顺等买米三千一百七十四石,厦门行商金永顺等买米二千五百八十二石'。以上所提的几个行商,在台湾文献的记录中皆明白称之为郊商。这里却均不用'郊'字。可见'郊'仍为台湾的俗称。"⑤确切地说,"郊"主要是闽台之间所使用的俗称。

综上所述,笔者认为"郊"(郊商)、"行郊"(郊行)主要为闽台之间的俗称。"郊"(郊商)主要指清代,以从事闽台商品贸易为主的商人群体,而"行郊"(郊行)主要指清代以某一区域或某一类商品贸易为主的郊商群体。

---

① 陈小冲:《割台后海峡两岸贸易的新关系——以金顺益案为中心》,《台湾研究集刊》2000年第2期,第73～77页。

② 林再复:《闽南人》,台北:三民书局,1987年,第189页。

③ 林再复:《闽南人》,台北:三民书局,1987年,第189页。

④ 林玉茹、刘序枫编:《鹿港郊商许志湖家与大陆的贸易文书》,台北:台北"中研院"台湾史研究所,2006年,第48页。

⑤ 黄福才、黄旻敏:《台湾商业史》,南昌:江西人民出版社,2017年,第96页。

鹿港之泉郊

了解了"郊"（郊商）、"行郊"（郊行）的概念后，鹿港之泉郊的内涵就比较清晰了。道光《彰化县志》云："远贾以舟楫运载米、粟、糖、油。行郊商皆内地殷户之人，出资遣伙来鹿港，正对渡于蚶江、深沪、獭窟、崇武者曰泉郊。"[①]也就是说，鹿港之泉郊主要指清代居住于鹿港从事与泉州贸易的郊商群体。

清初与明代一样继续实行海禁。海禁对中国经济社会的发展产生了巨大影响，特别是沿海地区在"寸板不得下海"的禁令下，对外贸易几乎停滞。宋元以来逐步形成的东方第一大港——刺桐港，在海禁政策的影响下逐步衰落。与此同时，泉州与台湾的贸易也由官方提倡，走向了民间"走私"。

清康熙二十三年（1684），施琅平台。清政府统一台湾后，先后颁布了一系列政策，加快沿海地区经济的恢复和发展。乾隆四十九年（1784），清政府正式开放泉州蚶江港与台湾鹿港对渡，促进了泉台贸易的繁盛。《新建蚶江海防官署碑记》（俗称"对渡碑"）载："蚶江为泉州总口，与台湾之鹿仔港对渡，上襟崇武、獭窟，下带祥芝、永宁，以日湖为门户，以大小坠山为藩篱，内则洛阳、浦内、法石诸港，直通双江。大小商渔往来利涉，其视鹿仔港，直户庭耳。"[②]从此，泉台贸易逐步走向繁盛，鹿港之泉郊也得以迅速发展。由于上面所述的历史原因，泉郊主要由泉州籍商人组成。

泉州人何时大量进入鹿港呢？《鹿港镇志·氏族篇》中的表格《清代各姓入垦鹿港的记录》[③]记载了泉州十三姓入垦鹿港的情况。

[①] （清）李廷璧修，周玺纂：道光《彰化县志》，《中国地方志集成》（台湾府县志辑）第 4 册，第 381 页。

[②] 林为兴、林水强主编，傅金星总纂：《蚶江志略》，香港：华星出版社，1993 年，第 174 页。

[③] 庄英章撰：《鹿港镇志·氏族篇》，鹿港：鹿港镇志编纂委员会，2000 年，第 6～8 页。

表 1　清代泉州各姓入垦鹿港的记录

姓	入垦年代	入垦情况
施	康熙年间	中期：浔江派施世榜筑八堡圳；末期：浔江派施元权、元吟、元捷兄弟入垦鹿港
	雍正年间	钱江派施枢入垦鹿港
	乾隆年间	钱江派施补、施枢长、施店、施国盘及施文鼎、文经、文穆兄弟先后入垦鹿港；末期：浔江派施国居入垦鹿港
	嘉庆年间	钱江派施世意及施阁君、阁雾、阁灿、阁剡兄弟入垦鹿港，施渠简、施衍梲、施仙程等入垦鹿港
黄	乾隆年间	初期：晋江县黄仲漳、黄朝仪入垦鹿港；末期：晋江县黄亮刘及其兄弟入垦鹿港顶山寮，晋江县黄诗入垦鹿港
	嘉庆年间	晋江县黄季厚入垦鹿港
许	乾隆年间	中期：晋江县许天宝入垦鹿港
	嘉庆年间	晋江县许有志入垦鹿港
	道光年间	晋江县许高凤入垦鹿港
王	乾隆年间	中期：晋江县王孝入垦鹿港
	嘉庆年间	晋江县王文瑛、王柄逌、王柄裔迁居鹿港
郭	康熙年间	末期：惠安郭昭郎入垦鹿港
	乾隆年间	初期：晋江县郭廷诚、郭通观父子入垦鹿港
	道光年间	晋江县郭喜随父入垦鹿港
谢	道光年间	晋江县谢子辅、谢立闯、谢树头、谢德培、谢德登、谢德育及谢泄、国园兄弟等入垦鹿港
林	乾隆年间	初期：惠安县林管入垦清水，分传鹿港；二十五年（1760）晋江县林杨团携子世蕴、世菊、世阁迁居彰化，后迁鹿港
吴	乾隆年间	南安吴米入垦鹿港，晋江县吴可必、吴锦、吴纨、吴益灿、吴美、吴清华先后入垦鹿港
	嘉庆年间	晋江县吴金纂入垦鹿港。
蔡	乾隆年间	初期：晋江县蔡继党迁居东石，其孙文杞迁居鹿港
	道光年间	同安县琼林乡（金门）蔡光岱迁居鹿港
杨	嘉庆年间	初年：同安县杨孟怀派下杨咸石、杨咸琴迁居彰化和鹿港

续表

姓	入垦年代	入垦情况
庄	乾隆年间	晋江县庄信直、庄端睦、庄春香与庄执中先后入垦鹿港
	嘉庆年间	同安县庄瑞聪迁居鹿港。
赵	康熙年间	末期:同安县赵师渊携子希应、希宽、希定、希复及希钟六兄弟及侄希玉、希烂、希顺等三人移垦鹿港。
纪	嘉庆年间	晋江县纪隆道入垦鹿港。
	道光年间	晋江县纪盛泽、迈掌兄弟,纪光便入垦鹿港。
	光绪年间	初年:晋江县纪栳迁居鹿港。

这些泉州移民的到来,为泉郊的发展奠定了良好的基础。根据1926年"鹿港街汉人籍贯调查表"的记载,泉籍人士占鹿港总人口的85%以上。①《鹿港镇志》引《鹿港街役场档案》(1922)的记载,清代鹿港繁盛时期人口有十万之众。② 也就是说,当时的鹿港,泉州人有八万五千之众,这就是鹿港之所以被称为"小泉州"的重要原因。

在清廷开放对渡前,泉台之间的贸易就十分活跃了。据《龟湖铺锦中镇房黄氏族谱》中《十三世约亭公自记年谱》载:石狮人黄树珍"丁卯年(乾隆十二年,1747年)廿二岁,正月尾即同吴望表下厦门往台湾治代捷哥回家"。③"黄树珍此次赴台,是接替胞兄黄树捷的工作。而黄树捷正是在鹿港打理伯父黄汝涛创办的'锦旗行'(又称'旧锦旗')"。④ 乾隆十五年(1750),黄树珍再次入台:"庚午年廿五岁,又进鹿港,代高瑞表回家任'庄事'。"⑤当年"家楼哥招'旧锦旗'合伙生理,家楼哥出银三百二十两,余出银一百一十两,捷哥府上寄到一百,又自己家纺织存银十两,共落在'旧锦旗'长利。作三分开,

---

① 石狮市科技文体旅游局、鹿港文教基金会合编:《蚶江鹿港对渡文化论集》,武汉:武汉大学出版社,2011年,第173页。
② 黄秀政撰:《鹿港镇志·沿革篇》,鹿港:鹿港镇志编纂委员会,2000年,第148页。
③ 黄文炳编,李国宏整理:《龟湖铺锦中镇房黄氏族谱》,《台湾文献汇编》第七辑第十册,厦门:厦门大学出版社,2004年,第420页。
④ 石狮市科技文体旅游局、鹿港文教基金会合编:《蚶江鹿港对渡文化论集》,武汉:武汉大学出版社,2011年,第61页。
⑤ 黄文炳编,李国宏整理:《龟湖铺锦中镇房黄氏族谱》,《台湾文献汇编》第七辑第十册,厦门:厦门大学出版社,2004年,第421页。

楼哥、德哥及余各一也"。① 短短三年,黄树珍就从小伙计变为合伙人,也说明了泉台贸易的活跃。

有关鹿港泉郊的记载,最早出现在乾隆四十二年(1777)的《敬义园碑记》上。撰碑记者为鹿港巡检王坦的幕友魏子鸣。魏子鸣到台湾后,"有时出郊,见字纸秽亵、骸骨暴露及桥梁之难行,每怦怦动念也"。② 到鹿港后,魏子鸣"忆曩时所触目动念者,港中犹是",于是就发动建敬义园:"爰商诸东家王君坦、绅士林君振嵩及泉厦郊户,咸乐捐助汇集。"③ 王坦以及林振嵩等泉厦郊商都慷慨捐助,促成此事。从这段碑文中可见在蚶江与鹿港对渡之前,泉郊已在鹿港出现了。

蚶江与鹿港对渡之后,泉郊发展迅速,《台湾省通志》载:"鹿港在清道光、咸丰年间,为行郊最鼎盛时期……泉郊所属商号达二百余家,其主要商行有日茂行(林氏经营)、万合号、盛隆行(林氏)、泉合利(王氏)、黄金源、永茂行(蔡氏)、苏源顺、长发行(施氏)、施谦利、谦和行(许氏)、隆兴行(蔡氏)、泉胜行(欧阳氏)、益源行(施氏)等。"④ 在蚶江的《重修七星桥碑》捐资名单中还可以看到一些鹿港泉郊商号的名称,比如"林慎泰""林协兴""王顺安""林振发""施进益""梁新荣""欧成泰""黄锦源""谦益号""锦美号""复盛号""利源号""顺利号""协春号"等等。⑤ 这二百余家的泉郊商号,穿梭往来于鹿港与蚶江之间,"出口的大宗是米、糖、樟脑、麻等农产品,而进口则多为日常用品或建材,如泉郊就以丝布、白布、药材、石材、木材为大宗"。⑥ 鹿港的泉郊与鹿港的厦郊、油郊、糖郊等八郊,共同为鹿港乃至台湾的繁荣发展做出了贡献。

对于郊商为鹿港发展做出的贡献,《鹿港镇志》引《鹿港街役场档案》(1922)记述:"乾隆五十年(1785)至道光末年之六十余年间,实为鹿港全盛

---

① 黄文炳编,李国宏整理:《龟湖铺锦中镇房黄氏族谱》,《台湾文献汇编》第七辑第十册,厦门:厦门大学出版社,2004年,第421页。
② 台湾银行经济研究室编:《台湾中部碑文集成》,台北:台湾省文献委员会,1994年,第7页。
③ 台湾银行经济研究室编:《台湾中部碑文集成》,台北:台湾省文献委员会,1994年,第7页。
④ 李汝和主修:《台湾省通志》第34册,台北:台湾文献委员会,1970年,第22页。
⑤ 林为兴、林水强主编,傅金星总纂:《蚶江志略》,香港:华星出版社,1993年,第179页。
⑥ 戴宝村撰:《鹿港镇志·交通篇》,鹿港:鹿港镇志编纂委员会,2000年,第32页。

时代,亦即黄金时代。船只大者七千石,每日进出一百艘,二千石以下之船只可径泊王宫前,船舶塞满港口,帆樯林立。白帆轻驱海风,人皆轻衣马肥,豪商林日茂为首,资产算十万者达百家,商贾栉比。而贫富之悬隔甚少,糊十万之民,而有肩摩毂击……住民鼓腹,其手足不知所措,公共事业皆由八郊处理,文化文物实冠于全台。"①

林振嵩家族是鹿港泉郊的代表者。林振嵩(1731—1798),号毅圃,俗称林品,又号华观,泉州永宁卫人。林振嵩三十岁时,"渡台卜居鹿港。最初以小额资本经营食盐小卖店,因经营得法而致富。数年后,见鹿港商贸地位日渐重要,乃舍旧业,转而经营贸易,开设日茂行,自拥船舶,业务蒸蒸日上,遂执鹿港商界之牛耳"。② 王振嵩致富后,积极参与慈善事业与公共事务,清廷为了表彰其贡献曾授其"以监生加六品职"。乾隆五十三年(1788),因其母病卒,王振嵩奔丧归家。后即定居家乡,生意交由其子王文浚打理。

林文浚(1757—1826),又名品、元品,字金伯,号渊岩,"原留居故里奉侍慈母,照顾幼弟。近而立之年,始渡台协助振嵩料理生计"。③ 林振嵩返泉后,日茂行由林文浚管理,"商务蒸蒸日上而达于巅峰,富甲鹿港,名闻全台"。④ 同时,林文浚也能继承林振嵩的优良品质,"力敦善举",关心公共事务,被朝廷"加四品职衔""捐赠中宪大夫"。嘉庆二十二年(1817),"文浚率子、侄及孙辈等二十余人,浩浩荡荡返乡祭祖,一时冠盖云集,车水马龙,轰动远近"。⑤ 林文浚逝世后,日茂行由林振嵩的六房子孙共同经营。由于林文浚第五子林廷璋为举人,在家族事务中发挥了重要作用。

林廷璋,生卒年不详,林文浚之五子,嘉庆二十一年(1816)举人。道光《彰化县志卷之八·举人》载:嘉庆二十一年,"林廷璋,附生。与胞侄世贤同榜,年俱未冠"。⑥ 年未二十即中举人,当时实属罕见。在主持家族事务中,林廷璋能秉承家族的良好家风,热心公益事业。

虽然林廷璋之后日茂行逐渐走向式微,但林振嵩、林文浚、林廷璋三代

---

① 黄秀政撰:《鹿港镇志·沿革篇》,鹿港:鹿港镇志编纂委员会,2000年,第148页。
② 吴文星撰:《鹿港镇志·人物篇》,鹿港:鹿港镇志编纂委员会,2000年,第20页。
③ 吴文星撰:《鹿港镇志·人物篇》,鹿港:鹿港镇志编纂委员会,2000年,第21页。
④ 吴文星撰:《鹿港镇志·人物篇》,鹿港:鹿港镇志编纂委员会,2000年,第21页。
⑤ 吴文星撰:《鹿港镇志·人物篇》,鹿港:鹿港镇志编纂委员会,2000年,第21页。
⑥ (清)李廷璧修,周玺纂:道光《彰化县志》,《中国地方志集成》(台湾府县志辑)第4册,第331页。

人发挥泉州人敢拼爱赢的精神开创的事业,秉承泉州人爱国爱乡的精神为鹿港及家乡的建设所做出的贡献,人们永远不会忘记。永宁的日茂行大夫第被列为福建省涉台古迹,鹿港的日茂行被列为县定古迹,至今仍是人们研究两岸关系史的重要基地,也是众多旅游者的网红打卡地。

鹿港之泉郊会馆

《中国大百科全书》对会馆是这样定义的:"中国明清时期都市中由同乡或同业组成的社会团体。"[1]《台湾省通志》载:"'郊'之联合办公处则称为'会馆',如'台南会馆'或'鹿港会馆'等冠以该地地名,或有称'公所'者。"[2] 蚶江与鹿港对渡后,泉州与鹿港的贸易日益繁盛,泉郊数量日益增多。为了加强泉郊之间的合作,解决泉郊之间以及与其他郊商之间的矛盾纠纷,蚶江与鹿港对渡后不久,以日茂行等泉郊为主创设了鹿港泉郊会馆。

鹿港泉郊会馆位处现鹿港镇中山路233号,"可惜民国二十三年(1934)拆除'不见天'(加顶棚的商店),拓宽马路时,改建为现代式的店铺"。[3] 目前泉郊会馆的原貌已无法考证。泉郊会馆的成立得到清代官方的重视,清钦差大臣总统军务镇守福建筹处将世袭轻车都尉斐凌为泉郊会馆题了"海滨领袖"的匾额。泉州人对鹿港泉郊会馆也高度重视。庄俊元(1808—1879),清晋江县府城西街甲第境(今属泉州市鲤城区)人,字克明,号印潭。道光十六年(1836)登进士第,授翰林院编修,历任甘肃西宁府尹、道台。咸丰三年(1853),庄俊元回泉州办团练,兼书院山长。庄俊元是晚清泉州的书法大家,也是闽台文化交流的先驱。庄俊元善撰对联,现在泉州与台湾许多地方还可以见到他的楹联手迹。《泉州书法史略》称其书法:"潇洒遒劲,法古辟新,很受民间喜慕。"[4]庄俊元为鹿港泉郊会馆题了匾额以及"德泽济民生,鹿水永通泉水;神灵钟海国,瀛洲大类湄州"的门联。这些匾额和门联至今仍是泉郊会馆的镇馆之宝。

鹿港泉郊会馆订有两份规约,一份为乾隆年间立馆时所订,另一份为同

---

[1]　《中国大百科全书》总编委会:《中国大百科全书》第10册,北京:中国大百科全书出版社,2009年,第355页。
[2]　李汝和主修:《台湾省通志》第34册,台北:台湾文献委员会,1970年,第15~16页。
[3]　周宗贤:《血浓于水的会馆》,台北:"行政院"文化建设委员会,1985年,第50页。
[4]　林英明:《泉州书法史略》,北京:九州出版社,2018年,第159页。

治年间所重订。这两份规约已成为研究泉郊会馆以及台湾有关会馆历史的宝贵材料。从两份规约中可以看出泉郊会馆具有海洋文化的特质：

一是主祀妈祖，配祀有千里眼将军、顺风耳将军、风神、雨神，体现了浓厚的海神崇拜。《规约》载："清历三月二十三日，庆祝圣母寿诞，诸同人务须到馆。"①妈祖崇拜是典型的海神崇拜，"从文献和民间传说的关于妈祖显灵的神迹中，可知除了庇护海上遇险的渔船和商船外，还有常常为朝廷的使臣和水师等航海者护航的传说，所以其影响也越来越大"。② 从配祀的对象来看，也都与海神崇拜及海洋有关。在清人许叶珍题字的《天后圣母事迹图志·演神咒法降二将》云："后年二十三，收顺风耳、千里眼为将。先，二神为祟西北，民间苦之，求治于后。后曰：'此金水之精，乘旺所钟，我当以火土克之。'乃演神咒施法，各无逃遁，输心投服皈依。"③从此顺风耳、千里眼就成为妈祖之将。而风神和雨神又与航海密切相关。传说妈祖曾为民祈雨，《天后圣母事迹图志·祷苍穹雨济万民》载："后年二十一，莆大旱，父老咸举非神姑莫解。尹诣请，许之，拟壬午申刻当雨。至期，大沛甘霖，遂获有秋，人皆欢呼颂德。"④《泉郊简介》指出：泉郊会馆所配祀"千里眼、顺风耳两神像着朝服，手捧元宝。并供奉风、雨两神，系一般寺庙所罕见。"⑤

二是具有开放性、兼容性的海洋文化特征的组织架构。会馆设炉主"统合郊事务"，炉主相当于郊长。炉主由神前之香炉名之，每年一换，"每年农历三月二十三日妈祖圣诞日，而由神签定之"。⑥ 炉长下设签首，签首由神签名之，"签首于大祭典（每年农历三月二十三日妈祖圣诞日）之日预定顺次，按月轮流执务"，"自上而下，上流下接，不得借口乏暇，致废公事。违者罚银六元，以充公费不贷"。⑦ 签首分正副，"订签首分正副，兼办，以签首既订何

---

① 欧阳日升校正：《泉郊简介》，鹿港：鹿港金长顺泉郊慈善基金会，1995年，第3页。
② 曲金良主编：《海洋文化概论》，青岛：中国海洋大学出版社，1999年，第148页。
③ 周金琰、蒋晓前辑纂：《妈祖文献史料汇编（第三辑）绘画卷（上）》，福州：海风出版社，2011年，第18页。
④ 周金琰、蒋晓前辑纂：《妈祖文献史料汇编（第三辑）绘画卷（上）》，福州：海风出版社，2011年，第17页。
⑤ 欧阳日升校正：《泉郊简介》，鹿港：鹿港金长顺泉郊慈善基金会编，1995年，图片第1页。
⑥ 欧阳日升校正：《泉郊简介》，鹿港：鹿港金长顺泉郊慈善基金会，1995年，第3~4页。
⑦ 欧阳日升校正：《泉郊简介》，鹿港：鹿港金长顺泉郊慈善基金会，1995年，第3页。

号,则前一号为副签;以正签管传船帮,副签管看银钱。至月满,副签即将银钱交正签核符,正签月定薪水四元,副签月定薪水二元。苟费不敷,应公同议填,毋致签首独亏。如有不遵,罚银一倍充公不贷"。① 会馆还"延师协办公务,主断街衢口角是非。应择品行端方,闻众公举,年满一易,签首不得徇私自便请留,我同人亦不得硬荐致废公事,合应声明"。② 炉主一年一换,签首一月一换,聘请的职员也一年一换,明确责权利,具有开放性、兼容性的海洋文化特征。

这种开放性、兼容性的海洋文化特征还体现在会馆经费的收入与支出上。《规约》云:"订泉郊诸号船,每百石货额订抽银一元,以作公费。诸同人如有配载,应付出海收来交缴,不得隐匿,如有隐匿,察出罚银一倍充公"。③ 会馆开支取之于泉郊,于是诸泉郊就有了监督的权利。为此《规约》云:(炉主)"就全年抽分核按起来,除缴生息公费外,所入不供出者,并无别款可筹,集众公议。惟将每办船,如四百石,加抽分一百石,公议不易。此系专为公费不敷而设,关顾大局。倘有不遵,闻众公诛。"④ 为了保证馆务透明公开得到有效执行,《规约》云:"订签首如有公事问众,诸同人均宜向前共商,公事公办,不得袖手,致废公事,违者罚银六元充公。"⑤

三是具有利益共享、风险同担的海洋文化特征的调解制度。海上贸易具有很大的风险性,容易因为利益而产生纠纷。为此建立一套有效的泉郊之间、泉郊与其他郊商之间的纠纷调解制是十分重要的。泉郊会馆《规约》专门列出六项条款用来解决争端:(1)订船户如犯风水损失,有救起货额,船货两摊。其杉、磁、茶叶、药材,此无可稽之货,例应不在摊内,应与船另议,合应声明。(2)订船户遭风损失器具,惟桅、舵、碇三款,应就照货若干,船主应开七分,货客应贴船三分。其余细款,胡混难稽,不在贴款,合应声明。(3)订船户搁漏,货额湿损,缺本若干,货客应开七分,船主应贴货三分。船之修创,应费多少,船主应开七分,货客应贴船三分。(4)订船户先后次第大小,分别帮期,不得奋先争载,赶篡出口。违者罚银,以充公费不贷。(5)订交关欠数,恃横强负,应当禀究。诸同人不论亲朋,能为苟完更妙,不得助纣

---

① 欧阳日升校正:《泉郊简介》,鹿港:鹿港金长顺泉郊慈善基金会,1995年,第3页。
② 欧阳日升校正:《泉郊简介》,鹿港:鹿港金长顺泉郊慈善基金会,1995年,第3页。
③ 欧阳日升校正:《泉郊简介》,鹿港:鹿港金长顺泉郊慈善基金会,1995年,第4页。
④ 欧阳日升校正:《泉郊简介》,鹿港:鹿港金长顺泉郊慈善基金会,1995年,第4页。
⑤ 欧阳日升校正:《泉郊简介》,鹿港:鹿港金长顺泉郊慈善基金会,1995年,第4页。

为虐，察出罚酒筵赔罪。（6）订竹筏驳运，轻船重载，犯盗偷抢，以及风水等因就存余同筏，苦乐共之，查明失所，禀官报请查究。诸同人不论有无货额在内，各宜向前协办，不得袖手旁观，合应声明。① 这六项解决争端的条款，从发生争端的事由，解决的方法，到如何协助官府办案，都讲得清清楚楚，确实体现了利益共享、风险同担的海洋文化特征。

爱国爱乡、热心公益事业也是泉郊会馆郊商的一个重要特点，是泉郊会馆郊商们"海纳百川，有容乃大"海洋精神的体现。比如道光《彰化县志》对林振嵩家族的急公尚义大加赞赏，云："初，振嵩在台时，急公尚义，素为当道推重。文浚克承先志，力敦义举，尝为宗族母党置祀田。恤族中寡妇无改适，且为延师教其孤，乡人德之。在彰化尤多建立，倡造县城，改建文昌阁，重新白沙书院、学署，新建鹿港文开书院，天后宫、龙山寺及咸水港真武庙。各处津梁道路，或独建或倡捐，皆不吝多资以成事。而功德最大者，莫如赈饥一役。嘉庆丙子春夏之交，谷价骤昂，饥民夺食，文浚领率郊商殷户请于官，立市平粜，设厂施粥，沿海居民全活者以万计。观察糜公奖以额曰'绩佐抚绥'，非虚誉也。"②事实上，不仅仅是林振嵩家族，泉郊会馆及各商号在彰化、鹿港的公益事业上也尽力而为，有口皆碑。现根据《台湾中部碑文集成》有关记载，将泉郊会馆及泉郊商号捐资情况整理罗列如表2。

表2　泉郊会馆及各商号捐资鹿港公益事业一览表

时间	碑名	泉郊会馆及泉郊商号捐资情况
乾隆四十二年（1777）	敬义园碑记	爱商诸东家王君坦、绅士林君振嵩及泉厦郊户，咸乐捐助汇集。
乾隆五十三年（1788）	敕建天后宫碑记	其一切工程皆与文武各官及绅耆、董事人等同襄厥事……未敷之数四千八百圆，悉归总董事林振嵩输诚勉力，自行经理。
嘉庆十二年（1807）	重修天后宫碑记	合之泉、厦商船户所乐捐输者，既已量入为出焉。
嘉庆二十一年（1816）	重修鹿溪圣母宫碑记	自两郊（泉郊、厦郊）以及各船户、铺户无不竭力捐资。
嘉庆二十一年（1816）	彰化县城碑记	士民林文浚、王松等出资助之。

---

① 欧阳日升校正：《泉郊简介》，鹿港：鹿港金长顺泉郊慈善基金会，1995年，第4页。
② （清）李廷璧修，周玺纂：道光《彰化县志》，《中国地方志集成》（台湾府县志辑）第4册，第344页。

续表

时间	碑名	泉郊会馆及泉郊商号捐资情况
嘉庆二十三年（1818）	重兴敬义园捐题碑	泉郊金长顺捐银一千二百员。
道光十一年（1831）	重修龙山寺碑	孝廉林君廷璋暨八郊率众修鹿港之龙山寺。
道光十四年（1834）	重修天后宫碑记	泉郊金长顺捐银一百六十员……泉厦郊行保合捐银三十员，林日茂捐银三十五大员。
道光三十年（1850）	重修城隍庙题捐碑	泉郊金长顺捐银三十员……泉郊泰顺号捐银十大员……泉郊捷成号捐银四大员。

鹿港泉郊会馆的郊商致富后也不忘家乡泉州，热心家乡的公益事业。现根据道光《晋江县志》《蚶江对渡文化论集》《蚶江志略》等有关记载，将泉郊捐资泉州公益事业情况整理罗列如表3。

表3　泉郊捐资泉州公益事业一览表

时间	文献及碑名	泉郊捐资情况
乾隆四十二年（1777）	道光《晋江县志》	顺济桥"吊桥朽敝，重造者林公振嵩"。
乾隆四十三年（1778）	《重修塔峰记》	姑嫂塔"自辛卯秋震击去芦尖，越戊戌重修，两都倡议……二十都……林振嵩"。
光绪五年（1879）	龙山寺重兴碑	台郡泉郊公捐银三十六员。
光绪七年（1881）	重修七星桥碑	鹿港林慎泰……捐银二十大员……蚶鹿林协性捐银一十五大员，蚶鹿王顺安捐银七大员……鹿港林振发……捐银六大员……鹿港施进益、梁新荣、欧成泰……捐银三大员……鹿港黄锦源、谦益号、锦美号、洪瑞虔、协春号、王万成……各捐银贰大员。

作为往返于泉台从事海上贸易的鹿港泉郊郊商，为了保证贸易的安全，他们与清政府保持良好的关系，在维持地方经济社会秩序中发挥了良好的作用。《鹿港镇志》载："乾隆五十一年（1786），林爽文起事，未及十日连破彰化县城及诸罗县城。翌年，福建陆路提督任承恩受命，率师登陆鹿港，振嵩率其子文会、文浚及侄文凑等捐白金五千，并自备粮饷，自募义勇数百名，随

军前导,任提督乃赠匾额曰'建奇勋',予以表扬。"[1]关于此事,《鹿港镇志》记载了一则传说,说明泉郊在平定林爽文之变中发挥了重要作用。林爽文至鹿港时,"因该地多为泉州人,而以鹿港地位之重要,恐引起鹿港人的反抗,故乃与鹿港郊商协议。由于郊商赞助军需费用,条件是不扎兵鹿港,而一旦清朝援军到来,郊商马上通报林爽文军,故当时的鹿港舢板仍能出入。但后来清军统帅福康安率军赶至,一夜之间几十万大军扎在外海,再以舢板登陆鹿港,唯鹿港的郊商并未知会林爽文军"。[2] 此事正史无载,但《鹿港镇志·沿革志》的作者认为:"以当时林爽文的声势,台南、彰化周遭皆为其攻占,然当时未驻重兵的鹿港何以未被占领?而且在福康安登陆之后,清朝才挽回其长久以来的颓势,进而击败围攻诸罗县城之林爽文军?故此一传说亦有可信度。"[3]这也说明了当时鹿港以泉郊为首的郊商与清政府是密切配合的。在嘉庆年间的蔡牵事变中,林文浚"救活难民以万千计"。[4] 而在同治年间的戴春潮事变中,"鹿总局长举人蔡德芳、贡生蔡廷元、富户陈庆昌及各郊商纠合施、黄、许三大姓之族长等,誓同报国,练兵守御。凡有义民庄众到鹿告急,皆得火药,饷项多少周济,将船中斗煩布置要害,故贼未敢轻犯"。[5]

泉郊的郊商也把泉州人崇文重教的精神带到了鹿港,为鹿港的文教事业做出了贡献。道光年间,彰化知县杨桂森在《详情捐建鹿港文开书院牒》中提到了"绅士举人林廷璋"参与了捐建文开书院之事。[6] 据《鹿港历史散步》一书记载:有清一代,鹿港共有进士五人(其中武进士一人),举人九人[7],其中进士五人、举人七人的祖籍为泉州。现根据《鹿港历史散步》等相关文献记载,将鹿港泉人后裔科第人物情况整理列表如表4。

---

[1] 吴文星撰:《鹿港镇志·人物篇》,鹿港:鹿港镇志编纂委员会,2000年,第20~21页。
[2] 黄秀政撰:《鹿港镇志·沿革篇》,鹿港:鹿港镇志编纂委员会,2000年,第162页。
[3] 黄秀政撰:《鹿港镇志·沿革篇》,鹿港:鹿港镇志编纂委员会,2000年,第162页。
[4] 吴文星撰:《鹿港镇志·人物篇》,鹿港:鹿港镇志编纂委员会,2000年,第21页。
[5] (清)蔡青筠:《戴案纪略》,台北:台湾银行经济研究室,《台湾文献史料丛刊》第七辑,第126册,第6页。
[6] 单文经撰:《鹿港镇志·教育篇》,鹿港:鹿港镇志编纂委员会,2000年,第13页。
[7] 陈仕贤:《鹿港历史散步》,鹿港:鹿水文史工作室,2007年,第31页。

表 4 鹿港泉人后裔科第人物一览表

姓　名	字	号	祖　籍	科　榜	备　注
蔡德芳	英其	香邻	晋江塘东	同治十三年(1874)进士	
施葆修	寿生	静山	晋江衙口	同治十三年(1874)进士	
丁寿泉	子浚	醴澄	晋江陈埭	光绪六年(1880)进士	丁协源
许肇清	士昆	濂舫	晋江龙湖	光绪十九年(1893)武进士	
施之东	质鲁	毅似	石狮曾坑	光绪二十年(1894)进士	
黄玉书	瑞符	笏庭	晋江壁谷	光绪元年(1875)举人	
林廷璋	韬山		石狮永宁	嘉庆二十一年(1816)举人	林日茂
林世贤	才卿	胆堂	石狮永宁	嘉庆二十一年(1816)举人	林日茂
黄焕奎		殷洪	晋江龙湖	咸丰九年(1859)举人	
庄士勋		竹书	晋江青阳	光绪五年(1879)举人	成文堂
施仁思	香藻	子芹	晋江衙口	光绪十九年(1893)举人	
施菼	悦秋		晋江龙湖	光绪十九年(1893)举人	

总之,在会馆所属泉郊的共同努力下,鹿港泉郊会馆在鹿港经济社会发展中发挥了重要作用,并助力故乡泉州的经济社会发展,使得泉郊成为清代鹿港当之无愧的"八郊"之首。

结　　语

光绪年间由于港口淤塞,特别是乙未割台之后,鹿港繁华不再,繁盛的泉郊与泉郊会馆也走向了式微。在《泉郊简介》的绪言部分,编者回顾了鹿港泉郊会馆的历史:"泉郊会馆自乾隆朝代创立迄于今,历尽沧桑,将近二百年。由同业公会性质一再演变为救济事业,其间费了先贤无数之心血,得以延续到现在而存立,先贤之功实有不可没也。因社会情形之变迁,综合医院、习艺所、药房均已先后相继关闭。唯医疗业务以'泉郊仁爱之家'特约医院形态经营,继续医疗服务之工作,以每年稀薄之收入,办理定期临时性救济服务工作。泉郊之存在可保存鹿港之文化,而可令人回想鹿港过去之繁盛。"[①]这就是鹿港泉郊会馆作为古迹,作为"泉郊仁爱之家"保存下来的

---

① 欧阳日升校正:《泉郊简介》,鹿港:鹿港金长顺泉郊慈善基金会,1995年,第 24 页。

价值。

道光《彰化县志》载：彰化有八景之说，其中一景为"鹿港飞帆"，"鹿仔港烟火万家，舟车辐辏，为北路一大市镇。西望重洋，风帆争飞，万幅在目，波澜壮阔，接天无际，真巨观也"。① 这就是蚶江与鹿港对渡之后，鹿港贸易繁盛景象的写照。鹿港之泉郊与泉郊会馆是这个万帆齐发巨观的创造者之一，为鹿港乃至台湾经济社会发展发挥了重要作用，值得认真研究。

（原载《闽台缘文史集刊》2023 年第 3 期）

---

① （清）李廷璧修，周玺纂：道光《彰化县志》，《中国地方志集成》（台湾府县志辑）第 4 册，第 180 页。

清代提督福建台澎挂印总兵官
曾玉明墓志铭诠释

曾玉明(1806—1868),字冰如,号蓝田,清晋江县府城北门大希夷(今属泉州市鲤城区)人,行伍出身,官至提督福建台澎水陆挂印总兵官。曾玉明从道光十二年(1832)开始随军至台湾,后来从擢任千户到提督福建台澎水陆挂印总兵官,与台湾结下了三十多年的不解之缘。同治三年(1864),曾玉明因防剿迁延,"下部议处",最后因其子科考舞弊案被革职。

陈盛明先生辑录的《闽人墓志拓本集》载有《诰授振威将军利勇巴图鲁提帅曾公墓志铭》拓本。这份拓本对于了解清代中后期台湾的社会状况、闽台关系,以及清朝的对台政策有很大的帮助,值得认真研究。

一、墓志铭原文及相关说明

此墓志铭由孙锵鸣撰文。孙锵鸣(1817—1901),字韶甫,号蕖田,晚号止庵,浙江瑞安人,道光二十一年(1841)进士。初授翰林院编修,官至侍读学士,加侍郎衔。曾任广西学政、会试同考官、广西乡试主考官等。孙锵鸣有著述《止庵读书记》《海日楼遗集》《东瓯大事记》等行于世。[①] 孙锵鸣与曾玉明有姻亲关系,故在墓志铭中有:"予忝葭莩弗得辞""姻愚弟"等字样。"葭莩"古代为亲戚的代称。《汉书·鲍宣传》载:"侍中驸马都尉董贤本无葭莩之亲,但以令色谀言自进。"[②]意思为侍中驸马都尉董贤本来不是亲近的亲戚,但凭容貌和阿谀奉承到朝廷当官。

墓志铭全文如下:

皇清诰授振威将军、赏换花翎利勇巴图鲁,记名提督福建台澎水陆

---

① 尹海金、曹端祥编著:《清代进士辞典》,北京:中国文史出版社,2004年,第93页。
② (汉)班固撰:《汉书》,上海:上海古籍出版社,1978年,第286页。

挂印总兵官蓝田曾公墓志铭

故将军曾公薨后七年,葬有期。其嗣云从等邮书以状,请铭纳隧中。予悉葭莩弗得辞,爰据事而次之。

公讳玉明,字冰如,蓝田其别号也。曾于泉为望族,公支祖奋武校尉璋庆自龙山分居北门大希夷里。曾祖天联、祖富、父泰侯,俱以公贵,赠振威将军。

道光十二年(1832),公由行伍随征台湾得功,拔千总,洊升嘉义营守备、兴化右营都司、连江营游击。留台署镇标中营游击,擢嘉义营参将、北路协副将。咸丰九年(1859)奏署台湾镇。十年署建宁镇,是年简放福宁镇总兵。同治元年(1862)调补台澎总兵官。屡蒙温旨嘉奖,换戴花翎,给予勇号,赏加提督衔。旋记名以提督即补,历署水师提督。此公之宦历也。

台湾孤悬海外,风俗剽悍,闽粤分类,土番错处,动辄生衅,素称难治。公在台三十余年,前后剿除著匪如陈勇、王涌、洪纪,逆匪曾鸡角、吴磋等。平岗山之乱,解斗六之危,歼小刀会之逆,难以枚举。

咸丰季年,发逆骚扰东南,杭省沦陷,闽疆綦严。奉命堵御三衢,连复江山、常山。正在规画进取,闻闽中汀郡不守,移师赴援。先克姑田,断贼出没,遂拔连城,复汀州。

同治元年,台湾戴万生之变,全台震动,绅民还吁大府请公。公克日飞渡,目击燎原,难待援兵,遂倾资募兵勇,联络村庄。于时贼氛正炽,省饷不时,已产复罄,恃其平日忠诚,感发遍呼。庚癸绅商踊跃,先将贼各庄节节攻毁,相机剿洗,得士死力,遂复彰城。搜捕内山、北投、苦苓脚等庄,直捣贼巢,歼除殆尽,台地始平。

甫接厦篆而漳城又告陷矣。林镇军失机之后,贼号数十万。公所部三千,皆数年随征劲旅,扼扎镇南丹州一带,与高黄军为犄角拒贼。阅五月,未尝少挫,鼓舞民团,保障海澄、同、厦,贼难内窜,控制之力尤多。大兵继至,公克期誓师,攻击南门,轰裂城垣。贼势败逃,乘胜追剿,杀获无算,漳南郡县以次克复。此公之战功也。

公在台最久,草木知名,一闻不逞,树党白刃相仇。公至,威慑理谕,无不一一帖服,应时解散。嘉属被水,沿海数十里,田庐淹没,浮尸遍野,出资埋瘗,劳来安集,至今颂德不衰。他如练兵勇,简军实,慎赏罚,肃号令,军无旷额,众呼佛子。虽古名将不是过焉。此公之政绩也。

居恒俭约持己，忠厚待人，事必躬亲，不辞劳瘁。尝诫诸子曰："人贵习劳，尤在戒欺。习劳则不至养尊处优，声色是娱，致辜国恩。戒欺则不致浮冒攘功，沽名植党。比来戎行习气，犯此者多，真有不堪对君父者。吾素贫贱，蒙天恩高厚，骤跻专阃，每用惕惕，汝曹勉之。"此公之素行也。

公体质雄伟，勇健绝伦，年逾六十，身先士卒，虽被多伤，未尝言苦。然自内山之役，烟瘴外侵，精气内铄。迨漳南剿逆之后，旧伤未已，新创复加。方幸军务告蒇，厦篆卸后，安心调理，半载渐瘳。台地绅商纷纷索负，不得已亲赴省垣。会库款之支绌，加意外之风波，愤郁交侵，宿伤迸发，医药罔效，遽至不起。

呜呼惜哉！公生于嘉庆乙丑年十二月初三日巳时，卒于同治戊辰年六月十五日午时，享寿六十有四。娶夫人刘氏，后公六年没于台，生子五人。云从优廪生，军功蓝翎，即选郎中；浦同知衔；云峰优廪贡生，军功花翎，遇缺前即选道衔，候选通判；云镛壬戌并补行辛酉科举人，辛未进士，军功蓝翎，候选郎中，没。孙瑞梁，国学生，没；瑞煌、瑞秋、瑞芝、瑞珊，云从出；瑞时、瑞生，浦出；瑞池、瑞绵，云峰出。女四，夫人出二，侧室李氏、苏氏各出一。女孙三，婚娶皆名族，不备载。穴在晋江涂门外卅六都山后乡，坐乾向巽兼戌辰，分金丙戌、丙辰，葬同治甲戌年四月十三日也。

铭曰：桓桓曾公，儒将之风。宣力卅载，声震海东，惠咸荐叠奏肤功。帝眷优渥，命总元戎，公甫移节蓝贼江。旋师电扫，发槁振蒙。载戡漳乱，积健为雄。臣力殚遽，陨厥躬天。胡靳止弗保其终，佳城郁郁坠尽穷。

赐进士出身，诰授通议大夫、日讲起居注兼文渊阁直阁事、咸安宫总裁、国史馆纂修、翰林院侍读学士、丁未科会试同考官、已未科广西考官、提督广西学政、姻愚弟孙锵鸣撰文

诰授通议大夫、军功赏戴花翎、按察使司衔、严勇巴图鲁，记名福建简用道，前署延建邵兵备道、愚弟张启煊篆盖

赐进士出身，诰授通议大夫、军功赏戴花翎、甘肃即补道、前翰林院

编修,历署西宁兵备道姻愚庄俊元书丹①

　　几个需要说明的问题:一是副题的解读。墓志铭副题的全文为:"皇清诰授振威将军、赏换花翎利勇巴图鲁,记名提督福建台澎水陆挂印总兵官蓝田曾公墓志铭"。振威将军是清代武职从一品的奉赠称号。② 花翎,明清官员之冠饰。清代官员按官品戴用,"道光(1821—1850)以后赏翎渐多,渐滥,并开捐翎之例"。③ 巴图鲁为满语的蒙语借词,勇敢、勇士之义,清代对于立有战功的武职官员赐予此勇号。"赐号有两类:一类仅称巴图鲁,另一类于巴图鲁之上再冠以他字美称"④,朝廷赐给曾玉明的巴图鲁就加上了"利勇"字样。记名是清代吏部的奖叙制度:"指官员有功,登记备案之例。凡文武官员著有勋绩,须交吏部或军机处存记其名,遇缺奏请任用。"⑤

　　二是据《鲤城姓氏资料汇编》载:曾延世,字良祚,号锦亭,"唐为团练副使、河南光州刺史,世居河南光州固始县。唐光启元年(885)率眷随内兄王潮,内弟王审邽、王审知入闽,官团练使,居泉郡城西龙头山一带,为入闽入泉曾氏始祖"。⑥ 曾氏在泉州定居之后,正如墓志铭所言"成为望族"。曾氏族人有端拱元年(988)乡试解元、端拱二年(989)殿试第一甲第二名(榜眼)的曾会,天圣二年(1024)登进士第、嘉祐六年(1061)拜相的曾公亮,庆元五年(1199)殿试第一甲第一名(状元)的曾从龙等名人。

　　三是张启煊。张启煊,生卒年不详,字焕堂,浙江苍南人,历任台湾知县、澎湖通判、淡水同知等职。其幼子张霱娶孙锵鸣的女儿为妻。⑦ 古时墓志铭例用石相合,以一石为盖,题逝者爵里、姓名,基本用篆书,故称篆盖。⑧ 张启煊为此墓志铭篆盖者。

---

① 陈盛明辑录:《闽人墓志铭拓本集》,桂林:广西师范大学出版社,2023年,第16~27页。
② 吕宗力主编:《中国历代官制大辞典》,北京:商务印书馆,2015年,第733页。
③ 吕宗力主编:《中国历代官制大辞典》,北京:商务印书馆,2015年,第447页。
④ 吕宗力主编:《中国历代官制大辞典》,北京:商务印书馆,2015年,第206页。
⑤ 吕宗力主编:《中国历代官制大辞典》,北京:商务印书馆,2015年,第305页。
⑥ 吴英明等撰:《鲤城区姓氏资料汇编》,泉州:鲤城区地方志编纂委员会,2007年,第69页。
⑦ 陈文苞:《苍南风土·蒲门张蔚》,http://baijiahao.baidu.com,访问日期:2023年9月10日。
⑧ 罗竹风主编:《汉语大词典(缩印本)》,上海:汉语大词典出版社,1997年,第5242页。

四是庄俊元。庄俊元(1808—1879),清晋江县府城文锦铺甲第境(今属泉州市鲤城区)人,字克明,号印潭,道光十六年(1836)登进士第,授翰林院编修,历任甘肃府尹、道台。咸丰三年(1853),庄俊元回泉州办团练,兼书院山长,"凡兴举乐章、掌教书院、请减重赋、捐置育婴、修葺废坟、劝息械斗等地方大事,都积极参与,取得成效"。① 庄俊元是晚清泉州的书法大家,也是闽台文化交流的先驱。庄俊元善撰对联,现在泉州与台湾许多地方还可以见到他的楹联手迹。《泉州书法史略》称其书法:"潇洒遒劲,法古辟新,很受民间喜慕。"② 从墓志铭的拓本来看,确实体现了这种风格。

二、曾玉明与台湾民变

据墓志铭记载,曾玉明首次入台为道光十二年(1832)。《台湾省通志》记载,是年夏,"台湾南部大旱,粒米不艺。嘉义各庄立约禁米出粜,董其事者为店仔口(今台南县白河镇)人张丙(丙原籍福建南靖县,移籍嘉义。世业农,为人豪爽,济贫弱,著信义,众多拥戴之)"。③ 与官府冲突之后,张丙起事,"南北之间纷纷响应,旬日之间,众至三万"。④ 在岛内兵力不敌的情况下,福建巡抚署闽浙总督魏云烺"飞檄福建陆路提督马济胜率兵二千渡厦门,金门镇总兵官窦振彪率兵一千三百名渡蚶江,副将谢朝恩率兵一千二百名渡五虎,分道平贼"。⑤ 经激战,"张丙被执",事变结束。⑥

曾玉明入台之后,主要是平定民变。朝廷对曾玉明在台湾时平定民变所发挥的作用十分重视,《清实录》中有多处关于曾玉明在台时的相关记载。现根据张本政主编《〈清实录〉台湾史资料专辑》记载整理列如表1。

---

① 泉州市鲤城区地方志编纂委员会编:《鲤城区志》,北京:中国社会科学出版社,1992年,第1262页。
② 林英明:《泉州书法史略》,北京:九州出版社,2018年,第159页。
③ 李汝和主修:《台湾省通志》第2册,台北:台湾省文献委员会,1970年,第79页。
④ 李汝和主修:《台湾省通志》第2册,台北:台湾省文献委员会,1970年,第79页。
⑤ 沈瑜庆、陈衍等撰:民国《福建通志》,北京:方志出版社,2016年,第276页。
⑥ 李汝和主修:《台湾省通志》第2册,台北:台湾省文献委员会,1970年,第80页。

表1 《清实录》有关曾玉明在台时记载一览表

时间	记载内容
道光二十一年七月二十五日（1841年9月10日）	以办福建台湾匪徒出力,赏……千总曾玉明蓝翎,余升叙有差。
咸丰四年七月二十八日（1854年8月21日）	惟首犯吴磋及戕官正犯刘木等同从逆余匪,仍潜匿山内。通判杨承泽到任后,复与副将曾玉明等入山搜剿。
咸丰八年六月六日（1858年7月16日）	以剿办福建台湾匪徒出力,赏副将曾玉明巴图鲁名号。
咸丰九年十二月二十八日（1860年1月20日）	升署福建台湾澎湖协水师副将黄进平……升署台湾北路协副将曾玉明均著记名,以水师总兵用,仍照例送部引见。
同治元年八月二十八日（1862年9月21日）	曾玉明督同官兵义勇,进军彰化,接仗数十次,叠获全胜。
同治元年十月二十一日（1862年12月12日）	署总兵曾玉明等屡次败贼于大脚佃庄等处,并将潮阳厝等处匪巢攻毁。
同治元年十二月二十一日（1863年2月8日）	曾玉明一军,保守鹿港,专顾北路。惟此时嘉义尤形吃紧……著即饬该总兵督率所部……保全嘉义,进攻彰化,肃清台境,毋致稽延时日……逆党林晟踞守彰城,欲牵制曾玉明兵勇,则鹿港必须兼顾。并著饬令该总兵等分拨兵勇,严为扼剿。
同治元年十二月二十一日（1863年2月8日）	调福建福宁镇总兵官曾玉明为台湾镇总兵官。
同治二年四月二十二日（1863年6月8日）	曾玉明已由鹿港逼近彰城,首逆戴万生已窜回四张犁本庄,余逆仍抠踞死守。
同治二年五月六日（1863年6月21日）	至副将曾元福一军,已由泉州酌渡,行抵鹿港,即令会同总兵曾玉明迅速进图彰化城,庶分路环攻,可望克期蒇事。
同治二年十月九日（1863年11月19日）	林文察已抵蚶江口,配船候渡。彰邑湖仔等庄,经曾玉明等会同文武各员,剿抚兼施,悉臻安定,彰城贼势已孤。
同治二年十二月二十四日（1863年2月1日）	台湾逆匪,日久蔓延,从未大受惩创。经丁日健攻拔葭投,与曾玉明会师进攻彰化,并将鹿港至宝斗一带道路疏通。
同治二年十二月二十九日（1863年2月6日）	林文察等务当此军威,力加扫荡,并与曾玉明、丁日健和衷商办,迅奏肤功,毋得稍分畛城。
同治三年三月五日（1864年4月10日）	丁日健即与林文察、曾玉明等会商,分督兵勇,前往搜捕,毋留余孽。

585

续表

时间	记载内容
同治三年三月八日（1864年4月13日）	曾玉明攻破北势湳贼巢，首逆洪枞逃往埔里社一带，陈哑狗坚踞小埔心。著丁日健即会同林文察、曾玉明迅拔贼巢，将首逆斩擒，并将在逃余匪搜捕净尽，毋留余孽。
同治三年四月六日（1864年5月11日）	福建水师提督即著曾玉明署理，所遗台湾镇总兵，著曾元福署理……著左宗棠、徐宗幹即速催令曾玉明督率所部将士，赶紧内渡，驰赴建宁一带，相机进剿。
同治三年四月七日（1864年5月12日）	徐宗幹前派闽边防军，为数畸零，深恐堵剿不能得力。曾元福现已留台，其曾玉明内渡之军，徐宗幹迅催令督率所部，驰赴建宁一带，痛加剿洗。
同治三年五月十一日（1864年6月14日）	著左宗棠、徐宗幹仍遵前旨，惟令林文察、曾玉明统率所部，迅速内渡，以资攻剿。
同治三年七月十八日（1864年8月19日）	丁日健奏，署陆路提督林文察于破林巢后，安住家园五十余日，顿兵不出……又与署水师提督曾玉明扎营彰城，兵勇骚扰，绅民怨恨离心等语。
同治三年八月十五日（1864年9月15日）	以防剿迁延，福建署提督林文察、曾玉明下部议处。
同治三年八月二十四日（1864年9月24日）	曾玉明、林文察二员，早已有旨，令其内渡。本日适据林文察奏到，拟即配船内渡。仍著该督抚委员迎提，如仍无内渡信息，即行从重参处。

关于曾玉明在台湾平定民变的情况，试以以下几个例子加以说明。

一是洪纪事变。咸丰元年（1851）十月，"嘉义人洪纪等纠党树旗谋起事，台湾镇道叶绍春、徐宗幹督饬文武官员并力往攻，死者甚多，先后生擒党人一百余名，斩首枭示众。其协从及闻拿投首者，分别遣发、徒杖有差（据《斯未信斋文编》）"。① 此时，曾玉明的身份为游击。

二是林恭事变。咸丰三年（1853）四月，"凤山县人林恭亦集众数百，建号'天德'（以天地会的总称），称镇南大元帅，南北相应而起，陷凤山，杀知县王廷幹，开仓库，纵狱囚，自为县令，出示安民"。② 后林恭又率众攻打府城，

---

① 李汝和主修：《台湾省通志》第2册，台北：台湾省文献委员会，1970年，第87页。
② 李汝和主修：《台湾省通志》第2册，台北：台湾省文献委员会，1970年，第88页。

被击退。六月,南路海防兼理番同知郑元杰与副将曾玉明等复凤山"。① 此时,曾玉明为副将。

三是吴瑳事变。咸丰四年(1854)八月,"吴瑳、林文英纠众占领噶玛兰,准备大举,官府不敢问。噶玛兰通判杨承泽募义勇分路与抗,头围县丞王衢诱杀林文英。继而北路副将曾玉明率兵五千至,吴磋败走,被擒伏诛"。②

四是戴潮春事变。曾玉明在台的最大军功是参与平定戴潮春事变。戴潮春(？—1864),字万生,"彰化四张犁庄人,籍龙溪"。③ 戴潮春家"素富,世为北路协署稿识"。④ 当其兄戴万桂"以田租为阿罩雾人所占,与张水等招集股户成立八卦会"⑤时,戴潮春并没有参与。咸丰十一年(1861),"知县高廷镜下乡办事,潮春执土棍以献,北路协副将夏汝贤以其貮于己,索贿不成,革其职"。⑥ 戴潮春归家后,将八卦会改为天地会,从此拉开了台湾历史上影响深远的民变序幕。同治元年(1862)三月,戴潮春正式起事,并攻占彰化。戴潮春起事,得到台湾各地的响应,"声势浩大"。⑦

当时曾玉明作为建宁镇总兵,正在协助林文察剿闽。接到入台平定戴变的廷旨后,曾玉明率兵丁六百人,"于五月十三日由鹿港登岸"。⑧ 曾玉明抵台后,以自己是泉州人,而且在台多年,"民风土俗俱悉",立即"接见绅士,招抚义民"。⑨ 因戴潮春曾是曾玉明任职北协时的文书,于是曾玉明"发书招戴、林二逆归诚"。⑩ 然而戴潮春并无归降之意,曾玉明抓紧做了部署,"招二十四庄总理拔贡陈捷魁(字汝梅)、廪生李华文(字如清)、生员陈宗庭(字宪

---

① 李汝和主修:《台湾省通志》第2册,台北:台湾省文献委员会,1970年,第88页。
② 李汝和主修:《台湾省通志》第2册,台北:台湾省文献委员会,1970年,第88页。
③ 连横:《台湾通史》,北京:商务印书馆,2017年,第664页。
④ 连横:《台湾通史》,北京:商务印书馆,2017年,第664页。
⑤ 王尊旺、李颖、庄林丽:《台湾通史》第三卷,福州:福建人民出版社,2020年,第365页。
⑥ 连横:《台湾通史》,北京:商务印书馆,2017年,第664页。
⑦ 王尊旺、李颖、庄林丽:《台湾通史》第三卷,福州:福建人民出版社,2020年,第365～368页。
⑧ 蔡青筠:《戴案纪略》,台北:台湾银行经济研究室,《台湾文献史料丛刊》第七辑第206册,第17页。
⑨ 蔡青筠:《戴案纪略》,台北:台湾银行经济研究室,《台湾文献史料丛刊》第七辑第206册,第17～18页。
⑩ 蔡青筠:《戴案纪略》,台北:台湾银行经济研究室,《台湾文献史料丛刊》第七辑第206册,第18页。

章)、嘉宝潭职员陈耀(即鹿港举人陈宗潢长子)以及和美线一带延海滨之地凡属泉人皆应命,赴鹿大营领'义民'白旗。嗣饬叶虎鞭、陈大戆随营听差,所部留鹿助守。自是民心恃以无恐。又得举人蔡德芳(香邻)、贡生林清源(正本)、蔡妈胡办理总局,抽厘助饷"。① 这样,鹿港遂成为"平贼中心之点"。故墓志铭云:"绅民还吁大府请公。公克日飞渡,目击燎原,难待援兵,遂倾资募兵勇,联络村庄。"

在平定戴变过程中,曾玉明发挥了重要作用。比如同治元年(1862)六月十三日,曾玉明"率金门左营守备黄炳南(金门人)带水师四百人、台勇千人攻破四庄。因二十四庄民众皆白旗,每向鹿港解运铅弹、火药,红旗恒踞马鸣山、山寮等地截抢,曾军门乃调陈大戆、叶虎鞭同黄炳南引兵扎大营于秀水"。② 后经激战,"大崙庄一带方稍平静",保障了鹿港这个"平贼中心之点"的物资供应。

曾玉明在平变过程中能够身先士卒。由于"兵单饷薄,全赖绅士、郊商为之臂助",约定"饷到清还"。可是后来,军饷来得不及时,造成了"遂叠拖欠",引发民众的意见。新兴街人蔡克昌,被欠了百余元,因是小本生意,资金周转不开,就到曾玉明营地要债,"曾极口婉慰,约过五日饷到即可付还"。此时"突有蓝旗来报:前锋与贼开仗,曾恐前军力薄,急引亲兵出阵"③,并叫蔡克昌赶快离开。可蔡克昌"少年有胆勇,欣然愿从之出"。在战斗中,"曾挥刀亲战,蔡亦挺长刀助战"。战斗结束后,曾玉明"唤蔡克昌来,奖励备至,饰以五品军功,欲留帐前听用。蔡以亲老不能留而回,所该债务尽支以回"。④ 回去之后,蔡克昌"感曾公之知遇,逢人辄道所以然,闻者亦感叹"。⑤ 故《戴案纪略》的作者云:"故曾平贼之劳,事半功倍,率都此类。收买人心,

---

① 蔡青筠:《戴案纪略》,台北:台湾银行经济研究室,《台湾文献史料丛刊》第七辑第206册,第18页。
② 蔡青筠:《戴案纪略》,台北:台湾银行经济研究室,《台湾文献史料丛刊》第七辑第206册,第22页。
③ 蔡青筠:《戴案纪略》,台北:台湾银行经济研究室,《台湾文献史料丛刊》第七辑第206册,第34页。
④ 蔡青筠:《戴案纪略》,台北:台湾银行经济研究室,《台湾文献史料丛刊》第七辑第206册,第34页。
⑤ 蔡青筠:《戴案纪略》,台北:台湾银行经济研究室,《台湾文献史料丛刊》第七辑第206册,第34页。

曾公得其道焉。附之以为将兵者劝。"①

  斗六沦陷时，曾玉明驻扎在秀水，"与贼对垒数月"。当时盘踞于后港仔庄的是黄阿起，他把后港仔庄修得如铜墙铁壁一样，"岸高如墙，竹围密箐编排如城，且遍埋竹签，掘陷坑。围内再筑高墙，四方架筑铳楼，晓夜瞭望。莿竹之坚硬如铁，刀斫不断，火烧不透，比城尤坚固。是以不能猝攻"。② 在这种情况下，曾玉明只能采取智取。首先，他造了孔明车，"上蒙湿水绵绩于车上，壮士伏其下，迫攻之"。然而黄阿起"用铜铳子以油烧之，且制如两头尖，射透绵绩及孔明车，兵士死三十余人"。③ 于是曾玉明又造高四丈余的土堡来安放大炮，"奈准头不能中的，贼又挖土坑以避之"。因此，"蕞尔小地致攻三年之久"。这引起了上峰的不满，认为曾玉明是"拥兵不进"。

  在攻克彰化城的战役中，曾玉明发挥了关键作用。同治二年（1863）十二月，曾玉明率军攻城，"降将林大用知贼势已去，请令曾玉明差人入彰城颁给白布条，并约降贼定初三早入城"。④ 第二天早晨，林大用带队，清兵从北门进入，"城中百姓齐剃发投诚，城上高插白旗"。曾玉明严明军纪，"禁兵不许妄杀平民，违者以军法从事"。⑤ 这一仗彻底扭转了战局，从此戴潮春一蹶不振。

  从总体上来看，曾玉明入台后，在平定民变过程中，得到了朝廷高度重视，充分肯定，从千总开始一路擢升，直至台湾镇总兵官。然而在同治三年（1864）曾玉明调任福建水师提督后，拖延内渡，以及"扎营彰城，兵勇骚扰，绅民怨恨离心"，造成了朝廷极大的不满，被"下部议处"。最后曾玉明因其子的科考舞弊案牵连，被革职。

---

  ① 蔡青筠：《戴案纪略》，台北：台湾银行经济研究室，《台湾文献史料丛刊》第七辑第206册，第34页。
  ② 蔡青筠：《戴案纪略》，台北：台湾银行经济研究室，《台湾文献史料丛刊》第七辑第206册，第44～45页。
  ③ 蔡青筠：《戴案纪略》，台北：台湾银行经济研究室，《台湾文献史料丛刊》第七辑第206册，第45页。
  ④ 蔡青筠：《戴案纪略》，台北：台湾银行经济研究室，《台湾文献史料丛刊》第七辑第206册，第51～52页。
  ⑤ 蔡青筠：《戴案纪略》，台北：台湾银行经济研究室，《台湾文献史料丛刊》第七辑第206册，第52页。

三、曾玉明与科考舞弊案

墓志铭载:曾玉明晚年时因"台地绅商纷纷索负,不得已亲赴省垣。会库款之支绌,加意外之风波,愤郁交侵,宿伤迸发,医药罔效,遽至不起"。那到底曾玉明在去世之前遭遇了什么"意外之风波"呢?《清实录》同治五年(1866)五月十一日条下载:

谕内阁:徐宗幹奏,武职大员子弟乡试获中访有情弊,请斥革究办一折。

福建台湾镇总兵曾玉明之子曾云登、曾云书,于上年福建甲子科乡试中式举人。经该抚及提调、监试、司道各员访查,曾云登等素不能文,恐有情弊,传提来省讯究。乃该镇托词业已内渡,延不到案,显有徇庇情事。

前任台湾镇总兵曾玉明,着暂行革职,勒令将伊子曾云登、曾云书交出,解省究问。曾云登、曾云书均着革去举人,交左宗棠拘拿到案,严讯确情,按律定拟具奏。曾玉明有无主使作弊别情及徐宗幹等失察处分,着俟定案时声明请旨。①

从《清实录》的记载来看,徐宗幹接举报并经查访,认为曾玉明的儿子曾云登、曾云书"素不能文",却都中举人,"恐有情弊",传讯时遭到曾玉明的抵制,为此就上奏朝廷。而朝廷根据徐宗幹的奏疏,做出了曾玉明"暂行革职",曾云登、曾云书"革去举人",由左宗棠"拘拿到案,严讯确情,按律定拟具奏"的决定。徐宗幹(1796—1866),字树人,号伯桢,江苏南通人,嘉庆二十五年(1820)进士,时任福建巡抚。② 左宗棠(1812—1885),字季高,一字朴存,号湘上农人,湖南湘阴人,道光十二年(1832)举人,"三试礼部不第"。③ 后靠自己的努力,成为晚清中兴四大臣之一,时任闽浙总督。

清代的乡试一般在"子、午、卯、酉"年秋天举行。④ 同治三年(1864)为甲

---

① 张本政主编:《〈清实录〉台湾史资料专辑》,福州:福建人民出版社,1993年,第981页。
② 尹海金、曹端祥编著:《清代进士辞典》,北京:中国文史出版社,2004年,第266页。
③ 赵尔巽等撰:《清史稿》,上海:上海古籍出版社,1986年,第1363页。
④ 刘一兵:《闽台交融的考试纽带:清代福建乡试研究》,厦门:厦门大学出版社,2016年,第13页。

子年,原为乡试年,可是当年福建停科,为此同治四年(1865)补行乡试。这一年福建乡试共录取举人106人,按惯例其中有7人为台湾籍。① 曾玉明之子曾云登、曾云书以台湾籍的身份参加了福建的乡试,曾云登以第二十七名、曾云书以第八十一名中举人。兄弟同榜本是光宗耀祖之事,然而有人却举报兄弟两人科考舞弊。

这场科考舞弊案就是墓志铭所言的"意外之风波",也是压垮曾玉明的最后一根稻草。

经过五个多月的调查,同治五年(1866)十月十五日,左宗棠向朝廷呈上《审明武职大员子弟默录旧文获中诘无枪替怀挟情弊议拟折》,说明了调查经过、调查结论以及处置建议。

调查经过。根据朝廷的要求,左宗棠"钦遵行据该革镇曾玉明将曾云登、曾云书交出解省",然后,书面委派去年乡试结束后到福建省任职,"未派闱差"的提刑按察使邓廷楠和汀漳龙道台杜义山负责"提集确审"。后邓廷楠因病请假,而杜义山又赶赴汀漳龙道任职。为此,就把此案移交给代办福建提刑按察使、福建督粮道傅观海来办理,而左宗棠也"亲提研鞫"。②

调查结论。一是曾云登、曾云书都是曾玉明亲子,户籍为台湾县,祖籍为晋江县。而对于曾云书为何以嘉义县籍应考,《拟折》认为:"查台湾本无土著,内陆士民寄居何县,即在何县应试。曾云书供:伊本随父寄居台湾,因从师在嘉义县游学,随在该县应试,取进嘉义县学附生。当时未及呈明,以故弟兄异籍,并无跨考情弊"。③ 二是事情经过。《拟折》云:"同治四年九月,闽省补行甲子科乡试,曾云登、曾云书均由台湾道录科送省应试。台属士子,向系另编坐号,不与内陆各生杂坐,曾云登、曾云书俱编坐'调'字号。"④ 这是两人号舍相连的原因。关于两人试卷内容雷同,出现的"以首篇既系录旧,二三篇何能添凑成文?且诗题相仿者固多,又何能套袭成律"的问题,

---

① 刘一彬:《闽台交融的考试纽带:清代福建乡试研究》,厦门:厦门大学出版社,2016年,第283页。
② (清)左宗棠著,刘泱泱等点校:《左宗棠全集》第3册,长沙:岳麓书社,2014年,第173页。
③ (清)左宗棠著,刘泱泱等点校:《左宗棠全集》第3册,长沙:岳麓书社,2014年,第174页。
④ (清)左宗棠著,刘泱泱等点校:《左宗棠全集》第3册,长沙:岳麓书社,2014年,第173~174页。

《拟折》得出的结论是:"适第一场首题,曾云登、曾云书均有旧作。次题下句,三题下二句,亦均有塾课,经业师改正,时常记诵。遂各默出首题照录,二、三题即以旧作互相参改。诗题亦套袭相仿题目,完卷出场。其二、三场均相参酌完篇……弟兄同窗,凡出课题,业师皆将书理尽心讲解。题虽少出一句,尚易添凑串贯。其诗实系套仿成韵。呈验旧录窗课一本。核对首题委系录旧,次、三两题均参改旧作。究无枪替、传递、交通、怀挟情弊"。① 三是事情的核实。为了核对事实,左宗棠"复饬司面令默写头场诗文,核对笔迹无讹,并出题面试,文理尚属明顺。查台湾中卷,在通场本难出色,因按台额取中,本较内陆为易。所供并无情弊,尚属可信。……再三究诘,坚供不移"。② 为此左宗棠认为:"案无遁饰,应行拟结。"可以结案了。

处置建议。在处置建议中,左宗棠说明了建议的依据:"查例载:'应试生儒越舍与人换写文字,发近边充军。'又律载:'变乱版籍者,杖八十'各等语。"③左宗棠认为:"此案已革举人曾云登、曾云书因台属另编坐号,乘弟兄号舍相联,默记旧作互相参改,情关手足,与人换写文字者,情罪有间。"④为此,《拟折》提出以下处置意见:一是:"曾云登先系异籍取进,除变乱版籍轻罪不议外,已革举人曾云登、曾云书均应请将前保知府归部铨选之案一并撤销,并拔去花翎、蓝翎,均比照'应试生儒越舍与人换写文字,发近边充军'例,量减一等,各拟杖一百、徒三年,定地发配,折责充役。"⑤二是:"暂革记名提督台湾镇总兵曾玉明,于二子默录旧作互相参考,侥幸同中,并不自行检举。继复任其避匿,延不交案,实属有心徇庇。业经革职,应毋庸议。"⑥三是:"曾云登等籍隶台湾,因历科台属皆另编坐号,致被联号得以参改旧作,

---

① (清)左宗棠著,刘泱泱等点校:《左宗棠全集》第 3 册,长沙:岳麓书社,2014 年,第 174 页。
② (清)左宗棠著,刘泱泱等点校:《左宗棠全集》第 3 册,长沙:岳麓书社,2014 年,第 174 页。
③ (清)左宗棠著,刘泱泱等点校:《左宗棠全集》第 3 册,长沙:岳麓书社,2014 年,第 174 页。
④ (清)左宗棠著,刘泱泱等点校:《左宗棠全集》第 3 册,长沙:岳麓书社,2014 年,第 174 页。
⑤ (清)左宗棠著,刘泱泱等点校:《左宗棠全集》第 3 册,长沙:岳麓书社,2014 年,第 174 页。
⑥ (清)左宗棠著,刘泱泱等点校:《左宗棠全集》第 3 册,长沙:岳麓书社,2014 年,第 174~175 页。

诘无枪替、传递、交通、怀挟情弊。所有监临、提调、监试以及内外帘各员,均无失察之咎,应请免予议处。台属士子向由台湾道考试,曾云书讯系异籍取进。所有失察之道、府、县学各员,均应查取职名,另行参处"。①

应该说,左宗棠处理此事是比较谨慎的。为此,奏章上呈之后,朝廷基本同意左宗棠的意见。《清实录》在同治五年(1866)五月十一日条下附载了朝廷的最终处理意见:

> 寻奏:遵讯曾云登、曾云书,因弟兄号舍相联,商默旧文获中,尚无枪替、怀挟等弊,应照士子越号换写文字例,减一等科罪。曾玉明有心徇庇,业经革职,应无庸议。监临提调等均无失察之咎,请免议处。下部议,从之。②

墓志铭载曾玉明有子五人,实际只列了四个人的名字,即曾云从、曾浦、曾云峰、曾云镛,并没有出现云登、云书。将左宗棠《拟折》中所列曾云登、曾云书的履历与墓志铭所列曾玉明四个儿子的履历相比较,云从(军功蓝翎)即为云登(蓝翎),而云峰(花翎)即为云书(军功花翎)。③ 详见表2。

表2 左宗棠《拟折》与《墓志铭》所载云登(云从)、云书(云峰)履历比较表

左宗棠《拟折》所载	《墓志铭》所载
曾云登由台湾县学增生,遵例捐纳贡生,加捐郎中。于彰化剿匪出力案内,保举奖叙知府,蓝翎。	云从优廪生,军功蓝翎,即选郎中。
曾云书先在嘉义县从师受业,即由该县应试,取进嘉义县学附生。旋报捐员外郎,升郎中,改捐同知。于台湾剿匪出力案内,保举奖叙知府,花翎。	云峰优廪贡生,军功花翎,遇缺前即选道衔,候选通判。

以左宗棠详尽的《拟折》对照墓志铭,可以得出结论,科考舞弊案后云登、云书两兄弟分别改名为云从、云峰。而作为官方的调查文件,《拟折》所

---

① (清)左宗棠著,刘泱泱等点校:《左宗棠全集》第3册,长沙:岳麓书社,2014年,第175页。
② (清)张本政主编:《〈清实录〉台湾史资料专辑》,福州:福建人民出版社,1993年,第981页。
③ (清)左宗棠著,刘泱泱等点校:《左宗棠全集》第三册,长沙:岳麓书社,2014年,第173页。

载云登(云从)、云书(云峰)两人的履历比《墓志铭》所载可信度高。

　　此次上达朝廷的科考舞弊案就这样结束了,然而曾玉明家的科举厄运并没有就此结束。同治元年(1862),曾云镛以台湾县籍参加了福建乡试中举人。[①] 此科为恩科带补辛酉科乡试,正榜中额达 236 名,其中台湾府 15 名。[②] 同治十年(1871),曾云镛参加会试,此榜共取贡士 326 人,曾云镛取得了第七十名的好成绩。[③] 清代会试复试的制度始于康熙五十一年(1712),因康熙五十年"顺天解元以科场事发脱逃",为此康熙帝下令:"今中式进士内,或有不能作文,令人顶替者亦未可定。着于二十日齐备试卷,令赴畅春园,朕亲加复试。"[④]后成惯例,"成绩列为一、二、三等的人被允许立即参加殿试,但四等以下的人则根据其成绩的高低或者违规的轻重,受到暂停一到三次殿试参加资格的处罚"。[⑤] 令人惋惜的是曾云镛在会试复试中"列入四等,罚停殿试一科"。[⑥] 而从此以后,文献上再也没有出现曾云镛登进士第的记载。根据墓志铭记载,光绪元年(1875)曾玉明安葬时,曾云镛已去世。

　　为逝者讳,孙锵鸣在墓志铭中没有提到曾玉明因儿子科考舞弊案被革职一事,而从墓志铭中"加意外之风波,愤郁交侵,宿伤迸发,医药罔效,遽至不起"以及"云镛……辛未进士"等字样,可以看出孙锵鸣对曾玉明及其三个儿子遭遇的同情。

结　　语

　　正如《闽人墓志铭拓本集·前言》所言:"墓志铭记叙逝者的家世及生平。虽然撰写墓志之文人学士受人之托,笔下难免有'歌功颂德'之词,但基本上还是有所依据,大体上能够表露出墓主人之本来面目。"[⑦]曾玉明墓志铭拓本给人们带来了许多信息:既有对曾玉明宦历、军功、政绩、为人的介绍,

---

[①] 沈瑜庆、陈衍等撰:民国《福建通志》,北京:方志出版社,2016 年,第 5250 页。

[②] 刘一兵:《闽台交融的考试纽带:清代福建乡试研究》,厦门:厦门大学出版社,2016 年,第 51 页。

[③] 龚延明主编:《清代会试文献集成》第 45 册,北京:国家图书馆出版社,2022 年,第 486 页。

[④] 王炜编校:《〈清实录〉科举史料汇编》,武汉:武汉大学出版社,2009 年,第 122 页。

[⑤] [日]宫崎市定著,宋宇航译:《科举》,杭州:浙江大学出版社,2018 年,第 83 页。

[⑥] 江庆柏编著:《清代进士题名录》,北京:中华书局,第 1095 页。

[⑦] 陈盛明辑录:《闽人墓志铭拓本集》,桂林:广西师范大学出版社,2023 年,第 3 页。

也有墓志撰写者对清代中后期台湾社会状况的描述,"台湾孤悬海外,风俗剽悍,闽粤分类,土番错处,动辄生衅,素称难治"。更重要的是墓志铭拓本给人们提供了清廷在台湾治理中鉴于其特殊性,选用闽籍官员履职的案例。曾玉明在台湾平定民变时,得到清廷重用,利用自己泉州人的身份,"感发遍呼",发动台湾民众的力量,剿抚并用。同时曾玉明也十分关心台湾民生,当"嘉属被水,沿海数十里,田庐淹没,浮尸遍野"时,曾玉明"出资埋瘗,劳来安集",台湾人民"至今颂德不衰"。(当然值得注意的是,曾玉明在台后期,"扎营彰城,兵勇骚扰,绅民怨恨离心",引起了清廷的高度警觉,随即"下部议处"。)即使是墓志铭背后隐藏的科考舞弊案,也折射了当时清政府对台湾科举采取的倾斜政策以及闽台教育交流的一些实际情况。泉州子弟随父赴台,加入台湾籍,在台湾接受儒学教育,以台湾籍参加科举考试,推动了闽台教育文化的融合。这些都是今天我们研究这份墓志铭拓本的意义所在。

(原载《闽台缘文史集刊》2024年第1期)

序言杂文

《泉州历史上的人与事》自序

　　泉州是历史文化名城,自有不同凡响之处:曾经的东方第一大港,海上丝绸之路的起点;巍峨矗立的东西塔,"天下无桥长此桥"的五里古桥;奇异的泉南佛国,当之无愧的宗教博物馆;南派戏剧的重要阵地,唱成音乐活化石的南音。

　　于是历史的解读,往往围绕这些而显得颇为精彩绚丽:海滨邹鲁,满街都是圣人,人文之盛,甲于闽省,四海人文第一邦!既是精彩,自然能够动人,乡亲们不能不为之激动,为之自豪。

　　可惜这只是历史的部分,而不是全部。即便是光彩夺目的历史,也不乏令人沮丧的暗影。在泉州的精彩历史背后,同样有着这样那样的一些无奈。

　　土地奇缺,生计无依,是孤苦农民的无奈;犯禁下海,冒险贩私,是经商者的无奈;十年寒窗,一枕黄粱,是大多读书人的无奈;宦海无常,毁誉不定,是许多求官者的无奈;痴迷鬼神,苦恋风水,是整个社会的无奈!还有吏治的黑暗,天灾的肆虐,思想的迷茫,语言的尴尬,世事的铺张,械斗的风行,等等。

　　诸多无奈,都是那样引人注目,曾惹得不少国人热切关注,不断品评,甚至令朝廷百官喋喋不休,令皇帝老子肝火大动。不少乡亲,亦曾为此郁闷苦恼,扼腕叹息,只不过当今的乡亲知晓这些的似乎已经不多了。

　　因为人们更愿意显示精彩,不愿显示无奈。精彩是喜剧,无奈近似于悲剧。精彩带来欢乐,逗人高兴,无奈有煞风景,令人大不愉快。如此显示精彩,自然更有劲儿;显示无奈,自然没了情绪。

　　当然,也不是什么大不了的事,已是陈年老账了,抖落这些陈芝麻烂谷子的扫兴事,惹得别人不快乐,自己也窝心,似乎也可以免了。

　　可是把历史简化成只有精彩,快乐固然快乐,不免有些偏颇,似乎还有点害处,让当今的乡亲以为这就是家乡的往日,代表了老祖宗的过去。于是乎说一说历史上的无奈，也就有了一定的意义。由此出发，本书叙说泉州历史上的人和事，说到的无奈之事就偏重了一些。或许正是因为有了精彩与无奈的交缠，方可彰显出历史的魅力。

叙说无奈，不是为了吸引眼球，更不是给家乡历史泼污水，往老祖宗脸上抹黑，而是对历史的尊重，对祖宗的敬畏。

品味无奈，也许可以更全面地了解历史，从中得到某些有益启示，进而明白需要弘扬什么，抛弃什么，因为历史记录的是过去，照耀的是现在，预示的则是未来。

当然，说些当年的无奈之事可能不那么赏心悦目，可能比较烦闷，比较沉重。可能很有些人没有多大兴趣，颇不以为然，感到窝心和扫兴，如此亦是笔者的无奈了。好在我们已经出版过几种叙述泉州古代文化的书，可用以搪塞一下仅愿意看到泉州精彩历史的读者吧！

（原载《泉州历史上的人与事》，齐鲁书社2010年版，合作者苏黎明）

《弘一大师在泉州》自序

佛教讲因缘,俗界亦讲缘分。古往今来,名城与高僧名士,总是多些因缘或缘分。历史文化名城泉州,也是如此。

泉州,东亚文化之都,悠久的历史文化绚丽多彩,尤其是宗教文化,更是蔚为壮观,世称"宗教博物馆"。仅以佛教而言,即令人叹为观止,寺庙林立,僧侣众多,高僧辈出,香火旺盛,古称"佛国",闻名遐迩。虽地处僻远的东南海滨,然而在悠悠岁月中,海内外不少高僧曾慕名光临泉州,流连忘返,甚至长眠于斯。近代高僧弘一法师正是其中一位。

弘一法师,俗名李叔同,多才多艺,于音乐、戏剧、绘画、诗词、篆刻、书法、教育诸方面皆有不凡建树。1880年10月23日,李叔同生于天津。父亲李世珍是清同治年间进士,官吏部主事,后引退经商。李叔同自幼饱读诗书,涉猎甚为广泛,学贯中西,通晓古今,世所罕匹。1898年,李叔同奉母携眷迁居上海,入城南文社,诗文为同人之冠;1901年秋入南洋公学,师从名士蔡元培;1905年秋赴日本留学,考入东京美术学校,创办中国首份音乐杂志,并与同学共创春柳剧社,以扮演茶花女名闻日本朝野,亦开中国话剧先河。1911年3月回国。1912年春在上海主编《太平洋报》画报副刊,秋天起在浙江省立两级师范学校任艺术教师,培育了丰子恺、刘质平、潘天寿、吴梦非、曹聚仁等大批艺术英才。1918年,在生命绚烂至极巅峰间,李叔同突然遁归空门,于杭州虎跑寺出家为僧,取弘一为法号,成为苦行头陀。从此云游四方,成为一代高僧,在中国近代佛教史上写下光辉篇章,被后人尊奉为与太虚、印光并称的民国三大高僧之一!

弘一大师的人生旅途变幻多端,奇特瑰丽。起初做公子哥儿,后来做文人,做美术家,做音乐家,做戏剧家,做书画家,做编辑者,做教师,最后做和尚。出家以前,李叔同是集诗词、书画、篆刻等传统文化艺术于一身的文人,更是引介和传播西方音乐、绘画、戏剧等现代艺术的先驱;出家以后,弘一大师苦心向佛，以律严身，弘扬佛法，化度众生，成为律学大师。诚如丰子恺所言，他"以精力旺盛之前半生贡献于文教，而以志行圆熟之后半生归命于佛法"。他以鲜活的生命为代价，扮演了一场传奇版的行为艺术，让世人忽而击掌赞叹，忽而扼腕唏嘘；忽而惊诧称奇，忽而俯首沉思。他以才智、苦行和品格，展示了个体生命的多姿多彩和无限可能性。他充满诗意和神秘色彩的人生，不仅在当时引起巨大震撼，在今日仍是津津乐道的话题。

泉州是弘一大师晚年重要驻锡地。这位近代高僧，自1928年底与闽南结缘后，将近十四年中，除部分时间居浙江、青岛、上海外，都在闽南各地讲经弘法，泉州更是主要挂褡地。他喜爱泉州美丽的山水，宜人的气候，淳朴的民风，僧俗两界的护法热忱。他在泉州亦备受礼遇，既得各寺僧侣虔诚款待，众多居士争相恭请，且为社会人士广泛欢迎，感到亲切与温馨，宾至如归。他先后六次莅临泉州，实际居住近七年时间，并于1942年10月13日在泉州温陵养老院圆寂，于此踏上所向往的西方极乐净土之路。

弘一大师作为近代弥陀，在佛教史上的最大贡献是重振南山律宗。他以华严为境，四分律为行，导归净土为果的佛学思想体系，奠定了振微继绝的律宗大师地位。这种贡献的许多突出成就是在泉州圆满完成的。他在泉州为"南山律苑"僧侣讲律，专门培育律学人才，还应各地缁素邀请，做弘扬南山律专题讲演。他在泉州编纂的《南山律在家备览略篇》，是他继《四分律比丘戒相表记》后最重要律著。他在泉州撰写大量宣扬律宗和解释各种戒相的通俗文章，在普及南山律方面起到了重大的作用。他在泉州完成唐代律祖道宣所著南山三大部及宋代律祖元照灵芝三大记校点，还有句读和校注了其他大量律学要著，总数超过五百万字。他在泉州修编《南山道宣律祖略谱》《蕅益大师年谱》《见月律师年谱》，精心考订三位谱主生平，至今仍是研究三位谱主的珍贵资料。正是他在泉州持续以超越的精神、卓绝的行持弘扬南山律宗，终使这个被人遗忘八百多年、濒临泯灭的重要教派得以重放光彩，故被誉为振兴南山律宗第十一代祖师。

弘一大师作为人间才子，早年即擅书名，出家以后独辟路径，"余字即法"，诸艺俱疏，唯书艺不废，留下大量以佛经教义为主要内容的书法作品。这些书法作品既是中国文化艺术宝库的珍璧，也是无可争辩地奠定了他作为伟大书法家的地位。这方面的耀眼成就，亦有许多是大师驻锡闽南，尤其是在泉州期间取得的。他在泉州继续孜孜不倦于书法艺术，写下成千上万书法珍品，包括对联、中堂、横幅、匾额、书信、经文、述作、批注等，广赠缁素四众。既达到"多写字以结善缘""冀以善巧方便,导俗利生"的弘法目的,也使所开创的弘体书法艺术进入成熟期,随时日而精进,愈益炉火纯青,终臻于化境,形成某种恬淡无烟火气的独特风格,深为书坛所企仰!今日的泉州,依旧到处可见大师的宝贵墨迹。

  弘一大师的足迹遍布大半个泉州。泉州开元寺、承天寺、崇福寺、资寿寺,南安小雪峰寺、灵应寺、惠安净峰寺、科山寺、灵瑞山寺,永春普济寺、桃源殿,晋江草庵、福林寺等,大小古刹几十座,都是大师曾经的驻锡之所。他在这些寺庙修持、著述、校点佛典、讲经弘法,教诲了大批僧人,并同性愿、性常、广洽、广义、传贯、转逢、转道、转物、妙慧、妙莲、善契、瑞今、觉圆、觉彻等法师结下深厚法缘。他为这些寺庙撰写匾额、楹联、题字、作记,整理佛经,倡议甚至亲自主持几座寺庙的修葺。他还深入泉州各地民间,广结善缘,弘法过化,使更多泉州人得识大师的人格魅力和广博的佛学知识,深受感化,甚至随他皈依佛门,无怨无悔。他于泉州自然景观及民风民情有诸多介绍,更有诸多赞赏,增进了外界对于泉州的了解。他最终长眠于泉州,更是无形中提高了泉州知名度。他对泉州佛教文化的发展产生了巨大影响,深刻印记至今难以磨灭!他清瘦的身影早已离开纷扰尘世,可是灵骸仍留驻泉州清源山,慈爱目光仍在泉州空中闪烁,空明清澈的生命光华仍让泉州人无限景仰,感到温暖与激动!这在泉州近代文化史上亦是罕见。

  弘一大师与泉州特别有缘,世所公认。他在泉州的行脚生涯、丰富的事迹,无疑很值得深入探究,系统梳理。弘一大师传记甚多,许多传记于此亦有或多或少叙说,然而大多粗疏浅显,更有甚者,囿于研究,不甚深入,考证不够精准,存在诸多谬误,时间倒错,地点混乱,人物张冠李戴,内容以讹传讹,实在令人遗憾!撰写此书,呈献给对弘一大师有兴趣的读者,亦是对大师结缘泉州的纪念!

  (原载《弘一大师在泉州》,齐鲁书社2015年版,合作者苏黎明)

《泉州学概论》序

地方学学科理论建设相对滞后,成为我国地方学发展的一大瓶颈。据统计,全国各地地方学已有几十个,但到目前为止,有出版概论性专著者,却寥寥无几,能为学术界所认可的则更少,比如《徽州学概论》等。有的专著为慎重起见,书名不叫"概论",而称"引论"。比如由广州市人民政府文史研究部编的《广州学引论》,作者的看法是"以在引起学术界的研究和讨论"。从学术研究的角度看,泉州学在全国地方学的研究中,起步较早,研究时间不短,研究成果不少。但遗憾的是,像《泉州学概论》这样具有标志性意义的学术专著,却迟迟未问世。1997年我到泉州师专任党委书记,后任泉州师范学院院长。我认为地方性高等院校必须以推动区域经济文化发展为己任,为此十分重视学校泉州学研究所的工作,并建议时任泉州学研究所所长的陈桂炳教授应当适时编写《泉州学概论》。时隔十多年,看到陈桂炳教授的《泉州学概论》这一项填补空白的重要研究成果即将付梓,确实感到可喜可贺。

作为地方学概论性专著,本书有以下几个特点:一是对泉州学学科建立的理由进行充分阐述。作者在"引论"一章中旗帜鲜明地指出,凭着"中国历史文化名城"(首批)、"东亚文化之都"、"世界多元文化展示中心"这三项国家级、东亚级、世界级的文化桂冠,泉州学的提出与建立是一种历史的必然。在此基础上,作者从"天时"(史学观念变迁的学术背景)、"地利"(历史文化名城)、"人和"(前赴后继泉州学研究先行者)三个方面,对泉州学学科的由来与发展进行了论述,十分有说服力。二是对泉州学研究方法的理解。作者认为应以开放的态度,鼓励各种有利于地方学学科建设及其发展的研究方法,使地方学的研究方法通过不断的研究实践,得以总结、提高和完善。这种研究方法上的"百家争鸣,百花齐放",对于目前仍处于讨论和建设、独立学科地位尚未完全建立的地方学是十分重要的。作者还认为从地方学的学科角度考虑,一种具体的地方学是否有成立的价值,关键是要看其研究对象是否有自己的特色和意义,而这种特色是必须通过比较研究才能凸显出来。"在地方学的各种研究方法中,比较研究的方法是不可或缺的",这对地方学研究者是有启示作用的。三是突出了人的作用。本书第二章是"泉州人"。文化是人创造的,又可以"以文化人",文化与人的关系是相辅相成的辩证关系。这种顺序安排充分表明作者"探讨泉州学的研究对象是泉州地方文化,首先就从对泉州人的讨论入手"的基本观点。四是作者根据自己长期的研究体会,对泉州学研究的相关领域提出了不少独到的见解。比如对泉州民间信仰,作者认为研究民间信仰首先要厘清民间信仰与封建迷信的关系、民间信仰与宗教信仰的关系。作者认为"如果我们把民间信仰解释为'准宗教',与宗教搭上边,无疑可以姑且在一定程度上解决民间信仰的法律地位问题,名正则言顺。否则,我们在进行民间信仰的具体研究中,必然会遇到不少的迷惑和困难"。这样的认识对深入研究民间信仰是十分有帮助的。再比如对泉州民间风俗,作者总结出传播性、区域性、变异性、兼容性四点作为主要特征,其中兼容性特征凸显了泉州文化多元性的特质。在评价历史人物时,作者对欧阳詹、曾公亮、郑成功、施琅等人,均能从其所处的时代背景、历史定位、深远影响等展开论述,尤其是评价历史上争议较大的人物。比如对于洪承畴,作者用"在历史狭缝中前进的洪承畴"的标题,以一分为二的观点,把握好评价的分寸。另外,在"泉州海外交通"一章中,作者特意对"建设21世纪海上丝绸之路先行区"加以论述,反映了泉州学的研究对推动21世纪海上丝绸之路先行区建设的重要意义。

  陈桂炳教授30多年来致力于地方历史文化研究。他淡泊明志,甘于寂寞,继承和发扬老一辈学者"板凳要坐十年冷"的精神,坚守自己的研究领域,默默耕耘,成果累累,奠定了坚实的学术基础。《泉州学概论》作为多学科的著作,由于囿于各自不同的专业背景,一个人不可能样样精通。陈桂炳教授能广泛地吸收、消化已有的相关研究成果,并严格按照学术规范加以注明,体现了作者兼容并蓄和严谨治学的精神。

(原载《泉州学概论》,吉林大学出版社2015年版)

《闽南文化探索：福建省金门同胞联谊会成立三十周年暨闽南文化学术研讨会论文集》序言

金门，地处中国大陆东南沿海，古称浯洲或仙洲。自晋元帝建武年间，随着中原汉人第一次大规模南迁，金门开始有居民入住。唐贞元十九年（803），陈渊为牧马监，十二姓随其入岛牧马，金门逐渐繁荣起来。由于土地的贫瘠和躲避战乱，历史上金门人不断往外迁移，开枝散叶。目前，旅居台湾岛的金门人有近50万人，东南亚多达70万人。历代以来，不论入居或外迁的金门人，都一直保持着汉民族一贯的传统习性，特别是中华文化中对于祖先的崇敬和"不忘根本"的伦理。

闽南文化是中华传统文化与闽南当地文化相融合，并吸收阿拉伯文化、南洋文化、西方文化等外来文化发展起来的。金门处于闽南文化的核心传播区，深受闽南文化的影响，是闽南文化的传承者，也是共同创造者。由于历史的原因，以及金门人对于同根同源的认同，金门至今仍然保留着比较完整的闽南文化传统和特征，是闽南文化的一个缩影。

福建省金门同胞联谊会长期致力于海内外金门乡亲的联谊工作，积极推动两岸的民间交流交往，尤其注重两岸文化的交流互动。2015年12月6日，福建省金门同胞联谊会成立三十周年暨闽南文化学术研讨会在福州隆重举行，来自海内外相关代表近200人出席了会议。作为大会重要组成部分的闽南文化学术研讨会，由泉州师范学院和福建省金门同胞联谊会共同主办，研讨会事先向两岸研究闽南文化的学者征集了数十篇论文，并邀请9位专家，从闽南文化的内涵与外延，大陆与金门的历史联系，闽南文化在金门的发展与特点等方面做了专题报告。为了完整再现此次学术研讨会的研究成果，让更多的两岸同胞进一步了解闽南文化，增强中华文化的认同感，在参加研讨会专家论文的基础上，共筛选了29篇海峡两岸学者的相关论文结集出版。

收入本书的论文以金门为切入点，纵向上下千年，横向由两岸扩展到海外,从诗歌、语言、宗族、民俗、文教、信仰、传播等方面对闽南文化进行了多角度的探索和分析,希望呈现给读者一个多视角的闽南文化全景展示,从中了解到闽南文化的发展脉络,感受到闽南文化的独特魅力。

(原载《闽南文化探索:福建省金门同胞联谊会成立三十周年暨闽南文化学术研讨会论文集》,厦门大学出版社2016年版)

《叶青眼居士散佚文稿》后序

　　李明先生搜集整理的《叶青眼居士散佚文稿》即将付梓。因我的外祖父苏谷南先生曾任开元慈儿院副董事长,与代理院长叶青眼先生过从甚密,感情深厚,而我又于1958年至1964年就读于泉州开教小学(前身为开元慈儿院),故李先生嘱我为序。有幸先睹为快,读完《文稿》之后,感喟良多。

　　叶青眼先生是一位忧国忧民的革命者。晚清时期,面对清廷的腐朽,外敌的入侵,社会的凋敝,叶青眼毅然加入孙中山领导的同盟会,投入推翻清朝政权的斗争中。武昌起义之前,叶青眼就与陈新政、许卓然、王振邦、蒋以麟、傅维彬等同盟会成员一起,冒着生命危险在厦门共谋光复厦门和泉属各县之事宜。而后叶青眼回到泉州,积极投身于光复泉州的战斗中。当以袁世凯为代表的北洋军阀窃取了辛亥革命的胜利果实之后,孙中山先生亲自委任叶青眼为中华革命党福建支部长,叶青眼再次挺身而出,领导支部成员,发动群众,开展了轰轰烈烈的反袁斗争。可惜的是,由于力量薄弱,厦门、泉州等地讨袁斗争失败,叶青眼无奈远赴菲律宾,任教于中西学校。多年之后,叶青眼在《泉州辛亥革命回忆》中为光复泉州这一段刻骨铭心的革命生涯写下这样的诗句:"武昌义旗刚举出,闻风响应古泉州。灌口民军接踵至,库局烈士血交流。敢死学生严队伍,保安绅士好绸缪。督府文书火急到,安抚下游遣宋刘。文官武弁齐慑服,辫子三天不容留。七城五邑咸安谧,绿林草寇悉归投。根本说来正义感,清紫葵罗闲气道。国家兴亡各有责,非为名利为他求。"诗中描写了光复泉州波澜壮阔的场面,抒发了光复泉州的自豪之情,赤诚的爱国之心日月可鉴。

　　叶青眼先生是一位勇于创新的教育家。叶青眼八岁即拜开元寺塾师陈伯华为师,十八岁考取秀才,二十一岁补廪生之后开始了教师生涯,先是在南乡宗亲家、后赴台湾宗亲家当塾师。1908年,科举已废,叶青眼到鼓浪屿新式学堂英华书院任教,开启了从事新式教育的生涯。1916年,叶青眼到菲律宾中西学校任教。1924年,在菲律宾岷里拉创办华侨公学,自任校长。后回厦门中华中学任教。1927年,受聘主持开元慈儿院院务工作。在南洋任教期间,叶青眼注重理论与实践相结合,写出了《南洋群岛过去的华侨教育和将来》《训练儿童应采用自动主义案》等文章,以教育家的眼光针对当时南洋华侨教育的实际,提出了"组织南洋师范学院"的建议。主持开元慈儿院院务之后,叶青眼针对学校生源主要为孤苦儿童的实际,大力推进教育改革:"上下午均照普通小学学科教授。高等班上午读书,下午工作。工场设有工务主任一人,有藤竹科、裁缝科、制鞋科、裱褙科。教旨任使六年之中,各人初具有公民普通常识,国文、算学主要学科根柢,又得习成一种应用工艺,为做人治生根本。"事实证明,这种教育改革行之有效,叶青眼也在《办理佛教慈善工作三十年之经过》一文中,对开元慈儿院育人方面所取得的成就做了详细的阐述。

叶青眼先生是一位充满爱心的慈善家。1927年,叶青眼应聘回乡主持开元慈儿院事务,与开元慈儿院结下了二十一年的不解之缘。为了解决慈儿院的经费问题,叶青眼于1936年两次到南洋筹资,同时广开渠道,积极争取泉厦两地归国侨胞、泉州社会各界的支持。《书稿》中所载《泉州开元慈儿院近讯·胡文虎氏捐建工场》《叶青眼居士由厦来吻向南洋院董报告院务》《聂云台老居士为泉州开元慈儿院呼吁》《各居士捐款响应叶青眼居士函》等文,以及《叶青眼长孙叶宗慧先生忆祖父》一文所记载陈嘉庚先生为开元慈儿院捐款之事,充分说明了叶青眼为开元慈儿院筹集经费的活动得到海内外华人华侨的积极响应。正是因为广开渠道,叶青眼所筹集的经费保证了开元慈儿院的正常运行。开元慈儿院办学成效显著,叶青眼也得到了泉州人民的信任,把更多的精力投入各项慈善事业之中。在发表于1947年的《办理佛教慈善工作三十年之经过》一文中,叶青眼写道:"而参加泉州佛教慈善工作,则在二十二年前承乏泉州开元慈儿院代理院长职务,即现今改为晋江县私立泉州开元儿童教养院是。以是因缘,若泉州妇人院,若温陵男众养老院,若晋江平民救济院(即今之晋江县平民救济院),若建筑泉州新桥溪导水矶头董事会,若救济某某年泉州洪水为灾灾民。乃至日本来后,金厦失陷,救济来晋避难难民,及其他零碎慈善工作,皆因之节次随喜。"林林总总,称其为慈善家确为实至名归。

叶青眼先生是泉州社会发展的推动者。1923年,叶青眼应邀回乡,出任泉州第一任市政局局长。任职期间,他同晋江县知事陈清机一起开展破除迷信、移风易俗的活动,聘请英国爱丁堡大学留学生雷文铨以及傅孙辉等人,制订泉州市政规划,并组织实施中山路改造,颁布实施《市政管理规则》。虽然这三项工作都招来非议,因各种因素影响,最终都没有完成,但这足以说明叶青眼对家乡的热爱以及推动家乡社会发展的初心。叶青眼推动的三项工作引发了泉州人民对移风易俗、市政建设的思考,影响深远。1924年在会泉法师的影响下,叶青眼成为一名虔诚的佛教徒。民国初,泉州佛教处于低迷时期,叶青眼恭请太虚、弘一法师等高僧大德到泉州弘法,为泉州佛教事业健康发展奠定了基础。弘一大师抵泉后,叶青眼追随左右。大师给予叶青眼亦师亦友的指导和关爱,叶青眼也尽可能为大师提供帮助。大师在泉州十四年,对泉州佛教、泉州文化的发展产生了深远的影响,叶青眼功不可没。新中国成立之后,叶青眼曾任福建省文史馆馆员,泉州市政协委员、常委,泉州佛教协会会长,花桥善举公所董事长等职。虽已年逾古稀,叶青眼不顾年老体弱,继续为泉州社会发展建言献策,发光发热。党和政府对叶青眼十分关心,正如其长孙叶宗慧先生在回忆文章中所言:"王今生市长、廖博厚副市长等领导常登门嘘寒问暖,给予从没有过的慰藉,相互讨论一些关于市政建设及宗教事务,祖父也致力做他力所能及的事。"

  清末民初,泉州有这么一批士绅,他们有的生于斯,长于斯,有的从祖国各地,甚至南洋各国回归故乡,追随孙中山先生,积极投身辛亥革命。清朝政权被推翻之后,他们并没有飞黄腾达,享尽高官厚禄,而是回归士绅角色。在战乱频仍的民国时期,正是这一批士绅承继了从欧阳詹、蔡清、李贽、郑成功等泉州乡贤沿袭而来的"爱拼会赢、崇文重教、海纳百川、爱国爱乡"的泉州精神。他们创办实业、兴办学校,修路搭桥、悬壶济世、热心慈善,在推动民国时期泉州社会发展中发挥了极其重要的作用,形成了具有泉州特色的民国"士绅回归"现象,叶青眼先生就是其中的杰出代表。这种现象是泉州历史的重要组成部分,也是泉州学研究的重要课题。相信《叶青眼居士散佚文稿》的出版,将为研究这种现象提供更为翔实的资料。

  (原载《叶青眼居士散佚文稿》,中国文化出版社2023年版)

通政巷与金门青屿张氏家族的渊源

泉州市鲤城区中山中路西侧有一条长约 200 米的巷子，名曰通政巷。这条巷子是两岸一家亲的最好见证。

金门青屿张氏是一个命运多舛的家族。据《金门青屿社张氏重恩堂集及族系谱图等专辑》记载：宋纪仁宗二十六年（康定二年，1041 年）始祖张盈入闽，家族几经迁徙，最后定居金门。家族在金门"田鱼力学为业"，逐渐兴旺发达。明朝正统十四年（1449），"乡寇为孽"，张家族人张益彬有勇有谋，乡人推举他"为民兵之总以御寇"。张益彬与村民们相约，"螺声为号，务相救援"，取得了抗击海寇的胜利。后遭人诬陷，张益彬屈打成招，锒铛入狱，死在狱中。全家五人被充军，张敏、张本、张庆等三个尚未成年的孩子被阉割后送往宫中。张敏因聪明伶俐，谨言慎行，被选去照顾皇太子，"夙夜兢惕，罔敢怠荒"。宪宗即位后，委任张敏为御马监太监，后又任命他为监管"勇士四卫"官军操练、提督十九马房公事直至司礼监太监。2000 年出版的《同安县志》记载：宪宗年近半百，膝下无子。有位姓纪的嫔妃怀孕，怕受到宪宗专宠的万贵妃迫害，太子出生前后，张敏悉心照顾，使太子顺利出生，得以成长。张敏寻找机会，将真相告知宪宗皇帝。宪宗喜从天降，马上召见，册立为太子。张敏因保太子有功，深得宪宗的信任。在宪宗的帮助下，张氏家族的冤案得到平反。成化二十一年（1485），张敏去世，宪宗十分重视，赐祭葬、冠帽、牙牌、玉带。孝宗即位后，又追赐玺书，并"官其家人"，"恩泽之事，大珰未有"。

孝宗恩泽所及包括张苗。张苗是张敏的侄子，从小刻苦好学。明成化年间，因为楷书精妙，被任命为中书舍人。后来又因为修通鉴有功，升迁为大理寺评事。在明孝宗"官其家人"时，又升迁为太常寺卿，寻迁南京通政史。后张苗乞休归，进阶二品。张苗选择了泉州府城作为退休养老之处。宋时，泉州府城有个会通市，商贾都聚于此，还有会通坊一座。张苗选择了这个地方,建造了宅第,这条巷子人们也就称其为通政巷。

张苗在通政巷的府邸里含饴弄孙,其乐融融。他与蔡观慧(蔡清之父)、顾美(顾珀之父)等十七人组织了"逸乐会",大家在一起舞文弄墨、谈诗论易,为海滨邹鲁的泉州增添了不少色彩。明代儒学大家蔡清专门写了《逸乐会记》,详细记载了逸乐会的组成、宗旨以及活动情况。张苗还参与了其从弟张世勋在通政巷府邸始修《金门青屿张氏族谱》的工作。张荣强先生所著《金门青屿社》一书提到,通政巷内张家祠堂,抗战时期成了人工制香烟工厂。

张氏家族十分珍惜来之不易的家族逆袭,其子弟崇文重教,好学向上。张苗这一代有"浯洲三卿"之称,除张苗之外,还有张质及张晖从兄弟。张晖为钦赐三品服带,进阶嘉议大夫,张质为钦赐昭勇将军、北京锦衣卫指挥使。在子孙的共同努力下,青屿张氏家族逆袭为金门四大科举家族之一。据统计,明清两个朝代,青屿张家共有7位进士、13名举人、7名贡生。张苗后裔表现得特别突出。其长子张定弘治三年(1490)登第,是明朝金门的第一位进士。万历四十四年(1616),其后裔张朝纲登第。崇祯十三年(1640),张朝纲的从弟张朝綖登第。两位从兄弟,演绎了明朝金门"兄弟进士"的佳话。登第之后,他们在泉州庄府巷(现丁厝埕处)建了"进士第"。康熙六十年(1721),张朝纲之五代孙张对墀又登上了进士榜。张氏后裔就这样在泉州的大地上开枝散叶。

张苗对泉州府城这片文化沃土有着深厚的感情,去世后就安葬在泉州东门外凤山右麓,墓圹开筑较大,称为通政山,高高的墓碑上刻着"大明进阶一级,从二品,正奉大夫、治卿南京通政使张公暨夫人杨氏神茔"的字样。

如今,通政巷张氏府邸的遗址早已湮没。但每当走过通政巷的时候,就会令人想起明代张氏家族敢拼爱赢、奋斗逆袭的励志故事,就会令人想起血浓于水的两岸亲情,期盼着祖国早日统一,两岸同胞团结起来共同为实现中华民族伟大复兴的中国梦而努力奋斗。

(原载《金门乡谊》2020年第1期)

探花宰相林釬的金漳情

明代是金门科举的鼎盛时期,其中户贯为金门的进士共有 24 人,乡贯为金门,户贯在外的进士有 9 人,而林釬是其中甲第和官职最高的一位进士。

光绪《金门志》记载:"林釬,字实甫,号鹤台,欧垄人。"传说其出生之前,欧垄湖中的水鸣沸三日夜。金门文史专家黄振良先生指出:林釬是后垄林家的遗腹子,林父过世之后,林母因生活所逼,招漳州林姓男子为赘婿。后林母带着林釬随夫回漳州,林釬就在漳州学习成长。

万历四十年(1612),林釬参加乡试中举人,《大同志》记载:"壬子科乡试,林釬,翔风欧垄人,住龙溪。"万历四十四年(1616),林釬登进士第,高中第一甲第三名,即探花。康熙《福建通志》记载:林釬,同安县龙溪人。《明清进士题名碑录索引》记载:林釬,"福建同安⑩,(福建龙溪),明万历 44/1/3"。《国朝历科题名碑录初集(明万历四十四年进士题名碑录)》记载:林釬,"福建泉州府同安县民籍,龙溪县人"。金门是林釬摇篮血迹之地,龙溪是养育林釬成长的地方。因此在参加科考的时候,林釬填报的户贯为"福建泉州府同安县民籍",而把继父的户贯龙溪作为自己的乡贯。这充分表达了林釬对金门的思念、对龙溪的热爱以及对继父的感恩之情。《金门匾额人物》一书中指出:林釬在高中探花之后,专程前往金门后垄挂匾竖旗,祭拜祖先。虽然因年代久远,原来的匾额已经遗失了,但现在后垄林氏家庙还悬挂着一块"探花宰相"的匾额。

《漳州府志》记载:林釬登第后,"除翰林院编修,历官国子监司业,署监事"。当时国子监有贮水防火的铜鼎、铜缸,魏忠贤要将其铸成铜钱,林釬坚决制止。天启年间,浙江巡抚潘汝桢在西湖为魏忠贤建生祠,有一些无耻之徒为了巴结魏忠贤,纷纷仿效。国子监生陆万龄要求在太学旁边建魏忠贤祠,林釬不肯。《明史》云:"万龄欲建阉祠,具簿醵金,强釬为倡。釬援笔涂抹,即夕挂冠棂星门径归,忠贤矫旨削其籍。"疾恶如仇,林釬当晚即挂冠而去,真乃一正人君子。崇祯皇帝即位后,得知此事,十分感慨地说:"危行言逊,君子也。"于是林釬官复原职,并晋升为礼部侍郎兼侍读学士。后因在用人、理财、靖寇、宁边四方面建言献策,得到崇祯皇帝的赏识,"即日拜内阁大学士,入阁办事",人称"林阁老"。郑芝龙受招抚,林釬曾给予帮助。林釬五十大寿时,郑芝龙送上千金为其祝寿,"釬却之,复信曰:'成人之美,君子也;因之以为利,非君子也。'芝龙亦叹服其量"。崇祯九年(1636),林釬卒于官,崇祯皇帝御书赐其"澹泊宁静,中正和平"八个大字,并"谥文穆"。

林釬辞官归漳州后,建了"阁老楼",与为避魏宦之祸而归家的黄道周结为知己。黄道周曾四次登门拜访林釬,两人谈古论今,直至深夜。《南靖县志》记载:"时林釬自龙溪移寓邑之中埔,道周尝数四往来其家,谈论古今时事,夜不寝。"徐霞客也特地前来拜访,为其母亲八十寿辰索诗求字。林釬十分关心漳州的建设,在任时曾写《宝林水利碑记》,高度评价宝林水利工程的建设。辞官回漳后,继续倡导百姓兴修水利。当倭寇与海盗勾结危及漳州时,归隐在家的林釬与地方官员和乡绅一起,共同倡议修建了关隘及镇门两炮台。林釬还撰写了《施公新筑万松关碑记》,题写了"天宝维垣"四个大字。

林釬去世后归葬洞口社,与其母亲陈太夫人及其妻杨氏的合葬墓、继父林中和墓等林家墓葬群在一起。在洞口社村口,有"林文穆公里门"石牌坊一座,这是其学生李绍贤、曹广、刘鸿嘉于崇祯壬午年(1642)为纪念恩师而建造的。在洞口社古代出漳官道上,有一座"澹泊宁静"坊,这是晚明"提督福建学政布政使司右参议兼按察司佥事门生陶承谟"和"署龙溪县事南靖县知县门生吴士颜"奉旨为其恩师林釬立的。林釬至死也不忘金门,逝世后,其神主牌也进主金门后垄林氏家庙祖龛内,与金门林氏家族的祖先一起,认祖归宗,魂归故里。

金门的欧垄湖、林氏家庙、探花宰相匾,漳州的阁老楼、"林文穆公里门"石牌坊、"澹泊宁静"坊都在述说着同一个人的故事;《金门志》《大同志》《龙溪县志》《漳州府志》都记载着同一个人的事迹。这就是林釬,他为人们呈现了世代相传的金漳情。

(原载《金门乡谊》2020年第2期)

蜚声民国闽南诗坛的爱国诗人杨昌国

杨昌国(1888—1951),字宜侯,清晋江县府城西街旧馆驿(今属泉州市鲤城区)人。杨昌国是泉州旧馆驿董杨氏后裔,其高祖父为嘉庆十三年(1808)进士杨滨海,其舅父为泉州知名诗人苏大山。杨昌国从小耳濡目染,十分好学,曾受业于清末民初泉州硕儒陈硕生。陈硕生先生逝世之后,杨昌国与王筱伯、潘斯吉等弟子专门写了《陈硕生先生事略》,以纪念恩师。文中高度评价了陈硕生的爱国精神和文风:陈硕生,"登癸巳科乡榜第六名亚元,壬寅年游历南洋英荷各属,同情于革命。归国后倡办学校,即以民族意识灌输于青年学子。……民国成立后,被举为省议会议员不就,而担任国民党泉州支部部长。自民二(1913)至民三(1914),闽南讨袁护国护法诸役,均居中为之策划。生平精研史地之学,尤熟于近代掌故,故其为文大气磅礴,如长江大河,一泻千里"。

杨昌国一生走南闯北,阅历无数。在《乙亥重阳日九日山登高》十首诗的序言中,杨昌国写道:"三十年予客鹭门,旋游榕峤,历淞沪及大江南北。海外则菲律宾,昆舍耶暨诸岛。"客居厦门期间,杨昌国投身教育事业。《厦门市志(民国)》记载:"崇实小学:该校创于清末光绪卅三年(1907)……是厦门私立小学之嚆矢。……宣统三年(1911)由吴济美、杨凤翔等改办商业学堂,聘苏大山为堂长。民国二年(1913),改称崇高小学仍以苏大山为校长。民国六年(1917)苏辞职,聘杨昌国接充。厦岛沦陷,被敌摧毁,已成片土。"杨昌国毕业于福建教育行政人员讲习班,从 1917 年到 1938 年,他在崇实小学担任了 21 年的校长,为厦门的教育事业做出了贡献。1938 年厦门沦陷之后,杨昌国不堪忍受日寇践踏国土,不甘在日寇的铁蹄下苟且偷生,毅然远渡重洋,到菲律宾任教谋生,宣传抗日。

在厦门任教期间,工作之余,杨昌国热心于诗歌创作。他参加了当时厦门菽庄吟社和星社的活动。菽庄吟社创建于 1914 年,开始只有 300 多吟侣,后发展至1000多人。时人称北有南社,南有菽庄吟社。据黄乃江所著《东南坛坫第一家——菽庄吟社研究》一书记载:苏大山是菽庄吟社核心成员十八子之一,同时也是菽庄吟社创始人林尔嘉聘请的社课主持人。星社是民国二十三年(1934)由厦门著名诗人胡巽创办的,《东南坛坫第一家——菽庄吟社研究》一书还记载:杨昌国既是菽庄吟侣,又是星社的成员。苏大山既是杨昌国的长辈、师长,也是诗友。苏大山在《红兰馆诗钞》中有一首《清明日寄杨甥宜侯泉州》:"江云漠漠雨绵绵,杜宇声中过禁烟。上冢苦增游子感,青茛山别又三年。"而杨昌国也有《红兰馆饯春》两首表达对舅父的敬仰。其二如下:"江山啸傲足怡情,南面权当拥百城。叉手几人诗笔健,撑肠万卷峡词倾。苔岑臭味多同调,莲社风骚赖主盟。杖履追随逾卅载,南阳月旦愧长明。"上海正风文学院是民国时上海专门研究中国文学的高等学府,国民党元老吴稚晖任董事,南社社员王西神任院长,名师云集。杨昌国曾就读于该校,因此,其诗作融合南北两派的风格,颇受吟友的好评。厦门著名诗人陈桂荣在选编《近代七言绝句续集》时,收入了杨昌国《鼓冈山吊明监国鲁王墓》五首之一:"三百年来龙寂寂,明余帝子久无家。玉鱼金碗销沉尽,只有金门落照斜。"陈桂荣评价此诗:"以兴废之事,寓凭吊之感,朱熹诗所谓'吊古宁忘恨'者。虽然,民国崇祀孝陵,以清明日为民族扫墓节,可慰王于天下矣。"此评论高度赞赏了杨昌国诗作中的爱国情怀。《菲岛杂诗》是世居厦门、祖籍南安的诗人苏警予所作,杨昌国受邀为该书作词为序,说明了杨昌国在菽庄吟社有一定的影响。杨昌国写道:"警予吟兄以《菲岛杂诗》行将付梓索句,为题一阕,即希正之。"摘录如下:"胸中块垒,愁心千叠,者般客况滋味。道是三年去国,江山如此。只缘难浇杯酒,最多情鼠肝虫臂。车毂击,马蹄骄,尽付与珠玑字。负戟东方曾记。风土写,炎洲问今何事?豪放心情一片,沧浪子美!乌衣恨休重说,遥望眼谁家燕子。这几许,却把诗篇一一寄。(调寄《声声慢》)"陈桂荣先生称杨昌国著有《船亭诗草》一书,可惜现已佚。

客居厦门,走南闯北之时,杨昌国念念不忘故乡泉州。在《乙亥重阳日九日山登高》十首诗的序言中,杨昌国写道:"仆仆车船,而故乡山色,徒萦诸梦寐,未能一一重游之。"1932年,苏大山倡建温陵弢社后,杨昌国积极响应,成为一名活跃的会员。从《温陵近代诗钞》一书记载的杨昌国31首诗作可以看出他多次参加了温陵弢社的活动,比如《甲戌中秋双江泛月》四首、《春柳》四首、《莲心庵观紫农山人题额》四首等等。1934年农历九月,温陵弢社组织了宋应祥、苏大山、曾遒、林骚、苏镜潭等二十几位泉州著名诗人前往九日山采风。此时正值"九一八"事变之后,温陵弢社以采风的形式,借助九日山历史遗迹,来激励诗人们团结一致,共抵外敌。杨昌国参加了这次活动并作诗以记。其诗《甲戌重阳后五日游九日山》云:"重阳五日岁甲戌,载酒驱车西城出。江山何处快登临,九日峰高青无匹。劫余残爇奄丰州,未许游屐来探幽。一角乾坤清净地,天公似为吾曹留。有酒何妨重阳展,有花插鬓香盈头。诗成恐被山灵笑,胆怯题糕刘郎羞。忆昔秦君幽遁处,日日垂丝东海去。只今累石钓台荒,徒留偃蹇晋松树。摩挲古砚秦亭傍,剥落云烟生古香。掰窠但见才翁笔,妙墨且思君谟堂。更向青天搔首问,我来怀古思茫茫。安得奇峰三十六,一一寻幽快眼福。陶然共醉九日杯,且听琴泉响丝竹。白云井畔望悠悠,姜相峰前天为秋。香奁一编韩学士,犹感当年捋虎愁。寄语山中猿鹤侣,他时蹑屐再来游。"1935年农历九月,温陵弢社组织了第二次九日山采风活动,杨昌国"以在客中,不获预,然心向往之"。读完温陵弢社诗人九日山登高之作后,杨昌国感慨万千:"于此山不无盛衰之感!然岩岩维石,应尚在也。因作十石诗以寄意焉。"现摘录《乙亥重阳日九日山登高》之十如下:"何时重踏破山门,溲面题糕侑酒罇。亦欲凭高舒一眺,不堪流睨望中原。"此诗颇有杜甫"国破山河在,城春草木深"的风骨,是杨昌国一生忧国忧民、爱国爱乡的最好体现。

抗日战争胜利之后,经历了十年异国他乡的颠沛流离、已是花甲之年的杨昌国,不顾年老体弱,满怀着对故乡的眷念之情,于1948年从菲律宾回归祖国。1951年11月,这位见证了清朝、民国的腐朽灭亡,迎来新中国成立的爱国诗人,在泉州逝世,叶落归根,魂归故土。

(原载《泉州晚报》2020年9月11日)

性至孝悌，献身闽台教育事业的杨滨海

泉州西街旧馆驿有座以异姓联宗闻名于世的董杨大宗祠。清末泉州文人杨浚所撰的《重修旧馆杨氏大宗祠》碑文，记载董杨氏开基祖的身世，故事颇为曲折动人："泉州旧馆杨氏宗祠，其先南宋世兴公由余杭入闽，本董姓，至君选公以杨姓入仕，遂为董杨氏。"事情原委是这样：旧馆驿董杨氏的始祖是董世兴，浙江余杭人，南宋时以朝议郎身份任同安关监税，于是到泉州任职，卒于官。因家贫，其亲属无法回归故里。董世兴的朋友，晋江人杨宣收留了其家人。董世兴的儿子君选，后来以杨姓入仕，任潮阳县尹，故称董杨氏。从此孝悌文化就在家族中代代相传，并随着族裔在世界各地开枝散叶，董杨氏孝悌文化名扬海内外。

董杨氏宗族的后裔杨滨海（？—1827），清晋江县府城西街旧馆驿（今属泉州市鲤城区）人，清代嘉庆十三年（1808）进士。从杨滨海后裔提供的《皇清赐进士出身敕授文林郎台湾府学教授雨庵杨君墓志铭》残缺抄本中，可以看出墓志铭的作者，嘉庆十六年（1811）进士、光禄寺卿、泉州人许邦光，对杨滨海家族弘扬孝悌文化的优良传统给予了充分肯定，"祖日新，乐施好善。父云汉，孝友闻于乡。母殁，日哭于其墓。尝遇雨，仆负泥归"。在这种环境的熏陶下，杨滨海从小性至孝悌。许邦光写道：杨滨海"性孝友，父母意稍拂，则涕泣长跪，引过自责，竟日不敢退。贵不改，遇疾病侍汤药不离侧""服食器用，则先寡嫂，犹子教养婚娶俱襄之"。对母对兄极尽孝悌。

《明清进士题名碑录索引》载："杨滨海，福建晋江，清嘉庆13/2/78。"按该书编例说明，杨滨海为嘉庆十三年（1808）第二甲第78名进士。《清代进士题名录》载："嘉庆十三年（1808）戊辰科，赐进士出身第二甲第七十八名杨滨海，福建泉州府晋江县人。"民国《福建通志》亦载："嘉庆十三年（1808）戊辰吴信中榜，晋江，杨滨海。"此科泉州登进士第的仅有两位晋江人：杨滨海和何奕簪。

杨滨海登进士第后,辞官尽孝、辞官从教,成为佳话。道光《晋江县志》载:"嘉庆十三年(1808)戊辰吴信中榜,杨滨海,即用县请改教,历漳州、台湾教授。"许邦光在墓志铭中写道:杨滨海"释褐后,授四川令,以母老乞归。"按照清代惯例,登进士第后可授知县,而杨滨海却因母亲年老,呈请归家照顾母亲,同时呈请改任教职。在朝廷没有新的任命前,杨滨海回到了故乡泉州,一方面照顾年老的母亲,一方面"家居授徒",教书育人。由于杨滨海"经史百家及诗赋靡不甄综",学问渊博,因此"从学者众"。当时的杨滨海进士第,书声琅琅,为海滨邹鲁的泉州增光添彩。

道光元年(1821),朝廷终于改授杨滨海为漳州府学教授。光绪《漳州府志》记载:"府学教授杨滨海,晋江进士。道光元年任。"虽然清代已将府学教授从明代的从九品提升为正七品,但实际上知县的权力之大不是一个府学教授所能比的。府学是朝廷在府级行政区内所设的地方官学。清代的教授仅设于府学,府学教授的主要职责是教诲训导,考核管理生员。杨滨海辞官从教,表现出了闽南人崇文重教的特质。漳州是闽南地区的重要组成部分,崇文重教风气浓烈。有过多年授徒经验的杨滨海在担任漳州府学教授期间,如鱼得水,任劳任怨,为推进漳州的文教事业发展做出了贡献。

道光五年(1825),杨滨海由漳州府学教授调任台湾府学教授。《福建通志·台湾府》记载:"台湾府学教授杨滨海,晋江人,嘉庆戊辰进士,(道光)五年任。"施琅平台之后,为了加强对台湾的统治,清政府高度重视台湾的治理,要求派往台湾任职官员要有一定的任职经历和较高的素质。比如首任台湾知府蒋毓英是由泉州知府调任的,首任台湾府学教授官伟是由建宁府学教授调任的。杨滨海因其突出的业绩被选调到台湾任职。为了台湾的教育事业,杨滨海依依不舍地离开了闽南这片文化沃土,离开了漳州府学那些朝夕相处的生员和同事,于当年十二月渡过波涛汹涌的台湾海峡,赴任台湾府学教授。台湾府学是清康熙二十四年(1685)在明郑时期的文庙、太学旧地上修建而成的。台湾府学是台湾的最高学府,因此人们又称其为台湾首学。杨滨海在台湾府学教授的职位上,兢兢业业,勤奋工作,把闽南人崇文重教的精神带到台湾,促进了台湾教育事业的发展。统计数字表明,有清一代台湾有进士三十三人,其中道光五年(1825)以后登进士第的有二十九名。这个统计数字从一个侧面说明了杨滨海及其之后台湾府学教授的教育成就。道光七年(1827),杨滨海殁于官,归葬泉州晋江三十八都虎砂桥大宅乡。这位泉州进士就这样为闽台教育事业的发展献出了自己宝贵的生命。

杨滨海在教书育人之余,坚持刻苦钻研,著书立说。道光《晋江县志》载,杨滨海有著作两部:《易系辞讲义》以及《汲古山房文钞》。前者是杨滨海的治《易》之作,后者是其文集。许邦光称赞杨滨海"为文磊落焕发,不落寻常窠臼"。因其两部著作都已佚,现摘录道光《晋江县志》保存下来的杨滨海为重修开元寺所作的文章一篇如下:

紫云寺昉自唐(此处疑有脱文)二年,四易名而开元。今不改,垂有千年,递毁递修不胜书。癸酉(1813)夏,拜坛西金刚寮圮,佛像亦剥落殆半,寺僧及旁舍居人,购瓦椽复之。越明年甲戌,郡宪盛公倡修。嗣是官绅洎诸善信倾囊乐助,乃以十月望兴工,迄小除夕告竣。縻白金五百余钣,监工掌账者释氏达衷也,董役者秦君维藩也。而勤宏愿力间亦与事者萧敦堂、杨雨庵也。既成,因承僧请而识其略焉。

此文行文流畅,繁简得当,直抒胸臆,不入俗套,正可谓"为文磊落焕发"。

杨滨海的进士第坐落于泉州西街旧馆驿85号,有两百年左右的历史,是闽南典型的"手巾寮"建筑,共有五寮,每一寮都有三落进深,并且彼此相通。据其后裔介绍,门前原来有一块"进士第"门匾。这座进士第留给了人们无尽的遐想,是人们缅怀杨滨海性至孝悌,为闽台教育事业做出贡献的宝贵历史文化遗存。

(原载《泉州晚报》2020年9月11日)

"一府二鹿三艋舺"中的金门会馆

"一府二鹿三艋舺"是台湾的一句谚语,说的是清代台湾全岛三大港市的繁荣景象。一府为安平府,即现在台南市中西区与安平区;二鹿是指现在彰化县的鹿港镇;三艋舺指的是现在台北市万华区。

郑成功收复台湾后,以原荷兰人建立的热兰遮城作为府城,设置安平府。因郑氏三代都居住在此,此地又称王城,对外贸易发达,古称一府。在明末清初闽南向台湾大量移民时,移居鹿港的泉州人居多,故鹿港又称"小泉州"。乾隆四十九年(1784),清廷开放泉州蚶江与台湾鹿港的对渡,鹿港的对外贸易地位迅速提高,日益发达。泉州闽台缘博物馆的镇馆之宝——清代"鹿港郊"铁钟,上面铸有46家商号的名称,就是当时鹿港海上贸易发达的见证,是为二鹿。嘉庆之后,台湾的经济中心逐渐北移,水运优势突出的艋舺,也就成为贸易的重镇,是为三艋舺。

秉承泉州人敢拼爱赢精神的金门人,紧紧抓住台湾经济发展的时机,在人口迁移及对台贸易上为台湾的经济社会发展做出了贡献。由于人口迁移及对台贸易的需要,金门人在"一府二鹿三艋舺"各建立了一所金门馆。

安平府的金门馆建于清乾隆十二年(1747),位处现安平菜市场,是金门人在台湾最早建立的会馆。安平金门馆在当时安平五馆(其余四馆为闽安馆、提标馆、海山馆、烽火馆)中规模名列第三。可惜的是安平金门馆今已毁。

鹿港的金门会馆遗迹尚存,为两进三开间,经过修复保存比较好。鹿港金门馆是乾隆五十二年(1787)由戍守鹿港的金门水师官兵与旅居鹿港的金门绅商共同捐建而成,因此也有人称其为"班兵会馆"。

金门馆的捐地人为徐乐三。《金门志》记载:"徐乐三,后浦人。善画猫菜,洒落好结客……念同乡标兵遣戍至无栖所,弃斋宅聚舍之,即今鹿港'金门公馆'也。"徐乐三还是位慈善家,"腊杪,故交贫人多借其力度岁"。鹿港金门馆位处金门街,街因馆而得名。馆内存有金门的文武官绅所敬献的碑匾,共有碑三方,匾两方。分别是嘉庆十年(1805)徐乐三所题的《浯江馆》匾额;道光十四年(1834)水师左营游击刘光彩的《过化存神》匾额;道光十四年(1834)的《重建浯江馆碑记》,此碑为刘光彩撰文,郑用锡勒石;道光十四年(1834)和咸丰五年(1855)的《重修浯江馆捐题芳名录》。馆内有一棵老榉树,相传为建馆时从金门带来的。鹿港金门馆门柱上的对联为:

金碧辉煌德泽千秋敷鹿港,
门庭肃穆恩波万里溯浯洲。

台北金门馆位处现台北市广州街81巷4弄3号,属万华区。万华区处于新店溪与大汉溪交会处,清朝时称"艋舺"。艋舺是凯达格兰族"独木舟"的音译。当时此地因停泊许多用来贸易的艋舺而有此名。咸丰七年(1857),金门王士仁等人奉调戍守艋舺,就在营房旁建立金门馆,后历经三次搬迁才迁到此地。该馆主祀苏府王爷、配祀观音佛祖以及谢、范二将军。该馆门匾"苏爷千岁"为乡人谢番薯敬献,二门门联为:

金身显赫威灵天下财源广,
门现神光庇佑万民福泽长。

会馆是一种独特的历史文化遗存。台湾的金门馆具有三大功能:

其一是共伙功能。由驻台金门官兵捐建或参与捐建的成为官兵们共伙之地。

其二是联谊功能。金门乡亲来来往往,赴台打拼的金门人在这里住宿、会亲会友、泡茶聊天、畅叙乡谊、互帮互助。

其三是祀奉功能。台湾金门三馆都祭祀苏王爷。相传苏王爷即苏永盛,唐时佐牧马侯陈渊开发金门,因有功于金门,金门人感其恩泽,建了"浯德宫"来奉祀他。每年农历四月十二日苏王爷神诞,是安平金门馆、鹿港金门馆、艋舺金门馆最热闹的时候。台湾金门三馆与金门,同时举行盛大的庆祝活动。在台湾的三所金门会馆中,艋舺金门馆庆祝苏王爷神诞的活动规模最大,善男信女千余人,花车近百部,热闹非凡,体现了浓浓的故土情怀。

从台湾三所金门会馆的发展历史中,人们可以体会到金门人敢拼爱赢的精神和对台湾经济社会发展所做出的贡献,这也就是了解研究台湾金门会馆的意义之所在。

参考文献

周宗贤:《血溶于水的会馆》,台北:"行政院"文化建设委员会,1985年。

杨树清:《金门族群发展》,台北县:稻田出版社,1996年。

陈益宗:《台湾彰化县鹿港金门馆修复纪实》,《古建园林技术》2003年第12期,第23～25页。

(原载《金门乡谊》2020年第3期)

生而为书,死亦为书的中华文脉守护者
——记清代泉州著名藏书家、目录学家黄虞稷

黄虞稷(1629—1691),字俞邰,号楮园,晋江人,清代著名藏书家、目录学家。嗜书如命,是中华文脉的守护者。

子承父志　两代书痴

黄虞稷的父亲为黄居中(1562—1644),明万历十三年(1585)举人,初任上海教谕,后迁南京国子监丞。朝廷授其贵州黄平州知州,坚辞不就,锐意藏书读书。黄居中为明代著名藏书家,其藏书楼名为"千顷斋",藏书六万余卷。清代大藏书家钱谦益称其"少爱读书,老而弥坚,自为举子以迄学官,修脯所得,衣食所遗,未尝不以市书也"。教书所得,除了衣食所需费用外,都用来买书了。黄居中有《千顷斋集》《洗心文集》《文庙礼乐志》《三酉斋诗》等著作传世。明崇祯十七年(1644),黄居中得知清兵入京的消息,"太息曰:'吾何归,彼犹此耳。'竟卒于杭州"。

黄虞稷从小受父亲的熏陶,敏而好学,乾隆《泉州府志》载:"甫入塾,经书口授即成诵。七岁能诗,出语惊人,有神童之称。"十六岁进县学时,于典籍"问无不知,知无不举其精义"。清顺治十七年(1660),黄虞稷想参加科举考试,其母周氏曰:"有先人遗书在,当尽读之,勿躁也。"于是黄虞稷谨遵母训,放弃科考,专心读书。时值明朝灭亡,清兵大举南下,江南亦处多事之秋,许多藏书家的珍贵藏书在战乱中损失殆尽,黄虞稷始终痴心不改,子承父志,爱书如命。经扩建,他改"千顷斋"为"千顷堂",不仅千方百计慎守父亲藏书,而且费尽心思,广泛购书与抄书。在他的努力下,千顷堂藏书累计达到八万卷之巨,成为江南屈指可数的大藏书家之一。钱谦益对此大为感慨:"自有丧乱以来,载籍之厄未之有也。今晋江黄氏,顾能父子藏书,及于在世。一亩之宫,环堵之室,充栋宇而溢机杼者,保全于劫火洞然之后,岂不

难哉！……黄氏之书，俨然无恙，则岂非居福德之地，有神物呵护若是欤？"

编纂书目　入选《四库》

为了使这八万卷藏书能够充分发挥作用，黄虞稷在父亲所撰的《千顷斋藏书目录》基础上，耗费了十多年的时间，对千顷堂藏书目录加以整理，编纂了中国古代目录学史上著名的《千顷堂书目》。该书目共三十二卷，以经、史、子、集分类，下分43门。书中每一条目之后都附有作者的爵里、字号、科第等，有的还对该书内容或编撰情况做了说明，这些资料中不少是《明史》和其他传记所没有记载的。在校订千顷堂藏书时，黄虞稷发现《宋史·艺文志》所载时间截止于南宋咸淳年间，辽、金、元三史《艺文志》都没有记载，而明代，虽然著述很多，却没有比较完整的书目。在广泛参考了有关志书和藏书目录的基础上，《千顷堂书目》计收录明人著作一万四千余种，附载宋、元、金、辽著作二千四百余种，使南宋末至明代数百年间汗牛充栋的著述，初步条分缕析，"粲然大备"。在泉州历代著述中，仅有29人的54部著作被收入《四库全书》，而《千顷堂书目》是唯一被收入《四库全书·史部·目录类》的著作。《四库全书总目》称："考明一代著作者，终以是书为可据。所以钦定《明史·艺文志》颇采录之。"评价比较高。

重视流通　名扬学界

与当时许多藏书家只注重藏书，不重视藏书的流通不同，黄虞稷"常与江左诸名士约为经史会，以资浏览，借阅者无虚日"。他和乌龙潭太平庵藏书的拥有者丁雄飞签订了《古欢社约》，协议中写道："每月十三日丁至黄，二十六日黄至丁。为日已订，先期不约，要务有妨则预辞。不入他友，恐涉应酬，兼妨检阅。到时果核六器，茶不计。午后饭，一荤一蔬，不及酒，逾额者夺异书示罚。舆从每名给钱三十文，不过三人。借书不得逾半月，还书不得托人转致。"借阅规则制定得十分详尽，是古代私人藏书借阅规则的范本，成就了中国藏书史上的一段佳话。钱谦益在《黄氏千顷堂藏书记》一文中写道："戊子之秋，余讼系金陵，方有采诗之役，从人借书。林古度曰：'晋江黄明立先生之仲子，守其父书，甚富。贤而有文，盍假诸。'余于是从仲子借书，得尽阅本朝诗文之未见者。"史料记载，与黄虞稷在书籍上经常互通有无的学者有周在浚、朱彝尊、倪灿、曹溶、徐乾学、徐元文、梅文鼎等人。可见当时黄虞稷以藏书丰富以及愿意为借阅者提供方便而名扬学界。为了使所藏善本得以流传,黄虞稷与藏书家周在浚,发起征刻唐宋秘本藏书,并从各自家藏中精心挑选,编纂《征刻唐宋秘本书目》刊刻发行,得到诸多学者的积极响应。朱彝尊、魏禧等人联名发表《征刻唐宋秘本书启》,张芳撰文号召天下人共襄盛举。纳兰成德刊刻《通志堂经解》时,收入了黄虞稷和周在浚提供的经部书籍。在官纂《武英殿聚珍版丛书》和私刊《知不足斋丛书》中,也陆续刊印了《征刻唐宋秘本书目》中的绝大部分珍籍。

参修史书　死亦为书

黄虞稷博览群书,学识渊博,著作等身,除了影响深远的《千顷堂书目》外,还有《建初集》《史传纪年》《蝉巢集》《我贵轩集》《朝爽阁集》《楮园杂志》《广孤树衷谈》等等。中国历代官修正史,参修之人要求都很高,必须是著名学者。康熙十八年(1679),清廷开馆纂修《明史》,黄虞稷既没登科第,又无官职,担任《明史》监修总裁的左都御史徐元文器重黄虞稷的学问文章,破格举荐其参与编纂工作。在明史馆,黄虞稷主要负责编纂《列传》和《艺文志》。黄虞稷利用自己丰富的藏书以及史馆的便利,广采博览,精心考订,完成了《明史·艺文志稿》的编纂工作。此稿后经张廷玉、王鸿旭等人的删削、改编,成为《明史·艺文志》,而黄虞稷所编纂的《明史·艺文志稿》却散佚。修订后的《明史·艺文志》存在诸多缺陷,无法反映明代著述全貌,全祖望、卢文弨、杭世骏等人都对此深表不满,许多学者在研究明代著述时,更多使用的是《千顷堂书目》。

康熙二十三年(1684),清廷开始修《大清一统志》,徐元文之兄徐乾学作为总裁官,于是又推荐黄虞稷担任福建全省分志的纂修工作。康熙二十八年(1689),因遭人奏劾"既无好事业,焉有好文章,应逐出史馆,以示远奸",徐乾学于是上疏康熙帝恳请"放归田里"。康熙帝同意其乞假回乡,考虑到《大清一统志》编纂的连贯性,下旨准许徐乾学带《一统志》稿回乡继续编纂。徐乾学认为黄虞稷"学问渊博,健文笔",疏请准带黄虞稷等人"随往相助,一如在馆供职,庶编辑易成",得到批准。于是黄虞稷随徐乾学前往太湖包山书局继续编纂《大清一统志》。在一年多的时间里,黄虞稷竭尽全力,"搦管兀坐,焚膏继晷,一字未安,追琢累夜",夜以继日,兢兢业业,协助徐乾学完成了《大清一统志》的总纂工作。

康熙三十年(1691)七月,黄虞稷因长时间、高强度的修志工作,积劳成疾,抱病回到江宁(南京)家中,到家五天后就病逝了,"年六十有三"。

书籍是传承中华文脉的重要载体,黄虞稷生而为书,死亦为书,用生命守护中华文脉,是泉州人的骄傲。故乡人民并没有忘记这位为守护中华文脉做出杰出贡献的藏书家、目录学家,不管是乾隆《泉州府志》、道光《晋江县志》,还是《泉州市志》《晋江市志》都有其传记,记载其事迹。在晋江安海镇朝天境的黄虞稷祖宅门前原悬有一副木刻楹联:"一篇书目传千顷,十则家规韵五言。"这副楹联生动地诠释了黄虞稷爱书如命、守护中华文脉的一生,也表达了泉州人民对黄虞稷的无尽思念。

(原载泉州风雅颂书局公众号2021年4月23日)

清代福州三位父子祖孙科第人物的金门缘

清代福州有三位父子祖孙科第人物黄瑛、黄绍芳、黄轩龄的祖籍是金门汶水头，与金门有较深的渊源。据《金门金水黄氏族谱》载："汶水（后水头）始祖六十四郎佛宗公为同安房纶公派下，于明永乐三年（1405）乙酉由金柄迁居于此。"金门文史专家黄振良先生在《金门历代进士祖籍之探讨解析》一文中指出：黄瑛的先世为金门汶水头相房第九世华宇公，明末移居福建内地，在闽县落籍。传到第十三世黄瑛在嘉庆二十三年（1818）中举人，第十四世黄瑛之子黄绍芳道光十六年（1836）登进士第。后黄绍芳之孙第十六世黄轩龄又登进士第，人称"父子祖孙科甲"。金门汶水头黄氏家族从明末落户闽县，经过200多年的奋斗拼搏能有这样的举业成就，委实不易，值得为之感到骄傲。

黄瑛，字石甫，嘉庆二十三年（1818）中举人。民国《闽侯县志·选举·清举人》载：嘉庆二十三年（恩科），闽县黄瑛（同安、尤溪训导）。《福建清代科举人名录》载：黄瑛，字石甫，侯官，嘉庆二十三年（1818）戊寅恩科举人，绍芳父，同安、尤溪训导。训导是一种学官，明初设置，为府、州、县等儒学的副长官，负责生员的课业品行。清代沿用此制，为从七品。值得一提的是道光二十一年（1841），黄瑛就任同安学训导，而此时金门仍为同安辖地，这就给了黄瑛亲近故乡，造福故乡百姓的机会。

黄绍芳，字小石，黄瑛之子，道光十六年（1836）登进士第。《明清进士题名碑录索引》记述：黄绍芳"福建侯官，清道光16/2/70"。即黄绍芳为道光十六年（1836）进士榜第二甲第70名。民国《闽侯县志》记载："道光十六年恩科，侯官黄绍芳（刑部主事）。"《侯官乡土记》载："黄绍芳，字小石。幼颖悟绝人，钟情吟咏。道光丙申进士，官刑部主事。素无宦情，未几即乞养归。家居杜门，益肆力于诗，所著有《兰陔山馆诗钞》。"黄绍芳无心仕途，专心于文教事业，《金门匾额人物》记载：黄绍芳"历掌清源、兴安、海东、玉屏、紫阳书

院讲席",是活跃于海峡两岸的文教使者。黄绍芳诗文、书法俱佳,举几个例子如下:

一是黄绍芳曾为林占梅的《潜园琴余草》写过序。林占梅(1821—1868),字雪村,号鹤珊,台湾淡水人。林占梅为人急公好义,诗文、书画、丝竹、骑射俱精,曾筑潜园与文人墨客,舞文弄墨,闻名台湾。黄绍芳的《潜园琴余草·序》如下:

"山虚水深,万籁萧萧;四无人踪,惟石巉岏。"此古琴铭也,鹤珊之诗近之。鹤珊精于琴,诗学香山、剑南,得其神似;五言、古近体,尤善摹难状之景、达难显之情。所谓"秀语夺山绿"也。大抵其少作多舒愉恬雅之音,间有天性语缠绵悱恻,如弹履霜,是可以觇其所养而得其性情之所近。比年海上骚动,鹤珊同牧守竭力堵御,一方赖以安固。近复奉命筹办海运,倡率捐输。其平日之蕴抱,至是而一露焉。出其绪余,发为诗歌,以抒写胸臆,不觉苍凉感慨,忧从中来。鹤珊之诗境将一变,又乌测其所至耶!绍芳因公东渡,获与朝夕从事。鹤珊独心折予,皇然引愧而已。他日者,绍芳和琴成声,得与鹤珊相酬答。出其近作,正襟危坐,以蔷薇露盥手读之,鹤珊当为予鼓一再行,奚翅如刺船海上之移我情也。

小石愚弟黄绍芳拜序

此文叙事言情,令人心动,可谓序言中之佳作,从中还可以了解到黄绍芳"因公东渡",入台从教之行迹。

二是清代林昌彝在《射鹰楼诗话》中对黄绍芳的诗有过评价:"其诗幽秀古艳,如老树已花,空翠欲滴。又如朝霞点水,芙蕖试风。"并举其几首诗为例,比如《暮抵坊口》云:"墟落生晚烟,暝色带诸岭。宿鸟投林喧,水田乱蛙黾。嗟予事行役,踪迹逐蓬梗。迩复为饥驱,薄暮马犹骋。星火出遥村,初月吐微影。未厌征途纡,爱兹山路静。"

三是《福建清代科举人名录》记载:黄绍芳"工书"。目前社会上还有黄绍芳的书法作品流传,拍卖价格不菲。

黄轩龄,字颐舫,黄绍芳之孙,光绪六年(1880)登进士第。《明清进士题名碑录索引》记述:"福建闽县,清光绪 6/3/90。"即黄轩龄为光绪六年(1880)第三甲第 90 名。民国《闽侯县志》记载:"光绪六年(1880),福州府闽县黄轩龄(字颐舫,主事)。"《汶水头黄氏族谱》载:"黄轩龄,清光绪庚辰科进士,钦点刑部主事。"清代各部下设司,各司设主事二人,满、汉各一人,正六品。因史料欠缺,黄轩龄任刑部主事后的行迹有待考证。

  金门人没有忘记家乡这三位父子祖孙科第人物,至今汶水头黄氏家庙还有为黄绍芳、黄轩龄所立的"进士"匾额以及为黄瑛、黄绍芳、黄轩龄三人所立"父子祖孙科甲"匾额,以表达无尽的思念。

(原载《金门乡谊》2021 年第 2 期)

泉州古代丰硕的著述

泉州古代著述成果丰硕，载于史籍的著者共有1426人，著作3739部。在泉州历代著述中，被收入《四库全书》的著者共有29人，著作54部；收入《四库全书总目·存目》的著者共有64人，91部著作。泉州古代著述涵盖各个领域，形式多样，对古代泉州文化教育的繁荣，人文性格的塑造，价值观念的调节，民风民俗的改善，社会影响的扩大，产生很大的作用。这些著述中有很多得到广泛赞誉的力作，在全国都有相当的影响。

唐五代是泉州著述的初兴时期。在此阶段，载入史籍的共有著者29人，著作32部。其中有2人2部著作被收入《四库全书》。宋代是泉州著述活动的第一个高峰时期，载入史籍的共有著者200人，著作391部。宋代泉人的著述被收入《四库全书》的有14人18部著作，收入《四库全书总目·存目》的有1人1部。元代是泉州古代著述的中落时期，史载泉州元代仅有著者21人，著作40部。收入《四库全书》的仅有2人2部著作，收入《四库全书总目·存目》的有1人1部。经过元代的中落，明代泉州著述出现了再盛时期，史载著者536人，著作1585部。收入《四库全书》的有5人7部著作，收入《四库全书总目·存目》的有45人63部。清代是泉州著述平稳发展时期，载于史籍的著者共有640人，著作1691部。截至乾隆年间，泉州有6人的25部著作收入《四库全书》，14人20部著作收入《四库全书总目·存目》。

宋代泉州成为东方大港，成为海上丝绸之路的起点，成为中国世界海洋商贸中心，经济的发展带动了文化教育事业的发展，出现了"家诗书而户弦诵"，"十室之间，必有书舍，诵读之声相闻"的景象，推动了著述活动的开展，营造了有利的学术文化氛围。比如著名的《题临安邸》一诗："山外青山楼外楼，西湖歌舞几时休？暖风熏得游人醉，直把杭州作汴州。"这首诗的作者就是泉州人的林外。林外（1106—1170），晋江马坪村人，屡试不第，直到宋高宗绍兴三十年（1160）50多岁时，才登进士第，官至县令。关于这首诗的作者有争议,认定他为泉州人林外有四个理由:一是因为留在墙上的字迹是行草,"升"与"外"形体酷似;二是这首诗的风格与林外诗的风格一致;三是林外年轻时曾游学苏、杭一带,与这首诗出现的时间地点基本一致;四是林外因屡试不第,又耳闻目睹赵宋王朝昏聩腐败,愤世嫉俗,放浪形骸,到处题诗作词,以宣泄胸中郁积,题诗在酒肆壁间完全有可能。

再如苏颂的《新仪象法要》。苏颂(1020—1101),泉州同安(今属厦门市同安区)人。宋仁宗庆历二年(1042),苏颂登进士第,累官至右相(右仆射兼中书侍郎),以太子太保致仕。苏颂的主要贡献是在科学技术方面,特别是在医药学和天文学方面。苏颂创制的水运仪象台是世界上最古老的天文时钟,集计时报时、天文观测、星象显示三种功能于一体。国际上对水运仪象台的设计给予了高度的评价,认为水运仪象台设计了活动性屋板,是世界天文台圆顶自由启闭室的祖先;水运仪象台的浑仪窥管,是现代天文台的跟踪器械——转仪钟的祖先;水运仪象台的擒纵器机构是现代钟表的关键部件,因此它又是机械钟表的祖先。英国科学家李约瑟博士把《新仪象法要》译成英文,称苏颂为"中国古代和中世纪最伟大的博物学家和科学家之一"。宋代影响面广的泉人著述还有曾公亮编辑的世界上第一部兵书集成《武经总要》、梁克家的传世不朽之作淳熙《三山志》、吕夏卿旁征博引的《唐书直笔新例》、李讯影响深远的《集验背疽方》等。

明清时期泉州成为朱子理学研究的重镇。自从朱子过化泉州之后,特别是明清的科举考试以朱子理学为指南,泉州就成为理学研究的重镇。明清泉人著述收入《四库全书·经部》的有 20 部,收入《四库全书·子部·儒学类》的有 4 部,约占明清收入《四库全书》泉人著述总数的 73%。清同治十三年(1874),泉州举人黄贻楫上京赴试时,住在泉郡会馆,获进士第三名(探花)后,应会馆同仁之邀,题写了一副对联:"清紫葵罗钟间气,蒙存浅达有遗书。"此脍炙人口的楹联成为北京泉郡会馆的镇馆之宝。上联夸泉州山川钟灵,有清源山、紫帽山、葵山、罗裳山诸名山;下联矜泉州人物荟萃,重要著述有《四书蒙引》《四书存疑》《四书浅说》《四书达解》。这四部诠注"四书"颇有名气的著作,作为科举的指导读物被推向全国。而蔡清的《四书蒙引》被收入《四库全书》,古代泉州人为此感到骄傲。

在多元文化融合的熏陶下,泉州也产生了一批与封建统治阶级思想格格不入的著述。比如李贽的著述。李贽是晚明进步思想家、反封建斗士。李贽著述颇丰,影响大。曾为吏部尚书的明代学者朱国祯在其著作《涌幢小品》中写道:"今日士风猖狂,实开于此,全不读四书本经,而李氏《藏书》《焚书》,人挟一册,以为奇货。坏人心,伤风化,天下之祸,未知所终也。"李贽的思想当然有其独特之处,否则他的著作怎么会"人挟一册,以为奇货"。这充分说明了李贽思想的深刻影响。李贽的著述以《藏书》和《焚书》最为著名,而这两部著作并没有收入《四库全书》。其《藏书》收入《四库全书·史部·别史类存目》,而且《四库全书总目》对此书进行了攻击:"贽书皆狂悖乖谬,非圣无法。惟此书排击孔子,别立褒贬,凡千古相传之善恶,无不颠倒异位,尤为罪不容诛。其书可毁,其名亦不足以污简牍。特以贽大言欺世,同时若焦竑诸人,凡推之以为圣人。至今乡曲陋儒,震其虚名,犹有尊信不疑者。如置之不论,恐好异者转矜创获,贻害人心。其特存其目,以深暴其罪焉。"从上所述可以看出《藏书》是针对封建统治阶级思想开火的,富有叛逆精神。李贽将其起名为《藏书》则有"藏之名山,以待后世"之意,体现了李贽与封建统治阶级思想毫无妥协余地的斗争精神。

再如吕惠卿,南安人,北宋嘉祐二年(1057)进士,官至参知政事。吕惠卿与王安石"论经义多合,遂定交"。熙宁年间(1068—1077),神宗支持王安石发动了变法运动,吕惠卿深度参与,成为第二号人物。变法失败后,反对派对其展开猛烈攻击,被视为奸佞。吕惠卿著述甚丰,有《孝经传》《论语义》《道德经注》《新史吏部式》《庄子解》《县法》《弓法》《吕惠卿文集》《吕惠卿奏议》等传世。吕惠卿在学问上走的是"通经术,晓政事"的道路,他对儒家经典的阐释发挥是围绕着如何治国展开的,他的著述是变法的重要组成部分,发挥了不可替代的作用。然而《宋史》将吕惠卿列入奸臣传,乾隆《泉州府志》也将其列入垂戒。其著作《四库全书》不予收录,《四库全书总目·存目》也不收入。凡此种种,充分表明了《四库全书》编纂者顽固的封建主义立场。这种站在封建统治阶级立场上的选择性收书,给中国文化的发展,也给泉州文化的发展带来了不可估量的损失。

中共中央办公厅、国务院办公厅在《关于推进新时代古籍工作的意见》中指出:"做好古籍工作,把祖国宝贵的文化遗产保护好、传承好、发展好,对赓续中华文脉、弘扬民族精神、增强国家文化软实力、建设社会主义文化强国具有重要意义。"泉州古代的著述,既是中国历史文化的一个重要组成部分,更是泉州一笔价值不菲的历史文化遗产,我们必须将其保护好、传承好、发展好。

(原载泉州风雅颂书局公众号 2022 年 4 月 24 日)

誉满闽台的一代宗师吕世宜

吕世宜（1784—1858），字可合，号西村，金门西村人，清道光二年（1822）举人。《金门县志》载：（吕世宜）"其先金门之西村人。父仲诰，始移居厦门。"吕世宜"性好古，通许氏说文，及金石之学，最工篆隶"。道光二十一年（1841），吕世宜受台湾淡水板桥林家所聘，执教林家，"主板桥林氏，台人奉为宗师"。

嗜学好古　师从名家

吕世宜从小嗜学好古。在《爱吾庐文钞·自叙》中，他写道："少从敬堂周夫子学，间有古文法，未习也，自是溺于八比廿余。"周敬堂为当时厦门名师，八比就是八股文。民国《厦门志》载："周礼，字世崇，一字敬堂。晋江诸生，设教鹭门，遂家焉……为古文，卓然成一家言……究心韵学，诗尤韶秀。"道光二年（1822），吕世宜中举人之后，未入仕途，而是走从教求学之路。道光十年（1830），吕世宜遇到了周凯，"壬辰间，游芸皋师之门，传之义法"。周凯（1779—1837），字仲礼，号芸皋，浙江富阳人，嘉庆十六年（1811）登进士第，授翰林院庶吉士，历官翰林院编修、国史馆纂修、提调等，为当时京都二十四诗人之一，亦与林则徐、龚自珍、魏源等人结"宣南诗社"。道光十年（1830），周凯出任兴泉永道，驻厦门。吕世宜与其相谈甚欢，遂拜其门下。在周凯的悉心教导下，吕世宜开始抛弃八股文，专心于古文及经学的研究。周凯"善书画，尤工山水"，吕世宜本来对书法、金石之学就十分兴趣，在周凯的影响下，吕世宜更是沉醉于书法、金石之中。吕成发先生在《论清代金门书法家吕世宜的文化影响》一文中还提到了吕世宜的良师益友郭尚先。郭尚先（1785—1833），字元开，号石兰，嘉庆十四年（1809）进士，官至光禄寺卿、大理寺卿。郭尚先的书法"由欧阳询入手，后兼学颜真卿与褚遂良而能自成一家","绘画于山水之外,独精于兰石","其治印则尤为嘉道间之巨擘"。郭尚先主讲玉屏书院时,吕世宜在此就读,"吕世宜年长郭尚先一岁而师事之,其篆、隶二体之书法,深受郭氏之熏陶"。

入聘林家　传播儒学

道光十八年(1838),应台湾淡水板桥林家之聘,吕世宜入台执教。板桥林家的入台始祖为林应寅,龙溪人,"居淡水之新庄,设帐授徒"。其子林平侯赴台省亲,"佣于米商郑谷家"。由于林平侯"性纯谨习劳",郑谷很信任他,几年里就积累了数百金,"谷复假以千金,命自经纪"。林平侯自此发家,后成为台湾巨富。林家有良好的家风,注重子女的教育,热心慈善事业。林平侯的儿子林国华、林国芳时值壮年,崇尚儒学,仰慕吕世宜的道德文章,就高薪聘请他到林家执教。

吕世宜在林家一住二十年,为林家的亲友子弟讲授文字学和金石知识,教以篆隶书法,林家亲友子弟受益匪浅。清代台湾士子求学,大多是为了科举,而吕世宜的执教,"主持风雅",一改台湾"狭隘谫陋"的学风。为保证林家子弟能有真才实学,吕世宜精心为林家选购了善本图书数万卷,以及几十种金石拓本。当林家建枋桥亭园时,吕世宜参与了规划,把书法艺术融入了园林的设计当中,亭园的题咏、楹联匾额,大多亲自书写,"隶篆行楷,无一不佳"。落成之后,枋桥亭园成为台湾传承中华优秀传统文化的典范。吕世宜还用儒家和为贵的思想来教育林家子弟。当时林家与庄家结仇,发生械斗,积怨甚深,吕世宜对此十分不满。为了制止事态的恶化,吕世宜劝说林氏与庄氏联姻,以此来消除隔阂,缓和关系。吕世宜认为在两个家族中传播和为贵的儒家思想十分重要,就建议两家共同举办大观书社。书社设在林家庭院旁,吕世宜经常亲自去上课。经过吕世宜的努力,"两家人才辈出,结为世好"。

一代宗师　誉满闽台

吕世宜一生淡泊名利,中举后,以教书为生,先后在漳州芝山书院、金门浯江书院、厦门紫阳书院教学讲论。周凯主持修纂《厦门志》时,聘吕世宜为总校,吕世宜亲自誊写题签、序跋等,因此《厦门志》的初本就像一本字帖,值得细细欣赏。

入台之前,吕世宜就已经誉满闽台。他"好古而辟凡,金石砖瓦之文,摩抚审玩,嗜若性命。善诗文,工篆隶","凡商周秦汉石刻、魏碑拓本,尽力收罗,视若珍宝"。他酷爱书法,"三十学隶,四十学篆",经常"兀然危坐,墨一升,楮一捆,随缮随弃,不自爱惜,而门外求书者履已满"。至今,厦门社会上还有不少他书法的真迹。

林国华、林国芳兄弟在聘请吕世宜时承诺:"先生之志诚可嘉,先生之能亦不可及。今吾家幸颇足,如欲求古之金石,敢不唯命是从。"有林氏兄弟的支持,吕世宜入台后"日益搜拾古代鼎彝,汉唐碑刻,手摹神会,悠然不倦",学问日长,开台湾金石学之先河,成为台湾金石学的一代宗师。吕世宜在台湾与叶东谷(化成)、陈南金、林枢北(国英)四人切磋结社,台人称其为东、西、南、北四名家;与林家礼聘的谢琯樵等人,"相互唱酬观摩",一时闻名于台。吕世宜工篆隶,入台后,带动了台湾书坛隶书隶学的发展。日本考古学家尾崎秀直曾言:"台湾流寓名士,于文我推周凯,诗推杨学沧,书推吕世宜,画推谢琯樵。"可见吕世宜书法在台湾的影响。

吕世宜对养育其成长的厦门有着深厚的感情,经常用"加(嘉)禾里人"印。吕世宜在厦门诸名胜中留下了几处题刻,其中游南普陀所题的"都放下"最为著名。此题刻蕴含着佛教的人生哲理,给人以启迪。吕世宜在台湾二十年,也留下了许多墨宝,台湾人对其十分崇敬,林氏后裔辑印了吕世宜的诗文书法,以此纪念吕世宜对台湾文化发展的贡献。吕世宜以自己的出生地西村为号,一生都没有忘记摇篮血迹的故乡金门,去世后,吕世宜叶落归根,归葬金门。

从金门到厦门、从厦门到台湾,这位清代举人用一生的经历向人们诠释了浓得化不开的闽台情。

(原载《金门乡谊》2022年第4期)

金门历史上的最后一位进士李景铭

李景铭(1879—1950),字识之,后改石芝,号嗛斋主人,又号适园主人。黄振良先生在《金门历代进士祖籍之探讨分析》一文中指出:李景铭祖籍是古宁头进房,清初迁界时,其先世最后到福州落户。《明清进士题名碑录索引》记述:李景铭"福建闽县,清光绪30/2/109"。民国《闽侯县志·进士》载:"光绪三十年(1904)福州府闽县李景铭。"为此可以认定李景铭户贯为闽县,乡贯为金门。李景铭是光绪三十年(1904)登进士第,光绪三十一年(1905),清廷下旨宣布废止科举,李景铭成为中国末科进士,也是金门历史上最后一位进士。

留洋进士 备受重视

李景铭从小就接受良好的教育。父亲李世畅曾任闽浙总督府文案。在父亲的教育下,李景铭从小刻苦好学,七岁即入私塾学习。光绪二十三年(1897),十九岁的李景铭进入福州鳌峰书院读书。鳌峰书院为清代福州四大书院之首,书院内人才济济,朱仕琇、孟超然、陈寿祺、陈宝琛等大儒曾担任过书院山长,培养了林则徐、赵轩波、蔡世远、蓝鼎元等一大批人才。在鳌峰书院期间,李景铭如鱼得水,成绩突出,得到坐罪降级、赋闲归家、担任鳌峰书院山长的帝师陈宝琛的赏识。李景铭在《六二回忆》(自撰回忆录,内容至六十二岁止,故是称)中写道:"余应鳌峰书院试,月考题为:《孟子通五经,尤长于诗书考》。余知题旨为赵岐语,考据精详。师批'点滴不漏',擢第一,是为受知于螺江陈宝琛(弢庵)夫子之始。"光绪二十七年(1901),李景铭进入陈宝琛在乌石山所办东文学舍学习。

光绪二十七年(1901),李景铭参加县试,因"丧兄后文思不佳"。是年闽县参加县试有二千四百余人,每百人为一圈,李景铭名在二十四圈,也就是说名次在二千三百余名。光绪二十八年(1902),李景铭参加府试发挥较好,获第三名,而乡试时,李景铭中举人第二名。光绪二十九年(1903),李景铭参加会试,未中。光绪三十年(1904),清政府举行恩科会试,借闱河南,李景铭登进士第,名次为第二甲第109名。

此时清政府实行新政,出国留学的人数渐多,但进士留学还是没有得到认可,光绪二十九年(1903)发布的《进士馆条例》也没有相关的进士出国留学条文。然而当时的留洋潮毕竟挡不住,于是朝廷修改了章程,发布了《更定进士馆章程》,其中有一条规定:进士馆学员呈请出洋游学者,三年期满,如获毕业文凭,回国照馆内毕业学员一律办理,于是进士留洋就逐步放开了。光绪三十二年(1906),李景铭乘着这股东风,公派前往日本留学。三月抵达日本后,李景铭"延日师泽籨健、南里彦太郎在东北馆课日语",九月进入日本早稻田大学专门部政治经济科学习。光绪三十三年(1907),李景铭在年段考试中,"考最优等第二名,同考中日学生共六百余人"。经过三年的学习,李景铭于宣统元年(1909)五月毕业回京。

回京后,李景铭"应学部试,得优等",在受宣统皇帝召见之后,开始以员外郎身份任度支部管榷司行走,并兼度支部财政研究所评议员。后又兼督办盐政处盐务委员,"于是身兼三差矣"。宣统二年(1910),李景铭升任清理财政处总务科科员。宣统三年(1911),又升任清理财政处总核。在此期间,李景铭作为政府特派员出席了资政院会议,参与了清廷的预算办理、起草所得税法案,以及划分国家、地方两税事宜等一系列财政改革决策,初步展现了较强的财政专业能力。这也可以看出当时清政府对这些留洋进士是比较重视的。

财政专家　展露才华

辛亥革命后,北洋政府时代是李景铭人生的巅峰时期,进士出身及留学生背景的双重身份令人刮目相看。民国元年(1912),李景铭任北洋政府财政部部长秘书兼任审计处第一股主任、国税厅总筹办处会办,又是身兼三职。民国二年(1913),李景铭又兼任赋税司司长。在此期间,李景铭发挥所长,针对当时财政问题,提出了设立审计处外债室,行使外债事前监督之权;统一各省审计机关之名称;建议分国家税、地方税为两机关,地方税由各省财政司征收,国家税则另设国税厅筹备处征收以及税制改革等建议,为北洋政府财政工作的顺利展开做出了贡献。陈宝琛曾称赞李景铭为:"闽中才子……财政、盐务有专长。"

民国五年(1916),李景铭建议设立全国印花税处,得到高度重视。全国印花税处成立后,李景铭被委于重任,调任全国印花税处总办。李景铭担任全国印花税处总办时间长达十一年,直至民国十六年(1927)转任财政部参事。在全国印花税处总办任上,李景铭积极参与关税修改、厘定税章、敦促各省成立印花税分处等工作,对民初印花税收体系的建立做出了贡献。在此期间,李景铭多次参加北京关税会议和上海物价会议,曾兼任天津货价调查处处长、修改税则委员会副主任、太平洋会议财政专门委员、关税调查处主任等职,并编印出版了《修改税则始末记(附新旧税则比较)》一书。值得一提的是民国十年(1921),在《六二回忆》中,李景铭写道:"是年代理财政金融讨论会副会长,奖三等宝光嘉禾章。战时国际事务局事竣,奖三等文虎章。交通研究会给交通名誉奖章。"是年十一月,李景铭还代表财政部出席了在华盛顿召开的太平洋会议。凡此种种,足以说明此时的李景铭虽然只有四十多岁,却已经成为北洋政府颇为重视的财政专家。

北洋政府垮台后,李景铭居家赋闲,以教书和著述为生。在此阶段,李景铭在私立朝阳大学和华北大学教授财政学,培养了一批财政人员,并先后出版了《三海见闻志》《中国财政史》《最近中国财政史》等著作。

出任伪职　失足成恨

1931年九一八事变之后,日本加紧了侵华的步伐,从《六二回忆》中可以看出当时李景铭对时事十分关心,也与各个派系的有关人员保持联系。1937年,卢沟桥事变爆发后,江朝宗等人在日本人的支持下,设立维持会,组建伪北平市政府。在江朝宗的拉拢下,李景铭参加了相关活动。比如7月29日下午,李景铭参加了根据日本人要求在江朝宗南湾子13号住宅中召开的谋划成立汉奸组织——北平治安维持会的会议,并出任委员。1937年8月,江朝宗出任伪北平市长后,任命李景铭为秘书长(任职仅十数日)兼社会局局长。1938年1月,因新任伪北平市长余晋和上任,产生内讧,李景铭被免去伪社会局局长之职。《六二回忆》云:1月10日,"社会局易人。盖新任市长余晋和(幼赓)以观光旅行社社长张水淇继余,后闻为殷同(桐生)所介绍也。然余未奉明令,仍负责如故。即日,偕秘书廖炳辉赴西郊,参加第二期青年训练所开学典礼……返寓,而免职之令已到,自是又作闲人"。对于李景铭任伪职期间所犯下的罪行,阅读孙树宏先生所撰的《日侵华期间危害我档案一例》一文可见一斑。孙先生在文章中写道:"1937 年 7 月 7 日卢沟桥事变后,日军侵占北平。9 月 14 日,伪北平市社会局局长李景铭条喻该局:'昨日传知各科股将有碍邦交案卷搜集,预备呈报市府派员监视焚毁,兹拟分五项如下:(一)有碍邦交,(二)宣传党义,(三)宣传孙文事项,(四)隐含赤化,(五)其他。由各科股指定一二人专检旧卷,分别种类,摘由列一目录,以便呈报。其有从前经手办告者,各自留意为幸。'"对于焚毁档案的数量,孙先生写道:"根据伪北平社会局焚毁卷宗清册(1937 年 11 月制),其各科股拟焚毁宗卷或文件数量(以'件'计算)共 1736 件,而实际数量还要多于此数,因笔者从《第一科销毁有碍邦交等文件记录簿》所录 897 件文件目录看到,不少文件带有附件。在计算上,则将本文和附件作为一件对待,以'卷'计算,共计销毁档案 257 卷。另有秘书室检出之图书、刊物计 50 种 77 册,图书室检出之刊物、图书 53 种 72 册(均全部销毁)。"为此,孙先生指出:"因此,我们可以想见当时北平市全市各伪机关销毁档案数量一定十分可观。其罪恶不可饶恕。"

被免去伪北平政府社会局长职务后,李景铭参与了北平古学院的创办和教学活动,编订了《制艺选读》《清鉴》;参与了北京会馆的查勘工作,撰写了《闽中会馆志》《安徽会馆志》。同时他还撰写了《六二回忆》,回忆平生所见所闻以及参加同乡方兆鳌、郭则沄等在北京设立的笃社活动等等。

1945 年 7 月,李景铭突发中风,导致偏瘫,说话口齿不清,此时抗战尚未结束。抗战胜利后,1946 年 5 月,李景铭因曾在伪北平市政府任职,被军统押至法院问讯,后被释放。1950 年李景铭因病在北京去世。

20 世纪 50 年代末,其后人将所藏李景铭全部手稿捐赠给中国社会科学院近代史研究所(当时为中国科学院历史研究所第三所)。由于李景铭勤于笔耕,手稿中保存了大量有关的历史资料。为此,2021 年马忠文先生主编了《近代史所藏李景铭资料》(全五十册),由国家图书馆出版社出版发行。这批材料的出版,有助于进一步对北洋政府时期以及抗战时期伪政权统治下华北地区的历史进行深入研究。

"一失足成千古恨,再回头已百年身",这是李景铭晚年的写照。这不禁让人想起李景铭的同科进士、中国末科状元刘春霖。刘春霖与李景铭一样,中状元之后曾到东京法政大学学习,归国后在清政府和北洋政府都任过要职,是清末民初极其有影响的一位人物。日本侵华之后,以高官厚禄拉拢他,刘春霖不为所动,宁可卖字为生,保持了高尚的民族气节,令世人敬佩。做人是要有底线的,这是晚节不保的李景铭留给后人的警示。

参考文献

李景铭:《六二回忆》,《近代史资料》总第132～142号,北京:中国社会科学出版社,2015—2020年。

马忠文:《〈近代史所藏李景铭资料〉前言》,马忠文主编:《〈近代史所藏李景铭资料〉第1册,北京:国家图书馆出版社,2021年。

(原载《金门乡谊》2023年第1期)

读书乐——李贽的读书观

李贽(1527—1602),字宏甫,号卓吾,又号温陵居士,明晋江县府城聚宝境(今属泉州市鲤城区)人,祖籍南安,嘉靖三十一年(1552)举人,官至姚安知府。李贽是晚明杰出的启蒙思想家,因反封建思想的倾向,被明神宗以"敢倡乱道"的莫须有罪名,将其下狱,最后愤而自刎,死于狱中。李贽一生酷爱读书,万历二十四年(1596),已近古稀之年的李贽写了《读书乐并引》,对自己嗜书如命的一生做了总结,阐明了内涵丰富的"读书乐"的读书观。

首先,李贽认为读书要联系实际,学以致用,以"读书论世"为乐。在《读书乐并引》中,李贽写道:"夫读书论世,古多有之,或见皮面,或见体肤,或见血脉,或见筋骨,然至骨极矣。"李贽认为读书是为了运用,因此读书要与深入洞察现实社会结合起来,而且不能停留在"皮面""体肤"这些表面现象,要见"血脉"、见"筋骨",达到"至骨极"的境界,才能真正了解现实社会的本质。正因为以"读书经世"为乐,李贽将自己的关注点集中在现实社会、现实生活,成为晚明杰出的启蒙思想家。在狱中,人生即将走到尽头的李贽写下了《书能误人》这首诗:"年年岁岁笑书奴,生世无端同处女。世上何人不读书,书奴却以读书死。"嘲讽了"两耳不闻窗外事,一心只读圣贤书"的书呆子。

其次,李贽认为读书要独立思考,充满感情,以"歌哭相从"为乐。在《读书乐并引》中,李贽写道:"歌哭相从,其乐无穷。"也就是说,读书时要独立思考,有所体会,感情要投入其中,"一心与会,自笑自歌。歌吟不已,继以呼呵。恸哭呼呵,涕泗滂沱"。只要感情投入,一旦有所体会,就会达到书与人合一的境界,以至"涕泗滂沱"。对于读书时的独立思考,李贽认为:"天幸生我大胆,凡昔人之所忻艳以为贤者,余多以为假,多以为迂腐不才而不切于用;凡所鄙者、弃者、唾且骂者,余皆以为可托国托家而托身者。"读书时不以别人之是非为是非,要独立思考,敢于批判,有独立的见解,这是李贽读书观的重要组成部分。在这种读书观的指导下,李贽提出"不以孔子之是非为是非",反对封建等级制,主张个性解放与自由,在批判封建统治阶级思想过程中,形成了自己独特的政治观、历史观、文学观、教育观等等。

再次,李贽认为读书要心无旁骛,贵在坚持,以"一意读书"为乐。在《读书乐并引》中,李贽写道:"龙湖卓吾,其乐何如?四时读书,不知其余,读书伊何?会我者多。"因为心无旁骛,手不释卷,坚持读书,理解领悟多了,感觉到十分快乐。关于李贽嗜书如命,以"一意读书"为乐,其同时代人有许多评论。比如明代"公安三袁"之一的袁中道曾言:"公自少至老,唯知读书。"李贽好友,明代著名学者、万历十七年(1589)进士第一人(状元)焦竑亦言:"李长者性嗜书,丹铅殆不去手,儒书释典悉为诠择。"官至工部尚书的刘东星曾云:"先生(李贽)手不释卷,终日抄写,自批自点,自歌自赞。"正是在嗜书如命、广泛阅读的基础上,李贽著作颇丰,据林海权先生在《李贽年谱考略》中统计,李贽有"书答、杂述类"著述16种,"存目类"著述16种,"四书评"著述1种,"史评"著述4种,"诸子评"著述5种,"集类评"著述12种,"小说评点"著述3种,"戏曲评点"著述10种,"辑选批选类"著述19种,"存疑类"著述17种。李贽的著述牵涉晚明社会的方方面面,深受时人喜爱,其《焚书》和《藏书》等名著一印再印,以至士人们"人挟一册,以为奇货"。

日本学者沟口雄三将李贽与鲁迅做了比较,他认为:"李卓吾作为此一时期(明末)最具典型意义的思想者——很像民国时期的鲁迅——被提炼出来加以研究,也即是说,李卓吾的生涯将明末这一时期的历史性矛盾极为尖锐地呈现出来。"李贽与鲁迅都有一个共同的特点,就是嗜书如命,有自己独到精辟的读书观,在广泛阅读、批判吸收的基础上,他们著作等身,将其各自所处时代的历史性矛盾极为尖锐地呈现出来,以其深邃的思考成为各自所处时代杰出的启蒙思想家。

(原载泉州风雅颂书局公众号2023年4月24日)

徙居福州的许盛后裔中的科第人物

民国《福建通志·人物传》在"许懿善"条目下载:"(许懿善)先世居金门。五世祖盛,以军功任镇朔将军,世袭骑都尉。曾祖瑶,以荫官刑部陕西司郎中,历湖南常德府、河南卫辉府知府。宦绩称最。祖臣骥,岁贡生,早逝。祖妣郑氏,依其父于福州,籍焉。"这段文字说明了许盛是许懿善的高祖,而许懿善祖父许臣骥去世较早,其祖母就带着儿子许崇楷回到福州娘家,从此就在福州定居。

许盛,金门后沙人,官至南赣总兵,左右都督。战功显赫,两次受到康熙的接见,并亲自为其验伤,是金门家喻户晓的人物。许盛徙居福州的后裔中有三位科第人物。

一是许崇楷,侯官人,乾隆二十四年(1759)举人。民国《福建通志》载:许崇楷,"历任山西翼城、闻喜、徐沟等县知县,遗爱在民"。

二是许崇楷之子许懿善。许懿善,字继之,侯官人。许懿善为乾隆三十六年(1771)举人,中举后曾任广东博罗、归善、陆丰等县知县,"刚正廉明,一以爱人为本"。许懿善任博罗知县后,十日内就结积案四百多件,"囹圄一空"。父亲过世后,噩耗传来,有幕客劝他:"今耗自其家来,外无闻者。吾为渠急征收,半月间可得万金,为归装计。关移尚未至也。"古代官员因父母去世,必须归家守丧,称丁忧。幕客的意思是趁丁忧的文件还没有下达,先征收一些费用,以供回家之用,许懿善义正词严地拒绝了。丁忧后,许懿善因"以买铜差往云南,为烟瘴所侵,卒于滇中"。

三是许懿善之子许德树。许德树,字大滋,又字逮孜。号荫坪,又号春甸。民国《福建通志》载:许德树,"承先人业,居有庐、粟足以饱妻子,有园池亭台之胜、琴书图史之蓄足以肆志诵读。于经史有端绪,尤勤于梅氏算术"。许德树于道光六年(1826)登进士第。登第后,德树"以知县归班铨选,请借补教职",不愿做知县,宁愿从事教职。许德树曾捐资倡修福州府学以及侯官县学、文庙。补漳州府学教授后,许德树对"进谒者谆谆垂诲,朝夕无倦容",工作勤奋努力,诲人不倦。当时清廷为了加强对台湾的统治,高度重视台湾的治理,要求派往台湾任职的官员都要有一定的任职经历和较高的素质。许德树因在漳州任职期间政绩突出,于道光十三年(1833)被调任台湾府学教授。此时台湾"匪乱初平,民心未靖",许德树到任之后,"以端士习,挽颓风"为己任。台湾府文庙年久失修,祭器及乐器也都残缺。许德树带头捐金千两以倡导绅士捐资修缮文庙,更新祭器和乐器。台湾道刘鸿翔看许树德可堪大任,就聘请其兼任海东书院山长。海东书院创办于康熙五十九年(1720),因政府重视,师资雄厚,办学成果突出,成为台湾首席书院,对台湾儒学教育发挥了重要作用。许德树到任后,针对当时海东书院的实际情况,做了两件事:(1)"院规久弛",德树重新订立规约;(2)对生员所作文词诗赋,"拔其尤者钞粘院壁",生员们得以观摩,互相借鉴。当时台湾府学初入学的生员都要交一定的费用,有个生员家贫如洗,许德树不仅免去其该缴纳的费用,而且"厚赠焉",免除其后顾之忧。台湾府学教授任期结束后,许德树于道光十七年(1837),调回漳州继续任府学教授。漳州衙署后原有朱熹所造七星池,经郡守同意,许德树"访故址重浚之",以弘扬朱子精神。府学原来没有尊经楼,规制不全,许德树"捐俸建焉"。学宫的泮池靠近街道,居民都把垃圾往里扔,许德树颁布手谕严禁此事,并"令匠开凿一清",在池畔建立石栏杆,以绝后患。漳州芝山书院"渐就倾圮",许德树敦请上峰拨款修葺。在许德树的努力下,府学在引导漳州民风中发挥了积极作用,漳州民风向好。有一次,"上官命往乡查收洋烟,不假手胥役,召乡老使遍谕各村,其愿自呈缴者不下数百家,所至无扰"。

作为宋末以来兵家必争之地的滨海小岛,金门的科举成就确实令人感到骄傲。笔者在2019年曾对金门的进士进行了比较详细的考证,当时得出的结论是金门历代共产生了52名进士(包括3名武进士),其中户贯(户籍)在金门的有30人,乡贯(祖籍)为金门、户贯在外的有22人。遗憾的是,当时没有将许德树统计在内。近期许盛后裔在修村史时希望笔者提供一些相关资料,在查找资料的过程中,笔者发现了有关许盛后裔科第人物的记载。因此,新的结论应该是金门历代共产生了53名进士(包括3名武进士),其中户贯在金门的有 30 人,乡贯为金门、户贯在外的有 23 人。

徙居福州的许盛后裔中的三位科第人物能秉承先辈的遗风,遗爱在民,重教兴学,实为金门人的骄傲。

(原载《金门乡谊》2023 年第 3 期)

缘自金门的泉州平水庙陈氏家族
——《浯江陈母墓志》解读

泉州平水庙陈氏家族藏有《浯江陈母墓志》拓本一份，此墓志是"姻愚弟庄俊元撰文，谊愚侄周承徽书丹"。墓志副题为"皇清例封正七品太孺人四代大母六十有七龄陈母慈安曾太孺人墓志铭"。全文如下：

余与陈耻玉交有年，重之以姻谊，闻其家道善，而稔其母之贤久矣。庚戌京旋，复与竹坡公车偕。谈次偶述母教，尽可则证以昔所闻。益信因思士能绩学立品，固其祖父德泽所留贻，抑亦慈闱中有师道人道，如欧阳母、陶母、范母者，所系非浅鲜耳。今陈母其有古遗风欤！辛亥十月，陈母无疾瞑坐而逝。前数日，即嘱耻玉、竹坡以身后事，并言今终之愿，果如所言。窃异之，乃叹冥冥中默有报施。曰："考终命，所以为福也。"越癸丑，耻玉昆季以五月廿二日巳时，葬其母于东门外赤岭乡后，土名陈厝山，首巳趾亥兼乾巽，先期来丐铭。於戏！陈母之贤载于口碑，不待余言传也。况余以言传陈母之贤，亦奚能覼缕述耶？谨案：陈母姓曾，以子贵，例封太孺人。十九岁，陈慎斋公为继室。勤俭和顺，知大义，能嗣原室许太孺人遗徽。慎斋公为公门吏，不得非分财，乐为善，嗜书香，太孺人助之。慎斋公性孝友，持己谦，与人恕，敦宗睦族□□□□□□□之。慎斋公没后，家益窘，诸孤失怙，子女□□嗷嗷有待。太孺人茹茶饮苦，极力支持，合而抚之，俾至于成人。子能读书，凛凛以尽人听天，期振家声为勖。即耻玉已食廪饩，竹坡既举于乡，谆严诲督悉如初时。性甚惜福，凡服食淡泊自甘，但于事之有关名义者，不欲儿辈不勉为耳。生平宽量待人，不忍之恩及于臧获。好施与，济困之量力而行，无稍吝。尤怜恤夫穷而无告者，若遇贫人死丧，不论亲疏远近，或舍衣服，或敛财与。常至典粥俶助无难色，亦不敢缓，又不欲人有感惠之言，又每愿子妇辈能深体此意也。呜呼！此其家道所由善乎！其子所由能绩学立品相与济美以慰其志乎！天佑之终，固宜无足异者。

645

抑吾谓天必将佑贤母以后嗣克昌，使含笑于九泉之下矣。耻玉昆季其勉乎哉！太孺人生乾隆乙巳年九月廿三日寅时，卒咸丰辛亥年十月十一日酉时，寿终六十七龄。有子经，邑庠生，有女适林，俱先没。男孙一，女孙一，俱许太孺人出。其自太孺人出者，男子五：师渊先没，师温邑庠生，师洙殇，师涑业书吏，师海丙午举人。女二：一适庄，一适萧。男孙七，女孙三，曾孙一。余未艾。

铭曰：赤岭之原，窀穸安乎！生而无为坤仪，没而五福之能全乎！是唯陈母曾太孺人，奠其幽贞，所以燕翼其子孙乎！

　　孤哀子陈师温、师涑、师海洎诸孙曾等抆泪稽首同泣

"浯江"是金门的别称。据平水庙陈氏族谱记载，家族一世祖为金门阳翟人，名字与生卒年均不详，以务农捕鱼为生。二世祖陈孺宰（1608—1667），字丁举，崇祯年间秀才，从金门徙居厦门，直到四世祖陈静轩（1666—1726）与其母李氏，大约在康熙三十年（1691）左右，才从厦门徙居泉州平水庙。陈静轩娶了泉州媳妇张慎微，从此陈氏家族就在泉州平水庙定居下来，直至现在，已有三百多年了。

此墓志为七世祖继妣曾氏琼官（1785—1851）而作。曾琼官对平水庙陈氏家族的发展做出了很大贡献。七世祖陈鹏程（1755—1825），字慎斋，为县衙书吏。原配许氏去世后，娶曾琼官为继室，曾琼官时年十九岁，与陈鹏程相差三十岁。陈鹏程去世后留下了六男三女，其中原配许氏所出有一男一女。曾琼官含辛茹苦，"合而抚之"，将这些子女养育成人。曾氏还克服困难，供儿子们读书，并教育儿子们要"凛凛以尽人听天，期振家声为勖"，勤奋读书，振兴家族。曾琼官热心慈善事业，"生平宽量待人，不忍之恩及于臧获。好施与，济困之量力而行"；"尤怜恤夫穷而无告者。若遇贫人死丧，不论亲疏远近，或舍衣服，或敛财与"。曾琼官不仅自己乐善好施，还教育子女们要有行善之心。

在良好家风的熏陶下，曾琼官在世时，陈鹏程的儿子陈经（原配许氏所出）为邑庠生（晋江县学生员），陈师温为邑庠生，陈师涑子承父业为书吏，陈师海于道光二十六年（1846）中举人。"此其家道所由善乎！其子所由能绩学立品相与济美以慰其志乎！"儿子个个奋发努力，曾琼官感到十分欣慰。

据族谱记载，陈师温、陈师海为家族匾额人物。陈师温（1809—1873），字耻玉，又字如菊、号朗山，道光十五年（1835）县学第十四名秀才，两次参加乡试未中。咸丰十年（1860），岁贡生第一名。科举时代，地方儒学生员经考

试选入国子监学习,称贡生。清代有五种贡生,岁贡为其中之一。贡生肄业期满,经考试合格可授官职。同治五年(1866),陈师温被授训导之职。现在平水庙陈氏家族祖厅中的"明经"匾额即其为贡生时所挂。明清时"明经"为贡生别称。陈师海(1818—1875),原名绳,后改为师海,字子撝,号竹坡,改号竹庄,道光二十六年(1846)中举人第四名。这是陈氏家族徙居平水庙之后,经过几代人150多年的努力,出现的第一位举人。现在家族祖厅的"经元"匾额即其中举时所挂。乡试第二到五名旧时称为"经元"。陈师海于同治五年(1866)升四品衔,掌教考亭书院,又掌教鳌峰书院。后授侯官县教谕,调龙溪县教谕,卒于任。陈师海几次赴京参加会试未中,他很详细地记录了上京赶考的过程,包括经过的地方、所需费用等等。其后人将这些记录整理成《清科举时期士子晋京赴试旅途记事》一文,刊登于《泉州文史资料》第六辑,成为研究清代科举的宝贵资料。

"例封"指的是循例封官,封建社会时朝廷把官爵封给官员在世的父母亲。曾琼官母凭子贵,循例封正七品太孺人。庄俊元在墓志中对曾琼官大加赞赏,认为她就像古代三大贤母(北宋欧阳修之母、东晋陶侃之母、汉代范滂之母)一样贤惠。

族谱记载,平水庙陈氏各房除曾琼官所出之外,均无后代留存。据不完全统计,目前平水庙陈氏家族共有200多人。这些族人在祖国和海外各地开枝散叶,枝繁叶茂,在各行各业辛勤耕耘,不少人取得了令家族无比自豪的成就。

离开金门之后,陈氏族人始终牢记金门是自己的祖籍地,是自己的根脉所在。据族谱记载,二世祖陈孺宰离开金门之后,始终与金门阳翟族人保持密切联系。历代家族祖先的墓碑上都要刻上"浯江"二字,以表达对故乡的思念。陈师海及其孙陈仲瑾考中举人之后,均特地前往金门阳翟陈氏宗祠拜祭祖先。陈师海祭祖归来,就要求家族成员按照金门阳翟宗族的昭穆字行为子孙命名,这种习惯一直延续到现在。福建省、泉州市成立金门同胞联谊会之后,几代陈氏族人都积极参与联谊会的活动,发挥"以金促台、以金联台"的优势,为推进祖国统一的伟大事业做出贡献。两岸"小三通"开通之后,平水庙陈氏族人多次到金门阳翟陈氏家庙拜谒祖先,与金门陈氏乡亲共叙亲情。

值得一提的是撰写墓志的庄俊元。庄俊元(1808—1879),字克明,号印潭,清晋江县府城人,故宅在泉州西街甲第巷,道光十六年(1836)恩科进士,历官翰林院编修,甘肃西宁府尹、道台。后回泉州办团练,兼书院山长。庄俊元是晚清泉州的书法大家,也是闽台文化交流的先驱。庄俊元善撰对联,现在泉州与台湾许多地方还可以见到他的楹联手迹。庄俊元与平水庙陈氏家族是姻亲,与陈师温是好友,对陈氏家族十分了解。庄俊元所撰写的《浯江陈母墓志》,语言简洁,感情真挚,堪称佳作。书写墓志的周承徽,应是陈氏家族的亲朋好友,可惜的是没有相关的资料留存。

后　记

作为生于斯,长于斯的泉州人,从小耳濡目染,我对泉州优秀传统文化有着十分强烈的认同感。2000年,我进入厦门大学高等教育研究所(现为厦门大学教育研究院)博士生班学习,刘海峰教授所讲授的"中国高等教育史"课程,启发了我。在刘教授的鼓励下,我与苏黎明教授合作进行了有关泉州古代书院、泉州古代科举、泉州古代教育和泉州古代著述等泉州文史课题的研究,并合作出版了几本相关著作,从此加入了泉州文史研究队伍。2019年,我辞去民办高校领导职务后,专心致志地投入了自己所热爱的泉州文史研究,也取得了一些研究成果。现将多年来,特别是近年来所写的泉州文史研究论文(大部分已在有关期刊上发表)结集出版,抛砖引玉,以期对泉州文史的深入研究能有些许促进作用。

我认为读书有四个境界,即"读以致用""读以增知""读以益慧""读以养心",为此将自己藏书、读书、写作之处名为"四读阁"。在四读阁的15000多种藏书中,有3000多种是有关泉州文史的书籍,如果包括《旧唐书》《新唐书》《宋史》《明史》《清史稿》《福建通志》等相关书籍,那与泉州文史有关书籍的数量应该是相当可观的。而我许多有关泉州文史研究论文的创作灵感就来源于这些书籍。为此,我便将这本文集命名为《四读阁集——陈笃彬泉州文史类稿》。

衷心感谢福建师范大学文学院、协和学院原院长陈庆元教授对本书出版的关心和指导,并在百忙之中为本书作了序言。

衷心感谢泉州师范学院原副院长林华东教授的推荐,使本书得以在厦门大学出版社出版。

衷心感谢泉州师范学院图书馆原馆长苏黎明教授，本书有几篇文章是与其合作的成果，同时苏教授还对本书多篇文章的写作给予了指导，提出了宝贵的修改意见。

衷心感谢厦门大学出版社蒋东明原社长一如既往地关心和愉快合作，并慨然为本书题签书名。

衷心感谢厦门大学出版社施高翔总编辑以及责任编辑等对本书出版的大力支持。

由于结集时间仓促，作者的学术水平有限，本书难免存在一些不足之处，敬请各位专家、学者指正。

陈笃彬

2024年4月